Op stap met Prisma

Duits

D1718947

Op stap met Prisma

Duits

Het Spectrum

Uitgeverij Het Spectrum B.V.
Postbus 2073
3500 GB Utrecht

Redactionele bijdragen: Astrid Gaasbeek
Omslagontwerp: Meijster Design B.V. Vijfhuizen
Zetwerk: Elgraphic+DTQP bv, Schiedam
Druk: Bercker, Kevelaer
Eerste druk: 2002

ISBN 90 274 7345 5
NUR 507

www.spectrum.nl

INHOUD

DE UITSPRAAK

In het katern met de praktische zinnen vindt u de vertalingen van de Nederlandse zinnen **vet** afgedrukt. De uitspraak wordt *cursief* weergegeven.
Voor de gehele reeks *Op stap met Prisma*-reiswoordenboeken hebben wij zo veel mogelijk afgezien van de ingewikkelde uitspraaknotatie die in gewone woordenboeken gebruikelijk is. Weliswaar is deze nauwkeuriger, maar in de praktijk blijkt behoefte te bestaan aan een meer herkenbaar woordbeeld.

Vandaar dat het aantal afwijkende tekens tot het minimum is beperkt: je spreekt uit wat je ziet staan.
De enige uitzondering is de hoofdletter *G*, die klinkt als de g in *goal*.

De klemtoon wordt weergegeven door de betreffende klinkers te onderstrepen: *rechnen*

taalproblemen

Ik spreek geen Duits.
Ich spreche kein Deutsch.
Iech sjpreche kain doitsj.

Een klein beetje.
Nur ein wenig – Ein bisschen.
noer ain weenieg – ein biesjen.

Spreekt u/Spreek jij Engels/Frans?
Sprechen Sie/Sprichst du Englisch/Französisch?
sjprechen zie/sjpriechst doe engliesj/frantseuziesj?

Kunt u/Kun je wat langzamer spreken?
Können Sie/Kannst du bitte etwas langsamer sprechen?
kunnen zie/kanst doe biete etwas langzamer sjprechen?

Ik versta u/je niet.
Ich verstehe Sie/dich nicht.
iech versjteje zie/diech niecht.

Kunt u/Kun je dat herhalen?
Können Sie/Kannst du das bitte wiederholen?
kunnen zie/kanst doe das biete wiederhoolen?

Ik zal het woord opzoeken in dit boekje.
Ich suche das Wort in diesem Buch auf.
iech zoeche das wort in diezem boech auf.

Wat is het Duitse woord hiervoor?
Wie heisst das auf Deutsch?
wie haist das auf doitsj?

Hoe spreek je dat uit?
Wie spricht man das aus?
wie sjpriecht man das aus?

Wat is dat?
Was ist das?
was iest das?

Wat zegt u? Wat zeg je?
Was sagen Sie? Was sagst du?
was zaaGen zie? was zaaGst doe?

Ik begrijp het (niet).
Ich verstehe (es) nicht.
iech versjteeje (es niecht).

Kunt u/Kun je dat voor me opschrijven?
Können Sie/Kannst du das für mich aufschreiben?
kunnen zie/kanst doe das fuur miech aufsjraiben?

plichtplegingen

begroeten/afscheid nemen

goedemorgen	**guten Morgen**	*Goeten morGen*
goedemiddag	**guten Tag**	*Goeten taaG*
goedenavond	**guten Abend**	*Goeten abend*
goedenacht	**gute Nacht**	*Goete nacht*
hallo	**hallo – grüss dich**	*hallo – Gruus diech*

Dit is de heer/mevrouw/juffrouw ...
Das ist Herr/Frau/Fräulein ...
das iest herr/frau/froilain ...

Hoe heet u/jij?
Wie heißen Sie/heißt du?
wie haissen zie/heisst doe?

Ik heet ...
Ich heisse ...
iech haise ...

Mag ik bij u/je komen zitten?
Darf ich mich zu Ihnen/dir setzen?
darf iech miech zoe ienen/dier zetzen?

Gaat u/Ga zitten.
Setzen Sie sich bitte/Setz dich bitte.
zetzen zie zich biete/zetz diech biete.

Hoe maakt u/maak je het/hoe gaat het?
Wie geht es Ihnen/dir/Wie geht's?
wie Geet es ienen/dier/wie Geets?

Goed/uitstekend. En u/jij?
Sehr gut/ausgezeichnet. Und Ihnen/dir?
zeer Goet/ausGetsaichnet. und ienen/dier?

fijne dag	**schönen Tag**	*sjeunen taaG*
goede reis	**gute Reise**	*Goete raize*
tot gauw	**bis bald**	*bies bald*
tot morgen	**bis Morgen**	*bies morGen*
tot straks	**bis gleich**	*bies Glaich*
tot ziens	**(auf) Wiedersehen**	*(auf) wiedersee-en*
veel plezier	**viel Spaß**	*viel spaass*
welterusten	**schlaff gut**	*sjlaaf Goet.*

Tot (volgende) maandag/week.
Bis (nächsten) Montag/nächste Woche.
bies (neechsten) moontaaG/neechste woche.

Het beste.
Machen Sie es gut – Alles Gute.
machen zie es Goet – alles Goete.

Aangenaam kennis gemaakt te hebben.
Nett, Sie getroffen zu haben.
net, zie Getroffen tsoe haben.

Wel thuis.
Komm(en Sie) gut nach Hause.
kom(men zie) Goet naach hauze.

Ik moet er vandoor.
Ich muss weiter.
iech moes waiter.

Nog een prettige vakantie.
Einen schönen Urlaub/Schöne Ferien.
ainen sjeunen oerlaub/sjeune feerien.

Ik wacht op iemand.
Ich warte auf jemanden.
iech warte auf jeemanden.

Zie ik je nog eens?
Sehen wir uns nochmals?
zehen wier oens nochmaals?

Het was heel leuk/fantastisch.
Es war sehr nett/toll.
es waar zeer net/tol.

gelukwensen

gefeliciteerd	herzlichen Glückwunsch	*hertsliechen Gluukwoensj*
sterkte	viel Kraft	*viel kraft*
succes	viel Erfolg	*viel erfolG*
van harte beterschap	gute Besserung	*Goete besseroeng.*

Gefeliciteerd met je/uw verjaardag.
Herzlichen Glückwunsch zum Geburtstag./Ich gratuliere.
hertslichjen Gluukwoensj tsoem GeboertstaaG/iech Gratoeliere.

beleefdheden

vriendelijk dank	Vielen Dank	*vielen dank*
dankuwel	herzlichen Dank	*hertslichen dank*
alstublieft	bitte	*biete*
graag gedaan	gern geschehen	*Gern Gesjehen*
pardon	Entschuldigung	*entsjoeldiGoeng*

Bedankt voor de gastvrijheid/de moeite.
Danke für die Gastfreundlichkeit/die Mühe.
danke fuur die Gastfroindlichkeit/die muuhe.

Sorry, dat ging per ongeluk.
Verzeihung, das geschah aus Versehen.
vertsaiung, das Gesja aus verzehen.

Het spijt me.
Es tut mir Leid.
es toet mier laid.

Geeft niets, hoor.
Macht nichts.
macht niechts.

Laat maar zitten.
Laß nur; Laß sein.
las noer; las sain.

Mag ik hier roken/zitten/staan?
Darf ich hier rauchen/sitzen/stehen?
darf iech hier rauchen/zietzen/sjtehen?

Natuurlijk, ga uw/je gang/Liever niet/Nee, beslist niet.
Natürlich, ich bitte Sie/dich/Lieber nicht/Nein, bestimmt nicht.
natuurliech, iech biete zie/diech/Lieber niecht/nain, bestiemt niecht.

Mag ik er even langs, alstublieft?
Darf ich kurz passieren, bitte?
darf iech koerz passieren, biete?

conversatie

buurman	**der Nachbar**	*deer nachbar*
buurvrouw	**die Nachbarin**	*die nachbarin*
familie	**die Verwandten**	*die verwanten*
gesprek	**das Gespräch**	*das Gesjpreech*
hobby	**das Hobby, die**	*das hobbie, die*
	Freizeitbeschäftigung	*fraizaitbesjeeftieGoeng*
houden van	**mögen**	*meuGen*
kerstvakantie	**die Weihnachtsferien**	*die wainachtsfeeriejen*
praten	**reden, sprechen**	*reden, sjprechjen*
schoolvakantie	**die Schulferien**	*die sjoelfeeriejen*
vriend	**der Freund**	*deer froind*
vriendin	**die Freundin**	*die froindin*
wintersportvakantie	**der Wintersporturlaub**	*deer wientersport-oerlaub*
zomervakantie	**die Sommerferien**	*die zommerfeeriejen.*

Lekker weertje, hè?
Schönes Wetter, nicht?
sjeunes wetter, niecht?

Wat een slecht weer, hè?
Schlechtes Wetter, was?
sjlechtes wetter, was?

Ik vind het wat te warm/koud/vochtig.
Es ist hier ein bisschen zu warm/kalt/feucht.
es iest hier ain bieschen tsoe warm/kalt/foicht.

Wilt u/Wil je een foto van mij/ons maken?
Wollen Sie/Willst du mich/uns bitte fotografieren?
wollen zie/wielst doe miech/oens biete fotoGrafieren?

U/Je hoeft alleen dit knopje in te drukken.
Sie brauchen/du brauchst nur auf diesen Knopf zu drücken.
zie brauchen/doe brauchst noer auf diezen knopf tsoe druuken.

Waar komt u/kom je vandaan?
Woher kommen Sie/kommst du?
woheer kommen zie/komst doe?

Ik kom uit Nederland/België.
Ich komme aus Holland (den Niederlanden)/Belgien.
iech komme aus holland (den niederlanden)/belGiën.

Hoe lang bent u/ben je hier al?
Wie lange sind Sie/bist du schon hier?
wie lange ziend zie/biest doe sjoon hier?

Hoe lang blijft u/blijf je nog?
Wie lange bleiben Sie/bleibst du noch hier?
wie lange blaiben zie/blaibst doe noch hier?

Waar logeert u/logeer je?
Wo wohnen Sie/wohnst du?
wo woonen zie/woonst doe?

Is dit uw/je eerste bezoek aan dit/ons land?
Besuchen Sie/Besuchst du dieses/unser Land zum ersten Mal?
bezoechen zie/bezoechst doe dieses/oenzer land tsoem ersten mal?

Vindt u/Vind je het leuk hier?
Gefällt es Ihnen/dir hier?
Gefellt es ienen/dier hier?

Ik vind het hier erg leuk.
Es gefällt mir hier sehr gut.
es Gefelt mier hier zeer Goet.

Het is een prachtig land.
Es ist ein sehr schönes Land.
es iest ain zeer sjeunes land.

De Duitsers/Zwitsers/Oostenrijkers zijn erg aardig.
Die Deutschen/Schweizer/Österreicher sind sehr nett.
die doitsjen/sjwaitser/eusteraicher ziend zeer net.

Dat is erg aardig van u/je.
Das ist sehr nett von Ihnen/dir.
das iest zeer net von ienen/dier.

Bent u hier alleen?
Sind sie alleine hier?
ziend zie allaine hier?

Ik ben hier met (mijn) ...   *Ich bin hier mit ...*   **iech bien hier miet ...**

FAMILIE EN VRIENDEN

– broer	meinem Bruder	*mainem broeder*
– dochter	meiner Tochter	*mainer tochter*
– gezin	meiner Familie	*mainer famielië*
– man	meinem Mann	*mainem man*
– moeder	meiner Mutter	*mainer moeter*
– ouders	meinen Eltern	*mainen eltern*
– vader	meinem Vater	*mainem vater*
– vriend	meinem Freund	*mainem froind*
– een vriend(in)	einem Freund/einer Freundin	*ainem froind/ainer froindien*
– vrienden	ein Paar Freunden	*ain paar froinden*
– vriendin	meiner Freundin	*mainer froindien*
– vrouw	meiner Frau	*mainer frau*
– zoon	meinem Sohn	*mainem zoon*
– zus	meiner Schwester	*mainer sjwester*

Ik ben getrouwd/gescheiden/alleenstaand/weduwe/weduwnaar.
Ich bin verheiratet/geschieden/alleinstehend/Witwe/Witwer.
iech bien verhairatet/gesjieden/allainsjteejend/wietwe/wietwer.

Ik woon alleen/samen (met mijn vriend/vriendin).
Ich lebe allein/zusammen mit meinem Freund/mit meiner Freundin.
iech lebe allain/tsoezammen miet mainem froind/miet mainer froindien.

Hoe oud bent u/ben je?
Wie alt sind Sie/bist du?
wie alt ziend zie/biest doe?

Ik ben (bijna/net) ... jaar en ... maanden.
Ich bin (fast/gerade) ... Jahre und ... Monate alt.
iech bien (fast/Gerade) ... jahre oend ... monate alt.

Heeft u/Heb je kinderen?
Haben Sie/Hast du Kinder?
haben zie/hast doe kiender?

Wat is uw/je beroep?
Was ist Ihr/dein Beruf?
was iest ier/dain beroef?

Ik (ben) ...	Ich ...	*iech ...*
– ambtenaar	bin Beamter	*bien beamter*
– in zaken	bin Geschäftsmann/-frau	*bien gesjeftsman/-frau*
– lera(a)r(es)	bin Lehrer(in)	*bien leerer(ien)*
– verkoper/ster	bin Verkäufer(in)	*bien verkoifer(ien)*
– verpleegster	bin Krankenschwester	*bien krankensjwester*
– werk in een fabriek	arbeite in einer Fabrik	*arbaite ien ainer fabriek*

– werk op kantoor	**arbeite in einem Büro**	*arbaite ien ainem buro*
– werk in de techniek	**bin Techniker**	*bien technieker*
– werk in de bouw	**arbeite auf dem Bau**	*arbaite auf deem bau*

Ik ben gepensioneerd/werkloos/arbeidsongeschikt/student
Ich bin Rentner(in)/arbeitslos/arbeitsunfähig/Student.
iech bien rentner(ien)/arbaitsloos/arbaitsoenfeejiech/sjtoedent.

Ik zit nog op school/de universiteit.
Ich gehe noch zur Schule/zur Universität.
iech Gehe noch tsoer sjoele/tsoer oeniverziteet.

Wat doet u/doe je u in uw/jouw vrije tijd?
Was machen Sie/machst du in Ihrer/deiner Freizeit?
was machen zie/machst doe ien ierer/dainer fraitsait?

Heeft u/Heb je hobby's?
Haben Sie/Hast du Hobbys?
haben zie/hast doe hobbies?

Ik hou van ...	**Ich mag...**	*iech maaG...*
– dansen	**tanzen**	*tantzen*
– lezen	**lesen**	*lezen*
– muziek maken/ luisteren	**Musik machen/hören**	*moeziek machen/heuren*
– puzzelen	**puzzeln, Rätsel lösen**	*poetzeln, reetsel leusen*
– reizen	**reisen**	*raizen*
– spelletjes	**Spiele**	*spiele*

Ik ga graag naar ...	**Ich besuche gerne...**	*iech bezoeche Gerne...*
– films	**Filme**	*fielme*
– concerten	**Konzerte**	*kontserte*
– theater	**das Theater**	*das Theater*
– musea	**Museen**	*moezeejen*
– het café	**das Lokal**	*das lokaal*

GEVOELENS

angst	**die Angst**	*die angst*
bang	**bange**	*bange*
blij	**froh**	*froo*
blijheid	**die Fröhlichkeit**	*die freuliechkait*
boos	**böse**	*beuze*
boosheid	**der Zorn, der Ärger**	*deer tsorn, der erGer*
onzeker	**unsicher**	*oenziecher*
onzekerheid	**die Unsicherheit, die Ungewissheit**	*die oensiecherhait, die oengewieshait*

teleurgesteld	enttäuscht	enttoischt
teleurstelling	die Enttäuschung	die enttoischjoeng
verdriet	der Kummer	deer koemer
verdrietig	bekümmert, betrübt	bekuumert, betruubt
zich voelen	sich fühlen	siech fuulen

| Je maakt me... | Du machst mich... | doe machst miech... |
| Ik voel (me) ... | Ich fühle mich... | iech fuule miech... |

| Dat komt door ... | Das kommt dadurch, dass... | das komt dadoerch, das... |

afspreken

Heeft u zin bij ons langs te komen?
Haben Sie Lust uns zu besuchen?
haben zie loest oens tsoe bezoechen?

Zullen we vanavond uitgaan?
Wollen wir heute Abend ausgehen?
wollen wier hoite abend ausGeejen?

naar het café gaan	in die Kneipe gehen	ien die knaipe Geejen
naar de disco gaan	in eine Disko gehen	ien aine diesko Geejen
uit gaan eten	essen gehen	essen Geejen
een eindje gaan wandelen	ein bisschen spazieren gehen	ain biesjen sjpatsieren Geejen
naar een feest gaan	zu einer Party gehen	tsoe ainer partie Geejen

Ja, dat lijkt me leuk.
Ja, das finde ich toll.
ja, das fiende iech toll.

Nee, liever niet/ik kan niet.
Nein, lieber nicht/ich kann nicht.
nain, lieber niecht/iech kan niecht.

Hoe laat zullen we afspreken?
Wie spät treffen wir uns?
wie sjpeet treffen wier oens?

Mag ik je adres?
Gibst du mir deine Adresse?
Giebst doe mier daine adresse?

Ik kom je afhalen.
Ich hole dich ab.
iech hole diech ab.

versieren

schat	der Schatz	*deer sjats*
liefje/lieverd	der Liebling	*deer liebling*
lief	lieb	*lieb*
kussen	küssen	*kuussen*
strelen	streicheln	*straicheln*
vrijen	knutschen, schlafen,	*knoetsjen, sjlafen,*
	ins Bett gehen	*iens bet Gehen*
condoom	der Kondom	*deer kondoom*

Wil jij even mijn rug insmeren?
Willst du mir mal den Rücken einreiben?
wilst doe mier mal den ruuken ainraiben?

Heb je/Heeft u een vuurtje?
Haben Sie/Hast du bitte Feuer?
haben zie/hast doe biete foier?

Nee, ik rook niet.
Nein, ich rauche nicht.
nain, iech rauche niecht.

Dit is een leuke kroeg.
Gemütliche Kneipe hier.
Gemuutlieche knaipe hier.

Kan ik u/je iets te drinken aanbieden?
Darf ich Ihnen/dir ein Getränk anbieten?
darf iech ienen/dier ain Getreenk anbieten?

Heeft u/Heb je zin om te dansen?
Möchten Sie/Möchtest du tanzen?
muchten zie/muchtest doe tantsen?

Nu niet, straks misschien.
Jetzt nicht, vielleicht später.
jetst niecht, viellaicht sjpeeter.

Ik ben graag bij u/je.
Ich bin gerne bei Ihnen/euch.
iech bien Gerne bai ienen/oich.

Ik heb je (ontzettend) gemist.
Du hast mir sehr gefehlt.
doe hast mier zeer Gefeelt.

Ik denk de hele dag aan je.
Ich denke den ganzen Tag an dich.
iech denke den Gantsen taaG an diech.

Je bent erg lief.   **Du bist sehr lieb.**   *doe biest zeer lieb.*

Je bent heel mooi.   **Du bist sehr hübsch.**   *doe biest zeer huubsj.*

Mag ik je kussen?
Darf ich dich küssen?
darf iech diech kuussen?

Wil je me kussen?
Willst du mich küssen?
willst doe miech kuussen?

Ik ben verliefd op je.
Ich bin in dich verliebt.
iech bien ien diech verliebt.

Ik niet/ook op jou.
Ich nicht/auch in dich.
iech niecht/auch ien diech.

Ik hou van jou.   **Ich liebe dich.**   *iech liebe diech.*

Ik niet/ook van jou.   **Ich liebe dich nicht/auch.**   *iech liebe diech niecht/auch.*

Ik heb al een vriend/vriendin.
Ich habe schon einen Freund/eine Freundin.
iech habe sjoon ainen froind/aine froindien.

Zullen we weggaan?
Wollen wir gehen?
wollen wier Geejen?

Zullen we naar mij/ergens anders heen gaan?
Wollen wir zu mir/irgendwo anders hingehen?
wollen wier tsoe mier/ierGendwo anders hienGeejen?

Waar zullen we slapen vannacht?
Wo schlafen wir heute Nacht?
wo sjlafen wier hoite nacht?

Maak het je gemakkelijk.
Machst du es dir bequem.
machst doe es dier bekweem.

Doe alsof je thuis bent.
Fühle dich wie zu Hause.
fuule diech wie tsoe hauze.

Ik wil/Ik wil niet met je naar bed.
Ich möchte/Ich will nicht mit dir schlafen.
iech muchte/iech wiel niecht miet dier sjlaafen.

Alleen met condoom.
Nur mit einem Kondom.
noer miet ainem kondoom.

Heb je een condoom bij je?
Hast du ein Kondom zu dir?
hast doe ain kondoom tsoe dier?

Ik heb geen voorbehoedsmiddelen (bij me).
Ich habe keine Verhütungsmittel (zu mir).
iech habe kaine verhuutoengsmietel (tsoe mier).

Niet doen!
Mache das nicht!
mache das niecht!

Niet nu, ik heb hoofdpijn/geen zin.
Jetzt nicht, ich habe Kopfschmerzen/keine Lust.
jetzt niecht, iech habe kopfsjmerzen/kaine loest.

Dat zeggen ze allemaal.
Sie sagen alle dasselbe.
zie zaGen alle dasselbe.

Goed, dan doen we het niet.
Gut, dann machen wir es nicht.
Goet, dan machen wier es niecht.

2 – HULP

Probeer de belangrijkste woorden en zinnetjes uit uw hoofd te leren: in een noodsituatie zult u waarschijnlijk niet naar dit boekje gaan zoeken...

ambulance	der Krankenwagen, der Rettungswagen	deer krankenwaaGen, der rettoengswaaGen
arts	der Arzt	deer artst
bellen	anrufen	anroefen
botsing	der Zusammenstoß	deer tsoezammensjtoos
brand	der Brand	deer brand
brandtrap	die Feuertreppe	die foiertreppe
brandweer	die Feuerwehr	die foierweer
dokter	der Arzt	deer artst
eerstehulppost	die Sanitätswache	die zaniteetswache
ernstig	ernst, ernsthaft	ernst, ernsthaft
gewond	verletzt	verletzt
help!	(zu) Hilfe!	(tsoe) hielfe!
nooduitgang	Notausgang	nootausGang
politie	Polizei	polietsai
reanimeren	wiederbeleben	wiederbeleben
ruzie	der Streit	deer strait
spoedgeval	der Notfall	deer nootfall
vechten	kämpfen, sich schlagen	kempfen, siech sjlaaGen
ziek	krank	krank

Help!

Houd de dief!	Haltet den Dieb!	haltet deen Dieb!
Ik word aangevallen!	Man greift mich an!	man graift miech an!

Mijn zoon/dochter is zoek.
Ich habe meine Tochter/meinen Sohn verloren.
iech habe maine tochter/mainen zoon verloren.

Dit is een spoedgeval.
Das ist ein Notfall.
das iest ain nootfal.

Er is een ongeluk gebeurd.
Es ist ein Unfall passiert.
es iest ain oenfal passiert.

Er is iemand (in het water) gevallen.
Es ist jemand (ins) Wasser gefallen.
es iest jemand (iens) wasser Gefallen.

Er is brand uitgebroken.
Es ist ein Brand ausgebrochen.
es iest ain brand ausGebrochen.

Wat is het alarmnummer?
Was ist die Notrufnummer?
was iest die nootroefnoemer?

Bel direct een dokter/een ambulance!
Rufen Sie sofort einen Arzt/einen Krankenwagen an!
roefen zie zoofort ainen artst/ainen krankenwaGen an!

Er zijn (geen) gewonden.
Es gibt (keine) Verletzte.
es giebt (kaine) verletste.

U moet zich niet bewegen!
Bewegen Sie sich nicht!
beweGen zie ziech niecht!

Raak hem/haar niet aan.
Rühr ihn/sie nicht an.
ruur ien/zie niecht an.

Wilt u de politie bellen?
Rufen Sie bitte die Polizei an.
roefen zie biete die polietsai an.

We wachten tot de politie komt.
Wir warten bis die Polizei kommt.
wier warten bies die polietsai komt.

Mag ik uw naam en adres?
Geben Sie mir bitte Ihren Namen und Ihre Adresse.
Geben zie mier biete ieren namen oend iere adresse.

Wilt u mijn getuige zijn?
Wollen Sie mein Zeuge sein?
wollen zie main tsoiGe zain?

Waar bent u verzekerd?
Bei welcher Versicherung sind Sie?
bai welcher versiecheroeng ziend zie?

Het is mijn/jouw/uw/zijn/haar schuld.
Das ist meine/deine/eure/seine/ihre Schuld.
das iest maine/daine/oire/zaine/iere sjoeld.

kwijt/gestolen

Ik heb mijn ... hier laten liggen.
Ich habe mein ... hier liegen lassen.
iech habe main ... hier lieGen lassen.

Ik heb mijn ... verloren.	**Ich habe ... verloren.**	*iech habe ... verloren.*
Is mijn ... hier gevonden?	**Hat man ... hier gefunden?**	*hat man ... hier Gefoenden?*
Iemand heeft mijn ... gestolen.	**Jemand hat ... gestohlen.**	*jeemand hat ... gestoolen.*
– auto	**mein Auto**	*main auto*
– autoradio	**mein Autoradio**	*main autoradio*
– autosleutels	**meine Autoschlüssel**	*maine autosjluussel*
– bagage	**mein Gepäck**	*main Gepek*
– bankpas	**meine Scheckkarte**	*maine sjekkarte*
– betaalcheques	**meine Schecks**	*maine sjeks*
– betaalpas	**meine Scheckkarte**	*maine sjekkarte*
– caravan	**meinen Wohnwagen**	*mainen woonwaGen*
– cd-speler	**meinen CD-Spieler**	*mainen cd-sjpieler*
– creditcard	**meine Kreditkarte**	*maine kredietkarte*
– fiets	**mein Fahrrad**	*main faaraad*
– fototoestel	**meinen Fotoapparat**	*mainen fotoapparaat*
– geld	**mein Geld**	*main Geld*
– gettoblaster	**meinen Ghettoblaster**	*mainen Gettoblaster*
– giropas	**meine Postscheckkarte**	*maine postsjekkarte*
– handtas	**meine Handtasche**	*maine handtasje*
– horloge	**meine Uhr**	*maine oer*
– mobiele telefoon	**mein Handy**	*main hendie*
– notebook	**mein Notebook**	*main nootboek*
– organizer	**meinen Organizer**	*mainen orgenaizer*
– paraplu	**meinen Regenschirm**	*mainen reGensjierm*
– paspoort	**meinen Reisepass**	*mainen raizepas*
– pinpas	**meinee Geldkarte**	*maine Geldkarte*
– portefeuille	**meine Brieftasche**	*maine brieftasje*
– portemonnee	**mein Portemonnaie**	*main portemonee*
– reis- en kredietbrief	**meinen Reise- und Kreditbrief**	*mainen Raize- oend kredietbrief*
– reischeques	**meine Reiseschecks**	*maine raizesjeks*

– rijbewijs	**meinen Führerschein**	*mainen furersjain*
– sieraden	**meine Schmuckstücke**	*maine sjmoeksjtuuke*
– travellerscheques	**meine Travellerschecks/**	*maine trevellerssjeks/*
	Reiseschecks	*raisesjeks*
– videocamera	**meine Videokamera**	*maine videokamera*
– vliegticket	**mein Flugticket**	*main floeGtikket*

politie

agent	**der Polizist**	*deer polietsiest*
bekeuring	**das Strafmandat**	*das sjtraafmandaat*
bestolen	**bestohlen**	*besjtolen*
aangerand	**vergewaltigt**	*verGewaltiGt*
geslagen	**geschlagen**	*GesjlaGen*
dief	**der Dieb**	*deer dieb*

Waar is het politiebureau?
Wo ist das Polizeiamt?
wo iest das polietsai-amt?

Agent, deze persoon valt mij lastig!
Herr Polizist, diese Person belästigt mich!
herr polietsiest, dieze perzoon belestieGt miech!

Ik wil aangifte doen van ...	**Ich möchte ... anzeigen.**	*iech muchte ... antsaiGen.*
– beroving	**eine Beraubung**	*aine berauboeng*
– diefstal	**einen Diebstahl**	*ainen diebsjtaal*
– verkrachting	**eine Vergewaltigung**	*aine verGewaltieGoeng*
– inbraak	**einen Einbruch**	*ainen ainbroech*
– mishandeling/	**eine Misshandlung**	*aine mieshandloeng*
aanranding		
– verlies	**einen Verlust**	*ainen verloest*
– vernieling	**eine Zerstörung**	*aine tsersjteuroeng*

Mijn auto is opengebroken.
Mein auto ist aufgebrochen worden.
main auto iest aufGebrochen worden.

Er zijn spullen gestolen uit mijn tent/caravan/hotelkamer.
Es sind Sachen aus meinem Zelt/Wohnwagen/Hotelzimmer gestohlen worden.
es ziend zachen aus mainem tselt/woonwaGen/hoteltsiemer Gesjtolen worden.

Kunt u een rapport opmaken?
Können Sie ein Protokoll aufnehmen?
kunnen zie ain protokol aufnemen?

Mag ik een kopie voor de verzekering?
Geben Sie mir bitte eine Kopie für die Versicherung.
Geben zie mier biete aine kopie fuur die verziecheroeng.

Kunt u voor een tolk zorgen?
Können Sie mir einen Dolmetscher besorgen?
kunnen zie mier einen dolmetsjer bezorGen?

Wilt u de getuigenverklaringen opnemen?
Nehmen Sie bitte die Zeugenaussagen zu Protokoll.
nemen zie biete die tsoiGen-auszaGen tsoe protokol.

Ik wil graag mijn hulpverleningscentrale bellen.
Ich möchte den Hilfsdienst anrufen.
iech muchte den hielfsdienst anroefen.

Ik wil met het Nederlands/Belgisch consulaat bellen.
Ich möchte mit dem holländischen/belgischen Konsulat sprechen.
iech muchte miet deem hollendiesjen/belGiesjen konsoelaat sjprechen.

Ik heb hier niets mee te maken.
Ich habe nichts damit zu tun.
iech habe niechts damiet tsoe toen.

Ik ben onschuldig.
Ich bin unschuldig.
iech bien oensjoeldiech.

Ik heb een getuige.
Ich habe einen Zeugen.
iech habe ainen tsoiGen.

Ik wil een advocaat spreken.
Ich möchte mit einem Anwalt sprechen.
iech muchte miet ainem anwalt sjprechen.

DUITS-NEDERLANDS

Sie müssen ins Fundbüro gehen.
zie muussen iens foendbuuro Geejen.
U moet naar het bureau gevonden voorwerpen gaan.

Wo/Wie spät ist es passiert?
wo/wie sjpeet iest es passiert?
Waar/Hoe laat is het gebeurd?

Haben Sie Zeugen?
haben zie tsoiGen?
Heeft u getuigen?

Ich nehme ein Protokoll auf.
iech neme ain protokol auf.
Ik zal proces-verbaal opmaken.

Ihren Führerschein/Versicherungspapiere/Autopapiere bitte.
ieren furersjain/versiecheroengspapiere/autopapiere biete.
Mag ik uw rijbewijs/verzekeringspapieren/autopapieren zien?

Sie ...   U ...

-sind durch Rot gefahren.
ziend doerch root Gefaaren.
bent door rood licht gereden.

-haben keine Vorfahrt gelassen.
haben kaine vorfaart Gelassen.
hebt geen voorrang verleend.

-sind zu dicht aufgefahren.
ziend tsoe diecht aufGefaaren.
hebt geen afstand gehouden.

-sind zu schnell gefahren.
ziend tsoe sjnell Gefaaren.
hebt te hard gereden.

-sind plötzlich angehalten.
ziend plutsliech anGehalten.
bent plotseling gestopt.

-haben die Mittellinie überschritten.
haben die miettellienieje uuberschritten.
hebt de middenstreep overschreden.

Ihr Auto ist abgeschleppt worden.
ier auto iest abGesjlept worden.
Uw auto is weggesleept.

Ich verwarne Sie nur.
iech verwarne zie noer.
Ik geef u alleen een waarschuwing.

Sie müssen ein Bussgeld von ...Euro/Franken bezahlen.
zie muussen ain boesGeld von ... oiro/franken betsalen.
U moet een boete betalen van ... euro/frank.

Sie müssen gleich bezahlen.
zie muussen Glaich betsalen.
U moet meteen betalen.

Ihr Führerschein/Ihr Auto wird beschlagnahmt.
ier furersjain/ier auto wierd besjlagnaamt.
Uw rijbewijs/Uw auto wordt in beslag genomen.

Sie müssen mit zur Polizeiwache.
zie muussen miet tsoer polietsaiwache.
U moet mee naar het politiebureau.

Sie müssen in die Tüte blasen/sich einer Blutprobe unterziehen.
zie muussen in die tuute blazen/siech ainer bloetprobe oentertsiehen.
U moet een blaastest/bloedproef ondergaan.

Sie müssen eine Aussage machen.
zie muussen aine aussaGe machen.
U moet een verklaring afleggen.

arts

Waar is een ...?	**Wo finde ich ...?**	*wo fiende iech ...?*
– dokter	**einen Arzt**	*ainen artst*
– ziekenhuis	**ein Krankenhaus**	*ain krankenhaus*
– eerstehulppost	**die Erste Hilfe**	*die erste hielfe*

| Ik ben ziek. | **Ich bin krank.** | *iech bien krank.* |

Mijn vrouw/man/kind/vriend(in) is ziek.
Meine Frau/mein Mann/Mein Kind/Mein(e) Freund(in) ist krank.
maine frau/main man/main kiend/main(e) froind(ien) iest krank.

Wanneer heeft de dokter spreekuur?
Wann sind die Sprechstunden?
wan ziend die sjprechsjtoenden?

Kan de dokter hier langskomen?
Könnte der Arzt hier vorbeikommen?
kunte deer artst hier vorbaikommen?

LICHAAMSDELEN

ader	die Ader	*die ader*
anus	der After, der Anus	*der after, der anoes*
arm	der Arm	*deer arm*
been	das Bein	*das bain*
bil	die Backe	*die bakke*
blaas	die Blase	*die blaze*
blindedarm	der Blinddarm	*deer blienddarm*
borst	die Brust	*die broest*
borsten	die Brüste	*die bruuste*
bovenarm	der Oberarm	*deer oberarm*
bovenbeen	der Oberschenkel	*deer obersjenkel*
buik	der Bauch	*deer bauch*
darm	der Darm	*deer darm*
dij	der Oberschenkel	*deer obersjenkel*
duim	der Daumen	*deer daumen*
elleboog	der Ellbogen	*deer elboGen*
enkel	das Fußgelenk	*das foesGelenk*
gezicht	das Gesicht	*das Geziechjt*
haar	die Haare	*die haare*
hak	der Hacken, die Ferse	*deer hakken, die ferse*
hals	der Hals	*deer hals*
hand	die Hand	*die hand*
hart	das Herz	*das herts*
hersenen	das Gehirn	*das Gehiern*
hoofd	der Kopf, das Haupt	*deer kopf, das haupt*
keel	die Kehle	*die kele*
kies	der Backenzahn	*deer bakkentsaan*
knie	das Knie	*das knieje*
knieschijf	die Kniescheibe	*die kniesjaibe*
lever	die Leber	*die leber*
lip	die Lippe	*die lieppe*
long	die Lunge	*die loenge*
luchtpijp	die Luftröhre	*die loeftreure*
milt	die Milz	*die miltz*
mond	der Mund	*deer moend*
nagel	der Nagel	*deer naGel*
navel	der Nabel	*deer nabel*
nek	der Nacken	*deer nakken*
neus	die Nase	*die naze*
nier	die Niere	*die niere*
onderarm	der Unterarm	*deer oenterarm*
onderbeen	der Unterschenkel	*deer oentersjenkel*
oog	das Auge	*das auGe*
oor	das Ohr	*das oor*
penis	der Penis	*deer penis*

pink	der kleine Finger	*deer klaine fienger*
pols	das Handgelenk	*das handGelenk*
ruggengraat	das Rückgrat	*das ruukGraat*
schedel	der Schädel	*deer sjeedel*
schouder	die Schulter	*die sjoelter*
schouderblad	das Schulterblatt	*das sjoelterblat*
slagader	die Schlagader	*die sjlaaGader*
slokdarm	die Speiseröhre	*sjpaizereure*
tand	der Zahn	*deer tsaan*
teen	der Zeh	*deer tsee*
teenkootje	der Zehenknochen	*deer tsehenknochen*
tepel	die Brustwarze	*die broestwartse*
tong	die Zunge	*die tsoenge*
vagina	die Vagina	*die vaGina*
vinger	der Finger	*deer fienger*
vingerkootje	der Fingerknochen	*deer fiengerknochen*
voet	der Fuß	*deer foes*
voetzool	die Fußsohle	*die foeszoole*
wervelkolom	die Wirbelsäule	*die wierbelsoile*
Ik heb ...	Ich habe ...	*iech habe ...*

ZIEKTES EN AANDOENINGEN

aids	Aids	*eeds*
astma	Asthma	*astma*
blaasontsteking	Blasenentzündung	*blazen-entsuundoeng*
blindedarmontsteking	Blinddarmentzündung	*blienddarmentsuundoeng*
bronchitis	Bronchitis	*bronchietis*
buikgriep	Darmgrippe	*darmGrieppe*
chronische spierpijn/ vermoeidheid	chronischer/dauernder Muskel- schmerz/chronische Ermüdung	*chroniesjer/dauernder moeskelsjmerts/chroniesje ermuudoeng*
een hartinfarct	Herzinfarkt	*hertsienfarkt*
een hartkwaal	Herzfehler	*hertsfeler*
een maagzweer	Magengeschwür	*maGen-Gesjwuur*
epilepsie	Epilepsie	*epilepsie*
galstenen	Gallensteine	*Gallensjtaine*
geelzucht	Gelbsucht	*Gelbzoecht*
griep	Grippe	*Griepe*
hernia	Bandscheibenhernie	*bandsjaibenhernieje*
hersenschudding	Gehirnerschütterung	*Gehiern-ersjuteroeng*
hiv	das HIV	*das ha-ie-vee*
hoge bloeddruk	erhöhten Blutdruck	*erheuten bloetdroek*
hooikoorts	Heuschnupfen	*hoisjnuupfen*
longontsteking	Lungenentzündung	*loengen-entsuundoeng*
migraine	Migräne	*mieGrene*

muisarm	der Mausarm	*deer mausarm*
nierstenen	Nierensteine	*nierensjtaine*
ontsteking van ...	Entzündung von...	*entsuundoeng von ...*
reuma	Rheuma	*roima*
RSI	RSI	*RSI*
spit	Hexenschuss	*heksensjoes*
suikerziekte	Zuckerkrankheit	*tsoekerkrankhait*
verkoudheid	die Erkältung, der Schnupfen	*die erkeltoeng, der sjnoepfen*
voedselvergiftiging	Lebensmittelvergiftung	*lebensmiettelverGieftoeng*
voorhoofdsholteontsteking	Stirnhöhlenentzündung	*sjtiernheulenentsuundoeng*
zonnesteek	Sonnenstich	*zonnensjtiech*

---

klachten

Ik voel me ziek/zwak/rillerig.
Ich fühle mich krank/schwach/fröstelnd.
iech fule miech krank/sjwach/frustelnd.

Ik heb het benauwd.
Ich habe Atembeschwerden.
iech habe atembesjwerden.

Ik heb kou gevat.
Ich habe mich erkältet.
iech habe miech erkeltet.

Ik heb hier pijn.
Ich habe hier Schmerzen.
iech habe hier sjmertsen.

Zware/Stekende/Zeurende pijn.
Heftige/Ziehende/Bohrende Schmerzen.
heftieGe/tsiejende/borende sjmertsen.

Het jeukt hier.
Es juckt mich hier.
es joekt miech hier.

Ik heb ...	Ich habe ...	*iech habe...*
– aambeien	Hämorrhoiden	*hemorro-ieden*
– buikpijn	Bauchschmerzen	*bauchsjmertsen*
– hartkloppingen	Herzklopfen	*hertsklopfen*
– hoofdpijn	Kopfschmerzen	*kopfsjmerzen*
– keelpijn	Halsweh	*halswee*
– koorts	Fieber	*fieber*
– krampen	Krämpfe	*krempfe*

– menstruatiepijn	**Menstruationsbeschwerden**	*menstroeaatsioons besjwerden*
– oorpijn	**Ohrenschmerzen**	*orensjmertsen*
– rugpijn	**Rückenschmerzen**	*rukensjmertsen*

Mijn kind wil niet eten/huilt veel/slaapt niet.
Mein Kind isst nicht/weint viel/schläft nicht.
main kiend ist niecht/waint viel/sjleeft niecht.

Ik ben duizelig/misselijk.
Mir ist schwindlich/übel.
mier iest sjwiendliech/ubel.

Ik ben flauwgevallen.
Ich bin in Ohnmacht gefallen.
iech bien in oonmacht Gefallen.

Ik heb iets verkeerds gegeten.
Ich habe etwas Falsches gegessen.
iech habe etwas falsjes GeGessen.

Ik heb een paar keer overgegeven.
Ich habe mich einige Male übergeben.
iech habe miech ainiGe Male uberGeben.

Ik heb last van diarree.
Ich habe Durchfall.
iech habe doerchfal.

Ik heb last van verstopping.
Ich habe Verstopfung.
iech habe versjtopfoeng.

Ik slaap slecht.
Ich schlafe schlecht.
iech sjlafe sjchlecht

Ik heb mijn enkel verstuikt.
Ich habe den Knöchel verstaucht.
iech habe deen knuchel versjtaucht.

Ik kan niet op mijn been staan.
Ich kann nicht auf dem Bein stehen.
iech kan niecht auf deem bain sjtejen.

Ik kan mijn ... niet bewegen.	**Ich kann ... nicht bewegen.**	*iech kan ... niecht beweGen.*
– arm	**den Arm**	*deen arm*

30

– been	das Bein	*das bain*
– hand	die Hand	*die hand*
– knie	das Knie	*das knie-je*
– nek	den Nacken	*deen nakken*
– voet	den Fuss	*deer foes*

Ik ben gebeten door een hond/slang.
Ich bin gebissen worden von einem Hund/von einer Schlange.
iech bien Gebiessen worden von ainem hoend/von ainer sjlange.

Ik ben gestoken door een ...	**Ich bin gestochen worden von ...**	*iech bien Gesjtochen worden von ...*
– insect	**einem Insekt**	*ainem ienzekt*
– vlieg	**einer Fliege**	*ainer flieGe*
– wesp	**einer Wespe**	*ainer wespe*
– kwal	**einer Qualle**	*ainer kwalle*

Deze wond wil niet genezen.
Diese Wunde (ver)heilt nicht.
dieze woende (ver)hailt niecht.

Het is een brandwond/snijwond.
Es ist eine Brandwunde/Schnittwunde.
es iest aine brandwoende/sjnietwoende.

Ik denk dat de wond ontstoken is.
Ich denke die Wunde ist entzündet.
iech denke die woende iest entsuundet.

Ik denk dat ik een geslachtsziekte heb.
Ich glaube, dass ich eine Geschlechtskrankheit habe.
iech Glaube das iech aine Gesjlechtskrankhait habe.

Ik ben misschien zwanger geraakt.
Ich bin vielleicht schwanger geworden.
iech bien viellaicht sjwanger Geworden.

Kunt u me ... geven?	**Können Sie mir ... verschreiben?**	*kunnen zie mier ... versjraiben?*
– een pijnstiller	**Schmerztabletten**	*sjmertstabletten*
– een kalmeringsmiddel	**ein Beruhigungsmittel**	*ain beroe-ieGoengs-mietel*
– slaappillen	**ein Schlafmittel**	*ain sjlaafmietel*
– de morning-afterpil	**die Pille danach**	*die piele da<u>na</u>g*
– de anticonceptie-pil	**die Pille**	*die piele*

Is het besmettelijk?
Ist es ansteckend?
iest es <u>a</u>nstekkend?

bijzonderheden over uzelf

Ik ben ... maanden zwanger.
Ich bin ... Monate schwanger.
iech bien ... monate sjwanger.

Ik ben allergisch voor penicilline/antibiotica.
Ich bin allergisch gegen Penizillin/Antibiotika.
iech bien allerGiesj GeGen penietsielien/antibiotika.

Ik heb eerder ... gehad.
Ich habe früher ... gehabt.
iech habe fruu-er ... gehaabt.

Ik heb een suikervrij/zoutloos/zoutarm/vetvrij dieet.
Ich habe eine zuckerfreie/salzlose/salzarme/fettlose Diät.
iech habe aine tsoekerfraie/zaltsloze/zaltsarme/fetloze dieet.

Kent u de wetenschappelijke term voor uw ziekte, noem die dan. Medische termen zijn vaak internationaal.

onderzoek door de dokter

DUITS-NEDERLANDS

Seit wie lange haben Sie diese Beschwerden?
zait wie lange haben zie dieze besjwerden?
Hoe lang heeft u deze klachten?

Haben Sie diese Beschwerden zum ersten Mal?
haben zie dieze besjwerden tsoem ersten maal?
Is het de eerste keer dat u deze klachten heeft?

Haben Sie Fieber?
haben zie fieber?
Heeft u koorts?

Nehmen Sie Medikamente?
nemen zie medikamente?
Gebruikt u medicijnen?

Was haben Sie gegessen?
was haben zie GeGessen?
Wat heeft u gegeten?

Ich brauche eine Blutprobe/Urinprobe/Stuhlprobe.
iech brauche aine bloetprobe/oerienprobe/sjtoelprobe.
Ik moet uw bloed/urine/ontlasting onderzoeken.

Es ist nichts Ernstes.
es iest niechts ernstes.
Het is niets ernstigs.

Der Muskel/Der Knochen ist ...
deer moeskel/deer knochen iest ...
De spier/het bot is...

-gequetscht	*Gekwetsjt*	gekneusd
-verrenkt	*verrenkt*	ontwricht
-verzerrt	*vertsert*	verrekt
-verstaucht	*versjtaucht*	verstuikt
-gerissen	*Geriessen*	gescheurd

Sie sollten einen Spezialisten aufsuchen.
Zie solten ainen speetsialiesten aufzoechen.
U moet naar een specialist.

Sie müssen ins Krankenhaus für eine Röntgenaufnahme.
zie muussen iens krankenhaus fuur aine runtchenaufname.
U moet naar het ziekenhuis voor een röntgenfoto.

Sie müssen ins Krankenhaus.
zie muussen iens krankenhaus.
U moet in het ziekenhuis opgenomen worden.

Sie müssen operiert werden.
zie muussen operiert werden.
U moet geopereerd worden.

Sie müssen im Bett bleiben/drinnen bleiben.
zie muussen iens bet blaiben/drienen blaiben.
U moet in bed/binnen blijven.

Sie brauchen ein paar Tage Ruhe.
zie brauchen ain paar taGe roe-e.
U moet een paar dagen rust houden.

Vorläufig dürfen Sie nicht reisen.
vorloifiech duurfen zie niecht raizen.
U mag voorlopig niet reizen.

Sie dürfen vorläufig nicht laufen/reisen/Sport treiben/schwimmen.
zie duurfen vorloifieG niecht laufen/raizen/sport traiben/sjwiemen.
U mag voorlopig niet lopen/reizen/sporten/zwemmen.

Sie sollten heimgehen.
zie zolten haimGee-en.
U moet naar huis terugkeren.

Kommen Sie in ... Tagen zurück.
kommen zie ien ... taGen tsoeruuk.
Komt u over ... dagen terug.

Ich werde Ihnen ein Medikament verschreiben.
iech werde ienen ain medikament versjraiben.
Ik geef u een recept.

Nehmen Sie dieses Medikament ... Mal am Tag.
nemen zie diezes medikament ... maal am taaG.
Neemt u dit medicijn ... maal per dag in.

het ziekenhuis

Wanneer mag ik uit bed?
Wann darf ich wieder aus dem Bett?
wan darf iech wieder aus deem bet?

Ik voel me nu beter/slechter.
Ich fühle mich jetzt besser/schlechter.
iech fule miech jetst besser/sjlechter.

Hoe lang moet ik in het ziekenhuis blijven?
Wie lange muss ich im Krankenhaus bleiben?
wie lange moes iech iem krankenhaus blaiben?

Ik word liever in Nederland/België behandeld. Is dat mogelijk?
Ich bevorzuge eine Behandlung in Holland/Belgien. Ist das möglich?
iech bevortsoeGe aine behandloeng ien holland/belGiën. iest das meuGliech?

Moet ik direct betalen?
Soll ich gleich bezahlen?
zol iech Glaich betsalen?

Mag ik een kwitantie voor de verzekering?
Geben Sie mir bitte eine Quittung für die Versicherung.
Geben zie mier biete aine kwitoeng fuur die versiecheroeng.

Kunt u me een medische verklaring geven?
Können Sie mir bitte ein ärztliches Zeugnis ausstellen?
kunnen zie mier biete ain ertstlieches tsoiGnies aussjtellen?

de apotheek

drogist/apotheek	**die Drogerie/Apotheke**	*die droGerie/apoteke*
apotheek	**die Apotheke**	*die apoteke*

Waar kan ik een apotheek vinden?
Wo gibt es eine Apotheke?
wo Giebt es aine apoteke?

Welke apotheek heeft nachtdienst?
Welche Apotheke hat Nachtdienst?
welche apoteke hat nachtdienst?

Kunt u dit recept nu klaarmaken?
Können Sie dieses Rezept jetzt preparieren?
kunnen zie diezes retsept jetst preparieren?

Er is haast bij.
Es ist dringend.
es iest driengend.

Wanneer kan ik het afhalen?
Wann kann ich es abholen?
wan kan iech es abholen?

Heb ik voor dit middel een recept nodig?
Ist diese Arznei rezeptpflichtig?
iest dieze artsnai retseptpfliechtiech?

recepten

RECEPTEN

Pillen	pillen
Pulver	poeder
Zäpfchen	zetpil
Tablette	tablet
Tropfen	druppels
Nasenspray	neusspray
Salbe	zalf
Teelöffel/Esslöffel	theelepel(s)/eetlepel(s)
Morgens/Abends	's ochtends/'s avonds
mittags/am Mittag	's middags
alle ... Stunden	elke ... uur
vor dem Schlafengehen	voor het naar bed gaan

vor/nach der Mahlzeit	voor/na de maaltijd
auf nüchternen Magen	op de nuchtere maag
äusserlich/innerlich	voor uitwendig/inwendig gebruik
bei Schmerzen	bij pijn
im Munde zergehen lassen	in de mond laten smelten
mit Wasser nehmen	met water innemen
unzerkaut herunterschlucken	heel doorslikken
zur äußerlichen/innerlichen Anwendung	voor uitwendig/inwendig gebruik

... Mal am Tag, vor/nach dem Essen.
... maal am taaG, vor/nach dem essen.
... keer daags, voor/na het eten.

Dit middel beïnvloedt de rijvaardigheid.
Dieses Mittel beeinträchtigt die Fahrtüchtigkeit.
diezes mietel beaintrechtieGt die faartuuchtiechkait.

tandarts

gaatje	**das Loch**	*das log*
kies	**der Zahn/Molar**	*tsaan/molaar*
kiespijn	**Zahnschmerzen**	*tsaansjmertsen*
tand	**der Zahn**	*tsaan*
boren	**(aus)bohren**	*(aus)booren*
trekken	**ziehen**	*tsiehen*
verdoving	**die Betäubung**	*die betoiboeng*

Waar vind ik een tandarts?
Wo finde ich einen Zahnarzt?
wo fiende iech ainen tsaanartst?

Ik heb (ontzettende) kiespijn.
Ich habe (grässliche) Zahnschmerzen.
iech habe (Gresslieche) tsaansjmertsen.

Er is een kies/tand afgebroken.
Der Zahn ist abgebrochen.
deer tsaan iest abGebrochen.

Ik wil de kies niet laten trekken.
Ich möchte den Zahn nicht ziehen lassen.
iech muchte deen tsaan niecht tsiejen lassen.

Ik ben een vulling kwijt.
Ich habe eine Plombe verloren.
iech habe aine plombe verloren.

Ik heb last van pijnlijk/bloedend tandvlees.
Das Zahnfleisch ist wund/blutet.
das tsaanflaisj iest woend/bloetet.

Kunt u mijn kunstgebit repareren?
Können Sie mein Gebiss reparieren?
kunnen zie main Gebies reparieren?

Wilt u het provisorisch behandelen?
Können Sie es provisorisch behandeln?
kunnen zie es provizoriesj behandeln?

Wilt u het plaatselijk verdoven?
Können Sie eine örtliche Betäubung geben?
kunnen zie aine urtlieche betoiboeng Geben?

DUITS-NEDERLANDS

Ich werde diesen Zahn ziehen/plombieren.
iech werde dieze tsaan tsiejen/plombieren.
Ik zal deze tand trekken/vullen.

Sie haben einen Abszess.
zie haben ainen abstses.
U heeft een abces.

personalia

DUITS-NEDERLANDS

der Familienname	*deer familienname*	achternaam
der Vorname	*deer vorname*	voornaam
der Mädchenname	*deer meedchenname*	meisjesnaam
das Geschlecht	*das Gesjlecht*	geslacht
männlich/weiblich	*menliech/waibliech*	mannelijk/vrouwelijk
der Geburtsort	*deer Geboertsort*	geboorteplaats
das Geburtsdatum	*das Geboertsdatoem*	geboortedatum
der Wohnort/Wohnsitz	*deer wohnort/wohnzietz*	woonplaats
die Anschrift	*die anschrieft*	adres
die Nationalität	*die natieonalieteet*	nationaliteit
der Beruf	*deer beroef*	beroep
der Familienstand	*deer famieliënsjtand*	burgerlijke staat
unverheiratet	*oenverhairatet*	ongehuwd
verheiratet	*verhairatet*	gehuwd
geschieden	*Gesjieden*	gescheiden
der (Reise)Pass	*deer (raize)pas*	paspoort
die Passnummer	*die pasnoemer*	paspoortnummer
der Personalausweis	*deer perzonaalauswais*	toeristenkaart
ausgestellt in ... am ...	*ausgestellt ien ... am*	uitgegeven te ... op ...
das Ankunfts-/ Abreisedatum	*das ankoenfts-/abraizedatoem*	aankomst-/vertrekdatum
die Aufenthaltsdauer	*die aufenthaltsdauer*	verblijfsduur
der Aufenthaltsgrund	*deer aufenthaltsGroend*	verblijfsreden
ein geschäftlicher/ touristischer Besuch	*ain gescheftliecher bezoech*	zakelijk/toeristisch bezoek
die Aufenthaltsadresse	*die aufenthaltsadresse*	verblijfsadres
die Unterschrift	*die oenterschrieft*	handtekening

de douane

stop	**halt**
paspoortcontrole	**die Passkontrolle**
douane	**der Zoll**
EU-ingezetenen	**EU-Eingesessenen**
niet-ingezetenen	**nicht-Eingesessenen**
aangifte goederen	**Zollerklärung**
personenauto's	**Personenwagen**
vrachtverkeer	**Gütertransport**

Ik heb niets aan te geven.
Ich habe nichts zu verzollen.
iech habe niechts tsoe vertsollen.

Ik wil dit aangeven.
Ich möchte dieses verzollen.
iech meuchte diezes vertsollen.

Dit is voor eigen gebruik.
Dies ist für meinen persönlichen Gebrauch.
dies iest fuur mainen perzeunliechen Gebrauch.

Ik ben mijn paspoort kwijt/vergeten.
Ich habe meinen Pass/Ausweis verloren/vergessen.
iech habe mainen pas/auswais verloren/verGessen.

Mijn paspoort is gestolen.
Mein Reisepass ist gestohlen worden.
main raizepas iest Gestohlen worden.

Ik blijf een paar dagen/een week/drie weken.
Ich bleibe einige Tage/eine Woche/drei Wochen.
iech blaibe ainiGe taGe/aine woche/drei wochen.

Ik ben op doorreis naar ...
Ich bin auf Durchreise nach ...
ich bien auf doerchraise nach ...

DUITS-NEDERLANDS

Ihren Ausweis/Pass, bitte.
ieren auswais/pas, biete.
Uw paspoort, alstublieft.

Wie lange bleiben Sie?
wie lange blaiben zie?
Hoe lang blijft u?

Wohin fahren Sie?
woohien faren zie?
Waar reist u naartoe?

Sind Sie auf Geschäftsreise oder auf Urlaubsreise?
ziend zie auf Gesjeftsraize oder auf oerlaubsraize?
Bent u voor zaken of voor vakantie op reis?

Ihr Pass/Ausweis ist abgelaufen.
ier pas/auswais iest abGelaufen.
Uw paspoort is verlopen/niet geldig.

Das Kind muss selbst einen Pass haben.
das kiend moes zelbst ainen pas haben.
Het kind moet een eigen paspoort hebben.

Haben Sie etwas zu verzollen?
haben zie etwas tsoe vertsollen?
Heeft u iets aan te geven?

Öffnen Sie bitte den Kofferraum.
ufnen zie biete deen kofferraum.
Maakt u de kofferruimte open, alstublieft.

Sie müssen das verzollen.
zie muussen das vertsollen.
U moet hiervoor invoerrechten betalen.

Sie dürfen dieses nicht einführen/ausführen.
zie duurfen diezes niecht ainfuuren/ausfuuren.
U mag dit niet invoeren/uitvoeren.

Kommen Sie bitte kurz ins Büro?
kommen zie biete koerz iens buuro?
Wilt u even meekomen naar het kantoor?

Warten Sie einen Moment, bitte.
warten zie ainen moment, biete.
Wilt u even wachten?

Ist das Ihr Gepäck?
iest das iehr Gepek?
Is dit uw bagage?

Haben Sie es selbst eingepackt?
haben zie es zelbst einGepakt?
Heeft u dit zelf ingepakt?

Haben Sie einen Impfpass für das Tier?
haben zie ainen iempfpas fuur das tier?
Heeft u een inentingsbewijs voor uw dier?

Sie dürfen weitergehen.
zie duurfen waiterGehen.
U kunt verder gaan.

seconden, minuten, uren...

DE TIJD

12.00	**zwölf Uhr**	*tswulf oehr*
13.15	**dreizehn Uhr fünfzehn/**	*draitsehn oehr fuunfzehn/*
	viertel nach dreizehn	*viertel naach draitsehn*
13.20	**dreizehn Uhr zwanzig**	*draitsehn oehr tswantsiech*
13.25	**dreizehn Uhr fünfundzwanzig**	*draitsehn oehr fuunfoendtswantsiech*
13.30	**dreizehn Uhr dreißig/halb zwei**	*draitsehn oehr draissiech/halb tswai*
13.35	**dreizehn Uhr fünfunddreißig**	*draitsehn oehr fuunfoenddraissiech*
13.40	**dreizehn Uhr vierzig**	*draitsehn oehr viertsiech*
13.45	**dreizehn Uhr fünfundvierzig/**	*draitsehn oehr fuunfoendviertsiech/*
	dreiviertel vierzehn	*draiviertel viertsehn*
13.50	**dreizehn Uhr fünfzig**	*draitsehn oehr fuunftsiech*
13.55	**dreizehn Uhr fünfundfünfzig**	*draitsehn oehr fuunfundfuunftsiech*
14.00	**vierzehn Uhr**	*viertsehn oehr*
14.05	**vierzehn Uhr fünf**	*viertsehn oehr fuunf*
14.10	**vierzehn Uhr zehn**	*viertsehn oehr tsehn*
00.00	**null Uhr/zwölf Uhr nachts**	*noel oehr/tswulf oehr nachts*

vanochtend	**heute Morgen**	*hoite morGèn*
vanmiddag	**heute Mittag**	*hoite miettaaG*
vanavond	**heute Abend**	*hoite abend*
vanavond/vannacht	**heute Nacht**	*hoite nacht*
seconde	**die Sekunde**	*die zekoende*
minuut	**die Minute**	*die mienoete*
kwartier	**die Viertelstunde**	*die viertelsjtoende*
half uur	**eine halbe Stunde**	*aine halbe sjtoende*
uur	**die Stunde**	*die sjtoende*
dagdeel	**der halbe Arbeitstag**	*deer halbe arbaitstaaG.*
Tussen ... en ...	**Zwischen ... und ...**	*tswiesjen ... oend ...*
Vanaf ... tot ...	**Ab ... bis ...**	*ab ... bies ...*

We zijn/U bent (te) vroeg/laat/mooi op tijd.
Wir sind/Sie sind zu früh/spät/schön rechtzeitig.
wier ziend/zie ziend tsoe fruu/sjpeet/sjeun rechttsaitiech.

Hoe laat is het?	**Wie spät ist es?**	*wie sjpeet iest es?*
Het is 20.23.	**Es ist 20.23 Uhr.**	*es iest tswantsiech oer draioendtswantsiech.*
Hoe laat begint het?	**Wie spät beginnt es?**	*wie speet beGient es?*

dagen, weken, maanden, jaren...

dag	**der Tag**	*deer taaG*
week	**die Woche**	*die woche*
maand	**der Monat**	*deer monaat*
jaar	**das Jahr**	*das jaar*
eeuw	**das Jahrhundert**	*das jaarhoendert*
lente	**der Frühling**	*deer frulieng*
zomer	**der Sommer**	*deer zommer*
herfst	**der Herbst**	*deer herbst*
winter	**der Winter**	*deer wienter*

maandag	**Montag**	*moontaaG*
dinsdag	**Dienstag**	*dienstaaG*
woensdag	**Mittwoch**	*mietwoch*
donderdag	**Donnerstag**	*donnerstaaG*
vrijdag	**Freitag**	*fraitaaG*
zaterdag	**Samstag**	*zamstaaG*
zondag	**Sonntag**	*zontaaG*

eergisteren	**vorgestern**	*vorGestern*
gisteren	**gestern**	*Gestern*
gisteravond	**gestern Abend**	*Gestern abend*
vandaag	**heute**	*hoite*
morgen	**morgen**	*morGen*
morgenochtend	**morgen früh**	*morGen fruh*
morgenmiddag	**morgen Mittag**	*morGen mietaaG*
morgenavond	**morgen Abend**	*morGen abend*
overmorgen	**übermorgen**	*ubermorGen*

januari	**Januar**	*jannoeaar*
februari	**Februar**	*feebroeaar*
maart	**März**	*merts*
april	**April**	*apriel*
mei	**Mai**	*mai*
juni	**Juni**	*joeni*

juli	**Juli**	*joeli*
augustus	**August**	*auGoest*
september	**September**	*zeptember*
oktober	**Oktober**	*oktober*
november	**November**	*november*
december	**Dezember**	*deetsember*

De hoeveelste is het vandaag?
Der Wievielte ist es heute?
deer wievielte iest es hoite?

Donderdag, 25 oktober 2001.
Donnerstag, den 25. Oktober 2001.
donnerstaaG, den fuunfoendtswantsiechsten oktober tswaitauzendains.

Deze/volgende/vorige ...
Diese/nächste/vorige ...
dieze/neechste/voriGe ...

Over een week.   **In einer Woche.**   *ien ainer woche.*

5 – HET WEER

Wat voor weer wordt het vandaag?
Wie wird das Wetter heute?
wie wierd das wetter hoite?

Wordt het weer beter/slechter?
Wird das Wetter besser/schlechter?
wierd das wetter besser/sjlechter?

Het is vandaag erg warm/koud.
Heute ist es sehr warm/kalt.
hoite iest es zeer warm/kalt.

Komt er meer/minder wind?
Wird der Wind zunehmen/sich legen?
wierd deer wiend tsoenemen/ziech leGen?

Regent het hier vaak?
Regnet es hier oft?
reeGnet es hier oft?

Komt er meer regen/sneeuw/onweer?
Wird es noch mehr regnen/schneien/gewittern?
wierd es noch meer reeGnen/sjnaien/Gewittern?

Hoe zijn de sneeuwcondities?
Wie ist die Schneelage?
wie iest die sjneelaGe?

De temperatuur is 10°C.
Die Temperatur beträgt 10°C.
die temperatoer betreeGt zehn Grad Celsioes.

abklingende Schauertätigkeit	*abkliengende sjauerteetichkait*	afnemend buiïg
bewölkt	*bewulkt*	bewolkt
Böen	*beuen*	windstoten
Dunst	*doenst*	nevel
Föhn	*feun*	föhn (warme bergwind)
Frost	*frost*	vorst
Gewitter	*Gewieter*	onweer
Graupel	*Graupel*	hagel
Hitzewelle	*hie̱tzewelle*	hittegolf
Hoch	*hooch*	hogedrukgebied
Kältewelle	*ke̱ltewelle*	koudegolf
mässiger Wind	*meesiGer wiend*	matige wind
Nachtfrost	*nachtfrost*	nachtvorst
Nebel	*nebel*	mist
Niesel	*niezel*	motregen
Norden	*norden*	noorden
Osten	*osten*	oosten
Regen	*reGen*	regen
Schauer	*sjauer*	buien
Schnee	*sjnee*	sneeuw
Schneesturm	*sjneesjtoerm*	sneeuwjacht
Schneetreiben	*sjneetraiben*	sneeuwjacht
schwacher Wind	*sjwacher wiend*	zwakke wind
schwül	*sjwuul*	zwoel, benauwd
sehr kalt/heiss	*zeer kalt/hais*	zeer koud/warm
sonnig	*zonniech*	zonnig
sonnige Abschnitte	*zo̱nnieGe a̱bsjniete*	opklaringen
starker Wind	*sjtarker wiend*	harde wind
Sturm	*sjtoerm*	storm
Süden	*zuden*	zuiden
Tief	*tief*	lagedrukgebied
vereinzelte Schauer	*veraintselte sjauer*	hier en daar een bui
wechselhaft	*weGselhaft*	wisselvallig
Westen	*westen*	westen
windig	*wiendiech*	winderig
ziemlich kalt/warm	*tsiemliech kalt/warm*	vrij koud/warm

OPSCHRIFTEN

der Flug	*deer floeG*	vlucht
die Flugnummer	*die floeGnoemer*	vluchtnummer
die Ankunft	*die ankoenft*	aankomst
annuliert	*annoeliert*	geannuleerd
verspätet	*versjpetet*	vertraagd
der Abflug	*deer abfloeG*	vertrek
Inlandsflüge	*ienlandsfluuGe*	binnenlandse vluchten
Auslandsflüge	*auslandsfluuGe*	internationale vluchten
die Abflughalle	*die abfloeGhalle*	passagiersgebouw
nur Handgepäck	*noer hendGepek*	alleen handbagage
nur Passagiere	*noer passaGiere*	alleen passagiers
zollfreie Waren	*tsolfraaie waren*	tax-free winkels
Notausgang	*nootausGang*	nooduitgang
rauchen verboten	*rauchen verboten*	roken verboden
der Terminal	*deer teurmienal*	terminal
einchecken	*aintsjekken*	inchecken
die Fundsachen	*die foendzachen*	gevonden voorwerpen

Waar is de informatiebalie?
Wo ist der Informationsschalter?
wo iest deer ienformatsioonssjalter?

Waar moet ik inchecken?
Wo muss ich einchecken?
wo moes iech aintsjekken?

Waar kan ik mijn bagage laten inchecken/inschrijven?
Wo kann ich mein Gepäck einchecken/abfertigen lassen?
wo kann iech main Gepek aintsjecken/abfertiGen lassen?

Hoeveel vertraging heeft het vliegtuig?
Wieviel Verspätung hat die Machine?
wieviel versjpetoeng hat die masjiene?

Ik wil een ticket naar ... voor (datum).
Ich möchte ein Flugticket nach ... am ...
iech muchte ain FloeGtieket nach ... am ...

Graag een plaats aan het raam/gangpad, roken/niet roken.
Gerne einen Fensterplatz/einen Platz am Durchgang, Raucher/Nichtraucher.
Gerne ainen fensterplats/ainen plats am doerchGang, raucher/niechtraucher.

Wanneer zijn er vluchten naar...?
Wann gibt es Flüge nach ...?
wan giebt es fluGe nach ...?

Is het een directe vlucht?
Ist es ein Direktflug?
iest es ain direktfloeG?

Hoeveel kost een ticket naar ...?
Wieviel kostet einen Flug nach ...?
wieviel kostet ainen floeG nach ...?

Zijn er gereduceerde tarieven?
Gibt es Sondertarife?
Giebt es zondertariefe?

Hoe laat moet ik inchecken?
Wie spät muss ich einchecken?
wie sjpeet moes iech aintsjekken?

Gaat er openbaar vervoer naar het vliegveld?
Gibt's öffentliche Verkehrsmittel nach dem Flughafen?
Giebts uffentlieche verkeersmietel naach dem floeGhafen?

Ik wil mijn reservering wijzigen/herbevestigen/annuleren.
Ich möchte diesen Flug umbuchen lassen/bestätigen/annulieren.
iech muchte diezen floeG oemboechen lassen/besjtetieGen/annoelieren.

Ik heb mijn vlucht gemist; kan ik met een volgende mee?
Ich habe den Flug verpasst; kann ich mit dem nächsten abfliegen?
iech habe den floeG verpast; kan iech miet dem neechsten abflieGen?

Ik ben mijn ticket/instapkaart kwijt.
Ich habe mein Flugticket/meine Bordkarte verloren.
iech habe main floeGtieket/maine bordkarte verloren.

Het vluchtnummer is ...
Die Flugnummer ist ...
die floeGnoemer iest ...

Hoe laat komen we aan?
Wie spät landen wir?
wie sjpeet landen wier?

Van waar vertrekt mijn transfer naar ...?
Wo reist mein Transfer nach ... ab?
wo raist main transfeur nach ... ab?

bagage

Waar kan ik mijn bagage achterlaten?
Wo kann ich mein Gepäck einstellen?
wo kan iech mein Gepek ainsjtellen?

Is er een bagagedepot hier in de buurt?
Gibt 's in der Nähe eine Gepäckaufbewahrung?
Giebts ien der neehe aine Gepekaufbewahroeng?

Kan ik ergens een bagagekarretje huren?
Kann ich irgendwo einen Kofferkuli mieten?
kann iech iergendwo ainen kofferkoeli mieten?

Zijn er ook kruiers/bagagekarretjes?
Gibt es hier Gepäckträger/Kofferkulis?
Giebt es hier GepektreGer/kofferkoelies?

Kan ik ergens mijn bagage in bewaring geven?
Kann ich irgendwo mein Gepäck zur Aufbewahrung geben?
kan iech iergendwo main Gepek tsoer aufbewahroeng Geben?

Mijn bagage is niet aangekomen.
Mein Gepäck ist nicht da.
main Gepek iest niecht da.

Er ontbreekt een ...	Es fehlt ein(e)(n) ...	es feelt ain(e)(n) ...
koffer	**der Koffer**	*deer koffer*
rugzak	**der Rucksack**	*deer roeksak*
tas	**die Tasche**	*die tasje*
plastic tas	**die Plastiktüte**	*die Plastiektuute*
boodschappentas	**eine Einkaufstasche**	*aine ainkaufstasche*
(kartonnen) doos	**die Schachtel**	*die sjachtel*
handtas	**die Handtasche**	*die handtasche*
instrumentkoffer	**der Instrumentkasten**	*deer Instroementkasten*

Sie haben ... Kilo Übergewicht.
zie haben ... kielo uuberGewiecht.
U heeft ... kilo te veel bagage.

U moet ... toebetalen.
Sie müssen ... zuzahlen.
zie muussen ... tsoetsalen.

7 – REIZEN 2: MET HET OPENBAAR VERVOER

algemeen

vertrekken	aufbrechen, abreisen	_aufbrechen, abraizen_
aankomen	ankommen, eintreffen	_ankommen, aintreffen_
bagage	das Gepäck	_das Gepek_
bagagerek	die Gepäckablage	_die GepekablaGe_
reserveren	reservieren lassen, bestellen	_rezervieren lassen, besjtellen_
halte	die Haltestelle	_die haltesjtelle_
kaartje	die Fahrkarte (trein), der Fahrausweis (bus, tram)	_die faarkarte, der faarauswais_
stempel	der Stempel	_deer sjtempel_
loket	der Schalter	_deer sjalter_
dienstregeling	der Fahrplan	_deer faarplaan_
enkeltje	die einfache Fahrkarte	_die ainfache faarkarte_
retour	die Rückfahrkarte	_die ruukfaarkarte_
perron	der Bahnsteig	_deer baanstaiG_
pier	der Pier	_deer pier_
station	der Bahnhof	_deer baanhoof_
veerboot	die Fähre	_die feere_
lijn	die Linie	_die lienië_
vertraging	die Verspätung	_die versjpeetoeng_
stadsbus	der (Stadt)Omnibus	_deer (stat)omnieboes_
streekbus	der Überlandbus	_deer uuberlandboes_
metro	die U-Bahn	_die oe-baan_
tram	die S-Bahn	_die es-baan_

OPSCHRIFTEN

Abfahrt	vertrek
Ankunft	aankomst
Auskunft	inlichtingen
Fahrplan	dienstregeling
Fundbüro	gevonden voorwerpen
Gepäckaufbewahrung	bagagedepot
Gleis	spoor

nur/außer Sonn- und Feiertags	op/behalve zon- en feestdagen
nur Werktags	op werkdagen
Schliessfächer	bagagekluizen
Wartesaal	wachtkamer
zu den Bahnsteigen	naar de perrons
Platzbuchung/-reservierungen	plaatsreserveringen
Fundsachen	gevonden voorwerpen
Kartenverkauf	kaartverkoop
Notbremse	noodrem
Nichtraucher	niet roken
auf/zu	open/dicht
rauchen	roken
Notausgang	nooduitgang

In de onderstaande zinnen is de trein als onderwerp genomen. Reist u met de bus, vervang dan het woord **Zug** (*tsoeG*) door **Bus** (*boes*).

Waar is het treinstation?
Wo ist der Bahnhof?
wo iest deer baanhoof?

Waar is de (dichtstbijzijnde) halte?
Wo ist die (nächste) Haltestelle?
wo iest die (neechste) haltesjtelle?

Waar is het informatieloket?
Wo ist das Auskunftsbüro?
wo iest das auskoenftsburo?

Ik wil graag naar ...
Ich möchte gerne nach (plaatsnaam)/zu (gebouw) ...
iech muchte Gerne nach/tsoe ...

Waar kan ik een kaartje kopen naar ...?
Wo kann ich eine Fahrkarte kaufen nach ...?
wo kan iech eine faarkarte kaufen nach ...?

Wat kost een kaartje naar ...?
Was kostet eine Fahrkarte nach ...?
was kostet aine faarkarte nach ...?

Geldt er een korting voor kinderen/studenten/senioren/groepen?
Gibt es Ermässigung für Kinder/Studenten/Senioren/Gruppen?
Giebt es ermeesieGoeng fuur kiender/sjtoedenten/zenioren/Groepen?

een kaartje/twee ... kaartjes naar ...
Eine Fahrkarte (trein)/**ein Fahrschein** (bus)/**Zwei Fahrkarte/-scheine nach ...**
aine faarkarte/ain faarsjain/zwai faarkarte/-sjaine nach ...

Mag de hond/kinderwagen/fiets/deze bagage mee en kost dat extra?
Darf ich den Hund/den Kinderwagen/das Fahrrad/dieses Gepäck mitnehmen und kostet das extra?
darf iech den hoend/den kienderwaGen/das faarraad/dieses Gepek mietnemen oend kostet das ekstra?

Wanneer gaat de volgende/eerste/laatste trein naar ...?
Wann fährt der nächste/erste/letzte Zug nach ...?
wan feert deer neechste/eerste/letste tsoeG nach ...?

Van welk perron vertrekt de trein naar ...?
Von welchem Gleis fährt der Zug nach ... ab?
von welchem Glais fehrt deer tsoeG nach ... ab?

Is er aansluiting naar ...?
Gibt es Anschluss nach ...?
Giebt es ansjloes nach ...?

Moet ik overstappen?
Muss ich umsteigen?
moes iech oemsjtaiGen?

Hoe laat komt de trein aan in ...?
Wann kommt der Zug in ... an?
wan komt deer tsoeG ien ... an?

Hoe lang stopt de trein hier?
Wie lange hält der Zug hier?
wie lange helt deer tsoeG hier?

Kunt u mij helpen met mijn bagage?
Können Sie mir bitte mit meinem Gepäck helfen?
kunnen zie mier biete miet mainen Gepek helfen?

Is deze plaats vrij?
Ist dieser Platz frei?
iest diezer plats frai?

Mag het raam open/dicht?
Darf ich das Fenster aufmachen/zumachen?
darf iech das fenster aufmachen/tsoemachen?

Ik ben mijn kaartje kwijt.
Ich habe meine Fahrkarte verloren.
iech habe maine faarkarte verloren.

Ik heb geen tijd gehad/Het was onmogelijk een kaartje te kopen.
Es fehlte mir Zeit/Es war unmöglich eine Fahrkarte zu kaufen.
es feelte mier tsait/es waar oenmeuGliech aine faarkarte tsoe kaufen.

Waar zijn we? **Wo sind wir?** *wo ziend wier?*

DUITS-NEDERLANDS

Sie befinden sich im falschen Zug.
zie befienden ziech im falsjen tsoeG.
U zit in de verkeerde trein.

Ihre Fahrkarte ist nicht gültig in diesem Zug.
iere faarkarte iest niecht Guultiech ien diezem tsoeG.
Uw kaartje is niet geldig voor deze trein.

Sie müssen umsteigen in ...
zie muussen oemsjtaigen ien ...
U moet overstappen in ...

Sie müssen ... zuzahlen/ein Bussgeld bezahlen.
zie muussen ... tsoetsalen/ein boesGeld betsaalen.
U moet ... toebetalen/een boete betalen.

de trein

enkele reis	**eine einfache Fahrkarte**	*aine ainfache faarkarte*
retour	**hin und zurück/Rückfahrkarte**	*hien oend tsoeruuk/ ruukfaarkarte*
spoor	**das Gleis**	*das Glais*
treinconducteur	**der Schaffner**	*deer sjafner*
treinmachinist	**der Lokomotivführer**	*deer lokomotievfuurer*
intercity	**der Intercity**	*deer intersittie*
sneltrein	**der Schnellzug**	*deer sjnelltsoeG*
stoptrein	**der Nahverkehrszug**	*deer naaverkeerstsoeG*
toeslag	**der Zuschlag**	*deer tsoesjlaaG*
slaaptrein	**der Zug mit Schlafwagen**	*deer tsoeG miet sjlaafwaaGen*
couchette	**der Liegewagen/Schlafwagen**	*deer lieGewaaGen, sjlaafwaaGen*
autotrein	**der Autoreisezug**	*deer autoraizetsoeG*
coupé	**das Abteil**	*das abtail*
interrail-pas	**die Interrailkarte**	*die interreelkarte*
spoorboekje	**das Kursbuch**	*das koersboech*

OPSCHRIFTEN

Notbremse	noodrem
nicht hinauslehnen	niet uit het raam leunen
Nichtraucher	niet roken
auf/zu	open/dicht
Raucher	roken
erster Klasse	eerste klas
zweiter Klasse	tweede klas

Is er een slaap-/restauratiewagen in de trein?
Gibt es einen Liegewagen/Speisewagen im Zug?
Giebt es ainen lieGewaGen/spaizewaGen iem tsoeG?

Hoe lang is dit kaartje/een retour geldig?
Wie lange ist diese Fahrkarte/eine Hin- und Rückfahrtkarte gültig?
wie lange iest dieze faarkarte/aine hien- oend ruukfaartkarte Guultiech?

Geldt er een korting voor kinderen/studenten/senioren/groepen?
Gibt es Ermässigung für Kinder/Studenten/Senioren/Gruppen?
Giebt es ermeesieGoeng fuur kiender/sjtoedenten/zenioren/Groepen?

Zijn er voordelige abonnementen?
Gibt es Vorteilabonnemente?
Giebt es vortailabonnemente?

Kan ik mijn fiets meenemen in de trein?
Kann ich mein Fahrrad im Zug mitnehmen?
kan iech main faarraad im tsoeG mietnemen?

Kan ik mijn fiets vooruitsturen?
Kann ich mein Fahrrad vorausschicken?
kan iech main faarraad voraussjieken?

Vertrekt de trein naar ... vanaf dit perron?
Fährt der Zug nach ... von diesem Gleis ab?
feert deer tsoeG nach ... von diesem Glais ab?

Heeft de trein naar ... vertraging? Hoe lang?
Hat der Zug nach ... Verspätung? Wie lange?
hat der tsoeG nach ... versjpeetoeng? wie lange?

Gaat deze trein naar ...?
Ist das der Zug nach ...?
iest das deer tsoeG nach ...?

Sorry, ik heb deze plaats gereserveerd.
Entschuldigung, ich habe diesen Platz reserviert.
entsjuldieGoeng, iech habe diezen plats reserviert.

Welk station is dit?
Welcher Bahnhof ist das?
welcher baanhoof iest das?

Zijn we bij het centraal station?
Sind wir am Hauptbahnhof?
ziend wier am hauptbaanhoof?

stadsvervoer

OPSCHRIFTEN

nicht mit dem Fahrer reden
niet spreken met de bestuurder

rauchen verboten
verboden te roken

vorne einsteigen
voorin instappen

hinten aussteigen
achterin uitstappen

Is hier een bushalte of metrostation?
Gibt es hier eine Bushaltestelle oder einen U-bahnhof?
Giebt es hier eine boeshaltestelle oder ainen oe-baanhoof?

Is er een bus naar de stad?
Gibt es einen Bus in die Stadt?
Gibt es ainen boes in die sjtat?

Welke bus/tram/metrolijn gaat naar het station?
Welche Linie fährt zum Bahnhof?
welche lienieje feert tsoem baanhoof?

Welke bus/tram/metro gaat naar ...?
Welcher Bus/Strassenbahn/U-bahn fährt ...?
welcher boes/strasenbaan/oe-baan feert ...?

– het dichtstbijzijnde winkelcentrum	**zum nächsten Einkaufszentrum**	*tsoem neechsten ainkaufstsentroem*
– het stadscentrum	**ins Stadtzentrum/in die Stadtmitte**	*iens sjtat-tsentroem/ ien die sjtatmiette*
– het vliegveld	**zum Flughafen**	*tsoem floeGhafen*
– camping	**zum Camping**	*tsoem kempieng*
– strand	**zum Strand**	*tsoem sjtrand*

Mag ik met dit kaartje overstappen?
Kann ich mit dieser Fahrkarte umsteigen?
kan iech miet diezer faarkarte oemsjtaiGen?

Wilt u me waarschuwen als we er zijn/bij ...?
Warnen Sie mir bitte, wenn wir da sind/bei...?
warnen zie mier biete, wen wier da ziend/bai...?

taxi

WOORD

vrij	**frei**	*frai*
bezet	**besetzt**	*bezetst*
taxistandplaats	**der Taxistand**	*deer taxisjtand*
chauffeur	**der Fahrer**	*deer faarer*
meter	**der Zähler**	*deer tseeler*
tarief	**der Tarif**	*deer tarief*

Kunt u voor ... uur een taxi voor me bellen?
Können Sie mir um ... Uhr ein Taxi besorgen?
kunnen zie mier oem ... oer ain taxi bezorGen?

Naar ..., alstublieft.	..., bitte.	..., biete.
– dit adres	**Zu dieser Adresse**	*tsoe diezer adresse*
– dit hotel	**Zu diesem Hotel**	*tsoe diezem hotel*
– het vliegveld	**Zum Flughafen**	*tsoem floeGhafen*
– het busstation	**Zum Omnibusbahnhof**	*tsoem omniboesbaanhoof*
– het (trein)station	**Zum Bahnhof**	*tsoem baanhoof*
– het centrum van de stad	**Ins Stadtzentrum/**	*iens sjtat-tsentroem/*
– een winkelcentrum	**Zu einem Einkaufszentrum**	*tsoe ainem ainkaufs-tsentroem*

Wat gaat het kosten naar ...?
Wieviel kostet es bis ...?
wieviel kostet es bies ...?

Is dat inclusief bagage/fooi/belastingen?
Ist das einschließlich Gepäck/Trinkgeld/Steuern?
iest das ainsjliessliech Gepek/trienkGeld/stoi-ern?

Ik heb haast.
Ich habe es eilig.
iech habe es ailig.

Wilt u hier stoppen?
Halten Sie hier, bitte.
halten zie hier, biete.

Kunt u mij er hier uit laten?
Können Sie mich hier aussteigen lassen?
kunnen zie miech hier ausstaiGen lassen?

Wilt u even op me wachten? Ik ben zo terug.
Warten Sie einen Moment, bitte. Ich bin sofort zurück.
warten zie ainen moment, biete. iech bien zofort tsoeruuk.

Hoeveel krijgt u van me?
Was schulde ich Ihnen?
was sjoelde iech ienen?

Sorry, ik heb het niet kleiner.
Entschuldigung, ich habe es nicht kleiner.
entsjoeldiGoeng, iech habe es niecht klainer.

Het is goed zo. (als u geen wisselgeld terug hoeft)
Es ist in Ordnung.
es iest ien ordnoeng.

Mag ik een kwitantie van u?
Haben Sie eine Quittung für mich?
haben sie aine kwietoeng fuur miech?

boot

het zwemvest	**die Schwimmweste**	*die sjwiemveste*
de reddingsboei	**der Rettungsring**	*deer rettoengsrieng*
het dek	**der Deck**	*deer dek*
de reddingsboot	**das Rettungsboot**	*das rettoengsboot*
de kapitein	**der Kapitän**	*deer kapiteen*
purser	**der Purser**	*deer parser*
stuurboord (rechts)	**das Steuerbord**	*das stoierbord*
bakboord (links)	**das Backbord**	*das bakbord*
boeg (voorkant)	**der Bug**	*deer boeG*
hek (achterkant)	**das Heck**	*das hek*
hut (slaapvertrek)	**die Kabine**	*die kabiene*

Waar is de haven?
Wo ist der Hafen?
wo iest deer hafen?

Waar liggen de passagiersschepen?
Wo liegen die Passagierschiffe?
wo lieGen die passazjiersjiefe?

Van welke kade vertrekt de boot naar ...?
Von welchem Kai fährt das Schiff nach ... ab?
von welchem kai feert das sjief nach ... ab?

Ik wil ...	**Ich möchte ...**	*iech muchte ...*
– een eenpersoonshut	**eine Einbettkabine**	*aine ainbetkabiene*
– een tweepersoonshut	**eine Zweibettkabine**	*aine tswaibetkabiene*
– een slaapstoel	**einen Liegestuhl**	*ainen lieGesjtoel*

Wat kost het vervoer van een auto met vier inzittenden?
Was kostet der Transport eines Wagens mit vier Personen?
was kostet der transport aines waaGens miet vier perzonen?

Wanneer gaat de volgende boot/veerboot naar ...?
Wann fährt das nächste Schiff/die nächste Fähre nach ... ab?
wan feert das neechste sjief/die neechste fere nach ... ab?

Hoe lang duurt de tocht/overtocht/trip?
Wie lange dauert die Fahrt/Überfahrt/der Ausflug?
wie lange dauert die faart/uuberfaart/deer ausfloeG?

auto en motor

auto	**das Auto**	*das auto*
motor	**der Motor**	*deer motor*
scooter	**der Motorroller**	*deer motorroller*
aanhanger	**der Anhänger**	*deer anhenger*
caravan	**der Caravan**	*deer kaaravan*
busje	**kleiner Bus**	*klainer boes*
zijspan	**der Beiwagen**	*deer baiwaaGen*
autosleutels	**die Autoschlüssel**	*die autosjluussel*
autopapieren	**die Fahrzeugpapiere**	*die faartsoiGpapiere*
merk, type, model	**die Marke, der Typ, das Modell**	*die marke, der tuup, das model*
kenteken	**das Kennzeichen, die Zulassungsnummer**	*das kentsaichen, die tsoelassoengsnoemmer*
rijbewijs	**der Führerschein**	*deer fuurersjain*
tolweg	**Straße mit Gebühr**	*straase miet Gebuur*
file	**der Stau**	*deer sjtau*
filenieuws	**die Staumeldung**	*die sjtaumeldoeng*

auto en motor: huren

In de zinnen hieronder kunt u 'auto' desgewenst vervangen door 'motor'.

Ik wil graag een auto huren voor ... dagen/weken.
Ich möchte ein Auto mieten für ... Tage/Wochen.
ich muchte ain auto mieten fuur ... taGe/wochen.

Ik wil graag een grote/middelgrote/kleine auto met automaat/versnelling.
Ich möchte einen großen/mittleren/kleinen Wagen mit Automatikgetriebe/Schaltgetriebe haben.
iech muchte ainen Grossen/mietleren/klainen waaGen miet automatiekGetriebe/sjaltGetriebe haben.

Wat kost het per dag/week?
Wieviel kostet es pro Tag/Woche?
wieviel kostet es pro taaG/woche?

Is de prijs inclusief ...?	**Ist der Preis inklusive ...?**	*iest der prais inkloesieve ...?*
– all-risk verzekering	**Vollkaskoversicherung**	*volkaskoverziecheroeng*
– een onbeperkte afstand	**eines unbeschränkten Abstands**	*aines oenbeschrenkten Abstands*
– afkoop eigen risico	**Abfindung der Selbstbeteiligung**	*abfiendoeng der zelbstbetailiGoeng*
– belastingen	**Steuer**	*stoier*
– btw	**Mehrwertsteuer**	*meerwertstoier*
– een volle tank	**eines vollen Tanks**	*aines vollen tanks*

Hoeveel bedraagt de borgsom?
Wieviel muss ich hinterlegen?
wieviel moes iech hienterleGen?

Wat zijn de kosten als ik de auto in ... achterlaat?
Wieviel kostet es wenn ich das Auto in ... zurückgebe?
wieviel kostet es wen iech das auto ien ... tsoeruukGebe?

Hoe laat sluit het kantoor?
Wie spät schliesst das Büro?
wie sjpeet sjliest das buuro?

Hoe laat moet de auto terug zijn?
Wann muss das Auto zurücksein?
wan moes das auto tsoeruuk zain?

Waar/Wanneer kan ik de auto terugbrengen?
Wo/Wann kann ich das Auto zurückbringen?
wo/wan kan iech das auto tsoeruukbriengen?

auto en motor: op het benzinestation

benzine	**das Benzin**	*das bentsien*
lpg	**das Autogas**	*das autoGaas*
loodvrij (95 octaan, euro)	**Super bleifrei**	*zoeper blaifrai*
super gelood (98 octaan)	**Super verbleit**	*zoeper verblait*
normaal	**das Benzin**	*das bentsien*
diesel	**der Diesel**	*deer diezel*
liter	**der Liter**	*deer lieter*
tanken	**tanken**	*tanken*
voltanken	**auftanken**	*auftanken*
zegeltjes	**die Rabattmarken**	*die rabatmarken*

pompnummer	**die Nummer der Zapfsäule**	*die noemmer der tsapfsoile*
bonnetje	**der Kassenzettel**	*deer kassentsettel*
lucht	**die Luft**	*die loeft*
water	**das Wasser**	*das wasser*
zelfbediening	**die Selbstbedienung**	*die selbstbedienung*
autowassen	**die Wagenwäsche**	*die waaGenweesje*

Waar is het dichtstbijzijnde benzinestation?
Wo ist die nächste Tankstelle?
wo iest die neechste tanksjtelle?

Voltanken alstublieft.
Bitte volltanken.
biete voltanken.

Graag voor ... euro/frank.
Bitte für ... Euro/Franken.
biete fuur ... oiro/franken.

Wilt u de/het ... even controleren?
Kontrollieren Sie bitte ...
kontrolieren zie biete ...
- bandenspanning · **den Reifendruck** · *deen raifendroek*
- oliepeil · **den Ölstand** · *deen eulsjtand*
- remvloeistof · **die Bremsflüssigkeit** · *die bremsfluusiechkait*
- water · **das Kühlwasser** · *das kuulwasser*
- verlichting voor/achter/remlicht
der Scheinwerfer/die Rückleuchte/die Bremsleuchte
deer sjainwerfer/die ruukloichte/die bremsloichte

Wilt u ...? · **Können Sie bitte...?** · *kunnen zie biete ...?*
- de voorruit · **die Windschutzscheibe reinigen** · *die wiendsjoets-sjaibe*
  schoonmaken · · *rainieGen*
- olie verversen · **das Öl wechseln** · *das eul weGseln*
- deze jerrycan vullen · **diesen Kanister füllen** · *diezen kaniester fuullen*

Waar is het toilet?
Wo ist die Toilette?
wo iest die twalette?

auto en motor: parkeren

Kan ik hier in de buurt parkeren?
Kann ich hier in der Nähe parken?
kan iech hier ien der neeje parken?

Hoe lang mag ik hier parkeren?
Wie lange kann man hier parken?
wie lange kan man hier parken?

Wat kost het per uur/per dag?
Was kostet es pro Stunde/Tag?
was kostet es pro sjtoende/taaG?

Is het parkeerterrein bewaakt?
Ist der Parkplatz bewacht?
iest der parkplatz bewacht?

Is het parkeerterrein/de garage dag en nacht geopend?
Ist der Parkplatz/das Parkhaus Tag und Nacht geöffnet?
iest deer parkplats/das parkhaus taaG oend nacht Ge-ufnet?

auto en motor: technische klachten

Wegenwacht	**die Strassenwachthilfe**	*die strasenwachthielfe*
praatpaal	**die Notrufsäule**	*die nootroefsoile*
pech	**die Panne**	*die panne*
stuk	**kaputt**	*kapoet*

Ik heb een probleempje met mijn auto.
Ich habe ein kleines Problem mit meinem Wagen.
iech habe ain klaines probleem mit mainem waGen.

Ik sta met pech.
Ich habe eine Panne.
iech habe aine panne.

Ik sta langs weg nummer .../vlak bij ...
Ich stehe auf der Straße Nummer .../in der Nähe von ...
iech steeje auf deer strase noemer .../ien deer neeje von ...

Kunt u een reparateur laten komen?
Können Sie einen Mechaniker kommen lassen?
kunnen zie ainen mechanieker kommen lassen?

Kunt u een garage/takelwagen voor me bellen?
Können Sie eine Werkstatt/einen Abschleppwagen für mich anrufen?
kunnen zie aine werksjtat/ainen absjlepwaGen fuur miech anroefen?

Kunt u de Wegenwacht voor me bellen?
Können Sie bitte die Strassenwacht für mich anrufen?
kunnen zie biete die sjtrasenwacht fuur miech anroefen?

Ik ben (geen) lid.
Ich bin (kein) Mitglied.
iech bien (kain) mietGlied.

Ik sta zonder benzine.
Ich habe kein Benzin mehr.
iech habe kain bentsien meer.

Ik heb mijn autosleutels verloren.
Ich habe meine Autoschlüssel verloren.
iech habe maine autosjluussel verloren.

De auto wil niet starten.
Das Auto springt nicht an.
das auto sjpriengt niecht an.

Ik ruik benzine/uitlaatgas in de auto.
Ich rieche Benzin/Abgas im Auto.
iech rieche bentsien/abGaaz iem auto.

De motor ...	Der Motor ...	deer motor ...
– wordt te heet	**läuft sich heiss**	*loift siech hais*
– loopt onregelmatig	**läuft unregelmässig**	*loift oenreGelmeesiech*
– slaat af	**setzt aus**	*zetst aus*
– trekt niet	**zieht nicht**	*tsiet niecht*

De auto trekt niet op.
Der Wagen zieht nicht an.
deer waGen tsieht niecht an

Er lekt olie/water/benzine.
Es tropft Öl/Benzin/Wasser.
es tropft eul/bentsien/wasser.

De koppeling slipt.
Die Kupplung rutscht durch.
die koeploeng roetsjt doerch.

Er lekt water uit de radiator.
Aus dem Kühler tropft Wasser.
aus deem kuuler tropft wasser.

De accu is leeg. Kunt u de accu laden?
Die Batterie ist leer. Können Sie die Batterie aufladen?
die batterie iest leer. kunnen zie die batterie aufladen?

Het (is)...	Es ist ...	es iest...
– beschadigd	beschädigt	besjeediecht
– doorgebrand	durchgebrannt	doerchGebrant
– gebarsten	gesprungen	Gesjproengen
– gebroken	gebrochen	Gebrochen
– kapot	kaputt	kapoet
– lek	leck	lek
– maakt kortsluiting	hat Kurzschluss	hat koerts-sjloes
– verbrand	verbrannt	verbrant
– verroest	rostig	rostiech
– versleten	verschlissen	versjliessen
– verstopt	verstopft	versjtopft
– vuil	schmutzig	sjmoetsiech

Deze band is lek. Kunt u hem repareren/het wiel verwisselen?
Ich habe eine Reifenpanne. Können Sie den Reifen reparieren/das Rad wechseln?
iech habe aine raifenpanne. kunnen zie deen raifen reparieren/das raat weGseln?

Kunt u de auto (direct) repareren?
Können Sie das Auto (sofort) reparieren?
kunnen zie das auto (zofort) reparieren?

Hoe lang gaat het duren?
Wie lange dauert es?
wie lange dau-ert es?

Wilt u alleen het noodzakelijkste doen?
Machen Sie bitte nur das nötigste.
machen zie biete noer das neutiechste.

Wat gaat het kosten?
Wieviel kostet es?
wieviel kostet es?

Kan ik hiermee verder rijden/terugrijden naar Nederland/België?
Kann ich so weiterfahren/zurückfahren nach Holland/Belgien?
kan iech so waiterfaren/tsoeruukfaren nach holland/belGiën?

Kan ik een leenauto krijgen?
Kann ich bitte einen Leihwagen bekommen?
kan iech biete ainen laiwaaGen bekommen?

Was ist Ihr Kennzeichen?
was iest ier kentsaichen?
Wat is uw kenteken?

Wir können das Auto nicht reparieren. Sie müssen nach ...
wier kunnen das auto niecht reparieren. zie muussen nach ...
We kunnen de auto niet repareren. U moet naar ...

Wir müssen Ersatzteile bestellen. Es dauert ungefähr ... Tage.
wier muussen erzatstaile besjtellen. es dauert oenGefeer ... taGe.
We moeten onderdelen bestellen. Dat duurt ongeveer ... dagen.

fiets

fiets	das Fahrrad	*das faarraad*
terreinfiets	das Mountainbike	*das mountenbaik*
tandem	das Tandem	*das tendem*
fietsslot	das Fahrradschloss, die Schließkette (ketting)	*die sjlieskette*
fietspad	der Radweg	*deer raadweeG*

fiets: huren

Ik wil graag een fiets huren.
Ich möchte ein Fahrrad mieten.
iech muchte ain faaraad mieten.

Wat kost het per uur/per dag?
Was kostet es pro Stunde/Tag?
was kostet es pro sjtoende/taaG?

Hoeveel bedraagt de borgsom?
Wieviel muss ich hinterlegen?
wieviel moes iech hienterleGen?

Heeft u een fiets met terugtraprem/tien versnellingen?
Haben Sie ein Fahrrad mit Rücktrittbremse/zehn Gangschaltungen?
haben zie ain faarraad miet ruuktritbremze/tseen gangschaltoengen?

Verhuurt u ook sportfietsen/terreinfietsen?
Verleihen Sie auch Sporträder/Mountainbikes?
verlaien zie auch sportreeder/mountenbaiks?

bij de monteur

Waar is de dichtstbijzijnde fietsenmaker?
Wo ist der nächste Fahrradmechaniker?
wo iest deer neechste faaraadmeechaanieker?

Kunt u het zadel bijstellen?
Können Sie den Sattel nachstellen?
kunnen zie den zattel naachstellen?

Kunt u de band plakken/het licht repareren?
Können Sie bitte den Schlauch flicken/die Leuchte reparieren?
kunnen zie biete den sjlauch fliekken/die loichte reparieren?

– De/Het ... doet/doen het niet (meer).
Der/Die/Das ... funktioniert nicht (mehr).
der/die/das ... foenktieoniert niecht (mehr).

– Er ontbreekt een ...
Es fehlt einen/eine/ein ...
es feelt ainen/aine/ain ...

Dit onderdeel is kapot/afgebroken/gesmolten/verbrand/versleten.
Dieser Zubehörteil ist kaputt/abgebrochen/geschmolzen/verbrannt/verschlissen.
diezer tsoebeheurtail iest kapoet/abGebrochen/Gesjmoltsen/verbrant/versjlissen.

Kunt u het repareren/vervangen?
Können Sie es bitte reparieren/ersetzen?
kunnen zie es biete reparieren/erzetzen?

Ik heb graag een prijsopgave vooraf.
Ich hätte gerne eine Preisangabe im Voraus.
iech hette gerne aine praisanGabe iem voraus.

Wat gaat het kosten?
Wie viel kostet es?
wie viel kostet es?

Is dat inclusief materiaal/uurloon/belastingen?
Ist das einschließlich Material/Stundenlohn/Steuern?
iest das ainsjliesliech material/sjtoendenloon/sjtoiern?

Dat is te veel geld. Dan koop ik liever een nieuwe.
Das ist zu teuer. In dem Fall kaufe ich lieber einen Neuen.
das iest tsoe toier. ien dem fall kaufe iech lieber ainen noien.

Hoe lang gaat de reparatie duren?
Wie lange dauert die Reparatur?
wie lange dauert die reparatoer?

Wanneer/tot hoe laat kan ik hem ophalen?
Wann/bis wie spät kann ich ihn aufholen?
wan/bies wie sjpeet kan iech ien aufholen?

Kan ik een ontvangstbewijs krijgen?
Kann ich bitte eine Empfangsbestätigung bekommen?
kan iech biete aine empfangsbesjteetiGoeng bekommen?

liften

Mogen we hier liften?
Dürfen wir hier trampen?
duurfen wier hier trampen?

Gaat u in de richting van ...?
Fahren Sie in Richtung ...?
faaren zie ien riechtoeng ...?

Wilt u mij/ons meenemen?
Wollen Sie mich/uns bitte mitnehmen?
wollen zie miech/oens biete mietnemen?

Kunt u ons afzetten bij de/het eerstvolgende ...?
Setzen Sie uns bitte beim/bei der/bei den nächsten ... ab?
zetzen zie oens biete baim/bai der/bai den neechsten ... ab?

Bedankt voor de lift en goede reis nog.
Herzlichen Dank für die Mitfahrgelegenheit und gute Reise.
hertslichen dank fur die mietfaarGeleGenhait oend Goete raize.

Zal ik een deel van de kosten vergoeden?
Soll ich ein Teil der Kosten erstatten?
zoll iech ain tail der kosten ersjtatten?

Waar is...?

Mag ik u wat vragen?
Darf ich Ihnen etwas fragen?
darf iech ienen etwas fraGen?

Kunt u mij helpen?
Können Sie mir bitte helfen?
kunnen zie mier biete helfen?

Bent u hier bekend?
Kennen Sie sich hier aus?
kennen zie siech hier aus?

Is dit de weg naar ...?
Führt diese Straße nach ...?
fuurt dieze sjtrase nach ...?

Ik ben de weg kwijt.
Ich habe mich verirrt.
iech habe miech ver-iert.

Hoe kom ik in ...?
Wie komme ich nach ...?
wie komme iech nach ...?

Waar is de/het (dichtstbijzijnde) ...
Wo ist der/die/das (nächste) ...
wo iest der/die/das (neechste) ...

– VVV	**das Verkehrsamt**	*das verkeersamt*
– postkantoor	**das Postamt**	*das postamt*
– politiebureau	**die Polizeiwache**	*die polietsaiwache*
– hotel	**das Hotel**	*das hotel*
– café	**das Lokal**	*das lokal*
– internetcafé	**das Internetcafé**	*das ienternetkafee*
– snackbar	**der Imbiss**	*deer imbiss*
– restaurant	**das Restaurant, die Gaststätte**	*das restoran, die Gaststette*
– camping	**das Camping**	*das kempieng*
– strand	**der Strand**	*deer sjtrand*
– benzinestation	**die Tankstelle**	*die tanksjtelle*
– garage	**die Autowerkstatt**	*die autowerksjtatt*
– winkelcentrum	**das Einkaufszentrum**	*das ainkaufstsentroem*
– toilet	**die Toilette**	*die twalette*

Hoe kom ik het snelst ...?
Wie komme ich am schnellsten ...?
wie komme iech am sjnellsten ...?
– op de snelweg naar ... **auf der Autobahn nach ...**   *auf der autobaan nach ...*
– in de binnenstad   **in der Innenstadt**   *ien der iennenstad*
– bij het heren-/?   **bei der Herren-/Damentoilette?**   *bai der herren-/*
  damestoilet   *damentwalette?*

Waar kan ik ... kopen?
Wo kann ich ... kaufen?
wo kan iech ... kaufen?

In welke buurt zijn de meeste winkels?
Wo ist das Geschäftsviertel?
wo iest das Gesjeftsviertel?

Is er een ... in de buurt?
Gibt es ein(e)(n) ... in der Nähe?
Giebt es ain(e)(n) ... in der neeje?
– parkeerplaats/-garage **Parkplatz/Parkhaus**   *parkplats/parkhaus*
– brievenbus   **Briefkasten**   *briefkasten*
– supermarkt   **Supermarkt**   *zoepermarkt*
– markt   **Markt**   *markt*
– geldautomaat   **Geldautomat**   *Geldautomaat*
– damestoilet   **Damentoilette**   *damentwalette*

Hoe ver is het?
Wie weit ist es?
wie wait iest es?

Hoe lang duurt het als ik ga lopen/fietsen?
Wie lange ist es zu Fuß/mit dem Rad?
wie lange iest es tsoe foes/miet dem raad?

Welke kant op?
In welche Richtung?
ien welche riechtoeng?

daar is...

aanwijzen	**zeigen, andeuten**	*tsaiGen, andoiten*
bij het stoplicht	**Bei der Ampel**	*bai deer ampel*
kaart	**die Karte**	*die karte*
kruising	**die Kreuzung**	*die kroitsoeng*
linksaf slaan	**Links abbiegen**	*lienks abbieGen*
oversteken	**überqueren**	*uuberkweeren*

plattegrond	der Plan	*deer plaan*
rechtdoor	Geradeaus	*Gerade-aus*
rechtsaf slaan	Rechts abbiegen	*rechts abbieGen*
rivier	der Fluss	*deer floess*
rotonde	der Kreisverkehr	*deer kraisverkeer*
snelweg	die Autobahn	*die autobaan*
splitsing	die Abzweigung	*die abtswaiGoeng*
spoorbaan	der Schienenweg	*deer sjienenweG*
terug	Zurück	*tsoeruuk*
verdwaald	verirrt	*veriert*
voor/tot/na	vor/bis/nach	*vor/bies/nach*

DUITS-NEDERLANDS

Zu fuß ist es zu weit.
tsoe foes iest es tsoe wait.
Het is te ver om te lopen.

Sie können den Bus/die Strassenbahn/die U-bahn nehmen, die Linie ...
zie kunnen deen boes/die sjtrasenbaan/die oe-baan nemen, die lienieje ...
U kunt bus/tram/metro nummer ... nemen.

DUITS-NEDERLANDS: KAARTLEGENDA

Ausblick	*ausbliek*	uitzichtspunt
Autobahn	*autobaan*	autosnelweg
Autofähre	*autofeere*	autoveer
Bahnhof	*baanhoof*	station
Bahn	*baan*	spoorlijn
Bergwerk	*berGwerk*	mijn
Berg	*berG*	berg
Brücke	*bruuke*	brug
Fähre	*feere*	veerpont
Fahrweg	*faarweeG*	berijdbare weg
Feldweg	*feldweeG*	landweg
Flughafen	*floeGhafen*	vliegveld
Fluss	*floess*	rivier
Fussweg	*foesweeG*	voetpad
Hauptstraße	*hauptsjtrase*	hoofdverkeersweg
Höhle	*heule*	grot
Kirche	*kierche*	kerk
Kloster	*klooster*	klooster
Mautstraße (Oostr.)	*mautsjtrase*	tolweg
Mühle	*muule*	molen
Naturpark	*natoerpark*	natuurreservaat
Nebenstraße	*nebensjtrase*	secundaire weg
Pass	*pas*	bergpas

Quelle	*kwelle*	bron
Radweg	*radweeG*	fietspad
Reitweg	*raitweG*	ruiterpad
Ruine	*roe-iene*	ruïne
Schnellstraße	*sjnelstraasse*	autoweg
Schwimmbad	*sjwiembaad*	zwembad
See	*zee*	meer
Sessellift	*zessellieft*	stoeltjeslift
Sperrgebied	*sjperGebiet*	verboden (militair) terrein
Steigung	*sjtaiGoeng*	hellingspercentage
Strand	*sjtrand*	strand
Straße mit Gebühr	*sjtraase miet Gebuur*	tolweg
Tankstelle	*tanksjtelle*	benzinestation
Wanderweg	*wanderweeG*	wandelweg
Wasserfall	*wasserfal*	waterval
Zahnradbahn	*tsaanraadbaan*	tandradbaan
Zeltplatz	*tseltplats*	camping
zollpflichtige Straße	*tsollpfliechtieGe straasse*	tolweg

Waar vind ik het VVV?
Wo finde ich das Fremdenverkehrsamt?
wo fiende iech das fremdenverkeersamt?

Kunt u me informatie geven over ...?
Können Sie mir Informationen liefern über ...?
kunnen zie mier ienformaatsioonen liefern uber ...?

Zijn de banken/winkels morgen open?
Sind die Banken/Geschäfte morgen auf?
ziend die banken/Gesjefte morGen auf?

Heeft u een folder van de bezienswaardigheden?
Haben Sie ein Faltblatt der Sehenswürdigkeiten?
haben zie ain faltblat der zehenswurdichkaiten?

Heeft u deze folder ook in het Nederlands/Engels/Frans?
Haben Sie diese Broschüre auch auf holländisch/englisch/französisch?
haben zie dieze Brosjure auch auf hollendiesj/engliesj/frantseuziesj?

Heeft u een kaart van de stad/deze streek?
Haben Sie einen Stadtplan/eine Karte dieser Region?
haben zie ainen sjtatplaan/eine karte diezer reGioon?

Hebt u een wegenkaart van dit gebied/een stadsplattegrond?
Haben Sie eine Straßenkarte dieser Gegend/einen Stadtplan?
haben zie aine sjtrasenkarte diezer GeeGend/ainen Sjtatplaan?

Zijn er mooie wandelpaden in deze streek?
Gibt es schöne Wanderwege in dieser Gegend?
Giebt es sjeune wanderweGe ien diezer GeeGend?

Zijn er bewegwijzerde wandelpaden?
Gibt es beschilderte Wanderwege?
Giebt es besjielderte wanderweGe?

Zijn er in deze plaats katholieke/protestantse kerkdiensten?
Gibt es in diesem Ort katholische/evangelische Gottesdienste?
Giebt es ien diezem ort katooliesje/evanGeeliesje Gottesdienste?

Hoe laat is de dienst/mis?
Wie spät fängt der Gottesdienst/die Messe an?
wie sjpeet fengt deer Gottesdienst/die messe an?

Ik ben op zoek naar een hotel.
Ich suche ein Hotel.
iech zoeche ain hotel.

Kunt u een kamer voor me reserveren?
Können Sie ein Zimmer für mich reservieren?
kunnen zie ain tsiemer fuur miech reservieren?

Heeft u een ...?	**Haben Sie...?**	*haben zie ...?*
– lijst van hotels	**eine Liste von Hotels**	*aine lieste von hotels*
– lijst van restaurants	**eine Liste von Restaurants**	*aine lieste von restorans*
– lijst van campings	**eine Liste von Campingplätzen**	*aine lieste von kempiengpletsen*
– busdienstregeling	**einen Busfahrplan**	*ainen boesfaarplaan*
– spoorboekje	**ein Kursbuch**	*ain koersboech*
– evenementen-programma	**ein Veranstaltungsprogramm**	*ain veransjtaltoengs-proGramm*
– lijst van jeugd-herbergen	**eine Liste von Jugendherbergen**	*aine lieste von joeGend-herberGen*

Ik wil vanavond naar de/een...		
Ich möchte heute abend ... gehen.		
iech muchte hoite abend ... Geejen.		
– bioscoop	**in einen Film**	*ien ainen fielm*
– concert	**in ein Konzert**	*ien ain kontsert*
– musical	**in ein Musical**	*ien ain mjoezikel*
– opera	**in eine Opera**	*ien aine opera*
– toneelstuk	**in ein Theaterstück**	*ien ain teaatersjtuuk*

Is er een lijst van alle voorstellingen?
Gibt es eine Liste von allen Vorstellungen?
giebt es aine lieste von allen vorstelloengen?

Waar kun je kaartjes kopen?
Wo kann man Karten kaufen?
wo kan man karten kaufen?

Wat kost het per uur/dag/persoon?
Was kostet es pro Stunde/Tag/Person?
was kostet es pro sjtoende/taaG/persoon?

Is het gratis?
Ist es gratis?
iest es Graties?

Waar kan ik een auto/fiets huren?
Wo kann ich ein Auto/Fahrrad mieten?
wo kan ich ain auto/faarraad mieten?

Zijn er ook georganiseerde excursies?
Gibt es auch organisierte Ausflüge?
Giebt es auch orGanizierte ausfluGe?

Hoe lang duurt de tocht?
Wie lange dauert der Ausflug?
wie lange dauert deer ausfloeG?

Wat zijn de openingstijden van ...?
Wann ist ... geöffnet?
wan iest ... Ge-ufnet?

Hoe laat gaat het hier open/dicht?
Wie spät öffnet/schliesst es hier?
wie sjpeet ufnet/sjliest es hier?

Heeft u een catalogus van de tentoonstelling?
Haben Sie einen Katalog der Ausstellung?
haben zie ainen katalooG deer aussjtelloeng?

Wat is de toegangsprijs?
Wieviel kostet der Eintritt?
wieviel kostet deer aintriet?

Geldt er een korting voor kinderen/studenten/senioren/groepen?
Gibt es eine Ermässigung für Kinder/Studenten/Senioren/Gruppen?
Giebt es aine ermeesieGoeng fuur kiender/sjtoedenten/zenioren/Groepen?

Zijn er rondleidingen?
Gibt es Führungen?
Giebt es furoengen?

Mag je er fotograferen?
Darf man dort fotografieren?
darf man dort fotoGrafieren?

Zijn er momenteel speciale tentoonstellingen?
Gibt es zur Zeit Sonderausstellungen?
Giebt es tsoer tsait zonderaussjtelloengen?

OPSCHRIFTEN

Eintritt frei	toegang gratis
Zutritt verboten	verboden toegang
fotografieren verboten	verboden te fotograferen
bitte nicht berühren	niet aanraken

TE BEZOEKEN

Arabisch	**arabisch**	*arabiesj*
barok	**das Barock**	*das barok*
botanische tuin	**der botanische Garten**	*deer botaniesjen Garten*
classicistisch	**klassizistisch**	*klassietsistiesj*
dierentuin	**der Zoo**	*deer tsoo*
fontein	**der Brunnen**	*deer broenen*
fort	**die Festung**	*die festoeng*
gedenkteken	**das Denkmal**	*das denkmaal*
gerechtsgebouw	**das Gericht**	*das Geriecht*
Germaans	**germanisch**	*Germaniesj*
gotisch	**gotisch**	*Gotiesj*
jugendstil	**der Jugendstil**	*deer joeGendstiel*
kapel	**die Kapelle**	*die kapelle*
kathedraal	**die Kathedrale**	*die katedraale*
Keltisch	**keltisch**	*keltiesj*
kerk	**die Kirche**	*die kierche*
kerkhof	**der Friedhof**	*deer friedhoof*
klooster	**das Kloster**	*das kloster*
markt	**der Markt**	*deer markt*
middeleeuws	**mittelalterlich**	*mietelalterliech*
modern	**modern, zeitgenössisch**	*modern, tsaitgenussiesj*
moskee	**die Moschee**	*die mosjee*
museum	**das Museum**	*das moezeeoem*
opera	**das Opernhaus**	*das opernhaus*
paleis	**der Palast**	*deer palast*
park	**der Park**	*deer park*
renaissance	**die Renaissance**	*die renèssans*
rococo	**das Rokoko**	*das rokoko*
romaans	**romanisch**	*romaniesj*
Romeins	**römisch**	*reumiesj*
rosse buurt	**das Amüsierviertel**	*das amuusierviertel*
ruïne	**die Ruine**	*die roëine*
stadhuis	**das Rathaus**	*das raathaus*
standbeeld	**die Statue**	*die sjtatoe-e*
synagoge	**die Synagoge**	*die zunaGoGe*
theater	**das Theater**	*das teater*
toren	**der Turm**	*deer toerm*
vlooienmarkt	**der Flohmarkt**	*deer floomarkt*

11 – ACCOMMODATIE

reservering	die Reservierung	*die rezervieroeng*
plaats	der Platz	*deer plats*
boeken	buchen	*boechen*
periode	die Periode, der Zeitabschnitt	*die periode, der tsaitabsjnitt*
volwassene	der Erwachsene	*deer erwaGsene*
kind	das Kind	*das kiend*
inclusief	einschließlich	*ainsliesliech*
exclusief	ausschließlich	*aussjliesliech*
parkeren	parken	*parken*
zwembad	das Schimmbad	*das sjwiembaad*
restaurant	das Restaurant, die Gaststätte	*das restoran, die Gastsjtètte*

hotel, pension, jeugdherberg

diner	das Diner	*das diener*
halfpension	die Halbpension	*die halbpansjoon*
hotel	das Hotel	*das hotel*
jeugdherberg	die Jugendherberge	*die joeGendherberGe*
kamer	das Zimmer	*das tsiemer*
kind	das Kind	*das kiend*
lunch	der Lunch	*deer lansj*
nacht	die Nacht	*die nacht*
ontbijt	das Frühstück	*die fruusjtuuk*
pension	die Pension	*die pansjoon*
persoon	die Person	*die perzoon*
reserveren	reservieren lassen, bestellen	*rezervieren lassen, besjtellen*
roomservice	der Roomservice.	*deer roemsurves*
sleutel	der Schlüssel	*deer sjluussel*
volpension	die Vollpension	*volpansjoon*
volwassene	der/die Erwachsene	*der/die erwaGsene*

Zimmer frei/zu vermieten	kamers vrij
Belegt/Voll	vol
Rezeption, Empfang	receptie
Portier	portier
Speisesaal	eetzaal
Toilette	toilet
Aufzug	lift
Hotelhalle	hal, lounge
Treppe	trappenhuis
(Not)ausgang	nooduitgang
Hausordnung	huisregels

bij aankomst

Ik heb telefonisch/schriftelijk/per e-mail/per fax gereserveerd onder de naam ...
Ich habe per Telefon/schriftlich/per E-Mail/per Fax unter dem Namen ... reservieren lassen.
iech habe per telefoon/sjrieftliech/per ie-meel/per fax oenter dem namen ... reservieren lassen.

Heeft u een kamer?
Haben Sie ein Zimmer frei?
haben zie ain tsiemer frai?

Ik wil/Wij willen ... nachten blijven.
Ich möchte/Wir möchten ... Nächte bleiben.
iech muchte/wier muchten ... nechte blaiben.

Ik weet/wij weten nog niet voor hoe lang.
Ich weiß/wir wissen noch nicht wie lange.
iech wais/wier wissen noch niecht wie lange.

Hoeveel kost een kamer?
Wieviel kostet ein Zimmer?
wieviel kostet ain tsiemer?

Is er een korting voor kinderen?
Gibt es eine Ermäßigung für Kinder?
Giebt es aine ermeesieGoeng fuur kiender?

Is het ontbijt/de service/Zijn de maaltijden bij de prijs inbegrepen?
Ist das Frühstück/die Bedienung/Sind die Mahlzeiten im Preis inbegriffen?
iest das fruusjtuuk/die bedienoeng/zind die maal-tsaiten iem prais ienbeGrieffen?

Ik had graag een kamer/twee kamers ...
Ich möchte gern ein/zwei Zimmer ...
iech muchte Gern ain/tswai tsiemer ...

– voor ... volwassenen en ... kinderen
für ... Erwachsene und ... Kinder
fuur ... erwaGsene oend ... kiender

– met twee bedden/met een tweepersoonsbed
mit zwei Betten/mit einem Doppelbett
miet tswai betten/miet ainem doppelbet

– op de begane grond   **im Erdgeschoss**   *iem eerdGesjos*

– op de eerste/tweede/bovenste verdieping
im ersten/zweiten/obersten Stock
iem ersten/tswaiten/obersten sjtok

– aan de straatkant	**zur Straße gelegen**	*tsoer sjtrase GeleGen*
– aan de achterkant	**nach hinten**	*nach hienten*
– met wc/bad/douche	**mit Toilette/Bad/Dusche**	*miet twalette/baad/doesje*

– met telefoon/   **mit Telefon/Fernsehen/**   *miet telefoon/fernzehen/*
televisie/airconditioning **Klima-anlage**   *kliemaanlaGe*

– met uitzicht op zee   **mit Aussicht aufs Meer**   *miet aussiecht aufs meer*

Heeft u een eigen parkeerterrein?
Haben Sie einen eigenen Parkplatz?
haben zie ainen aiGenen parkplats?

Hoeveel kost dat extra per dag?
Wie viel kostet das extra pro Tag?
wie viel kostet das ekstra pro taaG?

Mag ik de kamer zien?
Kann ich mir das Zimmer ansehen?
kan iech mier das tsiemer anseejen?

Heeft u een goedkopere/grotere/rustiger kamer?
Haben Sie ein billigeres/grösseres/ruhigeres Zimmer?
haben zie ain bielieGeres/Greuseres/roe-ieGeres tsiemer?

Ik neem deze kamer.
Ich nehme dieses Zimmer.
iech neme diezes tsiemer.

Heeft u een extra bed/kinderbed?
Haben Sie noch ein Bett/ein Kinderbett?
haben zie noch ain bet/ain kienderbet?

Kunt u mij helpen met de bagage?
Wollen Sie mir bitte mit dem Gepäck helfen?
wollen zie mier biete miet dem Gepek helfen?

Wie lange bleiben Sie?
wie lange blaiben zie?
Hoe lang blijft u?

Bitte unterschreiben Sie hier.
biete oentersjraiben zie hier
Wilt u hier tekenen, alstublieft?

verblijf

Mag ik de sleutel van kamer ...?
Bitte den Schlüssel von Zimmer ...
biete deen sjluussel von tsiemer ...

Ik ben mijn sleutel kwijt – Ik heb de sleutel op de kamer laten liggen.
Ich habe meinen Schlüssel verloren – Ich habe meinen Schlüssel im Zimmer liegen lassen.
iech habe mainen sjluussel verloren – iech habe mainen sjluussel iem tsiemer lieGen lassen.

Ik ben om ... uur terug.
Ich bin um ... Uhr zurück.
iech bien oem ... oer tsoeruuk.

Gaat het hotel 's nachts op slot?
Wird das Hotel nachts abgeschlossen?
wierd das hotel nachts abgesjlossen?

Kan ik een nachtsleutel meekrijgen?
Können Sie mir einen Nachtschlüssel mitgeben?
kunnen zie mier ainen nachtsjluussel mietGeben?

Ik wil graag...	**Ich möchte gerne ...**	*iech muchte Gerne ...*
– een extra deken	**noch eine Decke**	*noch aine dekke*
– een extra kussen	**noch ein Kopfkissen**	*noch ain kopfkiesen*
– een handdoek	**ein Handtuch**	*ain handtoech*

– schone lakens	**saubere Bettwäsche**	*zaubere betwesje*
– toiletpapier	**WC-Papier**	*wee-tsee-papier*
– zeep	**ein Stück Seife**	*ain sjtuuk zaife*

Is er post/een bericht voor mij gekomen?
Gibt 's Post/eine Nachricht für mich?
Giebts post/aine naachriecht fur miech ?

Kunt u dit op de rekening zetten?
Setzen Sie es bitte auf die Rechnung.
zetzen zie es biete auf die rechnoeng.

Kan ik hier telefoneren?
Kann ich hier telefonieren?
kan iech hier telefonieren?

Kunt u dit in de kluis bewaren?
Können Sie diese Sachen im Safe aufbewahren?
kunnen zie dieze zachen iem seef aufbewaren?

Ik wil graag nog ... nachten blijven.
Ich möchte noch ... Nächte bleiben.
iech muchte noch ... nechte blaiben.

Ik wil graag afrekenen.
Ich möchte gerne zahlen
iech meuchte Gerne tsahlen

Kan ik met mijn creditcard betalen?
Kann ich mit einer Kreditkarte bezahlen?
kan iech miet ainer kreditkarte betsalen?

Kan ik hier ook pinnen?
Kann ich hier auch mit der Geldkarte zahlen?
kan iech hier auch miet der Geldkarte tsahlen?

Wanneer komt de hostess van mijn reisorganisatie hier?
Wann kommt die Reisebegleiterin meines Reisebüros hier?
wan komt die raizebeGlaiterien maines raizebuuroos hier?

Wilt u mij om ... uur wekken?
Können Sie mich um ... Uhr wecken?
kunnen zie miech oem ... oer wekken?

Wat zijn de etenstijden?
Wann sind die Essenszeiten?
wan ziend die essenstsaiten?

Vanaf hoe laat kan ik ontbijten?
Ab wann gibt es Frühstück?
ab wan Giebt es fruusjtuuk?

Kan ik het ontbijt op de kamer krijgen?
Kann ich auf dem Zimmer frühstücken?
kan iech auf deem tsiemer fruusjtuuken?

Kan ik morgenochtend een lunchpakket meekrijgen?
Kann ich morgenfrüh ein Lunchpaket mitbekommen?
kan iech morGenfruu ain lunsjpakeet mietbekommen?

Heeft u toeristische informatie over de stad/een plattegrond?
Haben Sie touristische Informationenen über die Stadt/einen Stadtplan?
haben zie toeristiesje ienformaatsionen uber die sjtat/ainen sjtatplaan?

Kan ik bij u een telefoongesprek aanvragen?
Kann ich bei Ihnen ein Telefongespräch beantragen?
kann iech bai ienen ain telefoonGesjpreech beantraGen?

Binnen!	**Herein!**	*heerain*
Een moment graag!	**Einen Moment, bitte!**	*ainen moment, biete!*

Kunt u nog ... minuten wachten?
Können Sie noch ... Minuten warten?
kunnen zie noch ... minoeten warten?

Is de kamer al schoongemaakt?
Ist das Zimmer schon fertig?
iest das tsiemer sjoon fertiech?

---

vertrek

Ik vertrek morgenochtend.
Ich reise morgen früh ab.
iech raize morGen fruu ab.

Hoe laat moet ik de kamer uit zijn?
Wie spät muss das Zimmer geräumt werden?
wie sjpeet moes das tsiemer Geroimt werden?

Wilt u de rekening opmaken?
Wollen Sie bitte die Rechnung aufmachen?
wollen zie biete die rechnoeng aufmachen?

Ankunft/Abreise	aankomst/vertrek	
Nächte/Personen	aantal nachten/personen	
zu bezahlen	te betalen	
Bedienung/Kurtax	service/toeristenbelasting	

camping

afval	**der Abfall**	*deer abfal*
brievenbus	**der Briefkasten**	*deer briefkasten*
doucheruimte	**der Duschraum**	*deer doesjraum*
geen drinkwater	**kein Trinkwasser**	*kein trienkwasser*
ingang	**der Eingang**	*deer ainGang*
kamperen verboden	**Zelten verboten**	*tselten verboten*
kampwinkel	**der Camping(platz)laden**	*deer kempieng(plats)laden*
kantine	**die Kantine**	*die kantiene*
receptie	**die Rezeption, der Empfang**	*die retseptsioon, der empfang*
speelplaats	**der Spielplatz**	*deer sjpielplats*
strand	**der Strand**	*deer sjtrand*
telefoon	**das Telefon**	*das telefoon*
toiletten	**die Toiletten**	*die twaletten*
verboden te ...	**... verboten**	*... verboten*
vol	**belegt/voll**	*beleeGt/vol*
wasgelegenheid	**die Waschgelegenheit**	*die wasjGeleGenhait*
wasmachine	**die Waschmaschine**	*die wasjmasjiene*

Waar kan ik kamperen?
Wo kann ich zelten?
wo kan iech tselten?

Is er een camping in de buurt?
Gibt es einen Campingplatz in der Nähe?
Giebt es ainen kempiengplats ien deer neeje?

Ik heb telefonisch/schriftelijk/per e-mail/per fax gereserveerd onder de naam ...
Ich habe per Telefon/schriftlich/per E-Mail/per Fax unter dem Namen ... reservieren lassen.
iech habe per telefoon/sjrieftliech/per ie-meel/per fax oenter dem namen ... reservieren lassen.

Ik wil/Wij willen ... nachten blijven.
Ich möchte/Wir möchten ... Nächte bleiben.
iech muchte/wier muchten ... nèchte blaiben.

Ik ben/Wij zijn (met) ...
Ich bin/Wir sind (mit)...
iech bien/wier ziend (miet)...

– alleen	**allein**	*allain*
– ... volwassene(n) en ...	**... Erwachsene(n) und ...**	*... erwaGsene(n) oend*
kind(eren)	**Kind(ern)**	*kiend(ern)*
– kleine/grote tent(en)	**kleinen/großen Zelten**	*klainen/Groossen tselten*
– auto('s)	**Autos**	*autoos*
– camper(s)	**Camper**	*kemper*
– caravan(s)	**Wohnwagen/Caravan**	*woonwaGen/kaaravan*
– motor(s)	**Motors**	*motors*

Hoeveel kost dat per nacht?
Wie viel kostet das pro Nacht?
wie viel kostet das pro nacht?

Ik ben lid van de ... Wilt u mijn lidmaatschapskaart zien?
Ich bin Mitglied des/der ... Wollen Sie meine Mitgliedskarte sehen?
iech bien mietGlied des/der ... wollen zie maine mietGliedskarte zehen?

Zijn huisdieren toegestaan? Mogen ze los rondlopen?
Sind Haustiere gestattet? Dürfen sie frei herumlaufen?
siend haustiere Gesjtattet? duurfen zie frai heroemlaufen?

Is het toegestaan vuur te maken/te barbecuen?
Darf man ein Feuer machen/grillen?
darf man ain foier machen/Grillen?

Heb ik muntjes nodig voor de warme douches?
Braucht man Münzen für die warmen Duschen?
braucht man muuntse fuur die warmen doesjen?

Moet ik een carnet aan mijn tent/caravan bevestigen?
Muss ich ein Carnet am Zelt/am Caravan befestigen?
moes iech ain karnè am tselt/am kaaravan befestiGen?

Is het water drinkbaar?
Ist dieses Wasser trinkbar?
iest diezes wasser trienkbar?

Mag ik hier mijn tent opzetten?
Kann ich hier mein Zelt aufstellen?
kan iech hier main tselt aufsjtellen?

Mag ik zelf een plek uitzoeken?
Darf ich selbst einen Platz aussuchen?
darf iech zelbst ainen plats aussoechen?

Is er een plek met meer schaduw/minder wind/dichter bij de ingang?
Gibt es eine Stelle mit mehr Schatten/weniger Wind/näher am Eingang?
Giebt es aine sjtelle miet meer sjatten/wenieGer wiend/neeher am ainGang?

Heeft u nog plaats voor een (kleine) tent/caravan?
Haben Sie noch Platz für ein (kleines) Zelt/für einen Wohnwagen?
haben zie noch plats fuur ain (klaines) tselt/fuur ainen woonwaGen?

Kan ik mijn auto naast de tent parkeren?
Darf ich mein Wagen neben dem Zelt parken?
darf iech main waaGen neben dem tselt parken?

Waar is de elektriciteitsaansluiting?
Wo ist der elektrische Anschluss?
wo iest der elektriesje ansjloes?

Waar kan ik deze butagasfles vullen/omruilen?
Wo kann ich diese Butangasflasche füllen/tauschen?
wo kannn iech dieze boetaanGaasflasje fuullen/tausjen?

Waar kan ik camping-gasblikjes kopen?
Wo kann ich Campinggaskartuschen kaufen?
wo kan iech kempiengGaskartoesjen kaufen?

Heeft u hout voor een kampvuur?
Haben Sie Holz für ein Lagerfeuer?
haben zie holts fuur ain laGerfoier?

Kan ik hier mijn chemisch toilet legen?
Kann ich hier mein Trockenklosett leeren?
kan iech hier main trokkenklosett leren?

DUITS-NEDERLANDS

Können Sie dieses ausfüllen, bitte?
kunnen zie diezes ausfuullen, biete?
Wilt u dit invullen?

Wollen Sie hier unterzeichnen, bitte?
wollen zie hier oentertsaichnen, biete?
Wilt u hier tekenen?

DE KAMPEERUITRUSTING

batterij	die Batterie	*die batterie*
bestek	der Besteck	*deer besjtek*
blikopener	der Büchsenöffner	*deer buuchsen-ufner*
bord	der Teller	*deer teller*
ehbo-doos	die Erste-Hilfe-Ausrüstung	*die erste hielfe ausruustoeng*
emmer	der Eimer	*deer aimer*
flesopener	der Flaschenöffner	*deer flasjen-ufner*
gasbrander	der Gasbrenner	*deer Gaasbrenner*
gasfles	die Gasflasche	*die gaasflasje*
hamer	der Hammer	*deer hammer*
houtskool	die Holzkohle	*die holtskole*
klapstoel/campingstoel	der Klappstuhl	*deer klappsjtoel*
klaptafel	der Klapptisch	*deer klapptiesj*
koekenpan	die Bratpfanne	*die braatpfanne*
koelbox	die Kühlbox	*die kuulboks*
koelelement	das Kühlelement	*das kuul-element*
kompas	der Kompass	*deer kompas*
kopje	die Tasse	*die tasse*
kurkentrekker	der Korkenzieher	*deer korkentsiejer*
lepel	der Löffel	*deer luffel*
luchtbed	die Luftmatratze	*die loeftmatratse*
luchtpomp	die Luftpumpe	*loeftpoempe*
matje (opblaasbaar)	die Matte (aufblasbar)	*die matte (aufblaasbar)*
mes	das Messer	*das messer*
mok	der Becher	*deer becher*
muskietennet	das Moskitonetz	*das moskieto-nets*
pan	der topf	*deer topf*
petroleum (voor lamp)	das Petroleum	*das petroolee-oem*
primus	der Petroleumkocher	*deer petroolee-oemkocher*
rugzak	der Rucksack	*deer ruuksak*
slaapzak	der Schlafsack	*deer sjlaafzak*
spiritus	der Spiritus	*der spiritoes*
thermosfles	die Thermosflasche	*die termosflasje*
touw	der Bindfaden	*deer biendfaden*
veldfles	die Feldflasche	*die feldflasje*
verbanddoos	der Verbandkasten	*deer verbandkasten*
vork	die Gabel	*die Gabel*
vuilniszak	die Müllsacke	*muulzakke*
wasknijpers	Wäscheklammern	*wesjeklammern*
waslijn	die Wäscheleine	*die wèsjelaine*
wekker	der Wecker	*deer wekker*
windscherm	der Windschutz	*deer wiendsjoets*
zaklantaarn	die Taschenlampe	*die tasjenlampe*
zakmes	das Taschenmesser	*das tasjenmesser*

TENT

haringen	**Heringe**	*heerienge*
tent	**das Zelt**	*das tselt*
scheerlijn	**die Zeltspannleine**	*die tseltsjpannlaine*
koepeltent	**Zelt mit Kuppeldach**	*tselt miet koeppeldach*
tunneltent	**das Tunnelzelt**	*das toeneltselt*
luifel	**das Vordach**	*das vordach*
grondzeil	**die Bodenplane, die Zeltplane**	*die bodenplane, die tseltplane*
tentstok	**die Zeltstange**	*die tseltsjtange*
voortent	**das Vorzelt**	*das vortselt*

CARAVAN

chemisch toilet	**das Trockenklosett**	*das trokkenklosett*
handrem	**die Handbremse**	*die handbremze*
neuswiel	**das Buglaufrad**	*das boeGlaufrad*
luifel	**das Vordach**	*das vordach*
koelelement	**der Kühlakku**	*deer kuulakkoe*
zijlicht	**das Seitenlicht**	*das saitenliecht*
wiel	**das Rad**	*das raad*
achterlicht	**die Rückleuchte**	*die ruukloichte*
remlicht	**die Bremsleuchte**	*die bremsloichte*
richtingaanwijzer	**die Blinkleuchte**	*die blienkloichte*

Hieronder vindt u een opsomming van gerechten en dranken die u in Duitstalige streken kunt tegenkomen en bestellen. Een lijst van ingrediënten vindt u op pagina 114 e.v.

dranken bestellen

Ik wil graag een...	Ich möchte gerne ...	iech muchte Gerne ...
– kop koffie	einen Kaffee	ainen kaffee
– -zwart	schwarz	sjwarts
– - ... met melk	einen Milchkaffee	ainen mielchkaffee
– - ... zonder cafeïne	koffeinfreien	koffee-ienfraai
– espresso	einen Espresso	ainen espresso
– cappuccino	einen Cappuccino	ainen cappoetsjieno
– koffie verkeerd	einen Kaffee verkehrt	ainen kaffee verkeert
– kopje thee	einen Tee	ainen tee
– glas melk	ein Glas Milch	ain Glaas mielch
– limonade	eine Limonade	aine limonade
– mineraalwater	ein Mineralwasser	ain mineraalwasser
– appelsap	einen Apfelsaft	ainen apfelsaft
– sinaasappelsap	einen Orangensaft	ainen oranzjensaft

Alsterwasser	licht bier met limonade
Altbier	bitter bier met veel hop
Apfelschnapps	appelbrandewijn
Apfelwein	cider
Aprikosenlikör	abrikozenlikeur
Asbach Uralt	Duitse cognac
Birnenschnapps	perenbrandewijn
Bockbier	bokbier (hoog alcoholpercentage)
Bommerlunder	brandewijn met komijn
Danziger Goldwasser	witte likeur met vlokken
Doornkaat	Duitse gin
Doppelbock	bokbier
Eierlikör	advocaat
Gin (-Fizz/mit Tonic)	gin(-soda/-tonic)
Glühwein	bisschopswijn (warm)
Heidelbeergeist	bosbessenbrandewijn
Himbeergeist	frambozenbrandewijn

Kir	witte wijn met crème de cassis
Kirschlikör	kersenlikeur
Kirschwasser	kirsch
(doppel)Korn	graanbrandewijn
Kognak	cognac
Kümmel	likeur met komijnsmaak
Likör	likeur
Malzbier	zoet, donker bier met weinig alcohol
Märzen	bokbier
Mineralwasser	mineraalwater
Obstler	vruchtenbrandewijn
Pflümli(wasser) (Zw.)	pruimenbrandewijn
Pilsener	bier uit Pilzen, veel hop
Portwein	port
Radlermass	licht bier met citroenlimonade
Rotwein	rode wijn
Rum	rum
Schenkerler	bier met gerookte hop
Schnapps	borrel
Sherry	sherry
Starkbier	bokbier
Steinhäger	soort jenever
Träsch	peren-/appelbrandewijn
Underberg Magenbitter	kruidenbitter
Weinbrand	brandewijn
Weissbier	licht tarwebier
Weissbier mit Schuss	bier met frambozenlimonade
Weisswein	witte wijn
Weizenkorn	graanlikeur (soort whisky)
Wermut (suss/trocken)	vermouth (zoet/droog)
Whisky (mit Soda)	whisky (-soda)
Zwetschgenwasser (Oost.)	pruimenbrandewijn

Ik geef een rondje.
Ich spendiere eine Runde.
iech sjpendiere aine roende.

Op je gezondheid! – Proost!
Zum Wohl! – Prost!
tsoem wool! – proost!

wijze van serveren

een glas ...	**ein Glas ...**	*ain Glaas ...*
achtste liter ...	**ein Achtel ...**	*ain achtel ...*
kwart liter ...	**ein Viertel ...**	*ain viertel ...*
een karaf ...	**eine Karaffe ...**	*aine karaffe ...*
een fles ...	**eine Flasche ...**	*aine flasje ...*
met ijsblokjes	**mit Eis**	*miet ais*
op kamertemperatuur	**auf Zimmertemperatur**	*auf tsiemertemperatoer*
puur	**pur**	*poer*

uit eten

DE MENUKAART **DIE SPEISEKARTE** *(DIE SPAIZEKARTE)*

à la carte	à la carte
Eintopfgerichte	eenpansmaaltijden/stamppot
Fischgerichte	visgerechten
Fleischgerichte	vleesgerechten
Gemüse und Salate	groente en salades
Hauptgerichte	hoofdgerechten
Kartoffelgerichte	aardappelgerechten
Käse	kaas
Kinderteller	kindermenu
Mehlspeisen	meelspijzen
Nachspeisen	nagerechten
Reisgerichte	rijstgerechten
Suppen	soepen
Tagesgericht	dagmenu
Touristenmenü	toeristenmenu
Vorspeisen	voorgerechten
Wein	wijn
Wild und Geflügel	wild en gevogelte

BEREIDINGSWIJZE **BEREITUNG** *(BERAITOENG)*

am Spieß	aan het spit
durchgebraten	doorbakken
filiert	gefileerd
fritiert	gefrituurd
gebacken	gebraden
gedämpft	ragout
gedünstet	gestoofd (vis)
gefüllt	gevuld

gegrillt	gegrild
gekocht	gekookt
geraspelt	geraspt
geräuchert	gerookt
geschmort	gestoofd (vlees)
(im Ofen) gebraten	gebakken
in Béchamelsoße	gebonden
in Butter geschwenkt	in boter gebakken
innen roh	rood (vlees)
kalt/warm/heiß	koud/warm/heet
mariniert	gemarineerd
mit Soße	in saus
mittel	licht gebakken (vlees)
nach Hausfrauenart	in saus met appel en uien
nach Jägerart	gesmoord in wijn, uien, wortelen en champignons
nach Ungarische Art	in paprikasaus
pfannengerührt	roergebakken
püree	gepureerd
roh	rauw
vom Grill	van de grill

ONTBIJT	**FRÜHSTÜCK**	*FRUUSTUK*
boter	**Butter**	*boeter*
brood	**Brot**	*broot*
broodjes	**Brötchen**	*breutchjen*
(warme) chocolademelk	**(heisse) Schokolade**	*(haise) sjokolade*
croissants	**Croissants/Hörnchen**	*krwassants/hurnchjen*
een ... ei	**ein ... Ei**	*ain ... ai*
– hardgekookt	**- hartgekochtes**	*hartGekochtes*
– zachtgekookt	**- weichgekochtes**	*waich-Gekochtes*
honing	**Honig**	*honiech*
jam	**Marmelade/Konfitüre**	*marmelade/konfituure*
kaas	**Käse**	*keeze*
knäckebröd	**Knäckebrot**	*knekkebroot*
(cafeïnevrije) koffie	**(koffeinfreie) Kaffee**	*(koffee-ienfraien) kaffee*
(warme/koude) melk	**(heisse/kalte) Milch**	*(haise/kalte) mielch*
roggebrood	**Roggenbrot/Schwarzbrot**	*roGGenbroot/sjwarts-broot*
room	**Sahne**	*zaane*
suiker	**Zucker**	*tsoeker*
tarwekiembrood	**Weizenkeimbrot**	*waitsenkaimbroot*
thee	**Tee**	*tee*
– ...met citroen	**- ... mit Zitrone**	*- ... miet tsietrone*
– ... zonder melk	**- ... ohne Milch**	*- ... oone mielch*
toast	**Toast**	*toost*
volkorenbrood	**Vollkornbrot**	*volkornbroot*
wittebrood	**Weissbrot**	*waisbroot*

yoghurt	**Joghurt**	*joGoert*
zoetstof	**Süssstoff**	*suussjtof*
zout	**Salz**	*zalts*

VOORGERECHTEN **VORSPEISE** *(VORSPAIZE)*

Aal (in Gelee)	paling (in gelei)
Aalsuppe	palingsoep
Bauernsuppe	dikke soep met worst/kool
Backerbsensuppe	bouillon met stukjes geroosterd brood
Basler Mehlsuppe (Zw.)	meelsoep met kaas
Bismarckhering	rolmops met uien
Bohnensuppe	bonensoep met spek
Erbsensuppe	erwtensoep
Fischsuppe	vissoep
Fleischpastete	vleespastei
Flusskrebs	rivierkreeft
Fridatensuppe	bouillon met reepjes deeg
Froschschenkel	kikkerbilletjes
Gänseleber im eigenen Fett	ganzenlever in eigen vet
Gänseleberpastete	ganzenleverpastei
gefüllte Champignons	gevulde champignons
Gerstenbrühe	soep met gerstebier
Grießnockerlsuppe	griesmeelsoep
Gulaschsuppe	goulashsoep
Hoppel-Poppel	roereieren met bacon/worst
Hühnerbrühe	kippenbouillon
Hühnerreissuppe	kippensoep met rijst
Kaltschale/Obstsuppe	gekoelde vruchtensoep, soms met bier of wijn
Kartoffellauchsuppe	aardappel-preisoep
Kartoffelsuppe	aardappelsoep
Königinpastete	pastei gevuld met vlees en champignons
Königinsuppe	gebonden kippensoep
Kraftbrühe mit Ei	runderbouillon met rauw ei
Leberknödelsuppe	soep met leverballetjes
Linsensuppe	linzensoep
Matjesfilet	maatjesharing
Nudelsuppe	vermicellisoep
Ochsenschwanzsuppe	ossenstaartsoep
Oliven	olijven
Räucheraal	gerookte paling
Räucherlachs	gerookte zalm
Rehpastete	reepastei
Russische Eier	Russische eieren
(roher) Schinken	(rauwe) ham
Semmelsuppe	knoedelsoep
Serbische Bohnesuppe	gekruide bonensoep

Soleier	in zout gekookte eieren
Spargel	asperges
Spargelsuppe	aspergesoep
Strammer Max	soort uitsmijter
Tomatensuppe	tomatensoep
Wurstplatte	schotel met vleeswaren
Zwiebelsuppe	uiensoep

HOOFDGERECHTEN	**HAUPTGERICHTE** *(HOUPTGERIEGTE)*
Bauernschmaus (Oost.)	zuurkool met spek, gerookt varkensvlees, worst, knoedels en aardappel
Bayerische Leberknödel	kalfsleverballetjes met zuurkool
Berner Platte (Zw.)	schotel met zuurkool, aardappelen, karbonade, gekookt spek, rundvlees, worst, tong en ham
Bierwurst	pittige, vette worst
Blutwurst	bloedworst
Bockwurst	dikke, gekookte worst
Bratwurst	braadworst
Bündnerfleisch	dun gesneden gerookte ham
Butterreis	rijst met boter
Curryreis	rijst met kerrie
Doppeltes Lendenstück	dubbele haasbiefstuk
Eisbein	gemarineerde varkenspoot
Essiggurken	augurken in het zuur
Fischfrikadellen	viskroketten
Fischklößchen	visballetjes
(gemischtes) Gemüse	(gemengde) groente
gefühltes Kraut	gevulde koolbladeren
Geröstel	gebakken aardappelen
Geschnätzeltes	in dunne reepjes gesneden vlees
Gnagi	varkenspoot
Griebenwurst	worst met kaantjes
Gröstl	gebakken aardappelen met vlees
Hackbraten	gebraden fijngehakt vlees
Himmel und Erde	'hete bliksem': stamppot van aardappelpuree, appelmoes, uien, spek en vlees
Holsteiner Schnitzel	gepaneerde kalfsoester met groente en spiegelei
Husarenfleisch	gestoofd rund-, varkens- of kalfsvlees met paprika's, uien en zure room
Jägerschnitzel	varkensschnitzel met pittige saus
Kalbsbries	kalfszwezerik
Karbonade	varkenskarbonade
Kartoffel(n)	aardappel(en)
Kartoffelbrei	aardappelpuree
Kartoffelklöße	aardappelknoedels
Kartoffelkroketten	aardappelkroketjes
Katenwurst	gerookte boerenworst

Knackwurst	knakworst
Kohl und Pinkel	rookvlees/kool/aardappelen
Kohlroulade	met gehakt gevulde koolbladeren
Königsberger Klöpse	gekookte gehaktballen met kappertjes in witte saus
Krainer	gekruide varkensworst
Krenfleisch (Oost.)	varkensvlees met mierikswortel en groente
Leberwurst	leverworst
Lendenbraten	gebraden lendestuk
Mainzer Rippchen	varkenskarbonade met zuurkool en aardappelen, in witte wijn gekookt
(saure) Nieren	niertjes (in azijnsaus)
Nudeln	meelballetjes
Pellkartoffeln	aardappelen in schil
Petersilienkartoffeln	aardappelen met peterselie
Räucherspeck	gerookt spek
Rippensteak	kotelet
Rösti (Zw.)	pannenkoek van gebakken aardappelreepjes
Röstkartoffeln	gebakken aardappelen
Rotwurst	bloedworst
Salzkartoffeln	gekookte aardappelen
Schlachtplatte	schotel van varkensvlees, leverworst en zuurkool
Schmorbraten	gebraden en in champignons gesmoord vlees
Schmorfleisch	stoofvlees
Schpanferkel	speenvarken
Spätzle/Spätzli	kleine meelballetjes van eierdeeg
Tafelspitz (Oost.)	Weens gekookt rundvlees
Tartarbeefsteak	tartaar
Wiener Schnitzel	gepaneerde varkenskarbonade
Wiener Würstchen/ Wienerlie	soort Frankfurter worstjes
Zigeunerschnitzel	varkensschnitzel in pittige saus

DESSERTS NACHTISCHE (NAAGTIESJE)

Allgauer Bergkäse	harde Beierse kaas
Altenburger	geitenkaas
Apfelstrudel	opgerold appelgebak
Berliner	donut met jam
Berliner Luft	crème van eieren en citroen met frambozensiroop
Bienenstich	honing-amandelcake
Cremeschnitte	tompouce
Erdbeertörtchen	aardbeiengebakje
Errötende Jungfrau	frambozen met slagroom
Gittertorte	amandeltaart met frambozensiroop
Greyerzer	Gruyère
Gugelhopf	tulband met rozijnen en amandelen
Handkäse	pittige kaas

Hefekranz	koffiecake
Kaiserschmarren	pannenkoek met stroop en rozijnen
Käsetorte	kwarktaart
Kümmelkäse	komijnenkaas
Leckerli (Zw.)	honingkoekjes
Linzertorte	taart met vruchtenjam
Makronen	kokoskoekjes
Mannheimer Dreck	amandeldeeg met chocoladesaus
Mohrenkopf	moorkop
(gemischte) Nüsse	(gemengde) noten
Obstkuchen	vruchtentaart
Obstsalat	fruitsalade
Palatschinken	flensjes met jam, kaas, worstjes of noten en chocoladesaus
Printen	honingkoekjes
Räucherkäse	rookkaas
Sachertorte	chocoladetaart met abrikozenjam
Sahnekäse	roomkaas
Schwarzwalder Kirschtorte	chocoladetaart met kersenjam
Schillerlocken	room/vanillehoorn
Windbeutel	soort soesje

Ik wil graag een tafel voor ... personen reserveren.
Ich möchte gerne einen Tisch für ... Personen reservieren.
iech muchte Gerne ainen tiesj fuur ... perzonen reezervieren.

We komen om 19.00 uur.
Wir kommen um neunzehn.
wir kommen oem nointseen.

Ik heb een tafel gereserveerd.
Ich habe einen Tisch reservieren lassen.
iech habe ainen tiesj reezervieren lassen.

Wij willen wat eten/drinken.
Wir möchten etwas essen/trinken.
wir muchten etwas essen/trienken.

Heeft u een tafel voor ... personen?
Haben Sie einen Tisch für ... Personen?
haben zie ainen tiesj fuur ... perzonen?

Is deze tafel/plaats vrij?
Ist dieser Tisch/Platz frei?
iest diezer tiesj/platz frai?

Heeft u een tafel aan het raam/in de hoek/buiten?
Haben sie einen Tisch am Fenster/in der Ecke/im Freien?
haben zie ainen tiesj am fenster/in der ekke/im fraien?

Kunnen wij in het niet-rokersgedeelte zitten?
Können wir bitte in der Nichtraucherabteilung sitzen?
kunnen wier biete ien der niechtraucher-abtailoeng zietzen?

Serveerster! – Ober!
Fräulein! – Herr Ober!
froilain! – her ober!

Mag ik de menukaart/wijnkaart?
Darf ich die Speisekarte/Weinkarte haben, bitte?
darf iech die spaizekarte/wainkarte haben, biete?

Mag ik bestellen?
Ich möchte gern bestellen.
iech muchte Gern besjtellen.

Ik wil graag een voorgerecht.
Ich hätte gern eine Vorspeise.
iech hette Gern aine voorsjpaize.

Heeft u een menu van de dag?
Haben Sie ein Tagesmenü/Tagesgericht?
haben zie ain taGesmenu/Tages-Geriecht?

Ik heb een speciaal dieet, ik mag geen ... hebben.
Ich halte Diät und darf ... haben.
iech halte dieet oend darf ... haben.

– alcohol	**keinen Alkohol**	*kainen alkohol*
– knoflook	**keinen Knoblauch**	*kainen knooblauch*
– peper	**keinen Pfeffer**	*kainen pfeffer*
– suiker	**keinen Zucker**	*kainen tsoeker*
– uien	**keine Zwiebeln**	*kaine tswiebeln*
– vet	**kein Fett**	*kain fet*
– zout	**kein Salz**	*kain zalts*
– varkensvlees	**kein Schweinefleisch**	*kain sjwaineflaisj*

Ik wil/Wij willen geen vlees of vis eten. Heeft u vegetarische gerechten?
Ich möchte/Wir möchten kein Fleisch oder Fisch essen. Haben Sie vegetarische Gerichte?
iech muchte/wier muchten kain flaisj oder fiesj essen. haben zie veGetariesje Geriechte?

Worden uw maaltijden koosjer bereid?
Sind Ihre Gerichte koscher zubereitet?
ziend iehre Geriechte koosjer tsoeberaitet?

Kunt u ons iets/een streekgerecht aanbevelen?
Können Sie uns etwas/ein heimatliches Gericht empfehlen?
kunnen zie oens etwas/ain haimatliechjes Geriecht empfelen?

Welke wijn past bij deze schotel?
Welcher Wein passt am besten zu diesem Gericht?
welcher wain past am besten tsoe diesem Geriecht?

Kunt u mij hetzelfde brengen als dat wat die mensen hebben?
Ich hätte gern dasselbe wie jene Leute dort.
ich hette Gern dasselbe wie jene Loite dort.

Kunnen we een bord voor het kind krijgen?
Können wir einen Teller für das Kind bekommen?
kunnen wier ainen teller fuur das kiend bekommen?

Wat is dit?   **Was ist dies?**   *was iest dies?*

Ik wil/we willen eerst nog iets drinken.
Ich möchte/Wir möchten zuerst noch etwas trinken.
iech muchte/wier muchten tsoe-erst noch etwas trienken.

Kunnen wij/kan ik snel iets eten?
Können wir/Kann ich schnell etwas essen?
kunnen wier/kan iech sjnell etwas essen?

Ik heb/we hebben haast.
Ich habe/Wir haben es eilig.
iech habe/wier haben es ailiech.

Waar is het toilet?   **Wo ist die Toilette?**   *wo iest die twalette?*

DUITS-NEDERLANDS

Haben Sie reservieren lassen?
haben zie reezervieren lassen?
Heeft u gereserveerd?

Auf welchen Namen haben Sie reservieren lassen?
auf welchen namen haben zie reezervieren lassen?
Onder welke naam heeft u gereserveerd?

Die Küche ist noch nicht auf/ist schon geschlossen worden.
die kuuchje iest noch niecht auf/iest sjoon Gesjlossen worden.
De keuken is nog niet open/al gesloten.

In einer Viertelstunde/halben Stunde/Stunde haben wir ein Tisch für Sie.
ien ainer viertelsjtoende/halben sjtoende/sjtoende haben wier ain tiesj fuur sie.
Over een kwartier/half uur/uur hebben we een tafel voor u.

Möchten Sie so lange (an der Bar) warten?
muchten zie zo lange (an deer bar) warten?
Wilt u zo lang (aan de bar) wachten?

Ich empfehle Ihnen ...
ich empfele ienen ...
Ik kan u ... aanbevelen.

Das Tagesgericht ist ...
das taGesGeriecht iest ...
Het dagmenu is ...

Möchten Sie einen Aperitif?
muchten zie ainen apeerietief?
Wilt u een aperitief gebruiken?

Haben Sie gewählt?
haben zie Geweelt?
Heeft u een keuze kunnen maken?

Was nehmen Sie?
was nemen zie?
Wat neemt u?

Was trinken Sie?
was trienken zie?
Wat wilt u drinken?

... haben wir nicht.
... haben wier niecht.
We hebben geen ...

Sind Sie zufrieden?
ziend zie tsoefrieden?
Is alles naar wens?

Kunnen wij (een/wat) ... krijgen, alstublieft?
Können wir bitte (etwas) ... haben?
kunnen wier biete (etwas) ... haben?

–	asbak	**einen Aschenbecher**	*ainen asjenbecher*
–	azijn	**Essig**	*essieG*
–	boter	**Butter**	*boeter*
–	brood	**Brot**	*broot*
–	citroen	**Zitrone**	*tsietrone*

– fles ...	eine Flasche ...	*aine flasje ...*
– glas	ein Glas	*ain Glaas*
– glas water	ein Glas Wasser	*ain Glaas wasser*
– lepel	einen Löffel	*ainen luffel*
– lucifers	Streichhölzer	*sjtraich-hultser*
– mes	ein Messer	*ain messer*
– mosterd	Senf	*zenf*
– peper	Pfeffer	*pfeffer*
– servet	eine Serviette	*aine serviëtte*
– suiker	Zucker	*tsoeker*
– tandenstokers	Zahnstocher	*tsaansjtocher*
– vork	eine Gabel	*aine Gabel*
– zoetstof	Süssstoff	*zuussjtof*
– zout	Salz	*zalts*

Dat is alles.
Das wäre alles.
das weere alles.

Genoeg, dank u.
Danke, genug.
danke, GenoeG.

Op je gezondheid! – Proost!
Zum Wohl! – Prost!
tsoem <u>wool</u>! – proost!

Eet smakelijk.
Guten Appetit.
Goeten appet<u>ie</u>t.

Kan ik nog een extra portie ... krijgen, alstublieft?
Kann ich bitte noch eine Portion ... bekommen?
kan iech biete noch aine portsioon ... bekommen?

Het smaakt heerlijk.
Es schmeckt prima.
es sjmekt priema.

Ik wil graag een dessert.
Ich hätte gern eine Nachspeise.
iech hette Gern aine nachsjpaize.

Iets lichts, graag.
Etwas Leichtes, bitte.
etwas leichtes, biete.

Een kleine portie, als dat kan.
Nur eine kleine Portion, wenn das möglich ist.
noer aine klaine portsioon, wen das meugliech iest.

betalen

Mag ik de rekening?
Die rechnung, bitte.
die rechnoeng, biete.

Wij willen graag ieder apart betalen.
Wir möchten getrennt bezahlen.
wier muchten Getrent betsalen.

Ik betaal dit rondje.
Diese Runde ist für mich.
dieze roende iest fuur mich.

Alles bij elkaar.
Alles zusammen.
alles tsoezammen.

Waar duidt dit bedrag op?
Wofür ist dieser Betrag?
wofuur iest diezer betraaG?

De rekening klopt niet.
Entschuldigen Sie bitte, aber die Rechnung stimmt nicht.
entsjoeldiGen zie biete, aber die rechnoeng sjtiemt niecht.

U heeft te veel/weinig berekend.
Sie haben zuviel/zu wenig berechnet.
zie haben tsoeviel/tsoe weeniech berechnet.

Hoeveel is het?
Wieviel kostet es?
wieviel kostet es?

Accepteert u deze creditcard/deze cheque?
Nehmen Sie diese Kreditkarte/diesen Scheck an?
nemen zie dieze kredietkarte/diezen sjek an?

Kan ik hier ook pinnen?
Kann ich hier auch mit der Geldkarte zahlen?
kan iech hier auch miet der Geldkarte tsahlen?

Houdt u het wisselgeld maar.
Das Kleingeld ist für Sie.
das klainGeld iest fuur zie.

balie	**der Schalter**	*deer sjalter*
bank	**die Bank**	*die bank*
bankpas	**die Scheckkarte**	*die sjekkarte*
bedrag	**der Betrag**	*deer betraaG*
biljet	**der Geldschein**	*deer Geldsjain*
chipknip	**die Chipkarte**	*die tschipkarte*
chippen	**mit der Chipkarte zahlen**	*miet der tschipkarte tsahlen*
chipper	**die Chipkarte**	*die tschipkarte*
euro	**der Euro**	*deer oiro*
formulier	**das Formular**	*das formoelaar*
geld	**das Geld**	*das Geld*
geldautomaat	**der Geldautomat**	*deer Geldautomaat*
kleingeld	**das Kleingeld**	*das klainGeld*
koers	**der Kurs**	*deer koers*
legitimatie	**der Ausweis**	*deer auswais*
loket	**der Schalter**	*deer sjalter*
munten	**die Münzen**	*die muuntsen*
openingstijden	**die Öffnungszeiten**	*die eufnoengstsaiten*
opnemen	**abheben**	*abheben*
overmaken	**überweisen**	*uberwaizen*
pinnen	**mit der Geldkarte bezahlen/ Geld (aus dem Geldautomaten) abheben**	*miet der Geldkarte betsahlen/ Geld (aus dem Geldautomaten) abheben*
reischeque	**der Reisecheck**	*deer raizesjek*
travellerscheque	**Travellerschecks, Reiseschecks**	*trevellersjeks, raizesjeks*
verzilveren	**einlösen**	*ainleuzen*

geld

Waar kan ik geld wisselen?
Wo kann ich Geld wechseln?
wo kan iech Geld weGseln?

Waar kan ik reischeques inwisselen?
Wo kann ich Reiseschecks einlösen?
wo kan ich raizesjeks ainleuzen?

Waar is een bank/wisselkantoor/geldautomaat?
Wo ist eine Bank/Wechselstube/ein Geldautomat?
wo iest aine bank/weGselsjtoebe/ain Geldautomaat?

Zijn de banken morgen open?
Sind die Banken morgen auf?
ziend die banken morGen auf?

Wat is de wisselkoers van de euro?
Wie ist der Wechselkurs des Euros?
wie iest deer weGselkoers des oiroos?

Hoeveel commissie berekent u?
Welche Umtauschgebühr/Provision erheben Sie?
welche oemtausjGebuur/provizioon erheben zie?

Ik wil ... euro in franken omwisselen.
Ich möchte ... Euros in Franken umtauschen.
iech muchte ... oiroos ien franken oemtausjen.

Neemt u deze cheque aan?
Nehmen Sie diesen Scheck an?
nemen zie diezen Sjek an?

Wat is het maximum bedrag voor deze cheque?
Was ist der Höchstbetrag für diesen scheck
was iest deer heuchstbetraaG fuur diezen sjek?

Kan ik met deze creditcard contant geld opnemen?
Kann ich mit dieser Kreditkarte Bargeld abheben?
kan iech miet diezer kredietkarte barGeld abheben?

In kleine coupures graag.
In kleinen Banknoten, bitte.
ien klainen banknoten, biete.

Kunt u me wat kleingeld geven?
Können Sie mir bitte etwas Kleingeld geben?
kunnen zie mier biete etwas klainGeld Geben?

Waar moet ik tekenen?
Wo muss ich unterzeichnen?
wo moes iech oentertsaichnen?

Wilt u het geld nog eens natellen?
Können Sie das Geld bitte noch einmal nachzählen?
kunnen zie das Geld biete noch ainmaal nach-tseelen?

Is er geld voor mij overgemaakt?
Ist Geld für mich eingegangen?
iest Geld fuur miech ainGeGangen?

Melden Sie sich am Schalter ...
melden zie ziech am sjalter ...
U moet gaan naar balie ...

Wir nehmen diese Schecks nicht an. Gehen Sie zur ... Bank.
wier nemen dieze sjeks niecht an. Geejen zie tsoer ... bank.
Wij accepteren deze cheques niet. U moet naar de ...bank.

Bitte unterschreiben Sie hier.
biete oentersjraiben zie hier.
Wilt u hier tekenen, alstublieft?

post

aangetekend	**per Einschreiben**	*per ainsjraiben*
ansichtkaart	**die Ansichtskarte**	*die ansiechtskarte*
balie	**der Schalter**	*deer sjalter*
bank	**die Bank**	*die bank*
bedrag	**der Betrag**	*deer betraG*
biljet	**die Banknote**	*die banknote*
brief	**der Brief**	*deer brief*
briefkaart	**die Postkarte**	*die postkarte*
brievenbus	**der Briefkasten**	*deer briefkasten*
drukwerk	**die Drucksache**	*die droeksache*
formulier	**das Formular**	*das formoelaar*
geld	**das Geld**	*das Geld*
geldautomaat	**der Geldautomat**	*deer Geldautomaat*
girobetaalkaarten	**Postschecks**	*postsjeks*
giromaatpas	**die Geldautomatkarte** **(der niederländischen Postbank)**	*die Geldautomaatkarte (der niederlendieschen Postbank)*
kleingeld	**das Kleingeld**	*das klainGeld*
koers	**der Kurs**	*deer koers*
legitimatie	**der Ausweis**	*deer auswais*
loket	**der Schalter**	*deer sjalter*
munten	**die Münze**	*die muuntse*
openingstijden	**die Öffnungszeiten**	*die eufnoengstsaiten*
opnemen	**abheben**	*abheben*
overmaken	**überweisen**	*uberwaizen*
per expresse/luchtpost	**per Eilboten/als Luftpost**	*per ailboten/als loeftpost*
pinnen	**mit der Geldkarte zahlen/ Geld (aus dem Geldautomaten) abheben**	*miet der Geldkarte tsahlen/ Geld (aus dem Geldautomaten) abheben*
postbus	**das Postschließfach**	*das postsjliesfach*
poste restante	**postlagernd**	*postlaGernd*

postpakket	**das Postpaket**	*das postpaket*
postwissels	**Postanweisungen**	*postanwaizoengen*
postzegels	**Briefmarken**	*briefmarken*
reischeque	**der Reisescheck**	*deer raizesjek*
travellerscheque	**Travellerschecks, Reiseschecks**	*trevellersjeks, raizesjeks*
verzilveren	**einlösen**	*ainleuzen*

Hoe laat gaat het postkantoor open/dicht?
Wie spät wird das Postamt geöffnet/geschlossen?
wie sjpeet wierd das postamt Ge-ufnet/Gesjlossen?

Hoeveel moet er op deze brief/briefkaart?
Was kostet diesen Brief/diese Postkarte?
was kostet diezen brief/dieze postkarte?

Mag ik postzegels voor een brief/briefkaart naar Nederland/België?
Bitte Briefmarken für einen Brief/eine Postkarte nach Holland/Belgien.
bitte briefmarken fuur ainen brief/aine postkarte nach holland/belGiën.

Ik wil dit pakje versturen naar ...
Ich möchte dieses Päckchen nach ... senden.
iech muchte diezes pekchjen nach ... zenden.

Heb ik een douaneformulier nodig?
Brauche ich eine Zollerklärung?
brauche iech aine tsol-erkleeroeng?

Waar is het loket voor ...?
Wo ist der Schalter für...?
wo iest deer sjalter fuur ...?

Ik wil een brief afhalen. Mijn naam is ...
Ich möchte einen Brief abholen. Mein Name ist ...
iech muchte ainen brief abholen. main name iest ...

telefoon

abonneenummer	**die Rufnummer**	*die roefnoemer*
bellen naar	**anrufen**	*anroefen*
collect call	**das R(=Rückfrage)-Gespräch**	*das r(=ruukfraGe)-Gesjpreech*
internationaal toegangsnummer	**internationale Vorwahl**	*ienternaatsjoonaale vorwaal*
kengetal	**die (Gebiets)vorwahl**	*die (Gebiets)vorwaal*
landnummer	**die Landesvorwahl**	*die landesvorwaal*
mobiele telefoon	**das Handy**	*das hendie*
opbellen	**anrufen**	*anroefen*

sms	**die SMS**	*die s-m-s*
sms-bericht	**die SMS-Nachricht**	*die s-m-s-nachriecht*
sms'en	**SMSen**	*s-m-s-sen*
telefoon	**das Telefon**	*das telefoon*
telefoonkaart	**die Telefonkarte**	*die telefoonkarte*
versturen	**versenden, schicken**	*verzenden, sjieken*

Waar vind ik een telefooncel?
Wo finde ich eine Telefonzelle?
wo fiende iech aine telefoontselle?

Waar kan ik bellen?
Wo kann ich telefonieren?
wo kan iech telefonieren?

Heeft u een telefoongids/gouden (gele) gids?
Haben Sie ein Telefonbuch/Branchenfernsprechbuch?
haben zie ein telefoonboech/bransjenfernsprechboech?

Mag ik uw telefoon gebruiken?
Darf ich Ihr Telefon benützen?
darf iech ier telefoon benuutsen?

Ik wil naar Nederland/België bellen.
Ich möchte nach Holland/Belgien telefonieren.
iech muchte nach holland/belGiën telefonieren.

Wat kost dat per minuut?
Was kostet das pro Minute?
was kostet das pro mienoete?

Kan ik automatisch bellen?
Kann ich direkt wählen?
kan iech dierekt weelen?

Ik wil graag op kosten van de ontvanger bellen.
Ich möchte ein R-Gespräch führen.
iech muchte ain er-Gespreech fuuren.

Kan ik hier een telefoonkaart kopen voor het vaste net/voor mijn mobiele telefoon?
Kann ich hier eine Telefonkarte (für das Festnetz)/eine Prepaid-Karte kaufen?
kann iech hier aine telefoonkarte (fuur das festnets)/aine priepeedkarte kaufen?

Kan ik mijn mobiele telefoon hier opladen?
Kann ich hier mein Handy aufladen?
kan iech hier main hendie aufladen?

Ik heb een abonnement van ...
Ich habe ein Abonnement von ...
iech habe ain abonneman von ...

Wilt u mij verbinden met nummer ...?
Können Sie mich verbinden mit Nummer ...
kunnen zie miech verbienden miet noemer ...

U spreekt met ...
Hallo, hier spricht ...
hallo, hier sjpriecht ...

Spreek ik met ...?
Spreche ich mit ...?
sjpreche iech miet ...?

Met wie spreek ik?
Mit wem spreche ich, bitte?
miet weem sjpreche iech, biete?

Ik ben verkeerd verbonden.
Ich bin falsch verbunden.
iech bien falsj verboenden.

Kan ik meneer/mevrouw ... spreken?
Kann ich Herrn/Frau ... sprechen?
kan iech hern/frau ... sjprechen?

Hij/Zij is op de camping/in het hotel, kamer ...
Er/Sie ist auf dem Campingplatz/im Hotel, Zimmer ...
eer/zie iest auf deem kempiengplats/iem hotel, tsiemer ...

Kunt u wat duidelijker praten?
Können Sie bitte etwas deutlicher sprechen?
kunnen zie biete etwas doitliecher sjprechen?

Wat zegt u? **Wie bitte?** *wie biete?*

Ik bel later terug.
Ich rufe später nochmals an.
iech roefe sjpeeter nochmaals an.

Die Verbindung ist unterbrochen.
die verbiendoeng iest oenterbrochen.
De verbinding is verbroken.

Bleiben Sie am Apparat.
blaiben zie am apparaat.
Blijft u aan de lijn.

Es meldet sich niemand.
es meldet ziech niemand.
Er wordt niet opgenomen.

Er/Sie ist im Augenblick nicht da.
eer/zie iest iem auGenbliek nicht da.
Hij/zij is er niet op het moment.

Die Linie ist besetzt.
die lienieje iest bezetst.
Het nummer is in gesprek.

internet

beeldscherm	**der Bildschirm**	*deer bieldsjierm*
computer	**der Computer**	*deer kompjoeter*
e-mail	**die E-Mail**	*die ie-meel*
e-mailadres	**die E-Mailadresse**	*die ie-meeladresse*
e-mailbericht	**die E-Mailnachricht**	*die ie-meelnaachriecht*
e-mailen	**emailen**	*iemeelen*
inloggen	**einloggen**	*ainloGGen*
internet	**das Internet**	*das ienternet*
internetcafé	**das Internetcafé**	*das ienternetkafee*
internetten	**surfen**	*seurfen*
muis	**die Maus**	*die maus*
server	**der Server**	*deer survur*
website	**die Website**	*die websait*

Kan ik hier ergens internetten?
Kann ich hier irgendwo (im Internet) surfen?
kan iech hier ierGendwo (iem ienternet) surfen?

Wat kost dat per minuut/uur?
Was kostet das pro Minute/Stunde?
was kostet das pro mienoete/sjtoende?

Heeft u een snelle verbinding?
Haben Sie eine schnelle Verbindung?
haben zie aine sjnelle verbiendoeng?

Kan ik dit uitprinten?
Kann ich dieses drucken?
kan iech diezes droekken?

Het lukt me niet om in te loggen/mijn e-mail te lezen.
Ich kann nicht einloggen/meine E-Mail nicht lesen.
iech kan niecht ainloGGen/maine ie-meel niecht lezen.

De browser doet het niet.
Der Browser funktioniert nicht.
deer brawzer foenktieoniert niecht.

14 – WINKELEN

DE (WINKEL VOOR)...

apotheek	**die Apotheke**	*die apoteke*
bakker	**die Bäckerei**	*die bekkerai*
banketbakker	**die Konditorei**	*die konditorai*
bloemenwinkel	**das Blumengeschäft**	*das bloemenGesjeft*
boekhandel	**die Buchhandlung**	*die boechhandloeng*
cd-winkel	**der CD-Laden**	*deer tsee-dee-laden*
drogist	**die Drogerie**	*die drogerie*
fotohandel	**das Fotogeschäft**	*das fotoGesjeft*
fourniturenwinkel	**das Kurzwarengeschäft**	*das koertswaren-Gesjeft*
groentewinkel	**die Gemüsehandlung**	*die Gemusehandloeng*
huishoudelijke zaken	**das Haushaltswarengeschäft**	*das haushaltswaren-Gesjeft*
ijzerwarenzaak	**das Eisenwarengeschäft**	*das aisenwaren-Gesjeft*
juwelier	**der Juwelier**	*deer joewelier*
kampeerartikelen	**das Campingartikelgeschäft**	*das kempiengartikel- Gesjeft*
kantoorboekhandel	**das Schreibwarengeschäft**	*das sjraibwaren-Gesjeft*
kapper	**der Frisör**	*deer friseur*
kiosk	**der Kiosk**	*deer kiosk*
kledingzaak	**das Kleidunggeschäft**	*das kleidoengGesjeft*
– dameskleding	**-Damenkleidung**	*-damenkleidoeng*
– herenkleding	**-Herrenkleidung**	*-herrenkleidoeng*
– kinderkleding	**-Kinderkleidung**	*-kienderkleidung*
kleermaker	**die Schneiderei**	*die sjnaiderai*
kruidenier	**das Lebensmittelgeschäft**	*das lebensmietel-Gesjeft*
lingeriewinkel	**das Wäschegeschäft**	*das wesjeGesjeft*
markt	**der Markt**	*deer markt*
opticien	**der Optiker**	*deer optieker*
parfumerie	**die Parfümerie**	*die parfuumerie*
reformwinkel	**das Reformhaus**	*das reformhaus*
reisbureau	**das Reisebüro**	*das raiseburo*
schoenmaker	**der Schuhmacher**	*deer sjoemacher*
sigarenwinkel	**der Tabakladen**	*deer tabakladen*
slager	**die Metzgerei**	*die metsGerai*
slijterij	**das Spirituosengeschäft**	*das spiritoe-osen-Gesjeft*
souvenirwinkel	**das Andenkengeschäft**	*das andenken-Gesjeft*
speelgoedwinkel	**die Spielwarengeschäft**	*die spielwaren-Gesjeft*
sportzaak	**das Sportartikelgeschäft**	*das sportartikel-Gesjeft*
stomerij	**die chemische Reinigung**	*die cheemiesje rainieGoeng*

supermarkt	der Supermarkt	*deer zoepermarkt*
viswinkel	das Fischgeschäft	*das fiesj-Gesjeft*
warenhuis	das Warenhaus	*das warenhaus*

OPSCHRIFTEN

Ausgang	uitgang
Ausverkauf	uitverkoop
Basement	kelder
Eingang	ingang
Erdgeschoss	parterre
Fahrstuhl	lift
geöffnet	open
geschlossen	gesloten
Kasse	kassa
Kundendienst	klantenservice
Öffnungszeiten	openingstijden
Rolltreppe	roltrap
Schlussverkauf	uitverkoop
(keine) Selbstbedienung	(geen) zelfbediening
(Sonder)angebot	aanbieding
Stock	verdieping
Untergeschoss	kelder

in de winkel

Kunt u mij helpen?
Können Sie mir helfen?
kunnen zie mier helfen?

Verkoopt u ...?
Haben Sie ...?
haben zie ...?

Ik wil graag die hebben. (terwijl u het ding aanwijst)
Ich hätte gerne das gehabt.
iech hette Gerne das Gehaabd.

Weet u een (andere) winkel waar ze ... verkopen?
Kennen Sie ein (anderes) Geschäft, dass ... verkäuft?
kennen zie ain (anderes) Gesjeft, das ... verkoift?

Ik kijk alleen wat rond.
Ich schau mich nur um.
iech sjau miech noer oem.

111

Ik had graag een/wat ... voor mijn...
Ich möchte gern ein(e)/etwas ... für meine(n) ...
iech muchte Gern ain(e)/etwas ... fuur maine(n) ...

Ik neem het.
Ich nehme es.
iech neme es.

Wat meer/minder, graag
Etwas mehr/weniger, bitte.
etwas meer/weenieGer, biete.

Zo is het genoeg.
Es ist genug.
es iest GenoeG.

Dat was alles.
Danke, das ist alles.
danke, das iest alles.

Mag ik een kwitantie?
Ich hätte gern eine Quittung.
iech hette Gern aine kwietoeng.

Het is te duur.
Es ist zu teuer.
es iest tsoe tojjer.

Heeft u iets ...?	**Haben sie etwas ...?**	*haben zie etwas ...?*
– anders	**anderes**	*anderes*
– beters	**besseres**	*besseres*
– goedkopers	**billigeres**	*bielieGeres*
– groters	**grösseres**	*Greuseres*
– kleiners	**kleineres**	*klaineres*
– vergelijkbaars	**Ähnliches**	*ehnlieches*
– stevigers	**solideres**	*soliederes*
– kleurigers	**farbigeres**	*farbieGeres*
– minder kleurigs	**weniger buntes**	*wenieGer boentes*

Ik vind het niet mooi.
Es gefällt mir nicht.
es gefelt mier niecht.

Hoeveel kost het?
Wieviel kostet es?
wieviel kostet es?

Wilt u het even opschrijven?
Schreiben Sie das bitte auf.
sjraiben zie das biete auf.

Accepteert u deze creditcard/cheque?
Nehmen Sie diese Kreditkarte/diesen Scheck an?
nemen zie dieze kredietkarte/diezen sjek an?

Mag ik de kassabon?
Ich hätte gern den Kassenzettel.
iech hette Gern deen kassen-tsettel.

Kan ik het ruilen?
Kann ich das umtauschen?
kan iech das oemtausjen?

Kan ik mijn geld terugkrijgen?
Kann ich das Geld zurückbekommen?
kan iech das Geld tsoeruukbekommen?

Wilt u het voor me inpakken? Het is een cadeautje.
Können Sie es bitte für mich einpacken? Es ist ein Geschenk.
kunnen zie es biete fuur miech ainpakken? es iest ain Gesjenk.

Heeft u een stevige verpakking? Het moet in mijn reisbagage.
Haben Sie eine kräftige Packung? Es muss im Reisegepäck.
haben zie aine krèftieGe pakkoeng? es moes iem raizeGepek.

Heeft u een tasje voor me?
Haben Sie eine Tüte für mich, bitte?
haben zie aine tuute fuur miech, biete?

Ik hoef geen tasje, dank u.
Ich brauche keine Tüte, danke.
iech brauche kaine tuute, danke.

Zijn de winkels morgen open?
Sind die Läden morgen auf?
ziend die leeden morGen auf?

Sie wünschen? – Was kann ich für Sie tun?
zie wuunsjen – was kan iech fuur zie toen?
Kan ik u helpen?

Das haben wir nicht (mehr); es ist ausverkauft.
das haben wier niecht (meer); es iest ausverkauft.
We hebben het niet (meer); het is uitverkocht.

Darf es sonst noch etwas sein?
daarf es zonst noch etwas zain?
Anders nog iets?

Betaalt u contant of met een creditcard?
Bezahlen Sie bar oder mit einer Kreditkarte?
betsahlen zie baar oder miet ainer kredietkarte?

de boodschappenlijst

HOEVEELHEDEN EN VERPAKKINGEN

moot	**eine Scheibe**	*aine sjaibe*
ons	**hundert Gramm**	*hundert Gram*
half pond	**ein halbes Pfund**	*ain halbes pfoend*
pond	**ein halbes Kilo**	*ain halbes kielo*
kilo	**ein Kilo**	*ain kielo*
liter	**ein Liter**	*ain lieter*
plak	**eine Scheibe**	*aine sjaibe*
stuk	**ein Stück**	*ain sjtuuk*
blik	**eine Dose**	*aine doze*
fles	**eine Flasche**	*aine flasje*
gram	**ein Gram**	*ain Gram*
krat	**die Kiste**	*die kieste*
doos	**der Schachtel**	*der sjachtel*
tube	**die Tube**	*die toebe*
rol	**die Rolle**	*die rolle*
pak/pakje	**die Packung, das Päckchen**	*die pakkoeng, das pekchjen*
zak	**der Sack, die Tüte**	*deer zak, die tuute*
tros	**die Traube**	*die traube*
net	**das Netz**	*das nets*
blikje	**die Dose**	*die doze*

levensmiddelen

ZUIVEL	MILCHERZEUGNISSE	*MIELCH-ERTSOIGNIESE*
boter	**die Butter**	*die boeter*
ei/eieren	**das Ei/die Eier**	*das ai/die aier*
kaas	**die Käse**	*die keeze*
– jong	**jung**	*joeng*
– belegen	**mittelalt**	*mietelalt*
– oud	**alt**	*alt*
margarine	**die Margarine**	*die marGariene*
halvarine	**die halbfette Margarine**	*die halbfette marGariene*
roomboter	**die Butter**	*die boetter*
melk	**die Milch**	*die mielch*
– volle melk	**Vollmilch**	*volmielch*
– halfvolle melk	**teilentrahmte Milch**	*tail-entraamte mielch*
– magere melk	**Magermilch**	*maGermielch*
yoghurt	**die Joghurt**	*die joGoert*
kwark	**der Quark**	*deer kwaark*
braadboter	**das Bratfett**	*das braatfett*
gepasteuriseerd	**pasteurisiert**	*pasteuriziert*
gesteriliseerd	**sterilisiert**	*steriliziert*

BROOD EN BELEG	**BROT UND BELAG**	*BROOT OEND BELAAG*
witbrood	**das Weissbrot**	*das waisbroot*
bruinbrood	**das Graubrot**	*das Graubroot*
volkorenbrood	**das Vollkornbrot**	*das volkornbroot*
roggebrood	**das Roggenbrot**	*das roGGenbroot*
tarwebrood	**das Weizenbrot**	*das waitsenbroot*
boerenbruin	**das Bauernbrot**	*das bauernbroot*
donkerbruin (vaak rogge)	**das Schwarzbrot**	*das sjwartsbroot*
roggebrood	**das Kornbrot (Oost.)**	*das kornbroot*
krentenbrood	**das Rosinenbrot**	*das rozienenbroot*
krentenbol	**das Rosinenbrötchen**	*das rozienenbreutchen*
broodjes	**Brötchen**	*breutchjen*
croissant	**das Croissant**	*das croasan*
ontbijtkoek	**der Lebkuchen**	*deer lebkoechen*
koek	**der Kuchen**	*deer koechen*
koekjes	**die Keks, die Plätzchen**	*die keeks, die pletschjen*
taart	**die Torte**	*die torte*
broodbeleg	**der Belag**	*deer belaG*
hartig	**herzhaft, würzig**	*hertshaft, wuurtsiech*
zoet	**süß**	*zuus*
stroop	**der Sirup**	*deer sieroep*

hagelslag	**die Schokoladenstreusel**	*die sjokoladensjtroizel*
appelstroop	**das Apfelkraut**	*das apfelkraut*
jam	**die Marmelade/Konfitüre**	*die marmelade/konfituure*
– aardbeienjam	**die Erdbeermarmelade**	*die erdbeermarmelade*
– bramenjam	**die Brombeermarmelade**	*die brombeermarmelade*
– frambozenjam	**die Himbeermarmelade**	*die hiembeermarmelade*
– perzikjam	**die Pfirsichmarmelade**	*die pfiersiechmarmelade*
– abrikozenjam	**die Aprikosenmarmelade**	*die apriekozenmarmelade*
– bosbessenjam	**die Waldbeermarmelade**	*die waldbeermarmelade*
pindakaas	**die Erdnussbutter**	*die eerdnoesboetter*

GROENTE	**GEMÜSE**	***GEMUUZE***
aardappel(en)	**Kartoffel(n)**	*kartoffel(n)*
– knoedels	**-klöße**	*-klusse*
– kroketjes	**-kroketten**	*-kroketten*
– puree	**der -brei**	*deer -brai*
andijvie	**die Endivie**	*die endievie*
asperge	**der Spargel**	*deer sjparGel*
aubergine	**die Aubergine**	*die oberszjiene*
bloemkool	**der Blumenkohl**	*deer bloemenkool*
boerenkool	**der Grünkohl**	*deer gruunkool*
bonen (sperzie-/witte)	**(grüne/weiße) Bohnen**	*(Grune/waise) bonen*
bonen	**Fisolen (Oost.)**	*fisolen*
broccoli	**Brokkoli**	*brokkolie*
cantharellen	**Pfifferlinge**	*pfifferlinge*
champignon	**der Champignon**	*deer sjampinjon*
erwten	**Erbsen**	*erbsen*
groente	**das Gemüse**	*das Gemuuze*
knoflook	**der Knoblauch**	*deer knoblauch*
komkommer	**die Gurke**	*die Goerke*
kool	**der Kohl**	*deer kool*
kropsla	**der Kopfsalat**	*deer kopf-zalaat*
maïs	**der Mais**	*deer mais*
mierikswortel	**der Meerrettich**	*deer meerrettiesj*
paprika	**der Paprika**	*deer paprieka*
(rode/groene/gele)	**(rote, grüne, gelbe)**	*(roote/Gruune/Gelbe)*
pompoen	**der Kürbis**	*deer kuurbies*
prei	**der Porree**	*deer porree*
radijs	**das Radieschen**	*das radiesjen*
rode bieten	**rote Beete, Rüben**	*rote bete, ruben*
rode kool	**der Rotkohl**	*deer rootkool*
savooiekool	**der Weißkohl**	*deer waiskool*
schorseneren	**Schwarzwurzeln**	*sjwarts-wurtseln*
selderie	**der/die Sellerie**	*der/die sellerie*
sla	**(grüner) Salat**	*(Gruuner) Zalaat*
sperzieboon	**die Prinzessbohne**	*die printsesboone*

spinazie	**der Spinat**	*deer spinaat*
spruitjes	**der Rosenkohl**	*deer rozenkool*
tomaat	**die Tomate**	*die tom<u>aa</u>te*
tuinboon	**die Puffbohne**	*die p<u>oe</u>fboone*
uien	**Zwiebeln**	*tswiebeln*
witlof	**der Chicorée**	*deer sjiekor<u>ee</u>*
wortel	**die Karotte**	*die kar<u>o</u>tte*
zuurkool	**das Sauerkraut**	*das z<u>au</u>werkraut*

FRUIT | ## Oʙsᴛ | ## *OOBST*

aalbessen	**rote Johannisbeeren**	*rote johannisbeeren*
aardbeien	**Erdbeeren**	*eerdbeeren*
abrikoos	**die Aprikose**	*die apriekoze*
amandelen	**Mandeln**	*mandeln*
ananas	**die Ananas**	*die ananas*
appel	**der Apfel**	*deer apfel*
banaan	**die Banane**	*die banane*
bosbessen	**Blaubeeren, Heidelbeeren**	*blaubeeren, haidelbeeren*
bramen	**Brombeeren**	*brombeeren*
citroen	**die Zitrone**	*die tsietrone*
dadels	**Datteln**	*datteln*
druiven	**Trauben**	*trauben*
frambozen	**Himbeeren**	*hiembeeren*
gele pruimen	**Mirabellen**	*mierabellen*
grapefruit	**die Grapefruit**	*die Gr<u>ee</u>pfroet*
kersen	**Kirschen**	*kierschen*
kokosnoot	**die Kokosnuss**	*die kokosnoes*
kruisbessen	**Stachelbeeren**	*sjtachelbeeren*
kweepeer	**die Quitte**	*die kw<u>i</u>tte*
kwetsen	**Zwetschen**	*tswetschen*
limoen	**die Limone**	*die lim<u>o</u>ne*
mandarijn	**die Mandarine**	*die mandariene*
meloen	**die Melone**	*die melone*
peer	**die Birne**	*die bierne*
perzik	**der Pfirsich**	*deer pfiersiech*
pruimen	**Pflaumen**	*pflaumen*
rabarber	**der Rhabarber**	*deer rabarber*
reine-claude (pruim)	**die Reineclaude/Reneklode**	*die reenekloode*
rode bessen	**rote Johannisbeeren**	*rote johannisbeeren*
rozijnen	**Rosinen**	*rozienen*
sinaasappel	**die Apfelsine**	*die apfelziene*
suikermeloen	**die Zuckermelone**	*die tsoekermelone*
vijgen	**Feigen**	*faiGen*
walnoten	**Walnüsse**	*walnusse*
watermeloen	**die Wassermelone**	*die wassermelone*

DRANKEN	GETRÄNKE	GETRENKE
koffie	der Kaffee	deer kaffee
thee	der Tee	deer tee
theezakjes	Teebeutel	teeboitel
oploskoffie	der Pulverkaffee	deer poelverkaffee
limonade	die Limonade	die limonade
mineraalwater	das Mineralwasser	das mineraalwasser
sinaasappelsap	der Orangensaft	deer oranzjensaft
frisdrank	das Erfrischungsgetränk	das erfrieschoengsgetrenk
ananassap	der Ananassaft	deer ananaszaft
appelsap	der Apfelsaft	deer apfelzaft
cola	das/die Cola	das/die kola
grapefruitsap	der Grapefruitsaft	deer Greepfroetzaft
sinas	die Orangeade	die orangsjaad
tomatensap	der Tomatensaft	dertomatenzaft
vruchtensap	der Fruchtsaft	deer froechtzaft
druivensap	der Traubensaft	deer traubenzaft
bier	das Bier	das bier
bokbier	das Bockbier	das bokbier
cider	der Apfelwein	deer apfelwain
cognac	der Kognak	deer konjak
likeur	der Likör	deer likeur
port	der Portwein	deer portwain
rode wijn	der Rotwein	deer rootwain
rum	der Rum	deer roem
sherry	der Sherry	deer sjerrie
vermouth (zoet/droog)	der Wermut (süß/trocken)	deer weermoet (zuus/trokken)
whisky (-soda)	der Whisky (mit Soda)	deer wiskie (miet zoda)
witte wijn	der Weisswein	deer waiswain
VLEES	FLEISCH	FLAISJ
biefstuk	das Beafsteak	das biefstiek
gehakt	Faschiertes	fasjiertes
gehaktbal	die Frikadelle	die friekadelle
haas	der Hase	deer haze
ham	der Schinken	deer sjienken
hert	der Hirsch	deer hiersj
kalfsvlees	das Kalbfleisch	das kalbflaisch
knakworst	die Knackwurst	die knakwoerst
konijn	das Kaninchen	das kanienchen
kotelet	das Rippensteak	das rippenstiek
lamsvlees	das Lammfleisch	das lamflaisch
leverworst	die Leberwurst	die leberwoerst
pens	die Kuttel	die koettel

poot, bout	die Keule	die koile
ree	das Reh	das ree
rundvlees	das Rindfleisch	das riendflaisch
soepvlees	das Suppenfleisch	das zoepenflaisch
speenvarken	das Spanferkel	das sjpanferkel
spek	der Speck	deer sjpek
stoofvlees	das Schmorfleisch	das sjmoorflaisch
tartaar	das Tartarbeefsteak	das tartaarbiefstiek
tong (vlees)	die Zunge	die tsoenge
varkenskarbonade	die Karbonade	die karbonade
varkensvlees	das Schweinefleisch	das sjwaineflaisch
wild zwijn	das Wildschwein	das wieldschwain

VIS	FISCH	FIESJ
baars	der Barsch	deer barsj
bot	der Seebutt	deer zeeboet
forel	die Forelle	die forelle
gamba's	die Shrimps, die Nordseekrabben	die sjrimps, die nordzeekrabben
garnalen	Garnelen	Garnelen
haring	der Hering	deer hering
heilbot	der Heilbutt	deer hailboet
inktvis	der Tintenfisch	deer tientenfiesch
kabeljauw	der Kabeljau	deer kabeljau
karper	der Karpfen	deer karpfen
kaviaar	der Kaviar	deer kaviaar
kleine baars	der Rotbarsch	deer rootbarsch
makreel	die Makrele	die makrele
mosselen	Muscheln	moescheln
oesters	Austern	austern
paling	der Aal	deer aal
schelvis	der Schellfisch	deer sjelfiesch
schol	die Scholle	die sjolle
snoek	der Hecht, der Zander	deer hecht, der tsander
spiering	der Stint	deer sjtient
steur	der Stör	deer sjteur
tarbot	der Steinbutt	deer stainboet
visballetjes	Fischklößchen	fieschkleuschen
viskroketten	Fischfrikadellen	fieschfriekadellen
zalm	der Salm,der Lachs	deer zalm, der laks
zalmforel	die Lachsforelle	die laksforelle
zeebaars	der Seebarsch	deer zeebarsj
zeekreeft	die Languste	die langoeste
zeetong	die Seezunge	die zeetsoenge
zwaardvis	der Schwertfisch	deer swertfiesj

GEVOGELTE	GEFLÜGEL	*GEFLUUGEL*
eend	**die Ente**	*die ente*
fazant	**der Fasan**	*deer fazan*
gans	**die Gans**	*die Ganz*
haantje	**das Hähnchen**	*das heenchen*
kip	**das Huhn**	*das hoen*
braadkuiken	**das Hühnchen**	*das huunchen*
kalkoen	**der Puter**	*deer poeter*
patrijs	**das Rebhuhn**	*das reeb-hoen*
duif	**die Taube**	*die taube*
kalkoen	**der Truthahn**	*deer troethaan*
kwartel	**die Wachtel**	*die wachtel*

DIVERSEN

amandelen	**Mandeln**	*mandeln*
champignons	**Champignons**	*die sjampinjons*
chips/zoutjes/pinda's	**Chips/das Salzgebäck/Erdnüsse**	*schips/zalzGebèk/erdnuusse*
chocolade	**die Schokolade**	*sjokolade*
dadels	**Datteln**	*datteln*
hazelnoten	**Haselnüsse**	*hazelnuusse*
ijs (consumptie-ijs)	**das Eis/die Glace (Zw.)**	*das ais/die Glaas*
kastanjes	**Kastanien**	*kastaniejen*
olijfolie	**das Olivenöl**	*das olieveneul*
patates frites	**Fritten**	*frieten*
rijst	**der Reis**	*deer rais*
suiker	**der Zucker**	*deer tsoeker*
tahoe	**der Tofu**	*deer tofoe.*
vijgen	**Feigen**	*faiGen*
zout	**das Salz**	*das zalts*

Is dat rund-/varkens-/lams-/kalfsvlees?
Ist das Rindfleisch/Schweinefleisch/Lammfleisch/Kalbfleisch?
iest das riendflaisj/sjwaineflaisj/lamflaisj/kalbflaisj?

Heeft u specialiteiten van de streek?
Haben Sie lokale Spezialitäten?
haben zie lokale speetsialiteten?

Mag ik even proeven?
Kann ich es probieren?
kan iech es probieren?

Wilt u de/het ...?	**Können Sie ...?**	*kunnen zie ...?*
– kop afsnijden	**den Kopf abschneiden**	*deen kopf absjnaiden*
– vis fileren	**den Fisch filieren**	*deen fiesj filieren*

– vis schoonmaken	den Fisch ausnehmen	*deen fiesj ausnemen*
– brood snijden	das Brot schneiden	*das broot sjnaiden*
– in blokjes snijden	es in Würfel schneiden	*es ien wuurfel sjnaiden*
– in plakken snijden	es in Scheiben schneiden	*es ien sjaiben sjnaiden*
– in plakken snijden (worst)	es aufschneiden	*es aufsjnaiden*
– malen (voor gehakt)	es mahlen	*es malen*
– raspen (kaas)	es reiben	*es raiben*
– vet wegsnijden	das Fett wegschneiden	*das fet weGsjnaiden*

Hoe lang is dit houdbaar in/buiten een koelkast/vriezer?
Wie lange ist es haltbar in/außerhalb eines Kühlschranks/Gefrierschranks?
wie lange iest es ha̲ltbar ien/a̲usserhalb aines ku̲u̲lsjranks/Gefrie̲rsjranks?

PERSOONLIJKE VERZORGING

babypoeder	der Babypuder	*deer bebiepoeder*
badhanddoek	das Badetuch	*das Badetuch*
condooms	Kondome	*kondome*
deodorant	Deodorant	*deodora(n)*
fopspeen	der Schnuller	*deer sjnoeller*
handcrème	die Handcreme	*die handkreem*
hoestsiroop	das Hustenmittel	*das hoestenmiettel*
keelpastilles	Halspastillen	*ha̲lspastielen*
knoop	der Knopf	*deer knopf*
lippenstift	der Lippenstift	*dien lie̲pensjtieft*
lippenzalf	die Lippenpomade	*die lie̲penpomade*
luiers (wegwerp)	(Papier)Windeln	*(papier)wiendeln*
maandverband	die Damenbinde	*die da̲menbiende*
naaigaren	das Nähgarn	*das nee̲Gaarn*
nagellak	der Nagellack	*deer na̲Gellak*
nagelschaartje	die Nagelzange	*die na̲Geltsange*
nagelvijl	die Nagelfeile	*die na̲Gelfaile*
schaar	die Schere	*die sje̲re*
scheerkwast	der Rasierpinsel	*der razie̲rpienzel*
scheermesjes	Rasierklingen	*razie̲rkliengen*
scheerzeep	die Rasierseife	*die razie̲rzaife*
shampoo	das Shampoo	*das sja̲mpoe*
– voor vet/normaal/ droog haar	für fettiges/normales/ trockenes Haar	*fettieGes/normales/ trokkenes haar*
– tegen roos	gegen Schuppen	*GeGen sjoe̲pen*
speen	der Sauger	*deer zau̲Ger.*
speld	die Stecknadel	*die sjte̲knadel*
talkpoeder	der Talkumpuder	*der ta̲lkoempoeder*
tampons	Tampons	*ta̲mpoons*
tandenborstel	die Zahnbürste	*die tsa̲anbuurste*
tandpasta	die Zahnpasta	*die tsa̲anpasta*

toiletpapier	das Toilettenpapier	das twalettenpapier
toiletpapier	das WC-Papier	das wee-tsee-papier
watten	Watten	watten
wattenstaafjes	Wattestäbchen	wattesteebchjen
zeep	die Seife	die zaife
zonnebrandolie	das Sonnenöl	das zonnen-eul
zuigfles	die Saugflasche	die zauGflasje

boeken en tijdschriften

| Heeft u (een) ...? | Haben Sie ...? | haben zie ...? |

– Nederlandse/Belgische kranten/tijdschriften?
holländische/belgische Zeitungen/Zeitschriften?
hollendiesje/belGiesje tsaitoengen/tsaitsjrieften?

– ansichtkaarten	Ansichtskarten	ansiechtskarten
– balpen	einen Kugelschreiber	ainen koeGelsjraiber
– blocnote	einen Notizblock	ainen notietsblok
– briefpapier	Briefpapier	briefpapier
– enveloppen	Briefumschläge	briefoemsjleeGe
– fietskaart	eine Fahrradkarte	aine faarraadkarte
– kleurpotloden	Farbstifte	farbsjtiefte
– lijm	Leim	laim
– liniaal	ein Lineal	ain lineaal
– luchtpostpapier	Luftpostpapier	loeftpostpapier
– notitieboekje	ein Notizbuch	ain notietsboech
– plakband	Klebestreifen	klebesjtraifen
– potlood	einen Bleistift	ainen blaisjtieft
– puntenslijper	einen Bleistiftspitzer	ainen blaisjtieft-sjpietser
– speelkaarten	Spielkarten	sjpielkarten
– stadsplattegrond	einen Stadtplan	ainen sjtatplaan
– touw	Bindfaden	biendfaden
– wandelkaart	eine Wanderkarte	aine wanderkarte
– wegenkaart	eine Strassenkarte	aine sjtrasenkarte

foto en film

9 bij 13	neun mal dreizehn	noin maal draitseen
10 bij 15	zehn mal fünfzehn	tseen maal fuunf-tseen
cassettefilm	der Kassettenfilm	deer kassettenfielm
diafilm	der diafilm	deer diafielm
glanzend	Hochglanz	hoochGlants
mat	Matt	mat
kleinbeeldfilm	der Kleinbildfilm	deer klainbieldfielm

kleurenfilm	der Farbfilm	*deer farbfielm*
voor daglicht	für Tageslicht	*fuur taaGesliecht*
voor kunstlicht	für Kunstlicht	*fuur koenstliecht*
zwartwitfilm	der Schwarzweißfilm	*deer sjwartswaisfielm*
100/200/400 ASA	100/200/400 ASA	*hoendert/tswaihoendert/ vierhoendert asa*
1-uurservice	1-Stundeservice	*eine-sjtoendeservice*
fototoestel	die Kamera	*die kamera*
batterij	die Batterie	*die batterie*
accu	der Akku	*deer akkoe*
onbespeeld	unbespielt	*oenbesjpielt*
opladen	aufladen	*aufladen*
videoband	das Videoband	*das viedeoband*
videocamera	die Videokamera	*die viedeokamera*

Ik wil graag een kleurenfilmpje met 24/36 opnamen voor deze camera.
Ich möchte einen Farbfilm mit 24/36 Aufnahmen für diesen Fotoapparat.
iech muchte ainen farbfielm miet vieruntswantsiech/zeks-und-draisiech aufnamen fuur diezen fotoapparaat.

Is de prijs inclusief ontwikkelen?
Ist das Entwickeln im Preis inbegriffen?
iest das entwiekeln iem prais inbeGrieffen?

Wilt u de film in het toestel doen?
Wollen Sie bitte den Film in den Apparat einlegen?
wollen zie biete den fielm ien den apparaat ainleGen?

Ik wil graag een cassette voor deze videocamera.
Ich möchte eine Kassette für diese Videokamera.
iech muchte aine kassette fuur diese videokamera.

Kunt u deze film ontwikkelen en afdrukken?
Können Sie diesen Film entwickeln und Abzüge machen?
kunnen zie diezen fielm entwiekeln oend abtsuuGe machen?

Hoe lang duurt het?
Wie lange dauert es?
wie lange dauert es?

Ik wil graag pasfoto's laten maken.
Ich möchte Passbilder machen lassen.
iech muchte pasbielder machen lassen.

De film is vastgelopen/gebroken.
Der Film klemmt/ist gerissen.
deer fielm klemt/iest Geriessen.

Dit fototoestel/deze camera is kapot.
Dieser Fotoapparat/diese Kamera ist kaputt.
diezer fotoapparaat/dieze kamera iest kapoet.

De/Het ... doet het niet.	... funktioniert nicht.	*... foenktsioniert niecht.*
– sluiter	**Der Verschluss**	*deer versjloes*
– filmtransport	**Der Filmtransport**	*deer fielmtransport*
– belichting	**Die Beleuchtung**	*die beloichtoeng*
– flitser	**Das Blitzgerät**	*das blietsGereet*

DUITS-NEDERLANDS

Wir können diese Kamera in ... Tagen reparieren.
wier kunnen dieze kamera ien ... taGen reparieren.
We kunnen de camera binnen ... dagen repareren.

Wir müssen die Kamera dem Importeur zuschicken.
wier muussen die kamera deem iemporteur tsoesjieken.
De camera zal naar de importeur moeten.

Die Reparatur lohnt nicht.
die reparatoer loont niecht.
De reparatie loont niet.

de apotheek

aspirine	**das Aspirin**	*das aspierien*
condoom	**das Kondom**	*das kondoom*
desinfecterend middel	**ein Desinfektionsmittel**	*ain desienfektsioonsmietel*
hoestmiddel	**ein Hustenmittel**	*ain hoestenmiettel*
jodium	**das Jod**	*das jood*
keelpastilles	**Halspastillen**	*halspastielen*
koortsthermometer	**das Thermometer**	*das termometer*
koortsthermometer	**ein Thermometer**	*ain termometer*
laxeermiddel	**ein Abführmittel**	*ain abfuurmiettel*
likdoornpleisters	**Hühneraugenpflaster**	*huuner-auGenpflaster*
morning-afterkuur	**die Pille danach**	*die pielle danach*
neusdruppels	**Nasentropfen**	*nazentropfen*
neusspray	**das Nasenspray**	*das nazenspree*
oordruppels	**Ohrentropfen**	*orentropfen*
papieren zakdoekjes	**Papiertaschentücher**	*papiertasjentuucher*
paracetamol (tabletten)	**Paracetamol(tabletten)**	*paracetamol(tabletten)*
pijnstillers	**Schmerzmittel**	*sjmertsmietel*
pincet	**die Pinzette**	*die pientsette*
pleisters	**Heftpflaster**	*heftpflaster*
rekverband	**der Streckverband**	*deer sjtrekverband*
tampons	**Tampons**	*tampoons*

toiletpapier	Toilettenpapier	das twalettenpapier
verband	der Verband/die Binde	deer verband/die biende
verbandgaas	dasVerbandzeug	das verbandtsoiG
vitaminetabletten	Vitamintabletten	vitamientabletten
watten	Watte	watte
wattenstaafjes	Wattestäbchen	wattesteebchjen
wondzalf	die Wundsalbe	die woendzalbe

Heeft u iets tegen (een)...?	Haben Sie etwas gegen ...?	haben zie etwas GeGen...?
– buikpijn	Bauchschmerzen	bauchsjmertsen
– diarree	Durchfall	doerchfal
– hoest	Husten	hoesten
– hooikoorts	der Heuschnupfen	deer hoisjnoepfen
– insectenbeten	Insektenstiche	ienzektensjtieche
– kater	ein Kater	ain kater
– keelpijn	Halsweh	halswee
– menstruatiepijn	der Menstruationsschmerz	deer menstroe-aatsjoons-sjmerts
– reisziekte	die Reisekrankheit	die raizekrankheit
– spierpijn	Muskelschmerzen	moeskelsjmertsen
– spijsverterings-storingen	Verdauungsbeschwerden	verdauoengsbesjwerden
– verkoudheid	die Erkältung	aine erkeltoeng
– verstopping	Verstopfung	versjtopfoeng
– wagenziekte	Reisekrankheit	raizekrankhait
– wondinfectie	Wundinfektion	woend-ienfektsioon
– zonnebrand	Sonnenbrand	zonnenbrand

Heeft u ...?	Haben Sie bitte ...?	haben zie biete...?
– een insecten-verdelgingsmiddel	ein Insektenbekämpfungsmittel	ain iensekten-bekempfoengsmietel
– een anti-insecten-spuitbus	ein Insektenspray	ain insektenspree
– horrengaas	der Fliegendraht	deer flieGendraht

Ik heb last van ...	Ich werde gehindert durch ...	iech werde gehiendert doerch ...
– bloedzuigers	Blutegel	bloeteGel
– dazen/horzels	Bremsen/Hornissen	bremsen/horniessen
– kakkerlakken	Kakerlake	kakerlake
– muggen	Mücken	muuken
– muizen	Mäuse	moize
– oorwurmen	Ohrwürmer	oorwuurmer
– pissebedden	Mauerasseln	mauerasseln
– ratten	Ratten	ratten
– slakken	Schnecken	sjnekken
– teken	Zecken	tsekken
– vliegen	Fliegen	flieGen

– vlooien	**Flöhe**	*fleuhe*
– wespen	**Wespen**	*wespen*

de opticien

Kunt u deze bril repareren?
Können Sie diese Brille reparieren?
kunnen zie dieze briele reparieren?

Ik kan er niet buiten. Kunt u hem meteen repareren?
Ich kann nicht ohne (diese Brille). Können Sie sie sofort reparieren?
iech kan niecht oone (diese briele). kunnen zie sie zofort reparieren?

Heeft u een alternatief voor de tijd dat hij in reparatie is?
Haben Sie eine Alternative während der Reparatur?
haben zie aine alternatieve werend der reparatoer?

Kunt u een ogentest doen?
Können Sie einen Sehtest machen?
kunnen zie ainen zeetest machen?

Ik heb een contactlens verloren.
Ich habe eine Kontaktlinse verloren.
iech habe aine kontaktlienze verloren.

Kunt u me een andere geven?
Können Sie mir eine Ersatzlinse geben?
kunnen zie mier aine erzatslienze Geben?

Ik had graag een ...	**Ich möchte ...**	*iech muchte ...*
– brillenkoker	**ein Brillenetui**	*ain briellen-eetwie*
– verrekijker	**ein Fernglas**	*ain fernGlaas*
– zonnebril	**eine Sonnenbrille**	*aine zonnenbriele*

– bewaarvloeistof voor contactlenzen
Aufbewahrungsflüssigkeit für Kontaktlinsen
aufbewaroengsfluussiechkait fuur kontaktlienzen
– reinigingsvloeistof voor contactlenzen
Reinigungsflüssigkeit für Kontaktlinsen
rainigoengsfluussiechkait fuur kontaktlienzen

kleding

KLEREN

badpak	der Badeanzug	*deer bade-antsoeG*
beha	der BH/Büstenhalter	*deer beehaa/buustenhalter*
bikini	der Bikini	*deer biekienie*
blouse	die Bluse	*die bloeze*
broek	die Hose	*die hoze*
broek (kort)	Shorts/die kurze Hose	*sjorts/die koertse hoze*
handschoenen	Handschuhe	*handsjoe-e*
hoed	der Hut	*deer hoet*
jas	der Mantel	*deer mantel*
(korte) jas	die Jacke	*die jakke*
jurk	das Kleid	*das klaid*
kostuum	der Anzug	*deer antsoeG*
muts	die Mütze	*die muutse*
nachthemd	das Nachthemd	*das nachthemd*
onderbroek	die Unterhose	*die oenterhoze*
ondergoed	die Unterwäsche	*die oenterwesje*
onderrok	der Unterrock	*deer oenterrok*
overhemd	das Hemd	*das hemd*
panty's	die Strumpfhose	*die sjtroempfhoze*
pyjama	der Pyjama	*deer piejama*
regenjas	der Regenmantel	*deer reeGenmantel*
riem	der Gürtel	*deer Guurtel*
rok	der Rock	*deer rok*
sjaal	der Schal	*deer sjaal*
slip	der Slip	*deer sjliep*
sokken	Socken	*zokken*
spijkerbroek	Jeans	*dzjiens*
stropdas	die Krawatte	*die krawatte*
tanga	der Tanga	*deer tanGa*
trui	der Pullover	*deer poeloover*
zwembroek	die Badehose	*die badehoze*

Kunt u mijn maat opnemen (voor een...)?
Können Sie mir Mass nehmen, bitte (für ein(e)(n) ...?
kunnen zie mier maas nemen, biete (fuur ain(e)(n) ...?

Kunt u het vermaken?
Können Sie es ändern?
kunnen zie es endern?

Mag ik dit even passen?
Kann ich es anprobieren?
kan iech es anprobieren?

Het is te ...	**Es ist zu ...**	*es iest tsoe ...*
– donker	**dunkel**	*doenkel*
– duur	**teuer**	*toier*
– kort	**kurz**	*koerts*
– lang	**lang**	*lang*
– licht	**hell**	*hel*
– nauw	**eng**	*eng*
– wijd	**weit**	*wait*

Wat voor stof is het?
Welches Material ist es?
welches materiaal iest es?

Ik had graag iets van ...	**Ich möchte etwas in ...**	*iech muchte etwas ien ...*
– flanel	**Flanell**	*flanel*
– fluweel	**Samt**	*zamt*
– kant	**Spitze**	*sjpietse*
– katoen	**Baumwolle**	*baumwolle*
– kunststof	**Kunststoff**	*koenstsjtof*
– leer	**Leder**	*leder*
– linnen	**Leinen**	*lainen*
– suède	**Velours**	*veloer*
– viscose	**Rayon**	*rejon*
– wol	**Wolle**	*wolle*
– zijde	**Seide**	*zaide*

Heeft u dit ook in een andere kleur?
Haben Sie dieses auch in einer anderen Farbe?
haben zie diezes auch ien ainer anderen Farbe?

de wasserij

Ik wil deze kleren graag laten wassen/stomen/strijken.
Ich möchte diese Kleider waschen/reinigen/bügeln lassen.
iech muchte dieze klaider wasjen/rainiGen/buuGeln lassen.

Wanneer is het klaar?
Wann ist es fertig?
wan iest es fertiech?

Kunt u deze vlek verwijderen?
Können Sie diesen Fleck entfernen?
kunnen zie diezen flek entfernen?

schoenen

Ik wil graag een paar ...	Ich möchte ein Paar ...	iech muchte ain paar ...
– bergschoenen	Bergschuhe	berGsjoe-e
– gymschoenen	Turnschuhe	Toernsjoe-e
– laarzen	Stiefel	sjtiefel
– pantoffels	Hausschuhe	haussjoe-e
– pumps	Pumps	pumps
– rubberlaarzen	Gummistiefel	Goemiesjtiefel
– sandalen	Sandalen	zandaalen
– schoenen	Schuhe	sjoe-e
– slippers	Slipper	slieper
– tennisschoenen	Tennisschuhe	tennissjoe-e
– wandelschoenen	Wanderschuhe	wandersjoe-e

Heeft u veters/schoensmeer?
Haben Sie Schnürsenkel/Schuhkrem?
haben zie sjnuur-senkel/Sjoekreem?

Ze knellen hier.
Sie drücken hier.
zie druuken hier.

Ze zijn te nauw/wijd.
Sie sind zu eng/zu weit.
zie ziend tsoe eng/tsoe wait.

De hakken zijn te hoog.
Die Absätze sind zu hoch/niedrig.
die abzetse ziend tsoe hooch/niedriech.

Kunt u deze schoenen repareren?
Können Sie diese Schuhe reparieren?
kunnen zie dieze sjoe-e reparieren?

Ik wil graag nieuwe hakken onder deze schoenen.
Ich möchte gerne neue Absätze unter diesen Schuhen.
iech muchte Gerne noie abzetze oenter diezen sjoe-en.

Wanneer is het klaar?
Wann ist es fertig?
wan iest es fertiech?

de juwelier

Ik had graag een batterij voor dit horloge.
Ich möchte eine neue Batterie für diese Uhr.
iech muchte aine noie batterie fuur dieze oer.

Kunt u de batterij vervangen?
Können Sie die Batterie ersetzen?
kunnen zie die batterie ersetzen?

Kunt u dit horloge repareren?
Können Sie diese Uhr reparieren?
kunnen zie dieze oer reparieren?

Het loopt voor/achter.
Sie geht vor/nach.
zie Geet vor/nach.

Het staat vaak stil.
Sie steht oft still.
zie steejt oft sjtiel.

Is het de reparatie waard?
Lohnt die Reparatur?
loont die reparatoer?

Ik zoek (een) ...	Ich suche ...	iech soeche ...
– armband	ein Armband	ain armband
– halsketting	eine Halskette	aine halsjkette
– hanger	einen Anhänger	ainen anhenger
– een ring	einen Ring	ainen rieng
– oorbellen	Ohrringe	oorrienge
– broche	eine Brosche	aine brosje
– horloge	eine Uhr	aine oer
– horlogebandje	ein Uhrarmband	ain oerarmband
– wekker	einen Wecker	ainen wekker

Is/Zijn dit ...?	Ist/Sind es...?	ist/ziend es...?
– amethist	Amethyst	ametuust
– diamant	Diamant	diamant
– doublé	Dublee	doeblee
– goud	Gold	Gold
– ivoor	Elfenbein	elfenbain
– jade	Jade	jade
– koper	Kupfer	koepfer
– koraal	Koralle	koralle
– messing	Messing	messieng
– parels	Perle	perle
– platina	Platin	platien
– robijn	Rubin	roebien
– roestvrij staal	rostfreier Stahl	rostfreier sjtaal
– saffier	Saphir	zafier
– smaragd	Smaragd	sjmarakt
– tin	Zinn	tsien
– topaas	Topas	topas
– verguld	vergoldet	verGoldet
– verzilverd	versilbert	verzielbert
– zilver	Silber	zielber

Hoeveel karaat is dit?
Wieviel Karat ist es?
wieviel karaat ist es?

tabakswaren

Ik had graag (een)...	Ich möchte ...	iech muchte ...

– een pakje/
  slof sigaretten
	eine Schachtel/
	  Stange Zigaretten
		aine sjachtel/
		  sjtange tsiGaretten

– pakje shag	eine Packung Shag	aine pakkoeng sheG
– -met vloei/rijstevloei	mit Zigarettenpapier/Reispapier	miet tsiGarettenpapier/ raispapier
– -van het merk ...	der Marke ...	deer marke ...

– -met filter	mit Filter	miet fielter
– -zonder filter	ohne Filter	one fielter
– -nicotine-arm	nikotinarm	nikotien-arm
– -light	light	lait
– -mild	mild	mield
– -medium	medium	miedjum
– -zwaar	stark	sjtark
– aansteker	ein Feuerzeug	ain foierzoiG
– doosje lucifers	eine Schachtel Streichhölzer	aine sjachtel sjtraichhultser
– pijp	eine Pfeife	aine pfaife
– sigaren	Zigarren	tsieGarren
– tabak	Tabak	tabak

kapper, schoonheidssalon

Haren wassen en knippen, graag.
Haare waschen und schneiden, bitte.
hare wasjen oend sjnaiden, biete.

Scheren graag.
Rasieren, bitte.
razieren, biete.

Niet te kort.
Nicht zu kurz.
niecht tsoe koerts.

Wat langer/korter bovenop/in de nek/opzij.
Oben/im Nacken/an den Seiten etwas kürzer/länger.
oben/iem nakken/an deen zaiten etwas koertser/lenger.

Föhnen graag.
Fönen bitte.
feunen biete.

Kunt u me een ... geven?	**Können Sie mir ... geben?**	*kunnen zie mier ... Geben?*
– gezichtsmasker	**eine Gesichtspflege**	*aine GeziechtspfleeGe*
– gezichtsmassage	**eine Gesichtsmassage**	*aine Geziechtsmassaazje*
– kleurspoeling	**eine Tönung**	*aine teunoeng*
– manicure	**eine Maniküre**	*aine manikuure*
– pedicure	**eine Pediküre**	*aine pedikuure*
– permanent	**eine Dauerwelle**	*aine dauerwelle*

Ik wil mijn haar laten verven in deze kleur.
Ich möchte meine Haare in dieser Farbe färben lassen.
iech muchte maine haare ien diezer farbe ferben lassen.

15 – UITGAAN

UITGAANSGELEGENHEDEN

bioscoop	**das Kino**	*das kieno*
schouwburg	**das Theater**	*das teater*
theater	**das Theater**	*das teater*
opera	**die Oper**	*das ooper*
jazzclub	**der Jazzklub**	*deer dzjezkloep*
casino	**das Kasino**	*das kazieno*
nachtclub	**der Nachtklub**	*deer nachtkloep*
discotheek	**die Diskothek**	*die diskoteek*
reserveren	**vorbestellen**	*vorbesjtellen*
entreeprijs	**der Eintrittspreis**	*deer aintrietsprais*
zaal	**das Parkett**	*das parket*
balkon	**der Balkon**	*deer balkoon*
plaats	**der Platz**	*deer plats*
rij	**die Reihe**	*die raije*
kaartje	**die (Eintritts)Karte**	*die (aintriets)karte*
aanvangstijd	**die Anfangszeit**	*die anfangstsait*
pauze	**die Pause**	*die pauze*
programma	**das Programm**	*das proGram*
uitverkocht	**ausverkauft**	*ausverkauft*

OPSCHRIFTEN

Eingang	ingang
Ausgang	uitgang
Garderobe	garderobe
Damentoilette	damestoilet
Herrentoilette	herentoilet

Ik had graag twee kaartjes voor vanavond/morgenavond.
Ich möchte zwei Karten für heute Abend/morgen Abend.
iech muchte tswai karten fuur hoite abend/morGen abend.

Ik wil graag aansluitende plaatsen ...
Ich möchte Plätze nebeneinander ...
iech muchte pletse nebenainander ...

– voorin	**vorne**	*vorne*
– in het midden	**in der Mitte**	*ien deer miette*
– achterin	**hinten**	*hienten*

Hoe laat begint de voorstelling?
Wann beginnt die Vorstellung?
wan beGient die vorsjtelloeng?

Geldt er een korting voor kinderen/studenten/senioren/groepen?
Gibt es Ermäßigung für Kinder/Studenten/Senioren/Gruppen?
Giebt es ermeesieGoeng fuur kiender/sjtoedenten/zenioren/Groepen?

Is de film ondertiteld of nagesynchroniseerd?
Ist der Film untertitelt oder synchronisiert?
iest der fielm oentertietelt oder suunchroniziert?

sport algemeen

Kan ik hier les krijgen in het snorkelen?
Kann ich hier Unterricht in Snorcheln nehmen?
kan iech hier oenterriecht in sjnorchjeln nemen?

Kun je tennisrackets/golfclubs huren?
Kann man hier Tennisschläger/Golfschläger mieten?
kan man hier tennis-sjleGer/GolfsjleGer mieten?

Ik wil (een) ... huren.	Ich möchte ... mieten.	*iech muchte ... mieten.*
– ligstoel	einen Liegestuhl	*ainen lieGesjtoel*
– windscherm	einen Windschutz	*ainen wiendsjoets*
– parasol	einen Sonnenschirm	*ainen zonnensjierm*
– kano	ein Paddelboot/Kanu	*ain paddelboot/kanoe*
– roeiboot	ein Ruderboot	*ain roederboot*
– waterfiets	ein Tretboot	*ain treetboot*
– waterski's	Wasserskier	*wassersjieër*
– duik-uitrusting	eine Taucherausrüstung	*aine taucherausruustoeng*
– (wind)surfplank	ein Surfbrett	*ain surfbret*
– zeilboot	ein Segelboot	*ain zeGelboot*
– ski's	Skis/Schis	*sjies*
– snowboard	das Snowboard	*das snooboad*

Wat kost het per uur/dag/persoon?
Was kostet es pro Stunde/Tag/Person?
was kostet es pro sjtoende/taaG/persoon?

Heb je een vergunning/diploma nodig?
Braucht man eine Genehmigung/ein Diplom?
braucht man aine GeneemieGoeng/ain dieploom?

Ik wil graag een honkbalwedstrijd bezoeken.
Ich möchte ein Baseballspiel besuchen.
iech meuchte ain basebolspiel bezoechen.

Waar kan ik kaartjes kopen?
Wo kann ich Karten kaufen?
wo kan iech karten kaufen?

Wat kost een staan-/zitplaats?
Was kostet einen Steh-/Sitzplatz?
was kostet ainen sjtee-/zietsplats?

Heb je/hebben jullie zin in een potje voetbal?
Hast du/Habt ihr Lust auf Fussball spielen?
hast doe/haabt ier loest auf foesbal sjpielen?

Wat zijn de regels?
Wie lauten die Spielregel?
wie lauten die sjpielreGel?

Wie mag beginnen?
Wer darf anfangen?
wer darf anfangen?

Wij hebben gewonnen/verloren.
Wir haben gewonnen/verloren.
wier haben Gewonnen/verloren.

SPORTEN

abseilen	**abseilen**	*absailen*
atletiek	**die Leichtathletik**	*die laichtatletiek*
autoracen	**das Autorennen**	*das autorennen*
badminton	**das Federballspiel,**	*das federbalsjpiel,*
	das Badminton	*das bedmintun*
basketbal	**der Baskettball**	*deer baasketbal*
beachvolleybal	**der Beachvolleyball**	*deer bietsjvolliebal*
bergbeklimmen	**bergsteigen**	*berGsjtaiGen*
boksen	**boxen**	*boksen*
canyoning	**Canyoning**	*kenjening*
cricket	**Kricket**	*krikket*
duiken	**tauchen**	*tauchen*
golfen	**Golf spielen**	*Golf sjpielen*
hardlopen	**rennen**	*rennen*
hockey	**das Hockey**	*das hokkie*
honkbal	**der Baseball**	*deer beesbol*
judo	**das Judo**	*das joedo*
kanovaren	**Kanu fahren**	*kanoe faaren*
karate	**das Karate**	*das karate*
motorracen	**Motorradrennen**	*motorradrennen*
mountainbiken	**mountainbiken**	*mauntenbaiken*
paardrijden	**reiten**	*raiten*
parachutespringen	**Fallschirm springen**	*fallsjierm sjpriengen*
raften	**das Rafting**	*das rafting*
rugby	**das Rugby**	*das ragbi*

schaken	**Schach spielen**	*sjach sjpielen*
schermen	**schirmen**	*sjiermen*
skiën	**Schi fahren**	*sji faren*
snorkelen	**snorcheln**	*sjnorchjeln*
squashen	**Squash spielen**	*skwosch spielen*
surfen	**surfen**	*seurfen*
tafeltennis	**das Tischtennis**	*das tiesjtennis*
tennissen	**Tennis spielen**	*tennis sjpielen*
vissen	**angeln**	*angeln*
voetbal	**Fußball**	*foesbal*
waterskiën	**Wasserski laufen**	*wassersjie laufen*
wielrennen	**Radsport betreiben**	*raadsport betraiben*
windsurfen	**surfen**	*seurfen*
worstelen	**ringen**	*riengen*
zeilen	**segeln**	*zeGeln*
zwemmen	**schwimmen**	*sjwiemen*

SPORTTERMEN

baan	**die Bahn, die Piste**	*die baan, die pieste*
bal	**der Ball**	*deer bal*
buitenspel	**im Abseits, abseits**	*iem abzaits, abzaits*
competitie	**der Wettbewerb (=concurrentie),** **die Spielsaison**	*deer wetbewerb,* *die sjpielsaizon*
doel	**das Tor**	*das toor*
doelpunt	**der Treffer**	*deer treffer*
finale	**das Endspiel**	*das endsjpiel*
golfbaan	**der Golfplatz**	*deer Golfplats*
lijn	**die Linie**	*die lienieje*
manege	**die Reitschule**	*die raitsjoele*
overtreding	**der Verstoß**	*deer versjtoos*
rennen	**rennen, eilen**	*rennen, ailen*
scheidsrechter	**der Schiedsrichter**	*deer sjiedsriechter*
schieten	**schießen**	*sjiessen*
slaan	**schlagen**	*sjlaGen*
sporthal	**die Sporthalle**	*die sjporthalle*
sportpark	**die Sportanlage**	*die sportanlaGe*
stadion	**das Stadion**	*das sjtadion*
team	**die Mannschaft, das Team**	*die mansjaft, das tiem*
veld	**das Feld**	*das feld*
verliezen	**verlieren**	*verlieren*
wedstrijd	**der Wettkampf, der Wettbewerb**	*deer wetkampf, der* *wetbewerb*
werpen	**werfen**	*werfen*
winnen	**gewinnen, siegen**	*Gewiennen, zieGen*

aan het water

Ankleide-/Badekabinen	kleedhokjes
Bademeister	badmeester
Duschen	douches
FKK-Strand	naturistenstrand
Gefahr	gevaar
Hafenamt	havenkantoor
Hafenmeister	havenmeester
Hafen	haven
Hunde verboten	verboden voor honden
Jachthafen	jachthaven
Privatstrand	privéstrand
Rettungsdienst	reddingsdienst
schwimmen verboten	zwemmen verboden
Strandwache	strandwacht
tauchen verboten	duiken verboden
Toiletten	toiletten
zum (Bade)strand	naar het strand

Hoe kom ik het snelst bij het strand?
Wie komme ich am schnellsten am Strand?
wie komme iech am sjnellsten am sjtrand?

Kun je hier veilig zwemmen?
Kann man hier ohne Gefahr schwimmen?
kan man hier one Gefaar sjwiemen?

Waar kan ik ergens zwemmen?
Wo kann man hier baden?
wo kan man hier baden?

Is het strand geschikt voor kleine kinderen?
Ist der Strand geeignet für kleine Kinder?
iest deer sjtrand GeaiGnet fuur klaine kiender?

Is het een zandstrand of een kiezelstrand?
Ist es ein Sandstrand oder ein Kiesstrand?
iest es ain zandstrand oder ain kiesstrand?

Zijn er kwallen?
Gibt es Quallen?
Giebt es kwallen?

Wat is de temperatuur van het water?
Welche Temperatur hat das Wasser?
welche temperatoer hat das wasser?

Waar is hier een zwembad?
Wo ist hier ein Schwimmbad?
wo iest hier ain sjwiembaad?

Is het een binnen- of een buitenbad?
Ist das ein Hallenbad oder ein Freibad?
iest das ain hallenbaad oder ain fraibaad?

Is er een kinderbadje?
Gibt es ein Kinderschwimmbad?
Giebt es ain kiendersjwiembaad?

Is het water schoon/diep?
Ist das Wasser sauber/tief?
iest das wasser zauber/tief?

DUITS-NEDERLANDS

Das Wasser ist verschmutzt.
das wasser iest versjmoetst.
Het water is vervuild.

Es gibt gefährliche Strömungen.
es Giebt gefeerlieche sjtreumoengen.
Er zijn gevaarlijke stromingen.

Es gibt hohe Wellen.
es Giebt hohe wellen.
Er zijn hoge golven.

wintersport

après-ski	das Après-Ski	*das après-sjie*
helling	der Hang	*deer hang*
jodelen	jodeln	*joodeln*
kabelbaan	die Seilbahn	*die zailbaan*
klapschaats	der Klappschlittschuh	*deer klapsjlietsjoe*
langlaufen	langlaufen	*langlaufen*
lawine	die Lawine	*die lawiene*
lawinegevaar	die Lawinengefahr	*die lawienenGefaar*
noren	die Schnelllaufschlittschuhe	*die sjnellaufsjlietsjoehe*

piste	die Piste	*die pieste*
rodelen	rodeln	*roodeln*
schaats	der Schlittschuh	*deer sjlietsjoe*
schaatsen	das Schlittschuhlaufen, eislaufen	*das sjlietsjoelaufen, aislaufen*
skibox	die Skibox	*die sjiebox*
skiën	Schi fahren	*sji faren*
skipas	der Skipass	*deer sjiepass*
ski's	die Skis/Skier, die Schis/Schier	*die sjies/sjie-er*
skischoen	der Skischuh	*deer sjiesjoe*
sneeuwkettingen	Schneeketten	*sjneeketten*
snowboard	das Snowboard	*das snooboad*
snowboarden	snowboarden	*snooboaden*
stoeltjeslift	der Sessellift	*deer zessellieft*

Kunt u mijn bindingen afstellen?
Können Sie meine Bindungen einstellen?
kunnen zie maine biendoengen ainsjtellen?

De binding zit te los/vast.
Die Bindung ist zu locker/zu fest.
die biendoeng iest tsoe lokker/tsoe fest.

Waar kan ik skiles nemen?
Wo kann ich Schiunterricht nehmen?
wo kan iech sjie-oenterriecht nemen?

Waar begint de groene/rode/blauwe/zwarte piste?
Wo fängt die grüne/rote/blaue/schwarze Piste an?
wo fengt die Gruune/roote/blaue/schwartse pieste an?

Hoe lang is het parcours?
Wie lange ist die Loipe?
wie lange iest die loipe?

Zijn het steile/vlakke afdalingen?
Sind es steile/flache Abfahrten?
ziend es sjtaile/flache abfaarten?

Waar is de après-ski het leukst?
Wo ist das Après-Ski am lustigsten?
wo iest das après-sjie am loestieGsten?

spel

Ik begrijp niets van de spelregels.
Ich verstehe nichts von den Spielregeln.
iech verstehe niechts von den spielreGeln.

Wilt u/Wil je misschien een spelletje ...?
Haben Sie/Hast du Lust ... zu spielen?
haben zie?hast doe loest ... tsoe sjpielen?

schaken	**Schach spielen**	*sjach spielen*
– koning	**der König**	*deer keuniech*
– koningin	**die Dame**	*die dame*
– toren	**der Turm**	*deer toerm*
– paard	**der Springer**	*deer sprienger*
– loper	**der Läufer**	*deer loifer*
– pion	**der Bauer**	*deer bauer*
– schaak!	**Schach!**	*sjach!*
– schaakmat!	**schachmatt!**	*sjachmatt!*
– pat	**das Patt**	*das pat*
– rocheren	**rochieren**	*rosjieren*
dammen	**Dame spielen**	*dame spielen*
– damsteen	**der Damestein**	*deer damestain*
– dam	**die Dame**	*die dame*
monopoly	**das Monopoly**	*das monopolie*
– pion	**der Stein**	*deer stain*
– dobbelsteen	**der Würfel**	*deer wuurfel*
– dobbelbeker	**der Würfelbecher**	*deer wuurfelbecher*
– geld	**das Geld**	*das Geld*
– kaartje	**die Karte**	*die karte*
yahtzee	**Yahtzee**	*jotzee*
speelbord	**das Spielbrett**	*das spielbret*
speelkaarten	**Spielkarten**	*spielkarten*
– harten	**Herzen**	*hertsen*
– klaveren	**Treffe**	*treffe*
– schoppen	**Schippen**	*schippen*
– ruiten	**Karos**	*k<u>a</u>ros*
– aas	**das Ass**	*das ass*
– heer	**der König**	*deer keuniech*
– vrouw	**die Dame, der Ober**	*die dame, der ober*
– boer	**der Bauer**	*deer bauer*
– ruitenboer	**der Karobube**	*deer k<u>a</u>roboebe*
– klavervrouw	**die Kreuzdame**	*die kroitsdame*
– hartenkoning	**der Herzkönig**	*der hertskeuniech*
– schoppenaas	**Pikass**	*piek<u>a</u>s*
diagonaal	**diagonal**	*diaG<u>oo</u>naal*
horizontaal	**horizontal/waagerecht**	*horizont<u>aal</u>/w<u>aa</u>Gerecht*

verticaal	vertikal/senkrecht	*vertikaal/zenkrecht*
dobbelstenen gooien	würfeln	*wuurfeln*
bridge	das Bridge	*das bridzje*
poker	das Poker	*das poker*
strippoker	das Strippoker	*das strippoker*

klagen

---

het hotel

De ... is kapot/functioneert slecht.
... ist kaputt/funktioniert nicht gut.
... iest kapoet/foenktsieoniert niecht Goet

– airconditioning	**die Klimaanlage**	*die kliema-anlaGe*
– boiler	**der Boiler**	*deer beuler*
– douche	**die Dusche**	*die doesje*
– geiser	**der Durchlauferhitzer**	*deer doerchlauferhietser*
– koelkast	**der Kühlschrank**	*deer kuulsjrank*
– radio	**das Radio**	*das radio*
– televisie	**der Fernseher**	*deer fernseejer*
– verwarming	**die Heizung**	*die haitsoeng*
– wasmachine	**die Waschmaschine**	*die wasjmasjiene*
– wc	**die Toilette**	*die twalette*

Er zijn geen/niet genoeg ...
Es gibt keine/nicht genügend ...
es Giebt kaine/niecht GenuuGend...

De kamer is niet goed schoongemaakt.
Das Zimmer ist nicht sauber.
das tsiemer iest niecht zauber.

De bedden zijn niet verschoond.
Die Betten sind nicht frisch bezogen.
die betten ziend niecht friesch betsoGen.

Er is een stroomstoring.
Der Strom ist ausgefallen.
deer sjtroom iest ausGefallen.

Er is kortsluiting.
Es gibt Kurzschluss.
es giebt koerzsjloes.

Het licht in mijn kamer is kapot.
Das Licht in meinem Zimmer brennt nicht.
das liecht ien mainem tsiemer brent niecht.

Er is geen warm water.
Es gibt kein warmes Wasser.
es Giebt kain warmes wasser.

Deze lamp is doorgebrand.
Diese Birne ist durchgebrannt.
dieze bierne iest doerchGebrant.

De kraan lekt.
Der Wasserhahn tropft.
deer wasserhaan tropft.

De wc spoelt niet door.
Die Toilette spült nicht.
die twalette spuult niecht.

Het raam gaat niet open/dicht.
Das Fenster geht nicht auf/zu.
das fenster Geet niecht auf/tsoe.

Kan iemand daar even iets aan doen?
Könnte jemand das mal abhelfen?
kunte jemand das maal abhelfen?

Kunt u dat verhelpen?
Können Sie das bitte abhelfen?
kunnen zie das biete abhelfen?

Het bed kraakt/zakt door.
Das Bett knarrt/biegt sich durch.
das bet knart/bieGt siech doerch.

We kunnen niet slapen door het lawaai.
Wir können nicht schlafen durch den Lärm.
wier kunnen niech sjlafen doerch den lèrm.

in het restaurant

Er ontbreekt een bord/glas/mes/vork/lepel.
Es fehlt ein Teller/Glas/Messer/Löffel/eine Gabel.
es feelt ain teller/Glaas/messer/luffel/aine Gabel.

Dit heb ik niet besteld.
Dies habe ich nicht bestellt.
dies habe iech niecht besjtelt.

Er moet een vergissing gemaakt zijn.
Man muss sich geirrt haben.
man moes siech Geirt haben.

Ik heb om ... gevraagd.
Ich habe um ... gebeten.
iech habe oem ... Gebeeten.

Kunt u mij hiervoor iets anders brengen?
Können Sie mir statt dieses bitte etwas anderes bringen?
kunnen zie mier sjtat diezes biete etwas anderes briengen?

Dit is taai/niet gaar/te gaar.
Das ist zäh/znicht gar/zu gar.
Das iest tsee/niecht Gaar/tsoe Gaar.

Dit is te bitter/zout/zuur/zoet/scherp.
Das ist zu bitter/salzig/sauer/süß/scharf.
Das iest tsoe bieter/zaltsich/zauer/zuus/sjarf.

Het eten is koud/niet vers.
Das Essen ist kalt/nicht frisch.
das essen iest kalt/niecht friesj.

Dit is niet schoon.
Dies ist nicht sauber.
dies iest niecht zauber.

Waarom duurt het zo lang?
Weshalb dauert es so lange?
weshalb dauert es so lange?

Neemt u me niet kwalijk, maar we hadden ook drankjes besteld.
Verzeihen Sie bitte, aber wir hatten auch Getränke bestellt.
vertsaien zie biete, aber wier hatten auch getreenke bestellt.

Ik zou de wijn graag een beetje warmer/kouder hebben alstublieft.
Ich möchte den Wein gerne ein bisschen wärmer/kälter serviert haben, bitte.
iech meuchte den wain Gerne ain bieschen wermer/kelter zerviert haben, bitte.

Het bier is niet koel. Zou ik hem koud kunnen krijgen?
Das Bier ist nicht kühl. Können Sie es bitte kühlen?
das bier iest niecht kuul. kunnen zie es biete kuulen?

Wilt u de bedrijfsleider roepen?
Wollen Sie den Gaststättenleiter zu uns bitten?
wollen zie deen Gaststettenlaiter tsoe oens bieten?

De rekening klopt niet.
Die Rechnung stimmt nicht.
die rechnoeng sjtiemt niecht.

U heeft te veel/weinig berekend
Sie haben zu viel/zu wenig berechnet.
zie haben tsoe viel/tsoe weniech berechnet.

schelden

iemand afwijzen

Laat me met rust!
Lass' mich in Ruhe!
lass miech ien roe-e!

Donder op!
Geh weg – Hau ab!
Gee weG – hau ab!

Niet doen.
Nicht tun.
niecht toen.

Als je niet ophoudt, ga ik gillen/slaan.
Wenn du nicht aufhörst, schreie/schlage ich.
wen doe niecht aufheurst, schraie/sjlaGe iech.

Ik wil je niet meer zien.
Ich will dich nicht mehr sehen.
iech wiel diech niecht meer zehen.

iemand beledigen

Het is vaak het meest effectief iemand te beledigen in uw eigen taal: u hoeft niet naar woorden te zoeken en kunt u volledig richten op de juiste expressie.
Mocht u zich toch van het Duits willen bedienen, voeg dan om de twee woorden **Scheiß** (*sjais*) in om een en ander kracht bij te zetten.

verwensingen algemeen

shit	**Scheiße**	*sjaisse*
verdomme	**verdammt**	*verdamt*
Wat een kloteding.	**Was ein Scheißkram.**	*was ain sjaisskraam.*

Laat me met rust!	**Lass mich in Ruhe!**	*lass miech ien roehe!*
Donder op!	**Scher dich zum Teufel!**	*sjeer diech tsoem toifel!*
Hou je bek!	**Halte die Klappe!**	*Halte die Klappe!*
Loop naar de hel!	**Fahr zur Hölle!**	*faar tsoer hulle!*
lik m'n reet!	**Leck mich am Arsch!**	*lek miech am aarsj!*
Rot op!	**Verpiss dich!**	*verpiss diech!*

Wij spreken elkaar nog wel, vriend!
Mit dir habe ich noch ein Hühnchen zu rupfen!
miet dir habe iech noch ain huunchen tsoe roepfen!

Je ziet er belachelijk uit als je zo doet.
Du siehst lächerlich aus wenn du so machst.
doe ziehst lecherliech aus wen doe zo machst.

BELEDIGINGEN

sukkel	**der Tollpatsch**	*deer tollpatsch*
idioot	**der Idiot**	*deer idioot*
naarling	**der Widerling**	*deer wiederlieng*

Getallen

0	null	noel
1/4	viertel	viertel
1/3	drittel	drietel
1/2	halb	halb
1	eins	ains
2	zwei	zwai
3	drei	drai
4	vier	vier
5	fünf	fuunf
6	sechs	zeks
7	sieben	zieben
8	acht	acht
9	neun	noin
10	zehn	tseen
11	elf	elf
12	zwölf	tswulf
13	dreizehn	draitseen
14	vierzehn	viertseen
15	fünfzehn	fuunftseen
16	sechzehn	sechtseen
17	siebzehn	ziebtseen
18	achtzehn	achtseen
19	neunzehn	nointseen
20	zwanzig	tswantsiech
21	einundzwanzig	ain-oentswantsiech
22	zweiundzwanzig	tswai-oentswantsiech
23	dreiundzwanzig	drai-oentswantsiech
30	dreißig	draisiech
40	vierzig	viertsiech
50	fünfzig	fuunftsiech
60	sechzig	zechtsiech
70	siebzig	ziebtsiech
80	achtzig	achtsiech
90	neunzig	nointsiech
100	hundert	hoendert
101	hunderteins	hoendertains
200	zweihundert	zwaihoendert
1000	tausend	tauzend
1100	tausendeinhundert	tauzend-ainhoendert
10.000	zehntausend	tseentauzend

1 miljoen	**eine Million**	*aine mielioon*
1 miljard	**eine Milliarde**	*aine mieljarde*
1e	**der/die/das erste**	*deer/die/das erste*
2e	**zweite**	*tswaite*
3e	**dritte**	*driete*
4e	**vierte**	*vierte*
5e	**fünfte**	*fuunfte*
6e	**sechste**	*zekste*
7e	**siebte**	*ziebte*
8e	**achte**	*achte*
9e	**neunte**	*nointe*
10e	**zehnte**	*tseente*
11e	**elfte**	*elfte*
12e	**zwölfte**	*tswulfte*
20e	**zwanzigste**	*tswantsiechste*
21e	**einundzwanzigste**	*ain-oendtswantsiechste*
22e	**zweiundzwanzigste**	*tswai-oendtswantsiechste*
30e	**dreißigste**	*draisieGste*
100e	**hundertste**	*hoendertste*
1000e	**tausendste**	*tauzendste*
eenmaal	**einmal**	*ainmal*
tweemaal	**zweimal**	*tswaimal*
driemaal	**dreimal**	*draimal*
enige	**einige**	*ainiGe*
vele	**viele**	*viele*

afstand, gewicht en maat

AFSTAND

centimeter	**das Zentimeter**	*das tsentiemeter*
meter	**das Meter**	*das meter*
kilometer	**das Kilometer**	*das kielometer*

GEWICHT EN INHOUD

gram	**ein Gram**	*ain Gram*
ons	**hundert Gramm**	*hundert Gram*
half pond	**ein halbes Pfund**	*ain halbes pfoend*
pond	**ein halbes Kilo**	*ain halbes kielo*
kilo	**ein Kilo**	*ain kielo*
liter	**ein Liter**	*ain lieter*

feestdagen

Oudejaarsavond	**Silvester**	*sielvester*
nieuwjaar	**Neujahr**	*noi-jaar*
Goede Vrijdag	**Karfreitag**	*kaarfraitaaG*
Pasen	**Ostern**	*oostern*
tweede paasdag	**Ostermontag**	*oostermoontaaG*
Pinksteren	**Pfingsten**	*pfiengsten*
Kerstmis	**Weihnachten**	*wainachten*
tweede kerstdag	**zweiter Weihnachtstag**	*tswaiter wainachtstaaG*
verjaardag	**der Geburtstag**	*deer Geboertstaag*
feestdag	**der Feiertag**	*deer faaiertag*
jubileum	**das Jubiläum**	*das joebilee-oem*

gebruiksvoorwerpen/gereedschap

GEREEDSCHAP

boormachine	**der Bohrer**	*deer borer*
bougiesleutel	**der Zündkerzenschlüssel**	*deer tsuundkertsensjluussel*
bout	**der Bolzen**	*deer boltsen*
dopsleutel	**der Steckschlüssel**	*deer sjteksjluussel*
hamer	**der Hammer**	*deer hammer*
ijzerdraad	**der Draht**	*deer draat*
ijzerzaag	**die Eisensäge**	*die aisenzeeGe*
imbussleutel	**der Sechskantschlüssel**	*deer zekskantsjluussel*
krik	**der Wagenheber**	*deer wagenheber*
kruiskopschroevendraaier	**der Kreuzschraubenzieher**	*deer kroitssjraubentsiejer*
moer	**die Mutter**	*die moetter*
schroef	**die Schraube**	*die sjraube*
schroevendraaier	**der Schraubenzieher**	*deer sjraubentsiejer*
sleepkabel	**das Schleppseil**	*das sjleppsail*
startkabel	**der Starthilfekabel**	*deer sjtarthielfekabel*
steeksleutel	**der Gabelschlüssel**	*deer Gabelsjluussel*
tang	**die Zange**	*die tsange*
waterpomptang	**die Rohrzange**	*die roortsange*
krukas	**die Kurbelwelle**	*die koerbelwelle*

HUISHOUDELIJKE APPARATEN

batterij	**die Batterie**	*die batterie*
dompelaar	**der Tauchsieder**	*deer tauchzieder*
draagbare radio	**das Kofferradio**	*das kofferradio*
elektrisch kacheltje	**der elektrische Ofen**	*deer elektriesje ofen*
föhn	**der Fön**	*deer feun*
rekenmachine	**der Rechner**	*deer rechner*
scheerapparaat	**der Rasierapparat**	*deer razierapparaat*
walkman	**der Walkman**	*deer wokmen*
wekker	**der Wecker**	*deer wekker*
draagbare cassette-recorder	**tragbarer Kassettenrekorder**	*traaGbarer kassettenriekorder*

KEUKENGEREI

aansteker	**das Feuerzeug**	*das foierzoiG*
afwasmachine	**der Geschirrspüler**	*deer Gesjierspuuler*
afzuigkap	**die Dunsthaube**	*die doensthaube*
aluminiumfolie	**die Aluminiumfolie**	*die aloemieniejumfoolje*
bestek	**das Besteck**	*das besjtek*
blikopener	**der Büchsenöffner**	*deer buuksenufner*
borden	**Teller**	*teller*
broodmes	**das Brotmesser**	*das brootmesser*
flesopener	**der Flaschenöffner**	*deer flasjen-ufner*
glazen	**Gläser**	*Glezer*
handdoek	**das Handtuch**	*das handtoech*
kaasschaaf	**der Käsehobel**	*deer keezehobel*
keukenschaar	**die Küchenschere**	*die kuuchensjere*
koekenpan	**die Bratpfanne**	*die braatpfanne*
koelkast	**der Kühlschrank**	*deer kuulsjrank*
koffiepot	**die Kaffeekanne**	*die kaffeekanne*
koffiezetapparaat	**die Kaffeemaschine**	*die kaffeemasjiene*
kopjes	**Tassen**	*tassen*
lepels	**Löffel**	*luffel*
magnetron	**der Mikrowellenherd**	*deer miekrowellenheerd*
messen	**Messer**	*messer*
mixer	**der Mixer**	*deer mikser*
pannen	**Töpfe**	*teupfe*
rasp	**die Raspel**	*die raspel*
schilmesje	**das Schälmesser**	*das sjeelmesser*
schoteltjes	**die Untertasse**	*die Untertasse*
steelpan	**der Stieltopf**	*deer sjtieltopf*
theedoek	**das Geschirrtuch**	*das Gesjiertoech*
theepot	**die Teekanne**	*die teekanne*
thermosfles	**die Thermosflasche**	*die thermosflasje*
vaatborstel	**die Spülbürste**	*die spuulbuurste*

veldfles	die Feldflasche	*die feldflasje*
vergiet	der Durchschlag	*deer doerchschlaG*
vorken	Gabeln	*Gabeln*
wasbak	das Waschbecken	*das wasjbekken*
waterkoker	der Wasserkocher	*deer wasserkocher*

verkeersopschriften

Anlieger Frei	inrijden toegestaan voor bewoners
Ausfahrt	uitrit
Autobahn	autosnelweg
Autobahn	snelweg
(Autobahn)ausfahrt	uitrit
Autobahndreieck	aansluiting van ene snelweg op de andere
Autos werden abgeschleppt	auto's worden weggesleept
BAB(Bundesautobahn)-Knotenpunkt	knooppunt van snelwegen
Bahnübergang	overweg
Bahnübergang	spoorwegovergang
Baustelle	werk in uitvoering
bei Nässe	bij gladheid
bitte einordnen	voorsorteren
Bundesstraße	doorgaande weg
die geschlossene Ortschaft	bebouwde kom
die Höchstgeschwindigkeit	maximum snelheid
Durchgangsstraße	doorgaande weg
durchwatbare Stelle	doorwaadbare plaats (over de weg)
Einbahnstraße	eenrichtingverkeer
Einbahnstraße	eenrichtingverkeer
Einfädelung	invoegend verkeer
Einfahrt verboten	verboden in te rijden
Einfahrt verboten	verboden in te rijden
Ende der Vorfahrtstraße	einde voorrangsweg
Frostschäden	vorstschade
Fußgänger	voetgangers
Fußgängerüberweg	zebrapad
gebührenpflichtig	tolplichtig
gefährliches Gefälle	gevaarlijke helling
Gefahrsstelle	gevaar
Geschwindigkeitsbeschränkung	snelheidsbeperking
gesperrt	afgesloten
Glätte	gladheid
Halt	stop
Halteverbot	wachtverbod
hupen verboten	claxonneren verboden
Kreuzung mit Kreisverkehr	rotonde
Kurzparkzone	kort parkeren toegestaan

langsam fahren	langzaam rijden
Licht einschalten	ontsteek uw lichten
Maut (Oost.)	tol
Nebel	mist
Notrufsäule	praatpaal
nur LKW/Lastkraftwagen	alleen vrachtwagens
nur PKW/Personenkraftwagen	alleen personenwagens
Parken verboten	parkeerverbod
Parken	parkeren
Privatweg	privéweg
Radfahrer	fietsers
Radweg	fietspad
Rasthof	parkeerplaats met uitgebreide voorzieningen
Rastplatz	parkeerplaats langs snelweg
Raststätte	parkeerplaats met voorzieningen
Rollsplitt	steenslag
Sackgasse	doodlopende weg
Schleudergefahr	slipgevaar
Seitenstreifen nicht befahrbar	zachte berm
Stadtmitte	centrum
Stau	file
Steinschlag	vallend gesteente
Straßenschäden	slecht wegdek
Tankstelle	tankstation
überholen verboten	inhalen verboden
Überholverbot	inhaalverbod
umkehren verboten	keren verboden
Umleitung	omleiding
Verminderung der Fahrgeschwindigkeit	snelheid verminderen
Verzweigung (Zw.)	splitsing van snelwegen
Vorfahrt beachten	voorrang verlenen
Vorsicht! Achtung!	let op!
Warnung	waarschuwing
Wildwechsel	overstekend wild
zweibahnige Straße	nadering tweebaansweg

het telefoonalfabet

de	A van Anton	**A wie Anton**	*a wie anton*
	Ä	**Ärger**	*è wie erGer*
	B	**Berta**	*bee wie berta*
	C	**Caesar**	*tsee wie tseezar*
	Ch	**Charlotte**	*sje wie sjarlotte*
	D	**Dietrich**	*dee wie dietriech*
	E	**Emil**	*ee wie emiel*
	F	**Friedrich**	*ef wie friedriech*
	G	**Gustav**	*Gee wie Goestaaf*
	H	**Heinrich**	*haa wie hainriech*
	I	**Ida**	*ie wie ieda*
	J	**Julius**	*jot wie joelioes*
	K	**Kaufmann**	*kaa wie kaufman*
	L	**Ludwig**	*el wie loedwiech*
	M	**Martha**	*em wie marta*
	N	**Nordpol**	*en wie nordpool*
	O	**Otto**	*oo wie otto*
	Ö	**Ökonom**	*eu wie eukonoom*
	P	**Paula**	*pee wie paula*
	Q	**Quelle**	*koe wie kwelle*
	R	**Richard**	*er wie riesjard*
	S	**Siegfried**	*es wie zieGfried*
	Sch	**Schule**	*es-tsee-haa wie sjoele*
	T	**Theodor**	*tee wie teodoor*
	U	**Ulrich**	*oe wie oelriech*
	Ü	**Übermut**	*uu wie uubermoet*
	V	**Viktor**	*vou wie viktor*
	W	**Wilhelm**	*wee wie wielhelm*
	X	**Xanthippe**	*iks wie ksantiepe*
	Y	**Ypsilon**	*upsiloon wie uupsilon*
	Z	**Zeppelin**	*tset wie tseppelin.*

auto- en motoronderdelen

accu	**die Batterie**	*die batterie*
achterlicht	**das Rücklicht**	*das ruukliecht*
achteruitkijkspiegel	**der Rückspiegel**	*deer ruukspieGel*
antenne	**die Antenne**	*die antenne*
benzinetank	**der Benzintank**	*deer bentsientank*
bougie	**die Zündkerze**	*die tsuundkertse*
bougiekabel	**das Zündkabel**	*das tsuundkabel*
buddy seat	**Buddy Seat**	*baddie siet*
bumper	**die Stoßstange**	*die stoos-sjtange*

carburator	der Vergaser	*deer verGazer*
carter	das Gehäuse	*das Gehoize*
cilinder	der Zylinder	*deer tsieliender*
cilinderkoppakking	die Zylinderkopfdichtung	*die tsielienderkopf-diegtoeng*
controlelampje	die Kontrollleuchte	*die kontrolleuchte*
dynamo	die Lichtmaschine	*die liechtmasjiene*
elektrische installatie	die elektrische Anlage	*die elektriesje anlaGe*
gaspedaal	das Gaspedal	*das Gaaspedal*
handrem	die Handbremse	*die Handbremse*
inspuitsysteem	das Einspritzsystem	*das ainsjptrietszuusteem*
katalysator	der Katalysator	*deer kataluuzator*
ketting	die Kette	*die Kette*
knalpot	der Schalldämpfer	*deer sjaldempfer*
koelsysteem	die Kühlung	*die kuuloeng*
kogellager	das Kugellager	*das koeGellaGer*
koplamp	der Scheinwerfer	*deer sjainwerfer*
koppeling	die Kupplung	*die koeploeng*
koppelingsplaat	die Kupplungsscheibe	*die koeploengssjaibe*
krukas	die Kurbelwelle	*die koerbelwelle*
lager	das Lager	*das laGer*
lamp	die Lampe	*die lampe*
luchtfilter	das Luftfilter	*das loeftfielter*
motor	der Motor	*deer motor*
motorkap	die Motorhaube	*die motorhaube*
nokkenas	die Nockenwelle	*die nokkenwelle*
oliefilter	das Ölsieb	*das eulzieb*
ontsteking	die Zündung	*die tsuundoeng*
pedaal	das Pedal	*das pedaal*
radiateur	der Kühler	*deer kuuler*
radiator	der Kühler	*deer kuuler*
radiatorslang	der Kühlerschlauch	*deer kuulersjlauch*
rem	die Bremse	*die bremze*
remleiding	das Bremsrohr	*das bremsroor*
rempedaal	das Bremspedal	*das bremspedaal*
remschijf	das Bremsschild	*das bremssjield*
remtrommel	die Bremstrommel	*die bremstrommel*
remvoering	der Bremsbelag	*deer bremsbelaaG*
reservewiel	das Reserverad	*das reserveraat*
richtingaanwijzer	die Blinkleuchte	*die blienkloichte*
ruitenwisser	der Scheibenwischer	*deer sjaibenwiesjer*
schokdemper	der Stoßdämpfer	*deer sjtoosdempfer*
schuifdak	das Schiebedach	*das sjiebedach*
snelheidsmeter	der Geschwindigkeitsmesser	*deer Gesjwiendiechkaitsmesser*
spanningsregelaar	der Spannungsregler	*deer sjpannoengs-reeGler*
spoiler	der Spoiler	*deer speuler*
startmotor	der Anlasser	*deer anlasser*
stuur	das Steuer/Lenkrad	*das stoier/lenkraat*
tankdop	der Tankdeckel	*deer tankdekkel*

toerenteller	der Drehzahlmesser	deer dreetsahlmesser
uitlaat	das Auspuffrohr	das auspoefroor
veiligheidsgordel	der Sicherheitsgurt	deer ziecherhaitsGoert
ventilator	der Ventilator	deer ventilator
verdeler	der Verteiler	deer vertailer
vering	die Federung	die federoeng
verlichting	die Beleuchtung	die beloichtoeng
versnelling	die Gangschaltung	die Gangsjaltoeng
versnellingsbak	das Getriebegehäuse	das GetriebeGehoize
versnellingspook	der Schalthebel	deer sjalthebel
verwarming	die Heizung	die haitsoeng
v-snaar	der Ventilatorriemen	deer ventilatorriemen
wiel	das Rad	das raat
windscherm	der Windschutz	deer wiendsjoetz
zekering	die Sicherung	die ziecheroeng
zuiger	der Kolben	deer kolben

fietsonderdelen

achterwiel	das Hinterrad	das hienterraad
as	die Asche	die asje
bagagedrager	der Gepäckträger	deer GepektreeGer
bandenreparatieset	die Schachtel Flickzeug	die sjachtel fliek-tsoiG
be l	die Klingel	die kliengel
binnenband	der Schlauch	deer sjlauch
buitenband	der Reifen	deer raifen
crank	die Kurbel	die koerbel
derailleur	der Umwerfer	deer oemwerfer
fietspomp	die Fahrradpumpe	die faaraadpoempe
fietsslot	das Fahrradschloss	das faaraadsjlos
fietstas	die Packtasche	die paktasje
frame	der Rahmen	deer ramen
kabel	das Kabel	das kabel
kabelslot	die Schließkette	die sjlieskette
ketting	die Fahrradkette	die faaraadkette
kogellager	das Kugellager	das koeGellaGer
lekke band	die Reifenpanne	die raifenpanne
licht	das Licht	das liecht
naaf	die Nabe	die nabe
pedaal	das Pedal	das pedaal
rem	die Bremse	die bremze
remblokje	der Bremsklotz	deer bremsklots
remkabel	das Bremsseil	das bremszail
spaak	die Speiche	die sjpaiche
velg	die Felge	die felGe
velgrem	die Felgenbremse	die felGenbremze

ventiel	das Ventil	*das ventiel*
vleugelmoer	die Flügelmutter	*die fluuGelmoeter*
voorvork	die Vorderradgabel	*die vorderraadGabel*
voorwiel	das Vorderrad	*das vorderraad*
zadel	der Sattel	*deer zattel*

kleuren

rood	rot	*root*
oranje	orange	*oranzje*
geel	gelb	*Gelb*
groen	grün	*Gruun*
blauw	blau	*blau*
paars	violett	*violet*
wit	weiß	*waiss*
grijs	grau	*Grau*
zwart	schwarz	*schwarts*
lila	lila	*liela*
beige	beige	*beedzj*
bruin	braun	*braun*

Woordenlijst

Nederlands-Duits

A

à bis; *2 ~ 3 dagen* 2 bis 3 Tage
aaien streicheln, liebkosen
aal Aal *m*
aalbes Johannisbeere *v*
aalmoes Almosen *o*
aambeeld Amboss *m*
aambeien *mv* Hämorrhoiden *mv*
aan an
aanbellen (an)klingeln; anlauten
aanbesteden verdingen, öffentlich
   ausschreiben
aanbesteding Verdingung,
   Lieferungsausschreibung *v*
aanbevelen empfehlen
aanbevelenswaardig
   empfehlenswert
aanbeveling Empfehlung *v*
aanbidden an'beten
aanbieden anbieten
aanbieding Angebot *o*; *speciale ~*
   Sonderangebot *o*
aanbinden anbinden; *de strijd met
   iemand ~* den Kampf gegen
   jemanden aufnehmen
aanblijven im Amt bleiben
aanblik Anblick *m*
aanbod Anerbieien *o*, Offerte *v*
aanbouw Anbau *m*
aanbranden anbrennen
aanbreken anbrechen; *~ van de
   dag*, Tagesanbruch *m*
aanbrengen (her)anbringen;
   angeben, anzeigen
aandacht Aufmerksamkeit *v*
aandachtig aufmerksam
aandeel Anteil, Teil *m*; Aktie *v*,
   Anteilschein *m*
aandeelhouder Aktieninhaber,
   Aktionär *m*
aandenken Andenken *o*
aandienen anmelden
aandoen antun; anziehen
   (kleding); zufügen; verursachen;
   berühren
aandoening Rührung, Bewegung;
   Krankheit *v*
aandraaien festdrehen;
   anschalten, andrehen
aandrang Andrang *m*
aandrift Antrieb, Trieb *m*
aandrijven antreiben, anfeuern
aandringen andringen; drängen
aanduiden andeuten; bezeichnen
aaneen aneinander; hinter
   einander
aaneenschakeling Verkettung,
   Aneinanderreihung *v*
aangaan (licht) angehen;
   betreffen; *dat gaat hem niet aan*
   das geht ihn nichts an; *~
   achter* hinter jemanden/etwas
   her gehen, her sein

aangaande betreffs (+2)
aangapen anglotzen
aangeboren angeboren
aangedaan bewegt, gerührt
aangelegenheid Angelegenheit,
   Sache *v*
aangenaam angenehm
aangenomen *~ dat* gesetzt den
   Fall; *~ kind* Adoptivkind *o*
aangeschoten angeheitert
aangetekend eingeschrieben; *~e
   brief*, Einschreibebrief *m*
aangeven reichen, angeben,
   herreichen; anzeigen
aangezicht (An)gesicht, Antlitz *o*
aangezien da, weil
aangifte Angabe; Anzeige *v*; *~
   doen* Anzeige erstatten
aangrenzend angrenzend,
   anstoßend
aangrijpen angreifen
aangrijpend ergreifend
aangroei Anwuchs *m*, Zunahme,
   Vermehrung *v*
aanhaken anhaken, -hängen
aanhalen anziehen; liebkosen;
   (citeren) anführen, zitieren
aanhalig einschmeichelnd
aanhaling das Liebkosen; Zitat *o*;
   Beschlagnahme *v*
aanhalingsteken
   Anführungszeichen,
   Gänsefüßchen *o*
aanhang Anhang *m*
aanhangen jemandem/ einer
   Meinung (+3) anhängen; etwas
   (+4) anhängen
aanhanger Anhänger *m*
aanhangig anhängig
aanhangsel Anhang, Nachtrag,
   Zusatz *m*
aanhangwagen Anhänger *m*
aanhankelijk anhänglich
aanhebben anhaben, tragen
aanhef Anfang *m*
aanheffen anstimmen, anheben
aanhoren anhören
aanhouden anhalten, festnehmen;
   anbehalten (kleren); (uitstellen)
   verschieben, vertagen
aanhoudend unausgesetzt,
   unablässig, anhaltend
aanhouding Anhalten *o*;
   Verhaftung *v*
aankijken ansehen, anschauen; *ik
   kijk hem erop aan* ich habe ihn
   im Verdacht
aanklacht Anklage *v*
aanklager Kläger *m*
aankleden ankleiden
aankloppen anklopfen, anpochen
aanknopingspunt
   Anknüpfungspunkt *m*
aankomen eintreffen

aankomst Ankunft *v*
aankomsthal Ankunftshalle *v*
aankondigen ankündigen,
   anzeigen
aankondiging Ankündigung,
   Anzeige *v*
aankoop Ankauf *m*
aankopen ankaufen; käuflich
   erwerben
aankunnen bewältigen; *ik kan hem
   niet aan* ich bin ihm nicht
   gewachsen
aanlanden landen, anlangen
aanleg Antage *v*, Bau *m*; *~
   hebben*, veranlagt sein
aanleggen anlegen, bauen; (in een
   kroeg) einkehren
aanlegplaats Anlegeplatz *m*
aanlegsteiger Landungsbrücke *v*
aanleiding Anlass *m*; Veranlassung
   v
aanlokkelijk verlockend
aanloop Anlauf; Besuch *m*
aanlopen anlaufen; (op bezoek)
   vorbeikommen; (dier) zulaufen;
   nachlaufen; *~ tegen* anstoßen
   gegen
aanmaak Herstellung *v*
aanmaken anmachen, zubereiten
aanmaning Ermahnung,
   Aufforderung *v*
aanmatigen *zich ~*, sich anmaßen
aanmatigend anmaßend,
   anspruchsvoll; dünkelhaft
aanmelden (an)melden
aanmeldingsbureau Meldestelle *v*
aanmerkelijk bedeutend,
   beträchtlich, erheblich
aanmerking Bemerkung *v*; *in ~
   komen*, in Betracht kommen; *in ~
   nemen*, berücksichtigen
aanmoedigen ermutigen,
   ermuntern
aanmoediging Ermutigung,
   Ermunterung *v*
aannemelijk annehmbar
aannemen annehmen
aannemer Bauunternehmer
aanpak Behandlungsweise *v*
aanpakken anpacken, anfassen;
   (ziekte) mitnehmen
aanpassen anpassen; anprobieren
aanplakbiljet Anschlagzettel *m*
aanplakken ankleben, aushängen
aanplakzuil Anschlagsäule *v*
aanplant (An)pflanzung *v*
aanprijzen anpreisen
aanpunten anspitzen
aanraden (iets) (etwas) raten
aanraken berühren, anrühren
aanranden angreifen, anfallen
aanranding Angriff *m*
aanrecht Anrichte *v*
aanreiken (dar)reichen

aanrekenen anrechnen
aanrijden anfahren; (botsen) zusammenstoßen; angefahren kommen; ~ *bij* vorbeifahren bei (+3)
aanrijding Zusammenstoß *m*
aanroepen anrufen
aanschaffen anschaffen
aanschaffing Anschaffung *v*
aanschieten (kleren) schlüpfen in; ansprechen; anschießen
aanschijn Antlitz *o*
aanschouwelijk anschaulich
aanschrijving schriftlicher Befehl *m*
aanslaan anschlagen; besteuern; anspringen (motor)
aanslag Anschlag *m*; Attentat *o*; (belasting) Steuerveranlagung *v*
aanslagbiljet Steuerzettel *m*
aansluiten anschließen; (tel) verbinden
aansluiting Anschluss *m*
aansmeren anschmieren, aufschwatzen
aansnijden anschneiden (ook fig)
aanspannen *jur* anstrengen; anspannen
aanspoelen anschwemmen
aansporen anspornen, antreiben
aanspraak Anspruch *m*, Forderung *v*
aansprakelijk verantwortlich
aanspreken anreden; ansprechen; mahnen; angreifen
aanstaan gefallen; angelehnt zijn (deur); *rtv* eingeschaltet
aanstaande *bn* kommend, bevorstehend, künftig; *zn* Verlobte(r); Bräutigam; Braut
aanstalten *mv* Anstalten *mv*
aanstekelijk ansteckend
aansteken anstecken, -zünden (Licht, Feuer); anstecken (Krankheit)
aansteker Feuerzeug *o*
aanstellen anstellen, ernennen; *zich ~*, sich zieren
aanstellerig affektiert, geziert
aanstellerij Wichtigtuerei *v*
aanstelling Anstellung, Ernennung *v*
aanstonds sogleich, sofort
aanstoot Anstoß *m*, Ärgernis *o*
aanstotelijk anstößig
aantal Anzahl, Zahl *v*
aantasten anfassen, angreifen
aantekenen aufschreiben, notieren, eintragen
aantekening Aufzeichnung, Notiz, Bemerkung *v*
aantikken anklopfen; antippen; sich summieren
aantocht Anzug *m*
aantonen (an)zeigen; dartun, beweisen

aantrappen schneller treten; (door trappen aanslaan/aandrukken) antreten
aantreden antreten
aantreffen antreffen
aantrekkelijk reizvoll
aantrekken anziehen
aantrekkingskracht Anziehungskraft *v*
aanvaarden antreten
aanvaarding Antritt *m*
aanval Anfall, Angriff *m*
aanvallen angreifen, annehmen
aanvaller Angreifer
aanvalligheid Anmut *v*
aanvang Anfang, Beginn *m*
aanvangen anfangen, beginnen
aanvankelijk anfänglich
aanvaren rammen, zusammenstoßen; (doel) anfahren; *komen ~* herangefahren kommen
aanvaring Anfahren *o*; Zusammenstoß *m*
aanvegen ausfegen
aanvoer Zufuhr *v*
aanvoerder Anführer *m*
aanvoeren anführen, befehligen; erwähnen, zitieren
aanvraag Anfrage, Bitte *v*
aanvraagformulier Antragsformular *o*
aanvragen (an)fragen
aanvullen erganzen; auffüllen
aanvulling Ergänzung, Nachtrag
aanwaaien anwehen; (bezoek) vorbeischauen
aanwakkeren ermuntern, anfachen
aanwas Zuwachs, Anwuchs *m*; Vermehrung. Zunahme *v*
aanwenden anwenden; benutzen, verwenden
aanwensel Angewohnheit *v*
aanwerven anwerben
aanwezig anwesend
aanwezigheid Anwesenheit, Gegenwart *v*
aanwijsbaar nachweisbar
aanwijzen zeigen
aanwijzing Anweisung, Anzeige *v*
aanwinst Gewinn *m*; Errungenschaft *v*
aanzetten antreiben; anlassen; (inschakelen) einschalten
aanzien Ansehen *o*; *zonder ~ des persoons*, rücksichtslos; *ww* ansehen
aanzienlijk ansehnlich, beträchtlich; angesehen
aanzoek Heiratsantrag *m*
aanzuiveren bezahlen, berichtigen (Schuld)
aap Affe *m*
aar Ähre; (ader) Ader *v*

aard Art und Weise, Beschaffenheit *v*, Naturell *o*, Charakter *m*; *van die ~*, derart
aardappel Kartoffel *v*; *gebakken ~en*, Bratkartoffeln
aardappelpuree Kartoffelbrei *m*
aardbei Erdbeere *v*
aardbei Erdbeere(n) *v*
aardbeienjam Erdbeermarmelade *v*
aardbeving Erdbeben *o*
aardbol Erdkugel *v*
aarde Erde *v*; (wereld) Welt *v*
aarden *bn* tönern, aus Ton; *ww* (elektriciteit) erden; (plant) gedeihen; *ik kan hier niet ~* ich kann mich hier nicht einleben; *~ naar* geraten nach (+3)
aardewerk Töpferware *v*
aardgas Erdgas *o*
aardig nett
aardigheid Witz, Spaß *m*
aardolie Erdöl *o*
aardrijkskunde Geographie, Erdkunde *v*
aards irdisch
aardverschuiving Erdrutsch *m*
aartsbisschop Erzbischof *m*
aarzelen zaudern; zögern
aarzeling Zögerung *v*, Zaudern *o*
aas [*het*] Aas *o*; (hengelen) Köder *m*; [*de*] (kaart) Ass *o*
abattoir Schlachthaus *o*
abc Abc *o*
abces Abszess *m*
abdij Abtei *v*
abdis Äbtissin *v*
abnormaal abnorm(al)
abnormaliteit Abnormität *v*
abonnee Abonnent *m*
abonneenummer Telefonnummer *v*
abonnement Abonnement *o*, (openbaar vervoer) Zeitkarte *v*
abonneren *zich ~*, abonnieren
abortus Abtreibung *v*
abrikoos Aprikose *v*
absent abwesend
absoluut absolut
abstract abstrakt
absurd absurd
abt Abt *m*
abuis Irrtum, Fehler *m*
academie Hochschule, Akademie, Universität *v*
academisch akademisch; Universitäts-; *~ ziekenhuis* Universitätsklinik *v*
accent Akzent *m*
accepteren akzeptieren
acceptgirokaart vorgedrucktes Überweisungsformular *o*
accijns Akzise *v*
accompagnement Akkompagnement *o*, Begleitung *v*
accompagneren akkompagnieren,

begleiten
accordeon Akkordeon *o*
accountant Bücherrevisor *m*
accu Akku *m*; Batterie *v*
accumulator Akkumulator *m*
accuraat akkurat, genau
ach ach
achillespees Achillessehne *v*
acht *telw* acht; *zn* Acht, Sorge,
Obacht *v*
achten achten, ehren; halten für;
glauben, meinen
achter *vz* hinter; *bijw* hinten
achteraan hinten
achteraf nachträglich
achterbaks hinterhältig
achterband Hinterreifen *m*
achterbank Rücksitz *m*
achterblijven zurückbleiben
achterblijver Nachzügler *m*
achterbuurt Armenviertel *o*
achterdeur Hintertür *v*
achterdocht Argwohn *m*,
Misstrauen *o*
achtereen(volgens) hinter-,
nacheinander
achtergrond Hintergrund *m*
achterhalen einholen
achterhoede Nachhut *v*, Nachtrab
m
achterhoofd Hinterkopf *m*
achterin hinten
achterkant Rückseite *v*
achterlaten hinterlassen
achterlicht Rücklicht *o*
achterlijk zurückgeblieben;
rückstandig; geistesschwach
achterlopen nachgehen
achterna hinterdrein; nachher,
hinterher, zuletzt
achternaam Familienname *m*
achterom hinterherum
achterop hintendrauf; zurück
bleiben
achterover rückwarts, rücklings:
hinterüber
achterruit Rückscheibe *v*
achterspeler *sp* Verteidiger *m*
achterstallig rückstandig
achterstand Rückstand *m*
achterste Hintere(r) *m*
achterstevoren verkehrt herum
achtertuin Garten *m* hinter dem
Haus
achteruit rückwärts
achteruit! zurück!
achteruitgaan rückwärts gehen;
zurückgehen
achteruitgang Rückgang, Verfall *m*;
Hintertür *v*
achteruitkijkspiegel Rückspiegel *m*
achteruitrijden rückwärs fahren
achteruitzetten zurücksetzen
achtervoegsel Suffix *o*, Nachsilbe *v*

achtervolgen nachsetzen (+3)
achtervork Hinterradgabel *v*
achterwaarts rückwärts, zurück
achterwege zurück; ~ *blijven*,
ausbleiben, unterbleiben
achterwiel Hinterrad *o*
achterzijde Rückseite *v*
achting Achtung *v*; Ansehen *o*
achtloos unachtsam, nachlässig
achtste *telw* (der, die, das) achte;
zn Achtel *o*
achttien achtzehn
acteren spielen
acteur Schauspieler
actie Aktion, Handlung *v*
actief aktiv, tätig
actieradius Aktionsradius *m*,
Reichweite *v*
actrice Schauspielerin
actueel aktuell, zeitnah
acuut akut
adapter Adapter *m*
adder Kreuzotter, Viper *v*
adel Adel *m*
adelaar Adler *m*
adelborst Seekadett
adellijk ad(e)lig
adem Atem *m*
ademen atmen
ademhalen atmen
ademhaling Atmung *v*
ader Ader *v*
aderlating Aderlass *m*
adieu Adieu
adjudant Adjutant
administrateur Verwalter;
(ambtenaar) Ministerialdirektor *m*
administratie Administration,
Verwaltung *v*
administreren verwalten;
(toedienen) erteilen, spenden
admiraal Admiral
adopteren adoptieren; an Kindes
statt annehmen
adres Adresse *v*
adresboek Adressbuch *o*
adreskaart Begleitadresse *v*
adresseren adressieren
Adriatische Zee Adria *v*
advertentie Anzeige, Annonce *v*
adverteren inserieren
advies Avis *m*, Gutachten *o*;
Benachrichtigung *v*
adviseren empfehlen, raten
adviseur Berater, Beirat
advocaat Rechtsanwalt; (drank)
Eierkognak *m*
af ab; ~ *en toe*, ab und zu, dann
und wann, hin und wieder; *het
werk is* ~, die Arbeit ist fertig; *op
het gevaar* ~, auf die Gefahr hin
afbakenen abstecken; abgrenzen;
vorzeichnen
afbeelding Abbildung *v*

afbestellen abbestellen
afbetalen abzahlen
afbetaling Abzahlung *v*; *op* ~, auf
Ratenzahlung
afbijten abbeißen
afblijven nicht berühren
afborstelen abbürsten
afbraak Abbruch, Schutt *m*
afbranden niederbrennen
afbreken abbrechen; abtragen,
schleifen; unterbrechen
afbreuk Abbruch; Eintrag *m*,
Beeinträchtigung *v*
afbrokkelen abbröckeln
afdak Ab-, Schutzdach *o*
afdalen heruntersteigen; (skiën)
herunterfahren
afdanken abdanken, entlassen
afdeling Abteilung *v*
afdingen herunterhandeln
afdoen erledigen
afdoend entscheidend, triftig;
schlagend
afdraaien abdrehen, abschrauben;
rtv abstellen; (film) vorführen
afdragen heruntertragen;
auftragen (kleren); abführen
(geld)
afdrijven abtreiben
afdrogen abtrocknen
afdruk Abzug *m*
afdrukken (foto) Abzüge machen
afdwalen abirren, abkommen von
affaire Affäre *v*
affiche Anschlag *m*
afgaan (school) abgehen, (trap)
hinuntergehen; ~ *op* zugehen auf
(+4)
afgang Abgang; Blamage
afgedaan fertig, erledigt
afgelasten abbefehlen, absagen
afgeleefd abgelebt
afgelegen abgelegen, entlegen
afgelopen! Schluss!
afgemat abgemattet, ermattet
afgemeten abgemessen, förmlich
afgepast abgezählt
afgesproken! abgemacht!
afgevaardigde Abgeordnete(r),
Deputierte(r) *m-v*
afgeven abgeben; (pas)
ausstellen; (kleur) abfärben
afgezaagd abgedroschen
afgezant Abgesandte(r) *m-v*
afgezonderd abgesondert, einsam,
zurückgezogen
afgifte Abgabe; Verabfolgung,
Aushändigung *v*
afglijden abgleiten, abrutschen; (v.
vliegtuig) abtrudeln
afgod Abgott, Götze *m*
afgrijselijk gräulich, grausig
afgrijzen Abscheu *m*, Grausens
afgrond Abgrund, Schlund *m*

163

afgunst Missgunst v, Neid m
afgunstig neidisch
afhalen abholen; hinunterholen
afhangen abhängen
afhankelijk abhängig
afhouden abhalten, zurückhalten; (geld) abziehen
afhuren mieten
afjakkeren abhetzen
afkeer Abscheu; Widerwille m, Abneigung v
afkeuren missbilligen, tadeln; mil fur dienstunfähig erklären
afkeurend abfällig, missbilligend, tadelnd
afkeurenswaardig tadelnswert
afkijken abgucken
afknappen (tak) abbrechen; zerreißen; ~ op iets/lemand frustriert zijn von etwas/jemandem (+3)
afknippen abschneiden
afkoelen abkühlen, erfrischen
afkomen (weg; onderwerp) abkommen; herabkommen; ~ op zukommen auf (+4)
afkomst Abkunft, Herkunft v
afkomstig gebürtig; ~ zijn, herrühren, herstammen
afkondigen abkündigen, proklamieren. ausrufen
afkondiging Verkündigung v
afkooksel Absud m, Dekokt o
afkorting Abkürzung, Verkürzung, Abbreviatur v
afleggen ablegen, niederlegen; zurücklegen (einen Weg); leisten (einen Eid); machen (einen Besuch)
afleiden ableiten; schließen, folgern; (Wörter) herleiten; (Aufmerksamkeit) ablenken
afleiding Ablenkung, Zerstreuung v
afleren abgewöhnen; verlernen
afleveren abliefern
aflevering Ablieferung v; Heft o
afloop Ablauf, Ausgang m
aflopen ablaufen; de film is afgelopen der Film ist zuende
aflosbaar tilgbar
aflossing Ablösung; Tilgung v
afluisteren abhorchen, erlauschen
afmaken fertig machen, beendigen; (doden) umbringen
afmatten abmatten, ermatten
afmeting Abmessung; Dimension v, Ausmaß o
afnemen overg ab-, wegnehmen; (Tisch) abräumen; onoverg nachlassen; lüften (Hut)
afnemer Abnehmer, Käufer
afpakken abnehmen, wegnehmen
afpassen abpassen, abzirkeln; abzählen

afpersen abpressen, erpressen
afpersing Erpressung v
afraden abraten, widerraten
afranselen durchprügeln
afrekenen zahlen
afrekening Abrechnung v
afremmen abbremsen
africhten abrichten, dressieren
Afrika Afrika o
Afrikaan Afrikaner
afrit Ausfahrt v
afromen abrahmen
afronden abrunden
afrukken abreißen
afschaffen abschaffen
afschaffer Abstinenzler
afschaffing Abschaffing; Abstinenz v
afscheid Abschied m; ~ nemen Abschied nehmen
afscheiden abtrennen; ausscheiden, (vloeistof) absondern
afscheiding Abtrennung; Absonderung; Scheidewand v
afscheidsbezoek Abschiedsbesuch m
afschepen (einen) abfertigen
afscheuren abreißen, abtrennen
afschilferen abblättern
afschrift Abschrift, Kopie v
afschrijven abschreiben; (geld) abbuchen
afschrijving Abschreibung v
afschrik Abscheu, Schrecken m
afschrikken abschrecken
afschuw Abscheu, Ekel m
afschuwelijk abscheulich, scheußlich, schrecklich
afslaan abschlagen, abhauen; (bedanken) ablehnen; (prijs) fallen; (verkeer) abbiegen
afslag Preisermäßigung v; bij ~ verkopen, im Abstreich verkaufen
afslager Versteigerer m
afsloven zich ~, sich abmühen, sich abrackern
afsluiten abschließen, verschließen; absperren
afsnauwen anherrschen, anschnauzcn
afsnijden abschneiden
afspiegelen abspiegeln
afsplitsen abspalten, (weg) abzweigen
afspraak (afspraakje) Verabredung v; (akkoord) Vereinbarung v
afspraak(je) Verabredung v
afspreken verabreden
afspringen hinunterspringen; scheitern
afstaan überlassen, abtreten, verzichten (auf)
afstammeling Abkömmling;

Nachkomme
afstammen (ab)stammen
afstand Abstand m; Entfernung; Abtretung v, Verzicht m; ~ doen van, verzichten auf
afstappen absteigen, hinuntersteigen; ~ op zugehen auf (+4)
afsteken abstechen; (vuurwerk) abbrennen
afstellen abstellen, einstellen
afstoffen abstäuben
afstoten abstoßen
afstuiten abprallen, zurückprallen
aftakelen abmagern; übel mitgenommen werden
aftakeling seniele -, seniler Verfall m; Altersblödsinn v
aftakking Abzweigung v
aftands hinfällig
aftappen ablassen, abzapfen
aftekenen abzeichnen
aftellen abzählen
aftershave Rasierwasser
aftocht Abzug m
aftrap sp Anstoß m
aftreden ausscheiden; zurücktreten
aftrek Abzug m, Abnahme v, Absatz; Abgang m
aftrekken abziehen, subtrahieren
aftreksel Absud m, Dekokt o
afvaardigen abordnen
afval Abfall m; ~, o, Abfälle m mv, Altmaterial o
afvalbak Mülleimer m
afvallen abfallen, hinunterfallen; abtrünnig werden
afvallig abtrünnig, untreu
afvegen abfegen, abwischen
afvloeien abgebaut werden, entlassen werden
afvoer Abfuhr v, Abfluss m
afvoerbuis Abflussrohr o
afvoeren abführen, wegbringen
afwachten abwarten; erwarten
afwas Abwasch m
afwasmiddel Spülmittel v
afwassen abwaschen; (vaten) aufwaschen, spülen
afweer Abwehr v
afweerschut Abwehrgeschütz, Flakgeschütz o
afwegen abwiegen, abwägen
afwenden abwenden
afwennen abgewöhnen
afwentelen abwälzen
afweren abwehren
afwering Abwehr v
afwerking Vollendung; Ausführung v
afwezig abwesend
afwezigheid Abwesenheit v
afwijken abweichen

afwijzen abweisen; abschlagen
afwisselen abwechseln
afwisseling Abwechslung *v*
afzakken (kousen)
herunterrutschen; (gevaar)
abnehmen; (rivier) stromab
fahren
afzeggen absagen
afzenden absenden, abschicken
afzender Absender *m*
afzet Absatz *m*
afzetten absetzen; heruntersetzen;
amputieren (been); (bedriegen)
beschwindeln, prellen, neppen
afzetterij Schwindel *m*, Prellerei *v*
afzetterij Betrug *m*
afzichtelijk grässlich, widerwartig,
scheudlich
afzien van verzichten auf
afzienbaar *binnen afzienbare lijd*,
in absehbarer Zeit
afzijdig *zich ~ houden*, sich
fernhalten, zurückhalten
afzondering Absonderung,
Zurückgezogenheit *v*
afzonderlijk einzeln,
Einzelafzweren abschwören
agenda Agenda *v*; Tagesordnung *v*;
Notizbuch *o*
agent Polizist *m*; Agent *m*;
Vertreter *m*
agentschap Agentur *v*
a.h.w. (als het ware) gleichsam
aids Aids
air Air *o*, Anschein *m*; Arie *v*
airbag Airbag *m*
airconditioned klimareguliert
airconditioning Klimaanlage *v*
akelig widrig, scheußlich
Aken Aachen *o*
akker Acker *m*
akkoord Akkord, Einklang;
Vergleich *m*; *bn* einverstanden
akte Akte, Urkunde *v*; Diplom *o*;
(toneel) Akt, Aufzug *m*
aktetas Aktenmappe *v*
al all, alle, alles; (reeds) schon,
bereits; (hoewel) obgleich, wenn
auch
alarm Alarm *m*
alarmklok Lärmglocke, Warnanlage
v
alarmnummer Notruf *m*
alarmpistool Schreckschusspistole
v
album Album *o*
alcohol Alkohol *m*
aldaar da, dort, daselbst
aldoor immerfort
aldus so, also, auf diese Weise
alfabet Alphabet *o*
algemeen allgemein
alhier hier, hierselbst
alhoewel obwohl, obschon

alimentatie Alimentation *v*;
Unterhaltsbeitrag *m*
alinea Absatz *m*
alkoof Alkoven *m*
all risk Vollkasko-Versicherung *v*
alle alle
alledaags alltäglich, gewöhnlich,
alltags-
alleen (zonder anderen) allein;
(slechts) nur
alleenheerser Alleinherrscher *m*
alleenspraak Monolog *m*
alleenvertegenwoordiger
Generalvertreter *v*
allemaal, allen alle
allen *te ~ tijde* jederzeit
allengs allmählich
allergisch allergisch
allerhande -lei allehand, -lei
Allerheiligen Allerheiligen *o*
allerlei allerlei
allerwegen allerwegen, überall
Allerzielen Allerseelen *o*
alles alles
alleszins allseitig, auf jede Weise,
in jeder Hinsicht
allicht vielleicht;
selbstverständlich
allooi Gehalt *m*
almachtig allmächtig
almanak Almanach *m*
alom überall, ringsum
Alpen *mv* Alpen *mv*
als als, wie; wenn, falls; als
alsjeblieft bitte, gefälligst
alsmede wie auch, sowie
alsnog nachträglich
alsof als ob
alstublieft bitte
alt Alt *m*; Altstimme *v*
altaar Altar *m*
althans wenigstens
altijd immer
alvorens bevor, ehe
alweer aufs neue, schon wieder
alwetend allwissend
amandel Mandel *v*; ~*en*, (keel)
Halsdrüsen, Mandeln *v mv*
amateur Amateur, Liebhaber *m*
ambacht Handwerk, Gewerbe *o*
ambassade Botschaft *v*
ambassadeur Botschafter *m*
ambt Amt *o*
ambtenaar Beamte(r) *m-v*
ambtgenoot Amtsgenosse,
Amtsbruder, Kollege *m*
ambtshalve von Amtswegen
ambulance Unfallwagen *m*
amechtig außer Atem
amendement Änderungsantrag *m*
Amerika Amerika *o*
Amerikaan Amerikaner
Amerikaans amerikanisch
ameublement Mobiliar *o*,

Zimmereinrichtung *v*
amice lieber Freund *m*
amnestie Straferlass *m*
amortisatie Tilgung, Amortisation *v*
ampel ausführlich
amper kaum
ampul Ampulle *v*
amputatie Amputation *v*
Amsterdam Amsterdam
amuseren amüsieren
ananas Ananas *v*
ander(e) ander(e)
anderhalf anderthalb
anders anders, auf andere Weise;
sonst, wo nicht
andersdenkend anders gläubig
anderszins anders; sonst
andijvie Endivie *v*
anemoon Anemone *v*
angel Stachel *m*
angst Angst *v*
angstig angstlich
angstvallig angstlich, skrupulös,
peinlich genau
anijs Anis *m*
anjelier anjer Nelke *v*
anker Anker *m*
annexatie Annexion, Annektierung
v
annexeren annektieren
annonce Anzeige *v*; Inserat *o*
annuleren annullieren
anoniem anonym
ansichtkaart Ansichtkarte *v*
ansjovis Sardelle *v*
antenne Antenne *v*
anticonceptiepil Anti-Baby-Pille *v*
anti-Duits deutschfeindlich
antiek *bn* antik; *zn* Antiquitäten
mv
antiquaar Antiquar
antiquair Antiquitätenhändler *m*
antislipband (v. auto)
Gleitschutzreifen *m*
antivries Frostschutz *m*
antivriesvloeistof Frostschutzmittel
Antwerpen Antwerpen
antwoord Antwort *v*
antwoordapparaat
Anrufbeantworter *m*
antwoordcoupon Antwortschein *v*
antwoorden antworten
anus Anus *m*
apart getrennt; beiseite; besonder
aperitief Aperitif *m*
apotheek Apotheke *v*
apotheker Apotheker *m*
apparaat Apparat *m*, Gerät *o*
appartement Wohnung *v*
appel Apfel *m*
appèl Berufung *v*; Appell *m*
appelmoes Apfelmus *o*
appelsap Apfelsaft *m*
applaudisseren applaudieren

applaus Applaus, Beifall *m*
après-ski Après-Ski
april April *m*
aquarel Aquarel *o*
Arabier Araber *m*
arbeid Arbeit *v*
arbeider Arbeiter
arbeidsbeurs Arbeitsamt *o*
arbeidscontract Arbeitsvertrag *m*
arbeidster Arbeiterin *v*
arbeidsvermogen Energie;
  Arbeitsfähigkeit *v*
arbeidsvoorwaarde
  Arbeitsbedingung *v*
arbeidzaam arbeitsam
archief Archiv *o*
architect Architekt, Baumeister *m*
archivaris Archivar *m*
arend Adler *m*
argeloos ahnungslos
arglist Arglist, Hinterlist *v*
argwaan Argwohn *m*
argwanend argwöhnisch
aria Arie *v*
aristocratisch aristokratisch
ark Arche *v*
arm *bn* arm, bedürftig; *zn* Arm *m*
armband Armband
armoede Armut *v*
armzalig armselig, ärmlich
Arnhem Arnheim *o*
arrenslee Schellenschlitten *m*
arrest Haft *v*
arrestant Arrestant, Häftling *m*
arresteren verhaften
arriveren ankommen; *ik ben*
  gearriveerd ich hab's geschafft
arsenaal Zeughaus *o*
artiest Künstler *m*
artiest Künstler *m*, Artist *m*
artieste Künstlerin *v*
artikel Artikel *m*
artisjok Artischocke *v*
arts Arzt/Ärztin *m*/*v*
as (van machine) Achse *v*;
  (verbrandingsproduct) Asche *v*
asbak Aschenbecher *m*
asbreuk Achsenbruch *m*
asceet Aszet, Asket
asfalt Asphalt *m*
asgrauw aschgrau
asiel Asyl *o*
aspect Aspekt *m*
asperge Spargel *m*
aspirine Aspirin
Assepoester Aschenbrödel *o*
assistent Assistent, Gehilfe
assortiment Auswahl *v*, Sortiment
  o
assuradeur Versicherer,
  Assekurant
assurantie Assekuranz,
  Versicherung *v*
aster Aster, Sternblume *v*

astma Asthma *o*
astronaut Weltraumfahrer,
  Astronaut *m*
atelier Atelier *o*
atlas Atlas *m*
atletiek Leichtathletik *v*
atmosfeer Atmosphäre *v*
atoom Atom *o*
atoombom Atombombe *v*
atoomsplitsing Atomspaltung *v*
attent aufmerksam
attest Attest, Zeugnis *o*
audiëntie Audienz *v*
augurk eingelegte Gurke *v*
augustus August *m*
Australië Australien *o*
auteur Autor
auto Auto *o*
autoband Autoreifen *m*
autobewaker Autowärter *m*
autobox Autobox *v*
autobus Autobus *m*
autogiro Hubschrauber *m*
autogordel Sicherheitsgurt *m*
autokerkhof Autofriedhof *m*
automaat Automat *m*
automatisch automatisch
automobiel Auto *o*, Kraftwagen *m*
automobilist Autler, Kraftfahrer
autopapieren Wagenpapiere *mv*
autoped Roller *m*
autorijden Auto fahren
autorijschool Fahrschule *v*
autoriteit Autorität; Behörde *v*
autosnelweg Autobahn *v*
autotrein Autozug *m*
autoverhuur Autovermietung *v*
autoweg Straße *v*
averecht(s) verkehrt
avond Abend *m*
's avonds abends
avondeten Abendessen *o*
Avondmaal Abendmahl *o*
avondwinkel Geschäft *o*, das
  abends geöffnet ist
avonturier Abenteurer *m*
avontuur Abenteuer *o*
Azië Asien *o*
azijn Essig *m*; *olie- en ~stel*
  Ménage *v*
azuur Azur *m*

B

baai Bucht *v*
baak Bake *v*
baal Ballen *m*
baan Bahn; (v. stof) Breite *v*;
  (werkkring) Stelle *v*
baanbrekend bahnbrechend
baanvak Strecke *v*
baanwachter Bahnwärter
baar *zn* Bahre; Leichenbahre;
  Barren *v* (von Metall)

baar *bn* ~ *geld*, *o* Bargeld *o*
baard Bart *m*
baarmoeder Gebärmutter *v*, Uterus
  m
baars Barsch *m*
baas Chef *m*; Meister, Herr,
  Prinzipal
baat Nutzen, Vorteil *m*
baatzuchtig eigennützig
babbelen schwatzen, plaudern
baby Baby *o*
babysitter Babysitter *m*
bacil Bazilius *m*
back *sp* Verteidiger *m*
bacterie Bakterie *v*
bad Bad *o*
baden baden
badgast Kurgast *m*
badhanddoek Badehandtuch *o*
badhotel Kurhaus *o*
badjas Bademantel *m*
badkamer Badezimmer *o*
badkuip Badewanne *v*
badmeester Bademeister *m*
badmuts Bademütze *v*
badpak Badeanzug *m*
badplaats Badeort *m*; Bad *o*
badtas Badetasche *v*
bagage Gepäck *o*
bagagebiljet Gepäckschein *m*
bagagedepot
  Gepäckaufbewahrung *v*
bagagedrager Gepäckträger *m*
bagagekluis Gepäckbox *v*
bagagenet Gepäcknetz *o*
bagagerek (aan auto)
  Gepäckhalter *m*
bagageruimte (auto) Gepäckraum
  m
bagageverzekering
  Gepäckversicherung *v*
bagagewagentje Gepäckwagen *m*
bagatel Kleinigkeit *v*
baggeren baggern
bah bäh!; (kindertaal voor
  urine/ontlasting) Pipi *o*, Aa *o*;
  boe nog ~ zeggen keinen Mucks
  von sich geben
bak Behälter, Kasten, Kübel *m*;
  Witz *m* (grap)
bakboord Backbord *o*
bakfiets Kastenrad, Lieferdreirad *o*
bakkebaard Backenbart *m*
bakken backen
bakker Bäcker *m*
bakkerij Bäkerei *v*
baksel Gebäk *o*
bal (speelbal) Ball *m*, Kugel *v*; (aan
  voet) Ballen *m*; *o* (danspartij)
  Ball *m*
balans Waage *v*; Gleichgewichtt;
  Bilanz *v*
balansopruiming
  Inventarausverkauf *m*

baldadig mutwillig
balein Fischbein *o*; Korsettstange *v*
balhoofd Steuerkopf *m*
balie Schalter *m*
balk Balken *m*
balkon Balkon *m*
ballast Ballast *m*
ballen (vuist) ballen; Ball spielen
ballet Ballett *o*
balletdanseres Balletttänzerin *v*
ballingschap Verbannung *v*
ballon Ballon *m*
ballpoint, balpen Kugelschreiber *m*
balsturig widerspenstig
balustrade Brüstung *v*
ban Bann *m*, Reisacht;
Exkommunikation *v*
banaan Banane *v*
band (om te binden) Band *o*; (fiets,
auto) Reifen *m*; (boek) Einband
m; (biljart) Bande *v*; *een lekke ~*
Reifenpanne *v*
bandeloos zügellos
bandenpech Reifenpech *o*,
Reifenschaden *m*
bandenspanning Reifendruck *m*
bandiet Bandit
bandopname Bandaufnahme *v*
bandrecorder Abspiel-,
Band(aufnahme)gerät *o*
banen bahnen
bang bange, bänglich, ängstlich; *~
zijn* Angst haben
banier Banner *o*
bank Bank *v*; *~ van lening*,
Leihamt *o*
bankbiljet Banknote *v*
bankbreuk Bank(e)rott *m*
bankdisconto Lombardsatz *m*
banketbakker Konditor
banketbakkerij Bäckerei *m*,
Konditorei *v*
bankier Bankier
bankpas Scheckkarte *v*
bankroet *zn* Bank(e)rott *m*,
Falliment *o*; Konkurs *m*; *bn*
bankbrüchig, pleite
bankstel Rollen-, Sitzgarnitur *v*,
Sitzgruppe *v*
banneling Verbannte(r) *m-v*
bannen bannen, verbannen
banvloek Bannfluch *m*
bar *bn* schrecklich streng,
grimmig; kolossal; rau (Wetter)
bar *zn* Bar *m*
barak Baracke *v*
barbaars barbarisch
barbecue (toestel) Grill *m*;
Grillparty *v*
barbecuen grillen
baren gebären; verursachen
baret Barett *o*
barkas Barkasse *v*
barman Barmann *m*

barmhartig barmherzig
barnsteen Bernstein *m*
barometer Barometer *o*
baron Baron
barones Baronin
barrevoets barfuß, barfüßig
barricade Barrikade *v*
bars barsch, schroff, unfreundlich
barst Sprung, Riss, Knick *m*
barsten bersten, platzen, springen
bas Bass *m*; Bassgeige *v*
baseren basieren, gründen
basis Basis; Grundlage *v*
basisschool Grundschule *v*
basketbal Basketball *o*
bassin Bassin *o*
bast Rinde, Borke *v*
bataljon Bataillon *o*
baten nutzen, nützen, frommen
batterij Batterie *v*
baviaan Pavian *m*
bazaar Basar *m*
bazelen faseln
bazin Chefin
bazuin Posaune *v*
b.b.h.h. (bezigheden buitenshuis
hebbende) Beschäftigung außer
Hause
beambte Beamte(r) *m-v*
beantwoorden beantworten; *~
aan*, entsprechen (+3)
bebloed blutig
beboeten (Geldstrafe, Buße)
auferlegen
bebouwen bebauen; bestellen
bed Bett *o*; (Garten)beet *o*
bedaard ruhig, still
bedachtzaam bedächtig
bedanken Dank sagen, danken,
sich bedanken; abdanken,
entlassen
bedankt! danke schön!
bedaren (sich) beruhigen, (sich)
fassen; (wind) sich legen
beddengoed Bettzeug *o*
beddenlaken Betttuch *o*
bedding Bett *o*
bede Gebet *o*; Bitte *v*
bedeesd scheu, schüchtern
bedekken bedecken, zudecken,
schützen
bedelaar Bettler
bedelares Bettlerin
bedelarij Bettelei *v*
be'delen betteln
bede'len austeilen, bedenken,
unterstützen; *bedeeld met*
gesegnet mit
bedenkelijk bedenklich, misslich;
kritisch
bedenken bedenken, ersinnen
bedenking (bezwaar) Einwendung
v, Bedenken *o*
bederf Fäulnis, Verwesung *v*; *fig*

Verderbnis *v*
bederven verderben; (kind)
verziehen
bedevaart Wallfahrt *v*
bediende Bediente(r) *m-v*; Diener
m, Dienerin *v*
bedienen bedienen
bediening Bedienung *v*
bedieningsgeld Bedienungsgeld *o*
beding *onder één ~*, unter einer
Bedingung *v*
bedingen bedingen
bedisselen deichseln
bedlamp Nachttischlampe *v*
bedlegerig bettlägerig
bedoeld betreffend, erwähnt;
beabsichtigt
bedoelen meinen
bedoeling Absicht *v*
bedorven verdorben, faul; (kind)
verzogen
bedrag Betrag *m*
bedreigen bedrohen
bedreiging Bedrohung *v*
bedreven bewandert, erfahren
bedriegen betrügen; schummeln
bedrieger Betrüger
bedrieglijk (be)trügerisch;
tauschend (ähnlich)
bedrijf Geschäft *o*; Betrieb *m*,
Gewerbe *o*; (toneel) Akt, Aufzug
m
bedrijfseconomie
Betriebswirtschaftslehre *v*
bedrijfskapitaal Betriebskapital *o*
bedrijfsleider Betriebsleiter *m*
bedrijven betreiben, tun,
verrichten, verüben
bedrijvig lebhaft, rührig, tätig
bedroefd betrübt, traurig
bedrog Betrug *m*, Betrügerei *v*,
Schwindel *m*
bedrukt betrübt, gedrückt
beducht besorgt, in Furcht
bedwang Zwang *m*, Gewalt *v*
bedwelmd betäubt
bedwelming Betäubung *v*
bedwingen bezwingen, bezähmen,
im Zaume halten
beëdigen vereidigen
beëindigen beenden
beek Bach *m*
beeld Bild *o*, Figur, Statue *v*;
wassen ~, Wachsfigur *v*
beeldbuis Bildröhre *v*
beeldhouwen (hout) schnitzen;
(steen) meißeln
beeldhouwer Bildhauer
beeldig bildschön, reizend
beeldscherm Bildschirm *m*
beeldspraak Bildersprache *v*
beeltenis Bildnis, Bild *o*
been (ledemaat) Bein *o*; (hoek,
passer) Schenkel *m*; (bot)

Knochen *m*
beenbreuk Beinbruch; Knochenbruch *m*
beenkap Ledergamasche *v*
beer Bär; (varken) Eber
beest Bestie *v*, Tier *o*; Biest *o* (ongunstig)
beestachtig tierisch, bestialisch
beet Biss, Bissen *m*
beetje bisschen
beetnemen beschwindeln
beetpakken anfassen
befaamd berühmt, bekannt
begaafd begabt
begaafdheid Begabung *v*
begaan verüben, begehen; (een weg) betreten
begaanbaar wegsam, fahrbar, gangbar
begeerte Begierde *v*
begeleiden begleiten
begeren begehren
begerig begierig, lüstern (nach)
begeven verlassen, schwinden (von Kräften); *zich* ~, sich begeben, sich machen
begieten begießen, benetzen
begiftigen beschenken
begin Anfang, Beginn *m*
beginnen beginnen, anfangen
beginsel Anfang; Grundsatz *m*, Prinzip *o*
begluren belauern
begoocheling Täuschung, Illusion *v*
begraafplaats Kirch-, Friedhof *m*
begrafenis Beerdigung *v*
begrafenisonderneming Beerdigungsinstitut *o*
begraven bestatten, beerdigen
begrenzen begrenzen
begrijpelijk begreiflich, fasslich
begrijpen verstehen, begreifen
begrip Begriff *m*; Fassungskraft *v*
begroeten begrüßen
begroting Kostenanschlag; Haushalt, Etat *m*
begunstigen begünstigen
beha BH *m*
behaagziek gefallsüchtig
behaard behaart, haarig
behagen *zn* Behagen, Getallen *o*; *ww* gefallen; geruhen
behalen davontragen, erwerben
behalve außer
behandelen behandeln
behandeling Behandlung *v*
behang Tapete *v*
behangen behängen; (Zimmer) tapezieren
behanger Tapezierer
behartigen beherzigen; wahrnehmen
beheer Verwaltung *v*

beheerder Verwalter *m*
beheerst gelassen, gehalten
behendig behände, gewandt
behept behaftet
beheren verwalten, leiten
behoeden behüten, schützen
behoedzaam behutsam
behoefte Bedürfnis *o*, Bedarf *m*
behoeftig bedürftig
behoeve *ten* ~ *van*, behufs, zugunsten (met 2e nv.)
behoorlijk passend, gehörig
behoren gehören; sich gehören, sich (ge)ziemen
behoud Erhaltung *v*, Wohl *o*
behoudens außer, mit Ausnahme von, unter Vorbehalt
behulp *met* ~ *van*, unter Zuhilfenahme (+2)
behulpzaam behilflich
beide beide
Beieren Bayern
Beiers bay(e)risch
beïnvloeden beeinflussen
beitel Meißel *m*
beitsen beizen
bejaard bejahrt
bejammeren bejammeren, beklagen
bejegening Begegnung; Behandlung *v*
bek Maul *o*, Schnabel *m*
bekaaid *er* ~ *afkomen* übel dabei wegkommen
bekeerling Bekehrte(r) *m-v*
bekend bekannt
bekende Bekannte(r) *m-v*
bekendmaking Bekanntmachung, Anzeige *v*
bekennen gestehen, bekennen
bekentenis (Ein)geständnis *o*
beker Becher *m*
beke'ren bekehren
beke'ring Bekehrung *v*
bekeuren *iem.* ~, einem ein Protokoll geben
bekeuring Bußgeld
bekijken besehen, begucken
bekken Becken *o*
beklaagde Angeklagte(r), Beschuldigte(r) *m-v*
beklag Klage, Beschwerde *v*
beklagenswaardig beklagenswert, bedauernswert
bekleden bekleiden
bekleding Bekleidung *v*; Innenbezug *m*; Überzug *m*
beklemd beklommen
beklimmen besteigen
beklonken abgemacht
beknopt kurz gefasst, knapp
bekoelen abkühlen; sich legen, nachlassen (Zorn)
bekomen bekommen, erhalten;

sich erholen
bekommeren bekümmern; *zich* ~, sich (be)kümmern
bekomst *ik heb er mijn* ~ *van*, ich habe die Sache satt
bekoorlijk reizend
bekoring Reiz *m*
bekorten abkürzen, verkürzen
bekostigen bezahlen
bekrachtigen bekraftigen, (eidlich) erhärten
bekrompen beschränkt
bekwaam tüchtig, fahig
bekwamen ausbilden
bel Glocke, Klingel; Schelle; (luchtbel) Blase *v*
belachelijk lächerlich
beladen beladen, belasten
belang Interesse *o*; Belang *m*; Wichtigkeit *v*
belangeloos uneigennützig
belanghebbende Beteiligte(r)
belangrijk wichtig
belangstelling Interesse *o*
belasten beladen, befrachten, besteuern; beauftragen
belasteren verleumden
belasting Steuer *v*
belastingbiljet Steuerzettel *m*
belastingconsulent Steuerberater *m*
beledigen beleidigen
belediging Beleidigung *v*
beleefd höflich, artig
beleefdheid Höflichkeit *v*
beleg (belegering) Belagerung *v*; (op brood) Belag *m*
belegen abgelagert
belegeren belagern
beleggen belegen; (een vergadering) einberufen; (geld) anlegen
beleid Umsicht *v*, Takt *m*
belemmeren hindern, hemmen
belemmering Hindernis *o*, Belastigung *v*
bel-etage Hochparterre *v*
beletsel Hindernis *o*
beletten verhindern, verwehren
beleven erleben
belevenis Erlebnis *o*
belezen belesen
Belg Belgier/Belgierin *m*/*v*
België Belgien
Belgisch belgisch
belhamel Rädelsführer
belicht belichtet
belichtingsmeter Belichtungsmesser *m*
believen belieben, gefallen
belijden bekennen; gestehen
bellen schellen, klingeln
belofte Versprechen *o*
beloning Belohnung *v*

beloven versprechen
beluisteren belauschen
belust lüstern, (be)gierig
bemanning Bemannung v
bemerken bemerken, verspüren
bemesten düngen
bemiddeld wohlhabend, begütert
beminde Geliebte(r) m-v
beminnelijk liebenswürdig
beminnen lieben
bemoedigend ermutigend
bemoeien zich ~, sich kümmern
  (um); sich mischen (in)
bemoeienis Bemühung v
bemoeilijken erschweren
benadelen schaden (+3),
  beeinträchtigen, schädigen,
  benachteiligen
benaderen sich nähern (+3);
  herantreten an (+4);
  nahekommen
benaming Benennung v
benard misslich, bedrängt
benauwd eng, beklommen;
  drückend, schwül; angstlich
benauwdheid Beklommenheit v
bende Bande v
beneden bijw unten; vz unter,
  unterhalb; naar ~, herunter,
  hinunter, herab, hinab
benedenhuis Parterrewohnung v
benen bn beinern, knöchern
bengel (kwajongen) Bengel;
  Schlingel m
benijden beneiden
benoemen benennen: ernennen
benul Einsicht, Ahnung v
benutten verwerten
benzine Benzin o
benzineblik Benzinkanister m
benzinepomp,
  benzinestation Tankstelle v
benzinetank Benzintank m
beoefenen treiben; üben, ausüben,
  sich widmen
beogen beabsichtigen
beoordelen beurteilen, benoten
bepaald bestimmt, entschieden
bepaalde bestimmte
bepalen bestimmen
bepaling Bestimmung,
  Feststellung v
beperken be-, einschränken
bepraten überreden
beproefd bewährt, erprobt
beproeven probieren, versuchen;
  prüfen; (zwaar) heimsuchen
beproeving Erprobung; Prüfung;
  Heimsuchung v
beraad Überlegung,
  Beratschlagung; Bedenkzeit v
beraadslagen beratschlagen, sich
  beraten
beramen entwerfen, planen

bereden beritten
beredeneren erörtern, auseinander
  setzen
bereid bereit
bereiden bereiten; (eten)
  zubereiten
bereidwillig bereitwillig
bereik Bereich m
bereiken erreichen
bereisd bereist, weit gereist
berekenen berechnen
berg Berg m
bergachtig gebirgig, bergig
bergaf bergab
bergafwaarts bergabwärts
bergbeklimmen bergsteigen
bergbeklimmer Bergsteiger m
bergen bergen, unterbringen
berghut Berghütte v
bergketen Gebirgskette v
bergop bergauf
bergopwaarts bergaufwärts
bergpas Gebirgspass m
bergplaats Lagerraum;
  Zufluchtsort m
bergschoenen Bergschuhe mv
bergsport Bergsport m
bergstok Gebirgs-, Bergstock m
bergtop Bergspitze v
bergwandeling Bergwanderung v
bergziekte Höhenkrankheit v
bericht Nachricht v
berichten berichten, melden,
  benachrichtigen
berichtgever Berichterstatter
berijdbaar reitbar; fahrbar
berijden befahren; (paard) reiten
berispelijk tadelhaft, tadelnswert
berispen tadeln, rügen
berk Birke v
Berlijn Berlin o
berm Rain m, Böschung v; zachte
  ~, weiches Bankett
bermlamp Sucher m
bermtoerisme Wegranderholung v
beroemd berühmt
beroemen zich ~ op, sich rühmen
  (+2)
beroep Beruf m, Gewerbe o; Ruf
  m; Berufung v; een ~ doen op,
  appellieren an (+4)
beroepskeuze Berufswahl m
beroepsvoorlichting
  Berufsberatung v
beroerd erbärmlich, jammerlich
beroerte Schlag, Schlaganfall m
berokkenen verursachen, zufügen
berouw Reue v
berouwen bereuen, gereuen
berouwvol reuevoll, reuig
beroven berauben
beroving Raub m
berrie (Trag)bahre v
berucht berüchtigt

berusten op beruhen auf (+3)
berusting Ergebung v, Verwahrsam
  m
bes Beere v
beschaafd gebildet
beschaamd beschämt; schamhaft
beschadigd beschädigt
beschadigen beschädigen
beschaving Bildung, Zivilisation,
  Kultur v
bescheiden mv Schriftstücke,
  Dokumente o mv; Akten v mv; bn
  bescheiden, anspruchslos
beschermeling Schützling m
beschermen (be)schützen
beschermengel Schutzengel m
bescherming Schutz m,
  Beschützung v
beschieten beschießen
beschikbaar verfügbar, zur
  Verfügung stehend
beschikken verfügen (über)
beschikking Verfügung v
beschikkingsrecht Verfügungsrecht
  o
beschoeiing Bekleidung v
beschonken betrunken
beschoren beschieden, zuteil
  geworden
beschouwen betrachten
beschrijven beschreiben
beschroomd scheu, schüchtern
beschuit Zwieback m
beschuldigen beschuldigen
besef Bewusstsein o, Einsicht v
beseffen begreifen, einsehen
beslag Beschlag m; (deeg) Teig m
beslaglegging Beschlagnahme,
  Pfändung v
beslissen entscheiden
beslissing Entscheidung v
beslist entschieden, unbedingt
beslommering Sorge; Mühsal v
besloten bn geschlossen
besluit (van meer personen)
  Beschluss, (van een persoon)
  Entschluss; tot ~, zum Schluss
besluiteloos unschlüssig,
  unentschlossen
besluiten beschließen; sich
  entschließen; folgern
besmeren beschmieren;
  beschmutzen
besmet angesteckt, infiziert;
  verseucht
besmettelijk ansteckend
besmetting Ansteckung v
besparen sparen, ersparen
besparing Ersparung v; Ersparnis v
bespelen (be)spielen
bespeuren verspüren, bemerken
bespieden belauern, belauschen,
  beobachten
bespiegelend beschaulich

bespoedigen beschleunigen
bespottelijk lacherlich
bespotten verspotten
bespreekbureau Buchungsstelle *v*
bespreken besprechen; *plaats ~*, Platze belegen, reservieren
besproeien begießen, bewassern, sprengen
bessensap Johannisbeersaft *m*
best best
bestaan *zn* Dasein *o*, Existenz *v*; *ww* bestehen, existieren, da sein; verrichten
bestand *zn* (verzameling) bestand *m* (wapenstilstand); (computer) Datenbestand *m*; *mil* Waffenstillstand *m*; *bn:* ~ *zijn tegen*, ertragen können, gewachsen sein (+3)
bestanddeel Bestandteil *m*
beste beste
besteden ausgeben (Geld), verwenden (Mühe, Zeit)
bestek (mes en vork) Besteck *o*
bestelauto Liefer-, Speditionsauto *o*
bestelen bestehlen
bestellen bestellen
bestelling Bestellung *v*
bestemmen bestimmen
bestemming Ziel *o*
bestendig bestandig, dauerhaft, stätig
bestijgen besteigen, ersteigen
bestolen bestohlen
bestormen erstürmen
bestoven bestäubt
bestraffen bestrafen
bestrating Pflaster *o*
bestrijden bekampfen
bestrijken bestreichen; beherrschen
bestrooien bestreuen
bestuderen studieren
besturen führen, leiten, lenken, steuern, vorstehen (+3), verwalten
bestuur Regierung; Verwaltung *v*; (v. vereniging) Vorstand *m*
bestuurbaar lenkbar; *gemakkelijk ~*, wendig, feinfühlig
bestuurder Führer, Lenker; Verwalter; (auto) Fahrer; (tram, trein) Führer *m*
bestuurslid Vorstandsmitglied *o*
betaalbaar (be)zahlbar
betaalcheque Barscheck *m*
betaalkaart Zahlkarte *v*
betaalpas Scheckkarte *v*
betalen (be)zahlen
betaling Bezahlung, Zahlung
betamelijk geziemend, anstandig
betekenen bedeuten
betekenis Bedeutung *v*

beter besser
beterschap Besserung *v*
beteugelen im Zaume halten; bezähmen, zügeln
beteuterd bestürzt, verdutzt, betreten
betichten bezichtigen, beschuldigen
betoging Kundgebung, Demonstration *v*
beton Beton *m*
betonen zeigen, be-, erzeigen
betoog Beweisführung *v*
betoveren be-, verzaubern
betovering Zauber *m*; Verzauberung *v*
betrappen ertappen
betreden betreten
betreffen betreffen, angehen, (an)belangen
betreffende in Betreff, betreffs
betrekkelijk bezüglich; verhaltnismäßig; relativ
betrekken hineinziehen, beziehen (eine Wohnung); sich überziehen (der Himmel)
betrekking Beziehung *v*; Bezug *m*, Verhältnis *o*; (baan) Stelle, Stellung *v*
betreuren bedauern
betrokken trübe, bewölkt (Himmel); betreffend
betrouwbaar zuverlässig
betuigen bezeugen, versichern
betwijfelen bezweifeln
betwistbaar streitig, anfechtbar
betwisten bestreken, streitig machen, abstreiten
beu satt (haben), überdrüssig (sein)
beugel (om tanden) Zahnspange *v*; (om been) Schiene *v*; (op tram, trein) Bügel *m*
beuk (boom) Buche *v*
beukennootje Buchecker *v*
beul Henker, Scharfrichter
beunhaas Pfuscher, Bönhase *m*
beurs *zn* (portemonnee) Geldbeutel *m*, Börse *v*; (studie-) Stipendium *o*
beurs *bn* faul, überreif
beurt Reihe *v*
beurtelings wechselweise
beuzelachtig läppisch; unbedeutend
beuzelen faseln; tändeln
bevaarbaar schiffbar
bevallen gefallen; (v. vrouw) entbunden werden
bevalling Niederkunft *v*
bevangen befangen, ergreifen
bevattelijk faßlich, begreiflich; intelligent, klug
bevatten enthalten

beveiligen sichern, absichern; schützen (vor Regen), sicherstellen
bevel Befehl *m*, Order *v*
bevelen befehlen, heißen
bevelhebber Befehlshaber
beven beben
bever Biber *m*
bevestigen (vastmaken) befestigen; bestätigen
bevinden befinden; finden; *zich ~*, sich befinden
bevinding Befund *m*
bevochtigen befeuchten; anfeuchten
bevoegd zustandig, berechtigt
bevoegdheid Befugnis, Befähigung; Berechtigung *v*
bevolking Bevölkerung *v*
bevolkingsregister Einwohnermeldeamt *o*
bevolkt bevölkert
bevooroordeeld voreingenommen
bevoorrechten bevorzugen
bevorderen (leerling) befördern; (handel, kunst) fördern, heben
bevorderlijk förderlich
bevrachten befrachten
bevredigen befriedigen; zufrieden stellen
bevreemding Befremdung *v*
bevreesd furchtsam, besorgt
bevriend befreundet
bevriezen zufrieren, erfrieren
bevrijden befreien, erlösen
bevrijding Befreiung *v*
bevruchten befruchten
bevuilen beschmutzen
bewaakt bewacht
bewaarder Verwahrer
bewaarplaats Aufbewahrungsort *m*, Lager *o*
bewaken bewachen
bewaking Bewachung *v*
bewapening Bewaffnung; (sterke) Aufrüstung *v*
bewapeningswedloop Weltrüsten *o*
bewaren bewahren, verwahren, aufheben; behüten
bewaring Aufbewahrung *v*; *in - geven* zur Aufbewahrung geben
beweegbaar bewegbar
beweeglijk beweglich
beweegreden Grund, Beweggrund *m*, Motiv *o*
bewegen bewegen; rühren, regen
beweging Bewegung *v*
beweren behaupten
bewering Behauptung *v*
bewerken bearbeiten; bewirken; verursachen
bewerking Bearbeitung *v*
bewijs Beweis, Nachweis *m*

bewijsbaar beweisbar
bewijsbriefje Empfangsschein *m*
bewijsexemplaar Belegstück *o*
bewijzen beweisen, nachweisen
bewind Regierung; (beheer)
Verwaltung *v*
bewindvoerder Verwalter
bewogen bewegt, gerührt
bewolking Bewölkung *v*
bewolkt bewölkt
bewonderen bewundern
bewondering Bewunderung *v*
bewonen bewohnen
bewoonbaar bewohnbar; wohnlich
bewust bewusst; erwähnt,
betreffend
bewusteloos bewusstlos
bewustzijn Bewusstsein *o*
bezadigd ruhig, maßvoll,
besonnen
bezeerd verletzt
bezem Besen *m*
bezet besetzt
bezeten besessen, verrückt
bezetten besetzen
bezetting Besetzung; Besatzung *v*
bezichtigen besichtigen
bezield beseelt, begeistert
bezieling Beseelung, Belebung,
Begeisterung *v*
bezien besehen, sich ansehen
bezienswaardigheid
Sehenswürdigkeit *v*
bezig beschäftigt
bezigheid Beschäftigung, Arbeit *v*
bezinksel Bodensatz *m*
bezinning Besinnung *v*
bezit Besitz *m*; (ding) Besitzung *v*
bezitten besitzen
bezitter Besitzer, Inhaber,
Eigentümer
bezitting Besitz *m*, Besitzung *v*
bezoedelen besudeln
bezoek Besuch *m*
bezoeken besuchen; (door ziekten,
plagen) heimsuchen
bezoeker Besucher, Gast
bezoeking Heimsuchung *v*
bezoekuren Besuchszeit *v*
bezoldiging Besoldung *v*
bezorgd besorgt, bekümmert
bezorgdheid Besorgnis *v*
bezorgen besorgen, verschaffen,
ins Haus bringen
bezorgloon Zustellungsgebühr *v*
bezuiden südlich von
bezuinigen (er)sparen
bezuinigingsmaatregel
Sparmaßnahme *v*
bezwaar Beschwerde, Bedenken *o*,
Skrupel *m*; Schwierigkeit *v*
bezwaarlijk schwerlich, schwierig,
mühsam
bezweet beschwitzt,

schweißbedeckt
bezwering Beschwörung *v*
bezwijken erliegen; einstürzen
bezwijmen ohnmächtig werden
bibberen beben, zittern, schaudern
bibliothecaris Bibliothekar
bibliotheek Bibliothek *v*
bidden bieten; bitten
biecht Beichte *v*
biechtvader Beichtvater
bieden bieten, (hand) reichen;
(kaartspel) reizen
biefstuk Beefsteak *o*
bier Bier *o*
bierbrouwer Bierbrauer *m*
bierhuis Bierwirtschaft, -halle *v*
bies (plant) Binse *v*, Schilf *o*; (aan
kleding) Litze *v*
biet rote Rübe *v*
big Ferkel *o*
bij *zn* (insect) Biene *v*
bij bei, zu, an
bijbedoeling Nebenabsicht *v*
bijbel Bibel *v*
bijbetalen nach-, zuzahlen
bijbrengen beibringen; zum
Bewusstsein bringen
bijdehand gewandt, energisch
bijdrage Beitrag *m*
bijeen beisammen, zusammen, bei
einander
bijeenbrengen zusammenbringen
bijeenkomst Zusammenkunft,
Versammlung *v*
bijeenroepen zusammenrufen,
einberufen
bijenkorf Bienenkorb *m*
bijenteelt Bienenzucht *v*
bijgaand beigeschlossen,
einliegend, anbei
bijgebouw Nebengebäude *o*
bijgeloof Aberglaube *m*
bijgelovig abergläubisch
bijgeluid Nebengeräusch *o*
bijgenaamd zugenannt, mit dem
Zunamen
bijgevolg folglich, demnach, mithin
bijhouden Schritt halten mit (+3),
auf der Höhe bleiben; führen
(boeken)
bijkantoor Zweigstelle *v*
bijknippen nachschneiden
bijkomstig nebensächlich
bijl Beil *o*, Axt *v*
bijlage Beilage, Anlage *v*
bijleggen (geld) zulegen; (strijd)
schlichten
bijna beinahe
bijnaam Beiname, Zuname,
Spottname *m*
bijouterieën *mv* Schmucksachen *v*
mv
bijpassen zuzahlen
bijpassend passend

bijproduct Nebenprodukt *o*
bijschrift Notiz, Bemerkung,
Randglosse *v*
bijslaap Beischlaf *m*
bijslag Zuschlag *m*
bijsmaak Bei-, Nebengeschmack *m*
bijstaan beistehen, helfen
bijstand Beistand *m*, Hilfe *v*
bijstellen nachstellen
bijster verwirt; sehr, äußerst
bijt Eisloch *o*
bijten beißen
bijtijds zu rechter Zeit, früh
bijval Beifall *m*
bijverdienste Nebenverdienst *m*
bijvoeding Beikost *v*
bijvoegen beifügen, hinzufügen
bijvoegsel Zusatz, Anhang,
Nachtrag *v*; Beilage *v*
bijvoorbeeld zum Beispiel
bijvullen nachfüllen
bijwonen beiwohnen (+3)
bijwoord Adverb, Umstandswort *o*
bijzaak Nebensache *v*
bijziende kurzsichtig
bijzijn Beisein *o*, Gegenwart *v*
bijzitter (v. rechtbank), Schöffe *m*
bijzonder besonder, eigentümlich;
sehr; *in 't ~*, namentlich,
besonders
bikini Bikini *m*
bil Hinterbacke *v*
biljart Billard *o*
biljartbal Billardball *m*, -kugel *v*
biljarten Billard spielen
biljet Billett *o*, Zettel, Schein *m*
billen Pobacken *mv*
billijk billig, preiswert; gerecht
binden binden; einbinden (ein
Buch)
binding Bindung *v*
binnen innerhalb (+2); in (+3 of 4);
bijw hinein; herein; drinnen
binnen! herein!
binnenband Schlauch *m*
binnenhuis Interieur *o*
binnenhuisarchitect Innenarchitekt
v
binnenkomen eintreten
binnenkort in kurzem
binnenland Inland
binnenlands inländisch,
einheimisch
binnenplaats Hof *m*
binnenstad Innenstadt *v*
binnenste Innere(s); Herz, Gemüt *o*
binnenvliegen einfliegen
bioscoop Kino *o*
biscuit Keks *m*
bisdom Bistum *o*
bisschop Bischof *m*
bits bissig
bitter bitter
bittertje Bittere(r) *m*

bivak Biwak *o*
bizar bizarr
blaadje Blättchen *o*; (presenteer-) Tablett *o*; (papier) Bogen *m*
blaam Tadel *m*
blaar Blase *v*
blaas Blase *v*
blaasbalg Blasebalg *m*
blaasinstrument Blasinstrument *o*
blad (boom) Blatt *o*; (papier) Bogen *m*; (presenteer-) Tablett *o*
bladwijzer (boekenlegger) Lesezeichen *o*
bladzijde Seite *v*
blaffen bellen
blaken glühen, brennen
blanco blanko, unbeschrieben
blank blank; weiß; rein
blasé blasiert
blaten blöken
blauw blau; ~*e zone* blaue Zone
blauwtje *een ~ lopen*, einen Korb bekommen
blazen blasen, pusten; (poes) fauchen; (gans) zischen
bleek blass, bleich
bleekheid Blässe *v*
bleker Bleicher *m*
blekerij Bleichanstalt *v*
bles Blesse *v*
blessure Verletzung *v*
bleu schüchtern, verlegen
blij froh
blijdschap Freude *v*
blijk Beweis *m*, Zeichen *o*
blijkbaar offenbar, augenscheinlich
blijken sich herausstellen, sich erweisen
blijkens gemäß, nach
blijspel Lustspiel *o*
blijven bleiben
blijvend dauernd, Dauer-
blik (Eisen)blech *o*; (bus) Dose, Büchse *v*
blikgroente Büchsengemüse *o*
blikken blechern, aus Blech
blikopener Dosenöffner *m*
blikschade Blechschaden *m*
bliksem Blitz *m*
bliksemafleider Blitzableiter *m*
bliksemen blitzen
blikslager Blechschmied, Klempner
blind *bn* blind
blind *zn* Fensterladen *m*
blinddoek Augenbinde *v*
blinde Blinde(r) *m*
blindedarm Blinddarm *m*
blindedarmontsteking Blinddarmentzündung *v*
blindelings blindlings
blindeninstituut Blindenanstalt *v*
blinken blinken, leuchten, glänzen
blocnote Schreibblock *m*

bloed Blut *o*
bloedarmoede Blutarmut *v*
bloeddorstig blutdürstig
bloeddruk Blutdruck *m*
bloeden bluten
bloedgroep Blutgruppe *v*
bloedig blutig
bloedneus Nasenbluten *o*
bloedspuwing Blutsturz *m*
bloedstelpend blutstillend
bloedtransfusie Bluttransfusion, Blutübertragung *v*
bloeduitstorting Bluterguss *m*
bloedvat Blutgeläd *o*
bloedverwant(e) Verwandte(r) *m-v*
bloedworst Blutwurst *v*
bloedzuiger Blutigel *m*
bloedzuiverend blutreinigend
bloei Blüte *v*, Flor *m*
bloeien blühen
bloem Blume *v*; (meel) Kernmehl *o*
bloembol Blumenzwiebel *v*
bloemist Blumengärtner
bloemkool Blumenkohl *m*
bloemlezing Blütenlese, Auswahl, Anthologie *v*
bloempot Blumentopf *m*
bloemrijk blumig
bloesem Blüte *v*
blok Block; Klotz *m*
blokkeren blockieren, (ab)sperren
blond blond
blonderen blondieren
bloot nackt
blootshoofds barhaupt
blootstellen aussetzen; preisgeben
blootsvoets barfuß, barfüßig
blos Röte, Schamröte *v*
blouse (voor vrouwen) Bluse *v*; (voor mannen) Hemd *o*, Kittel *m*
blozen erröten
bluf Aufschneiderei *v*
bluffen prahlen, renommieren, aufschneiden
blusapparaat Feuerlöscher *m*
blussen löschen
blz. Seite *v*
board Faserplatte *v*
bobslee Bob *m*
bochel Buckel, Höcker *m*
bocht (kromming) Biegung, Kurve *v*; *o* Schund *m*
bochtig kurvenreich
bod Gebot *o*
bode Bote
bodem Boden *m*
boedel Habe; Masse; Erbschaftsmasse *v*
boedelscheiding Erbschaftsteilung *v*
boef Schelm, Spitzbube *m*
boeg Bug, Schiffsbug *m*
boegspriet Bugspriet *o*
boei (keten) Fessel *v*; (baak) Boje *v*
boeien fesseln, binden

boeiend fesselnd, spannend
boek Buch *o*
boekbinder Buchbinder
boekdeel Band *m*
boekdrukkerij Buchdruckerei *v*
boeken buchen
boekenbon Büchergutschein *m*
boekenkast Bücherschrank *m*
boekenrek Bücherbrett, -regal *o*
boekensteun Bücherschulter, -stütze *v*
boeket Blumenstrauß *m*; (wijn) Bukett *o*
boekhandel Buchhandlung *v*
boekhandelaar Buchhändler
boekhouder Buchführer
boeking Buchhaltung *v*
boekwelt Buchweisen *m*
boekwinkel Buchhandlung *v*
boel Menge *v*
boeman Kinderschreck *m*
boemelen bummeln
boemeltrein Bummelzug *m*
boenen bohnern, scheuern
boenwas Bohnwachs *o*
boer Bauer; (kaart) Bube; (oprisping) Aufstoßer *m*
boerderij Bauernhof *m*
boerenkool Grünkohl *m*
boerin Bäuerin *v*
boers bäurisch; grob
boete Geldstrafe; Strafe *v*; Buße *v*; Strafbefehl *m*
boeten büßen
boetseren bossieren, bosseln
boezelaar Schürze *v*
boezem Busen *m*, Brust *v*
boezemvriend Busenfreund
bof Glück *o*; (ziekte) Mumps *m*
boffen Glück, Schwein haben
bok (dier) Bock, Ziegenbock; (v. rijtuig) Kutschersitz *m*; Dummheit *v*
bokaal Pokal *m*
bokking Bückling *m*
boksen boxen
bol Kugel *v*, Ball *m*; *bn* konvex; rundlich
bollenveld Blumenzwiebelfeld *o*
bolrond kugelrund
bolvormig kugelförmig
bolwerk Bollwerk *o*
bom Bombe *v*
bomaanval Bombenangriff *m*
bombardement Bombardement *o*
bombarderen bombardieren
bomscherf Bombensplitter *m*
bomvrij bombensicher, bombenfest
bon Bon *m*, Kassenzettel *m*; Gutschein *m*; (boete) Strafzettel *m*
bonafide gutgläubig
bonboekje Gutschein-, Markenheft *o*

bonbon Praline *v*
bond Bund; Verband *m*; Bündnis *o*
bondgenoot Bundesgenosse
bondig bündig, kurz gefasst
bondskanselier Bundeskanzler
bons Bums, Schlag, Stoß *m*
bont *bn* bunt, scheckig; Pelz-; *zn*
   Pelzwerk *o*, Pelz-, Rauchwaren *v*
   mv; Pelz *m*
bontjas Pelzjacke *v*
bontwerker Kürschner
bonzen bumsen, schlagen, stoßen
boodschap Besorgung *v*, Gang *m*;
   Nachricht *v*
boodschappen Einkäufe
boodschappentas Einkaufstasche *v*
boog Bogen *m*
boom Baum *m*; Schlagbaum *m*,
   Barriere, Schranke *v*; (scheeps-)
   Bootstange *v*
boomgaard Obstgarten *m*
boomkweker Baumgärtner
boomkwekerij Baumschule *v*
boomstam Baumstamm *m*
boon Bohne *v*
boor Bohrer *m*
boord Rand, Saum; (kraag) Kragen
   m; Schiffsbord *o*; *aan ~* an Bord
boorzalf Borsalbe *v*
boos böse, boshaft; zornig; *uit den*
   boze von Übel
boosaardig boshaft, (heim-)
   tückisch
booswicht Bösewicht
boot Nachen, Kahn *m*; Boot *o*
bootreis Schiffsreise *v*
bootsman Bootsmann
boottocht Dampferfahrt *v*
bootwerker Hafenarbeiter
bord (etens-) Teller *m*; (m.
   opschrift) Schild *o*; Wandtafel *v*
bordeel Bordell *o*, Freudenhaus *o*
bordes Freitreppe *v*
bordpapier Pappe *v*; Pappdeckel *m*
borduren sticken
borduursel Stickerei *v*
boren bohren
borg Bürge
borgsom Kaution *v*
borgtocht Bürgschaft, Kaution *v*
borrel Schnaps *m*
borst Brust *v*
borstbeeld Brustbild *o*
borstel Bürste(n) *v*
borstelen bürsten
borstkas Brustkorb *m*
borstrok Unterjacke *v*
borstwering Brustwehr, Brüstung *v*
bos (met bomen) Wald *m*; (bundel)
   Bund, Bündel *o*
bosbes Blaubeere *mv*
bospad Waldweg *m*
bosrijk waldig, bewaldet
boswachter Forstwart,

Waldaufseher
bot [*de*] (vis) Flunder; Butt *m*; [*het*]
   (been) Knochen *m*; *bn* stumpf
boter Butter *v*
boterham Butterbrot *o*
botersaus Buttertunke *v*
botervlootje Butterdose *v*
botsen zusammenstoßen,
   anprallen, kollidieren
botsing Anprall, Zusammenstoß *m*,
   Kollision *v*; *fig* Konflikt *m*
bottelier Kellermeister
botweg rundweg, ohne Umstände
bougie Zündkerze *v*
bougiekabel Zündkabel *o*
bougiesleutel
   Zündkerzenschlüssel *m*
bouillon Kraft-, Fleischbrühe *v*
bouillonblokje Bouillonwürfel *m*
bout Bolzen *m*; (vlees) Keule *v*;
   (strijk-) Bügeleisen *o*
bouw Bau, Anbau *m*
bouwen bauen
bouwterrein Baufläche *v*
bouwvakker Baufacharbeiter *m*
bouwvallig baufällig
bouwwerk Bauwerk *o*
boven *bijw* oben, droben; *vz* über,
   oberhalb, außer
bovenaan obenan
bovenaards überirdisch
bovenbed (op schip) Oberkoje *v*;
   (in trein) oberes Bett
bovenbouw (v. school) Oberstufe
   v; (schip) Aufbauten *mv*
bovenbuur Nachbar oben
bovendien außerdem, zudem
bovengenoemd oben erwähnt
bovenhuis Wohnung im obern
   Stock
bovenin oben
bovenkomen heraufkommen,
   hochkommen (ook *fig*)
bovenlijf Oberkörper *m*
bovenlip Oberlippe *v*
bovennatuurlijk übernatürlich
bovenop obenauf; (tijdelijk) gleich
   danach
bovenstaand oben stehend, obig
bovenste (der, die, das) Obere
bovenvermeld oben erwähnt
bowl Bowle *v*
bowlen kegeln
box (luidspreker) Lautsprecherbox
   v; (paarden, auto's) Box *v*; (v.
   kind) Schutzgitter *o*;
   (bergruimte) Kellerbox *v*
braadpan Bratpfanne *v*, -topf *m*
braadspit Bratspieß *m*
braaf brav, bieder, redlich
braakmiddel Brechmittel *o*
braaksel Erbrochenes *o*
braam Brombeere *v*
braden braten

brak salzig, brackig; *~ water*,
   Brackwasser *o*
braken Flachs brechen; sich
   erbrechen, sich übergeben
brancard Tragbahre *v*
brand Feuer *m*
brandassurantie
   Feuerversicherung *v*
brandbaar brennbar
brandblusapparaat Feuerlöscher *m*
branden brennen
branderig brenzlig
brandewijn Branntwein *m*
brandgevaar Feuergefahr *v*
brandhout Brennholz *o*
branding Brandung *v*
brandkast Geldschrank *m*, Tresor
   m
brandladder Feuerleiter *v*
brandmerk Brandmal *o*
brandmerken brandmarken
brandnetel Brennnessel *v*
brandpunt Brennpunkt, Fokus;
   Herd *m*
brandspiritus Brennspiritus *m*
brandspuit Feuerspritze *v*
brandstichter Brandstifter
brandstof Treibstoff *m*
brandstoffilter Kraftstofffilter *m*
brandstofpomp Kraftstoffpumpe *v*
brandtrap Feuertreppe *v*
brandweer Feuerwehr *v*
brandweerman Feuerwehrmann *m*
brandwond Brandwunde *v*
brandzalf Brandsalbe *v*
brassen prassen, schwelgen
Brazilië Brasilien *o*
breed breit
breedsprakig weitschweifig
breedte Breite *v*
breedvoerig weitläufig
breekbaar zerbrechlich
breekijzer Brecheisen *o*
breien stricken
brein Gehirn *o*; Geist *m*
breinaald Stricknadel *v*
breken brechen, zerbrechen
brem Ginster *m*
brengen bringen
bres Bresche *v*; *mil* Einbruchstelle
   v
bretel Hosenträger *m*
breuk (been) Bruch *m*
breukband Bruchband *o*
brevet Diplom *o*
bridgedrive Bridgeturnier *o*
brief Brief *m*
briefje Zettel *m*
briefkaart Postkarte *v*
briefpapier Briefpapier *o*
briefwisseling Briefwechsel *m*,
   Korrespondenz *v*
bries Brise *v*
brievenbesteller Briefträger

brievenbus Briefkasten *m*
brievenweger Briefwaage *v*
briket Brikett *o*, Presskohle *v*
bril Brille *v*
briljant Brilliant *m*
brits Pritsche *v*
broche Brosche, Vorstecknadel *v*
brochure Broschüre *v*
broeden brüten
broeder Bruder
broederlijk brüderlich
broederschap Bruderschaft; ~ *drinken*, Brüderschaft trinken
broedsel Brut *v*
broeien (lading) brühen; (hooi) garen, in Gärung geraten
broeikas Treibhaus *o*
broek Hose(n) *v* (mv), Beinkleid(er) *o* (mv)
broekje Höschen *o*
broekpak Hosenanzug *m*
broer Bruder *m*; ~*s en zusters* Geschwister *mv*
brok Stück *o*, Broeken, Bissen *m*
bromfiets Moped *o*, Mofa(s)
brommen brummen
bron Quelle *v*
bronchitis Bronchitis *v*, Bronchialkatarrh *m*
brons Bronze *v*
bronwater Brunnen-, Quelwasser *o*; Mineralwasser *o*
bronzen bronzen, Bronze- brood *o* Brot *o*
brood Brot *o*; *geroosterd* ~, geröstetes Brot; *een half* ~ ein halbes Brot
broodje Brötchen *o*, Semmel *v*; ~ *ham* Schinkenbrötchen *o*; ~ *kaas* Käsebrötchen *o*
broodwinning Broterwerb; Beruf *m*
broos spröde, zerbrechlich, hinfällig
bros knusperig; spröde
brouwen brauen
brouwerij Brauerei *v*
brug Brücke *v*; (gym) Barren *m*
bruggenhoofd Brückenkopf *m*
bruid Braut *v*
bruidegom Bräutigam *m*
bruidspaar Brautpaar *o*, Brautleute *mv*
bruikbaar brauchbar
bruikleen Nutznießung *v*
bruiloft Hochzeit *v*
bruin braun
bruinkool Braunkohle *v*
bruisen brausen
brullen brüllen
Brussel Brüssel *o*
brutaal frech
bruto brutto
bruto-opbrengst Rohertrag *m*
brutowinst Rohgewinn *m*

bruut Rohling *m*
bto. (bruto) brutto, bto.
BTW Mehrwertsteuer *v*
buffel Büffel *m*
buffet Büfett *o*
buffetjuffrouw Büfettfräulein *o*
bui Schauer, Regenguss *m*; Bö *v*, Laune *v*
buidel Beutel *m*
buigbaar biegbar; biegsam
buigen beugen; sich verbeugen; biegen
buiging Beugung; Verbeugung Biegung *v*
buigzaam biegsam, geschmeidig
buik Bauch *m*
buikloop Durchfall *m*
buikpijn Bauchschmerzen *mv*
buikvlies Bauchfell *o*
buil Beule *v*; Mehlbeutel *m*
buis Röhre *v*, Rohr *o*; ~, *o* Kittel *m*, Wams *o*
buit Beute *v*, Raub *m*
buitelen purzeln
buiteling Purzelbaum *m*
buiten *vz* außerhalb (+2); (behalve) außer (+3), ohne (+4); *bijw* draußen; *naar* ~ heraus, hinaus; *van* ~ *leren*, auswendig lernen
buitenband Reifen *m*
buitenboordmotor Außenbordmotor *o*
buitengewoon außerordentlich; umwerfend
buitenhuis Landhaus *o*
buitenkansje unverhoffter Vorteil; Glücksfall *m*
buitenland Ausland *o*
buitenlander Ausländer *m*
buitenlands ausländisch
buitenlucht frische Luft; *in de* ~, im Freien
buitenslands im Ausland, außer Landes
buitenspel Abseits *o*
buitenspiegel Außenspiegel *m*
buitensporig übermäßig
buitenste (der, die, das) Äußere, Äußerste
buitenwijk Außenviertel *o*
bukken bücken; sich bücken
buks Büchse *v*
bulderen poltern, toben
bulldozer Planierraupe *v*
bult Buckel, Höcker *m*; (buil) Beule *v*
bumper Stoßstange *v*
bundel Bündel *o*
bungalow Bungalow *m*
bungalowpark Feriendorf *o*
bungalowtent Bungalowzelt *o*
bunker Bunker *m*
burcht Burg *v*

bureau Büro, Amt *o*; ~ *van de burgerlijke stand*, Standesamt *o*; ~ *gevonden voorwerpen*, Fundbüro *o*
burgemeester Bürgermeister *m*
burger Bürger; (niet-soldaat) Zivilist
burgerij Bürgerschaft *v*
burgerkleding *in* ~, in Zivil
burgerlijk bürgerlich; ~ *bestuur*, Zivilbehörde *v*
burgerrecht Bürgerrecht *o*
bus (blik) Büchse, Dose *v*; Kasten; (autobus) Autobus *m*, Bus *m*
bushalte Bushaltestelle(n) *v*
businessklasse Businessklasse *v*
buslichting Leerung *v* des Briefkastens
busstation Busbahnhof *m*
buste Büste *v*
busverbinding Busverbindung *v*
butagas Butangas *o*
buur Nachbar *m*
buurman Nachbar
buurt Gegend *v*; Nachbarschaft *v*; Stadtviertel, Viertel *o*; *in de* ~ in der Nähe
buurvrouw Nachbarin *v*
b.v., bijv. zum Beispiel, z.B.

C

ca. = *circa*
cabaret Kabarett *o*
cabine (vliegtuig) Führersitz *m*; (auto) Kabine *v*
cacao Kakao *m*
cactus Kaktus *m*
cadeau Geschenk *o*
cadet Kadett
café Café *v*
caféhouder Schankwirt *m*
cafetaria Cafétéria *m*
cake Kuchen *m*
camera Kamera *v*
camoufleren verschleiern; *mil* tarnen
camper Wohnmobil *o*
camping Campingplatz *m*
campinggas Campinggas *o*
Canadees Kanadier
canapé Kanapee *o*
capabel fähig, kapabel
cape Cape *o*, Radmantel *m*
capitulatie Kapitulation *v*
cappuccino Cappuccino *m*
capsule (pil) Kapsel *v*
capuchon Kapuze *v*
caravan Wohnwagen *m*
carbol Karbol *o*
carbonpapier Kohlepapier *o*
carburator Vergaser, Karburator *m*
cardanas Kardanwelle *v*
cargadoor Schiffsmakler

174

carnaval Karneval *m* / Fasching *m*
carrière Karriere *v*, Laufbahn *v*
carrosserie Karosserie *v*
carte: à la - à la carte
carter Kurbelgehäuse *o*
casco Kasko *o*; Schiffsrumpf *m*
casino Kasino *o*
cassatie Kassation *v*; *in ~ gaan*, Revision einlegen
cassette (foto's) Kassette *v*; (geluid) Musikkassette *v*
cassetterecorder Kassettenrekorder *m*
catalogus Katalog *m*
catechisatie Konfirmandenunterricht *m*, Religionsstunde *v*
cavalerie Kavallerie *v*
cd CD *v*
cd-rom CD-Rom *v*
cd-speler CD-Spieler *m*
ceel Lagerschein *m*
ceintuur Gürtel *m*
cel Zelle *v*
celibaat Zölibat *m & o*
cellofaan Zellophan *o*
cement Zement *m & o*
censuur Zensur *v*
cent Zent *m*
centenaar Zentner *m*
centimeter Zentimeter *o*
centraal zentral; *centrale verwarming* Zentralheizung *v*
centralisatie Zentralisation *v*
centrum Zentrum *o*
ceramiek Keramik, Töpferkunst *v*
ceremonieel zeremoniell, feierlich
certificaat Zeugnis *o*
cervelaatworst Zervelatwurst *v*
champagne Champagner *m*
champignons Champignons *mv*
chaos Chaos *o*, Durcheinander *o*
charter Charterflug *m*
chartervliegtuig Charterflugzeug *o*
chartervlucht Charterflug *m*
chassis (foto) Kassette *v*; (auto) Fahrgestell *o*
chauffeur Fahrer *m*
chef Prinzipal, Vorstand
chemicaliën *mv* Chemikalien *mv*
chemicus Chemiker
cheque Scheck *m*
chic schick, elegant
China China *o*
Chinees Chinese
chip Chip *m*
chips Chips *mv*
chirurg Chirurg
chloor Chlor *o*
chloroform Chloroform *o*
chocola Schokolade *v*
chocolade Schokolade *v*
chocolademelk (koud) kalter Kakao *m*; (warm) heißer Kakao *m*

choke Choke *m*
cholera Cholera *v*
christelijk christlich
Christen Christ
christendom Christentum *o*
Christus Christ, Christus
chronisch chronisch
cichorei Zichorie *v*
cijfer Ziffer *v*; (rapport-) Note *v*
cilinder Zylinder *m*
cipier Gefängniswärter
cipres Zypresse *v*
circa zirka / ungefähr
circuit *sp* Rennstrecke *v*, Piste *v*; Kreis *m*, Szene *v*
circulaire Zirkular, Rundschreiben *o*
circus Zirkus *m*
cirkel Kreis *m*; *vicieuze ~*, Kreis-, Zirkelschluss *m*
citaat Zitat *o*, Anführung *v*
citadel Zitadelle *v*
citer Zither *v*
citroen Zitrone(n) *v*
civiel zivil, bürgerlich; höflich; billig
claim Bezugsrecht *o*; Bezugsschein *m*
clandestien heimlich, Schwarz-
clausule Klausel *v*
claxon Hupe *v*
cliché Klischee *o*, Druckstock *m*
cliënt Kunde *m*
cliëntèle Kundschaft *v*
close-up Nah-, Großaufnahme *v*
club Klub *m*
coalitie Koalition *v*
cockpit Führersitz *m*
cocktailjurk Cocktailkleid *o*
code Kode *m*
cognac Kognak *m*
cognossement Konnossement *o*
cokes *mv* Koks *mv*
colbert Jackett *o*
colbert(kostuum) Sakko, Jackenanzug *m*
collect call R-Gespräch *o*
collecte Sammlung, Spende *v*
collectie Sammlung, Kollektion *v*
collega Kollege
college Kollegium *o*; (universiteit) Kolleg *o*, Vorlesung *v*
colporteur Kolporteur *m*
coltrui Rollkragenpulli *m*
combinatie Kombination *v*; (voertuig) Lastzug *m*
comestibles *mv* Feinkost *v*
comfort Komfort *m*
comité Komitee *o*, Ausschuss *m*
commandant Kommandant, Kommandeur; *plaatselijk ~*, Orts-, Platzkommandant
commandopost Befehlsstelle *v*
commercieel kaufmännisch

commies Regierungsrat; (douane) Zollbeamter
commissaris Kommissar
commissie Kommission *v*, Ausschuss *m*
commissionair Kommisionär
communicatie Kommunikation *v*
communisme Kommunismus *m*
communist Kommunist *m*
compagnie Kompanie; Gesellschaft *v*
compagnon Kompagnon, Sozius *m*
compenseren ausgleichen, kompensieren
competitiewedstrijd Punktspiel *o*
compleet vollständig; komplett
compliment Kompliment *o*, Gruß *m*; Artigkeit *v*
componist Komponist, Tonsetzer
compote Kompott, Eingemachte(s) *o*
compromitteren kompromittieren, bloßstellen
computer Computer *m*
concentratiekamp Konzentrationslager *o*
concentreren konzentrieren
concept Konzept *o*, Entwurf *m*, Rohschrift *v*
concert Konzert *o*
concessie Konzession *v*, Zugeständnis *o*
conciërge Hausmeister, Schuldiener
concilie Konzil *o*, Kirchenversammlung *v*
conclusie Schlussfolgerung *v*
concours Wettkampf *m*; *~ hippique*, Reitturnier *v*
concurrentie Wettbewerb *m*, Konkurrenz *v*
conditie Bedingung *v* (toestand) Zustand *m*
condoleren kondolieren, sein Beileid bezeugen
condoom Kondom *o*
conducteur Schaffner *m*
confectie Konfektion *v*
confectiemagazijn Bekleidungs-, Konfektions-, Fertiggeschäft *o*
conferencier Ansager *m*
conferentie Konferenz *v*
conflict Konflikt *m*
conform gleich lautend
congestie Blutandrang *m*
congregatie Kongregation *v*
congres Kongress *m*, Tagung *v*
conjunctuur Konjunktur *v*
connectie Verbindung *v*
consciëntieus gewissenhaft
consequent konsequent, folgerichtig
conservatief konservativ
conserven *mv* Konserven *mv*,

Eingemachte(s) *o*, Dauerwaren *mv*
conserveren (in blik) eindosen
consigne Parole, Losung *v*
constant konstant, ständig, dauernd
constateren feststellen
constipatie Verstopfung *v*
constitutie Grundgesetz *o*, Konstitution *v*; Leibesbeschaffenheit *v*
constructie Konstruktion *v*; Bau *m*
consul Konsul *m*
consulaat Konsulat *o*
consult Konsultation *v*
consultatiebureau Ambulatorium *o*
consumptie Verbrauch *m*; (vertering) Verzehr *m*
consumptietent Erfrischungsbude *v*
contact Kontakt *m*, Berührung *v*; ~ zoeken met, kontaktieren; ~ opnemen met Kontakt aufnehmen zu ...
contactlens Kontaktlinse *o*
contactpunten Unterbrecherkontakte *mv*
contactsleutel Zündschlüssel *m*
contant kontant, bar; *à* ~, gegen Kasse; ~*e betaling*, Barzahlung *v*
contrabande Konterbande *v*
contract Kontrakt, Vertrag *m*
contraprestatie Gegenleistung *v*
contrarevolutie Gegenrevolution *v*
contrast Kontrast, Gegensatz *m*
contributie Mitglieder-, Jahresbeitrag *m*
controle Kontrolle *v*
controlelampje Kontrollleuchte *v*
controleren kontrollieren
controleur Aufseher *m*
convocatiebiljet Einladung *v*
coöperatie Kooperation; eingetragene Genossenschaft *v*
correct korrekt, richtig, einwandfrei
correspondentie Briefwechsel *m*, Korrespondenz *v*
corrupt korrupt
corselet Korselett *o*
cosmetica Kosmetik *v*
couchette Klappbett *o*
coulisse Kulisse *v*
coupé Abteil *o*
couplet Strophe *v*
coupon Zinschein *m*; (stof) Kupon *m*
coureur Rennfahrer *m*
courgette Zucchini *v*
couvert Kuvert *o*, Briefumschlag *m*; (bestek) Besteck; (bij maaltijd) Gedeck *o*
c.q. (casu quo; in geval dat), gegebenenfalls, vorkommendenfalls

crank Tretkurbel *v*
crawlen kraulen
crèche Kindertagesstätte *v*
credit Kredit, Haben *o*
creditcard Kreditkarte *v*
crediteren kreditieren, (einem etwas) gutschreiben
crediteur Gläubiger
crematie Einäscherung *v*
crimineel kriminal; straffällig
crisis Krise *v*
criticus Kritiker *m*
croissant Croissant *o*
crossfiets BMX-Rad *o*
crucifix Kruzifix *o*
cruise Kreuzfahrt *v*
cultureel kulturell, kultur-
cultuur Kultur *v*
curatele Kuratel *v*, Vormundschaft *v*, *onder* ~ *staan*, entmündigt sein
curator Kurator; Konkursverwalter *m*
curiosa Kuriositäten *mv*
cursief kursiv
cursus Kurs(us), Lehrgang *m*; *schriftelijke* ~, Fernkursus *m*
cycloon Wirbelsturm, Zyklon *m*
cyclus Zyklus *m*
cynisch zynisch

D

daad Tat *v*
daar da, dort; (omdat) weil, da
daarbij dabei; dazu
daardoor dadurch
daarentegen dagegen, hingegen
daarginds dort
daarna darauf, nachher
daarom darum, deshalb
daarop darauf
daartoe dazu
daaruit daraus
dadel Dattel *v*
dadelijk sogleich, gleich, sofort
dader Täter
dag Tag *m*; *dezer* ~*en*, dieser Tage, neuerdings
dag! Guten Tag *m*
dagblad Tageblatt *o*, Zeitung *v*
dagboek Tagebuch *o*
dagelijks täglich
dagen tagen; *op komen* ~ auftauchen, erscheinen
dageraad Morgenröte *v*
dagjesmens Ausflügler *m*
dagkaart Tageskarte *v*
daglicht Tageslicht *o*
dagloner Tagelöhner *m*
dagreis Tagereise *v*
dagretour Tagesrückfahrtkarte *v*
dagschotel Tagessen *o*
dagtekenen datieren

dagtocht Tagesausflug *m*
dagvaarden vorladen
dagvaarding gerichtliche Verladung *v*
dahlia Dahlie *v*
dak Dach *o*
dakgoot Dachrinne *v*
dakkamer Mansarde *v*, Mansardenzimmer *o*
dakloos obdachlos
dakpan Dachziegel *m*
dal Tal *o*
dalen sinken, sich senken, abnehmen, fallen
dam Damm *m*; ~ *spelen*, Dame spielen; *een* ~ *halen*, eine Dame machen
dambord Dam(en)brett *o*
dame Dame *v*; ~*s!*, meine Damen!
damesblad Frauenmagazin *o*
damescoupé Frauenabteil *o*
damesmode Damenmode *v*
damestoilet Damentoilette *v*
damesverband Binde *v*
dammen Dame spielen
damp Dampf, Dunst *m*
dampkring Atmosphäre *v*, Dunstkreis *m*
damspel Damespiel *o*
dan dann, darauf; denn: als
dancing Tanzlokal *o* / Diskothek *v*
dank Dank *m*, Danksagung *v*
dankbaar dankbar
dankbaarheid Dankbarkeit *v*
danken danken, Dank sagen; *dank u* danke schön
dans Tanz *m*
dansen tanzen
danseres Tänzerin *v*
dansleraar Tanzlehrer *m*
dansles Tanzstunde *v*
danspartij Tanzgesellschaft *v*
dapper tapfer
darm Darm *m*
darmen Därme *mv*
dartel munter; mutwillig, ausgelassen
das (sjaal) Schal *m*; (stropdas) Krawatte *v*; (dier) Dachs *m*
dashboard Armaturenbrett *o*
dasspeld Krawatten-, Vorstecknadel *v*
dat (vnw) das, jenes, dieses; (betr vnw ook:) welches; (voegw) dass
dateren datieren
datgene dasjenige
datum Datum *o*
dauw Tau *m*
d.a.v. (daaraan voorafgaand) vorhergehend
daveren dröhnen
d.d. (de dato) vom
de der, die, das
dealer *handel* Vertragshändler *m*

debat Debatte v
debatteren debattieren
debet Debet, Soll o; ~ en credit, Soll und Haben
debiteur Schuldner m
debrayeren auskuppeln, die Kupplung ausrücken
debuut Debüt m & o
december Dezember m
decimeter Dezimeter o
declameren rezitieren
declareren deklarieren; (aan de grens) verzollen
decoratie Dekoration v; Orden m, Auszeichnung v
decreet Dekret o; Erlass m
deeg Teig m
deel Teil m; Band m (eines Buches)
deelachtig teilhaft(ig)
deelbaar teilbar
deelnemen sich beteiligen, teilnehmen
deelneming Teilnahme v
deels teils, zum Teil
deelwoord Partizip, Mittelwort o
deemoed Demut v
Deen Däne
Deens dänisch
deerlijk jämmerlich, elend
deernis Erbarmen, Mitleid o
defect defekt, kaputt
deficit Defizit o, Fehlbetrag m
definitief endgültig
deftig vornehm, würdig; stattlich
degelijk tüchtig, solide
degen Degen m
deining Dünung, Deinung v
dek Decke v; (v.e. schip) Verdeck, Deck o
dekbed Federbett o
deken Decke v
dekken decken
deksel Deckel m
dekstoel Deckstuhl m
delen teilen
delfstof Mineral o
delgen tilgen; (schuld) löschen
delicatessen Delikatessen mv
delven graben; (mijnbouw) fördern
democratie Demokratie v
dempen (stem) dämpfen (Stimme); (gracht) ausfüllen, zuwerfen; (opstand) unterdrücken
den Kiefer, Föhre v
Denemarken Dänemark o
denkbaar denkbar, erdenklich
denkbeeld Gedanke, Begriff m, Idee v
denkelijk vermutlich, wahrscheinlich
denken denken; meinen; überlegen
denkwijze Denkart, Gesinnung v
deodorant Deodorant

departement Departement, Ministerium o
deposito Depositum o
depot Depot o, Niederlage v
derailleur Umwerfer m
derde dritte(r); (derde deel) Drittel o
deren schaden (+3)
dergelijke derartig, solch
derhalve deshalb
dermate dermaßen, dergestalt
dertien dreizehn
dertiende dreizehnte(r)
dertig dreißig
dertigste dreißigste(r)
derven entbehren, vermissen
derwaarts dahin, dorthin
des te desto, umso
deserteren fahnenflüchtig werden, ausreißen
deserteur Fahnenflüchtiger, Deserteur m
desertie Fahnenflucht v
desinfecteren desinfizieren
deskundig sachverständig, fachmännisch
desnoods nötigenfalls, zur Not
dessert Nachspeise v
destijds damals
detail Einzelheit v, Detail o
detective Detektiv m
detectiveroman Kriminalroman m, Krimi m
deugd Tugend v
deugdelijk tauglich, tüchtig
deugdzaam tugendhaft
deugniet Taugenichts
deuk Beule v; Kniff v, Einbeulung v
deuntje Melodie, Weise v
deur Tür v
deurknop, deurkruk Türgriff m
deurwaarder Gerichtsvollzieher m
devaluatie Abwertung v
devies (motto) Wahlspruch m
deviezen Devisen mv, Valuta v
deze diese(r), dieses; ~ en gene, dieser und jener
dezelfde derselbe (die-, das-)
dia Dia o
diadeem Diadem o
diafilmpje Diafilm m
diafragma Blende v
dialect Dialekt m, Mundart v
dialoog Dialog m, Zwiegespräch o
diamant Diamant m
diaraampje Diapositivrahmen m
diarree Durchfall m
dicht geschlossen, zu
dichtbevolkt volkreich
dichtbij in der Nähe
dichten dichten; (dicht maken) abdichten
dichter Dichter
dichterlijk dichterisch

dichtknepen zuknöpfen
dichtslaan zuschlagen
dichtstbijzijnd nächste
dictaat Diktat o
dictatuur Diktatur v
dicteren diktieren
die der, die; diese(r), jene(r); welche(r)
dieet Diät v
dieetvoeding Diätnahrung v
dief Dieb m
diefachtig diebisch
diefstal Diebstahl m
dienaar Diener m
dienblad Servierbrett o
dienen dienen (+3)
dienovereenkomstig dementsprechend, demgemäß
dienst Dienst m; Stelle v; wat is er van uw ~?, womit kann ich Ihnen dienen?
dienstbode Dienstmädchen o
dienster Servierfräulein o
dienstmeisje Dienstmädchen o
dienstplichtig militärpflichtig
dienstregeling Fahrplan m
dienstweigeraar Ersatzdienstler m; Dienst-, Wehrverweigerer m
dienstwillig diensbereit; (in brief) ergeben
dientengevolge demzufolge
diep tief
diepgang Tiefgang m
dieplood Senkblei o
diepte Tiefe v
diepvries tiefgekühlt
diepvriesvoedsel Tiefkühlkost v
diepzinnig tiefsinnig
dier Tier o
dierbaar teuer, wert, lieb
dierenarts Tierarzt m
dierenbescherming Tierschutz m
dierentemmer Tierbändiger m
dierentuin zoologischer Garten, Zoo m, Tiergarten m
dierenwinkel Tierhandlung v
dierkunde Tierkunde v
dierlijk tierisch, bestialisch
diesel Diesel m
dieselolie Dieselöl
dieseltrein Triebwagenzug, Dieselzug m
dievegge Diebin
differentieel Ausgleich(s)getriebe o
dij Schenkel m
dijbeen Oberschenkel m/mv
dijk Deich m
dik dick
dikte Dicke; Stärke v; Korpulenz v
dikwijls oft
dimlicht Abblendlicht o
dimmen abblenden
diner Abendessen

dineren dinieren
ding Ding *o*
dingen dingen, werben
dinsdag Dienstag *m*
diploma Zeugnis, Diplom *o*
diplomaat Diplomat
direct direkt
direct (meteen) sofort;
(rechtstreeks) direkt
directeur Direktor *m*
directrice Direktorin *v*
dis Tafel *v*
discipline Disziplin, Mannszucht *v*
disco Disko(thek) *v*
discotheek Diskothek *v*
discriminatie Diskriminierung *v*
discussie Diskussion *v*
diskette Diskette *v*
disselboom (Wagen)deichsel *v*
distel Distel *v*
distilleren destillieren
district Bezirk *m*
dit diese
divan Diwan *m*
divanbed Diwanbett *o*
dividend Dividende *v*
divisie Division *v*
dobbelen würfeln, knobeln
dobbelsteen Würfel *m*
dobber Schwimmer *m*
dobberen schwimmen; schaukeln
docent Dozent
doch jedoch, aber
dochter Tochter *v*
doctor Doktor
document Dokument *o*, Urkunde *v*
dodelijk tödlich
doden töten
doedelzak Dudelsack *m*,
Sackpfeife *v*
doe-het-zelf mach-es-selbst
doek [*de*] Tuch *o*; [*het*] (in
schouwburg) Vorhang *m*;
(schilderij) Gemälde *o*
doel Ziel *o*; (bedoeling) Zweck *m*,
Absicht *v*; (sport) Tor *o*
doelbewust zielbewusst,
zielsicher, zielstrebig
doelloos zwecklos
doelmatig zweckmäßig
doelpunt Tor *o*
doelverdediger Torwart *m*
doen tun, machen
doenlijk tunlich, ausführbar
dof dumpf (Stimme); glanzlos,
trübe
dok Doek *o*
dokter Arzt *m*
dol toll
dolen irren
dolfijn Delphin/Delfin *m*
dolk Dolch *m*
dollar Dollar *m*
dom *bn* dumm, albern; (kerk) Dom

m, Münster *o*
domein Domäne *v*
dominee Pfarrer, Pastor
domineren dominieren; Domino
spielen
domkop Dumm-, Schafskopf *m*
dommekracht Winde, Wagenwinde
v
domoor Dummkopf
dompelen tauchen; stürzen (ins
Elend)
donder Donner *m*
donderdag Donnerstag *m*; *Witte
D~*, Gründonnerstag
donderen donnern
donderwolk Gewitterwolke *v*
donker dunkel
donkerblauw tiefblau
donor Spender *m*
dons Daunen, Flaumfedern *mv*
donzig flaumig, Flaum-
dood Tod *m*; *bn* tot, gestorben
doodgaan sterben; (planten)
eingehen
doodgoed seelen(s)gut
doodgraver Totengräber
doodkist Sarg *m*
doodlopen sich totlaufen; *~de
straat* Sackgasse *v*
doodmaken töten
doodop total fertig, totmüde
doods ganz einsam, öde
doodsangst Todesangst *v*
doodsbleek totenblass
doodshoofd Totenkopf *m*
doodslaan tot-, erschlagen
doodsoorzaak Todesursache *v*
doodsstrijd Todeskampf *m*
doodstil totenstill
doodsvijand Totfeind
doodvonnis Todesurteil *o*
doof taub
doofstom taubstumm
dooi Tauwetter *o*
dooien tauen
dooier Dotter *m* & *o*
dooiweer Tauwetter *o*
doolhof Irrgarten *m*
doop Taufe *v*
doopceel Taufschein *m*
doopsgezinde Mennonit *m*
doopvont Taufbecken *o*, Taufstein
m
door durch, von
doorbakken *bn* durchgebacken
doorboren durchlöchern
doorbraak Durchbruch *m*
doorbrengen (de tijd) zubringen,
verbringen
doordacht wohlüberlegt
doordat dadurch dass
doordraven ins Blaue hinein reden
doordrijven durchsetzen
doordringen durchdringen

dooreen durcheinander
doorgaan hindurchgehen;
weitermachen; stattfinden
doorgaand durchgehend,
andauernd
doorgaans gewöhnlich, meistens
doorgang Durchgang *m*
doorgeven weitergeben,
weiterleiten
doorgronden ergründen
doorhaling Durchstreichung,
Tilgung *v*
doorheen hindurch
doorkneed bewandert, geübt
doorkomen *ww* durchkommen; *zn*
Durchkommen *o*
doorkruisen durchkreuzen
doorlaten durchlassen
door'lichten (met röntgenstralen)
durchleuch'ten
doorlopen weiterlaufen; durch
etwas laufen
doorlopend fortwährend;
fortlaufend (numeriert)
doormaken durch-, mitmachen
doorn Dorn *m*
doornat pudelnass
doorreis Durchreise *v*
doorrijden weiterreiten, -fahren
doorschijnend durchscheinend
doorschrappen (aus)streichen
doorslaan durchschlagen;
weiterschlagen; (waag)
ausschlagen; (electriciteit)
durchbrennen
doorslaand ~ *bewijs*, schlagende(r)
Beweis *m*
doorslag Durchschlag *m*; *fig*
Aüsschlag *m*
doorslaggevend ausschlaggebend,
bestimmend
doorsmeren abschmieren
doorsnee Durchschnitt *m*; *in ~*,
durchschnittlich
doorsnuffelen durchstöbern
doorstaan ertragen, erdulden,
überstehen
doorsteken durchstechen
doorsturen weiterschicken
doortastend energisch
doortocht Durchzug *m*
doortrapt gerieben, raffiniert
doortrekken weiterziehen,
durchziehen; *de wc ~* spülen
doortrokken durchzogen;
durchscheinend
doorverbinden durchverbinden
doorvoer Durchfuhr *v*, Transit *m*
doorwaden durchwaten
doorweken durchweichen; tränken
doorwrocht gediegen, meisterhaft
doorzetten durchsetzen
doorzichtig durchsichtig
doorzien' durchschauen

doorzoeken durchsuchen
doos Dose, Büchse *v*; (v. karton) Schachtel *v*; (v. hout) Kasten *m*
dop Schale, Hülse *v*; Deckel *m*
dopen taufen; eintauchen, eintunken
doperwten Erbsen *mv*
dor dürr, trocken
dorp Dorf *o*
dorpel Türschwelle *v*
dorsen dreschen
dorst Durst *m*
dorstlessend durstlöschend
dorsvlegel Dreschflegel *m*
dorsvloer Tenne *v*
dos Schmuck, Prunk *m*; Kleidung *v*
dosis Dosis *v*
dot Knäuel *m* & *o* (Garn); Bausch *m* (Watte)
douane Zoll *m*
douanebeambte Zollbeamte *m*
douanecontrole Zollkontrolle *v*
douanekantoor Zollamt *o*
douanier Zollbeamte(r) *m*
douche Dusche *v*
douchecel Duschkabine *v*
douchen duschen
doven löschen; (uitgaan) erlöschen
dozijn Dutzend *o*
draad (textiel) Faden *m*; (in vlees) Faser, Fiber *v*; (metaal) Draht *m*
draadloos drahtlos; *draadloze besturing*, Fernlenkung *v*
draadnagel Drahtnagel *m*
draagbaar Tragbahre *v*; *bn* tragbar
draagkracht Tragfähigkeit *v* (v. wapens) Tragweite *v*
draaglijk erträglich; leidlich
draagvermogen Tragfähigkeit *v*
draai Drehung, Biegung, Wendung *v*
draaibaar drehbar; Dreh-
draaiboek Drehbuch *o*
draaideur Drehtür *v*
draaien drehen
draaikolk Strudel, Wirbel *m*
draaimolen Karussell *o*
draaiorgel Leierkasten *m*
draaischijf Drehscheibe *v*, (telefoon), Wählscheibe *v*; (grammofoon) Plattenteller *m*
draak Drache *m*
drab Hefe *v*, Bodensatz *m*
dracht Tracht *v*
draf Trab *m*
dragen tragen
drager Träger *m*
draineren dränieren, entwässern
dralen zaudern, zögern
drama Drama *o*; Tragödie *v*, Trauerspiel *o*
drang Drang *m*
drank Getränk

drankje (medisch) Arznei *v*
drassig sumpfig
draven traben
dreef Allee *v*
dreg Dregge *v*
dreigbrief Drohbrief *m*
dreigement Bedrohung, Drohung *v*
dreigen drohen
drempel Schwelle *v*
drenkeling Ertrunkene(r), Ertrinkende(r) *m-v*
drenken tränken
dressuur Dressur *v*
dreumes Knirps *m*
dreunen dröhnen
drie drei
Drie-eenheid Dreieinigkeit *v*
driehoek Dreieck *o*
drieluik Triptychon *o*
driesprong Dreiweg, Scheidsweg *m*
driest dreist, keck
drievoet Dreifuß *m*
drievoudig dreifach
drift Jähzorn *m*, Leidenschaft *v*, Trieb *m*
driftig jähzornig, auffahrend
drijfrad Treibrad, Triebrad *o*
drijfveer Triebfeder *v*
drijfzand Treibsand *m*
drijven treiben; schwimmen; *handel ~*, Handel treiben
dril (gelei) Gallerte *v*
drillen drillen, einüben
dringen dringen; drängen
dringend dringend
drinkbaar trinkbar
drinken trinken
drinkgelag Trinkgelage *o*
drinkwater Trinkwasser *o*
droef traurig, betrübt
droefenis Betrübnis *v*
droefgeestig trübsinnig, schwermütig
droevig traurig, betrübt
drogen trocknen
drogist Drogist *m*
drogreden Trugschluss *m*
drom Menge *v*, Haufen *m*
dromen träumen
dromerig träumerisch
drommels verteufelt
dronk Trunk; Schluck *m*
dronkaard Trunkenbold *m*
dronken betrunken
dronkenschap Betrunkenheit *v*
droog trocken
droogte Trockenheit *v*
droom Traum *m*
droombeeld Traumbild *o*
drop Lakritze *v*
droppel Tropfen *m*
drugs Rauschgifte *mv*, Drogen *mv*
druif Traube; Weinbeere *v*

druipen träufeln, triefen, tröpfeln
druivensap Traubensaft *m*
druivensuiker Traubenzucker *m*
druiventros (Wein)Traube *v*
druk (drukking) Druck *m*; (uitgave) Auflage; (spanning) Spannung *v*; *bn* (v. personen) geschäftig, lebhaft; rührig; hektisch; (straat) belebt; (behang) überladen
drukfout Druckfehler *m*
drukken drücken; drucken (Bücher)
drukkend drückend; (weer) schwül
drukkerij Buchdruckerei *v*
drukking Druck *m*
drukknoop Druckknopf *m*
drukproef Korrekturbogen *m*
drukte Gewühl, Gedränge *o*; Belebtheit *v*; Lärm, Radau *m*
drukwerk Drucksachen *v mv*
drummer Schlagzeuger *m*
druppel Tropfen *m*
druppelen tröpfeln
druppelflesje Tropfenzähler *m*
D-trein D-Zug *m*
dubbel doppelt
dubbelganger Doppelgänger *m*
dubbeltje Zehncentstück *o*
dubbelzinnig zweideutig
duchten befürchten, besorgen
duel Duell *o*; Zweikampf *m*
duelleren sich duellieren, sich schlagen
duet Duett *o*
duf dumpf, muffig
duidelijk deutlich
duif Taube *v*
duig Daube *v*
duik Kopfsprung *m*
duikbommenwerper Sturzbomber, Sturzkampffluzeug *o*
duikboot U-boot, Untersecboot *o*
duikbril Taucherbrille *v*
duikelen einen Purzelbaum schlagen; purzeln
duiken tauchen
duiker Taucher; (doorlaat) Düker *m*
duikuitrusting Taucherausrüstung *v*
duim Daumen *m*
duimstok Zollstab *m*
duin Düne *v*
duister dunkel, finster
duisternis Finsternis *v*
Duits deutsch
Duitser/Duitse Deutsche *v*, Deutscher *m*
Duitsland Deutschland *o*
duivel Teufel *m*
duivels teuflisch
duiventil Taubenhaus *o*
duizelig schwindlig
duizeligheid, duizeling Schwindel *m*

duizelingwekkend schwindelerregend
duizend tausend
dukaat Dukaten *m*
dulden dulden, ertragen
dun dünn
dunk Meinung *v*
dunken dunken
duperen düpieren; täuschen
duplicaat Duplikat *o*
duren dauern
durven wagen
dus also
dusdanig solche(r); solchergestalt, dergestalt
dutje Nickerchen *o*
duur *bn* teuer
duurte Kostspieligkeit, Teu(e)rung, teure Zeit *v*
duurzaam dauerhaft
duw Stoß, Puff *m*
duwen stoßen; (een kar) schieben
duwen drücken
duwvaart Schubschifffahrt *v*
D.V. (Deo volente; zo 't God behaagt), so Gott will
dwaallicht Irrlicht *o*
dwaalspoor Irrweg, Holzweg *m*
dwaas Tor; *bn* töricht, närrisch
dwaasheid Torheit *v*
dwalen (sich) irren
dwaling Irrtum *m*
dwang Zwang, Drang *m*
dwangarbeid Zwangsarbeit *v*
dwangmiddel Zwangsmittel *o*
dwars quer; *fig* störrisch
dwarsbomen entgegenarbeiten, in die Quere kommen
dwarsligger Schwelle *v*
dwarsstraat Querstraße *v*
dweepziek schwärmerisch, fanatisch
dweil Waschlappen, Aufnehmer *m*
dweilen aufwischen
dwepen schwärmen (für)
dweperij Schwärmerei *v*, Fanatismus *m*
dwerg Zwerg *m*
dwingeland Tyrann *m*
dwingelandij Zwangherrschaft, Tyrannei *v*
dwingen zwingen, nötigen
d.w.z. (dat wil zeggen) das heißt, d.h.
dynamiet Dynamit *o*
dynamo Dynamo *m*
dynastie Dynastie *v*, Herrscherhaus *o*

E

e.a. (en andere(n)) und andere. u.a.
eau de cologne kölnisches Wasser *o*

eb Ebbe *v*
ebbenhout Ebenholz *o*
eboniet Hartgummi *o*
echo Echo *o*
echt (huwelijk) Ehe *v*; *bn* (werkelijk) echt, wirklich
echtbreuk Ehebruch *m*
echtelieden Eheleute *mv*
echtelijk ehelich
echter aber, jedoch
echtgenoot Ehemann, Gatte *m*
echtgenote Ehefrau, Gattin *v*
echtpaar Ehepaar *o*
echtscheiding Ehescheidung *v*
economie Ökonomie, Wirtschaftslehre *v*; *geleide ~*, gelenkte Wirtschaft, Wirtschaftslenkung *v*
economisch wirtschaftlich
econoom Ökonom *m*
e.d. (en dergelijke) und ähnliche, u.a.
edel edel
edelman Edelmann *m*
edelmoedig großmütig
edelsteen Edelstein *m*
eed Eid, Schwur *m*
eekhoorn Eichhörnchen *o*
eelt Schwielen *v mv*
een ein, eine
eend Ente *v*
eendracht Eintracht, Einigkeit *v*
eenheid Einheit *v*
eenmaal einmal
eenparig einhellig, einmütig
eenpersoons (hut, kamer) einbettig, Einzel-; (bed) einschläfrig; (auto, fiets) einsitzig
eenpersoonsbed Bett *o* für eine Person
eenpersoonskamer Einzelzimmer *o*
eenrichtingsverkeer *straat met ~*, Einbahnstraße *v*
eens einst; einmal; einig
eensgezind einmütig, einhellig
eensklaps auf einmal, plötzlich
eensluidend gleich lautend
eenstemmig einstimmig
eentje *in zijn ~* alleine
eentonig eintönig, langweilig
eenvoudig einfach, schlicht
eenzaam einsam, öde
eenzelvig einsiedlerisch, zurückgezogen
eenzijdig einseitig
eer *bijw* eher; früher; *voegw* bevor, ehe; *zn* Ehre *v*
eerbaar ehrbar; züchtig
eerbewijs Ehrenbezeigung *v*
eerbied Ehrfurcht, Ehrerbietung *v*
eerbiedig ehrerbietig, ehrfurchtsvoll
eerder eher

eergevoel Ehrgefühl *o*
eergierig ehrgeizig
eergisteren vorgestern
eerlijk ehrlich
eerloos ehrlos
eerst erst, zuerst, zunächst; *ten ~e*, erstens
eerstdaags nächstens, nächster Tage
eerste erste; *~e hulp* erste Hilfe *v*; *~e klas* erste Klasse
eerstehulppost Unfallwache *v*
eersteklas erste Klasse
eersterangs erstklassig
eertijds vor-, ehemals
eervol ehrenvoll
eerwaard ehrwürdig; hochwürdig
eerzaam ehrenhaft
eerzucht Ehrgeiz *m*
eerzuchtig ehrgeizig, strebsam
eet smakelijk! Guten Appetit!
eetbaar essbar
eetgelegenheid Lokal *o*, Gaststätte *v*
eetgerei Essgerät *o*
eethuis Gaststätte *v*
eetkamer Ess-, Speisezimmer *o*
eetlust Appetit *m*
eetzaal Speisesaal *m*
eeuw Jahrhundert *o*
eeuwig ewig; ewiglich
effect Effekt *m*; *~en*, Effekten, Wertpapiere *mv*
effectenbeurs Effektenbörse *v*
effen (vlak) eben, glatt; (kleur) einfarbig
efficiency Zweckmäßigkeit, Wirtschaftlichkeit *v*
efficiënt wirtschaftlich; zweckmäßig
eg Egge *v*
egel Igel *m*
egoïsme Egoismus *m*, Selbstsucht *v*
EHBO Rettungsdienst *m*, Soforthilfe *v*
EHBO-doos Erste Hilfe (Kasten)
EHBO-post Unfallstation *v*
ei Ei *o*; *gebakken ~*, Spiegelei *o*
eierdopje Eierbecher *m*
eierlepeltje Eierlöffel *m*
eierschaal Eierschale *v*
eigen eigen
eigenaar Inhaber *m*
eigenaardig eigentümlich
eigenbaat Eigennutz *m*
eigendom Eigentum *o*
eigendunkelijk willkürlich, eigenmächtig
eigenhandig eigenhändig
eigenliefde Selbstliebe, Eigenliebe *v*
eigenlijk eigentlich, wirklich
eigenmachtig eigenmächtig, willkürlich

eigennaam Eigenname *m*
eigenschap Eigenschaft *v*
eigentijds zeitgenössisch
eigenwaan Eigendünkel, Dünkel *m*
eigenwaarde *gevoel van ~*,
  Selbstgefühl *o*
eigenwijs vorwitzig, naseweis
eigenzinnig eigensinnig
eigenzinnigheid Eigensinn *m*
eik Eiche *v*, Eichbaum *m*
eikel Eichel *v*
eiken eichen
eiland Insel *v*
eind(e) Ende *o*, Strecke *v*
einddiploma Reife-,
  Abgangszeugnis *o*
eindelijk endlich
eindeloos endlos, unendlich
eindexamen Abgangs-, Reifeprüfung
  v, Abitur *o*
eindigen endigen, enden; aufhören
eindpunt Endpunkt *m*
eindsignaal *sp* Abpfiff *m*
eindstand *sp* Abschlusstabelle *v*
eis Forderung; Klage *v*
eisen fordern, verlangen
eiser Klager *m*
eiwit Eiweiß *o*
ekster Elster *v*
eksteroog Hühnerauge *o*
el Elle *v*
eland Elch *m*
elastiek Gummi; Gummiband *o*
elastisch elastisch, federnd
elders anderswo, anderwärts
elektriciteit Elektrizität *v*
elektriciteitsmeter Zähler *m*
elektrisch elektrisch
elektriseren elektrisieren
elektronica Elektronik *v*
elektronisch elektronisch
element Element *o*
elf elf
elfde elfte(r)
elft Alose *v*, Maifisch *m*
elftal Mannschaft, Elf *v*
elite Elite *v*
elk jede(r)
elkaar einander; *bij ~* zusammen;
  door ~ durcheinander
elleboog Ellbogen *m*
ellende Elend *o*
ellendeling Elender
ellendig elend
Elzas Elsass *o*
email Email *o*, Schmelz *m*
e-mail E-Mail *o*
emancipatie Emazipation *v*
emigrant Emigrant, Auswanderer
  m
emigreren auswandern, emigrieren
emmer Eimer *m*
emolumenten Nebeneinnahmen
  mv

emotioneel emotional
en und
encyclopedie Enzyklopädie *v*;
  Konversationslexikon *o*
end Ende *o*, Strecke *v*
endosseren indossieren
energie Energie *v*
energiek energisch
eng (nauw) eng, knapp; (griezelig)
  unheimlich
engel Engel *m*
Engeland England *o*
Engels englisch
Engelsman Engländer
engte Enge *v*; Engpass *m*
enig einig; einzig, bloß
enigszins einigermaßen,
  irgendwie, irgend
enkel Knöchel *m*; *bn* einzeln,
  einzig, bloß, nur
enkele einige; *~ reis* einfache
  Fahrt
enkeltje Einzelfahrkarte *v*
enkelvoud Einzahl *v*, Singular *m*
enkelvoudig einfach
enorm enorm
enquête Untersuchung, Erhebung
  v
ensceneren inszenieren
enthousiast begeistert
entree Eingang *m*
entrepot Zollniederlage *v*
envelop Umschlag *m*
enz. (enzovoort), und so weiter,
  usw., und so fort, usf.
enzovoorts und so weiter
epidemie Epidemie *v*
epileren epilieren
epistel Epistel *v*, Brief *m*
epos Epos *o*
equator Äquator *m*
er da; es; *~ is*, *~ zijn*, es ist, es
  sind, es gibt
erbarmelijk erbärmlich,
  jämmerlich; kläglich
erbarming Erbarmen, Mitleid *o*
erbij dabei, dazu
ere Ehre *v*
eredienst Kultus *m*
eren ehren, verehren
erewoord Ehrenwort *o*
erf Erbe *o*, Erbbesitz *m*, (grond)
  Grundstück *o*, Hof *m*
erfdeel Erbteil *o*
erfelijk erblich
erfelijkheidsleer Vererbungslehre *v*
erfenis Erbschaft *v*
erfgenaam, -name Erbe *m*, Erbin *v*
erfzonde Erbsünde *v*
erg *bn* arg, schlimm, böse; *bijw*
  sehr
ergens irgendwo
ergeren ärgern, entrüsten
ergerlijk ärgerlich, empörend

ergernis Ärger, Anstoß *m*
erheen dahin
erkennen anerkennen (jemands
  Verdienste); zugeben; gestehen
erkenning Anerkennung *v*
erkentelijk erkenntlich
ernst Ernst *m*
ernstig ernst
erop darauf
erotiek Erotik *v*
ertoe dazu
erts Erz *o*
ervaren *bn* erfahren, gewandt,
  geübt; *ww* erfahren, erleben
ervaring Erfahrung *v*
erven *mv* Erben *mv*; *ww* erben
erwten Erbsen *mv*
erwtensoep Erbsensuppe *v*
es Esche *v*
escaleren eskalieren
eskader Geschwader *o*
esp Espe *v*
espresso Espressokaffee, Espresse
  m
essence Essenz *v*
essentieel essentiell, wesentlich
etage Stock *m*, Etage *v*
etalage Auslage *v*; Schaufenster *o*
etappe Etappe *v*
eten essen
etenstijd Essenszeit *v*
etenswaar Esswaren *mv*
ethica Ethik *v*
etiket Etikett *o*, Zettel,
  Aufklebezettel *m*
ets Radierung *v*
etsen radieren, ätzen
etter Eiter *m*
etui Etui, Besteck *o*
euro Euro *m*
eurocard Eurocard *v*
eurocheque Euroscheck *m*
Europa Europa
Europeaan Europäer *m*
Europees europäisch
evacueren (v. stad) räumen; (v.
  personen) evakuieren
evangelie Evangelium *o*
even eben, gleich; einerlei, grade;
  einen Moment
evenaar Äquator *m*
evenals ebenso wie
evenaren gleichkommen (+3)
eveneens ebenfalls, gleichfalls
evenement Veranstaltung *v*
evenmin ebenso wenig
evenredig verhältnismäßig,
  proportional
eventjes mal eben, kurz
eventueel *bn* etwaig; *bijw* etwa
evenveel ebenso viel
evenwel gleichwohl, dennoch
evenwicht Gleichgewicht *o*
evenwijdig parallel, gleich laufend

evenzeer ebenso sehr
ex Ex m/v
examen Examen o, Prüfung v
excellentie Exzellenz v
excentriek überspannt, verschroben
exclusief exklusiv
excursie Ausflug m
excuseren entschuldigen, verzeihen
excuus Entschuldigung v
executie Exekution, Vollstreckung; Hinrichtung v
exemplaar Exemplar o
exerceren exerzieren, üben
exotisch exotisch
expediteur Spediteur
expert Sachverständige(r) m-v
exploitatie Betrieb m; fig Ausbeute v
exploitatiekosten Betriebskosten mv
explosiemotor Explosionsmotor m
export Export m, Ausfuhr v
exporteren exportieren
exporteur Exporteur m
exportzaak Exporthaus o
expositie Ausstellung v
expres absichtlich, ausdrücklich
expresse per ~ per Express
exprestrein D-Zug m, Schnellzug m
extase Ekstase v
extra extra
extract Extrakt m
extratrein Sonderzug m
extreem extrem
ezel Esel m; (schraag) Staffelei v

F

faam Ruf m
fabel Fabel v
fabelachtig fabelhaft
fabriceren erzeugen, herstellen
fabriek Fabrik v
fabrieksmerk Fabrikzeichen o, Schutzmarke v
fabrikaat Erzeugnis o
fabrikant Fabrikant, Fabrikbesitzer v
factuur Faktur(a), Rechnung v
facultatief fakultativ
faculteit Fakultät v
fading rtv Schleiereffekt m
failliet fallit, bank(e)rott; ~ gaan, in Konkurs geraten
faillissement Falliment o; Konkurs, Bank(e)rott m
fakkel Fackel v
falen scheitern, versagen
familie Familie v
familielid Familienmitglied o, Angehörige(r) m
familiepension Familienheim o

fan Fan m
fanatiek fanatisch
fantasie Phantasie v
fantastisch phantastisch
fascinerend faszinierend
fascisme Faschismus m
fat Stutzer
fataal fatal, verhängnisvoll
fatsoen Anstand m
fatsoenlijk anständig, gehörig
fauteuil Fauteuil, Lehnstuhl m
fax Fax o
faxapparaat Faxgerät o
faxen faxen
fazant Fasan m
februari Februar m
fee Fee v
feest Fest
feestdag Feiertag(e) m
feestelijk festlich
feestmaal Festessen o
feestvieren ein Fest feiern
feit Tatsache v, Faktum o
feitelijk tatsächlich
fel heftig, grimmig, scharf
felicitatie Glückwunsch m, Gratulation v
feliciteren gratulieren (+3)
fenomeen Phänomen o
ferm fest, energisch; tüchtig
festival Festival o
feuilleton Feuilleton o
fielt Gauner, Schurke
fier stolz
fiets Fahrrad
fietsen radeln, Rad fahren
fietsenmaker Fahrradmechaniker m
fietsenstalling Unterstellraum m
fietser Radfahrer
fietsketting Fahrradkette v
fietspad Fahrradweg o
fietspomp Fahrradpumpe v
fietssleuteltje Fahrradschlüssel m
fietstas Fahrradtasche v
fietstocht Fahrradtour v
fig. = figuurlijk
figurant Statist
figuur Figur v
figuur Figur v; (illustratie) Abbildung v
figuurlijk figürlich
fijn (niet grof) fein, zart; (plezierig) angenehm
fijngevoelig feinfühlig
fijngevoeligheid Zartgefühl o
fijnmaken zerkleinern, feinmachen
fijnproever Feinschmecker
fiks tüchtig, derb
file Autoschlange v
filet Filet o
filiaal Filiale v, Zweiggeschäft o
filippine Vielliebchen o
film Film m

filmcamera Filmkamera v
filmen filmen
filmjournaal Wochenschau v
filter Filter m
filtersigaret Filterzigarette v
financieel finanziell
financiën Finanzen mv
firma Firma v
firmant Firmeninhaber, Teilhaber, Sozius
fit fit
fitness Fitness v
fitting Lampenfassung v
fladderen flattern
flambouw Fackel v
flanel Flanell m
flank Flanke, Seite v
flap (boek) Klappe v; (geluid) Klap m
flat Etagewohnung v
flater Fehler, Bock m
flatgebouw Etagewohnhaus o
flatteren flattieren, schmeicheln; frisieren
flauw fade
flauwte Ohnmacht v
flauwvallen in Ohnmacht v fallen
flensje Plinse v
fles Flasche v
flesopener Flaschenöffner m
flets fahl, welk
flikje Schokoladenplätzchen o
flikkeren flimmern
flink energisch; tüchtig
flitsblokje Blitzwürfel m
flitsen blitzen
flitser Blitzgerät o
flitslampje Blitzlichtlampe v
flitslicht Blitzlicht o
flonkeren funkeln, glitzern
floodlight Flutlicht o
flop Misserfolg m; Pleite v; Reinfall m
fluisteren flüstern, wispern
fluit Flöte, Pfeife v
fluiten pfeifen
fluitist Flötist
fluks flugs, sogleich, geschwind
fluweel Samt m
fnuiken brechen
foedraal Futteral, Gehäuse o
foei! pfui!
föhn Föhn m
föhnen föhnen
fokken züchten
folder Broschüre v
folteren foltern, martern
fonds Fonds; (v. uitgeverij) Verlag m; Verlagsartikel mv; (ziekenfonds) Krankenkasse v
fondue Fondue o
fonkelen funkeln, glänzen
fontein Springbrunnen m
fonteintje Wandwaschbecken o

fooi Trinkgeld *o*
foppen anführen, zum Besten
  haben
forceren erzwingen; strapazieren
forel Forelle *v*
formaat Format *o*
formaliteit Formalität *v*
formeel förmlich, formell
formule Formel *v*
formulier Formular *o*
fornuis Küchenherd *m*
fors stark, kräftig, derb
fort Fort *o*
fortuin Fortuna *v*; Glück; Vermögen
  o
foto Foto *o*
fotograferen fotografieren
fotografie Photographie *v*
fotokopie Fotokopie *v*
fototoestel Fotoapparat *m*
fout Fehler *m*
foyer Foyer *o*
fraai schön, hübsch, zierlich
fractie Fraktion *v*
framboos Himbeere *v*
frame Rahmen *m*; (v. fiets) Gestell
  o
franco franko, postfrei
franje Fransen *v mv*
franken (geld) Franken *mv*
frankeren freimachen, frankieren
frankering Frankierung *v*
Frankrijk Frankreich *o*
Frans französisch
Fransman Franzose
fraude Betrug *m*
fresco Fresco *o*
freule Fräulein von, Freiin
Fries Friese; *bn* friesisch
fris frisch, kühl; munter
frisbee Frisbee(scheibe) *v*
frisdrank Erfrischungsgetränk *o*
frisheid Frische *v*
frites Pommes frites
frituren frittieren
fronsen runzeln, falten
front Front; Vorderseite *v*
fruit Obst *o*, Früchte *mv*
fruitteelt Obstbau *m*
fruitvrouw Obstfrau *v*
fuif Gesellschaft, Fest *o*
fuik (Fisch)reuse *v*
fuiven schmausen, kneipen
functie Funktion, Stelle *v*
fundament Grundlage *v*
fut Energie *v*, Tatkraft *v*
futiel nichtig
fysiotherapeute Physiotherapeutin
  v

G

---

gaaf ganz, unverletzt,
  unverdorben; frisch

gaan gehen
gaanderij Galerie *v*
gaar gar
gaarkeuken Gar-, Volksküche *v*
gaarne gern
gaas Gaze *v*
gadeslaan beobachten, achtgeben
  auf (+4)
gading Geschmack *m*
gal Galle *v*
galabal Galaball *m*
galant galant, höflich
galblaas Gallenblase *v*
galerij Galerie *v*
galg Galgen *m*
galm Hall, Schall *m*
galmen (wieder)hallen, schallen
galopperen galoppieren
gammel baufällig, klapprig,
  wacklig; marode; vergammelt
gang (het gaan) Gang *m*; Verlauf
  m; (in woning) Gang *m*, Korridor
  m, Flur *m*
gangbaar gangbar, üblich, gängig
gangmaker *sp* Schrittmacher *m*
gans (vogel) Gans *v*
gans *bn* (geheel) ganz
ganzenlever Gänseleber *v*
gapen gähnen
gaping Öffnung; Lücke *v*
garage (stalling) Garage *v*;
  (werkplaats) Werkstatt *v*
garantie Garantie *v*
garderobe Garderobe *v*
garen Garn
garnaal Garnele, Krabbe *v*
garnizoen Garnison *v*
gas Gas *o*
gasfles Gasflasche(n) *v*
gaskomfoor Gaskocher *m*
gasmeter Gasuhr *v*, Zähler *m*
gaspedaal Gaspedal *o*
gasslang Gasschlauch *m*
gasstel Gasherd *m*
gast Gast *m*
gastarbeider Fremd-, Gastarbeiter
  m
gastenboek Gästebuch *o*
gastheer Gastgeber, Wirt
gasthuis Spital, Krankenhaus *o*
gastoestel Gaskocher *m*
gastvrij gastfrei, wirtlich
gastvrijheid Gastfreundlichkeit *v*
gastvrouw Gastgeberin *v*; Hostess
  v
gat Loch *o*
gauw rasch, geschwind; (spoedig)
  bald
gave Gabe *v*
geacht angesehen; (in brief) ~e
  heer... Sehr geehrter Herr...
geanimeerd angeregt
gearmd Arm in Arm, untergefasst
gebaar Gebärde, Geste *v*

gebak Gebäck, Backwerk *o*
gebakje Törtchen *o*, Teilchen *o*
gebakken gebacken; (in pan)
  gebraten
gebed Gebet *o*
gebedenboek Gebetbuch *o*
gebeente Gebein *o*
gebergte Gebirge *o*
gebeuren geschehen
gebeurtenis Ereignis *o*,
  Begebenheit *v*; Vorfall *m*
gebied Gebiet *o*, Bezirk *m*
gebieden gebieten, befehlen
gebit Gebiss *o*
gebod Gebot *o*
gebonden (v. soep e.d.) sämig
geboorte Geburt *v*
geboortedatum Geburtsdatum *o*
geboorteregeling Familienplanung
  v
geboortig (uit) gebürtig (aus)
geboren geboren
gebouw Gebäude *o*
gebraad Braten *m*
gebraden gebraten
gebrek Mangel *m*; Übel *o*,
  Schaden; Fehler *m*
gebrekkig mangelhaft; gebrechlich
gebroken gebrochen
gebruik Gebrauch *m*, Benutzung *v*;
  Brauch *m*, Sitte *v*
gebruikelijk gebräuchlich, üblich
gebruiken gebrauchen, benutzen,
  verwenden
gebruiksaanwijzing
  Gebrauchsanweisung *v*
gebrul Gebrüll *o*
gecompliceerd kompliziert,
  verwickelt
gecondenseerd kondensiert; ~e
  melk, Kondensmilch *v*
gedaagde Angeklagte(r) *m-v*
gedaan getan, fertig
gedaante Gestalt, Form *v*
gedaanteverwisseling Verwandlung
  v, Metamorphose *v*
gedachte Gedanke *m*
gedachtenis Andenken *o*
gedeelte Teil; Abschnitt *m*
gedeeltelijk zum Teil, teilweise
gedenken denken an (+4),
  gedenken (+2)
gedenkwaardig denkwürdig
gedeprimeerd deprimiert;
  niedergeschlagen
gedicht Gedicht *o*
gedienstig dienstfertig, gefällig
gedijen gedeihen, wohl geraten
gedogen zulassen, gestatten
gedrag Betragen, Benehmen *o*
gedragen *zich* ~, sich betragen,
  sich benehmen
gedrang Gedränge *o*
gedrocht Ungetüm, Ungeheuer *o*

gedrongen gedrängt; (gestalte) untersetzt
gedruis Geräusch, Getose *o*
geducht furchtbar, gehörig
geduld Geduld *v*
gedurende während
gedurig fortwährend
gedwee gefügig, lenksam
geel gelb
geelzucht Gelbsucht *v*
geëmployeerde Angestellte(r) *m-v*
geen kein
geenszins keineswegs
geest Geist *m*
geestdrift Begeisterung *v*
geestelijke Geistliche(r) *m*
geestig geistreich, witzig
geestkracht Geisteskraft *v*
geestvermogen Geistesfähigkeit *v*
geeuwen gähnen
geëxalteerdheid Überspanntheit *v*, Überspannung *v*
gefeliciteerd! herzlichen Glückwunsch!
gefluister Flüstern *o*
gegadigde Interessent, Reflektant *m*
gegeven Angabe *v*; ~s, Material *o*, Daten *mv*
gegoed wohlhabend, begütert
gegrond begründet
gehaat verhasst
gehakt Hackfleisch *o*
gehaktbal Frikadelle *v*, Bulette *v*
gehalte Gehalt *m*
gehandicapt behindert
gehard (ab)gehärtet
gehecht gewogen; zugetan
geheel *bn* ganz; (het) das Ganze; ~ en al, ganz und gar; in 't ~ niet, gar nicht
geheim *bn* geheim, heimlich; (het) Geheimnis *o*
geheimzinnig geheimnisvoll
gehemelte Gaumen *m*
geheugen Gedächtnis *o*
gehoor Gehör *o*; Audienz; Zuhörerschaft *v*, Auditorium *o*
gehoorzaam gehorsam
gehoorzaamheid Gehorsam *m*
gehoorzamen gehorchen (+3)
gehouden gehalten
gehucht Weiler *m*
gehuwd verheiratet
geïllustreerd illustriert, bebildert
geïnteresseerd beteiligt; interessiert
geiser Geiser; Gasbadeofen *m*
geit Ziege *v*
geitenkaas Ziegenkäse *m*
gejaagd gehetzt; aufgeregt
gejuich Jauchzen *o*
gek *bn* irrsinnig; toll, verrückt; *zn* Irrsinne(r) *m-v*; Narr, Tor *m*

gekerm Gewimmer, Ächzen *o*
gekheid Scherz, Spaß *m*
geklets Quatsch *m*
gekletter Geklirr *o*
gekleurd farbig, gefärbt
geknoei Pfuscherei *v*
gekoeld gekühlt
gekookt gekocht
gekruid gewürzt
gekunsteld gekünstelt, geziert
gel Gel
gelaat Antlitz, Gesicht *o*
gelaatskleur Gesichtsfarbe *v*
gelach Gelächter *o*
gelag Zeche *v*
gelang naar ~ van, je nach
gelasten heißen, befehlen
gelaten gelassen, ergeben
geld Geld *o*
geldautomaat Geldautomat *m*
geldboete Geldstrafe *v*
gelden gelten, wert sein
geldgebrek Geldmangel *m*
geldig gültig
geldigheidsduur Geltungsdauer *v*
geldstuk Geldstück *o*
geleden een week ~, vor einer Woche; het is een week ~, es ist eine Woche her
geleerde Gelehrte(r) *m-v*
gelegd gelegt
gelegen gelegen; Amsterdam is aan de Amstel gelegen Amsterdam liegt an der Amstel
gelegenheid Gelegenheit *v*; bij ~, gelegentlich
gelei Gelee *o*, Gallerte *v*
geleide Geleit *o*
geleidelijk allmählich
geleiden geleiten
geleider Begleiter, Führer; (warmte enz.) Leiter
geliefd geliebt, teuer; beliebt
gelieven belieben; gelieve te zenden, senden Sie bitte
gelijk gleich; ähnlich; gleichwie, als; ~ hebben, rechthaben
gelijken gleichen, ähnlich sein
gelijkenis Gleichnis *o*; Ähnlichkeit *v*
gelijkluidend gleich lautend
gelijkmaker sp Ausgleich(s)tor *o*
gelijkmatig gleichmäßig
gelijknamig gleichnamig
gelijkschakeling Gleichschaltung *v*
gelijksoortig gleichartig
gelijkstroom Gleichstrom *m*
gelijktijdig gleichzeitig
gelijkvloers im Erdgeschoss, zu eb(e)ner Erde
gelijkwaardig gleichwertig
geloei Gebrüll; Geheul *o*
gelofte Gelübde, Gelöbnis *o*
geloof Glaube *m*

geloofsbrief Beglaubigungsschreiben *o*
geloofwaardig glaubwürdig, glaubhaft
gelopen gelaufen
geloven glauben
gelovig gläubig
geluid Laut, Klang *m*
geluiddempend schalldämpfend
geluidsbandje Musikkassette *v*
geluidsbarrière Schallgrenze *v*
geluimd gelaunt
geluk Glück *n*
gelukken gelingen, glücken
gelukkig *bn* glücklich; *bijw* glücklicherweise
gelukstelegram Schmuckblattelegramm *o*
geluksvogel Glückspilz *m*
gelukwens Glückwunsch *m*
gelukwensen beglückwünschen; gratulieren (+3)
gelukzalig glückselig
gelukzoeker Glücksritter
gemaakt geziert, affektiert
gemachtigde Bevollmächtigte(r) *m-v*
gemak Bequemlichkeit *v*
gemakkelijk leicht, bequem, einfach
gemaskerd maskiert
gematigd gemäßigt
gember Ingwer *m*
gemeen (gemeenschappelijk) gemein(schaftlich); (laag) niederträchtig
gemeenlijk gewöhnlich
gemeenschap Gemeinschaft *v*, Umgang *m*, Verbindung *v*
gemeenschappelijk gemeinschaftlich, gemeinsam
gemeente Gemeinde *v*
gemeenzaam vertraulich, familiär
gemengd gemischt
gemeubileerd möbliert
gemiddeld durchschnittlich, im Durchschnitt
gemis Mangel *m*
gemoed Gemüt *o*
gemoedelijk treuherzig
gemotoriseerd motorisiert
gems Gämse *v*
genaakbaar zugänglich
genaamd genannt, namens
genade Gnade *v*
genadeloos rücksichtslos
genadeslag Gnadenstoß *m*
genadig gnädig
gene jener, jene, jenes
geneesheer Arzt *m*
geneeskrachtig heilkräftig
geneeskunde Medizin *v*
geneeslijk heilbar
geneesmiddel Medikament

genegen geneigt, gewogen
generaal General
generaliseren verallgemeinern
generatie Generation *v*
generen (zich) sich genieren
Genève Genf *o*
genezen (beter worden) genesen
(v. mensen), heilen (v. wonden);
(beter maken) heilen, kurieren
genialiteit Genialität *v*
genie Genie *o*
geniepig (heim)tückisch
genieten genießen (+4)
genitaliën *mv* Genitalien *mv*,
Geslechtsteile *mv*
genoeg genug; *er ~ van hebben*,
es leid sein
genoegdoening Genugtuung *v*
genoegen Vergnügen *o*, Gefallen
m; *~ doen*, freuen
genoegzaam genugsam,
hinreichend
genootschap Gesellschaft *v*; Verein
m
genot Genuss *m*
geoefend geübt, geschult
geoorloofd erlaubt
gepast passend, schicklich; *~ geld*
passendes Geld
gepeins Nachdenken; Grübeln *o*,
Träumerei *v*
gepensioneerde Pensionierte(r) *m-v*
gepeupel Pöbel *m*
gepraat Gerede *o*, Geschwätz *o*
geraakt getroffen; (boos) gereizt
geraamte Gerippe, Skelett *o*
geraas Lärm *m*, Getöse *o*
geraken (zu etwas) gelangen,
kommen, geraten
gerant Geschäftsführer *m*
gerecht Gericht *o*; Gerichtshof *m*;
(spijs) Speise *v*
gerechtelijk gerichtlich
gerechtigd berechtigt
gerechtshof Oberlandesgericht *o*
gereed fertig, bereit, bar (Geld)
gereedmaken (spijzen) zubereiten;
(andere zaken) fertig machen
gereedschap Gerät *o*
geregeld regelmäßig
geremd *fig* gehemmt
gereserveerd reserviert
geriefelijk bequem, behaglich
gerieflijk komfortabel
gering gering; niedrig, geringfügig
geringschatten gering schätzen
gerinkel Geklirr, Klirren *o*
geritsel das Rascheln
Germaans germanisch
geronnen geronnen
gerookt geräuchert
geroosterd geröstet
geroutineerd bewandert, erfahren

gerst Gerste *v*
gerucht Gerücht *o*
gerust ruhig
geruststellen beruhigen
geschapen beschaffen
gescheiden getrennt
geschenk Geschenk *o*
geschiedenis Geschichte *v*
geschikt tauglich, geeignet
geschil Streit *m*, Uneinigkeit *v*
geschoold geschult
geschreeuw Geschrei *o*
geschrift Schrift *v*
geschut Artillerie *v*; Geschütze *mv*
geslacht Geschlecht *o*
geslachtsdelen *mv*
Geschlechtsteile *mv*
geslachtsziekte
Geschlechtskrankheit *v*
geslepen geschliffen; verschlagen,
verschmitzt, schlau
gesloten verschlossen
gesp Schnalle, Spange *v*
gespierd nervig, muskulös
gespikkeld gesprenkelt
gesprek Gespräch *o*; *een ~*
aanknopen ein Gespräch
anknüpfen
gespuis Gesindel *o*
gestadig beständig, fortwährend
gestalte Gestalt *v*; Wuchs *m*
gesteente Gestein *o*
gestel Konstitution *v*
gesteld gestellt; gesetzt;
beschaffen
gesteldheid Zustand *m*,
Beschaffenheit *v*
gestemd gestimmt, aufgelegt
gesternte Gestirn *o*; Stern *m*
gestoffeerd mit Bodenbelag und
Vorhänge ausgestattet
gestolen gestohlen
gestommel Gepolter *o*
gestoord *geestelijk ~*,
geistesgestört
gestreng streng
gestroomlijnd stromlinienförmig
getal Zahl *v*
getand gezahnt; (postzegel)
gezähnt
getij Gezeit *v*
getroosten *zich veel moeite ~*, sich
viel Mühe geben
getrouw treu, getreu
getrouwd verheiratet
getuige Zeuge *m*, Zeugin *v*
getuigen zeugen
getuigenis Zeugnis *o*,
Zeugenaussage *v*
getuigschrift Zeugnis *o*
geul Rinne *v*
geur Duft *m*
geurig wohlriechend, duftig
gevaar Gefahr *v*

gevaarlijk gefährlich
gevaarte Ungetüm *o*
geval Fall *m*; Geschichte *v*, Vorfall
m
gevangen gefangen, verhaftet
gevangene Gefangene(r) *m-v*
gevangenis Gefängnis *o*
gevangenschap Gefangenschaft *v*
gevarieerdheid Buntheit *v*,
Mannigfaltigkeit *v*
gevat schlagfertig, gewandt
gevecht Gefecht *o*, Kampf *m*
geveinsd heuchlerisch, erlogen
gevel Fassade *v*
geven geben
gever Spender *m*
gevestigd fest, etabliert; *~ in*
ansässig in
gevoel Gefühl *o*, Empfindung *v*
gevoelig empfindlich
gevoelloos gefühllos, fühllos
gevogelte Geflügel *o*
gevolg Folge *v*
gevolgtrekking Schlussfolgerung *v*
gevolmachtigde Bevollmächtigte(r)
m-v
gevonden voorwerpen Fundsachen
mv
gevorderd fortgeschritten
gevuld gefüllt
gewaad Gewand *o*
gewaagd gewagt; gefährlich
gewaand vermeintlich, angeblich
gewaarwording Empfindung *v*
gewag *~ maken van*, erwähnen
gewagen erwähnen
gewapend bewaffnet
gewas Gewächs *o*
geweer Gewehr *o*, Flinte *v*
gewei Geweih *o*
geweld Gewalt *v*
gewelddadig gewalttätig
geweldig gewaltig; heftig
gewelf Gewölbe *o*
gewennen gewöhnen
gewenst erwünscht
gewest Gegend; Provinz *v*
geweten Gewissen *o*
gewetensbezwaar Skrupel *m*
gewettigd begründet, berechtigt
gewezen ehemalig
gewicht Gewicht *o*; *soortelijk ~*,
spezifisches Gewicht; *fig*
Wichtigkeit *v*
gewichtig wichtig
gewijd geweiht; heilig
gewild gewollt; beliebt
gewillig willig, folgsam
gewis gewiss, bestimmt, sicher
gewoel Gewühl, Getümmel *o*
gewond verletzt
gewonde Verwundete(r) *m-v*
gewoon gewöhnlich
gewoonlijk gewöhnlich

gewoonte Gewohnheit *v*
gewricht Gelenk *o*
gewrongen gekünstelt, unnatürlich
gezag Macht, Gewalt, Hoheit,
Autorität *v*
gezagvoerder Schiffskapitän
gezamenlijk gesamt, sämtlich,
zusammen
gezang Gesang *m*
gezant Gesandte(r), Botschafter
gezantschap Gesandtschaft *v*
gezegde Spruch *m*, Redensart *v*;
Äußerung *v*, Wort *o*
gezellig gemütlich
gezelschap Gesellschaft *v*
gezelschapsbiljet Kollektivfahrschein
m
gezet korpulent, dicklich; stark;
(geregeld) regelmäßig
gezeten ansässig, sesshaft;
begütert, wohlhabend
gezeur Gequengel *o*
gezicht Gesicht *o*
gezichtsvermogen Sehkraft *v*,
Sehvermögen *o*
gezien gesehen; geachtet
gezin Familie *v*
gezind gesinnt, gesonnen
gezindheid Gesinnung, Neigung;
religiöse Überzeugung *v*
gezindte Konfession *v*
gezinshoofd Familienoberhaupt *o*,
Familienvater *v*
gezocht gesucht, beliebt; affektiert
gezond gesund
gezondheid Gesundheit *v*
gezusters Schwestern *mv*
gezwel Geschwulst *v*
gezwollen geschwollen; schwülstig
gids Führer *m*
giechelen kichern
gier Geier *m*
gieren brausen, pfeifen; ~ *van het
lachen* brüllen vor Lachen
gierig geizig, filzig
gierigaard Geizhals
gieten gießen
gieter (werktuig) Gießkanne *v*
gieterij Gießerei; Gießhütte *v*
gietijzer Gusseisen *o*
gif Gift *o*
gift Gabe *v*, Geschenk *o*
gijzelaar Geisel *m* & *v*,
Geiselhäftling *m*
gil gellender Schrei *m*
gilde Zunft *v*
gillen schreien, laut aufschreien,
gellen
ginder dort
ginds dort, drüben
gips Gips *m*
giraffe Giraffe *v*
gireren auf das Postscheckkonto
überweisen

giro Giro *o*
girobetaalkaart Giroscheck *m*
girobiljet Zahlkarte *v*
gironummer
Postscheckkontonummer *v*
giropas Scheckkarte *v*
girorekening Girokonto *o*
gissen vermuten, mutmaßen
gist Hefe *v*
gisten gären
gisteren gestern; *van ~*, gestrig
gitaar Gitarre *v*
glaasje Gläschen *o*; (stukje glas)
Glasstück *o*; (glazen venstertje)
Fenster *o*
glad glatt
gladheid Glätte *v*
glans Glanz *m*
glas Glas *o*
glasblazerij Glashütte *v*
glashard glashart
glashelder glockenrein;
sonnenklar
glazen gläsern, von Glas
glazenwasser Fensterputzer *m*
glazig glasig, glasartig
glazuur Glasur *v*
gletsjer Gletscher *m*
gleuf Spalte; (groef) Rille; (in de
grond) Furche *v*
glibberig schlüpfrig, glitschig
glijbaan Rutschbahn *v*
glijden gleiten, schlittern
glijvlucht Gleitflug *m*
glimlachen lächeln
glimmen glimmen, glänzen
glinsteren glanzen; (v. ster)
funkeln, glitzern
globaal annähernd
gloed Glut *v*
gloednieuw brandneu,
funkelnagelneu
gloeien glühen, brenne
gloeiend glühend, brennend
gloeilamp Glühlampe, -birne *v*
glooiing Böschung *v*; Abhang *m*
glorie Glorie *v*, Ruhm *m*
gluiperig heimtückisch
glunderen schmunzeln
gluren lauern, schielen
goal Tor *o*
God Gott *m*
goddelijk göttlich
goddeloos gottlos; verrucht
godenleer Götterlehre *v*
godgeleerde Theologe *m*
godheid Gottheit *v*
godin Göttin *v*
godsdienst Religion *v*
godsdienstoefening Gottesdienst
m
godslastering Gotteslästerung *v*
godsvrucht Gottesfurcht *v*
goed *bn* gut; *Goede Vrijdag*,

Karfreitag *m*; *zn* Gut *o*, Habe *v*,
Landgut *o*; Zeug *o*
goedaardig gutartig, gutherzig
goeddunken Belieben *o*
goedemiddag guten Tag
goedemorgen guten Morgen
goedenacht gute Nacht
goedenavond (bij aankomst) guten
Abend *m*
goedendag guten Tag
goederen Waren, Güter *mv*
goederentrein Güterzug *m*;
Lastzug *m*
goederenwagen Güterwagen *m*
goedhartig gutherzig
goedheid Güte *v*
goedig gütig, gutherzig
goedkeuren billigen, gutheißen,
genehmigen
goedkeuring Genehmigung *v*;
Beifall *m*; Lob *o*
goedkoop wohnfeil, billig
goedkoop billig
goedmaken ausgleichen; ersetzen;
wettmachen
goedpraten beschönigen,
entschuldigen, rechtfertigen
goedschiks gutwillig
goedsmoeds gutes Mutes
goedvinden Beifall *m*, Billigung;
Erlaubnis *v*
gokken spekulieren; spielen
golf Welle, Woge *v*; (baai)
Meerbusen, Golf *m*; (radio) *korte
~*, Kurzwelle *v*
golf Golfspiel *o*
golfen Golf spielen
golflengte Wellenlänge *v*
golflinks Golfplatz *m*
golfslag Wellenschlag *m*
golvend (water) wogend; (haar)
wallend; (terrein) uneben;
hügelig
gom Gummi *o*, Radiergummi *o*
gondel Gondel *v*
gonzen summen
goochelaar Gaukler
goochelen zaubern
gooien werfen, schmeißen
goor schmutzig (grau); unflätig
goot Gosse, Rinne *v*
gootsteen Rinnstein *m*
gordel Gürtel, Gurt *m*
gordelroos Gürtelflechte *v*, -rose *v*
gordijn Vorhang *m*; Gardine *v*
gorgelen gurgeln
gort Grütze *v*
goud Gold *o*
gouden golden, Gold-; ~ *bruiloft*,
goldene Hochzeit *v*
goudenregen Goldregen *m*
goudsmid Goldschmied
goudvis Goldfisch *m*
gouvernante Erzieherin

graad Grad *m*, Stufe *v*
graaf Graf
graafschap Grafschaft *v*
graag gern
graan Getreide, Korn *o*
graat Gräte *v*
grabbelen grabbeln
gracht (Stadt)graben, Kanal *m*
gracieus graziös; anmutig
graf Grab *o*
grafkelder Grabgewölbe *o*, Gruft *v*
grafschrift Grabschrift *v*
grafsteen Grabstein *m*
gram Gramm *o*
grammofoon Grammophon *o*
grammofoonplaat Schallplatte *v*
granaat Granate *v*
graniet Granit *m*
grap Spaß, Witz *m*
grapefruit Grapefruit *v*,
  Pampelmuse *v*
grappenmaker Possenreißer,
  Spaßvogel *m*
grappig drollig, spaßhaft
gras Gras *o*
grasperk Rasen *m*
gratie Anmut; Gunst; Gnade *v*
gratieverzoek Gnadengesuch *o*
gratis gratis
grauw grau; trübe
graven graben, schaufeln
graveren gravieren, stechen
graveur Kupferstecher, Graveur *m*
gravin Gräfin; Komtesse
gravure (koper-) Kupferstich;
  (staal-) Stahlstich *m*
grazen grasen, abweiden
greep Griff *v*; Mistgabel *v*
grendel Riegel *m*
grendelen verriegeln
grenenhout Kiefernholz *o*
grens Grenze *v*
grenscontrole Grenzkontrolle *v*
grensgeschil Grenzstreitigkeit *v*
grensplaats Grenzort *m*
grenspost Grenzposten *m*
grenzeloos grenzenlos
grenzen grenzen
greppel Graben *m*
gretig gierig, begierig
grief Beschwerde *v*; Ärgernis *o*
Griek Grieche
Grieks griechisch
griep Grippe *v*
grieperig schwer erkältet
griesmeel Grießmehl *o*
grieven kränken, schmerzen
griezelen schaudern, gruseln
griezelig gruselig, schaurig
grif glatt
griffel Griffel *m*
griffier Gerichtsschreiber;
  Schriftführer *m*
grijns das Grinsen

grijpen greifen, fassen
grijs grau
grijsaard Greis
gril Grille, Laune, Schrulle *v*
grillig launenhaft, launisch; bizarr
grimas Grimasse, Fratze *v*
grimmig grimmig
grind Kies *m*
grindweg Kiesweg *m*
groef Rinne *v*, Rille *v*
groei Wuchs *m*; Wachstum *o*
groeien wachsen
groen grün; ~*e kaart* grüne Karte *v*
groente Gemüse *o*
groenteboer Gemüsehändler
groenteman Gemüsehändler *m*
groentesoep Gemüsesuppe *v*
groentewinkel Gemüseladen *m*
groep Gruppe *v*
groepagedienst Sammelladung *v*
groepering kleine Gruppe *v*
groet Gruß *m*
groeten grüßen
groeve Grube; Furche *v*
grof grob, roh
grommen brummen, murren;
  knurren (v. hond)
grond Boden *m*
grondbeginsel Prinzip *o*;
  Anfangsgrund; Grundsatz *m*
gronddienst (op vliegveld)
  Bodendienst *m*
grondeigenaar Grundbesitzer
gronden gründen
grondgebied Gebiet *o*
grondgesteldheid
  Bodenbeschaffenheit *v*
grondig gründlich, eingebend;
  (smaak) schlammig, grundig
grondlegger (Be)gründer *m*
grondslag Grundlage *v*
grondstof Rohstoff *m*
grondverf Grundfarbe *v*
grondvesten gründen, errichten
grondwet Verfassung, Konstitution
  v
grondwettig verfassungsmäßig
grondzeil Bodenplane *v*
groot groß
Groot-Brittannië Großbrittannien *o*
grootgrondbezit Großgrundbesitz
  m
grootheidswaanzin Größenwahn *m*
grootmoeder Großmutter
grootouders Großeltern *mv*
groots großartig, großzügig; (trots)
  stolz
grootspraak Großsprecherei *v*
grootste größte
grootte Größe *v*
grootvader Großvater
gros Gros *o*, größter Teil *m*
grossier Grossist, Großhändler
grot Höhle; Grotte *v*

grotendeels großenteils;
  größtenteils
gruis Staub *m*; Pulver *o*
grutten Grütze *v*
gruwel Gräuel *m*, Gräueltat, Untat
  v
gruwelijk gräulich, grässlich
guit Schalk, Schelm
guitig schelmisch, schalkhaft
gul freigebig; herzlich
gulden Gulden *m*; *bn* golden
gulp Schwall *m*; (in broek)
  Hosenstall *m*
gulzig gierig, gefräßig
gummi Gummi *m/o*
gunnen gönnen; zuweisen
gunst Gunst *v*
gunsteling Günstling
gunstig günstig, gewogen
guur (v. weer) rau; unfreundlich
gymnastiek Gymnastik, Turnkunst
  v, Turnen *o*
gymnastiekschoen Turnschuh *m*
gympen Turnschuh *m*
gynaecoloog Gynäkologe *m*

H

Haag, Den Den Haag
haai Haifisch, Hai *m*
haak Haken *m*
haakje Häkchen *o*, Klammer *v*;
  tussen ~s zetten, einklammern;
  tussen twee ~s, beiläufig,
  nebenbei bemerkt
haakpen Häkelnadel *v*
haaks rechtwinklig
haakwerk Häkelarbeit *v*
haal Zug; Federstrich *m*
haan Hahn *m*
haar *zn* Haar *o*, Haare *mv*; *vnw* sie,
  ihr
haarborstel Haarbürste *v*
haard Herd *m*
haarkloverij Haarklauberei,
  Haarspalterei *v*
haarlak Haarlack *m*
haarnet Haarnetz *o*
haarspeld Haarnadel *v*
haarspeldbocht Serpentine *v*
haarstukje Haarersatzstück *o*;
  Toupet *o*
haas Hase *m*; (v. rund)
  Lendenstück *o*
haast Eile *v*; *bijw* beinahe
haasten treiben, drängen; *zich ~*,
  sich beeilen
haastig eilig, hastig
haat Hass *m*
haatdragend nachtragend
hachee Haschee *o*
hachelijk misslich, heikel
hagel (neerslag) Hagel *m*
hagelbui Hagelschauer *m*

187

hagelen hageln
hak Absatz *m*
haken haken; (handwerk) häkeln
hakkelen stottern, stammeln
hakken hacken, hauen
hakmes Hackmesser *o*
hal Halle *v*; Lichthof *m*
halen holen
half halb; *halve maan*, Halbmond
m
halfjaar Semester, Halbjahr *o*
halfpension Halbpension *v*
halfrond Halbkugel *v*
halfstok halbmast
halfvol halbvoll
halfweg halbwegs
hallo hallo
halm Halm *m*
hals Hals *m*; ~ *over kop*, Hals über
Kopf, überstürzt
halsband Halsband *o*
halsstarrig halsstarrig
halster Halfter *v*
halswervel Halswirbel *m*
halt Halt *m*; *tsw* halt!
halte Haltestelle *v*
halter Hantel *v*
halverwege auf halbem Wege, auf
der Hälfte
ham Schinken *m*
hamburger Hamburger *m*
hamer Hammer *m*
hamster Hamster *m*
hamsteren hamstern
hand Hand *v*
handbagage Handgepäck *o*
handbal Handball *o*
handboei Handfessel *v*
handdoek Handtuch *o*
handel Handel *m*; Handlung *v*;
Geschäft *o*
handelaar Händler
handelbaar gefügig; lenksam
handelen handeln, verfahren,
Handel treiben
handeling Tat, Verrichtung *v*
handelsmerk Schutzmarke *v*
handelsreiziger
Geschäftsreisende(r); Vertreter
handelwijze Handlungsweise *v*,
Verfahren *o*
handenarbeid Handarbeit *v*
handgebaar Handbewegung, Geste
v
handgeklap Händeklatschen *o*
handgeld Handgeld *o*
handgemaakt handgearbeitet
handhaven behaupten; aufrecht
erhalten
handicap Behinderung *v*
handig gewandt, geschickt
handigheid Geschicklichkeit *v*,
Handlichkeit *v*
handlanger Helfer, Gehilfe;

Helfershelfer
handleiding Anleitung *v*, Leitfaden
m
handrem Handbremse *v*
handschoen Handschuh *m*
handschrift Handschrift *v*,
Manuskript *o*
handtas Handtasche *v*
handtastelijk handgreiflich
handtekening Unterschrift *v*
handvat Griff *m*; Handhabe *v*
handvol Handvoll *v*
handwerk Handwerk, Gewerbe *o*;
Handarbeit *v*
handwijzer Wegweiser *m*
handzaam handlich, praktisch
hangen (auf)hängen
hanger Anhänger *m*; (kleerhanger)
Kleiderbügel *m*
hangerig lustlos, matt
hangkast Kleiderschrank *m*
hanglamp Hängelampe *v*
hangmat Hängematte *v*
hangslot Vorlegeschloß *o*
hansworst Hanswurst
hanteren handhaben, hantieren
hap Happen, Bissen *m*
haperen hapern, stocken
happen happen; schnappen
hard hart, laut; schwierig
harddraverij Trabrennen *o*
harddrug harte Droge *v*
harden härten; *zich ~*, sich
abhärten
hardgekookt (ei) hart gekocht
hardhandig derb
hardheid Härte *v*
hardhorend schwerhörig
hardlijvig hartleibig
hardnekkig hartnäckig
hardop laut
hardsteen Quader(stein) *m*
hardvochtig hartherzig
harig haarig
haring (vis & v. tent) Hering *m*
haringsla Heringssalat *m*
hark Rechen *m*
harken harken
harlekijn Harlekin *m*
harmonica Harmonika *v*
harnas Harnisch, Panzer *m*
harp Harfe *v*
hars Harz *o*
hart Herz *o*
hartaanval Herzanfall *m*
hartelijk herzlich
harten (kaarten) Herz, Coeur
hartgrondig herzinnig, aus Herzens
Grund
hartig herzhaft
hartinfarct Herzinfarkt *m*
hartkloppingen Herzklopfen *o*
hartkwaal Herzleiden *o*
hartpatiënt Herzkranke(r) *m-v*

hartslag Herzschlag *m*
hartstocht Leidenschaft *v*
hartverlamming Herzschlag *m*
hartverscheurend herzzerreißend
hartzeer Herzeleid *o*, Gram *m*
hasj Hasch *o*
hatelijk gehässig, anzüglich
hatelijkheid Gehässigkeit,
Anzüglichkeit *v*
haten hassen
hausse Hausse,
Aufwärtsbewegung *v*
haveloos zerlumpt, schäbig
haven Hafen *m*
havenen übel zurichten,
beschädigen
havengeld Hafengebühr *v*
havenhoofd Mole *v*
haver Hafer *m*
havermout Haferflocken *v mv*
havik Habicht *m*
hazardspel Hasardspiel *o*
hazelaar Hasel(staude) *v*
hazelnoot Haselnuss *v*
hazenpeper Hasenpfeffer *m*
hebben haben
Hebreeuws hebräisch
hebzucht Habsucht *v*
hebzuchtig habgierig
hecht *bn* fest, dauerhaft
hechten fest machen; heften
hechtenis Haft *v*
hechtpleister Heftpflaster *o*
hectare Hektar *o*
heden heute
hedendaags heutig, jetzig
heel *bn* (geheel, onbeschadigd)
ganz; *bijw* (zeer) sehr
heelal Weltall *o*
heen hin; ~ *en weer*, hin und her
heen-en-weer *het ~ van iets
krijgen* einen zu viel kriegen
heengaan fortgehen
heenreis Hinreise *v*
heer Herr *m*
heerlijk herrlich
heerschappij Herrschaft *v*
heersen herrschen, vorwalten
heerszuchtig herrschsüchtig
hees heiser
heester Strauch *m*
heet heiß
heethoofdig hitzig
hef schroef vliegtuig *o*
Hubschrauber *m*, Helikopter *m*
hefboom Hebel *m*
heffen heben; (geld) erheben
heffing Erhebung *v*
heft Griff *m*, Heft *o*
heftig heftig, auffahrend
heg Hecke *v*, Zaun *m*
heide Heide *v*
heiden Heide *m*
heidens heidnisch

heien einrammen
heiig diesig, neblig
heil Heil *o*
Heiland Heiland
heilig heilig
heiligdom Heiligtum *o*
heiligschennis Entheiligung *v*
heilloos heillos, verrucht
heilwens Segenswunsch *m*
heilzaam heilsam
heimelijk heimlich, verstohlen
heimwee Heimweh *o*
heinde en ver weit und breit
heining Bretterzaun, Zaun *m*
hek Zaun *m*
hekel Widerwille *m*
hekelen durchhecheln
heks Hexe *v*
hel Hölle *v*; *bn* hell
helaas leider!
held Held
heldendaad Heldentat *v*
helder hell, klar; heiter
helderheid Helle, Klarheit;
   Reinlichkeit *v*
helderziend heilsehend;
   hellseherisch
heldhaftig heldenhaft
heldin Heldin
helemaal ganz
helen (genezen) heilen; (v.
   gestolen goed) hehlen
helft Hälfte *v*
helikopter Hubschrauber *m*,
   Helikopter *m*
hellen überhängen, sich neigen
helling Abhang *m*
helm Helm *m*
help ~! Hilfe!; *lieve ~ !* ach, du
   lieber Himmel
helpen helfen (+3); *~ aan*,
   verhelfen (+3) zu
hels höllisch
hem ihm (3e nv), ihn (4e nv)
hemd Hemd *o*
hemel Himmel *m*
hemellichaam Himmelskörper *v*
hemels himmlisch
hemelsblauw himmelblau
hemelstreek Himmelsgegend *v*
Hemelvaartsdag Himmelfahrtstag
   m
hen (kip) Henne *v*; *vnw* sie
Henegouwen Hennegau *m*
hengel Angel *v*
hengelen angeln
hengelsport Angelsport *m*
hengsel Henkel *m*; (v. deur) Angel *v*
hengst Hengst *m*
hennep Hanf *m*
herademen wieder aufatmen
heraut Herold
herberg Herberge *v*; Wirtshaus *o*,
   Wirtschaft *v*

herbergzaam wirtlich
herboren wiedergeboren
herdenken gedenken; feiern
herdenking Gedächtnisfeier *v*
herder Hirt, Schäfer *m*
herderin Hirtin *v*
herdruk Neudruck *m*, neue Auflage
   v
herenhuis Einfamilienhaus *o*
herenigen wiedervereinigen
herenkleding Herrenkleidung *v*
herentoilet Herrentoilette *v*
herexamen Nachprüfung *v*
herfst Herbst *m*
herfstdraden Altweibersommer *m*
herhaaldelijk wiederholt
herhalen wiederholen
herinneren erinnern
herinnering Erinnerung *v*
herkauwer Wiederkäuer *m*
herkennen (wieder)erkennen
herkiezen wiederwählen
herkomst Her-, Abkunft *v*
herkomstig gebürtig; herrührend
herleiden umrechnen;
   zurückführen
herleven (wieder)aufleben
hermelijn Hermelin *o*
hernemen zurücknehmen;
   (antwoorden) versetzen,
   erwidern
hernia Bruch *m*,
   Bandscheibenverlagerung *v*,
   Bandscheibenverschiebung *v*
hernieuwen erneuern
heroïne Heroin *o*
herrie Krach *m*; (drukte) Rummel
   m
herroepen widerrufen
herscheppen umschaffen,
   neugestalten
herscholen umschulen
hersenen Gehirn *o*
hersenpan Hirnschale *v*
hersenschim Hirngespinst,
   Trugbild *o*
hersenschudding
   Gehirnerschütterung *v*
herstel Wiederherstellung; (v.
   ziekte) Genesung; Erholung *v*
herstellen wiederherstellen;
   ausbessern, reparieren
herstellingsoord Heilanstalt *v*
herstemming Stichwahl *v*
hert Hirsch *v*
hertog Herzog *m*
hertogdom Herzogtum *o*
hertogin Herzogin *v*
hertrouwen wieder heiraten
herverzekeren rückversichern
hervormd reformiert, evangelisch
hervorming Umgestaltung, Reform;
   (kerk) Reformation *v*
herwaardering Aufwertung,

   Neubewertung *v*
herwaarts hierher
herzien durchsehen, revidieren
herziening Revision *v*
het das; es
heten heißen; *hoe heet je?* wie
   heißt du?; *ik heet...* ich heiße...
hetgene dasjenige
hetwelk der, die, das; welche(r)
hetzelfde dasselbe
hetzij sei es
heuglijk erfreulich; denkwürdig
heulen (mit einem)
   gemeinschaftliche Sache machen
heup Hüfte *v*
heus (beleefd) höflich; wirklich
heuvel Hügel *m*
heuvelachtig hügelig
hevel Heber *m*
hevig heftig
hiel Ferse, Hacke *v*
hier hier
hierbij hierzu, hiermit
hierheen hierher, her
hiernaast hierneben
hiernamaals Jenseits *o*
hierop hierauf
hij er
hijgen keuchen
hijsen hochziehen; (zeil) hissen;
   (anker) lichten
hik Schlucken *m*
hikken schlucksen
hinde Hirschkuh, Hindin *v*
hinder Belästigung *v*, Ungemach *o*
hinderen belästigen
hinderlaag Hinterhalt *m*
hinderlijk hinderlich
hindernis Hindernis *o*
hinken hinken, humpeln
hinniken wiehern
hip kess
historie Geschichte *v*
historisch historisch
hit Hit *m*
hitte Hitze *v*
hittegolf Hitzewelle *v*
hobbel Hubbel *m*, Unebenheit *v*
hobbelig holperig
hobbelpaard Schaukelpferd *o*
hobby Hobby *o*
hockey Hockey *o*
hoe wie
hoed Hut *m*
hoedanigheid Eigenschaft;
   Beschaffenheit *v*
hoede Hut, Obhut *v*
hoeden hüten
hoef Huf *m*
hoefijzer Hufeisen *o*
hoefsmid Hufschmied *m*
hoek Ecke *v*; Winkel *m*
hoekschop *sp* Eckball *m*, Eckstoß *m*,
   Ecke *v*

hoepel Reifen *m*
hoer Hure / Prostituierte *v*
hoera hurra
hoes Überzug *m*
hoest Husten *m*
hoestdrank Hustensaft *m*
hoesten husten
hoeve Bauernhof *m*
hoeveel wie viel
hoeveelheid Menge *v*
hoeven brauchen; *dat hoeft niet dat ist nicht nötig*
hoewel obschon, obwohl, wiewohl
hoezo? wie so?
hof (tuin) Garten *m*; (v. vorst) Hof *m*
hoffelijk höflich
hofhouding Hofhaltung *v*
hofmeester Steward *m*
hofstede Gehöft, Bauerngut *o*
hogepriester Hohepriester *m*
hogerhand van ~, höhern Ortes
hogeschool Hochschule *v*
hogesnelheidstrein Hochgeschwindigkeitszug *m*
hok Schuppen; Stall, Käfig *m*; Loch *o*
hol Höhle *v*; Loch *o*; *bn* hohl; *op ~ slaan*, durchgehen
holding Company, Dachgesellschaft *v*
Holland Holland
Hollander Holländer *m*
Hollands holländisch
Hollandse Holländerin *v*
hollen durchgehen
holte Höhlung; Vertiefung *v*
hom (Fisch)milch *v*
hommel Hummel *v*
homo Homo *m*; *bn* homo
homoseksueel Homosexueller *m*; *bn* homosexuell
hond Hund *m*
hondenhok Hundehütte *v*
hondenweer Sauwetter *o*
honderd hundert
honderd(ste) hundert(ste)
honds grob, rücksichtslos
hondsdagen Hundstage *m mv*
hondsdolheid Hundswut *v*
hondsvot Hundsfott *m*
honen verhöhnen
Hongaar Ungar
Hongaars ungarisch
Hongarije Ungarn *o*
honger Hunger *m*
hongerig hung(e)rig
hongersnood Hungersnot *v*
honing Honig *m*
honingraat Honigscheibe, Honigwabe *v*
honkbal Baseball *o*
honorarium Honorar *o*
honoreren honorieren

hoofd Kopf *m*, Haupt *o*; (spits) Spitze *v*; (v. school) Rektor, Schulvorsteher
hoofdartikel Leitartikel *m*
hoofdbureau Zentrale *v*, Hauptstelle *v*
hoofdconducteur Zugführer *m*
hoofddeksel Kopfbedeckung *v*
hoofddoek Kopftuch *o*
hoofdeinde Kopfende *o*
hoofdelijk (stemming) namentlich; ~*e omslag*, Kopfsteuer *v*
hoofdgerecht Hauptgericht *o*; Hauptschüssel *v*
hoofdhaar Kopfhaar *o*
hoofdkaas Presskopf *v*
hoofdkussen Kopfkissen *o*
hoofdletter Majuskel *v*
hoofdman Häuptling *m*
hoofdpersoon Hauptperson *v*
hoofdpijn Kopfschmerzen *mv*
hoofdpostkantoor Hauptpostamt *o*
hoofdredacteur Hauptschriftleiter *m*
hoofdrol Haupt-, Spitzenrolle *v*
hoofdstad Hauptstadt *v*
hoofdstuk Kapitel *o*
hoofdweg Hauptverkehrsstraase *v*
hoofdzaak Hauptsache *v*
hoofdzakelijk hauptsächlich
hoofs höfisch, förmlich
hoog hoch
hoogachten hochachten, hochschätzen
hoogachtend hochachtungsvoll
hoogdravend hochtrabend, schwülstig, hochgestochen
Hoogduits hochdeutsch
hooggeacht hochgeehrt
hooghartig stolz, hochmütig
hoogheid Hoheit *v*
hoogleraar Professor
hoogmis Hochamt *o*
hoogmoed Hochmut *m*
hoogoven Hochofen *m*
hoogseizoen Hochsaison *v*
hoogstens höchstens
hoogte Höhe, Anhöhe *v*
hoogtepunt Höhe-, Gipfelpunkt *m*
hoogtevrees Höhenangst *v*
hoogtezon Höhensonne *v*
hoogveen Hochmoor *o*
hoogvlakte Hochebene *v*
hooi Heu *o*
hooiberg Heuhaufen *m*; (ter opberging) Schober *m*
hooien heuen, Heu machen
hooikoorts Heufieber *o*
hooimijt Heuschober *m*
hooizolder Heuboden *m*
hoon Hohn *m*
hoongelach Hohngelächter *o*
hoop (massa) Haufen *m*, Masse *v*; (verwachting) Hoffnung *v*

hoorn Horn *o*
hoornblazer Hornbläser *m*
hoornvlies Hornhaut *v*
hoos Hose, Wasserhose *v*
hop Hopfen *m*
hopeloos hoffnungslos
hopen hoffen
horde (bende) Horde *v*; (sport) Hürde *v*
horeca Hotel- und Gaststättengewerbe *o*
horen hören
horizon Horizont *m*
horizontaal waagerecht, horizontal
horloge Armbanduhr *v*
horlogebandje Uhrband *o*
horlogemaker Uhrmacher
hors d'oeuvre Hors d'oeuvre *o*, Schwedenplatte *v*
horzel Hornisse *v*
hospitaal Spital *o*; *mil* Lazarett *o*
hospitaalschip Lazarettschiff *o*
hossen untergehakt in einer Reihe tanzen
hostie Hostie *v*
hotel Hotel *o*, Gasthof *m*
hotelhouder Hotelbesitzer
houdbaar (v. spijzen) haltbar
houden halten; ~ *van*, (iets) mögen, (iem.) lieben
houder (mens) Inhaber *m*; (ding) Halterung *v*
houding Haltung *v*; (gedrag) Benehmen *o*
housen raven
houseparty Houseparty *v*
hout Holz *o*
houten hölzern, Holz-.
houterig hölzern
houtskool Holzkohle *v*
houtsnede Holzschnitt *m*
houtvester Förster
houvast Griff *m*, Handhabe *v*
houw Hieb *m*
houweel Hacke, Picke *v*
houwen hauen, hacken
houwitser Haubitze *v*
hovaardig hoffärtig
hoveling Höfling
huichelaar Heuchler
huichelachtig heuchlerisch
huichelen heucheln
huid Haut *v*
huidig heutig
huiduitslag Hautausschlag *m*
huig Zäpfchen *o*
huilen weinen; heulen
huilerig weinerlich
huis Haus *o*
huisarts Hausarzt *m*
huisbaas Hauswirt *m*
huisbewaarder Hausmeister *m*
huisdier Haustier *o*
huisdokter Hausarzt *m*

huiselijk häuslich
huisgenoot Hausgenosse
huisgezin Familie *v*
huishoudelijk häuslich,
   wirtschaftlich
huishouden Haushalt *m*,
   Wirtschaft *v*
huishoudgeld Wirtschaftsgeld *o*
huishoudster Haushältering,
   Wirtschafterin
huishuur Hausmiete *v*
huiskamer Wohnzimmer *o*
huisknecht Hausdiener *m*
huisraad Hausrat *m*
huisvesting Obdach, Unterkommen
   o
huisvrouw Hausfrau *v*
huiswaarts heim, nach Hause
huiswerk Hausarbeit *v*; (van
   school) Hausaufgabe *v*
huiveren schaudern, frösteln
huivering Schauder *m*
huiveringwekkend schauderhaft,
   schaurig, schauerlich
huizen wohnen; hausen
hulde Huldigung *v*
huldigen huldigen; feiern
hullen (sich) hüllen
hulp Hilfe; *eerste ~ bij*
   ongelukken, erste Hilfeleistung
   v, Rettungsdienst *m*, Soforthilfe *v*
hulpbehoevend hilfsbedürftig
hulpbetoon Hilfeleistung,
   Unterstützung *v*;
   maatschappelijk. ~, soziale
   Fürsorge *v*
hulpbron Hilfsquelle *v*
hulpeloos hilflos
hulpmiddel Hilfsmittel *o*
hulppostkantoor Poststelle *v*
hulpvaardig hilfsbereit
hulpwerkwoord Hilfszeitwort *o*
huls Hülse *v*
hulsel Hülle *v*
hulst Stechpalme *v*
humeur Laune *v*
humor Humor *m*
hun *pers vnw* ihnen; *bez vnw* ihr,
   ihre
hunkeren sich sehnen
huppelen hüpfen, springen
huren mieten
hurken kauern
hut Hütte *v*
hutbagage Kabinengepäck *o*
huur Miete *v*; *te ~*, zu vermieten
huurauto Mietwagen *m*
huurder Mieter *m*
huurhuis Miet(s)haus *o*;
   Mietwohnung *v*
huurprijs Miete; Leihgebühr *v*
huwbaar heiratsfähig, mannbar
huwelijk Ehe *v*
huwelijksaankondiging

Heiratsanzeige *v*
huwelijksaanzoek Heiratsantrag *m*
huwelijksbureau
   Heiratsvermittlungsbüro *o*
huwelijksfeest Hochzeitsfest *o*
huwelijksreis Hochzeitsreise *v*
huwen heiraten, sich verheiraten
   (vermählen) mit
huzaar Husar
hyacint Hyazinthe *v*
hygiëne Hygiene *v*
hyperventilatie Hyperventilation *v*
hypotheek Hypothek *v*
hypotheekbank Hypothekenbank *v*

I

i.c. (in casu) in diesem Fall
ideaal *zn* Ideal *o*; *bn* ideal
idee Idee *v*; *~ fixe* fixe Idee,
   Wahnvorstellung *v*
identificeren identifizieren
identiteitsbewijs Ausweis *m*
idioot Idiot *m*, Blödsinnige(r) *m-v*
idylle Idyll *o*
ieder jede(r), jedes; jedermann,
   ein jeglicher
iedereen jedermann
iemand jemand, eine(r)
iep Ulme *v*
ler Ire, Irländer
lers irisch
iets etwas
ijdel eitel, leer
ijdelheid Eitelkeit *v*
ijken eichen, stempeln
ijl leer; dünn
ijlen eilen; (zieken) irre reden,
   phantasieren
ijlings eilends, schleunig(st)
ijs Eis; (eten) Speiseeis *o*
ijsbeer Eisbär *m*
ijsblokje Eiswürfel *m*
ijselijk grausig, fürchterlich
ijskast Eis-, Kühlschrank *m*
ijslolly Eis am Stiel *o*
ijspegel Eiszapfen *m*
ijssalon Eisstube *v*, Eisdiele *v*
ijsschots Eisscholle *v*
ijszak Eisbeutel *m*
ijszee Eismeer *o*
ijver Fleiß *m*; Eifer *m*
ijverig eifrig
ijzel Glatteis *o*
ijzen schauern, schaudern
ijzer Eisen *o*
ijzerdraad Eisendraht *m*
ijzeren eisern, Eisen-,
ijzergieterij Eisenhütte *v*
ijzig eisig; Grauen erregend
ik ich
illegaal illegal
illegaliteit Widerstandsbewegung
   v

illustratie Illustration *v*
imitatie Nachahmung *v*
imker Imker
immer immer, jemals
immers ja, doch, gewiss
immigratie Einwanderung *v*
immuun immun
imperiaal Imperial *m*
import Import *m*
importeren importieren
in (binnen) in, im, ins (drinnen)
inademen einatmen
inbeelding Einbildung V, Dünkel *m*
inbegrepen einbegriffen
inbegrip *met ~ van*, einschließlich
   (+2)
inbinden (boeken) binden; *fig* sich
   bezwingen; mäßigen
inblazen einhauchen, einblasen
inboedel Mobiliar, Inventar *o*
inboezemen einflößen
inboorling der, die Eingeborene
inborst Gemüt *o*, Gesinnung *v*,
   Wesen *o*
inbraak Einbruch *m*
inbreker Einbrecher
inbreuk Eingriff *m*, Verletzung *v*
incasseren einkassieren,
   eintreiben
incheckbalie Abfertigungsschalter
   m
inchecken einchecken
incident Zwischenfall *m*
inclusief einschließlich (+2)
inclusief inklusive
inconsequentie Inkonsequenz *v*
indelen einteilen
inderdaad tatsächlich
indertijd damals
indexcijfer Indexzahl *v*
Indiaan Indianer *m*
indien wenn, falls
indienen einreichen
indiensttreding (Amts)Antritt *m*
Indiër Indier
Indisch indisch
individu Individuum *o*
Indonesië Indonesien *o*
indopen eintauchen, eintunken
indringen eindringen, sich
   eindrängen
indringer Eindringling *m*
indringerig zudringlich
indruk Eindruck *m*
indrukwekkend eindrucksvoll
industrie Industrie *v*
industrieel Industrieller *m*
ineenkrimpen
   zusammenschrumpfen;
   zusammenfahren
ineens auf einmal, plötzlich
ineensmelten
   zusammenschmelzen
ineenstorting Zusammenbruch *m*

ineenzakken zusammenbrechen
inenten impfen
inenting Impfung *v*
inentingsbewijs Impfpass *m*
infecteren anstecken, infizieren
infectie Ansteckung *v*, Infektion *v*,
Entzündung *v*
inflatie Inflation, Geldentwertung *v*
informatie Erkundigung; Auskunft
v
informatie Information *v*
informatiebureau Auskunftsstelle;
Auskunftei *v*
informeren sich erkundigen
ingang Eingang *m*
ingebeeld eingebildet, imaginär
ingekankerd eingewurzelt,
eingerissen
ingelegd eingelegt, eingemacht;
(hout) getäfelt
ingenaaid geheftet
ingenieur Diplomingenieur
ingesloten beigeschlossen,
einliegend, in der Anlage
ingetogen zurückgezogen, sittsam
ingeval falls
ingeving Eingebung *v*
ingevolge infolge (+2)
ingewanden Eingeweide *o*
ingewijde Eingeweihter *m*
ingewikkeld verwickelt
ingezetene Einwohner *m*
ingrediënt Ingredienz *v*
ingrijpen eingreifen
inhaalwedstrijd Nachholspiel *o*
inhalen (binnenhalen) einholen,
einziehen; (verzuim) nachholen;
(verkeer) überholen
inhaleren einatmen, inhalieren
inhalig habgierig
inham Meerbusen *m*, Bucht, Bai *v*
inhechtenisneming Verhaftung *v*
inheems einheimisch
inhoud Inhalt *m*
inhouden anhalten, zurückhalten
initiaal Anfangsbuchstabe *m*,
Initiale *v*
initiatief Initiative *v*
injectie Spritze(n) *v*
injectiespuit Injektionsspritze *v*
inkijken hineinsehen, durchsehen
inklaren (ein)klarieren
inkomen *ww* hereinkommen,
eingehen; (het) Einkommen *o*
inkomsten Einkünfte *mv*
inkomstenbelasting
Einkommensteuer *v*
inkoop Einkauf *m*; *inkopen doen*
Einkäufe machen
inkopen einkaufen
inkrimpen einlaufen, eingehen;
beschränken, einschränken
inkt Tinte *v*; *Oost-Indische* ~,
Tusche *v*

inktpot Tintenfass *o*
inktvis Tintenfisch *m*
inktvlek Tintenklecks *m*
inkwartiering Einquartierung *v*
inladen einladen
inlander Eingebor(e)ne(r) *m-v*,
Inländer *m*
inlands inländisch, einheimisch
inlassen einfügen, einschalten
inleg Einsatz *m*, Einlage *v*
inleggen einlegen
inlegkruisje Slipeinlage *v*
inleiding Einführung, Einleitung *v*
inleveren einliefern, einreichen,
einhändigen
inlichten informieren
inlichting Aufschluss *m*; Auskunft,
Erkundigung *v*
inlichtingenbureau Auskunftsstelle
v
inlijsten einrahmen
inlijving Einverleibung *v*
inlopen hereingehen; (schip)
einlaufen; *er iemand laten* ~
jemanden hereinlegen
inlossen einlösen, auslösen
inmaak das Einmachen, das
Eingemachte
inmaken einmachen
inmiddels inzwischen; mittlerweile
innaaien einnähen; heften,
broschieren (ein Buch)
innemen (pillen) einnehmen
innemend einnehmend, gewinnend
inneming Einnahme *v*
innen eintreiben, einkassieren;
(cheques) einlösen
innerlijk innerlich
innig innig
inpakken einpacken
inpolderen einpoldern
inprenten einprägen
inramen (dia's) rahmen
inrichten einrichten, anordnen
inrichting Einrichtung; (gebouw)
Anstalt *v*
inrijden einfahren; (paard)
einreiten
inroepen anrufen
inruilen eintauschen
inruimen einräumen
inschakelen einschalten
inschepen einschiffen
inschikkelijk nachgiebig
inschrijfgeld Einschreibegebühr *v*
inschrijven einschreiben; (aan
universiteit) immatrikulieren
insect Insekt *o*
insectenpoeder Puder *o* gegen
Insekten
insgelijks ebenfalls, gleichfalls
insigne Abzeichen *o*
inslaan einschlagen; einkaufen
inslapen einschlafen

inslikken einschlucken,
verschlucken
insluiten einschließen;
umschließen, hineinlegen
insnijden einschneiden, einkerben
insolvent zahlungsunfähig,
insolvent
inspannen ein-, anspannen; (alle
Kräfte) aufbieten; *zich* ~, sich
anstrengen
inspanning Anstrengung *v*
inspecteren inspizieren,
besichtigen
inspecteur Inspektor *m*
inspectie Besichtigung *v*
inspuiting Einspritzung *v*
instaan einstehen, bürgen,
garantieren
instandhouding Instandhaltung *v*,
Aufrechterhaltung *v*
instantie Instanz *v*
instapkaart Bordkarte *v*
instappen einsteigen
instellen einsetzen, errichten
instelling Stiftung *V*; Institut *o*;
Einführung *v*
instemming Zustimmung *V*; Beifall
m
instinct Instinkt *m*
instituut Anstalt *v*, Institut *o*
instorten ein-, zusammenstürzen;
einen Rückfall erleiden
instorting Rückfall *m*
instructie Instruktion *v*; Unterricht
m
instrument Instrument *o*
instrumentmaker Feinmechaniker
m
integendeel im Gegenteil
intekenen subskribieren, zeichnen
intekening Subskription,
Zeichnung *v*
intelligent intelligent
intens intensiv
intercity Intercity *m*
interessant interessant
interest Zinsen *mv*;
samengestelde ~, Zinseszinsen
interlokaal ~ *gesprek*
Ferngespräch *o*
intern intern
internationaal international
internet Internet *o*
internist Internist *m*
interview Interview *o*
intiem intim
intocht Einzug *m*
intrek Einzug *m*; *zijn* ~ *nemen*,
absteigen, einkehren
intrekbaar einziehbar
intrekken einziehen;
zurücknehmen
intrigant Intrigant, Ränkeschmied
intrige Intrige, Machenschaft *v*

introducé Gast *m*
introduceren einführen
intussen inzwischen, unterdessen, indessen; jedoch
inval Einfall *m*
invalide Invalide *m*
invallen einfallen, einstürzen; (onverwacht moeten vervangen) einspringen für (+4)
invasie Invasion *v*
inventaris Inventar *o*
invitatie Einladung *v*
invloed Einfluss *m*
invloedrijk gravierend
invloedssfeer Wirkungskreis *m*
invoeging Einschaltung *v*
invoer Einfuhr *v*, Import *m*
invoeren einführen
invoerrechten Einfuhrzoll *m*
invoervergunning Einfuhrbewilligung *v*
invorderen inziehen, entreiben; erheben
invulformulier Fragebogen *o*
invullen ausfüllen
inwendig inwendig, inner(lich); im Innern
inwerken einwirken; *zich* ~, sich einarbeiten
inwijden einweihen
inwilligen einwilligen, gewähren
inwinnen einziehen
inwisselen einwechseln
inwoner Einwohner
inwrijven einreiben
inzage Einsicht *v*; *ter* ~, (boeken) zur Ansicht
inzakken einsinken, einfallen, einstürzen
inzameling Sammlung *v*
inzegenen einsegnen
inzenden einsenden; *ingezonden stuk*, Eingesandt *o*
inzet (toewijding; bij spel) Einsatz *m*; (verkoping) Angebot *o*
inzicht Einsicht, Ansicht *v*
inzien einsehen, begreifen
inzonderheid besonders, insbesondere
inzouten einsalzen
in zoverre insoweit
iris Iris *v*
irrigatie Bewässerung, Berieselung *v*
irritant ärgerlich; aufreizend; lästig
islam Islam *m*
isoleren isolieren
Italiaan Italiener *m*
Italiaans italienisch
Italië Italien *o*
Italië Italien
ivoor Elfenbein *o*
ivoren elfenbeinern

J

ja ja
jaar Jahr *o*
jaarbeurs Messe *v*
jaargang Jahrgang *m*
jaargetijde Jahreszeit *v*
jaarlijks (all)jährlich
jaartal Jahr(es)zahl *v*
jaartelling Zeitrechnung *v*
jaarverslag Jahresbericht *m*
jacht (het jagen) Jagd *v*; (boot) Jacht *v*
jachtakte Jagdschein *m*
jachthaven Jachthafen *m*
jachthond Jagdhund *m*
jachtterrein Revier *o*
jack Jacke *v*
jacketkroon Jacketkrone *v*
jagen jagen, treiben
jager Jäger
jakhals Schakal *m*
jaloers eifersüchtig
jaloezie Eifersucht *v*
jam Marmelade *v*
jammer schade
jammeren jammern
jammerlijk jämmerlich
janken wisseln
januari Januar *m*
Japanner Japaner *m*
Japans japanisch
japon Kleid *o*
jarig Geburtstag haben
jarretelle Strumpfhalter *m*
jas Mantel *m*
jasmijn Jasmin *m*
Javaan Javaner
jawel jawohl
je *pers vnw* 1e, 3e, 4e nv: du, dir, dich; *bez vnw* dein
jegens gegen
jenever Jenever; Schnaps *m*
jeneverbes Wacholderbeere *v*
jeugd Jugend *v*
jeugdherberg Jugendherberge *v*
jeugdig jugendlich
jeugdwerk Jugendwohlfahrtspflege *v*
jeuk Juckreiz *m*
jeuken jucken
jicht Gicht *v*
jij du (Sie)
jl. (jongstleden) dieses Jahres, d.J., letzt
jodelen jodeln
jodin Jüdin *v*
jodium Jod *o*
Joegoslavië Jugoslawien *o*
joggen joggen
jokken lügen
jolig lustig, fröhlich
jong jung; (het) junges Tier, (ein) Junges, das Junge

---

jongeman junger Mann *m*
jongen Junge, Knabe, Bube; *ww* jungen, Junge werfen
jongeren Jugendliche *mv*
jood Jude
joods jüdisch
jou 3e nv: dir, 4e nv: dich
journaal Journal *o*; Nachrichten *v mv*
jouw dein
jubelen jubeln
jubilaris Jubilar
judo Judo *o*
juf Lehrerin (an der Grundschule)
juffrouw Fräulein *o*
juichen jauchzen, frohlocken
juist recht, richtig, gerade, genau
juk Joch *o*
juli Juli *m*
jullie *pers vnw* 1e nv: ihr, 3e en 4e nv: euch; *bez vnw* euer
jumper Pulli *m*
juni Juni *m*
junkie Junkie *m*
juridische hulp Rechtshilfe *v*
jurk Kleid *o*
jury (bij rechtbank) Schwurgericht *o*; (bij tentoonstelling) Preisgericht *o*
jus Soße, Sauce, Tunke *v*
jus d'orange Orangensaft *m*
justitie Justiz *v*
juweel Juwel, Kleinod *o*
juwelier Juwelier *m*

K

kaai Kai *m*
kaak Kiefer *m*
kaakbeen Kinnlade *v*
kaal kahl, nackt; schäbig
kaalhoofdig kahlköpfig
kaap Kap *o*
kaars Kerze *v*
kaart Karte *v*
kaarten Karten spielen
kaartje Karte *v*, Schein *m*
kaartsysteem Kartei *v*
kaarttelefoon Kartentelefon *o*
kaas Käse *m*
kaatsen den Ball schlagen
kabaal Radau, Lärm *m*
kabbelen plätschern
kabel Kabel *o*
kabelbaan Drahtseilbahn *v*
kabelballon Fesselballon *m*
kabeljauw Kabeljau *m*
kabelspoor Drahtseilbahn *v*
kabinet Kabinett *o*
kabouter Heinzel-, Wichtelmännchen *o*
kachel Ofen *m*
kadaster Kataster *m & o*, Flurbuch *o*

kade Kai *m*
kader Rahmen; *mil* Kader *m*
kadetje Semmel *v*
kaf Spreu *v*
kaft Umschlag *m*
kajuit Kajüte *v*
kakelen gackern; *fig* schwatzen
kakkerlak Schabe *v*
kalender Kalender *m*
kalf Kalb *o*
kalfsleer Kalbsleder *o*
kalfsoester Kalbschnitzel *o*
kalfsvlees Kalbfleisch *o*;
   (toebereid) Kalbsbraten *m*
kalfszwezerik Kalbsmilch *v*
kalk Kalk; Mörtel *m*
kalkoen Truthahn *m*, Truthenne *v*,
   Puter *m*
kalm ruhig
kalmeren beruhigen
kalmte Ruhe; Stille *v*
kam Kamm *m*
kameel Kamel *o*
kamenier Zofe, Kammerjungfer *v*
kamer Zimmer *o*
kameraad Kamerad, Gefährte
kamerjas Morgenrock *m*
kamermeisje Zimmermädchen *o*
kamerscherm Wandschirm *m*,
   spanische Wand *v*
kamfer Kampfer *m*
kammen kämmen
kamp Lager *o*
kampeerbenodigdheden Bedarf *m*
   fürs Zelten
kampeerbus Wohnwagen *m*
kampeerterrein Zeltplatz *m*
kampeerwagen Campingwagen *m*
kamperen zelten
kamperfoelie Geißblatt *o*
kampioen Meister *m*
kampioenschap Meisterschaft *v*
kamprechter Kampfrichter *m*
kampvuur Lagerfeuer *o*
kampwinkel Geschäft *o* auf dem
   Campingplatz *m*
kan Kanne *v*
kanaal Kanal *m*
kanarie Kanarienvogel *m*
kandelaar Leuchter *m*
kandidaat Kandidat, Anwärter *m*
kandij Kandiszucker *m*
kaneel Zimt *m*
kangoeroe Känguru *o*
kanker Krebs *m*
kano Kanu *o*
kanoën Kanu fahren
kanon Kanone *v*; Geschütz *o*
kans Chance *v*
kansel Kanzel *v*
kanselarij Kanzlei *v*
kanselier Kanzler
kant Kante *v*; Seite *v*; Ufer *o*; (stof)
   Spitzen *mv*

kantelen umstürzen, -kippen
kanten Spitzen-, aus Spitzen
kantine Kantine *v*
kantongerecht Amtsgericht *o*
kantonrechter Amtsrichter *m*
kantoor Büro *o*
kanttekening Randbemerkung,
   Randglosse *v*
kap Kappe; Kapuze *v*; (v. lamp)
   Schirm *m*; (v. laars) Stulpe *v*; (v.
   huis) Dachstuhl *m*
kapdoos Toilettenkasten *m*
kapel Kapelle *v*; (vlinder)
   Schmetterling *m*
kapelaan Kaplan
kapelmeester Kapellmeister
kapen entführen
kaper Kaper *m*; Kaperschiff *o*
kapitaal Kapital *o*
kapitein Hauptmann; (scheeps-)
   Kapitän
kaplaars Schaftstiefel *m*
kapmes Hackmesser *o*
kapok Kapok *m*
kapot kaputt
kapotgaan zu Bruch gehen
kappen frisieren; (hout) fällen,
   schlagen
kapper Friseur, Frisör,
   Haarschneider *m*
kapseizen kentern, kapseisen
kapsel Friseur *v*
kapster Friseuse *v*
kapstok Kleiderständer *m*,
   Garderobe *v*; *iets aan de ~
   hangen* etwas an den Nagel
   hängen
kaptafel Toilettentisch *m*
kapucijner Kapuziner *m*; (erwt)
   Kapuzinererbse *v*
kar Karre *v*, Karren *m*
karaat Karat *o*
karabijn Karabiner *m*
karaf Karaffe *v*
karakter Charakter *m*
karakteristiek charakteristisch,
   bezeichnend
karakterschets Charakteristik *v*
karate Karate *o*
karavaan Karawane *v*
karbonade Kotelett *o*
karig karg, spärlich; knauserig
karikatuur Karikatur *V*, Zerrbild,
   Spottbild *o*
Karinthië Kärnten *o*
karmijn Karmin *m*
karn Butterfass *o*
karnemelk Buttermilch *v*
karnen Butter machen
karper Karpfen *m*
karpet Teppich *m*
karrenspoor Wagenspur *v*
kartelen kräuseln
karton Karton *m*, Pappe *v*

kartonnen aus Karton, Pappen-,
   Papp-.
karwats Karbatsche, Reitpeitsche *v*
karwei Arbeit *v*; Aufgabe *v*
kas Kasse *v*; (tand enz.) Höhle *v*;
   (broei-) Treibhaus *o*
kasboek Kassenbuch *o*
kassa Kasse *v*
kassabon Kassenzettel *m*
kassier Kassenführer, Kassierer *m*
kasstuk Zugstück *o*, Schlager *m*
kast Schrank *m*
kastanje Kastanie *v*
kasteel Schloß, Burg *v*
kastelein Gastwirt; Kastellan
kastijden züchtigen, kasteien
kastkoffer Schrankkoffer *m*
kat Katze *v*
katapultvliegtuig Schleuder-,
   Bordflugzeug *o*
kater Kater
katheder Katheder *o*
kathedraal Kathedrale *v*
katholiek *bn* katholisch; [*de*]
   Katholik
katoen Baumwolle *v*
katoenen baumwollen
katrol Flaschenzug *m*
katterig ~ *zijn*, Katzenjammer,
   einen Kater haben
kauw Dohle *v*
kauwen kauen
kauwgom Kaugummi *m*
kavel Los *o*, Partie *v*
kazerne Kaserne *v*
kazuifel Kasel *v*, Messgewand *o*
keel Kehle *v*
keelgat Gurgel *v*, Schlund *m*
keelpijn Halsschmerzen *m mv*
keep Kerbe *v*; Einschnitt *m*
keer Wendung *v*; Mal *o*
keerkring Wendekreis *m*
keerpunt Wendepunkt *m*
keerzijde Kehr-, Rückseite *v*
keet (loods) Schuppen *m*; (drukte)
   Radau *m*
keffen kläffen
kegel Kegel *m*
kegelen kegeln, Kegel schieben /
   spielen
kei Stein, Pflasterstein *m*
keizer Kaiser *m*
keizerin Kaiserin *v*
keizerlijk kaiserlich
kelder Keller *m*
kelk Kelch *m*
kelner Kellner *m*
kenbaar kenntlich
kengetal Kennzahl *v*;
   Vorwählnummer, -zahl *v*
kenmerk Kennzeichen, Merkmal *o*
kenmerkend kennzeichnend,
   bezeichnend
kennen kennen; (die Lektion,

Fremdsprachen) können

kenner Kenner, Sachverständige(r) *m-v*

kennis Kenntnis, Bekanntschaft *v*; Bekannte *m-v*

kennisgeving Anzeige *v*; Bekanntmachung *v*

kennismaken Bekanntschaft machen

kenschetsen kennzeichnen

kenteken Kennzeichen, Merkmal *o*

kentekenbewijs Kraftfahrzeugschein *m*

kentering Kentern *o*; Umbruch, Umschlag *m*

keper Köper *m*; *op de ~ beschouwd*, bei Lichte besehen

kerel Kerl *m*

keren kehren, wenden, drehen

kerfstok Kerbholz *o*

kerk Kirche *v*

kerkdienst Gottesdienst *m*

kerkelijk kirchlich

kerkenraad Kirchenvorstand, Kirchenrat *m*

kerker Kerker *m*

kerkhof Friedhof *m*

kerks kirchlich, fromm

kerktoren Kirchturm *m*

kermen winseln, wimmern

kermis Kirmes *v*

kern Kern *m*

kernachtig kernig, markig

kerncentrale Kernkraftwerk *o*

kernenergie Kernenergie *v*

kernfysica Kernphysik *v*

kerrie Kurry *o*

kers (vrucht) Kirsche; (plant) Kresse *v*

kerstboom Weihnachts-, Christbaum *m*

kerstgeschenk Weihnachtsgeschenk *o*

Kerstmis Weihnachten *mv*

kersvers ganz frisch

kerven kerben, schneiden

ketel Kessel *m*

keten (ketting) Kette; Fessel *v*

ketter Ketzer *m*

ketting Kette *v*

kettingbeschermer Kettenschutz *m*

kettingbotsing Kettenunfall *m*

keu Billardstock *m*, Queue *o*

keuken Küche *v*

keukenmeid Köchin *v*

keukenzout Kochsalz *o*

Keulen Köln *o*

keur Auswahl *v*

keuren prüfen, untersuchen

keurig ausgesucht, vortrefflich

keuring Prüfung *v*; Musterung *v* (dienst)

keurvorst Kurfürst *m*

keus Wahl *v*, Auswahl *v*

keus, keuze Wahl *v*

keuvelen plaudern

kever Käfer *m*

kibbelarij Zank *m*

kibbelen (sich) zanken

kieken knipsen

kiekje Aufnahme *v*, Bild *o*

kiel Kiel *m*; Kittel *m*, Bluse *v*

kiem Keim *m*

kier Spalte *v*; *op een ~ staan*, angelehnt sein

kies Backenzahn *m*

kies *bn* delikat, zart, feinfühlig

kiesdistrict Wahlbezirk *m*

kieskeurig wählerisch

kiespijn Zahnschmerzen *m*

kiesrecht Wahlrecht *o*

kiesschijf Wählscheibe *v*

kietelen kitzeln

kieuw Kieme *v*

kievit Kiebitz *m*

kiezel Kies *m*

kiezelsteen Kieselstein *m*

kiezen wählen

kiezer Wähler

kijf *buiten ~*, unstreitig

kijk Einblick *m*, Schau *v*

kijken sehen, gucken, schauen

kijker Fernglas *o*, Feldstecher *m*

kijkgat Guckloch *o*

kijven keifen, zanken

kikker Frosch *m*

kikvors, kikker Frosch *m*

kil frostig, kalt; feuchtkalt

kilo Kilos *o*

kilometer Kilometer *m*

kim Horizont *m*

kin Kinn *o*

kind Kind *o*

kinderachtig kindisch

kinderbed Kinderbett *o*

kinderboerderij Kleintierzoo *m*

kinderfilm Kinderfilm *m*

kinderkleding Kinderkleidung *v*

kinderlijk kindlich

kindermeisje Kindermädchen *o*

kindermenu Kindermenü *o*

kinderspel Kinderspiel *o*

kinderstoel Kinderstuhl *m*

kindertoeslag Kinderbeihilfe *v*

kinderverlamming Kinderlähmung *v*

kinderwagen Kinderwagen *m*

kinderzitje (op fiets) Kinderfahrradsitz *m*

kinds kindisch

kinine Chinin *o*

kinkel Grobian, Tölpel

kinkhoest Keuchhusten *m*

kiosk Kiosk *m*

kip Huhn *o*

kipfilet Hühnchenfilet *o*

kippenbouillon Hühnerbrühe *v*

kippenhok Hühnerstall *m*

kippensoep Hühnersuppe *v*

kippenvel Gänsehaut *v*

kippig kurzsichtig

kist Kiste *v*

kitsch Kitsch *m*

kittig wacker; nett

kiwi Kiwi *v*

klaar hell, klar; rein; (gereed) fertig; (duidelijk) deutlich, verständlich

klaarblijkelijk offenbar, augenscheinlich

klaarmaken zubereiten; fertig machen; vorbereiten

klacht Beschwerde *v*

klachtenboek Beschwerdebuch *o*

klad [*de*] (vlek) Schmutzfleck, Klecks *m*; [*het*] (ontwerp) Kladde *v*, Konzept *o*

kladden Kleckse machen; sudeln; klecksen; schmieren

klagen klagen, sich beschweren

klakkeloos mir nichts, dir nichts

klam klamm

klamboe Moskitonetz *o*

klandizie Kundschaft *v*

klank Klang, Schalt, Laut *m*

klant Kunde *m*, Kundin *v*

klap Schlag; Knall, Klaps, großer Verlust *m*

klaploper Schmarotzer

klappen klatschen; (tong, zweep) schnallen

klappertanden mit den Zähnen klappern

klaproos Klatschrose *v*

klapwieken mit den Flügeln schlagen

klaren klären

klarinet Klarinette *v*

klas Klasse *v*; (leslokaal) Klassenzimmer *o*

klassenstrijd Klassenkampf *m*

klasseren klassifizieren; *sp* sich qualifizieren

klassiek klassisch

klateren plätschern

klatergoud Flittergold *o*

klauteren steigen; klettern

klauw Klaue, Kralle; Tatze *v*

klavecimbel Cembalo *o*, Klavizimbel *o*

klaver Klee *m*

klaverblad Kleeblatt *o*

klaveren (kaartspel) Treff *o*

kleden kleiden; *zich ~*, sich anziehen

klederdracht Volkstracht *v*

kleding Kleidung *v*

kledingzaak Bekleidungsgeschäft *o*

kleed Kleid, Gewand *o*; Decke *v*, (vloer-) Teppich *m*

kleedhokje Umkleidekabine *v*

Kleef Kleve o
kleerborstel Kleiderbürste v
kleerhanger Kleiderbügel m
kleerkast Kleiderschrank m
kleermaker Schneider m
klei Ton, Lehm m
klein klein
kleinbeeld Kleinbild o
kleinbeeldcamera Kleinbildapparat m
kleinbeeldfoto Kleinbildfoto o
kleindochter Enkelin
kleingeestig kleinlich
kleingeld Kleingeld o
kleinigheid Kleinigkeit v
kleinkind Enkelkind o
kleinood Kleinod o
kleintje koffie Mokka m
kleinzerig wehleidig
kleinzielig kleinlich
kleinzoon Enkel
klem Klemme v; Falle v
klemmen klemmen; (overtuigen) überzeugen
klemmend triftig, schlagend
klemtoon Nachdruck, Ton, Akzent m
klep Klappe v; (v. pet) Schirm m; (v. motor) Ventil o
klepel Klöpfel m
kleren Kleidungsstücke mv
klerk Schreiber, Kontorist m
kletsen schwatzen, quasseln
kletsnat pudelnass, durchnässt
kletspraatje Geschwätz o
kletteren klirren; prasseln
kleur Farbe v
kleurenblind farbenblind
kleurendiafilm Farbfilm m für Dias
kleurenfilm Farbfilm m
kleurenfoto Farbfoto o
kleuren-tv Farbfernsehen o
kleurig farbig
kleurling Farbige(r) m-v
kleurpotlood Buntstift m
kleuter Knirps m
kleuterschool Kleinkinderschule v, Kindergarten m
kleven kleben, anhaften
kleverig klebrig
kliekje Rest m; Clique, Koterie v
klier Drüse v
klieven spalten; (golven, lucht) durchschneiden
klikken angeben, zutragen
klimaat Klima o
klimmen klettern, (hinauf)steigen
klimop Efeu m
klink Türklinke v
klinken klingen; dat klinkt goed das hört sich gut an
klinker (letter) Selbstlauter, Vokal m; (steen) Klinker m
klinknagel Nietnagel m

klip Klippe v
klittenband Klettband o
kloek tüchtig; herzhaft
klok Glocke; Uhr v; op de – kijken auf die Uhr sehen
klokhuis Kerngehäuse o
klokje Glöckchen o; Glokkenblume v
klokslag Glockenschlag m; om ~ drie, Schlag (Punkt) drei
klomp Holzschuh m; (kluit) Klumpen m
klont Klumpen m
klontje (suiker) Zuckerwürfel m, Stück o Zucker m
kloof Kluft, Spalte V, Ritz m
klooster Kloster o
klop Schlag m; (kloppen) Klopfen o
kloppen klopfen, pochen; (overeenstemmen) stimmen
klos Garnrolle v, Röllchen o
kloven spalten, klieben
klucht Posse v, Schwank m
kluif Knochen m; (zwaar taak) schwierige Aufgabe
kluis Safe m
kluister Fessel v
kluit Klumpen m, Erdscholle v
kluiven abnagen
kluizenaar Klausner, Einsiedler m
klus Gelegenheitsarbeit v
klutsen (eieren) schlagen
kluwen Knäuel m & o
knaagdier Nagetier o
knaap Knabe, Bursche m
knabbelen knabbern
knagen nagen
knakken brechen, knacken
knakworst Knackwürstchen o
knal Knall m
knaldemper Schalldämpfer m
knalpot Auspufftopf m
knap (mooi) hübsch; (intelligent) gescheit, klug
knarsen knirschen; knarren
knarsetanden mit den Zähnen knirschen
knecht Knecht, Diener
kneden kneten
kneep Kniff; Trick m
knellen klemmen, beengen
knetteren knattern, knistern
kneuzen prellen
kneuzing Quetschung v
knevel Knebel; Schnurrbart v
knevelarij Erpressung v
knevelen knebeln, fesseln; erpressen
knie Knie o
knielen knie(e)n
kniezen sich grämen
knijpen kneifen, zwicken
knik Knick m; Kopfnicken o

knikken nicken
knikker Marmel, Murmel v
knip Knips, Nasenstüber m; (v. deur) Schieber, Riegel m
knipkaart Knipskarte v
knipmes Klappmesser o
knipogen blinzeln, zwinkern
knippen schneiden; (nagels) beschneiden; (kaartjes) knipsen
knipperlicht Blinklicht o
knipsel Schnipsel m; (uitgeknipt bericht) Ausschnitt
knobbel Wulst m
knoeien pfuschen, stümpern
knoest Knorren m
knoflook Knoblauch m
knokkel Knöchel m
knol Knollen m, Rübe v; (paard) Gaul m
knoop (aan kleding) Knopf; (in touw) Knoten m
knoop Knopf m
knoopsgat Knopfloch o
knop Knopf m; (v. bloem) Knospe v
knopen knöpfen, stricken
knopje Knopf m
knorren grunzen
knorrig mürrisch
knots Keule v
knotwilg Kopfweide v
knul Tölpel
knuppel Knüttel m, Keule v
knutselen basteln, schnitzeln
koddig drollig, komisch
koe Kuh v
koek Kuchen m
koekbakker Konditor m
koekenpan Bratpfanne v
koekje Keks m
koekoek Kuckuck m
koel kühl; fig frosty
koelbloedig kaltblütig
koelhuisboter Gefrierbutter v
koelkast Kühlschrank m
koelte Kühle, Frische v
koelvloeistof Kühlflüssigkeit v
koelwaterleiding Kühlwasserleitung v
koen kühn, mutig
koepel Kuppel v
koerier Eilbote, Kurier m
koers (wisselkoers) Kurs m
koerslijst Kurszettel m
koesteren hegen
koeterwaals Kauderwelsch o
koets Kutsche v
koetsier Kutscher
koffer Koffer m
kofferbak Kofferraum m
kofferruimte Kofferraum m
koffie Kaffee m ~ met melk Kaffee mit Milch; ~ met melk en suiker Kaffee mit Milch und Zucker; ~ met suiker Kaffee mit Zucker;

zwarte ~ schwarzer Kaffee
koffiehuis Café *o*
koffiekopje Kaffeetasse *v*, -schale *v*
koffiemelk Kondensmilch *v*
koffiepot Kaffeekanne *v*
kogel Kugel *v*
kogellager Kugellager *o*
kok Koch *m*
koken kochen
koker (pijlen) Köcher *m*; Futteral *o*, Behälter *m*
koket kokett
koketteren liebäugeln
kokosnoot Kokosnuss *v*
kolen Kohlen *mv*
kolenbak Kohleneimer *m*
kolendamp Kohlendunst *m*
kolenmijn Kohlengrube *v*, -bergwerk *o*
kolf Kolben *m*
kolk Kolk *m*; Strudel *m*
kolom Säule; (druks) Spalte *v*
kolonel Oberst
kolonie Kolonie, Ansiedlung *v*
kolos Koloß/Koloss *m*
kolossaal kolossal
kom Napf *v*; Schale *v*; Becken *o*
komedie Theater *o*; (stuk) Komödie *v*
komen kommen; *kom hier* kommen Sie bitte hierher!; *kom mee* kommen Sie mit!
komfoor Kohlenbecken *o*; Gaskocher *m*
komiek Komiker; *bn* komisch
komkommer Gurke *v*
komkommersla Gurkensalat *m*
komma Komma *o*
kommer Kummer. Gram *m*
kommervol sorgenvoll
kommies Zollbeamter
kompas Kompass *m*
kompres Kompresse *v*
komst Ankunft *v*, das Kommen
konijn Kaninchen *o*
koning König *m*
koningin Königin *v*
koninklijk königlich
koninkrijk Königreich *o*
konkelen Ränke schmieden, intrigieren
kont Hintern *m*
konvooi Geleitzug *m*
kooi Käfig *v*, Vogelbauer *m*; (scheeps-) Koje *v*
kookboek Kochbuch *o*
kookpunt Siedepunkt *m*
kool (groente) Kohl *m*; *rode* ~, Rotkohl; *witte* ~, Weißkohl; (brandstof) Kohle *v*
koolhydraat Kohlehydrat *o*
koolraap Steckrübe *v*
koolrabi Kohlrabi *m* (s)

koolzaad Raps *m*
koolzuur Kohlensäure *v*
koop (An)Kauf *m*; *te* ~ zu verkaufen
koopflat Eigentumswohnung *v*
koopje Gelegenheitskauf *m*
koopman Kaufmann
koopvaarder Kauffahrteischiff *o*
koopwaar Kaufware *v*
koor Chor *m* & *o*
koord Schnur *v*; Bindfaden *m*; Kordel *v*
koorddanser Seiltänzer
koorts Fieber *o*
koortsig fieberhaft; fiebrig
kop Kopf *m*; (kom) Tasse *v*; ~ *en schotel* Tasse und Untertasse
kopen kaufen
koper *[de]* (aankoper) Käufer
koper *[het]* (metaal) Kupfer *o*
koperen kupfern, aus Kupfer
kopergravure Kupferstich *m*
kopie Kopie, Abschrift *v*
kopiëren kopieren
kopij Manuskript *o*
kopje Tasse *v*
koplamp Scheinwerfer *m*
koppel Koppel *v*, Paar *o*; ~, (riem) Band, Paar *v*
koppeling Kupplung *v*
koppelingskabel Kupplungskabel *o*
koppelteken Bindestrich *m*
koppig starrköpfig, eigensinnig; (drank) berauschend
kopschuw kopfscheu
kop-staartbotsing Auffahrunfall *m*
kopstation Sackbahnhof *m*
koptelefoon Kopfhörer *m*
koraal (gezang) Choral, Chorgesang *m*; (stof) Koralle *v*
koralen korallen, aus Koralle
koran Koran *m*
kordaat herzhaft, energisch
koren Korn, Getreide *o*
korenaar Kornähre *v*
korenbloem Kornblume *v*
korenschoof Garbe *v*
korenzolder Kornspeicher *m*
korf Korb *m*
korfbal Korbball *o*
korporaal Korporal, Gefreite(r)
korps Korps *o*, Einheit *v*
korrel Korn; Körnchens
korrelig körnig
korset Korsett *o*
korst Rinde, Kruste *v*; (v. wond) Schorf *v*
kort kurz; ~*e broek* kurze Hose *v*
kortademig kurzatmig, engbrüstig
kortaf kurz angebunden
kortheid Kürze *v*
korting Ermäßigung *v*
kortom kurz, kurz und gut
kortsluiting Kurzschluss *m*

kortstondig kurz, vergänglich
kortweg kurzweg
kortwieken die Flügel stutzen; beschneiden
kortzichtig kurzsichtig
korzelig ärgerlich, verdrießlich
kost Kost, Nahrung *v*
kostbaar kostbar, kostspielig
kostbaarheden Wertgegenstände *m mv*
kostelijk köstlich
kosteloos kostenfrei, unentgeltlich
kosten *mv* Kosten, Spesen *mv*; *ww* kosten; *Hoeveel kost het?* wie viel kostet es?
koster Küster; (r.k.) Mesner
kostganger Pensionär *m*
kostgeld Kostgeld *o*
kostschool Pensionat *o*
kostuum Köstum *o*; Anzug *m*
kostwinner Ernährer, Familienerhalter *v*
kostwinnersvergoeding Familienunterstützung *v*
kostwinning Broterwerb *m*
kotelet Kotelett *o*
kou Kälte *v*; ~ *vatten* sich erkälten
koud kalt
koukleum Pimpelfritze *m*
kous Strumpf *m*
kouvatten sich erkälten
kouwelijk frostig
kozijn Fensterrahmen *m*
kraag Kragen *m*
kraai Krähe *v*
kraaien krähen
kraakbeen Knorpel *m*
kraal Koralle, Glasperle *v*
kraam Bude *v*, Kramladen *m*
kraambed Wochenbett, Kindbett *o*
kraamvrouw Wöchnerin *v*
kraan (hijstoestel) Kran; (water enz.) Hahn; (persoon) tüchtiger Kerl *m*
kraanvogel Kranich *m*
kraanwagen Kranwagen *m*
krab (dier) Krabbe; (schram) Schramme *v*
krabbelen kratzen; kritzeln
krabben kratzen
kracht Kraft *v*
krachtdadig kräftig, energisch
krachteloos kraftlos
krachtens kraft, vermöge
krachtig kräftig
krakeling Brezel *v*
kraken krachen; (noot) knacken; (woningen) besetzen
kram Mauerhaken *m*
kramp Krampf *m*
krampachtig krampfhaft, spasmodisch
kranig schneidig, fesch
krankzinnig irrsinnig, geisteskrank

krankzinnigengesticht Irrenanstalt *v*
krans Kranz *m*
krant Zeitung *v*
krantenjongen Zeitungsausträger
krantenknipsel Zeitungsausschnitt *m*
krap knapp, kaum, mit knapper Not
kras Kratz *m*; *bn* krass
krassen kratzen; (raaf) krächzen
krat Lattenkiste *v*
krediet Kredit *m*
kredietwaardig kreditfähig
kreeft Krebs *m*
kreet Schrei, Ruf *v*
krekel Grille *v*, Heimchen *o*
kreng Aas *o*
krenken kränken
krent Korinthe *v*
kreuk Knitterfalte *v*
kreukel Falte, Runzel *v*
kreukelen zerknittern, zerknüllen
kreukvrij knitterfest
kreunen wimmern; ächzen
kreupel lahm, hinkend
kreupelhout Gestrüpp, Dickicht, Unterholz *o*
krib (voer) Krippe *v*; (bed) Bett *o*
kribbig bärbeißig, mürrisch
kriebelen jucken
krijg Krieg *m*
krijgen bekommen; erhalten; kriegen
krijgsgevangene
  Kriegsgefangene(r) *m-v*
krijgshaftig kriegerisch
krijgsraad Kriegsgericht *o*
krijgstucht Mannszucht *v*
krijsen kreischen, schreien
krijt Kreide *v*
krik Wagenheber *m*
krimpen schrumpfen, eingehen, einlaufen
kring Kreis *m*
kringloop Kreislauf *m*
krioelen wimmeln
krip Flor, Krepp *m*
kristal Kristall *m*
kristallen kristallen, Kristall-.
kritiek *bn* kritisch; Kritik *v*
kroeg Schenke, Kneipe *v*
kroes Becher; Krug; Schmelztiegel *v*
kroeshaar Kraushaar *o*
kroket Krokette *v*
krokodil Krokodil *o*
krokus Krokus *o*
krokus Krokus *m*
krom krumm
krommen (sich) krümmen
kromming Krümmung; Wegbiegung *v*
kromtrekken sich ziehen

kronen krönen
kroniek Chronik *v*
kroning Krönung *v*
kronkelen sich winden, sich schlängeln
kronkeling Windung *v*
kroon Krone *v*; Kronleuchter *m*
kroos Entengrün *o*
kroost Nachkommenschaft *v*
kroot rote Rübe *v*
kropgezwel Kropf *m*
kropsla Kopfsalat *m*
krot Loch, Nest *o*
kruid Kraut, Gewürz *o*
kruiden *ww* würzen
kruiden *mv* Kräuter *mv*
kruidenier Kaufmann *m*
kruidnagel Gewürznelke *v*
kruien karren; (v. rivier) mit Eis gehen
kruier Gepäckträger *m*
kruik Krug *m*
kruimel Krume *v*, Krümel *m*
kruimelen (zer)krümeln
kruin Scheitel; Gipfel *m*; (boom) Wipfel *m*
kruipen kriechen; (uit ei) schlüpfen
kruis Kreuz *o*
kruis Kreuz *o*
kruisbeeld Kruzifix *o*
kruisbes Stachelbeere *v*
kruiselings kreuzweise
kruisen kreuzen
kruiser Kreuzer *m*
kruisiging Kreuzigung *v*
kruising, kruispunt Kreuzung *v*
kruistocht Kreuzzug *m*
kruisvaarder Kreuzfahrer
kruiswoordpuzzel Kreuzworträtsel *o*
kruit (Schließ)pulver *o*
kruithuis Pulvermagazin *o*
kruiwagen Schubkarren *m*
kruk Krücke; Kurbel *v*; Türgriff *m*; *fig* Pruscher
krukas Kurbelwelle *v*
krul Locke *v*
krullen *ww* frisieren, kräuseln
krulspeld Lockenwickler *m*
kubiek Kubik-; kubisch
kubus Kubus *m*, Würfel *m*
kuchen hüsteln
kudde Herde *v*
kuieren spazieren gehen
kuif Schopf *v*; Stirnlocke *v*
kuiken Kücken; Küchlein *o*
kuil Loch *o*, Grube *v*
kuip Bütte *v*, Zuber *m*; Badewanne *v*
kuipbad Wannenbad *o*
kuipen intrigieren
kuiperij Ränke *mv*
kuis keusch, sittsam
kuit Wade *v*; (vis) Rogen, Laich *m*

kunde Kenntnisse *mv*
kundig kundig, unterrichtet
kunnen können
kunst Kunst *v*
kunstenaar Künstler
kunstgebit Kunstgebiss *o*
kunstgreep Kunstgriff *v*
kunsthistoricus Kunstgeschichtler *m*
kunstig kunstvoll, kunstfertig
kunstje Kunststück *o*
kunstmatig künstlich
kunstrijden Eiskunstlauf *v*
kunststuk Kunststück *o*
kuren eine Kur durchmachen
kurk (stof) Kork; (op fles) Korken, Pfropfen *m*
kurkentrekker Korkenzieher *m*
kus Kuss *m*
kussen *ww* (zoenen) küssen; *zn* (hoofdkussen) Kissen, Polster *o*
kussensloop Kissenbezug *m*
kust Küste *v*
kustplaats Küstenort(e) *m*
kut Muschi *v*; *tsw ~!* fuck!, Scheiße!
kuur Grille, Laune *v*, (v. zieke) Kur *v*
kwaad *bn* böse; zornig; *zn* das Böse, Übel *o*
kwaadaardig bösartig
kwaadspreken verleumden, klatschen
kwaadwillig böswillig, übelwollend
kwaal Übel, Leiden *o*
kwadraat *zn* Quadrat, Viereck *o*; *bn* quadratisch, viereckig
kwaken gackern; schnattern
kwakzalver Quacksalber
kwal Qualle *v*
kwalijk nemen übel nehmen
kwaliteit Qualität *v*
kwanselen schachern, tauschen
kwantiteit Quantität, Menge *v*
kwantum Quantum *o*
kwark Quark *m*
kwart Viertel *o*; ~ over... Viertel nach...; ~ voor... Viertel vor...
kwartaal Quartal, Vierteljahr, Trimester *o*
kwartel Wachtel *v*
kwartet Quartett *o*
kwartier Viertelstunde *v*; (onderdak) Quartier *o*; (maan, wijk) Viertel *o*
kwartje Viertelgulden *v*
kwarts Quarz *m*
kwast (in hout) Knorren *m*, Quaste *v*; (verven enz.) Pinsel *m*; (versiering) Quaste, Troddel *v*; (persoon) Stutzer *m*
kwee Quitte *v*
kweken ziehen, züchten
kwelen trillern, flöten

kwellen quälen
kwelling Qual *v*
kwestie Frage *v*, Streitpunkt; Streit *m*
kwetsbaar verwundbar
kwetsen verwunden; verletzen
kwijlen geifern, sabbern
kwijnen hinsiechen, verkümmern; abnehmen
kwijt los; verloren; weg; *ik ben ... ~ ich habe ... verloren*
kwijten sich entledigen
kwijtraken loswerden, verlieren
kwijtschelden schenken, erlassen
kwijtschelding Erlass *m*
kwik Quecksilber *o*
kwikstaart Bachstelze *v*
kwinkslag Witz *m*, Witzwort *o*
kwint Quint(e) *v*
kwintessens Quintessenz *v*
kwispelstaarten wedeln, schwänzeln
kwistig verschwenderisch
kwitantie Quittung *v*

L

la Schublade *v*
laadvermogen Ladefähigkeit, Tragfähigkeit *v*
laag *bn* niedrig; gering; (gemeen) niederträchtig; Schicht, Lage *v*
laaghartig niederträchtig
laagte Niederung *v*
laagveen Tiefmoor *o*
laagvlakte Tiefebene *v*
laakbaar tadelhaft, tadelnswert
laan Allee *v*
laars Stiefel *m*
laarzenknecht Stiefelknecht *m*
laat spät; *hoe ~ is het?* wie spät ist es?
laatdunkend dünkelhaft
laatst letzt, neulich, jüngst
laatste letzte
label Anhängezettel *m*
laboratorium Labor *m*, Laboratorium *o*
lach Gelächter, Lachen *o*
lachen lachen
laconiek lakonisch
ladder Leiter *v*; (in kous) Laufmasche *v*
ladderen aufrebbeln, rinnen; (v. kous) Laufmaschen bekommen
laddervrij maschenfest
lade (Schub)lade *v*
laden laden
lading Ladung *v*
laf (flauw) fade, flau; (bang) feige
lafaard Feigling *v*; Memme *v*
lafenis Labung *v*, Labsal *o*
lafhartig feige
lager Lager *o*

lak Lack *m*
lakei Lakai
laken *zn* (op bed) Laken *o*, Betttuch *o*; (stof) Tuch *o*; *ww* tadeln, rügen
lakenzak leichter Schlafsack *m*
lakken versiegeln; lackieren
laks lax, schlaff
lam *bn* (verlamd) gelähmt; *zn* (jong dier) Lamm *o*
lambrisering Täfelung *v*
lamp Lampe *v*
lampenkap Lampenschirm *m*
lampion Papierlaterne *v*
lamsbout Lammskeule *v*
lamsvlees Lammfleisch *o*
lancet Lanzette *v*
land Land; Feld *o*; *het ~ hebben*, ärgerlich sein
landbouw Ackerbau *m*, Landwirtschaft *v*
landbouwer Landwirt
landeigenaar Grundbesitzer
landelijk ländlich
landen landen
landengte Landenge *v*
landerig missmutig, verstimmt
landerijen Ländereien *mv*
landgenoot Landsmann
landgoed Gut *o*
landing Landung *v*
landingsbaan Landebahn *v*, Landepiste *v*
landkaart Landkarte *v*
landloper Landstreicher *m*
landmeter Feldmesser *m*
landmijn Landmine *v*
landschap Landschaft *v*
landstreek Gegend *v*
landverhuizer Auswanderer *m*
landverraad Landesverrat *m*
landweg Feldweg *m*
landwijn Landwein *m*
lang lang; (bijw ook) lange
langdradig weitschweifig
langdurig lange, langwierig
langlaufen langlaufen
langlopend langfristig
langs langs, entlang
langspeelplaat Langspielplatte *v*
langwerpig länglich
langzaam langsam
langzaam-aan-actie Bummelstreik *m*
langzamerhand allmählich
lankmoedig langmütig
lans Lanze *v*
lantaarn Laterne *v*
lantaarnpaal Laternenpfahl *m*
lap Lappen, Fetzen *m*
lappen flicken, ausbessern
larderen spicken
larie Quatsch, Unsinn *m*
lariks Lärche *v*

larve Larve *v*
lassen schweißen
last Last, Bürde, Ladung *v*; Befehl *m*; (hinder) Beschwerde *v*; *vaste ~en*, Fixkosten *mv*; *~ hebben van* (ziekte e.d.) leiden an
lastdier Lasttier *o*
laster Verleumdung, Lästerung *v*
lasteren verleumden, lästern
lasterlijk verleumderisch, lästerlich
lastgever Auftraggeber *m*
lastig beschwerlich, lästig; schwierig; *~ vallen*, belästigen
lastpost lästiges Kind *o*; lästiger Mensch *m*
lat Latte *v*
laten lassen; *~ zien* zeigen
later später
Latijn Latein *o*
Latijns lateinisch
laurier Lorbeer *m*
lauw lau, lauwarm; *fig* lau, gleichgültig
lauwer Lorbeer *m*
lava Lava *v*
laven laben, erquicken
laveren lavieren
lawaai Lärm, Radau *m*
lawaaierig laut, lärmend
lawaaig laut
lawine Lawine *v*
laxeermiddel Abführmittel *o*
leasen leasen
lectuur Lektüre *v*
ledematen Glieder, Gliedmaßen *o mv*
leder Leder *o*
lederen ledern, von Leder
lederwaren Lederwaren *mv*
ledig leer; müßig
ledigen leeren
ledikant Bettstelle *v*, Bett *o*
leed Leid *o*, Betrübnis *v*
leedvermaak Schadenfreude *v*
leefregel Lebensregel *v*
leeftijd Alter *o*
leeftocht Proviant *m*
leeg leer
leeglopen auslaufen, leerlaufen; (fietsband) Luft verlieren
leegloper Müßiggänger
leegte Leere *v*
leek Laie *m*
leem Lehm *m*
leemte Lücke *v*
leen Lehen *o*; *iets te leen hebben* etwas geliehen haben; *iemand iets te leen geven* jemandem etwas leihen; *iemand iets te leen vragen* jemanden bitten, sich etwas ausleihen zu dürfen
leep schlau, verschlagen
leer [de] (theorie) Lehre *v*; [het] (bewerkte dierenhuid) Leder *o*; ~

om ~, Wurst wider Wurst
leerboek Lehrbuch *o*
leergierig lernbegierig
leerling Schüler *m*
leerlooier Lohgerber
leerplicht Schulpflicht *v*
leerstelling Lehrsatz *m*
leerzaam aufschlussreich, instruktiv
leesbaar (duidelijk) leserlich; (aangenaam te lezen) lesbar
leesbibliotheek Leihbibliothek *v*
leesboek Lesebuch *o*
leest Leisten *m*
leeuw Löwe *m*
leeuwerik Lerche *v*
leeuwin Löwin *v*
lef Mumm *m*, Mut *m*
legaal legal, gesetzlich
legaat Vermächtnis, Legat *o*
legatie Gesandschaft *v*
legen entleeren
legende Legende *v*
leger Armee *v*, Heer *o*
le'geren (sich) lagern
lege'ring Legierung *v*
leggen legen
legging Leggings *v mv*
legioen Legion *v*
legitimatiebewijs Ausweis *m*
legitimeren: zich - sich ausweisen
lei Schiefer *v*; Schiefertafel *v*
leiband Gängelband *o*
leiden leiten, führen
leider Leiter, Führer *m*
leiding Leitung, Führung *v*
leidingwater Leitungswasser *o*
leidraad Leitfaden *m*
leidsel Zügel *m*
lek *bn* leck; (v. band) undicht; *zn* Leck *m & o*, undichte Stelle *v*
lekken lecken
lekker lecker
lekkerbek Leckermaul *o*
lekkernij Leckerbissen *m*
lelie Lilie *v*
lelietje-van-dalen Maiglöckchen *o*
lelijk hässlich
lemmet Klinge *v*
lende Lende *v*
lendenstuk Lendenbraten *m*
lenen leihen, borgen; zich ~, sich eignen
lengen länger werden
lengte Länge *v*
lenig geschmeidig, gelenkig
lenigen lindern, mildern
lening Anleihe *v*, Darlehen *o*
lens Linse *v*
lente Frühling *m*
lepel Löffel *m*
leraar Oberlehrer, Studienrat *m*
lerares Oberlehrerin, Studienrätin *v*

leren *bn* ledern, aus Leder
leren *ww* (onderwijzen) lehren, unterrichten; (studeren) lernen
lering Lehre *v*; Unterricht *m*
les (om te leren) Lektion, Aufgabe *v*; (onderwijs) Unterricht *v*, Stunde *v*
lesbienne Lesbe *v*
lessen lechzen; stillen
lessenaar Pult *o*
letsel Verletzung *v*; Körperschaden *m*
letten op achtgeben auf; *let op!* passen Sie auf!
letter Buchstabe *m*, Type *v*; *grote, kleine ~*, Majuskel, Minuskel *v*, *kleine ~tjes* (v. polis e.d.) Teufelsfüßchen *mv*
letteren Literatur *v*
lettergreep Silbe *v*
letterkunde Literatur *v*
letterkundige Schriftsteller, Literator *m*
letterlijk buchstäblich
leugen Lüge *v*
leugenaar Lügner
leugenachtig lügnerisch
leuk nett, gelungen, komisch
leunen sich stützen, lehnen
leuning (v. trap) Geländer *o*; (v. stoel) Lehne *v*
leunstoel Lehnstuhl *m*
leus Losung, Parole *v*; *voor de ~*, zum Schein
leuteren faseln; quasseln
leven *zn* Leben *o*; *ww* leben
levend lebend, lebendig
levendig lebhaft, belebt, rege
levenloos leblos
levensbehoefte Lebensbedürfnis *o*
levensgevaar Lebensgefahr *v*
levenslang lebenslang, -länglich, zeitlebens
levensloop Lebenslauf *m*
levenslustig lebensfroh
levensmiddelen Lebensmittel *mv*
levensvatbaar lebensfähig
levensverzekering Lebensversicherung *v*
lever Leber *v*
leverancier Lieferant *m*
leverantie Lieferung *v*
leveren liefern
leverpastei Leberpastete
levertraan Lebertran *m*
lezen lesen
lezing Vorlesung *v*; Vortrag *m*
libel Libelle *v*, Schillebold *m*
liberaal liberal
lichaam Körper *m*
lichaamsdeel Körperteil *m*
lichaamsoefening Körperübung *v*
lichamelijk körperlich
licht *zn* Licht *o*; *bn* (v. gewicht) leicht; (hel) hell, licht

lichtblauw hellblau
lichtbundel Lichtgarbe *v*, Lichtbündel *o*
lichten leuchten; wetterleuchten; (tillen) lichten, heben
lichterlaaie *in ~*, licherloh
lichtgelovig leichtgläubig
lichtgeraakt reizbar, empfindlich
lichtgevend leuchtend
lichthal Lichthof *v*
lichting (v. brievenbus) Leerung *v*; *mil* Jahresklasse *v*
lichtvaardig leichtfertig
lichtzinnig leichtsinnig
lichtzinnigheid Leichtsinn *m*
lid Glied; Gelenk, Mitglied *o*
lidwoord Geschlechtswort *o*, Artikel *m*
lied Lied *o*
lieden Leute *mv*
liederlijk liederlich
lief lieb
liefdadig wohltätig
liefde Liebe *v*
liefderijk liebreich
liefelijk lieblich, hold
liefhebben lieben
liefhebber Liebhaber
liefje Liebchen *o*
liefkozen liebkosen
lieflijk lieblich, anmutig
liefst am liebsten
lieftallig anmutig, liebreizend, hold
liegen lügen
lier Leier *v*; (hijstoestel) Winde *v*
lies Leiste *v*
lieveling Liebling *m*
liever lieber, eher; *~ hebben* lieber haben
lievevrouwebedstro Waldmeister *m*
lift Fahrstuhl, Aufzug *m*; *iem. een ~ geven*, einen mitfahren lassen
liften per Anhalter fahren, trampen
lifter Anhalter, Mitfahrer *m*
liggen liegen
ligging Lage, Stellung *v*
ligstoel Liegestuhl *m*
ligwagen Liegewagen *m*
lijdelijk passiv, leidend
lijden leiden; (ondergaan) erleiden
lijder, lijdster Kranke(r) *m-v*
lijdzaam gelassen
lijf Leib, Körper *m*
lijfeigenschap Leibeigenschaft *v*
lijfrente Leibrente *v*
lijfwacht Leibwache *v*
lijk Leiche *v*, Leichnam *m*
lijken gleichen; (schijnen) scheinen
lijkkoets Leichenwagen *m*
lijkrede Leichenrede *v*
lijkverbranding Feuerbestattung *v*
lijm Leim *m*

lijmen leimen, zusammenkleben

lijn Linie, Reihe *v*; *aan de ~*, angeleint

lijndienst Liniendienst *m*

lijnolie Leinöl *o*

lijnrecht schnurgerade

lijnvlucht Linienflug *m*

lijst (rand) Rahmen *m*, Einfassung *v*; (register) Liste *v*, Verzeichnis *o*

lijster Drossel *v*

lijsterbes Vogelbeere *v*

lijvig beleibt

lijzig gedehnt, schleppend

lik Klecks *m*; *een ~ uit de pan* einen Anpfiff *m*

likdoorn Hühnerauge *o*

likeur Likör *m*

likken lecken

limonade Limonade *v*

linde Linde *v*, Lindenbaum *m*

lingerie Weißwaren *v mv*

liniaal Lineal *o*

linie Linie *v*

linker link

linkerzij linke Seite *v*; (pol) die Linke *v*

links links

linksaf nach links

linksaf slaan links abbiegen

linksbinnen *sp* linker Innenstürmer *m*

linksbuiten *sp* linker Aussenstürmer *m*

linnen *zn* Leinen *o*, Leinwand *v*; *bn* leinen, Leinen-

linnengoed Leinenzeug *o*, Wäsche *v*

lint Band *o*

lintworm Bandwurm *m*

linze Linse *v*

lip Lippe *v*

lippenstift Lippenstift *m*

liquideren liquidieren, abwickeln

list List *v*, Kniff *v*

listig listig, verschmitzt

liter Liter *m* & *o*

literatuur Literatur *v*

litteken Narbe *v*

live-uitzending Direct-, Sofortsendung *v*

livrei Livree *v*

locomotief Lokomotive *v*

lodderig schläfrig

loden bleiern, aus Blei

loeien brüllen; heulen

loens schielend

loep Lupe *v*

loer Lauer *v*

loeren lauern, spähen

lof (eer) Lob; *Brussels ~*, Chicorée *v*, Schikoree *m*

loffelijk löblich

log schwerfällig, plump

loge Loge, Laube *v*

---

logé Logiergast, Besuch *m*

logeerkamer Fremdenzimmer *o*

logement Gastwirtschaft *v*, Gasthof *m*

logenstraffen Lügen strafen

logeren übernachten

logies Unterkunft *v*

logisch logisch

loipe Loipe *v*

lok (Haar)locke *v*

lokaal Lokal *o*, Raum *m*

lokaalverkeer Ortsverkehr *m*

lokaas Köder *m*, Lockspeise *v*

lokaliteit Raum *m*, Räumlichkeit *v*

loket Schalter *m*

lokken locken, ködern

lokmiddel Lockmittel *o*

lol Spaß *m*, Vergnügen *o*

lolly Lolly *m*, Lutscher *m*

lommer Schatten *m*; Laubwerk *o*

lommerd Versatzamt, Leihhaus *o*

lommerrijk schattig

lomp *bn* (onbeleefd) plump; (onhandig) ungeschickt; (vod) Lappen, Fetzen *m*

lomperd Tölpel, Grobian

Londen London *o*

lonen lohnen, vergelten

long Lunge *v*

longontsteking Lungenentzündung *v*

lonk verstohlener Blick, Wink *m*

lonken liebäugeln

lont Lunte *v*

loochenen leugnen; in Abrede stellen

lood Blei; Lot *o*

loodgieter Installateur

loodlijn Lot *o*, Senkrechte *v*

loodrecht senkrecht

loods (op schip) Lotse; (schuur) Schuppen *m*

loodvrij bleifrei

loof Laub *o*, Blätter *o mv*

loofboom Laubbaum *m*

loog Lauge *v*

looien lohen, gerben

looier (Loh)gerber *m*

loom matt, schlaff, schwer

loon Lohn *m*, Gehalt *o*; Tarif *m*

loonbelasting Lohnsteuer *v*

loonsverhoging Lohnaufbesserung, Gehaltzulage *v*

loop Lauf, Gang *m*

loopbaan Laufbahn *v*

loopgraaf Schützengraben *m*

loopjongen Laufbursche *m*

looppas Laufschritt *m*

loopplank Laufbrett *o*

loos leer; (alarm) blind

loot Trieb, Schoß; Sproß *m*

lopen gehen, laufen; *~de band*, Förder-, Fließband *o*

loper (kleed, bode & schaken)

Läufer *m*; (sleutel) Dietrich *m*

lor Lappen, Lumpen, Null *v*

lorrie Lore *v*

los *bn* lose; locker; aufgelöst

losbandig zügellos, ungebunden, locker

losbarsten ausbrechen

losbol Wüstling *m*

loslaten loslassen; abgehen

loslippig geschwätzig

losprijs Lösegeld *o*

lossen einlösen; ausladen, löschen; (schot) abgeben

lostornen auftrennen

lot (loterij) Los, (noodlot) Schicksal *o*

loten losen, das Los werfen

loterij Lotterie *v*

lotgenoot Schicksalsgenosse *m*

lotgeval Abenteuer, Schicksal *o*

loting Losung *v*; *bij ~*, durchs Los

lotion Waschung *v*; Haarwasser; Gesichtswasser *o*

lotion Lotion *v*

lounge Hotelhalle *v*, Lounge *v*

louter lauter, rein; nur

louteren läutern

loven loben, preisen

lozen (Wasser) abführen; (einen Seufzer) ausstoßen

LPG Autogas

L.S. (Lectori salutem) dem Leser Heil

lucht Luft *v*; Himmel *m*; (reuk) Geruch, Duft *m*

luchtaanval Luftangriff *m*

luchtafweergeschut Flak (artillerie) *v*

luchtalarm Fliegeralarm *m*

luchtballon Luftballon *m*

luchtband Schlauch *m*

luchtbed Luftbett *o*

luchtbel Luftblase *v*

luchtdicht luftdicht, hermetisch

luchtdruk Luftdruck *m*

luchten lüften; ausstehen

luchtfilter Luftfilter *m*

luchtig luftig; leicht

luchthartig leichtherzig

luchthaven Flughafen *m*

luchthavenbelasting Flughafengebühr *v*

luchtig luftig; leicht

luchtkasteel Luftschloß *o*

luchtledig luftleer

luchtmacht Luftwaffe *v*

luchtpijp Luftröhre *v*

luchtpost Luftpost *v*

luchtstreek Himmelsgegend; Zone *v*

luchtvaart Luftschiffahrt *v*

luchtvervuiling Luftverschmutzung *v*

luchtwaardig lufttüchtig

luchtziekte Flugkrankheit *v*

lucifer Streichholz *o*
lucifersdoosje
  Streichholzschachtel *v*
luguber unheimlich
lui faul, schlaff, träge
luiaard Faulenzer, Faulpelz *m*
luid laut
luiden tönen, lauten; (klokken)
  läuten
luidkeels aus vollem Halse
luidruchtig lärmend, tobend
luidspreker Lautsprecher
luier Windel *v*
luieren faulenzen
luifel Schirmdach *o*
luik Luke *v*, Fensterladen *m*
Luik Lüttich *o*
luilak Faulenzer, Faulpelz *m*
luilekkerland Schlaraffenland *o*
luim Laune *v*
luipaard Leopard *m*
luis Laus *v*
luister Glanz *m*; Pracht *v*
luisteren zuhören
luisterrijk glanzreich, prachtvoll
luistervink Horcher *m*
luit Laute *v*
luitenant Leutnant; *eerste ~,*
  Oberleutnant *m*
luitenant-generaal Generalleutnant *m*
lukken gelingen, geraten
lul Depp *m*; (pik) Schwanz *m*
lullig deppig, doof
lummel Lümmel *m*
lunapark Rummelplatz *m*
lunch Mittagessen *o*
lunchpakket Imbisspaket *o*
lus Schleife, Schlinge *v*
lust Lust *v*
lusteloos lustlos, apathisch
lusten mögen
lustig lustig, heiter
luttel klein, gering, wenig
luxe Luxus *m*
lynx Luchs *m*
lyriek Lyrik *v*
lyrisch lyrisch

M

ma Mama *v*
maag Magen *m*
maagd Jungfrau *v*
maagdelijk jungfräulich
maagpijn Magenschmerzen *mv*
maagzuur (substantie)
  Magensäure *v*; (kwaal)
  Magenbrennen *o*
maaien mähen, schneiden
maaier Mäher, Schnitter
maak *in de ~,* in der Mache, in
  Arbeit
maaksel Gebilde, Werk *o*
maal Mahl *o*, Mahlzeit *v*; (keer)

Mal *o*
maaltijd Mahlzeit *v*
maan Mond *m*
maand Monat *m*
maandag Montag *m*
maandblad Monatsschrift *v*
maandelijks monatlich
maandverband Damenbinde *v*
maar (slechts) nur, lediglich;
  (echter) aber, jedoch; sondern
maart März *m*
maas Masche *v*
maat Maß *o*, Größe *v*; (muziek)
  Takt *m*; *de ~ slaan,* taktieren;
  (vriend) Kamerad
maatregel Maßnahme, Maßregel *v*
maatschappelijk gesellschaftlich;
  sozial
maatschappij Gesellschaft *v*
maatstaf Maßstab *m*
macaroni Makkaroni *v mv*
machine Maschine *v*
machinist Maschinist,
  Lokomotivführer *m*
macht Macht, Gewalt *v*
machteloos machtlos, ohnmächtig
machtig mächtig, gewaltig
machtigen bevollmächtigen,
  ermächtigen
machtiging Vollmacht *v*
madelief Gänseblümchen *o*
madeliefje Gänseblümchen *o*
magazijn Warenlager, Magazin *o*;
  (winkel) Geschäft *o*
magazijnvoorraad Lagerbestand *m*
mager mager; hager, dürr
magie Magie *v*
magistraat Magistrat *m*
magneet Magnet *m*
magnetisch magnetisch
mahoniehout Mahagoniholz *o*
maidenspeech Jungfernrede *v*
mail (e-mail) E-mail *o*
maillot Strumpfhose *v*
maïs Mais *m*
majesteit Majestät *v*
majestueus majestätisch, erhaben
majoor Major *m*
mak zahm, fromm
makelaar Makler *m*
maken machen, anfertigen;
  (repareren) machen, reparieren
maker Hersteller *m*, (bouwwerk)
  Erbauer *m*
make-up Make-up *o*
makkelijk einfach
makker Gefährte, Kamerad *m*
makreel Makrele *v*
mal toll, verrückt; seltsam
malaise Tiefkonjunktur,
  Depression *v*
malaria Malaria *v*
malen mahlen
mals zart

mama Mama *v*
man Mann *m*
manchet Manschette *v*
manchetknoop Manschettenknopf
  v
mand Korb *m*
mandarijn Mandarine *v*
manege Reitbahn *v*
manen *mv* Mähne *v*; *ww* mahnen,
  einfordern
maneschijn Mondschein *m*
mangelen (ontbreken) mangeln;
  (pletten) rollen, mangeln
mango Mango *v*
manhaftig mannhaft
manicure Maniküre *v*
manicuren maniküren
manie Manie *v*
manier (Art und) Weise *v*;
  Verfahren *o*; Sitte *v*, Brauch *m*;
  goede ~en, gute Manieren
manifestatie Kundgebung *v*;
  Veranstaltung *v*
mank hinkend, lahm
mankeren fehlen, mangeln
mannelijk männlich; mannhaft
mannequin Mannequin *o*
manoeuvre Manöver *o*
manslag Totschlag *m*
mantel Mantel *m*
mantelpak Jackenkleid *o*
manufacturen Manufakturwaren
  mv
map Mappe *v*
maquette Makette *v*
marathon Marathon *m*
marcheren marschieren
marechaussee Gendarmerie,
  Feldpolizei *v*
margarine Margarine *v*
marge Spanne *v*
margriet Margeriete *v*
Maria-Hemelvaart Himmelfahrt *v*
marihuana Marihuana *o*
marinier Marinesoldat *m*
marionettenspel Puppenspiel *o*
mark (Duitse munt) D-Mark *v*
marketentster Marketenderin *v*
markies Marquis *m*;
  (zonnescherm) Markise *v*
markt Markt, Marktplatz *m*
markt Markt *m*
marmelade Marmelade *v*
marmer Marmor *m*
marmeren marmorn, Marmor-
marmot Murmeltier *o*
mars Marsch *m*
marsepein Marzipan *m*
marskramer Hausierer *m*
martelaar Märtyrer *m*
martelen martern, foltern
marteling Marter, Tortur *v*
marter Marder *m*
masker Maske, Larve *v*

massa Masse, Menge *v*
massage Massage *v*
masseren massieren
massief *zn* Massiv *o*; *bn* massiv
mast Mast *m*
mat Matte *v*; *bn* matt
match Match *o*, Spiel *o*
matglas Milchglas *o*
matig mäßig
matigen mäßigen
matras Matratze *v*
matrijs Matrize *v*
matroos Matrose
m.a.w. (met andere woorden) mit
  andern Worten, m.a.W.
maximaal maximal
maximum Maximum *o*
maximumprijs Höchstpreis *m*
maximumsnelheid
  Höchstgeschwindigkeit *v*
mayonaise Mayonaise *v*
mazelen Masern *mv*
me mir (3e nv); mich (4e nv)
medaille Medaille *v*
mede... zie ook mee...
mededeelzaam mitteilsam
mededelen mitteilen
mededeling Mitteilung *v*
mededingen sich mitbewerben
mededinger Mitbewerber,
  Konkurrent *m*
mededogen Mitleid *o*
medeklinker Mitlaut, Konsonant *m*
medeleven Mitempfinden *o*
medelijden Mitleid *o*
medelijdend mitleidig
medemens Mitmensch *m*
medeminnaar Nebenbuhler *m*
medeplichtig mitschuldig
medewerken mitarbeiten,
  mitwirken
medewerker Mitarbeiter *m*
medewerking Mitarbeit *v*;
  Mitwirkung *v*
medeweten Mitwissen *o*,
  Mitwissenschaft *v*
medezeggenschap
  Mitbestimmungsrecht *o*
medicijn Arznei, Medizin *v*
medicijn Medizin *v*
medisch medizinisch
medische hulp ärztliche Hilfe *v*
mee mit
meedoen mitmachen
meedogenloos mitleidslos,
  erbarmungslos
meegaan mitgehen; (opinie)
  zustimmen; (bruikbaar blijven)
  halten
meegaand gefügig, willfährig
meegenomen mitgenommen
meehelpen mithelfen
meel Mehl *o*
meeldraad Staubfaden *m*

meelopen (vergezellen) mitgehen,
  begleiten
meelspijs Mehlspeise *v*
meenemen mitnehmen
meer *telw, bijw* mehr; öfter; *zn*
  (*waterplas*) See *m*
meerdere Vorgesetzte(r) *m-v*
meerderheid Mehrheit;
  Überlegenheit *v*
meerderjarig großjährig
meerijden mitfahren
meermalen mehrmals, öfters
meerschuim Meerschaum *m*
meerstemmig mehrstimmig
meervoud Mehrzahl *v*; Plural *m*
meervoudig mehrfach
mees Meise *v*
meeslepen mitschleppen;
  hinreißen
meespelen mitspielen
meest meist
meestal meistens
meester Meister, Herr; Lehrer *m*
meesteres Herrin *v*
meesterlijk meisterhaft
meetbaar messbar
meetkunde Geometrie *v*
meeuw Möwe *v*
meevallen das valt mee, das
  übertrifft die Erwartung
meewarig mitleidend
mei Mai *m*
meid Mädchen *o*
meidoorn Weiß-, Rotdorn *m*
meikever Maikäfer *m*
meineed Meineid *m*
meisje Mädchen, Mädel *o*; Braut,
  Verlobte *v*
meisjesnaam Mädchenname *m*
mejuffrouw Fräulein *o*
melaats aussätzig
melancholiek melancholisch,
  schwermütig
melden melden, anzeigen
melding Meldung *v*
melk Milch *v*
melkboer Milchmann *m*
melken melken
melkpoeder Trockenmilch *v*
Melkweg Milchstraße *v*
melodie Melodie, Weise *v*
melodieus melodisch
meloen Melone *v*
memorie Gedächtnis *o*;
  Denkschrift *v*
men man
meneer mein Herr!; (bij bekende
  naam of titel) Herr Schmidt, Herr
  Doktor!
menen meinen
mengelmoes Mischmasch *m*
mengen mischen
mengsel Gemisch *o*, Mischung *v*
mengsmering Mengschmierung *v*

menie Mennig *m*
menig mancher (-e, -es)
menigeen manch einer
menigmaal öfters
menigte Menge *v*
menigvuldig häufig
mening Meinung, Ansicht *v*
mennen lenken; kutschieren
mens Mensch *m*
mensdom Menschheit *v*
menselijk menschlich
mensenkennis Menschenkenntnis
  v
mensenliefde Menschenliebe *v*
mensenschuw menschenscheu
mensheid Menschheit *v*
menslievend menschenfreundlich
menstruatie Menstruation *v*
menu Menü *o*, Speisekarte *v*; ~
  van de dag Tagesmenü *o*
menukaart Speisekarte *v*
merel Amsel *v*
merendeels größtenteils
merg Mark *o*
mergpijp Markknochen *m*
merk Marke *v*; Merkmal *o*
merkbaar bemerkbar
merken merken, spüren;
  (be)zeichnen, markieren
merkteken Kennzeichen *o*
merkwaardig merkwürdig
merrie Stute *v*
mes Messer *o*
messenlegger Messerbänkchen *o*
mest Mist, Dünger *m*
mesten düngen; (vee) mästen
mesthoop Mist-, Düngerhaufen *m*
met mit
metaal Metall *o*
metaalindustrie Metallindustrie,
  Schwerindustrie *v*
metalen metallen, metallisch
meteen sofort
meten messen, vermessen
meteoor Meteor *m & o*
meter (lengtemaat) Meter *m*
metgezel Gefährte *m*
methode Methode *v*
metro U-Bahn *v*
metselaar Maurer *m*
metselen mauern
metterdaad in der Tat, wirklich
meubel Möbel *o*
meubelmaker Tischler, Schreiner *m*
meubileren möblieren
mevrouw Frau *v*
m.i. (mijns inziens) meines
  Erachtens, m.E.
microfoon Mikrophon/Mikrofon *o*
microscoop Mikroskop *o*
middag Mittag *m*
's middags mittags
middageten, middagmaal
  Mittagessen *o*

middel Mittel o; Taille v; *door ~ van*, mittels(t), vermittels(t)
middelbaar mittler
middeleeuwen Mittelalter o
middeleeuws mittelalterlich
middelerwijl mittlerweile
Middellandse Zee Mittelländisches Meer, Mittelmeer o
middellijn Durchmesser m
middelmaat Mittelmaß o
middelmatig mittelmäßig
middelpunt Mittelpunkt m
middelste mittelste; Mittel-
midden Mitte v
middenbaan Mittel-, Grünstreifen m
middenin mittendrin
middenrif Zwerchfell o
middenstand Mittelstand m
middenvinger Mittelfinger m
middenweg Mittelstraße v
middernacht Mitternacht v
midvoor sp Mittelstürmer m
mie Fadennudel v, Glasnudel v
mier Ameise v
mierikswortel Meerrettich m, Kren v
migraine Migräne v
mij 3e nv: mir, 4e nv: mich
mijden (meed; gemeden) vermeiden, meiden
mijl Meile v
mijlpaal Meilenstein, -zeiger; *fig* Markstein m
mijmeren sinnen, träumen
mijn *vnw* mein (meine, mein); *de, het mijne*, der, die, das meinige; *de mijnen*, die Meinen
mijn (v. delfstoffen) Bergwerk o, Grube, Zeche; *mil* Mine v
mijnbouw Bergbau m
mijnenlegger Minenleger m
mijnenveger Minenräumer m
mijnheer Herr m
mijnwerker Bergmann, Bergarbeiter m
mijt Milbe; Miete v
mikken zielen
mikpunt Zielpunkt m; Zielscheibe v
Milaan Mailand o
mild mild, sanft; freigebig; liberal
milieu Milieu o, Umwelt v
milieuhygiëne Umweltschutz m
milieuverontreiniging Umweltverschmutzung v
militair Militär; *bn* militärisch
miljard Milliarde v
miljoen Million v
millimeter Millimeter(-) m
milt Milz v
min (liefde) Liebe; (voedster) Amme v; *bn* gering; (laag) niederträchtig
minachten gering schätzen, verachten
minder weniger
mindere Untergebene(r) m-v
minderheid (in getal) Minorität, Minderzahl v
minderjarig minderjährig, minorenn
mineraal Mineral o
mineraalwater Mineralwasser o
minimaal minimal
minimum minimal
minirok Minirock m
minister Minister m
ministerie Ministerium o
minnaar Geliebte(r) m-v; (v. sport e.d.) Liebhaber m
minnares Freundin, Geliebte v; Verhältnis o
minne *in der ~*, auf gütlichem Wege
minnelied Liebeslied o
minnelijk *~e schikking*, gütlicher Vergleich, Austrag m
minst mindest, geringst, wenigst; *ten ~e* wenigstens
minste wenigst, mindest; *ten ~*, wenigstens
minstens wenigstens, mindestens
minuut Minute(n) v
minzaam leutselig, freundlich
mis Messe v; *bijw* verfehlt
misbaar Lärm m
misboek Messbuch, Missal o
misbruik Missbrauch, Unfug m
misbruiken strapazieren
misdaad Verbrechen o, Freveltat v
misdadig verbrecherisch, frevelhaft
misdadiger Verbrecher
misdragen *zich ~*, sich schlecht benehmen, aufführen
misdrijf Vergehen o
misgreep Fehlgriff m
misgunnen missgönnen
mishagen missfallen
mishandelen misshandeln
miskennen verkennen
miskoop Fehlkauf m
miskraam Fehlgeburt v
misleiden irreführen, täuschen; hintergehen
mislukken misslingen, fehlschlagen, scheitern
mismaakt entstellt
mismoedig missmutig
misnoegd missvergnügt, unwillig
misnoegen Missvergnügen o, Unwille, Unmut m
misplaatst übel angebracht
mispunt Ekel o, Lump m
misschien vielleicht
misselijk übel, schlecht
missen fehlen; vermissen; verfehlen; verpassen
misslag Fehlgriff, Fehltritt, Fehler,

Verstoß m
misstand Übelstand m
misstap Fehltritt m
mist Nebel m
misten neblig sein
misthoorn Nebelhorn o
mistig neblig
mistlamp Nebellampe v
mistroostig missmutig, niedergeschlagen
misvatting, misverstand Missverständnis o
misvormen verunstalten
mitrailleur Maschinengewehr o
mits wenn nur; unter der Bedingung dass
mitsdien mithin, demnach, folglich
mixen mixen
mixer Mixer m
mobiel mobil; *~e telefoon* Handy o
mobilisatie Mobilmachung v
modder Schlamm m
modderbad Moorbad o
modderig schlammig, dreckig
modderpoel Schlammpfütze v
mode Mode v
model Modell, Muster o, Schablone v
modelbedrijf Musterbetrieb m
modern modern
modeshow Modenschau v
modezaak Putzgeschäft o
modiste Modistin, Putzmacherin v
moe (vermoeid) müde
moed Mut m
moedeloos mutlos
moeder Mutter v
moederlijk mütterlich
moederschap Mutterschaft v
moedertaal Muttersprache v
moedervlek Muttermal o
moedig mutig, beherzt
moedwillig absichtlich
moeilijk schwer, schwierig
moeilijkheden Schwierigkeiten mv
moeite Mühe, Bemühung v; *de ~ waard* der Mühe wert
moer (bij schroef) Mutter v
moeras Sumpf m; Moor o
moerassig sumpfig
moerbei Maulbeere v
moersleutel Schraubenschlüssel m
moes Mus o
moesson Monsun m
moestuin Gemüsegarten m
moeten müssen, sollen
moezelwijn Mosel(wein) m
mogelijk möglich, tunlich; *~ maken*, ermöglichen
mogelijkheid Möglichkeit v
mogen dürfen; (sympathiek vinden) mögen
mogendheid Macht v, *grote ~*, Großmacht v

mohammedaan Mohammedaner *m*
mok Becher *m*
mokken schmollen
mol Maulwurf *m*
molecule Molekül *o*
molen Mühle *v*
molenaar Müller
molenwiek Mühlenflügel *m*
mollig weich, mollig
molm (turf) Mull *o*; (hout) Mulm *m*
molshoop Maulwurfshügel *m*
molton Molton *m*
moment Moment, Augenblick *m*
mompelen munkeln; murmeln
mond Mund *m*; (v. rivier, kanon) Mündung *v*
mond- en klauwzeer Maul- und Klauenseuche *v*
mondeling mündlich
mondig mündig, großjährig, majorenn
monding Mündung *v*
mond-op-mondbeademing Mund-zu-Mund-Beatmung *v*
mondspoeling Mundwasser *o*
monnik Mönch *m*
monopolie Monopol *o*
monster (proef) Probe *v*, Muster; (gedrocht) Ungeheuer *o*
monsterachtig monströs
monsteren mustern
montagewoning präfabriziertes Wohnhaus *o*
monter munter, heiter
monteren montieren, aufstellen
monteur Monteur *m*
montuur Einfassung *v*, Gestell *o*
montuur Montur *v*
monument Denkmal *o*
mooi schön, hübsch, gut
Moor Mohr, Maure *m*
moord Mord *m*
moorddadig mörderisch
moordenaar Mörder
Moors maurisch
moot Scheibe *v*; Schnitt *m*
mop Witz *m*
mopperen brummen, schimpfen, meckern
moraal Moral *v*
moreel moralisch
morel Morelle *v*
morfine Morphin, Morphium *o*
morgen Morgen *m*; 's ~s, morgens; *van~*, heute Morgen; *tot* ~ bis morgen
's morgens morgens
morgenavond morgen Abend
morgenochtend morgen früh
morgenrood Morgenröte *v*
morren murren, brummen
morsen sudeln; kleckern
morsig schmutzig, schlampig
mortier Mörser *m*

mos Moos *o*
moskee Moschee *v*
moslim Moslem *m*
mossel Muschel *v*
mosterd Senf *m*
mot Motte *v*
motel Motel *o*
motie Antrag *m*
motief Motiv *o*
motor (~fiets) Motorrad *o*; (voor aandrijving) Motor *m*
motorboot Motorboot *o*
motorfiets Motorrad *o*
motorkap Motorhaube *v*
motorolie Motoröl *o*
motorophanging Motoraufhängung *v*
motorpech Panne *v*
motregen Staubregen *m*
mountainbike Mountainbike *o*
mousseline Musselin, Mull *m*
mouw Ärmel *m*
mud Hektoliter *o*
muffig muffig, dumpfig
mug Mücke *v*
muggenzifter Haarklauber *m*
muil Maul *o*, Rachen *m*; Pantoffel *m*
muilband Maulkorb *m*
muildier Maultier *o*
muilezel Maulesel *m*
muilpeer Maulschelle *v*
muis Maus *v*
muiten meutern
muiter Meuterer, Rebell *m*
muizenissen Grillen, Mücken *mv*
muizenval Mäusefalle *v*
mul locker
mummie Mumie *v*
munitie Munition *v*
munt Münze *v*; (plant) Minze *v*
muntstuk Münze *v*
munttelefoon Münztelefon *o*
muntvoet Münzfuß *m*, Währung *v*
murmelen murmeln, rieseln, rauschen
murw mürbe, (windel)weich
mus Sperling, Spatz *m*
museum Museum *o*
musicus Musiker *m*
muskaatnoot Muskatnuss *v*
muskiet Moskito *m*
muts Mütze *v*
muur Mauer, Wand *v*
muzelman Muselmann *m*
muzen Musen *mv*
muziek Musik *v*
muziekuitvoering Konzert *o*
muzikaal musikalisch
muzikant Musikant *m*
mv. (meerv.) Mehrzahl, Mz.
mysterie Mysterium *o*
mystiek Mystik *v*; *bn* mystisch
mythe Mythos/ Mythus *m*

N

na *vz* nach; *bijw* nahe, nahe (dicht) bei
naad Naht *v*
naaf Nabe *v*
naaidoos Nähkasten *m*
naaien nähen
naaimachine Nähmaschine *v*
naaister Näh(t)erin *v*
naakt nackt
naaktstrand FKK-Strand *m*
naald Nadel *v*
naaldenkoker Nadelbüchse *v*
naam Name *m*
naambordje Namensschild *o*
naamgenoot Namensbruder, -vetter *m*
naamkaartje Besuchskarte *v*
naamval Fall *m*, Kasus *m*
naamwoord Nomen *o*; *bijvoeglijk* ~, Adjektiv *o*; *zelfstandig* ~, Substantiv *o*
na-apen nachäffen
naar *vz* nach, zu; *voegw* wie; *bn* (vervelend) traurig, elend
naarmate je nachdem
naarstig emsig, fleißig; eifrig, beflissen
naast *vz* neben; (bijw, bn) nächst
naasten verstaatlichen
nabestaande Anverwandter *m*; Hinterbliebener *m*
nabij in der Nähe, nahebei
nabijgelegen benachbart
nabijheid Nähe *v*
nabootsen nachbilden, nachahmen
naburig benachbart, nahe
nacht Nacht *v*; *per* ~ pro Nacht
's nachts nachts
nachtclub Nachtclub *m*
nachtegaal Nachtigall *v*
nachtelijk nächtlich
nachtjapon Nachthemd *o*
nachtkroeg Nachtlokal *o*
nachtmerrie Alp *m*, Alpdrücken *o*
nachtrust Nachtruhe *v*
nachttafeltje Nachttisch *m*
nachttarief Nachttarif *m*
nachttrein Nachtzug *m*
nachtverblijf Nachtlager *o*
nachtvlucht Nachtflug *m*
nadat nachdem
nadeel Nachteil, Schaden *m*
nadelig nachteilig, schädlich
nadenken nachdenken, sinnen
nadenkend nachdenklich
nader näher; genauer
naderen sich nähern; herannahen
naderhand nachher, später
nadoen nachahmen, nachmachen
nadruk Nachdruck *m*, Betonung *v*; ~ *leggen op*, betonen
nadrukkelijk nachdrücklich

nagaan nachgehen (+3), folgen (+3), nachforschen (+3); überdenken

nagedachtenis Erinnerung v; Andenken o

nagel Nagel m

nagelborstel Nagelbürste v

nagellak Nagellack m

nagelschaar Nagelschere v

nagenoeg ungefähr, nahezu

nagerecht Nachspeise v

nageslacht Nachwelt v

nagesynchroniseerd synchronisiert

naïef naiv, unbedarft

naijver Eifersucht v

najaar Herbst m

najagen nachjagen, -setzen (+3); (een doel) verfolgen

najouwen hinter einem herschreien

nakijken nachsehen

nakomeling Nachkomme, Enkel m

nakomen nachkommen; (een bevel) Folge leisten

nalaten (bij dood) hinterlassen; (verzuimen) unterlassen

nalatenschap Hinterlassenschaft v, Nachlass m

nalatig nachlässig; saumselig

naleven nachkommen (+3); befolgen

nalopen nachlaufen

namaak Nachahmung v

namaken nachbilden, nachmachen

namelijk nämlich

namens im Namen

namiddag Nachmittag m

napraten nachsprechen (+3), nachplappern (+3) nar

nar Narr, Possenreißer m

narcis Narzisse v

narcose Narkose v

narekenen nachrechnen

naseizoen Nachsaison v

nasleep Gefolge o

nasmaak Nachgeschmack m

nasnuffelen nachstöbern (+3)

naspeuren nachspüren (+3)

nasporing Nachforschung v

nat nass

natie Nation v; Völkerschaft v

nationaal national

nationaliteit Nationalität v

naturaliseren naturalisieren

natuur Natur v

natuurbescherming Naturschutz m

natuurgebied Naturschutzgebiet o

natuurkunde Physik v

natuurkundige Physiker

natuurlijk natürlich

natuurramp Naturkatastrophe v

natuurreservaat Naturschutzgebiet o

natuurschoon Schönheit der Natur v

natuurverschijnsel Naturerscheinung v, -ereignis o

natuurwetenschap Naturwissenschaft o

nauw eng

nauwelijks kaum

nauwgezet gewissenhaft

nauwkeurig genau

navel Nabel m

navolgen nachfolgen (+3); nachahmen (+4)

navorsen nachforschen (+3)

navraag Nachfrage v

naweeën Nachwehen mv

nawerking Nachwirkung v

nazaten Nachkommen mv

nazien nachsehen; prüfen

nazomer Spätsommer m

neder (her)nieder, nach unten, herunter, hinab

neder- zie ook neer-

nederig demütig; bescheiden; anspruchslos

nederlaag Niederlage v

Nederland (die) Niederlande mv, Holland o

Nederlander Niederländer m

Nederlands niederländisch

Nederlandse Niederländerin v

nederzetting Niederlassung, Ansied(e)lung v

nee nein

neef Neffe (zoon v. broer of zuster); Vetter (zoon v. oom of tante)

neer nieder, herunter

neerbuigend herablassend

neerdalen nieder-, herabsinken

neerhurken niederkauern

neerkomen niedergehen; dat komt op hetzelfde neer das kommt auf eins heraus

neerleggen hinlegen; (ambt) niederlegen; (doden) umlegen; (schriftelijk) festlegen

neerslachtig betrübt, niedergeschlagen

neerstorten nieder-, abstürzen

neervellen niederfällen, -strecken, erlegen

neervlijen hinstrecken

neerzetten hinstellen, -legen, -setzen

negatief bn negativ; zn Negativ o

negen neun

negende neunte(r)

negentien neunzehn

negentig neunzig

neger Neger

ne'geren pisacken, quälen

nege'ren negieren, ignorieren

negerin Negerin v

neigen neigen, tendieren zu (+3)

neiging Neigung; Zuneigung v,

Hang, Trieb m

nek Hals m

nek Nacken m, Genick o

nekslag iem. de ~ geven, einem den Rest geben

nemen nehmen; fassen

nep Nepp m, Schwindel m

nerf Nerv m; (v. leder) Narbe v

nergens nirgends

nering Kleinhandel m

nerveus nervös; hektisch

nest Nest; (v. dier) Lager o

nestelen nisten

net bn nett, hübsch; sauber; anständig; bijw gerade; eben; zn Netz

netelig heikel; peinlich

netjes nett, hübsch, säuberlich, sauber; anständig; gut

netnummer Vorwahl v

netto netto, Rein-

netvlies Netzhaut v

netwerk Netzwerk o

neuken bumsen, ficken

neuriën trällern

neuroloog Neurologe m, Nervenarzt m

neus Nase v

neusbloeding Nasenbluten o

neusgat Nasenloch o; (v. dier) Nüster v

neushoorn Nashorn o

neusklank Nasal(laut) m

neutraal neutral

neuzen sich umschauen

nevel Dunst m

nevelachtig neb(e)lig

nevelig neblig

nevens neben, bei

nevensgaand beifolgend

nicht Nichte (dochter v. broer of zuster); Kusine (dochter v. oom of tante)

niemand niemand, keiner

nier Niere v

niersteen Nierenstein m

nierziekte Nierenkrankheit v

niesen niesen

niet nicht

nietig nichtig, geringfügig, winzig; ungültig, wertlos

nietje Niete v, Heftklammer v

niets nichts

nietsnut Nichtsnutz m, Tagedieb m, Tunichtgut m, Müßiggänger m

niettegenstaande ungeachtet

niettemin jedoch, nichtsdestoweniger

nieuw neu

nieuweling Neuling m

nieuwerwets neumodisch

nieuwigheid Neuerung, Neuheit, Neuigkeit v

nieuwjaar Neujahr o

Nieuwjaarsdag Neujahrstag *m*
nieuws Neues *o*, Neuigkeiten *mv*;
  (radio, tv) Nachrichten *mv*
nieuwsgierig neugierig, gespannt
nieuwtje Neuigkeit *v*
niezen niesen
nijd Neid *m*
nijdig böse, ärgerlich; *zich ~*
  maken, sich ärgern
nijlpaard Nilpferd *o*
Nijmegen Nimwegen *o*
nijpend bitter, herb; drückend
nijptang Kneifzange *v*
nijver emsig, arbeitsam,
  betriebsam
nijverheid Industrie *v*
nikkel Nickel *m & o*
niks nichts
niksen herumhocken
nimmer nie, niemals
nippertje *op het ~*, mit knapper
  Not; gerade vor Torschluss
nis Nisch *v*
niveau Niveau *o*, Höhe *v*
nivellering Einebnung *v*
nl. (namelijk) nämlich
noch noch; ~..., ~, weder... noch
nochtans indessen, dennoch
nodeloos unnötig
nodig notwendig, benötigt; nötig;
  ~ hebben brauchen; *er is... nodig*
  man braucht...; *zo ~* notfalls
noemen nennen; benennen;
  erwähnen
noemenswaard nennenswert
noest emsig, fleißig
nog noch
noga Nougat *m*
nogal ziemlich
nogmaals nochmals, von neuem
nok First; Nocken *m*
nokkenas Nockenwelle *v*
nominaal nominell; *nominale*
  waarde, Nennwert *m*
non Nonne *v*
non-alcoholisch alkoholfrei
nonchalant fahrlässig
nonsens Unsinn *m*
non-stop nonstop
non-stopvlucht Flug ohne
  Zwischenlandung
nood Not *v*
nooddruft Notdurft *v*
noodhulp Aushilfe *v*, Notbehelf *v*
noodkreet Notschrei *m*
noodlijdend Not leidend
noodlot Schicksal, Verhängnis,
  Fatum *o*
noodlottig verhängnisvoll
noodrem Notbremse *v*
noodsein Notsignal *o*
noodstop Nothalt *m*
nooduitgang Notausgang *m*
noodvulling Notfüllung

noodzaak Notwendigkeit *v*
noodzakelijk notwendig,
  erforderlich
noodzaken nötigen, zwingen
nooit nie
Noor Norweger
noord Norden *m*; nördlich
noordelijk nördlich
noorden Norden *m*
noordenwind Nordwind *m*
noorderbreedte nördliche Breite *v*
noorderlicht Nordlicht *o*
noordoost nordöstlich
noordpool Nordpol *m*
noordwest nordwestlich
Noordzee Nordsee *v*
Noors norwegisch
Noorwegen Norwegen *o*
noot (vrucht) Nuss; (muziek)
  Musiknote; (voetnoot) Fußnote,
  Bemerkung *v*
nootmuskaat Muskatnuss *v*
nop Noppe *v*; *voor ~* umsonst
nopen zwingen; veranlassen;
  nötigen
nopens bezüglich, betreffend,
  hinsichtlich
norm Norm *v*
normaal normal
nors unwirsch, unfreundlich
nota Rechnung *v*
notabelen Honoratioren *mv*
notaris Notar
notendop Nussschale *v*
notenkraker Nussknacker *m*
noteren notieren
notie Begriff *m*, Idee *v*
notitie Notiz; Aufzeichnung *v*
notitieboek Notizbuch *o*
notulen Protokoll *o*
nou nun, jetzt; *~ en?* na und?
november November *m*
nu jetzt, nun
nuchter nüchtern
nuk Laune *v*, Grille *v*
nukkig launisch
nul Null *v*
nummer Nummer *v*
nummerbord, nummerplaat
  Nummernschild *o*
nut Nutzen *m*
nutteloos nutzlos; vergeblich
nuttig nützlich
nuttigen einnehmen, zu sich
  nehmen
nylon Nylon *o*
nylonkous Nylonstrumpf *m*

O
---

o.a. (onder andere(n)), unter
  anderm(n), u.a.
oase Oase *v*
ober Ober *m*

obligatie Obligation,
  Schuldverschreibung *v*; ~*s*,
  Rentenwerte *mv*
obsceen obszön, schlüpfrig
obstakel Hindernis *o*
oceaan Ozean *m*
och ach!
ochtend Morgen *m*
's ochtends morgens
octaaf Oktave *v*
octrooi Patent *o*
odeur Parfüm *o*
oefenen üben, ausüben
oefening Übung *v*
oeroud uralt
oerwoud Urwald *m*
oester Auster *v*
oeuvre Werk *o*
oever Ufer *o*
of ob; oder; *of... of*, entweder...
  oder
offer Opfer *o*, Opfergabe *v*
offeren opfern
offerte Angebot *o*; Offerte *v*
offervaardig opferwillig
officieel offiziell, amtlich
officier Offizier *m*; *~ van justitie*,
  Staatsanwalt *m*
ofschoon obschon, obgleich
oftewel oder
ofwel oder
ogenblik Augenblick *m*
ogenblikkelijk sofort, unverzüglich
ogenschijnlijk scheinbar
ogenschouw *in ~ nemen*, in
  Augenschein nehmen
o.i. (onzes inziens), unsrer Ansicht
  nach, unseres Erachtens
oké ok
oksel Achsel *v*
oktober Oktober *m*
olie Öl *o*; *~ verversen* Öl wechseln
olie- en azijnstel Menage *v*
oliebol Krapfen *m*
oliedrukmeter öldruckmesser *m*
oliefilter Ölfilter *m*
oliegoed Ölzeug *o*
oliepeil Ölspiegel *m*
oliepomp Ölpumpe *v*
oliespuit Ölspritze *v*
oliestook Ölheizung *v*
olifant Elefant *m*
olijf Olive *v*
olijfboom Ölbaum *m*
olijfolie Olivenöl *o*
olijftak Ölzweig *m*
olijk schalkhaft
olm Ulme *v*
om *vz* um; wegen, aus; *bijw* herum
oma Oma *v*
ombrengen umbringen
omdat weil, da
omdraaien umdrehen
omelet Omelette *v*, Omelett *o*

omgaan umgehen; rings herum gehen; verkehren

omgaande per ~, umgehend

omgang Umgang, Verkehr *m*

omgeving Umgebung, Umgegend *v*; Peripherie *v*

omgooien umwerfen, umstoßen

omhaal Umstände *mv*; Weitschweifigkeit *v*

omheen (rings)herum, umher, umhin

omheining Zaun *m*

omhelzen umarmen

omhoog empor, in die Höhe, hinauf, nach oben

omhulsel Hülle *v*

omkeer Umkehr, Drehung *v*; Umschwung *m*

omkeren umkehren

omkijken umschauen; sich umsehen

omkomen unkommen, sterben

omkoopbaar käuflich, bestechlich

omkopen bestechen

omlaag nach unten, hinunter, hinab

omlegging, omleiding Umleitung *v*

omliggend umliegend, angrenzend

omlijsten einrahmen

omloop Umlauf; (v. toren) Umgang *m*

omlopen herumlaufen, umherlaufen; um etwas herumlaufen; (omweg) eine Umweg machen

ommegaande per ~, umgehend

ommezien in een ~, im Nu

ommezijde Rückseite *v*; zie ~, bitte wenden!

ompraten überreden, umstimmen

omrastering Drahtzaun *m*

omrijden einen Umweg machen

omringen umringen, einschließen; umschließen

omroep Rundfunk *m*

omroepen (laten) ausrufen (lassen)

omroeper Ansager *m*

omroeren um-, durchrühren

omruilen umtauschen

omschrijven beschreiben

omschrijving Umschreibung *v*

omsingelen umzingeln; einkreisen

omslaan umschlagen; umblättern; (kosten) verteilen

omslachtig weitschweifig, umständlich

omslag Umschlag *m*; (v. boek) Deckel *m*; (drukte) Umstände *m mv*

omslagdoek Umschlagtuch *o*

omstanders Umstehende *mv*

omstandig umständlich

omstandigheid Umstand *m*

omstreden umstritten

omstreeks ungefähr, etwa

omstreken Umgegend, Umgebung *v*

omstrengelen umschlingen

omtrek (cirkel) Peripherie; (stad) Umgebung *v*; (tekening) Umriss *m*

omtrent bijw ungefähr, etwa; vz über; hinsichtlich

omvallen umfallen, umstürzen, umschlagen

omvang Umfang *m*; Tragweite *v*

omvatten umfassen

omver über den Haufen, nieder-

omvouwen umfalten, herumschlagen; anders falten

omweg Umweg *m*

omwenteling Umwälzung *v*; Umsturz *m*; Revolution *v*

omzet Umsatz *m*

omzichtig umsichtig

omzien (sich) umsehen; umblicken

omzwaaien umsatteln

on- voor veel ontbrekende woorden, met on- samengesteld, raadplege men de grondwoorden

onaangenaam unangenehm

onaantrekkelijk reizlos

onaanzienlijk unannehmbar

onaardig unliebenswürdig

onachtzaam unachtsam, fahrlässig, nachlässig

onafgebroken ununterbrochen, unablässig

onafscheidelijk unzertrennlich

onbaatzuchtig uneigennützig, selbstlos

onbedaarlijk unaufhaltsam

onbedachtzaam unüberlegt

onbedorven unverdorben

onbedreven unerfahren, ungeübt

onbeduidend unbedeutend, geringfügig; unscheinbar

onbedwingbaar unbezwinglich

onbegaanbaar unpassierbar

onbegonnen hoffnungslos, unausführbar

onbegrensd unbegrenzt, unbeschränkt

onbegrijpelijk unverständlich

onbehagen Unbehagen *o*

onbeheerd herrenlos

onbeholpen ungeschickt

onbehoorlijk ungehörig

onbehuisd obdachlos

onbekend unbekannt

onbekrompen freigebig; mild

onbekwaam unfähig, untauglich; betrunken

onbeleefd unhöflich; grob

onbelemmerd unbehindert

onbelicht nicht belichtet

onbemiddeld mittellos

onbenul Albernheit *v*

onbepaald unbestimmt

onbeperkt unbeschränkt

onberaden unbesonnen, unüberlegt

onbereikbaar unerreichbar

onberispelijk tadellos

onbeschaafd ungebildet

onbeschaamd unverschämt

onbeschoft unverschämt

onbeschrijflijk unbeschreiblich

onbeschroomd freimütig, furchtlos

onbeslist unentschieden

onbesproken unbescholten

onbestendig unbeständig, unstet

onbestorven ~ weduwnaar, Strohwitwer *m*; ~ weduwe, Strohwitwe *v*

onbesuisd unbesonnen; voreilig

onbetaalbaar unerschwinglich; fig köstlich

onbetamelijk ungebührlich

onbetekenend unbedeutend

onbetrouwbaar unzuverlässig

onbetwist unbestritten

onbetwistbaar unstreitig; unanfechtbar

onbevoegd unbefugt, unzuständig, unberechtigt

onbevooroordeeld vorurteilslos, unbefangen

onbevreesd furchtlos, unverzagt

onbewaakt unbewacht

onbeweeglijk unbeweglich

onbezorgd unbesorgt, unbekümmert

onbillijk unbillig, ungerecht

onbreekbaar unzerbrechlich

onbruik in ~, außer Gebrauch

ondank Undank *m*

ondanks trotz

onder vz unter, unterhalb, während; bijw unten

onderaan unten, am Ende

onderaards unterirdisch

onderafdeling Unterabteilung *v*

onderbewust unterbewusst

onderbreken unterbrechen

onderbroek Unterhose *v*

ondercuratelestelling Entmündigung *v*

onderdaan Untertan *m*

onderdak Obdach *o*

onderdanig untertänig; demütig

onderdeel Teil *o*

onderdompelen untertauchen

onderdrukken unterdrücken; niederwerfen

on'dergaan untergehen, zu Grunde gehen

ondergaan' (straf) erdulden

ondergang Untergang *m*

ondergeschikt untergeben; untergeordnet

ondergoed (Leib)wäsche v,
Unterwäsche v
ondergronds unterirdisch; ~e
spoorweg Untergrundbahn, U-
Bahn v
onderhandelen unter-, verhandeln
onderhandeling Verhandlung v
onderhands unter der Hand; ~e
akte, Privaturkunde v
onderhavig vorliegend
onderhevig unterworfen,
ausgesetzt
onderhorig zugehörig
onderhoud Unterhalt m;
Unterredung o, Gespräch o
onderhoudend unterhaltsam
onderhoudsbeurt Inspektion v
onderin untendrin
onderjurk Unterkleid m
onderkaak Unterkiefer m
onderkant Unterseite v
onderkin Doppelkinn o
onderkomen Unterkunft v, Obdach
o
onderkruiper Streikbrecher m
onderlijf Unterleib m
onderling gegenseitig, beiderseits,
untereinander
ondermijnen untergraben
ondernemen unternehmen
onderneming Unternehmen o
onderpand Unterpfand o
onderricht Unterricht m
onderschatten unterschätzen
onderscheid Unterschied m
onderscheiding Unterscheidung,
Auszeichnung v
onderscheppen abfangen
onderschrift Unterschrift v
onderstaande unten stehend,
nachstehend
onderste unterste, niedrigste
ondersteboven das Unterste
zuoberst; über den Haufen
ondersteek Bettschieber m
onderstel Untergestell o
onderstelling Voraussetzung,
Annahme v
ondersteunen unterstützen
ondersteuning Unterstützung,
Beihilfe v
onderstrepen unterstreichen
ondertekenen unterschreiben
ondertekening Unterschrift v
ondertitel untertitelt
ondertrouw Aufgebot o
ondertussen mittlerweile,
inzwischen
ondervinden erfahren, erleben
ondervoorzitter zweite(r)
Vorsitzende(r) m-v
ondervragen be-, ausfragen
onderweg unterwegs
onderwerp Gegenstand m, Thema

o; (gram) Subjekt o
onderwerpen unterwerfen
onderwijl mittlerweile,
unterdessen
onderwijs Unterricht m; basis~,
Elementarunterricht; middelbaar
~, höherer Unterricht; hoger ~,
Hochschulunterricht
onderwijzen unterrichten
onderwijzer(es) Lehrer m, Lehrerin
v
onderzeeër U-boot o
onderzoek Untersuchung; Prüfung
v
onderzoeken untersuchen, prüfen
ondeskundig unfachmännisch,
unsachkundig
ondeugd Untugend v, Laster o;
Taugenichts m
ondeugend ungezogen, unartig
ondiep untief
ondier Untier, Ungeheuer o
ondoenlijk untunlich
ondoordacht unüberlegt
ondoordringbaar undurchdringlich
ondoorgrondelijk unergründlich
ondraaglijk unerträglich
ondubbelzinnig unzweideutig
onecht (vals) unecht, falsch; (kind)
unehelich
oneens uneinig
oneerbiedig respektwidrig
oneindig unendlich
onenigheid Misshelligkeit v
onervaren unbedarft, unerfahren
oneven ungerade
onfeilbaar unfehlbar
ongeacht unerachtet
ongebaand unwegsam, ungebahnt
ongebonden ungebunden,
zügellos; (v. staat) blockfrei
ongedeerd unversehrt, unverletzt
ongedierte Ungeziefer o
ongeduld Ungeduld v
ongedurig unbeständig, unruhig
ongedwongen zwanglos, frei
ongeëvenaard unerreicht;
beispiellos
ongegrond unbegründet
ongehoord unerhört
ongehoorzaamheid Ungehorsam m
ongehuwd ledig
ongelijk ungleich, uneben;
verschieden; ~ hebben, Unrecht
haben
ongelofelijk unglaublich
ongeluk Unglück o, (ongeval)
Unfall m
ongelukkig unglücklich
ongeluksvogel Pechvogel m
ongemak Ungemach o;
Beschwerde v
ongemanierd unmanierlich, grob
ongemerkt unbemerkt

ongemoeid unbehelligt
ongenaakbaar unzugänglich,
unnahbar
ongenade Ungnade v
ongeneeslijk unheilbar
ongenegen abgeneigt
ongenoegen Missfallen o;
Schererei v, Zwist m
ongeoorloofd unerlaubt,
unzulässig
ongepast unpassend,
ungeziemend, unschicklich
ongeregeld unordentlich, regellos
ongerept unberührt
ongerief Ungemach o,
Unbequemlichkeit v
ongerijmd ungereimt, widersinnig
ongerust besorgt, aufgeregt
ongeschikt ungeeignet, unfähig,
untauglich
ongeschonden unversehrt
ongeschoold ungelernt
ongestadig unbeständig
ongesteld unpässlich, unwohl (ook
v. vrouwen)
ongesteldheid Unwohlsein o
ongetwijfeld unzweifelhaft,
zweifelsohne
ongeval Unfall m
ongevallenwet
Unfallversicherungsgesetz o
ongeveer ungefähr, etwa, beiläufig
ongeveinsd aufrichtig,
ungeheuchelt
ongevoelig unempfindlich
ongewoon ungewohnt; (zeldzaam)
ungewöhnlich
ongezellig ungemütlich,
unbehaglich
ongezond ungesund
onguur unheimlich
onhandelbaar unlenksam
onhandig ungeschickt, ungewandt
onhebbelijk unmanierlich
onheilspellend unheilverkündend,
unheimlich
onherbergzaam unwirtlich
onherkenbaar unkenntlich
onherroepelijk unwiderruflich
onherstelbaar (v. ziekte) unheilbar;
unwiederbringlich
onheuglijk undenklich
onheus unhöflich
onjuist unrichtig
onkies unzart, unfein
onkosten (Un)kosten, Spesen mv
onkreukbaar unbestechlich
onkruid Unkraut o
onkunde Unkenntnis v
onkwetsbaar unverwundbar
onlangs kürzlich, neulich
onleesbaar (door schrift)
unleserlich; (door inhoud)
unlesbar

209

onlusten Wirren, Unruhen *mv*

onmacht Ohnmacht *v*; Unvermögen *o*

onmerkbaar unmerklich

onmetelijk unermesslich

onmiddellijk sofort

onmisbaar unentbehrlich

onmogelijk unmöglich

onnadenkend gedankenlos, unüberlegt

onnavolgbaar unnachahmlich

onnodig *bn* unnötig, überflüssig; *bijw* unnötigerweise

onnoemelijk unnennbar

onnozel einfältig; albern; harmlos

onomstotelijk unumstößlich

onooglijk unansehnlich; unscheinbar

onophoudelijk unaufhörlich, unausgesetzt

onopvallend unauffällig

onopzettelijk unabsichtlich

onordelijk unordentlich

onoverwinnelijk unüberwindlich

onpartijdig unparteilich, -lich

onpasselijk unpässlich, übel

onraad Gefahr *v*

onrecht Unrecht *o*

onredelijk unbillig, ungerecht

onrein unrein, unkeusch

onroerende goederen unbewegliche Güter, Immobilien, Liegenschaften *mv*

onrust Unruhe, Aufregung *v*

onrustbarend beunruhigend

onrustig unruhig

ons *zn* hundert Gramm; *vnw* uns; unser, unsere

onschatbaar unschätzbar

onschendbaar unverletzlich

onschuld Unschuld *v*

onschuldig unschuldig

onsmakelijk unschmackhaft

onstoffelijk unkörperlich, geistig

onstuimig ungestüm; stürmisch

onsympathiek unsympathisch

ontaard entartet; missraten

ontberen entbehren

ontbieden kommen lassen

ontbijt Frühstück *o*

ontbinden zergliedern; (huwelijk) auflösen; (chemisch) zersetzen

ontbloot entblößt

ontboezeming Herzenserguss *m*

ontbreken fehlen

ontdaan bestürzt, verstört

ontdekken entdecken, ermitteln

ontdooien auftauen

ontduiken umgehen, entgehen

ontegenzeglijk unwidersprechlich, unstreitig

onteigenen enteignen

ontelbaar unzählig

ontembaar unbändig

ontering Entehrung, Schändung *v*

onterven enterben

ontfermen *zich* ~ sich erbarmen

ontginnen urbar machen; (mijn) abbauen

ontgoochelen enttäuschen

onthaal Aufnahme, Bewirtung *v*

ontheffen befreien, erlassen

onthoofden enthaupten, köpfen

onthouden vorenthalten; behalten; sich merken; *zich* ~, sich enthalten

onthouding Enthaltsamkeit, Entsagung *v*

onthutst bestürzt

ontijdig unzeitig

ontkennen leugnen; verneinen

ontketenen entfesseln

ontknoping Lösung, Enträtselung *v*

ontladen entladen, ausladen

ontlasting Stuhlgang *m*

ontleden zergliedern; (lijk) sezieren, zerlegen

ontleding Zergliederung; Analyse; Sezierung *v*

ontleedkunde Anatomie *v*

ontlenen entnehmen

ontluiken sich entfalten, aufblühen

ontmaskeren entlarven

ontmoeten treffen, begegnen (+3)

ontmoeting Begegnung *v*

ontnemen nehmen; rauben

ontnuchteren ernüchtern

ontoonbaar schändlich, schrecklich; schmutzig

ontploffen explodieren

ontploffing Explosion *v*

ontplooien entfalten

ontraden widerraten

ontrieven Ungelegenheit verursachen

ontroering Rührung *v*

ontroostbaar untröstlich

ontrouw Untreue *v*; *bn* untreu

ontruimen (aus)räumen

ontscheping Ausschiffung *v*

ontslaan entlassen; (v. verplichting) überheben (+2)

ontslag Entlassung *v*; Abschied *m*

ontslapen ein-, entschlafen

ontsluiten aufschließen

ontsmetten desinfizieren

ontsnappen entwischen

ontspannen ab-, entspannen; *zich* ~, sich erholen

ontspanning Entspannung *v*

ontsporen entgleisen

ontstaan *ww* entstehen; *zn* Entstehung *v*, Entstehen *o*

ontsteken anzünden; (wonden) sich entzünden

ontsteking (medisch) Entzündung *v*; (motor) Zündung *v*

ontsteld bestürzt, verdutzt

ontsteltenis Bestürzung *v*

ontstemmen verstimmen

ontstentenis Abwesenheit *v*

onttrekken entziehen

ontucht Unzucht *v*

ontvangbewijs Empfangschein *m*

ontvangen empfangen; (innen) einnehmen

ontvanger Steuereinnehmer *m*

ontvangst Empfang *m*; Aufnahme *v*; Eingang *m*

ontvankelijk empfänglich

ontveinzen verhehlen

ontvluchten (ent)fliehen

ontvoeren entführen

ontvolken entvölkern

ontvouwen entfalten; auseinander setzen; entwickeln

ontvreemden entwenden

ontwaken aufwachen, erwachen

ontwapenen (persoon) entwaffnen; (land) abrüsten

ontwapening Abrüstung *v*

ontwaren gewahr werden

ontwerp Entwurf *m*, Plan *m*; Konzept *o*

ontwerpen entwerfen, planen

ontwijden entweihen

ontwijken ausweichen, entweichen, vermeiden

ontwikkeld (film) entwickelt

ontwikkelen entwickeln; *zich* ~, sich bilden

ontwikkeling Entwicklung *v*; Werdegang *v*; Bildung *v*

ontwrichten verrenken; *fig* zerrütten

ontzag Respekt *m*, Achtung *v*

ontzaglijk kolossal, ungeheuer

ontzeggen versagen, verweigern; absprechen

ontzenuwen entkräften

ontzet Entsatz *m*

ontzettend entsetzlich

ontzetting Absetzung *v*; Entsetzen *o*

ontzield entseelt, tot

ontzien schonen

onuitputtelijk unerschöpflich

onuitstaanbaar unausstehlich

onvast unfest, unsicher

onvatbaar unempfänglich

onveilig unsicher

onverbiddelijk unerbittlich

onverdraaglijk unerträglich

onverdraagzaam unverträglich, unduldsam, intolerant

onverdroten unverdrossen

onverenigbaar unvereinbar, unverträglich

onverflauwd unermüdlich, unablässig

onvergeeflijk unverzeihlich

onvergetelijk unvergesslich

onverhoeds *bn* unerwartet, jäh; *bijw* unversehens
onverklaarbaar unerklärlich
onverkwikkelijk unerfreulich
onvermijdelijk unvermeidlich, unumgänglich
onvermoeid unermüdet
onverrichter zake unverrichteter Dinge
onversaagd unverzagt
onverschillig gleichgültig, lau; einerlei
onverschrokken unerschrocken
onverstaanbaar unverständlich
onverstandig unverständig, unvernünftig
onverstoorbaar unerschütterlich
onvertogen anstößig
onvervaard unverzagt
onvervreemdbaar unveräußerlich
onverwacht(s) unerwartet
onverwijld unverzüglich
onverzadigbaar unersättlich
onverzettelijk unbeugsam
onverzwakt ungeschwächt
onvoldaan unbefriedigt; (rekening) unbezahlt
onvoorstelbaar unausdenkbar
onvoorwaardelijk unbedingt
onvoorzien unvorhergesehen
onwaar unwahr
onwankelbaar unerschütterlich
onweer Gewitter *o*
onweerlegbaar unwiderlegbar
onweersbui Gewitterschauer *m*
onweerstaanbaar unwiderstehlich, unaufhaltsam
onwel unwohl, unpässlich
onwelvoeglijk unanständig
onwettig ungesetzlich; (kind) unehelich
onwijs töricht, unvernünftig
onwil Widersetzlichkeit *v*; Unwille *m*
onwillig un-, widerwillig
onwrikbaar unerschütterlich
onze unser
onzeker unsicher, ungewiss; ~ *maken* verunsichern
onzelievevrouwebedstro Waldmeister *m*
onzevader Vaterunser *o*
onzijdig neutral; *gram* sächlich
onzin Unsinn, Blödsinn *m*
onzindelijk unrein, schmutzig
onzuiver unrein; unlauter
ooft Obst *o*
oog Auge *o*; (v. naald) Öhr *o*, Öse *v*
oogarts Augenarzt *m*
ooggetuige Augenzeuge *m*
ooggetuigenverslag Hörbericht *m*
oogholte Augenhöhle *v*
ooglid Augenlid *o*
oogluikend *iets ~ toelaten*, ein

Auge zudrücken; etwas hingehen lassen
oogmerk Absicht *v*, Augenmerk *o*
oogopslag Blick *m*
oogpunt Gesichtspunkt *m*
oogst Ernte *v*
oogsten (ein)ernten
oogwenk *in een ~*, im Nu
ooievaar Storch *m*
ooit jemals, je
ook auch
oom Onkel, Oheim *m*
oor Ohr *o*; (handvat) Henkel *m*, Öhr *o*
oorarts Ohrenarzt *m*
oorbel Ohrring *m*
oord Ort *m*, Ortschaft *v*
oordeel Urteil *o*, Meinung *v*
oordeelkundig vernünftig; einsichtig
oordelen urteilen, meinen
oorkonde Urkunde *v*
oorlel Ohrläppchen *o*
oorlog Krieg *m*
oorlogscorrespondent Kriegsberichterstatter *m*
oorlogsinvalide Kriegsbeschädigte(r) *m-v*
oorlogsschip Kriegsschiff *o*
oorlogswinst Kriegsgewinn *m*
oorlogszuchtig kriegerisch
oorlogvoerend Krieg führend
oorontsteking Ohrenentzündung *v*
oorpijn Ohrenschmerzen *mv*
oorsprong Ursprung *m*
oorspronkelijk urpsrünglich, originell
oorvijg Ohrfeige, Maulschelle *v*
oorwurm Ohrwurm *m*
oorzaak Ursache *v*
oost Osten *m*
oostelijk östlich
oosten Osten *m*
Oostenrijk Österreichs
oostenwind Ostwind *m*
oosterling Orientale *m*
oosters morgenländisch, orientalisch
Oostzee Ostsee *v*
ootmoed Demut *v*
op *vz* auf, gegen, nach, in; *bijw* erschöpft; alle
opa Opa *m*
opbellen anrufen
opbergen aufräumen, aufbewahren
opbod *bij ~ verkopen*, im Aufstreich verkaufen
opbouw Aufbau *m*
opbouwen erbauen, aufbauen
opbrengen (eten) auftragen; (opleveren) einbringen; (geld) aufbringen
opbrengst Ertrag, Erlös *m*

opcenten Zuschlag *m*
opdat damit
opdienen servieren
opdoen auftun; einkaufen; auftragen; erwerben
opdracht Auftrag *m*; (boek) Widmung, Zueignung *v*
opdrijven auftreiben, in die Höhe treiben
opdringen aufdrängen
opdrinken austrinken
opdrogen austrocknen; versiegen
opdruk Aufdruck *m*
opeen aufeinander
opeenhoping, opeenstapeling Anhäufung *v*
opeens auf einmal, plötzlich
opeenvolging Aufeinanderfolge *v*
opeisen auffordern, vindizieren
open offen, geöffnet, auf; ~ *haard* offener Kamin *m*
openbaar öffentlich; ~ *vervoer* öffentliche Verkehrsmittel *mv*
openbaarmaking Veröffentlichung *v*
openbaring Offenbarung *v*
openbreken aufbrechen
opendoen aufmachen, öffnen
openen öffnen, aufmachen; eröffnen
opengaan aufgehen
openhartig offenherzig
opening Öffnung; Eröffnung *v*
openingstijden Öffnungszeiten *mv*
openlijk öffentlich
openluchtschool Freiluftschule *v*
openluchttheater Freilichttheater *o*; Freiluftbühne *v*
openmaken öffnen
opentrekken aufziehen
opera Oper *v*; Opernhaus *o*
operatie Operation *v*
opereren operieren
operette Operette *v*
opeten aufessen
opfrissen erfrischen
opgaaf Aufgabe *v*, Angabe, Deklaration *v*
opgaan hochgehen, aufsteigen; aufgehen
opgang Aufgang *m*; ~ *maken*, Anklang finden
opgave Angabe *v*; Aufgabe *v*; (lijst) Verzeichnis *o*
opgebroken (weg) aufgerissen (Pflaster)
opgeruimd aufgeräumt, heiter, munter
opgetogen entzückt
opgeven hergeben; aufgeben; (bloed) auswerfen; *zich ~ voor* sich zu (etwas) anmelden
opgewassen gewachsen (+3)
opgewekt lebhaft, munter

211

opgewonden aufgeregt, erregt
opgraven ausgraben
ophaalbrug Zugbrücke *v*
ophakken aufschneiden, renommieren
ophalen (naar boven) aufziehen; (goederen) abholen; (uit water) auffischen; sammeln; (de schouders) zucken
ophangen aufhängen; hängen
ophef Aufheben *o*
opheffen aufheben, erheben
ophelderen (weer) sich aufhellen; (verklaren) aufklären
opheldering Aufklärung, Auskunft *v*
ophijsen aufhissen, aufziehen
ophitsen aufhetzen, aufreizen
ophogen erhöhen
ophoping Anhäufung *v*
ophouden aufhören, aussetzen; aufhalten, aufrecht erhalten; *zich* ~, sich aufhalten, verweilen; sich beschäftigen
opjagen (tot spoed) aufjagen; (prijs) hinauftreiben
opkijken aufblicken
opklapbed Klappbett *o*
opklaren sich aufklären; aufhellen
opklimmen hinaufsteigen
opknappen herrichten, instand setzen; (na ziekte) sich erholen; (zich opfrissen) sich frisch machen
opkomen auf-, emporkommen
opkomst Emporkommen *o*; Aufschwung *m*
opkweken aufziehen
opkwikken aufmuntern
oplaag Auflage *v*
opleggen (straf, verplichtingen) auflegen, auferlegen
oplegger aufgesattelter Anhänger *m*
opleiden ausbilden
opleiding Ausbildung *v*
opletten aufmerken, Acht geben
oplettend aufmerksam
oplettendheid Aufmerksamkeit *v*
opleveren abliefern; eintragen
opleveringstermijn Lieferfrist *v*
oplichten aufheben; heller werden; beschwindeln
oplichter Schwindler, Hochstapler *m*
oplichting Betrügerei *v*
oploop Auflauf *m*
oplosbaar auflösbar; (stof) löslich
oploskoffie löslicher Kaffee *m*
oplossen (in vloeistof) auflösen; (vraagstuk) lösen
oplossing Lösung *v*
opluisteren verschönern
opmaken (geld) durchbringen;

(rekening) aufstellen, machen; (oorkonde) aufsetzen; (bed, haar) machen; (inventaris) aufnehmen
opmars Auf-, Vormarsch *m*
opmerkelijk auffallend, auffällig, bemerkenswert
opmerken bemerken
opmerking Bemerkung *v*
opmerkzaam aufmerksam
opmeten vermessen
opname Aufnahme *v*
opnemen (optillen) aufnehmen; aufheben; (geld) abheben
opnieuw aufs neue, von neuem
opnoemen nennen, herzählen
opofferen (auf)opfern
opoffering Opfer *o*, Aufopferung *v*
oponthoud Aufenthalt *m*; Verzögerung *v*
oppas Babysitter *m*
oppassen aufpassen; aufwarten; sich hüten
oppassend brav, solide
oppasser Wärter *m*
opperhoofd Häuptling *m*
opperhuid Oberhaut *v*
oppermachtig allmächtig
opperman Handlanger *m*
oppersen aufbügeln
oppervlakkig oberflächlich
oppervlakte Oberfläche, Fläche *v*, Flächeninhalt *m*
oppompen aufpumpen
oppositie Opposition *v*
oprapen aufheben
oprecht aufrichtig, offen
oprechtheid Aufrichtigkeit *v*
oprichten auf-, emporrichten; errichten; gründen
oprijlaan Auffahrt *v*
oprispen aufstoßen
oprit Auffahrt; Rampe *v*
oproepen rufen; einberufen; vorladen
oproeping Aufruf *m*; Einberufung *v*
oproer Aufruhr, Krawall *m*
oproerig aufrührerisch
oprotten abhauen
opruien aufhetzen, aufwiegeln
opruier Aufwiegler
opruimen aufräumen
opruiming Aufräumung *v*, (uitverkoop) Ausverkauf *v*
opscheplepel Schöpflöffel *m*
opscheppen auffüllen; (pochen) angeben, aufschneiden
opschepper Renommist *m*
opschieten aufschießen; weiter kommen; voranschreiten
opschik Putz, Schmuck *m*
opschorten aufschieben
opschrift Aufschrift, Überschrift *v*
opschrijfboekje Notizbuch *o*

opschrijven aufschreiben
opschudding Aufregung *v*
opsieren schmücken, aufputzen
opslaan (in computer) speichern; (omhoogslaan) aufschlagen; (goederen) lagern; (prijzen, lonen) steigen
opslag Aufschlag *m*; Preissteigerung *v*, Lohnserhöhung *v*
opsluiten einschließen, einsperren
opsnijden aufschneiden, renommieren, großtun
opsommen aufzählen
opsouperen verjubeln
opsporen aufspuren, ermitteln; (door politie) fahnden
opspraak *in* ~ *komen*, ins Gerede kommen
opstaan aufstehen; auferstehen; sich erheben; sich empören
opstand Aufstand *m*; Empörung *v*
opstandeling Aufständische(r) *m-v*
opstanding Auferstehung *v*
opstapelen aufschichten, aufhäufen
opstappen (weg)gehen; (voertuig) einsteigen; (ontslag nemen) kündigen
opsteken (sigaret) anzünden; (hand) Hochheben; (haar) aufstecken
opstel Aufsatz *m*
opstellen aufstellen, aufsetzen; abfassen
opstijgen aufsteigen; zu Pferde steigen
opstoken schüren; *fig* aufhetzen
opstootje Krawall, Putsch *m*
opstopper Stups, Puff *m*
opstropen aufstreifen
opsturen zusenden
optekenen aufzeichnen
optellen addieren
opticien Optiker *m*
optillen aufheben
optocht Aufzug *m*
optreden auftreten; einschreiten
optrekken hochziehen; (auto) beschleunigen;(mist) sich lichten; (omgaan) umgehen
optuigen zäumen
opvallend auffallend, -fällig
opvangen auffangen; betreuen
opvatten aufnehmen, -fassen
opvatting Auffassung, Ansicht *v*
opvegen (stof) aufnehmen; auskehren; kehren
opvlammen aufflammen; auflodern
opvliegen auffahrend
opvoeden erziehen, großziehen
opvoeding Erziehung *v*
opvoedkundig pädagogisch, erzieherisch

opvoering Aufführung v
opvolgen folgen, nachfolgen; (Rat) befolgen
opvolger Nachfolger
opvouwen zusammenfalten
opvragen zurückfordern
opvrolijken aufmuntern
opvullen (auf)füllen, vollstopfen
opwachting Aufwartung v
opwegen aufwiegen
opwekken aufwecken; ermuntern; aufputschen
opwelling Aufwallung, Regung v
opwinden aufwinden; (klok) aufziehen; zich ~, sich aufregen
opwinding Aufregung v
opzegbaar kündbar
opzeggen (les) hersagen; (abonnement, dienst) kündigen, aufkündigen
opzegging Kündigung v
opzenden (ein)senden, (ein)schicken
opzet Vorsatz m, Absicht v
opzetten (overeind zetten) aufsetzen; (ophitsen) aufwiegeln; (dier) ausstopfen; (tent) aufbauen
opzicht Aufsicht; Hinsicht v; ten ~e van, in Bezug auf, hinsichtlich, bezüglich (+2)
opzichter Aufseher
opzichtig auffallend, auffällig; grell
opzien aufblicken, aufschauen
opzienbarend Aufsehen erregend
opzij beiseite, zur Seite
opzoeken auf-, besuchen; nachsehen
opzwellen anschwellen
oranje orange
orde Ordnung v
ordelijk ordentlich
ordeloos unordentlich
order Order v, Befehl m; (bestelling) Auftrag m
ordinair ordinär
orgaan Organ o
organisatie Organisation v
organisme Organismus m
orgel Orgel v; (straat~) Leierkasten m
orgeldraaier Leiermann m
origineel zn Original, Urbild o; bn originell, ursprünglich; original
orkaan Orkan m
orkest Orchester o
orkestbak Orchestergraben m
os Ochse m
ossentong Ochsenzunge v
otter Otter m
oud alt; hoe ~ bent u? wie alt sind Sie?
oudbakken altbacken
oudejaarsavond Silvester m

ouderdom Alter o
ouderlijk elterlich, Eltern-
ouderling Kirchenälteste(r) m-v
ouders Eltern mv
ouderwets altmodisch
oudheid Altertum o
oudoom Großonkel
oudtante Großtante v
oudtijds sonst, in alten Zeiten
ouwel Oblate v
ouwelijk ältlich
ovaal oval, eirund
ovatie Ovation, Huldigung v
oven Ofen m
over über, übrig, vorbei; ~ 8 dagen, in 8 Tagen
overal überall
overall Schutzanzug m
overblijfsel Überbleibsel o
overblijven übrig bleiben, zurück bleiben; (school) nachsitzen
overbluffen verblüffen
overbodig überflüssig
overboeken übertragen
overboord über Bord
overbrengen überbringen, übertragen
overbuur Nachbar drüben; (aan tafel) Gegenüber o
overcompleet überzählig
overdaad Üppigkeit v; Vergeudung v
overdadig überschwänglich
overdag tagsüber
overdenking Betrachtung, Erwägung v
overdoen (examen) wiederholen; (verkopen) überlassen
overdragen übertragen; (verkopen) veräußern
overdrijven übertreiben
overeen darüber, über
overeenkomen übereinkommen; stimmen; (prijs) vereinbaren; ~ met, entsprechen (+3)
overeenkomst Ähnlichkeit; Übereinstimmung v; (afspraak) Vereinbarung v
overeenkomstig entsprechend, gemäß
overeenstemmen übereinstimmen
overeenstemming Übereinstimmung v, Einverstandnis o
overeind aufrecht
overgaan übergehen, übertreten; verrauchen
overgang Übergang, Übertritt m; (op school) Versetzung v
overgave Über-, Hingabe v
overgeven (overhandigen) übergeben, überreichen; (braken) sich erbrechen; (zich wijden) sich widmen (+3)

overgewicht Übergewicht o
overgooier Hänger m, Trägerrock m
overgordijn Übergardine v
overgrootvader Urgroßvater
overhaasting Übereilung v
overhalen herüberholen; überreden
overhand Oberhand v
overhandigen aushändigen
overheen (dar)überhin
overheersen beherrschen, vorwiegen, überwiegen
overheersing Herrschaft v
overheid Obrigkeit, Behörde v
overhellen überhängen, (sich) neigen, zuneigen (+3)
overhemd Oberhemd o
overhoop über den Haufen; durcheinander; ~ liggen met, zerfallen sein mit
overhouden übrig behalten, erübrigen
overig übrig; voor het ~ im Übrigen
overigens im Übrigen, übrigens
overijling Übereilung v
overjas Überzieher m
overkant andre Seite; aan de ~, drüben
overkapping Bahnhofshalle v
'overkomen (her)überkommen
overko'men sich ereignen; passieren
o'verladen um-, überladen
overlast Belastigung v
overlaten überlassen; übrig lassen
overleden verstorben
overleg Überlegung v
overleggen (o'verleggen) überlegen, erwägen; (overleg'gen) vorlegen
overlevende Überlebende(r) m-v
overleveren über-, ausliefern
overlevering Überlieferung, Tradition v
overlijden ww sterben; zn Tod m, Hinscheiden o
overloop Podest o; Treppenabsatz m; Vorplatz m
overluid laut, überlaut
overmaat Übermaß o; Zuschlag v
overmacht Übermacht; (recht) höhere Gewalt v
overmaken wieder machen; (geld) übermitteln
overmatig übermäßig
overmeesteren überwältigen
overmoed Übermut m
overmorgen übermorgen
overnachten übernachten
overnachting Übernachtung v
overname Übernahme v
overnemen überneh'men, entlehnen

overoud uralt
overpeinzing Betrachtung v, Nachdenken o
overplaatsen versetzen
overproductie Überproduktion v
overreden überreden, bereden
overreiken überreichen
overrijden überfahren
overrompelen überrumpeln
overschakelen rtv umschalten; sich umstellen
overschatten überschätzen
overschieten übrig bleiben
overschoen Überschuh, Gummischuh m, Galosche v
overschot Überschuss, Rest m; Überhang m; *stoffelijk ~*, irdische Hülle v
overschrijden überschreiten
overschrijven ab-, umschreiben; (geld) überweisen
overslaan überschlagen
overspannen überspannt, überreizt
overspel Ehebruch m
overstapje Umsteigekarte v
overstappen umsteigen
overste Oberstleutnant m; (v. klooster) Obere(r) m-v; Oberin v
oversteekplaats (Fußgänger)überweg m
oversteken überqueren
overstelpen überschütten, überhäufen
overstromen überschwemmen
overstuur aus der Fassung
overtocht Überfahrt v
overtollig überflüssig
overtreding Übertretung v, *sport* Foul o
overtreffen übertreffen, überwiegen, überragen
overtrek Überzug m
overtrekken überziehen
overtroeven übertrumpfen
overtuigen überzeugen
overtypen abtippen
overuren Überstunden mv
overval überall
overvalwagen Überfallauto o
overvleugelen überflügeln
overvloed Überfluss m; Fülle o
overvloedig reichlich, ausgiebig
overvragen überfordern, überteuern
overweg Bahnübergang m
overwegen erwägen
overwegend vorwiegend
overweging Erwägung v
overweldigen überwältigen
overwerk Überstunden mv
o'verwerken Überstunden machen
overwer'ken zich ~, sich überarbeiten
overwicht Übergewicht o;

Überlegenheit v
overwinnen (be)siegen, überwinden
overwinning Sieg m
overzee Übersee; niederländische Gebiete in Übersee
overzees überseeisch
overzetten übersetzen
overzicht Übersicht v, Überblick m
overzijde gegenüberliegende Seite, andere Seite v

P
---

p.a. (per adres), per Adresse, P.A., bei
pa Papa m
paal Pfahl m
paar Paar o; *een ~ dagen*, ein paar Tage
paard Pferd o
paardebloem Löwenzahn m
paardenkracht Pferdestärke v
paardensport Pferdesport m
paardenvlieg Bremse v
paardrijden das Reiten
paardrijden reiten
paarlemoer Perlmutter v
paars lila
paars violett(farbig)
pacht Pacht v, Pachtzins m
pachter Pächter v
pad Pfad m, Weg m; (dier) Kröte v
paddestoel Pilz m
padvinder Pfadfinder m
pagina Seite v
pak Paket o; Pack m; Last v; (kostuum) Anzug m
pakhuis Lagerhaus, Lager o
pakje Päckchen o
pakken (ein)packen; fassen, ergreifen
pakket Paket o
pakketpost Paketpost v
pakking Packung v
pal bn fest, unbeweglich; Sperrhaken m
paleis Palast m
palet Palette v
paling Aal m; *gerookte ~*, Spickaal
palissade Pfahlzaun m, Palisade v
palm (v. hand) Handfläche v; (boom) Palme v
Palts *de ~*, die Pfalz
pamflet Pamphlet o
pan Topf m; (op dak) (Dach)ziegel m
pand (onderpand) Pfand o; (huis) Haus o; (v. jas) Schoß m
pandjeshuis Leihhaus o
paneel Feld o; (deur) Füllung v; (schilderij) Tafelbild o
paniek Panik v
panne (pech) Panne v

pannenkoek Pfannkuchen m
pannenspons Pfannen-, Topfreiniger m
pantalon Beinkleid o; Beinkleider mv
panter Panther m
pantoffels Pantoffel mv
pantser Panzer m
panty Strumpfhose v
pap Brei m
papa Papa m
papaver Mohn m
papegaai Papagai m
paperclip Büroklammer v
papier Papier o
papieren mv Papiere, Dokumente mv; bn papieren; aus Papier
paprika Paprika v
paraaf Paraphe v, Namenszug m
parachute Fallschirm m
paradijs Paradies o
paraffine Paraffin o
paraplu Regenschirm m
paraplubak Schirmständer m
parasiet Schmarotzer, Parasit m
parasol Sonnenschirm m
pardon! entschuldigen Sie!, Verzeihung!
parel Perle v
parelsnoer Perlenschnur v
paren paaren, gatten; verbinden
parfum Parfüm o
parfumerie Parfümerie v
Parijs Paris o
Parijzenaar Pariser m
park Park m
parkeerautomaat Parkscheinautomat m
parkeergarage Parkhaus o
parkeerlicht Parklicht
parkeermeter Parkuhr v
parkeerplaats Parkplatz m
parkeerschijf Parkkontrollscheibe v
parkeerverbod Parkverbot o
parkeerwacht Parkwächter m
parkeren parken
parket Parkett o; *lastig ~*, missliche Lage v
parketvloer Parkettfußboden m
parlement Parlament o
parmantig stolz, gravitätisch
parochie Kirchspiel o; Pfarrgemeinde v
parool Parole, Losung v
part Teil, Anteil m; *~en spelen*, einen Streich spielen; *voor mijn ~*, meinetwegen
parterre Parterre o; (van huis) Erdgeschoss o
particulier Privatmann; bn Privat-
partij (politiek) Partei; (muziek, handelswaren, spel) Partie v; (feest) Feier v

partijdig parteiisch, parteilich
partner Partner *m*
parttime job Teilzeitarbeit *v*
party Party *v*
parvenu Emporkömmling *m*
pas (stap) Schritt; (paspoort; in bergen) Pass *m*; *bijw* soeben, kaum, erst
pas op! Achtung!
pascontrole Passkontrolle *v*
Pasen Ostern *mv*
pasfoto Passfoto *o*
paskamer Umkleidekabine *v*
pasmunt Scheidemünze *v*
paspoort Pass *m*
passage Passage *v*; (in boek) Satz *m*; (in stad) Galerie *v*
passagier Passagier *m*
passen (kleding) anpobieren; (juiste maat zijn; spel, schikken) passen
passer Zirkel *m*
passerdoos Reißzeug *o*
passeren (voorbijgaan) passieren, vorbeigehen, überholen; (gebeuren) passieren, sich ereignen; (tijd) zubringen, verbringen
passief passiv
passiespel Passionsspiel *o*
pasta Pasta *v*, Paste *v*
pastei Pastete *v*
pastoor Pastor, Pfarrer *m*
pastorie Pfarre *v*, Pfarrhaus *o*
patat Pommes *mv*
patates frites Pommes frites
paté Pastete *v*
patiënt(e) Kranke(r), Patient(in) *m-v*
patrijs Rebhuhn *o*
patrijspoort Bullauge *o*
patriot Patriot, Vaterlandsfreund *m*
patrones Schutzheilige, Patronin *v*
patroon [*de*] Schutzheilige(r) *m-v*, Patron *m*; (chef) Prinzipal *m*; (geweer) Patrone *v*; [*het*] Muster, Schnittmuster *o*
patrouille Patrouille, Streife *v*
pauk Pauke *v*
paus Papst *m*
pauselijk päpstlich
pauw Pfau *m*
pauze Pause *v*
pauzeren Pause *v* machen
paviljoen Pavillon *m*
pech Panne *v*, Pech *o*
pedaal Pedal *o*
pedant eingebildet
pedel Pedell
peen gelbe Rübe, Mohrrübe *v*
peer Birne *v*
pees Sehne *v*
peetoom Pate, Gevatter *m*
pegel Eiszapfen *m*

peignoir Morgenrock *m*
peil Pegel *m*
peilen peilen, ausloten
peillood Senkblei *o*
peinzen sinnen, nachdenken, grübeln
pek Pech *o*
pekel Pökel *m*
pelgrim Pilger
pellen schälen
pels Pelz *m*
pelsmantel Pelzmantel *m*
pen (Schreib)stift *m*, Feder *v*; (v. hout, ijzer) Pflock, Nagel *m*
pendelen pendeln
pendule Pendeluhr, Stutzuhr *v*
penhouder Federhalter *m*
penis Penis *m*
penning Pfennig *m*
penningmeester Kassenführer; Schatzmeister
pens Pansen *m*; (buik) Wampe *v*
penseel Pinsel *m*
pensioen Pension *v*, Ruhegehalt *o*
pension Pension *v*
pensioneren pensionieren
peper Pfeffer *m*
peperbus Pfefferbüchse *v*
peperduur gepfeffert, gesalzen
pepermunt Pfiffermünze *v*
per durch, mittels, per; ~ omgaande, umgehend; ~ dag pro Tag
perceel Parzelle *v*; Haus *o*
percent Prozent *o*
percentage Prozentsatz *m*
perfect perfekt
periode Periode *v*, Zeitraum, Zeitabschnitt *m*
periodiek *bn* periodisch; *zn* Zeitschrift *v*
perk Beet *o*; *sp* Feld *o*
perk (bloem~) Blumenbeet *o*
perkament Pergament *o*
permanent *bn* ständig
permanent (haar) Dauerwelle *v*
permanenten Dauerwellen machen
perron Bahnsteig *m*
Pers Perser *m*
pers Presse *v*
persconferentie Pressekonferenz *v*
persen pressen, drängen
persfotograaf Bildberichterstatter
personeel Personal *o*; Belegschaft *v*
personenauto Personenwagen *m*
persoon Person *v*
persoonlijk persönlich
persoonsbewijs Personalausweis *m*
perspectief Perspektive *v*
Perzië Persien *o*
perzik Pfirsich *m*
pessimisme Pessimismus *m*

pest Pest *v*
pesten piesacken
pet Mütze *v*
petekind Patenkind *o*
peterselie Petersilie *v*
petroleum Petroleum *o*
peuk Kippe *v*, Stummel *m*
peul Schote *v*, Hülse *v*
peultjes Zuckererbsen *mv*
peuter Kleinkind *o*
peuteren (herum)stochern
piano Klavier *o*
picknick Picknick *o*
pick-up Plattenspieler *m*
piëdestal Fußgestell *o*
piek Pike *v*; (berg) Pik *m*
piekfijn pikfein
piekuur Spitzenstunde *v*
piep Piep *m*; Penis *m*; (geluid) piep; *bn* blutjung
piepen piepen, piepsen
pier (dier) (Regen)wurm *m*; (havenhoofd) Mole, Pier *m*
pierenbadje Planschbecken *o*
pietluttig kleinlich, pedantisch
pij Kutte *v*
pijl Pfeil *m*
pijler Pfeiler *m*
pijn Schmerzen *mv*
pijnbank Folterbank *v*
pijnboom Pinie *v*
pijnigen peinigen, foltern
pijnlijk schmerzhaft; *fig* schmerzlich
pijnloos schmerzlos
pijnstillend schmerzlindernd
pijnstiller schmerzstillendes Mittel
pijp (rook~) Pfeife *v*; (buis) Röhre *v*
pijpendop Pfeifendeckel *m*
pijptabak Pfeifentabak *m*
pik (penis) Schwanz *m*
pikant pikant
pikdonker stockfinster
pikken picken
pil Pille *v*, Tablette *v*; de ~ Anti-Baby-Pille *v*
pilaar Pfeiler *m*
piloot Flug(zeug)führer; Pilot; *tweede* ~, Copilot *m*
pils Pils *o*
pin Pflock *m*, Zwecke *v*
pincet Pinzette *v*
pincode persönliche Geheimzahl *v*
pinda Erdnuss *v*
pindakaas Erdnussbutter *v*
pinguïn Pinguin *m*
pink der kleine Finger
Pinksteren Pfingsten
pinnen mit Scheckkarte und Code bezahlen
pinpas Scheckkarte *v*
pioenroos Päonie *v*
pion Bauer *m*
piramide Pyramide *v*

pis Pisse v
pisang Banane v
pissebed Kellerassel v
pissen pissen, pinkeln
pistool Pistole v
pit (kaars) Docht; (vrucht) Kern m; Mark o
pittig markig, kernig; (v. smaak) herzhaft
pizza Pizza v
pizzeria Pizzeria v
plaag Plage, Qual v
plaat Platte v; Bild o; (muziek) Schallplatte v
plaatijzer Eisenblech o
plaats Platz; Ort m; Stelle; Stätte v; Sitz m; in ~ van, statt, anstatt (+2); ~ bespreken Platz bestellen
plaatsbespreking Platzreservierung v
plaatsbewijs Eintrittskarte v; (trein) Fahrschein m
plaatselijk örtlich, lokal
plaatsen setzen, stellen
plaatsgebrek Raummangel m
plaatsgrijpen, plaatshebben stattfinden
plaatsing Hinstellen, Anstellen o; Unterbringung v
plaatskaartje Fahrkarte v; (voor besproken plaats) Platzkarte v
plaatsvervanger Stellvertreter m
plaatsvinden stattfinden
plafond Decke v
plagen necken; plagen; quälen
plaid Decke
plak Scheibe v, Schnitte v, Stück o; Medaille v
plakband Klebestreifen m
plakken kleben
plan Plan m; Absicht v, Vornehmen o; van ~ zijn, beabsichtigen, vorhaben, planen
planeet Planet v
plank Brett o
plankzeilen surfen
plant Pflanze v; vaste ~, Staude v
plantaardig pflanzlich
plantage Pflanzung, Plantage v
planten pflanzen; aufstellen
plantengroei Pflanzenwuchs m
plantkunde Botanik v
plantsoen Anlagen mv
plas Pfuhl m; Pfütze, Lache v
plasregen Platzregen m
plassen (urineren) pinkeln
plastic Plastik o
plat bn platt, flach, niedrig, gemein; zn Terrasse v
plateau Plateau o, Hochebene v; (dienblad) Tablett o
platenspeler Abspielgerät o
platform Plattform v
platina Platin o

plattegrond Stadtplan m
platteland Land o
platvoet Plattfuß m
plaveisel Pflaster o
plechtig feierlich, weihevoll
plechtigheid Feierlichkeit; Feier v
pleegkind Pflegekind o, Pflegling m
pleegmoeder Pflegemutter v
pleegzuster Krankenschwester v
plegen (misdrijf) begehen, verüben; (gewoon zijn) pflegen
pleidooi Plädoyer o
plein Platz m
pleister Pflaster o
pleiten plädieren
pleiter Verteidiger
plek Flecken, Ort, Platz v
plengen vergießen
plenzen schütten, in Strömen regnen
pletten plätten
pletterij Walzwerk o
pleuris Pleuritis v
plezier Vergnügen o, Freude v
pleziertrein Vergnügungszug m
plicht Pflicht; Schuldigkeit v
plichtpleging Höflichkeitsbezeigung v, Kompliment o
plichtsbesef Pflichtbewusstsein o
plichtsbetrachting Pflichterfüllung v
plichtsverzuim Pflichtverletzung v
ploeg Pflug m; (groep) Schicht, Gruppe; (sport) Mannschaft v
ploegbaas Schichtmeister, Werkführer m
ploegen pflügen
ploert Lump, Schuft m
ploeteren sich abmühen
ploffen plumpsen; (ontploffen) (zer)platzen
plomberen plombieren, füllen
plomp bn plump, ungeschlacht
plonzen plumpsen
plooi Falte; Runzel v
plooibaar biegsam; fügsam; geschmeidig, gefügig
plotseling plötzlich, unvermittelt
pluche Plüsch m
pluim Feder v; Federbusch m
pluimpje Lob o
pluimvee Federvieh o
pluis Fäserchen o; bn geheuer
plukken pflücken, brechen; fig berauben, schinden; (vogel) rupfen
plumeau Federwisch m
plunderen plündern
plunje Kleider mv
plunjezak Seesack m
plus plus
plusfours Knickerbocker mv

pluspunt Plus o
p.o. (per order) im Auftrag; (per ommegaande) umgehend
po Nachtgeschirr o; Nachttopf m
pochen pochen, prahlen
pocketboek Taschenbuch o
podium Podium o, Sprechbühne v
poedel Pudel m
poeder Pulver o; (make-up) Puder m
poederdons Puderquaste v
poederen pudern
poedermelk Trockenmilch v
poel Pfuhl m, Pfütze v
poelier Geflügelhändler m
poenig protzig
poep Scheiße v
poepen scheißen, kacken
poes Katze v
poets Possen m, Streich m
poetsen putzen
poetslap Putzlappen m
poezelig rundlich, mollig
poëzie Poesie, Dichtkunst v
poffen (kastanjes) braten; (lenen) borgen, pumpen
pogen (ver)suchen
poging Versuch m
pokdalig pockennarbig
poken schüren (das Feuer)
pokken Pocken, Blattern mv
pol Büschel o
polaroidfilm Polaroid-Film o
polder Polder m
polijsten polieren, glätten
polikliniek Ambulatorium o
polis Police v
politicus Politiker m
politie Polizei v
politieagent Polizist m
politiebureau Polizeiwache v
politiek Politik v, bn politisch
pollepel Küchenlöffel m
pols Puls m, Handgelenk o
polsmofje Pulswärmer m
polsstok Springstock m
pomp Pumpe v; (benzine~) Tankstelle v
pompen pumpen
pompoen Kürbis m
pond Pfund o
ponjaard Dolch m
ponsen punzieren, stanzen
ponskaart Lochkarte v. Stanzkarte v
pont Fähre v
pony Pony o
pook Schüreisen o, Feuerhaken m
pool Pol m
Pool Pole m
poolcirkel Polarkreis v
Pools polnisch
poort Tor o, Pforte v
poos Weile, kurze Zeit v

poot Pfote v; Fuß v; Bein o
pop (speelgoed) Puppe v
popconcert Popkonzert o
popcorn Popcorn o/mv
popelen zittern, beben
popmuziek Popmusik v
poppenkast Puppenspiel,
  Kasperletheater o
populair beliebt, populär,
  volkstümlich; gemeinverständlich
populier Pappel v
poreus porös
porie Pore v
porno Porno m
porren wecken; stochern
porselein Porzellan o
port [de] Portwein m; [de en het]
  Briefporto o
portaal Flur; (trap) Absatz m;
  (kerk) Portal o
portefeuille Brieftasche v
portemonnee Portemonnaie o
portie Portion v
portiek Torbogen m
portier Portier m; ~; (auto) o
  Wagenschlag m, Tür v
portier [de] (persoon) Portier m;
  [het] (auto) Wagentür v
portierslot Türschloß o
porto Porto o
portret Porträt, Bild; Bildnis o
Portugees Portugiese; bn
  portugiesisch
poseren posieren, Modell sitzen
positie Position v
positief positiv
post (deur) Pfosten; (boekhouden)
  (Rechnungs)posten; (brieven)
  Post, Briefpost v
postbode Briefträger m
postbus Postfach o
postcheque Postscheck m
postcode Postleitzahl v
postduif Brieftaube v
poste restante postlagernd
postelein Portulak m
posten aufgeben
postkantoor Postamt o
postorderbedrijf Versandhaus o
postpakket Postpaket o
postpapier Briefpapier o
postrekening Konto o bei der Post
postspaarbank Postsparkasse v
postwissel Postanweisung v
postzegel Briefmarke v
postzegelautomaat Markengeber
  m
postzegelboekje Markenheft o
pot Topf m; (spel) Stamm m
poten pflanzen
potig handfest, stämmig
potlood Bleistift m
potsierlijk possierlich
pottenbakker Töpfer

pousseren fördern
pover ärmlich, dürftig
p.p. (per procuratie), per Prokura,
  p.p., ppa
Praag Prag o
praal Pracht v, Prunk, Pump m
praalgraf Prunkgrab o
praatje Gerücht o; (gesprek)
  Schwatz, Plausch m
praatjesmaker Schwätzer m
praatpaal Notrufsäule v
praatziek geschwätzig
pracht Pracht v
prachtig schön
praktijk Praxis v
praktisch praktisch
pralen prahlen
prat stolz
praten sprechen
precedent Präzedenzfall m
precies genau
predikant Pastor, Pfarrer
prediken predigen
preek Predigt v
preekstoel Kanzel v
prefereren vorziehen
prei Porree m
preken predigen
prematuur verfrüht
premie Prämie v
premier Premierminister m,
  Ministerpräsident m
première Erstaufführung v
prent Bild o
prentbriefkaart Ansichtskarte v
prentenboek Bilderbuch o
present zn Geschenk o; bn
  anwesend, gegenwärtig
presenteerblad Präsentierteller m
presenteren anbieten; vorstellen
presentielijst Präsenzliste v
president Präsident m
pressen pressen
presse-papier Briefbeschwerer m
pressie Druck m
prestatie Leistung v
presteren leisten
prestige Ansehen o
pret Freude v, Vergnügen o
pretendent Prätendent
pretentieus anspruchsvoll
pretpark Vergnügungspark m
prettig angenehm, gemütlich
preuts prüde, zimperlich
prevelen murmeln
preventief präventiv
prieel Laube v
priem Pfriemen m
priester Priester m
priesteres Priesterin v
prijken prangen
prijs Preis m
prijscourant Preisliste v,
  Preisverzeichnis o

prijslijst Preisliste v
prijsopdrijving Preistreiberei v
prijsstijging Preissteigerung v
prijsvraag Preisausschreiben o
prijzen loben; preisen
prik Stich m
prikkel Stachel; Sporn; Reiz m
prikkelbaar reizbar
prikkeldraad Stacheldraht m
prikkeldraadversperring
  Drahtverhau m
prikkelen prickeln; reizen
prikken stechen
priklimonade Brauselimonade v
pril ~le jeugd, früheste Jugend v
prima prima
primitief primitiv
primus Primus m
principaal Prinzipal; Auftraggeber
  m
principe Prinzip o; in ~ im Prinzip
principieel grundsätzlich,
  prinzipiell
prins Prinz m
prinses Prinzessin v
print Druck m
printer Drucker m
prioriteit Priorität v
privaatles Privatstunde v
privé privat
proberen versuchen; probieren
probleem Problem o
procédé Verfahren o
procent Prozent o
proces Prozess m
processie Prozession v
proces-verbaal Protokoll o
proclamatie Proklamation,
  Bekanntmachung v
procuratie Prokura v
procuratiehouder Prokurist
procureur Rechtsanwalt
procureur-generaal
  Generalstaatsanwalt
producent Erzeuger
product Produkt o
productie Produktion, Erzeugung v
proef Probe v; Muster o; Versuch
  m, Experiment o
proefhoudend probehaltig,
  bewährt, erprobt
proefkonijn Versuchskaninchen o
proefmonster Probemuster o
proefneming Versuch m
proefnummer Probeheft v, -
  nummer v
proefondervindelijk
  erfahrungsmäßig, experimentell
proefschrift Doktorschrift,
  Dissertation v
proeftijd Probezeit v
proefwerk Probe-, Klausurarbeit v
proesten prusten, pusten
proeven probieren

profeet Prophet, Seher m
professor (Universitäts)professor
m
professoraat Professur v
profiel Profil o, Seitenansicht v
programma Programm o
projectiel Geschoss, Projektil o
projector Projektor m
promotie Promotion v,
Beförderung v
promoveren sp aufsteigen; (tot
doctor) promovieren, seinen
Doktor machen
prompt prompt, pünktlich
pronken prunken, prangen
prooi Raub m, Beute v
proost! Prost!
prop Pfropfen m; (papier) Kugel v
propaganda Propaganda, Werbung
v
proper suaber, reinlich
proportie Proportion v Verhältnis o
propvol gedrängt voll
prospectus Prospekt m
prostituee Prostituierte v
protectie Schutz m; Protektion v
protest Protest, Einspruch m
protestant evangelisch
protestants evangelisch,
protestantisch
protesteren protestieren
proviand Proviant m
provinciaal [de] Provinzler m
provincie Provinz v
provisiekamer Speise-,
Vorratskammer v
provisorisch provisorisch
provoceren herausfordern;
provozieren
proza Prosa v
pruik Perücke v
pruim Pflaume v
prul Wisch m; Pfuscher m
prullen schmollen
prullenbak Papierkorb m
prullenmand Papierkorb m
pruttelen (in pan) prutzeln;
murren, brummen
psalm Psalm m
pseudoniem Pseudonym o
psychiater Psychiater m
psychologie Psychologie v
puber pubertierender Jugendlicher
m
publicatie Bekanntmachung;
Veröffentlichung; Schrift v
publiek bn öffentlich; zn Publikum o
pudding Pudding m
puik ausgezeichnet, vortrefflich;
vorzüglich; prima
puimsteen Bimsstein m
puin Schutt m, Trümmer mv
puinhoop Schutt-, Trümmerhaufen
m

puist Pustel, Finne v
pul Vase v
punaise Reißbrettstift v
punch Punsch m
punt Punkt m; Spitze v; Zipfel v;
Stelle v
puntig spitzig
pupil (oog) Pupille v; (v. voogd)
Mündel o
puree Püree o
purgeermiddel Abführmittel o
purper Purper m
purperen purpurn, Purpur-
put Ziehbrunnen m; (kuil) Grubs v
putten schöpfen
puur rein, lauter; lediglich
puzzel Puzzle o
pyjama Schlafanzug m

Q

qua vom... her, was... betrifft
quarantaine Quarantäne v
quasi quasi, angeblich
queue Schlange, Reihe v
quitte quitt, wett
quiz Quiz o
quotiënt Quotient m

R

ra Rahe v
raad Rat m
raadgevend beratend
raadgeving Rat m
raadhuis Rathaus o
raadplegen zu Rate ziehen
raadsel Rätsel o
raadselachtig rätselhaft
raadslid Stadtverordnete(r) m-v
raadsman Ratgeber, Berater m
raadzaam ratsam, rätlich
raaf Rabe m
raak getroffen; ~ gooien, treffen
raaklijn Berührungslinie v,
Tangente v
raakvlak Berührungsebene v
raam Fenster o; Rahmen m
raap Rübe v
raar seltsam, sonderbar
raaskallen irre reden
rabbijn Rabbiner v
race Wettrennen o
racen ein Rennen fahren; rennen
racewagen Rennwagen m
rad zn Rad o; bn schnell, behände,
rasch
radar Radar m
radbraken radebrechen
raddraaier Rädelsführer m
radeloos ratlos
raden raten; erraten
rade'ren radieren
raderwerk Räderwerk, Getriebe o

radiaalband Radialreifen m
radiateur, radiator Heizkörper m;
(auto) Kühler m
radicaal radikal
radijs Radieschen o
radio Radio o, Rundfunk m
radiotoestel Rundfunkgerät o
rafel Franse v
rafelen fasern, losfasern
raffinaderij Raffinerie v
rag Spinnengewebe o
rail Schiene v
rails die Schienen mv; die Bahn v
rakelings hart, ganz nahe
raken treffen; berühren, anrühren;
betreffen, angehen
raket Rakete v
rakker Taugenichts m
rally Sternfahrt v
ram Widder m
ramen veranschlagen, schätzen
raming Schätzung v; (Vor-)
Anschlag m
rammelaar Kinderklapper v
rammelen rasseln; rütteln
rammenas Rettisch m
ramp Unheil o; Katastrophe v
rampspoed Unglück o, Trübsal v
rampzalig un(glück)selig; elend
rand Rand m
rang Rang v; Ordnung v
rangeren verschieben, rangieren
rangorde Rangordnung v
rangschikken ordnen
ranja Limo v
rank Ranke v; bn schlank
ranonkel Ranunkel v
ransel Tornister v; (slaag) Prügel
mv
ranselen prügeln
rantsoen Ration v
rap bn flink, rasch, gewandt
rapen raffen, sammeln, aufheben
rapport Bericht m; Gutachten o;
(school) Zeugnis o
rariteit Kuriosität, Rarität v
ras Rasse v
ras bn rasch, geschwind
rashond Rassehund m
rasp Raspel; Reibe v
rasterwerk Gitterwerk o
rat Ratte v
ratel Rassel, Knarre v
rauw roh
rauw roh ungekocht; (hard) rau
rauwkost Rohkost v
ravage Zerstörung v
ravijn Schlucht v
razen rasen, toben; lärmen
razend rasend, wütend
razernij Raserei, Tobsucht v
reactie Rückschlag m, Reaktion v
reageerbuisje Reagenzglas o
reageren reagieren

realiseren realisieren
recensie Beurteilung, Rezension *v*
recept Rezept *o*
receptie Empfang *m*; (hotel)
Aufnahme *v*
receptionist Empfangschef *m*
receptioniste Empfangsdame *v*
recherche Kriminalpolizei *v*, Kripo
v
rechercheur Kriminalpolizist *m*
recht *bn* gerade; richtig, recht; *zn*
Recht *o*; (aanspraak) Anrecht *o*,
Anspruch *m*; (belasting) Steuer *v*,
Zoll *m*; ~ *van bestaan*,
Existenzberechtigung *v*
rechtbank Gericht *o*
rechtdoor geradeaus
rechter Richter
rechter-commissaris
Untersuchungsrichter
rechterhand rechte Hand, Rechte *v*
rechterlijk richterlich
rechterzij rechte Seite *v*; (pol)die
Rechte *v*
rechthoek Rechteck *o*
rechthoekig recht-, geradwinklig
rechtmatig rechtmäßig
rechtop aufrecht
rechts rechts
rechtsaf nach rechts
rechtsbijstand Rechtshilfe *v*
rechtsbinnen *sp* rechter
Innenstürmer *m*
rechtsbuiten *sp* rechter
Außenstürmer *m*
rechtschapen rechtschanen, bieder
rechtsgeleerde Rechtsgelehrte(r)
m-v, Jurist *m*
rechtsgeleerdheid
Rechtswissenschaft *v*
rechtsom rechtsum
rechtsomkeert (rechtsum)kehrt
rechtspersoon juristische Person *v*
rechtspleging Rechtspflege *v*
rechtspraak Rechtsprechung *v*
rechtstandig geradständig
rechtstreeks direkt
rechtsvordering Klage,
Rechtsforderung *v*
rechtszaal Gerichtssaal *m*
rechtuit geradeaus
rechtvaardig gerecht
rechtvaardigen rechtfertigen
rechtzinnig rechtsgläubig
recidive Rückfall *m*
reclame Reklame; (protest)
Reklamation, Beschwerde *v*
reclamecampagne Werbefeldzug *m*
record Rekord *m*, Höchstleistung *v*
recreatie Erholung *v*
rectificeren berichtigen,
richtigstellen
rector (universiteit) Rektor;
(gymnasium) Direktor

reçu Empfangsschein *m*
redacteur Schriftleiter, Redakteur
m
redactie Schriftleitung, Redaktion;
(vorm) Fassung; (opstellen)
Abfassung *v*
reddeloos rettungslos, unrettbar
redden retten
redding Rettung *v*
reddingsboei Rettungsboje *v*
reddingsboot Rettungsboot *o*
reddingsbrigade
Rettungsschwimmer *m/mv*
rede Vernunft; (redevoering) Rede
v, Vortrag *m*; (ankerplaats)
Reede *v*; *in de ~ vallen*,
unterbrechen
redelijk vernünftig; billig
redeloos unvernünftig
reden Grund *m*
redenaar Redner *m*
redeneren räsonnieren, hin- und
herreden, diskutieren
reder Reeder
redetwisten disputieren, sich
streiten
redevoering Rede *v*, Vortrag *m*
redmiddel Rettungsmittel *o*
reduceren reduzieren
reductie Preisnachlass *m*
ree Reh *o*
reeds bereits, schon
reëel reell
reeks Reihe; Folge *v*
reep (stof) Streifen *m*; ~ *chocola*
Tafel Schokolade *v*
reet (spleet) Ritz *v*; Ritzs *v*; (aars)
Arsch *m*
referendaris Ministerialrat *m*
refrein Kehrreim *m*
regel Regel *v*; (in geschrift) Zeile *v*
regelen regeln, anordnen
regeling Reg(e)lung; Anordnung *v*
regelmatig regelmäßig
regelrecht schnurgerade,
geradeswegs
regen Regen *m*
regenachtig regnerisch
regenboog Regenbogen *m*
regenbui Regenschauer *m*
regenen regnen
regenjas Regenmantel *m*
regent Regent; Verwalter *m*
regeren regieren
regering Regierung *v*
regie Regie *v*
regime Regime *o*
regiment Regiment *o*
regionaal regional
register Register *o*
registratie Registratur *v*
reglement (Dienst)ordnung *v*
reglementair reglementarisch,
ordnungsmäßig

rei Reigen *m*
reiger Reiher *v*
reiken (her)reichen
reikhalzend sehnsuchtsvoll
rein rein, unbefleckt
reinigen reinigen
reiniging Reinigung *v*
reis Reise *v*; *op ~ gaan*, verreisen;
goede ~! gute Reise!
reisbenodigdheden Reiseartikel *m*
mv
reisbureau Reisebüro *o*
reischeque Reisescheck *m*
reisdeken Reisedecke *v*
reisgids Reiseführer *m*
reisleider Reiseleiter *m*
reisleidster Reiseleiterin *v*
reisnecessaire Reisenecessaire *o*
reisroute Reiseweg *m*
reisvaardig reisefertig
reisverzekering Reiseversicherung
v
reizen reisen
reiziger Reisende(r) *m-v*
rek Gestell, Gerüst *o*
rekbaar (aus)dehnbar
rekenen rechnen
rekening Rechnung *v*
rekening Rechnung; Rücksicht *v*
(nehmen auf)
rekening-courant Kontokorrent *o*
rekeningnummer Kontonummer *v*
rekenkundig arithmetisch
rekenliniaal Rechenschieber *m*
rekenschap Rechenschaft *v*
rekest Bittschrift *v*
rekken dehnen, ausdehnen,
(gesprek) in die Länge ziehen
rekruut Rekrut *m*
rekstok Reck *o*
rekwest Bittschrift *v*
rekwestrant Bittsteller *m*
rel Aufruhr *m*, Krawall *m*
relaas Bericht *m*
relatie Beziehung *v*
relaxen abschalten
religie Religion *v*
relikwie Reliquie *v*
rem Bremse *v*
remblokken Bremsklötze *mv*
rembours Nachnahme *v*
remise *sp* Remise *v*; (loods)
Schuppen *m*
remkabel Bremskabel *o*
remlicht Bremslicht *o*
remmen bremsen, hemmen
remming *fig* Hemmung *v*
remolie Bremsflüssigkeit *v*
remover (nagellak) Entferner *m*
rempedaal Bremspedal *o*
remschijf Bremsscheibe *v*
ren Lauf *v*; das Rennen
renbaan Rennbahn *v*
renbode Eilbote *m*

rendabel rentabel
rendez-vous Stelldichein *o*, Treffpunkt *m*
rendier Renntier *o*
rennen rennen
rente Zinsen *mv*; (uitkering) Rente *v*
renteloos unverzinslich
renteopbrengst Zinsaufkommen *o*
rentetrekker Rentner *m*
rentmeester Gutsverwalter *m*
reorganisatie Reorganisation; Neu-, Umgestaltung *v*
reorganiseren reorganisieren, neugestalten
reparatie Reparatur *v*
repareren reparieren
repertoire Spielplan *m*, Repertoire *o*
repeteren wiederholen; (op toneel) proben
repetitie Wiederholung; (toneel) Probe *v*
reportage Tatsachenbericht *m*
reporter Berichterstatter
reppen erwähnen; (zich haasten) sich beeilen
reppen zich ~, sich beeilen; *van iets* ~, etwas verlauten lassen
reprimande Rüge *v*, Tadel *m*
reptiel Reptil *o*
republiek Republik *v*
republikeins republikanisch
reputatie Ruf, Leumund *m*
reservaat Naturschutzgebiet *o*, Reservat *o*
reserve Reserve *v*
reserveonderdeel Ersatzteil *o*
reserveren reservieren
reservering Reservierung *v*
reservewiel Ersatzreifen *m*
reservoir Reservoir *o*, Behälter *m*
residentie Residenz *v*
resp., respectievelijk respektive, beziehungsweise, resp., bzw.
respect Respekt *m*
rest Rest *m*
restant Rest, Restbestand *m*
restaurant Restaurant *o*
restauratie Gaststätte *v*
restauratie Restauration, Wiederherstellung *v*, (restaurant) Gaststätte *v*
restauratiewagen Speisewagen *m*
resultaat Resultat, Ergebnis *o*
resumeren zusammenfassen
retour Hin- und Rückfahrt
retourbiljet Rückfahrkarte *v*
reu Rüde *m*
reuk Geruch; (geur) Duft; Geruchsinn *m*
reukloos geruchlos
reuma Rheuma *o*
reumatiek Rheuma *o*

reus Riese
reusachtig riesenhaft, riesig
reutelen röcheln
reuzel Schmalz *o*
revaluatie Aufwertung *v*, Revalorisierung *v*
revolutie Revolution, Umwälzung *v*, Umsturz *m*
revolver Revolver *m*
revue Revue; Truppenschau *v*
riant reizend; (huis) geräumig; (som) beträchtlich
rib Rippe *v*
ribbel Riffel *v*; (breien) Rippe *v*
richel Randleiste *v*, Gesims *o*
richten richten, lenken
richting Richtung *v*
richtingaanwijzer Blinklicht *o*; Blinker *m*
richtsnoer Richtschnur *v*
ridder Ritter
ridderorde Ritterorden *m*
rieken riechen, stinken
riem (roei~) Riemen *m*; Ruder; (gordel) Gurt, Gürtel *m*
riet Rohr, Schilf *o*
rieten Rohr-
rietje Strohhalm *m*
rietsuiker Rohrzucker *v*
rij Reihe *v*
rijbaan Fahrbahn *v*
rijbewijs Führerschein *m*
rijden fahren; (op paard) reiten
rijgen aufreihen; (schoenen) schnüren
rijglaars Schnürstiefel *m*
rijk *bn* reich; *zn* Reich *o*
rijkdom Reichtum *m*
rijkelijk reichlich
rijkskanselier Reichskanzler
rijlaars Reitstiefel *m*
rijles (auto) Fahrunterricht *m*; (paard) Reitstunde *v*
rijm Reim *m*
rijmelaar Verseschmied *m*
rijmen reimen; sich reimen
Rijn Rhein *m*
rijnwijn Rheinwein *m*
rijp reif
rijpaard Reitpferd *o*
rijpelijk reiflich
rijpen reifen
rijpheid Reife *v*
rijschool Fahrschule *v*; (paardrijden) Reitschule *v*
rijst Reis *m*
rijstebrij Reisbrei *m*
rijsttafel Reistafel *v*
rijten reißen, zerreißen
rijtuig Wagen *m*
rijverkeer Fahrbetrieb *m*
rijweg Fahrstraße *v*
rijwiel Fahrrad, Rad *o*
rijwielhandel Fahrradgeschäft *o*

rijwielhersteller Fahrradschlosser
rijwielpad Radfahrweg *m*
rijwielstalling Fahrradunterstellraum *m*; Fahrradüberwachung *v*
rijzen steigen; *te berge* ~, sich sträuben
rijzig hoch(gewachsen), schlank
rijzweep Reitgerte *v*
rillen zittern, schauern; (v. kou) frösteln
rilling Schau(d)er *m*; (koorts) Schüttelfrost *m*
rimpel Runzel, Falte *v*
rimpelen runzeln; (water) sich kräuseln
ring Ring *m*
rinkelen klirren; klimpern
riool Abzugskanal *m*
risico Risiko *o*, Gefahr *v*
rit Fahrt *v*
ritme Rhythmus *m*
ritselen rascheln; rauschen
ritssluiting Reißverschluss *m*
rivier Fluss, Strom *m*
robijn Rubin *m*
rochelen röcheln
roddelen klatschen
rodehond Röteln *mv*
rodekool Rotkohl *m*
roede Rute; Gerte *v*
roeiboot Ruderboot *o*
roeien rudern
roeiriem Riemen *v*; Ruder *o*
roeitocht Ruderpartie *v*
roekeloos verwegen, tollkühn
roem Ruhm *m*
roemen rühmïn
roemer Römer *m*
roemrijk, roemvol ruhmvoll, rühmlich
roep Ruf, Schrei *m*
roepen rufen, schreien
roeping Beruf *v*, Berufung *v*
roepstem Ruf *v*, Stimme *v*
roer (Steuer)ruder *o*
roeren rühren
roerend (v. goederen) beweglich; *fig* rührend
roerloos reglos, unbeweglich
roes Rausch *m*
roest Rost *m*
roesten rosten
roet Ruß *m*
roffel (trommel) Wirbel *m*
rog Rochen *m*
rogge Roggen *m*
roggebrood Roggenbrot *o*
rok Rock *m*; (kostuum) Frack *m*
roken rauchen; (vlees) räuchern
rokeren rochieren
rol Rolle, Walze; Liste *v*
rollen rollen
rolluik Rollladen *m*

rolpens saure Rollen *mv*
rolschaats Rollschuh *m*
rolschaatsen Rollschuh laufen
rolstoel Rollstuhl *m*
roltrap Rolltreppe *v*
roman Roman *m*
romantisch romantisch
Rome Rom *o*
Romein Römer *m*
Romeins römisch
rommel Rummel; Plunder *m*
romp Rumpf *m*
rond rund; (oprecht) aufrichtig, geradeaus
rondborstig offenherzig, aufrichtig; gerade
ronddwalen imherirren
ronde Runde *v*
rondedans Ringeltanz *m*
rondgang Rundgang *m*
rondje kleine Runde *v*
rondkijken umschauen, umsehen
rondkomen auskommen
rondleiden herumführen
rondleiding Führung *v*
rondom ringsherum; von allen Seiten
rondreis Rundreise *v*
rondreisbiljet Rundreisebillett, Fahrscheinheft *o*
rondrit Rundfahrt *v*
rondsnuffelen herumstöbern
ronduit rund heraus
rondvaart Dampferrundfahrt *v*
rondvaart Rundfahrt *v*
rondvraag Umfrage *v*
ronken schnarchen
ronselen (ab)werben
röntgenfoto Röntgenbild *o*
rood rot
roodborstje Rotkehlchen *o*
roodhuid Rothaut *v*
roodvonk Scharlach *m*; Scharlachfieber *o*
roof Raub *m*
roofdier Raubtier *o*
roofvogel Raubvogel *m*
roofzucht Raubgier *v*
rooien ausroden; ausbuddeln
rooilijn Fluchtlinie *v*
rook Rauch *m*
rookcoupé Raucherabteil *o*
rookvlees Rauchfleisch *o*
rookwaar Rauchwaren *mv*
rookworst Rauchwurst *v*
room Sahne *v*
roomboter Butter *v*
roomijs Sahneeis *o*
roomservice Zimmerservice *m*
rooms-katholiek römisch-katholisch
roos Rose *v*; (mikpunt) Zentrum, Schwarze *o*; (op hoofd) Schuppen *mv*

rooskleurig rosig
rooster Rost, Bratrost *m*, Gitter *o*; (lijst) Plan *m*
roosteren rösten
ros *zn* Roß, Pferd *o*; *bn* (kleur) rötlich
rosbief Roastbeef *o*
rosé Rosé-Wein *m*
rossig rötlich
rot faul, verdorben
rotonde Kreisverkehr *m*
rots Felsen *m*
rotsachtig felsig
rotten (ver)faulen
rotting Verwesung, Fäulnis *v*; (stok) spanisches Rohr *o*
rotzooi Scheiß *m*, Schweinerei *v*
route Strecke *v*
rouw Trauer *v*
rouwbeklag Beileidsbezeigung *v*, Beileid *o*
rouwen trauern, Trauer tragen, bereuen
roven rauben, stehlen
rover Räuber *m*
royaal freigebig, nobel
royeren streichen; annullieren
roze rosa
rozijn Rosine *v*
rubber Gummi *m*
rubberonderneming Gummipflanzung *v*
rubriek Rubrik *v*
ruchtbaar ruchbar, bekannt
rug Rücken *m*
rugby Rugby *o*
ruggelings rücklings, rückwärts
ruggengraat Rückgrat *o*
ruggenmerg Rückenmark *o*
ruggensteun Rückhalt *m*
ruggespraak Rücksprache *v*
rugpijn Rückenschmerzen *m mv*
rugzak Rucksack *m*
Ruhrgebied Ruhrgebiet *o*, *bijnaam*: Kohlenpott *m*
ruien sich mausern
ruig rau, haarig, zottig
ruiken riechen; wittern
ruiker Strauss *m*, Bukett *o*
ruil Tausch *m*
ruilen (um)tauschen
ruim *zn* Raum *m*; *bn* geräumig; reichlich; weit
ruimen räumen
ruimschoots reichlich, im Überfluss
ruimte Raum *m*
ruimtevaart Weltraumfahrt *v*
ruïne Ruine *v*
ruisen rauschen; (in de oren) summen
ruit (wiskunde) Raute; (venster~) (Fenster)scheibe *v*; (op stof) Karo *o*

ruitenaas, ruitenboer Karoas *o*, Karobube *m*
ruitenwisser Scheibenwischer *m*
ruiter Reiter *m*
ruiterlijk frei, offen, unumwunden
ruk Ruck *m*
rukken zerren, reißen
rukwind Stoßwind *m*
rum Rum *m*
rumoer Lärm *m*, Getöse *o*
rund Rind *o*
rundvee Rindvieh *o*
rundvlees Rindfleisch *o*
rups Raupe *v*
rupsband Raupenkette *v*
rupswiel Raupenrad *o*
Rus Russe *m*
Rusland Russland *o*
Russisch russisch
rust Ruhe *v*
rustdag Ruhetag *m*
rusteloos rastlos; ruhelos
rusten ruhen, rasten; (verplichting) obliegen
rustig ruhig, besonnen
rustverstoorder Ruhestörer, Störenfried
rustverstoring Ruhestörung *v*
ruw rau, schroff; roh, grob; Roh
ruzie Streit *m*

S

saai langweilig, öde, doof
sabbelen lutschen, nuckeln
sabel Säbel *m*
saboteren sabotieren
sacrament Sakrament *o*
safe Tresor *m*, Stahlkammer *v*
safeloket Bankschließfach *o*
sage Sage *v*
Saksen Sachsen *o*
Sakser Sachse *m*
Saksisch sächsisch
salade Salat *m*
salami Salami *v*
salaris Gehalt *o*
saldo Saldo *m*
salon Salon *m*
salueren salutieren
salvo Salve *v*
sambal Sambal Oelek *o*
samen zusammen
samenflansen zusammenstoppeln
samengesteld zusammengesetzt
samenhang Zusammenhang *m*
samenkomst Zusammenkunft, Versammlung *v*
samenleving Gesellschaft *v*
samenloop ~ *van omstandigheden*, Verkettung *v* von Umständen
samenraapsel Sammelsurium *o*
samenscholen zusammenrotten

samenspraak Dialog *m*, Zwiegespräch *m*

samenstellen zusammensetzen; verfassen; bilden

samensteller Verfasser *m*

samenvatten zusammenfassen

samenvoegen zusammenfügen

samenweefsel Gewebe *o*

samenwerking Zusammenarbeit *v*

samenwonen mit dem Partner *m* zusammen wohnen

samenzweren sich verschwören

samenzwering Verschwörung *v*

sanatorium Heilanstalt *v*, Sanatorium *o*

sanctie Sanktion *v*

sandaal Sandale *v*

sandwich Sandwich *o*

saneren sanieren, bereinigen

sanitair sanitäre Einrichtungen *mv*

sap Saft *m*

sappig saftig

sardine Sardine *v*

sarren quälen; hetzen

satans satanisch, teuflisch

satelliet Satellit *m*

saucijsje Bratwürstchen *o*

saucijzenbroodje Wurstbrötchen *o*

saus Soße *v*

sauskom Soßenschüssel *v*

savooiekool Wirsing *m*

saxofoon Saxophon *o*

scenario Drehbuch, Szenar *o*

scène Szene *v*; Auftritt *m*

scepter Zepter *o*

sceptisch skeptisch

schaaf Hobel *m*

schaak! schach!

schaakbord Schachbrett *o*

schaakmat (schach)matt

schaakspelen Schachspielen

schaal Schüssel *v*; (weegschaal) Waage; (maat) Skala *v*; (ei enz.) Schale *v*; *op grote ~*, in großem Maßstab

schaamte Scham *v*

schaamteloos schamlos

schaap Schaf *o*

schaapherder Schäfer

schaapskooi Schafstall *m*

schaar Schere *v*

schaars selten, knapp, spärlich

schaarste Knappheit *v*

schaats Schlittschuh *m*

schaatsen Schlittschuh laufen

schaatsenrijden Schlittschuh laufen

schacht (laars) Schaft *m*; (mijn) Schacht *m*

schade Schaden *m*

schadelijk schädlich

schadeloosstelling Entschädigung, Abfindung *v*

schaden schaden (+3), schädigen

schadevergoeding Schadenersatz *m*

schaduw Schatten *m*

schaduwzijde Schattenseite *v*

schaften Schicht machen

schafttijd Mittagspause *v*

schakel Kettenglied, Glied *o*

schakelaar Schalter *m*

schakelbord Schaltbrett *o*, Schalttafel *v*

schakelen schalten

schaken Schach spielen; (ontvoeren) entführen, rauben

schakering Schattierung, Abtönung *v*

schaking Entführung *v*

schalks schalkhaft, schelmisch

schallen schallen

schamel ärmlich

schamen *zich ~*, sich schämen

schamper scharf, höhnisch

schampschot Streifschuss *m*

schandaal Skandal *m*

schandalig schändlich, skandalös

schande Schande *v*

schandelijk schändlich

schans Schanze *v*

schapenkaas Schafkäse *m*

schapenvacht Schafpelz *m*

schapenvlees Hammelfleisch *o*

schappelijk mäßig, ordentlich; glimpflich

schare Schar, Menge *v*

scharen scharen, ordnen

scharlaken *zn* Scharlach *m*; *bn* scharlachfarbig; Scharlach-

scharnier Scharnier, Gelenk *o*

scharrelen schachern; scharren, wühlen

schat Schatz *m*

schateren laut auflachen, aus vollem Halse lachen

schaterlach schallendes Gelächter *o*

schatkamer Schatzkammer *v*

schatkist Staatskasse *v*

schatplichtig tributpflichtig

schatrijk steinreich

schatten (ab)schätzen, taxieren, veranschlagen

schattig niedlich, süß

schatting (Ab)schätzung, Taxierung *v*; (cijns) Tribut *m*

schaven hobeln; schaben

schavot Schafott, Blutgerüst *o*

schavuit Schurke, Halunke

schede Scheide *v*

schedel Schädel *m*

scheef schief

scheel schielend, scheel; *~zien*, schielen

scheen Schiene *v*

scheenbeen Schienbein *o*

scheepsromp Schiffsrumpf *m*

scheepsvolk Schiffsleute *mv*; Schiffsmannschaft *v*

scheepvaart Schifffahrt *v*

scheerapparaat Rasierapparat *m*

scheerkwast Rasierpinsel *m*

scheerkwast Rasierpinsel *m*

scheerlijn Zeltschnur *v*

scheermesje Rasiermesser *o*

scheerzeep Rasierseife *v*

scheiden scheiden, trennen

scheiding (echt~) Scheidung; (afzondering) Trennung; (haar) Scheitel *m*

scheidsrechter Schiedsrichter *m*

scheikunde Chemie *v*

scheikundige Chemiker *m*

schel Schelle, Klingel *v*; *bn* grell, gellend

schelden schimpfen, schelten

scheldnaam Schimpfname *m*

scheldwoord Schimpfwort *o*

schelen verschieden sein; fehlen; einen Unterschied machen von

schellen klingeln, läuten

schellinkje Olymp *m*

schelm Schelm *m*

schelp (Muschel)schale *v*

schelvis Schellfisch *m*

schemerachtig dämm(e)rig

schemeren dämmern, schimmern

schemering Dämmerung *v*, Zwielicht *o*

schenden schänden; (wet) verletzen, übertreten; (graf) entweihen

schenken schenken

schenker Schenk; (gever) Spender

schenking Schenkung, Spende *v*

schennis Schändung, Verletzung *v*

schep Spaten *m*; Schaufel *v*

schepen Schöffe *m*

scheppen schaffen; (zand, sneeuw) schaufeln

scheppend schöpferisch

schepper Schöpfer

schepping Schöpfung *v*

schepsel Geschöpf *o*

scheren rasieren

scherf Scherbe *v*

scherm Schirm *m*; (toneel) Vorhang *m*; (v. plant) Dolde *v*

schermen fechten

schermutselen Scharmützeln; plänkeln

schermzaal Fechtboden *m*

scherp scharf

scherpen schärfen, wetzen

scherpschutter Scharfschütze

scherpte Schärfe *v*

scherpziend scharfsichtig

scherpzinnig scharfsinnig

scherpzinnigheid Scharfsinn *m*

scherts Scherz, Spaß; Ulk *m*

schertsen scherzen, spaßen

schets Skizze v, Entwurf m
schetsen skizzieren; (beschrijven) schildern, beschreiben
schetteren schmettern
scheur Riss m, Spalte v
scheuren reißen, zerreißen
scheuring Spaltung, Trennung v
scheut (plant) Schößling m; (vloeistof) Schuss m
scheutig freigebig
schichtig scheu
schielijk schnell, plötzlich, jäh
schier fest, beinahe
schiereiland Halbinsel v
schieten schießen
schietgat Schießscharte v
schietlood Senk-, Richtblei o
schietwapen Feuer-, Schusswaffe v
schiften sichten; (melk) zusammenlaufen
schifting Sichtung v
schijf Scheibe v; (damspel) Stein m
schijn Schein, Anschein m
schijnbaar scheinbar
schijnen (licht geven) scheinen, leuchten, schimmern
schijnen (lijken) scheinen, erscheinen
schijnheilig scheinheilig
schijnsel Schein, Schimmer m
schijnwerper Scheinwerfer m
schikken ordnen, anordnen; ins reine bringen; passen; zich ~, sich fügen
schikking Ordnung, Anordnung v; Vergleich m
schil Schale, Hülse v
schild Schild m; (naambord enz.) Schild o
schilder (kunst~) Maler; (huis~) Anstreicher
schilderachtig malerisch
schilderen malen; (verven) anstreichen
schilderij Gemälde o
schildersezel Staffelei v
schildklier Schilddrüse v
schildknaap Schildknappe m
schildpad Schildkröte v
schildwacht Schildwache v
schilfer Schuppe v; Abschilferung v
schillen schälen
schim Schatten; Schemen m
schimmel Schimmel m
schimpen schimpfen
schimpscheut Stichelei v
schip Schiff o
schipbreuk Schiffbruch m; ~ lijden, Schiffbruch leiden, scheitern
schipper Schiffer m
schitteren glänzen, leuchten
schitterend glänzend

schoeisel Fußbekleidung v; Schuhwerk o; Schuhe mv
schoen Schuh m
schoenborstel Schuhbürste v
schoenenwinkel Schuhgeschäft o
schoenlepel Schuhlöffel m
schoenmaker Schuhmacher m
schoenpoetser Stiefelputzer
schoensmeer Schuhcrème v
schoenveter Schnürsenkel, Schuhriemen m
schoft (dier) Widerrist m; (persoon) Schuft
schok Stoß m, Erschütterung v
schokbreker, schokdemper Stoßdämpfer m
schokken stoßen; erschüttern
schol Scholle v
scholier Schüler
scholing schulen, ausbilden
schommel Schaukel v
schommelen schaukeln; schwanken
schommeling Schwankung v
schommelstoel Schaukelstuhl m
schoof Garbe v
schooier Bettler, Halunke m
school Schule v; (vissen) Schwarm, Zug m
schoolblijven nachsitzen
schoolbord Wandtafel v
schoolhoofd Schulvorsteher m
schoolmeester Lehrer m
schoolrapport Schulzeugnis o
schools schulisch, Schul-
schooltas Schulranzen m, -mappe v
schoon bn (netjes) sauber, rein; (mooi) schön; voegw obschon, obgleich
schoondochter Schwiegertochter
schoonheid Schönheit v
schoonheidsspecialiste Kosmetikerin v
schoonmaak Reinmachen o; Hausputz m
schoonmaken sauber machen
schoonmoeder Schwiegermutter v
schoonouders Schwiegereltern mv
schoonvader Schwiegervater m
schoonzoon Schwiegersohn m
schoonzus(ter) Schwägerin v
schoorsteen Schornstein; (v. fabriek) Schlot m
schoorsteenmantel Kaminsims m & o
schoorsteenveger Schornsteinfeger
schoorvoetend zögernd, widerwillig, zaudernd
schoot Schoß m
schootsvel Schurz m, Schurzfell o
schop (gereedschap) Spaten m, (v. hout) Schaufel v; (met voet)

Fußtritt v, (voetbal) Stoß m
schoppen (kaartspel) Pik o
schor heiser, rau
schorem Pack o
schorpioen Skorpion m
schors Rinde v
schorsen (ambtenaar) suspendieren; (zitting) aufheben
schorseneer Schwarzwurzel v
schorsing Aufhebung; Suspension v
schort (Frauen)schürze v
schorten fehlen
schot Schuss; Bretterverschlag m
Schot Schotte v
schotel Schüssel v; (bij een kop) Untertasse v; vliegende ~, fliegender Teller
schotelantenne Parabolantenne v
Schotland Schottland o
schots Scholle v
Schots schottisch
schotschrift Schmähschrift o
schouder Schulter, Achsel v; de ~s ophalen, die Achseln zucken
schouderblad Schulterblatt o
schouwburg Schauspielhaus o
schouwspel Schauspiel o
schraag Schragen m; Gestell o; Sägebock m
schraal (persoon) mager, dürr; (spijs) dürftig
schraapzucht Geiz m
schragen stützen
schram Schramme v
schrammen ritzen, aufschürfen
schrander klug, hell
schrap: zich ~ zetten, sich stemmen; sich in Positur setzen
schrapen scharren; kratzen; (keel) sich räuspern
schrappen streichen
schrede Schritt m
schreeuw Schrei m
schreeuwen schreien
schreien weinen
schriel filzig, knauserig
schrift Schrift v; (schrijfboek) Heft o; de Schrift, die (Heilige) Schrift
schriftelijk schriftlich, brieflich
schrijden schreiten
schrijfbehoeften Schreibmaterial o
schrijfgereedschap Schreibzeug o
schrijfmachine Schreibmaschine v
schrijfpapier Schreibpapier o
schrijfster Schreiberin v; (boek) Schiftstellerin, Verfasserin
schrijftafel Schreibtisch m
schrijlings rittlings
schrijnen scheuern, brennen
schrijnend brennend; fig herb
schrijnwerker Tischler, Schreiner
schrijven schreiben
schrijver Schreiber; (boek)

Schriftsteller, Verfasser
schrik Schrecken, Schreck *m*
schrikachtig schreckhaft
schrikbarend schrecklich
schrikdraad Elektrozaun *m*
schrikkeljaar Schaltjahr *o*
schrikken erschrecken
schril schrill, grell
schrobben schrubben
schroef Schraube *v*
schroefdraad Schraubengewinde *o*
schroefsleutel Schraubenschlüssel *m*
schroeien sengen
schroeven schrauben
schroevendraaier Schraubenzieher *m*
schrokkig gefräßig, gierig
schromelijk fürchterlich, arg, schlimm, gewaltig
schroom Scheu *v*
schroomvallig schüchtern, zaghaft
schroot Schrot *o*
schub Schuppe *v*
schuchter schüchtern
schudden schütteln; rütteln
schuier Bürste *v*
schuif Schieber *m*; Riegel *m*
schuifdak Schiebedach *o*
schuifdeur Schiebetür *v*
schuifelen schlürfen; scharren
schuiflade Schublade *v*
schuifraam Schiebenfenster *o*
schuilen sich verstecken, sich verbergen
schuilhoek Versteck, Schlupfwinkel *m*
schuilkelder Luftschutzkeller, Schutzraum *m*
schuilnaam Deckname *m*
schuilplaats Versteck *m*
schuim Schaum *m*
schuimen schäumen
schuimspaan Schaumlöffel *m*
schuin schräg, schief
schuit Nachen, Kahn *m*
schuiven schieben, rutschen; (bordspel) ziehen
schuld Schuld *v*
schuldbekentenis Schuldschein *m*
schuldbelijdenis Schuldbekenntnis, Geständnis *o*
schuldbesef Schuldbewusstsein *o*
schuldeiser Gläubiger *m*
schuldenaar Schuldner *m*
schuldig schuldig
schunnig schäbig; gemein
schuren scheuern
schurft Krätze; Räude *v*
schurftig räudig
schurk Schurke, Halunke *m*
schut Schirm *m*; (beschot) Verschlag *m*, Bretterwand *v*
schutkleur Schutzfarbe *v*

schutsluis Kammerschleuse *v*
schutter Schütze *m*
schutting (Bretter)zaun *m*
schuur Scheune *v*
schuw scheu, furchtsam
schuwen scheuen
scooter (Motor)roller *m*
scoren *sp* ein Tor machen
scrupule Skrupel *m*
scrupuleus skrupulös
seance Sitzung *v*
seconde Sekunde *v*
secretaresse Sekretärin *v*
secretaris Sekretär; Schriftführer *m*
sectie Sektion *v*; *mil* Zug *m*
sector Sektor; Ausschnitt *m*
secuur sicher; gewissenhaft
sedert seit (+3); seitdem; seither
sein Signal, Zeichen *o*
seinen signalisieren; (radio) funken
seinhuis Stellwerk *o*
seizoen Jahreszeit, Saison *v*
seks Sex *m*
sekse Geschlecht *o*
seksshop Sexshop *m*
seksualiteit Sexualität *v*
seksueel sexuell
selderij Sellerie *m*
selecteren auswählen
selectie Auslese *v*, Auswahl *v*
seminarium Seminar *o*
seniel senil
sensatie Sensation *v*
sententie Sentenz *v*, Urteil *o*
sentimenteel sentimental, empfindsam, rührselig
september September *m*
serenade Serenade *v*, Ständchen *o*
sergeant-majoor Feldwebel
serie Serie, Reihe *v*
serieus ernsthaft
sering Flieder *m*
serre Glasveranda *v*
serveerster Kellnerin *v*
serveren servieren
servet Serviette *v*
servetring Serviettenring *m*
service Service *m*
servies Service, Tafelgeschirr *o*
sfeer Sphäre *v*, Atmosphäre *v*
shag (Feinschnitt)tabak *m*
shampoo Shampoo *o*
sherry Sherry *m*
shirt Shirt *m*, Trikot *o*
show Schau /Show *v*
sidderen zittern, beben
sieraad Zierrat; Schmuck *m*; Zierde *v*
sieren schmücken; zieren
sierlijk zierlich, elegant
sigaar Zigarre *v*
sigarenkoker Zigarrentasche *v*

sigarenwinkel Zigarrenladen *m*
sigaret Zigarette *v*; *filter~* Filterzigarette *v*
sightseeing-car Rundfahrtauto *o*
signaal Signal *o*
signalement Personalbeschreibung *v*
sijpelen sickern, tröpfeln
sijsje Zeisig *m*
sik Kinnbart *m*; (geit) Ziege *v*
sikkel Sichel *v*
Silezië Schlesien *o*
simpel (gewoon) einfach; (idioot) einfältig
sinaasappel Apfelsine *v*
sinaasappelsap Apfelsinensaft *m*
sinas Orangeade *v*
sinds seit
sindsdien seitdem
sint Sankt
sintel Sinter *m*, Schlacke *v*
sintelbaan Aschenbahn *v*
sissen zischen
situatie Situation *v*
sjaal Schal *m*
sjacheren schachern
sjalot Schalotte *v*
sjerp Schärpe, Feldbinde *v*
sjiek schick
sjofel schäbig, schofel
sjokken trotten, trampeln
sjorren sorren, zurren
sjouwen schleppen; sich abrackern
skateboard Skatebord *o*
skeeler Inlineskate *m*, Inliner *m*; (persoon) Inlineskater *m*
skelet Skelett *o*
ski Schi, Ski *m*
skiën Schi laufen
skiff Einer *m*
skilift Schilift *m*
skischans Schischanze *v*
skischoen Schischuh *v*
skistok Skistock *m*
skiterrein Skigelände *o*
sla Salat *m*
slaaf Sklave *m*
Slaaf Slawe *m*
slaafs sklavisch
slaag *een pak ~ eine Tracht v* Prügel
slaan schlagen, hauen
slaap Schlaf *m*; (aan hoofd) Schläfe *v*
slaapkamer Schlafzimmer *o*
slaapmiddel Schlafmittel *o*
slaappil Schlaftablette *v*
slaapplaats Schlafstelle *v*
slaaptrein Schlafwagenzug *m*
slaapwagen Schlafwagen *m*
slaapwandelaar Nachtwandler *m*
slaapzaal Schlafsaal *m*
slaapzak Schlafsack *m*
slaatje Salat *m*

slabbetje Latz *m*
slachtbank Schlachtbank *v*
slachten schlachten, abstechen
slachting Gemetzel, Blutbad *o*
slachtoffer Opfer *o*
slag Schlag *m*; (veldslag) Schlacht *v*
slagader Schlag-, Pulsader *v*
slagen *ww* gelingen; Erfolg haben; ein Examen bestehen, durchkommen
slagen *mv* (in haar) Welle *v*
slager Metzger, Fleischer
slagerij Fleischer, Metzger *m*
slagerswinkel Fleischer-, Metzgerladen *m*
slagregen Platzregen *m*
slagroom Schlagsahne *v*
slagtand Hauer *m*
slagvaardig schlagfertig
slagveld Schlachtfeld *o*
slagwerker Schlagzeuger *m*
slagzin Schlagzeile *v*
slak Schnecke *v*
slaken lösen; *een zucht ~*, einen Seufzer ausstoßen
slalom Slalom *m*
slang (dier) Schlange *v*; (v. gummi) Schlauch *m*
slank schlank
slaolie Salatöl *o*
slap schlaff, schlapp; kraftlos
slapeloos schlaflos
slapeloosheid Schlaflosigkeit *v*
slapen schlafen
slaperig schläfrig, verschlafen
slapte Schlaffheit; Flauheit; (in zaken) Geschäftsstille *v*
slavernij Sklaverei *v*
slavin Sklavin *v*
Slavisch slawisch
slecht schlecht; schlimm
slechten abtragen, schleifen
slechthorend schwerhörig
slechts nur, bloß, lediglich
slechtziend sehschwach
slee Schlitten *m*
sleep Schleppe *v*; Schleppzug *m*
sleepboot Schlepper, Schleppdampfer *m*
sleep-in Sleep-In *o*
sleepkabel (Ab)schleppseil *o*
sleeptouw Schlepptau *o*
slenteren schlendern
slepen abschleppen
slepend schleichend
slet Dirne; Schlampe *v*
sleuf Rinne, Grube *v*
sleur Schlendrian *m*
sleuren schleifen, zerren
sleutel Schlüssel *m*
sleutelbeen Schlüsselbein *o*
sleutelbloem Schlüsselblume *v*
sleutelbos Schlüsselbund *m*

sleutelgat Schlüsselloch *o*
sleutelpositie Schlüsselstellung *v*
sleutelring Schlüsselring *m*
slib Schlamm *m*
sliert Reihe *v*, Kette *v*; (haar) Strähne *v*
slijk Schlamm, Kot *m*
slijm Schleim *m*
slijmerig schleimig
slijmvlies Schleimhaut *v*
slijpen schleifen, wetzen; (potlood) anspitzen
slijtage Abnutzung *v*
slijten verschleißen, abnutzen
slijterij Spirituosenhandlung *v*
slikken schlucken
slim schlau; (erg) schlimm
slimmerd Schlauberger, Pfiffikus *m*
slinger Pendel *o*; (werptuig) Schleuder *v*
slingeren schwingen, schleudern; pendeln
slingerplant Schlingpflanze *v*
slinken einschrumpfen, abnehmen
slinks arglistig, trügerisch
slipgevaar Schleudergefahr *v*
slipje Slip *m*
slip-over Schlüpfer *m*
slippen gleiten, rutschen; (auto) schleudern
slippers Pantoffeln *mv*
slobkous Gamasche *v*
sloep Schaluppe *v*
slof Latsche *v*
slok Schluck *m*
slokdarm Speiseröhre *v*
slokken (ver)schlucken
slons Schlampe *v*
sloof Schürze; abgerackerte Frau *v*
sloom träge
sloop Überzug *m*
sloot Graben *m*
slop Sackgasse *v*
slopen schleifen, niederreißen; *fig* aufreiben, zerrütten
slordig nachlässig, schlampig
slot (kasteel, evt. vergrendeling) Schloß *o*; (einde) Schluss *m*, Ende *o*; *ten ~te*, schließlich
slotenmaker Schlosser *m*
slotsom Schlussfolge(rung) *v*, Resultat *o*
sluier Schleier *m*
sluik glatt, schlicht
sluikhandel Schleichhandel *m*
sluimering Schlummer *m*
sluipen schleichen; sich einschleichen
sluipmoord Meuchelmord *m*
sluis Schleuse *v*
sluiten schließen
sluiting Schließung *v*; Schluss; Abschluss *m*
sluitzegel Verschlussmarke *v*

slungelig schlenkrig
slurf Rüssel *m*
slurpen schlürfen, eintrinken
sluw listig, gerieben, verschlagen
sluwheid Verschlagenheit *v*
smaad Schmach *v*
smaadschrift Schmähschrift *v*
smaak Geschmack *v*; Gusto *m*
smaakvol geschmackvoll
smachten schmachten, sich sehnen
smadelijk schmählich, schimpflich
smak Schlag *m*; Knall *m*
smakelijk schmackhaft
smakeloos geschmacklos
smaken schmecken
smal schmal, eng
smalen schmälen, schimpfen
smalfilm Schmalfilm *m*
smart Schmerz *m*
smartelijk schmerzlich
smartengeld Schmerzensgeld *o*
smartlap Schmachtfetzen *m*
smeden schmieden
smederij Schmiede *v*
smeedijzer Schmiedeeisen *o*
smeekbede das Flehen
smeer Schmiere *v*
smeerkaas Schmierkäse *m*
smeerlap Schmierfink *m*
smeermiddel Schmiermittel *o*
smeerolie Schmieröl *o*
smekeling Flehende(r) *m-v*
smeken flehen
smelten (zer)schmelzen
smeltkroes Schmelztiegel *m*
smeltpunt Schmelzpunkt *m*
smeren schmieren; ölen; (boterham) streichen
smerig schmutzig
smet Fleck(en); Makel *m*
smetteloos makellos
smeulen schwelen, glimmen
smid Schmied *m*
smidse Schmiede *v*
smijten schmeißen, werfen
smoel Maul *o*
smoesje Ausflucht *v*, Flausen *mv*
smokkel Schmuggel *m*
smokkelaar Schmuggler *m*
smokkelen schmuggeln
smokkelhandel Schleichhandel *m*
smoorlijk leidenschaftlich, sterblich
smoren ersticken; schmoren
smullen schmausen
smulpartij Schmaus *m*
snaar Saite *v*
snackbar Schnellimbiss *m*
snakken sich sehnen; (naar lucht) schnappen
snappen schnappen; (begrijpen) schnallen
snateren schnattern

snavel Schnabel *m*
snee Schnitt *m*; (plak) Schnitte, Scheibe *v*; *verguld op ~*, mit Goldschnitt
sneetje Schnittchen *o*, Scheibe *v*
sneeuw Schnee *m*
sneeuwen schneien
sneeuwjacht Schneegestöber, Schneetreiben *o*
sneeuwketting Schneekette *v*
sneeuwklokje Schneeglöckchen *o*
sneeuwpop Schneemann *m*
sneeuwstorm Schneesturm *m*
sneeuwvlok Schneeflocke *v*
snel schnell, geschwind
snelbinder Gepäckträgerspannband *o*
snelbuffet Schnellbüfett *o*
snelgoed Eilgut *o*
snelheid Geschwindigkeit *v*
snellen eilen
sneltrein Schnellzug *m*
snelweg Autobahn *v*
snerpend schneidend
snert Erbsensuppe *v*
sneu traurig; enttäuscht
sneuvelen fallen
snibbig schnippisch
snijboon Schnittbohne *v*
snijden schneiden
snijlijn Schnittlinie *v*
snijpunt Schnittpunkt *m*
snijwerk Schnitzarbeit *v*
snik Schluchzer *m*
snikken schluchzen
snip Schnepfe *v*
snipper Schnippel *m*
snit Schnitt *m*; Fasson *v*
snobistisch snobistisch, hochgestochen
snoeien beschneiden, stutzen
snoek Hecht *m*
snoekbaars Zander *m*
snoep Süßigkeiten *mv*
snoepen naschen
snoeperij Näscherei *v*
snoer Schnur *v*
snoet Schnauze *v*
snoever Prahler
snoezig niedlich, reizend
snood schnöde, niederträchtig
snor Schnurrbart *m*
snorkel Schnorchel *m*
snorken schnarchen
snorren surren; schwirren
snot Rotz *m*
snotneus Rotznase *v*; (kind) Rotzbube *m*
snowboard Snowboard *o*
snuffelen schnuppern
snugger klug, gescheit
snuisterij Nippsache *v*
snuit Schnauze *v*, (kever, olifant, zwijn) Rüssel *m*

snuiten schnäuzen; (die Nase) putzen
snuiven schnauben; (tabak) schnupfen
snurken schnarchen
sober einfach; knapp
sociaal sozial
socialisme Sozialismus *m*
socialist Sozialist *m*
sociëteit Klub *m*, Kasino *o*
soebatten betteln, flehen
soep Suppe *v*
soepbord Suppenteller *m*
soepel geschmeidig
soepgroente Suppengrün *o*
soeplepel Suppenlöffel *m*
soes (gebak) Windbeutel *m*
soeverein Souverän *m*
soiree Abendgesellschaft *v*
sok Socke *v*
soldaat Soldat
soldeersel Löte *v*, Lot *o*
solderen löten, verlöten
soldij Sold *m*, Löhnung *v*
solidair solidarisch
solide solid, reell
soliste Solistin *v*
sollicitant Bewerber
sollicitatiebrief Bewerbungsschreiben *o*
solliciteren sich bewerben (um)
som Summe *v*, Betrag *m*; (opgave) Aufgabe *v*
somber düster
sommeren auffordern
sommige manche
soms manchmal
sonnet Sonett *o*
soort Sorte *v*
soortgelijk derartig, ähnlich
sop Brühe *v*; Seifenwasser *o*
sorbet Sorbett *o*
sorry Entschuldigung *v*
sorteren sortieren
souper Abendessen *o*
souperen zu Abend essen
souvenir Andenken *o*
spaak Speiche *v*
spaander Holzspan, Span *m*
Spaans spanisch
spaarbank Sparkasse *v*
spaarpot Sparbüchse *v*
spaarzaam sparsam
spade Spaten *m*
spaghetti Fadennudeln *mv*, Spaghetti *mv*
spalk Schiene *v*
span Gespann *o*
spanen aus Spanholz, Span-
Spanjaard Spanier *m*
Spanje Spanien *o*
spannen (an)spannen
spannend spannend
spanning Spannung *v*

spanning Spannung *v*
spar Tanne; (gewone ~) Fichte *v*
sparen (geld, postzegels) sparen; (ontzien) schonen
spartelen zappeln
spat Fleck, Spritzer *m*
spatader Krampfader *v*
spatbord Schmutzblech *o*; Kotflügel *m*
spatie (Zwischen)Raum *m*
spatiëren sperren
spatlap Schmutzfänger *m*
spatten spritzen; (Funken) sprühen
specerij Gewürz *o*
specht Specht *m*
speciaal speziell
specialist Spezialist *m*; (arts) Facharzt *m*
specialiteit Spezialität *v*
specificatie Einzelaufführung, Aufstellung *v*; Verzeichnis *o*
speculatie Spekulation *v*
speech Rede *v*, Trinkspruch *m*
speeksel Speichel *m*
speelgoed Spielzeug *o*, Spielwaren *mv*
speelkaarten Spielkarte(n) *v*
speelruimte Spielraum *m*
speels spielerisch
speeltuin Spielplatz *m*
speen Schnuller *m*
speenvarken Spanferkel *o*
speer Speer *m*
spek Speck *m*
spektakel Spektakel *o*
spel Spiel *o*
speld Stecknadel *v*
spelden feststecken
speldenknop Nadelkopf *m*
speldenkussen Nadelkissen *o*
spelen spielen
speling Spielraum *m*; Abart *v*
spellen buchstabieren
spelletje Spiel *o*
spelling Rechtschreibung, Orthographie *v*
spelonk Spelunke *v*
sperwer Sperber *m*
sperziebonen (Stangen)bohnen *mv*
spetter Spritzer *m*; toller/geiler Typ *m*; tolle/geile Tussi/Biene/Schnecke *v*
speuren spüren, wittern
speurhond Spürhund *m*
spichtig hager, schmächtig
spie Pflock, Bolzen *m*
spiegel Spiegel *m*
spiegelei Spiegelei *o*
spiegelen spiegeln
spiegelglas Spiegelglas *o*
spieken spicken
spier Muskel *m*
spiering Stint *m*
spierkracht Muskelkraft *v*

spiernaakt splitternackt
spierpijn Muskelschmerzen *mv*;
  Muskelkater *m*
spies Spieß *m*
spiets Spieß *m*
spijbelen schwänzen (+4)
spijker Nagel *m*
spijker Nagel *m*
spijkerbroek Jeans *v*
spijkeren nageln
spijl Speile, Sprosse *v*, Stab *m*
spijs Speise *v*
spijskaart Speisekarte *v*
spijsvertering Verdauung *v*
spijt Bedauern, Leidwesen *o*
spijten leid tun; *het spijt me* es tut
  mir leid
spikkel Tüpfelchen *o*; Sprenkel *m*
spiksplinternieuw funkelnagelneu
spil Achse *v*; *sp* Mittelläufer *m*
spilziek verschwenderisch
spin Spinne *v*
spinazie Spinat *m*
spinnen spinnen; (kat) schnurren
spinnenweb Spinn(en)gewebe *o*
spinnewiel Spinnrad *o*
spion Spion, Späher
spiraal Spirale *v*
spiraalveer Spiralfeder *v*
spirit Schneid *m*
spiritualiën *mv* Spirituosen *mv*
spiritus Spiritus *m*
spiritusbrander Spirituskocher *m*
spit Bratspieß *m*; (in de rug)
  Hexenschuss *m*
spits Spitze *v*, Gipfel *m*; *bn* spitz;
  spitzig
spitsboef Spitzbube
spitsuur Hauptverkehrsstunde,
  Spitzenstunde *v*
spitsvondig spitzfindig
spitten graben
spleet Spalte *v*, Schlitz *m*
splijten (sich) spalten
splinter Splitter *m*
split Schlitz *m*
splitsen spalten, teilen
spoed Eile *v*
spoedbestelling Eilbestellung *v*
spoedcursus Schnellkurs *m*
spoedgeval eiliger Fall *m*
spoedig *bijw bijw* bald; *bn* baldig
spoel Spule *v*
spoelen spülen
spoken spuken; umgehen
sponning Fuge, Nute *v*
spons Schwamm *m*
spook Gespenst *o*
spoor Spur; (wild) Fährte; (treinen)
  Eisenbahn *v*; Geleis(e) *o*; (op
  station) Gleis *o*; (paardrijden)
  Sporn *m*
spoorboekje Fahrplan *m*
spoorboom Schranke *v*

spoorkaartje Fahrkarte *v*
spoorloos spurlos
spoorslags spornstreichs
spoortrein (Eisenbahn)zug *m*
spoorweg Eisenbahn *v*
spoorwegovergang Bahnübergang
  m
spoorwegpolitie Bahnhofspolizei *v*
sporen mit dem Zug fahren; (auto)
  spuren
sport (lichaamsoefening) Sport *m*;
  (v. ladder) Sprosse *v*
sportartikel Sportartikel *m*
sporten Sport treiben
sportief sportlich
sportschoenen Sportschuhe *mv*
sportterrein Sportplatz *m*
spot Spott *m*
spotachtig spöttisch
spotprent Spottbild *o*
spotprijs Spottpreis *m*
spotten spotten
spotvogel Spötter, Spaßvogel *m*
spotziek spottsüchtig
spraak Sprache *v*
spraakgebrek Sprachfehler *m*
spraakkunst Sprachlehre,
  Grammatik *v*
spraakzaam gesprächig
sprakeloos sprachlos
spreekbuis Sprachrohr *o*
spreekkamer Sprechzimmer *o*
spreekkoor Sprechkor *m*
spreekuur Sprechstunde *v*
spreekwoord Sprichwort *o*
spreekwoordelijk sprichwörtlich
spreeuw Star *m*
sprei Bettdecke *v*
spreiden ausbreiten
spreken sprechen, reden
spreker Sprecher, Redner
sprenkelen sprenkeln; bespritzen,
  sprengen
spreuk Spruch *m*
spriet Halm; Fühler *m*
springen springen; (barsten)
  platzen, bersten
springstof Sprengstoff *m*
springveer Sprungfeder *v*
sprinkhaan Heuschrecke *v*
sprits Spritzkuchen *m*
sproeien sprengen, gießen
sproeier Brause *v*
sproet Sommersprosse *v*
sprokkelen dürres Holz sammeln
sprong Sprung, Satz *m*
sprookje Märchen *o*
sprot Sprotte *v*
spruit Sproß, Schößling; (telg)
  Sprößling *m*
spruitjes Rosenkohl *m*
spugen spucken, brechen
spuien Wasser ablassen
spuit Spritze *v*

spuitbus Sprühdose *v*, Zerstauber
  m
spuiten spritzen
spuitwater Sprudel *m*
spul Zeug *o*
spullen Sachen *mv*
spuug Speichel *m*
spuwen speien, spucken
squash Squash *o*
squashen Squash *o* spielen
s.s. (stoomschip) Dampschiff *o*
staaf Stab, Barren *m*; Stange *v*
staak Stecken *m*, Stange *v*
staal (metaal) Stahl *m*; (proef)
  Probe *v*, Muster *o*
staalkaart Musterkarte *v*
staan stehen
staangeld Pfandgebühr *v*
staanplaats Stehplatz *m*
staar Star *m*
staart Schwanz, Schweif *m*
staat Staat; Stand *m*; ~ *van beleg*,
  Belagerungszustand *m*; *in* ~,
  imstande; *in* ~ *stellen*,
  instandsetzen
staatkunde Politik *v*
staatsburger Staatsbürger *m*
staatscourant Staatsanzeiger *m*
staatsgreep Staatsstreich *m*
staatshoofd Staatsoberhaupt *o*
staatsie Staat *m*, Pracht *v*, Pomp *m*
staatsman Staatsmann *m*
stabiel stabil
stabiliteit Stabilität *v*
stad Stadt *v*
stadhouder Statthalter
stadhuis Rathaus *o*
stadion Stadion *o*
stadsbestuur Stadtverwaltung *v*
stadsbus Stadtbus *m*
staf Stab *m*
stage Probezeit *v*
staken einstellen, niederlegen;
  (werk) streiken
staker Streiker *m*, Ausständige(r)
  m-v
staketsel Staket *o*, Zaun *m*
staking Einstellung *v*; Streik *m*
stakker armer Schlucker *m*
stal Stall *m*
stalen *bn* stählern, aus Stahl; *ww*
  stählen, abhärten
stallen unterstellen
stalles Sperrsitz *m*
stalletje Verkaufsstand *m*
stalling Unterstellraum *m*
stam Stamm *m*
stamboom Stammbaum *m*
stamelen stammeln, lallen
stampen (auf)stampfen
stamper Stampfer *m*, Mörserkeule
  v; (in bloem) Stempel *m*
stamppot Eintopfgericht *o*
stampvoeten mit den Füßen

stampfen, trampeln
stampvol gedrängt voll
stand Stand *m*; Stellung, Lage *v*,
  tentoonstellings~ Koje *v*
standaard (vlag) Standarte *v*; (v.
  paraplu's enz.) Ständer *m*; (munt)
  Währung *v*
standbeeld Statue *v*, Standbild *o*
standgeld Standgeld *o*
standhouden standhalten (+3);
  bestehen bleiben
standje Rüge *v*, Rüffel *m*
standplaats Standort *m*; (op
  camping) Standplatz *m*
standpunt Standpunkt *m*
standvastig standhaft, beharrlich
stang Stange *v*
stank Gestank *m*
stap Schritt *m*
stapel Haufen *m*
stapelbed Etagenbett *o*
stapelen (auf)stapeln
stappen schreiten, gehen
stapvoets im Schritt
star starr, unverwandt
staren starren; stieren
start Abflug, Start *m*
startbaan Rollbahn *v*
starten starten, anlassen
starter Anlasser *m*
startkabels Starthilfekabel *o*
startmotor Anlassmotor *m*
staten Staaten, Stände *mv*
statief Stativ *o*
statiegeld Flaschen-, Pfandgeld *o*
statig feierlich, würdig
station Bahnhof *m*
stationair lopen leer laufen
stationcar Kombi(wagen) *m*
stationschef Bahnhofsvorsteher *m*
stationswerk Bahnhofsmission *v*
statistiek Statistik *v*
status Status *m*
statuten Statut *o*; Satzung *v*
staven bestätigen; begründen
stedelijk städtisch
stedeling Stadtbewohner, Städter
steeds *bijw* (altijd) stets, immer
steeds *bn* (v.e. stad) städtisch
steeg Gasse *v*
steek Stich *m*; ~ onder water,
  Seitenhieb *m*
steekhoudend stichhaltig
steekpenning Schmiergeld *o*
steekproef Stichprobe *v*
steekvlam Stichflamme *v*
steekvlieg Stechfliege *v*
steel Stiel *m*
steelpan Pfanne *v*
steen Stein *m*
steenachtig steinig
steengroeve Steinbruch *m*
steenhouwer Steinmetz
steenkolen Steinkohlen *mv*

steenkool Steinkohle *v*
steenpuist Karbunkel *m*
steenrood ziegelrot
steiger Baugerüst *o*;
  Landungsbrücke *v*
steigeren sich bäumen
steil steil, schroff, jäh
stek Steckling, Ableger *m*
stekeblind stockblind
stekel Stachel *m*
stekelig stachelig, anzüglich
stekelvarken Stachelschwein *o*
steken stecken; (prikken) stechen;
  (grieven) kränken
stekker Stecker *m*
stel Satz *m*; Garnitur *v*
stelen stehlen
stellage Gerüst *o*
stellen stellen, setzen;
  voraussetzen; schreiben
stellig bestimmt, gewiss
stelling Stellung; (bouw) Gerüst *o*,
  (wisk.) Satz *m*; (bewering)
  Behauptung, These *v*
stelpen stillen
stelregel Grundsatz *m*
stelsel System *o*
stelselmatig planmäßig
stem Stimme(n) *v*
stembiljet Stimmzettel *m*
stembureau Wahllokal *o*
stembus Wahlurne *v*
stemgerechtigd stimmberechtigt
stemmen stimmen; abstimmen;
  wählen
stemmentrekker Wahllokomotive *v*
stemmig sittsam; einfach
stemming (Ab)stimmung *v*
stempel Stempel *m*; Gepräge *o*
stempelen (ab)stempeln
stemvork Stimmgabel *v*
stencil Schablone *v*
stenen steinern, aus Stein
stengel Stängel *m*
stenigen steinigen
stenotypiste Stenotypistin *v*
step-in Strumpfhaltergürtel *m*
ster Stern *m*; vallende ~,
  Sternschnuppe *v*
sterfbed Sterbebett *o*
sterfelijk sterblich
sterfgeval Todesfall *m*
sterfte Sterblichkeit *v*
steriel steril
sterk stark, kräftig
sterkedrank Alkohol *m*
sterken stärken
sterkers (Garten)kresse *v*
sterkte Stärke, Kraft; Befestigung *v*
sterrenbeeld Sternbild, Gestirn *o*
sterrenkunde Astronomie,
  Sternkunde *v*
sterrenwacht Sternwarte *v*
sterveling der, die Sterbliche

sterven sterben; (planten)
  eingehen
steun Stütze, Unterstützung *v*
steunen stützen; sich lehnen;
  (kreunen) stöhnen
steunzool Einlage, Fußstütze *v*
stevig dauerhaft, fest, kräftig,
  stark, stämmig
steward Steward *m*
stewardess Stewardess *v*
stichtelijk erbaulich
stichten gründen, stiften
stichting Stiftung, Gründung *v*
stiefbroeder Stiefbruder *m*
stiekem heimlich, heimtückisch
stier Stier *m*
stift Stift *m*
stijf steif, starr
stijfhoofdig starrköpfig
stijfkop Trotzkopf *m*
stijfsel Stärke *v*; Kleister *m*
stijgbeugel Steigbügel *m*
stijgen steigen
stijl (v. deur enz.) Pfosten; (trant)
  Stil *m*
stijven steifen; stärken
stikdonker stockfinster
stikken (naaien) sticken, steppen;
  (sterven) ersticken
stikstof Stickstoff *m*
stil still, ruhig, leise
stillen stillen, löschen; beruhigen,
  besänftigen
stilletjes leise; heimlich
stilstaan stillstehen; stagnieren
stilstand Stillstand *m*, Stockung *v*
stilte Stille *v*
stilzwijgend stillschweigend,
  schweigsam, verschwiegen
stimuleren anregen, stimulieren
stinken stinken
stip Tüpfel, Punkt *m*
stippel Tupfer *m*
stippellijn punktierte Linie *v*
stipt genau, pünktlich
stiptheidsactie Eiferstreik *m*
stoeien tollen, sich balgen;
  schäkern
stoel Stuhl *m*
stoelgang Stuhlgang *m*
stoeltjeslift Sessellift *m*
stoep (voor huis) Tritt *m*;
  Freitreppe *v*; (trottoir) Gehsteig
  m
stoer rüstig, stämmig, stramm
stoet (Auf)zug *m*; Gefolge *o*
stof [de] (textiel) Stoff *m*, Zeug *o*;
  [het] (vuil) Staub *m*
stofbril Staubbrille *v*
stofdoek Staublappen *m*
stoffeerder Polsterer, Tapezierer
stoffelijk materiell, stofflich
stoffen (ab)stäuben
stoffer Staubbesen; Handfeger *m*

stofferen ausstoffieren
stoffig staubig
stofwisseling Stoffwechsel *m*
stofzuiger Staubsauger *m*
stok Stock *m*
stokbrood Stockbrot/Baguette *o*
stokdoof stocktaub
stoken heizen; *fig* hetzen
stoker Heizer *m*
stokoud steinalt
stokpaardje Steckenpferd *o*
stokslagen Prügel *mv*
stokvis Stockfisch *m*
stollen gerinnen, erstarren
stolp Glasglocke *v*
stom (zonder spraak) stumm; (dom) dumm
stomdronken schwerbetrunken
stomen reinigen
stomerij Reinigung *v*
stommelen poltern
stommeling Dummkopf *m*
stomp *bn* stumpf; (v. boom enz.) Stumpf, Stummel *m*; (stoot) Stoß, Schlag *m*
stompzinnig stumpfsinnig
stoof Fußwärmer *m*
stoofpeer Kochbirne *v*
stookolie Heizöl *o*
stoom Dampf *m*
stoomboot Dampfschiff *o*, Dampfer *m*
stoomketel Dampfkessel *m*
stoornis Störung, Unterbrechung *v*
stoot Stoß, Anprall *m*
stop (in bad) Stöpsel; (in kous) Stopf(er) *m*
stop! halt!, halten Sie!
stopcontact Steckdose *v*
stoplap Lückenbüßer *m*
stoplicht Ampel *v*
stopmiddel Stopfmittel *o*
stoppel Stoppel *v*
stoppen (repareren) stopfen; (stilhouden) stoppen, halten
stopplaats Haltestelle *v*
stopsein Haltesignal *o*
stoptrein Nahverkehrszug *m*
stopverf Glaserkitt *m*
stopwatch Stoppuhr *v*
stopwoord Flickwort *o*
storen stören
storen stören, hindern; *zich ~*, sich kümmern u*m*
storing Störung *v*
storingsvrij störungsfrei
storm Sturm *m*
stormachtig stürmisch
stormen stürmen
stormenderhand im Sturm
stortbui Regenschauer, Platzregen *m*
storten stürzen; (tranen) vergießen; (geld) einzahlen

storting Einzahlung *v*
stortregen Platzregen *m*
stortzee Sturzsee *v*
stoten stoßen
stotteren stottern
stout (ondeugend) unartig, ungezogen
stoutmoedig kühn
stoven schmoren; dämpfen
straal Strahl *m*; (cirkel) Halbmesser, Radius *m*
straaljager Düsenjäger *m*
straalvliegtuig Düsenflugzeug *o*, Düsenjet *m*
straat Straße; (in zee) Meerenge *v*
straatjongen Gassenjunge *m*
straatkant Straßenseite *v*
straatorgel Leierkasten *m*
straatsteen Pflsterstein *m*
straatveger Straßenkehrer *m*
straatweg Landstraße *v*
straf *bn* straff, streng, herb; Strafe *v*
straffeloos ungestraft; straflos
straffen strafen
strafrecht *wetboek van ~*, Strafgesetzbuch *o*
strafschop Elfmeter(stoß) *m*
strak starr; straff; unverwandt
strakjes gleich; (zo-even) gerade
straks gleich, sofort; *tot ~ bis gleich* (bald)
stralen strahlen; (examen) durchfallen
stralenkrans Strahlenkranz, Nimbus *m*
straling Strahlung *v*
stram stramm, starr
strand Strand *m*
stranden stranden; (mislukken) scheitern
strandstoel Strandkorb *m*
streek (gebied) Gegend *v*, Gebiet *o*; (list) Streich *m*; (bij kompas) Strich *m*
streekwijn Wein aus dieser Gegend
streep Strich; (licht) Streif *m*
strekken strecken, dehnen; dienen
strekking Absicht, Tendenz *v*
strelen streicheln
stremmen gerinnen, dick werden; hemmen
streng *bn* streng; Strang *m*; (haar) Strähne *v*
strengelen schlingen
strengheid Strenge *v*
stress Stress *m*
streven streben, sich bemühen
striem Striemen *m*
strijd Streit, Kampf *v*
strijden kämpfen; sich streiten
strijdig streitig; im Widerspruch mit
strijdvaardig kampfbereit

strijdvraag Streitfrage *v*
strijkbout Bügeleisen *o*
strijken streichen; (kleding) bügeln
strijkijzer Bügeleisen *o*
strijkorkest Streichorchester *o*
strijkster Plätterin, Büglerin *v*
strijkstok Geigenbogen *m*
strik (val~) Strick *m*; Schlinge *v*; (lint) Schleife *v*
strikken zusammenknoten; in der Schlinge fangen
strikt strikt, genau
strikvraag verfängliche Frage *v*
strip Streifen *m*; Comic *m*
striptease Striptease *m*
stripverhaal Comicstrip *m*
stro Stroh *o*
stroef rau, störrisch
strohoed Strohhut *m*
stroken übereinkommen mit, entsprechen (+3), stimmen zu
stromen strömen, fließen
stromend water fließendes Wasser
stronk Strunk, Stumpf *m*
strooien *bn* strohern, Stroh-; *ww* streuen
strook Streifen; Besatz *m*
stroom (rivier) Strom, Fluss *m*; (elektr.) Strom *m*
stroomlijn Stromlinie *v*
stroomverdeler Stromverteiler *m*
stroomversnelling Stromschnelle *v*
stroop Sirup *m*
strooptocht Streifzug *m*
strop Schlinge *v*; (pech) Aufsitzer *m*; (-das) Krawatte *v*
stropdas Krawatte *v*, Schlips *m*
stropen (huid) abstreifen, häuten; (wild) wildern
stroper Wilddieb, Wilderer
strot Gurgel, Kehle *v*
strottenhoofd Kehlkopf *m*
structuur Struktur *v*; Gefüge *o*; Bau *m*
struik Strauch *m*; Staude *v*
struikelblok Hindernis *o*
struikelen straucheln, stolpern
struikgewas Gesträuch, Gestrüpp, Dickicht *o*, Busch *m*
struikrover Wegelagerer, Straßenräuber *m*
struisvogel Strauß *m*
studeerkamer Studierzimmer *o*
student Student *m*
studeren studieren
studeren studieren
studie Studium *o*
studiebeurs Stipendium *o*
studio Studio *o*; Aufnahme-, Senderaum *m*
stug störrisch, unwirsch
stuifmeel Blütenstaub *m*
stuip Krampf *m*
stuiptrekking Zuckung *v*

stuitbeen Steißbein *o*
stuiten aufhalten, zum Stehen bringen
stuitend empörend, widerlich, anstößig
stuiven stauben, stäuben; (met grote snelheid) flitzen, peesen
stuiven stäuben, stieben
stuk *zn* Stück *o*, Teil *m*; Dokument *o*; *bn* entzwei, kaputt, schadhaft; *per ~*, das Stück
stukadoor Stuckarbeiter
stukgaan kaputt gehen
stukmaken kaputt machen
stumper Stümper, Schlucker *m*
stunt Stunt *m*; Kunststück *o*
stuntelig tapsig
sturen steuern, lenken; schicken
stut Stütze *v*
stuur (auto) Steuer *o*; (fiets) Lenker
stuurboord Steuerbord *o*
stuurhuis Steuerhaus *o*
stuurhut Kabine *v*
stuurinrichting Steuervorrichtung *v*
stuurman Steuermann *m*
stuurs mürrisch, unwirsch
stuurstang Lenkstange *v*
stuurwiel Steuerrad *o*
stuw Wehr *o*
stuwdam Talsperre *v*, Staudamm *m*
stuwen stauen; drängen
subsidie Subvention, Unterstützung *v*
succes Erfolg *m*
succesnummer Schlager *m*
successiebelasting Erbschaftssteuer *v*
sudderen schmoren
suède Schwedenleder *o*
suf dösig, duselig, doof
suffen duseln, dösen
suggestie Suggestion *v*
suiker Zucker *m*
suikerbiet Zuckerrübe *v*
suikergoed Zuckerwerk *o*
suikerpatiënt Diabetiker *m*, Zuckerkranke(r) *m-v*
suikerpot Zuckerdose *v*
suikerraffinaderij Zuckerraffinerie *v*
suikerriet Zuckerrohr *o*
suikerziekte Zuckerkrankheit *v*
suite Zimmerflucht; (muziek) Suite *v*
suizen säuseln; sausen
sukkel Stümper, Tropf
sukkeldrafje Zuckeltrab *m*
sukkelen kränkeln
sul Tölpel, Einfaltspinsel *m*
summum Gipfel(punkt) *m*
super super
superbenzine Super(benzin) *o*
superieur Vorgesetzte(r)
supermarkt Supermarkt *m*

suppoost (museum) Saalwärter *m*
surcéance van betaling Moratorium *o*, Zahlungsaufschub *m*
surfen surfen
surfplank Surfbrett *o*
Suriname Surinam *o*
surplus Überschuss *m*
surprise Überraschung *v*
surrogaat Ersatzmittel *o*, Ersatz(stoff) *m*
surveillance Überwachung *v*
sussen (drift) besänftigen; (zaak) vertuschen
syfilis Syphilis *v*
symbool Symbol *o*
symfonie Sinfonie *v*
sympathie Sympathie *v*, Mitgefühl *o*
sympathiek sympathisch
symptoom Symptom, Anzeichen *o*
synoniem *bn* synonym, sinnverwandt; gleich bedeutend
systeem System *o*

T

taai zäh
taak Aufgabe *v*
taal Sprache *v*
taalfout Sprachfehler *m*
taalkundig sprachlich
taart Torte *v*
tabak Tabak *m*
tabel Tabelle, Tafel *v*
tablet (medisch) Tablette *v*
tachtig achtzig
tachtigste achtzigste
tact Takt *m*
taf Taffet *m*
tafel Tisch *m*; *~ v. vermenigvuldiging*, Einmaleins *o*
tafelbel Tischglocke *v*
tafelkleed Tischdecke *v*
tafellaken Tischdecke *v*
tafeltennis Tischtennis *o*
tafelwijn Tischwein
tafereel Szene *v*
taille Taille *v*; Leibchen *o*
tak Zweig, Ast *m*
takel Takel *o*, Zugwinde *v*
takelwagen Abschleppwagen *m*
takkenbos Reisigbündel *o*
taks (hond) Dackel, Teckel *m*; (tarief) Satz *m*, Taxe *v*
tal Zahl, Menge *v*
talen verlangen
talk Talg *m*, Unschlitt *o*
talloos zahlos, unzählig
talmen zaudern, zögern
talrijk zahlreich
tam zahm
tamboer Trommler, Trommelschläger

tamelijk ziemlich
tampon Tampon *m*
tand Zahn *m*
tandarts Zahnarzt *m*
tandem Tandem *o*
tandenborstel Zahnbürste *v*
tandenstoker Zahnstocher *m*
tandpasta Zahnpasta *v*
tandradbaan Zahnradbahn *v*
tandvlees Zahnfleisch *o*
tandvlees Zahnfleisch *o*
tanen erblassen, abnehmen
tang Zange *v*
tanig gebräunt; gelblich
tank (reservoir) Behälter, Tank; *mil* Panzer *m*
tanken tanken
tankstation Tankstelle *v*
tante Tante *v*
tap Zapfen *m*
tapijt Teppisch *m*
tappelings in Strömen
tappen zapfen
taptoe Zapfenstreich *m*
tarbot Steinbutt *m*
tarief Tarif *m*
tartaar Tartarbeefsteak *o*
tarten herausfordern, trotzen
tarwe Weizen *m*
tas Tasche *v*
tastbaar greifbar, handgreiflich
tasten tasten, fühlen
taugé Sojabohnenkeim *m*
taxeren abschätzen
taxfree zollfrei
taxi Taxe *v*, Taxi *o*
taxiën (an)rollen
taximeter Taxameter *m*
taxistandplaats Taxistandort *m*
tbc Tbc, Tuberkulose, Schwindsucht *v*
te zu, in, um, an, auf, mit; (al te) zu, allzu
team Team *o*
technicus Techniker
techniek Technik *v*
technisch technisch
technische hulp technische Hilfe *v*
teder zärtlich
teef Hündin
teek Zecke *v*
teelt Zucht *v*, Bau *m*, Kultur *v*
teen Zeh *m*
teer Teer *m*; *bn* (teder) zart, zärtlich
tegel Ziegel *m*; Kachel *v*
tegelijk gleichzeitig; zugleich
tegemoet entgegen
tegen gegen, wider, zuwider
tegendeel Gegenteil *o*
tegengaan begegnen, steuern (+3)
tegengesteld entgegengesetzt
tegenhanger Gegenstück *o*
tegenhouden aufhalten, hemmen;

abhalten

tegenkomen begegnen

tegenligger entgegenkommender
Wagen; ~s, Gegenverkehr m

tegenlopen fehlschlagen,
misslingen

tegenover gegenüber (+3)

tegenovergesteld entgegengesetzt

tegenpartij Gegenpartei v; Gegner
m

tegenpool Gegenpol m

tegenslag Missgeschick o

tegenspartelen sich widersetzen;
sich sträuben

tegenspoed Widerwärtigkeit v,
Missgeschick o, Unglück o

tegenspraak Widerspruch m

tegenstaan zuwider sein (+3);
anwidern (+4)

tegenstand Widerstand m

tegenstander Gegner m

tegenstelling Gegensatz m

tegenstribbelen widerstreben

tegenstrijdig widersprechend;
entgegengesetzt

tegenstrijdigheid Widerspruch m

tegenvallen nicht geraten,
misslingen; die Erwartungen
enttäuschen

tegenwaarde Gegenwert m

tegenweer Gegenwehr v

tegenwerking Widerstand m

tegenwerping Einwand m

tegenwicht Gegengewicht o

tegenwind Gegenwind m

tegenwoordig anwesend, zugegen;
gegenwärtig; heutzutage; jetzig

tegenwoordigheid Anwesenheit,
Gegenwart v; ~ van geest,
Geistesgegenwart

tegenzin Widerwille, Ekel m

tegoed Guthaben o; zich ~ doen
aan, zusprechen

tehuis Heim o; ~ voor ouden van
dagen, Altersheim o

teil Kübel, Bottich m

teisteren verheeren, heimsuchen

teken Zeichen o

tekenaar Zeichner m

tekenen zeichnen; (onder~)
unterschreiben

tekenfilm Zeichenfilm m

tekening Zeichnung v

tekort Defizit, Manko o

tekortkoming Mangel m

tekst Text, Wortlaut m

tel in een ~ auf Anhieb; ik was de
~ kwijt ich habe mich verzählt; in
twee ~len im Nu

telaatkomer Nachzügler m

telefoneren telefonieren, anrufen

telefonisch telefonisch

telefoniste Telefonistin v

telefoon Telefon o

telefoonboek, telefoongids
Telefonbuch o

telefooncel Telefonzelle v

telefoongesprek Telefongespräch o

telefoonkaart Telefonkarte v

telefoonkantoor Öffentliches
Fernsprechamt o

telefoonnummer Telefonnummer v

telegraferen telegraphieren

telegram Telegramm o

telelens Teleobjektiv o

telen zeugen; ziehen; bauen

teleurstellen enttäuschen

teleurstelling Enttäuschung v

televisie Fernsehen o

televisietoestel Fernsehapparat m,
Fernseher m

telextoestel Fernschreiber m

telg Sprößling m

telganger Zelter, Passgänger m

telkens jedes Mal

tellen zählen

teller Zähler m

telwoord Zahlwort o

temen gedehnt sprechen

temmen zähmen, bändigen

tempel Tempel m

temperatuur Temperatur v

temperen mäßigen; mildern

tempo Tempo o

ten zu, zum, zur, bis, auf, gegen; ~
behoeve van, behufs; ~ dele,
zum Teil; ~ eerste, erstens; ~
gevolge van infolge (+2); ~
gunste, zugunsten; ~ minste,
mindestens; ~ slotte, schließlich;
~ strengste, strengstens

tendens, tendentie Tendenz v

tendentieus tendenziös

teneinde um

tenger zart; schwächlich

tenminste wenigstens

tennis Tennis o

tennisbaan Tennisfeld o

tennisbal Tennisball m

tennisracket Schläger m

tennissen Tennis spielen

tenor Tenor m

tent Zelt o; (kermis) Bude v

tentoonstelling Ausstellung v

tentstok Zeltstange v

tentzeil Zeltblache v; -plane v

tenzij es sei denn, dass

tepel Brustwarze, Zitze v

terdege tüchtig, gehörig

terecht mit Recht; (gevonden)
gefunden; wieder da

terechtstelling Hinrichtung v

terechtwijzing Zurechtweisung v,
Tadel m

teren teeren; zehren

tergen reizen, quälen

terloops beiläufig; nebenbei

term Wort o; Ausdruck m; Grund m

termijn Termin m, Zahlungsfrist;
Rate v

ternauwernood kaum, mit knapper
Not

terras Terrasse v

terrein Gelände; Grundstück o

terreur Terror m

terrine Suppenschüssel v

tersluiks heimlich, verstohlen

terstond sofort, sogleich

terug zurück, wieder; rückwärts

terugbetaling Rückzahlung v

terugbrengen zurückbringen

terugdeinzen zurückfahren,
zurückschrecken

teruggaan zurückgehen;
(prijzen)sinken

teruggaan (lopen) zurückgehen;
(rijden) zurückfahren

teruggave Rückgabe,
Rückerstattung v; Wiedergabe v

terughoudend zurückhaltend,
reserviert

terugkaatsen zurückprallen; -
werfen

terugkeer, terugkomst Rückkehr v

terugkomen zurückkommen

terugreis Rückreise v

terugroepen zurückrufen; (gezant)
abberufen

terugstuiten zurückprallen

terugtocht Rückzug m

terugtraprem Rücktrittbremse v

terugweg Rückweg m

terugwerken zurückwirken; met
~de kracht vanaf..., mit
Rückwirkung vom..

terugzien wiedersehen

terwijl während

terzijde beiseite

terzijdestelling Hintansetzung v

test Test m

testamentair testamentarisch

testen testen

teug Zug, Schluck m

teugel Zügel m

teuten trödeln

teveel Zuviel o

tevens zugleich

tevergeefs umsonst, vergebens

tevoren vorher, zuvor; im Voraus

tevreden zufrieden

tevredenstellen befriedigen

tewaterlating Stapellauf m

teweegbrengen hervorrufen

textiel Textilien mv

tezamen zusammen

thans jetzt, nunmehr

theater Theater o

theatervoorstelling
Theatervorstellung v

thee Tee m

theeblad Teebrett o

theemuts Teewärmer m

theepot Teekanne v
theeservies Teegeschirr o
theezakje Teebeutel m
thema Aufgabe v; Gegenstand m
theoloog Theologe
therapie Heilverfahren o;
  Heilkunde v
thermometer Thermometer o
thermosfles Thermosflasche v
thuis zuhause
thuisbrengen nach Hause bringen
thuiskomen nach Hause kommen
thuiskomst Heimkehr v
thuiswedstrijd sp Heimspiel o
ticket Ticket o
tien zehn
tiende telw zehnte; zn Zehntels;
  Zehnte v
tiendelig zehnteilig; Dezimal-
tiener Teenager m
tiental Zehner m; etwa zehn
tieren üppig wachsen, gedeihen;
  lärmen, toben
tierig üppig; munter
tiet Titte v
tijd Zeit v
tijdbom Zeitbombe v
tijdelijk befristet
tijdens während
tijdgenoot Zeitgenosse m
tijdig rechtzeitig
tijdperk Zeitraum m; Periode v,
  Zeitalter o
tijdrovend zeitraubend
tijdschrift Zeitschrift v
tijdsein Zeitzeichen o, -signal o
tijdstip Zeitpunkt m
tijdvak Zeitabschnitt, Zeitraum m
tijdverdrijf Zeitvertreib m
tijger Tiger m
tik Schlag, Klaps m
tikken (v. uurwerk) ticken; (slaan)
  klopfen; (typen) tippen
tillen (auf)heben, emporheben
timbre Klangfarbe v
timmeren zimmern, bauen
timmerhout Bauholz o
timmerman Zimmermann
tin Zinn o
tinnen zinnern, Zinn-
tint Farbe v; Teint m
tintelen funkeln, flimmern; (v.d.
  kou) prickeln
tip Zipfel m
tippelen tippeln; trippeln;
  (prostitutie) auf den Strich gehen
tiran Tyrann m
tissue Tissue o
tissues Tissues mv
titel Titel m
toast Toast m
tobbe Zober, Zuber, Kübel m
tobben sich abquälen, grübeln
toch dennoch, trotzdem; doch;

jedoch; (immers) ja
tocht (luchttrek) Zug m; (uitstapje)
  Ausflug m Reise v
tochtdeur Windfang m
tochten ziehen, zugig sein
tochtig zugig
tochtscherm Wandschirm m
toe zu; (bovendien) dazu,
  obendrein
toebehoren ww gehören,
  zugehören; zn Zubehör o
toebehorend zugehörig
toebereiding Zubereitung v
toebereidselen Vorbereitungen,
  Anstalten mv
toebrengen beibringen, zufügen,
  versetzen
toeclip Rennhaken m
toedienen reichen; verabreichen;
  versetzen; spenden
toedoen zumachen, schließen;
  (subst) o Zutun o, Hilfe v
toedracht Hergang m
toedragen zutragen,
  entgegenbringen
toe-eigenen aneignen
toegang Eintritt m
toegangsbewijs Eintrittskarte v
toegangsnummer Eintrittsnummer
  v
toegangsprijs Eintrittspreis m
toegankelijk zugänglich
toegedaan zugetan, geneigt; de
  mening ~ zijn, der Meinung sein
toegeeflijk nachgiebig, nachsichtig
toegenegen geneigt; uw ~, Ihr
  ergebene(r)
toegenegenheid Zuneigung v
toegeven zugeben, nachgeben,
  einräumen
toegift Zugabe, Beigabe v
toehoorder Zuhörer, Hörer
toejuichen zujauchzen,
  applaudieren
toekennen zuerkennen;
  zusprechen
toekijken zuschauen
toekomen zukommen; auskommen
toekomst Zukunft v
toekomstig (zu)künftig
toelage Beihilfe v; Zuschuss m
toelaten zulassen
toelating Zulassung, Gewährung v
toelatingsexamen
  Aufnahmeprüfung v
toeleg Vorsatz, Plan m
toelichten erläutern
toelichting Erläuterung v
toeloop Zuspruch, Andrang m
toen da, dann, alsdann; als, indem
toenadering Annäherung v
toenemen zunehmen
toeneming Zunahme v
toenmalig damalig

toepasselijk anwendbar, passend,
  geeignet
toepassen anwenden
toer Tour v; Kunststück o
toerbeurt: bij ~, turnusgemäß
toereikend hinlänglich,
  hinreichend
toerekenbaar zurechnungsfähig
toeren eine Tour machen
toerenteller Tourenzähler m
toerisme Tourismus m
toerist Tourist m
toeristenbelasting Kurtaxe v
toeristenkaart Touristenkarte v
toeristenklasse Touristenklasse v
toeristenmenu Touristenmenü o
toeristisch touristisch
toernooi Turnier o
toerusten ausrüsten
toeschietelijk entgegenkommend
toeschijnen scheinen
toeschouwer Zuschauer
toeschrijven zuschreiben; beilegen
toeslag Zuschlag m
toesnauwen anschnauzen
toespeling Anspielung v
toespijs Zu-, Süßspeise v
toespraak Ansprache v
toespreken anreden, zureden
toestaan erlauben
toestand Zustand m, Lage v,
  Situation v
toestel Apparat m
toestemmen zustimmen;
  einwilligen, genehmigen
toestemming Einwilligung v
toetakelen (kleren) aufdonnern;
  (slaan) übel zurichten
toeter Hupe v
toetje Zu-, Nachspeise v
toetreden beitreten (+3)
toets Probe v, (v. piano) Taste v
toetsen probieren, prüfen
toetssteen Probierstein m
toeval Zufall m
toevallig zufällig
toeven sich aufhalten, verweilen
toeverlaat Zuversicht v
toevertrouwen anvertrauen
toevloed Zufluss; Andrang m
toevlucht Zuflucht v
toevluchtsoord Zufluchtsort m
toevoegen hinzufügen; beifügen,
  beilegen
toevoeging Zusatz m
toevoer Zufuhr v
toewijding Hingebung v
toewijzen zuerkennen; zuteilen
toewijzing Zuteilung
toezegging Zusage v
toezicht Aufsicht v
toga Talar m, Robe, Toga v
toilet Toilette v
toiletpapier Toilettenpapier o

tokkelen zupfen
tol Zoll *m*; (speelgoed) Kreisel *m*
tolerant duldsam
tolk Dolmetscher *m*
tolken dolmetschen
tollen kreiseln
tolweg gebührenplichtiger Weg *m*/ Mautstraße *v*
tomaat Tomate *v*
tomatenpuree Tomatenmark *o*
tomeloos zügellos
tompoes Kremschnittchen *o*
ton Tonne *v*; Fass *o*
tondeuse Haarschneidemaschine *v*
toneel Bühne; (deel v. stuk) Szene *v*; *fig* Schauplatz *m*
toneelkijker Opernglas *o*
toneelspeelster Schauspielerin *v*
toneelspeler Schauspieler *m*
tonen zeigen
tong (lichaamsdeel) Zunge *v*; (vis) Seezunge *v*
tongval Mundart *v*, Dialekt *m*
tonic Tonicwasser *o*
tonijn Thunfisch *m*
tooi Schmuck *m*
tooien schmücken, zieren
toom Zaum *m*
toon Ton *m*
toonaangevend tonangebend
toonbank Ladentisch *m*
toonbeeld Muster *o*
toonder Vorzeiger, Inhaber
toonkamer Musterraum *m*
toonkunstenaar Tonkünstler
toonladder Tonleiter, Skala *v*
toorn Zorn *m*
toornig zornig
toorts Fackel *v*
toost Trinkspruch *m*; (brood) Röstbrot *o*
top Gipfel *m*, Spitze *v*; (boom) Wipfel *m*
top! abgemacht!, es sei!, topp!
topconferentie Gipfelkonferenz *v*, -treffen *o*
topje Top *o*
topless oben ohne
toporganisatie Spitzenorganisation *v*
topprestatie Spitzenleistung, Hochleistung *v*
toppunt Gipfelpunkt; Zenith, Scheitelpunkt *m*
topzwaar überstürzig
tor Käfer *m*
toren Turm *m*
tornen auftrennen; *fig* rütteln
torpedojager Zerstörer *m*
torsen schleppen
tortelduif Turteltaube *v*
tosti Käse-Schinken-Toast
tot zu; bis (an); ~ en met bis einschließlich

totaal *bn bijw* total, insgesamt, völlig; *zn* Gesamtbetrag *m*
total loss Totalschaden *m*
totdat bis
touperen toupieren
touringcar Autobus *m*
tourniquet Drehkreuz *o*, Drehdich *m*
touw Seil; (dik ~) Tau *o*; (dun ~) Bindfaden *m*
touwladder Strickleiter *v*
tovenaar Zauberer *m*
tovenares Zauberin *v*
toveren zaubern
traag träge
traan Träne *v*, (olie) Tran *m*
trachten versuchen; sich bestreben
tractor Schlepper, Trecker *m*
traditie Tradition *v*
tragedie Tragödie *v*
trainen trainieren
trainingspak Trainingsanzug *m*
traject Strecke *v*, Trajekt *m*
traktaat Traktat *m* & *o*; Vertrag *m*
traktement Gehalt *o*
trakteren bewirten
tralie Gitter *o*; Gitterstab *m*
tram Straßenbahn *v*
tramhalte Straßenbahnhaltestelle *v*
tramkaartje Fahrschein *m*
trans Umgang *m*
transactie Geschäft *o*
transformator Umformer *m*
transmissie Getriebe *o*
transport Transport *m*; Versendung, Beförderung *v*; (boekhouding) Vortrag *m*
trant Art *v*; Stil *m*
trap Treppe, Stiege *v*, Grad; (schop) Fußtritt; Stoß *m*; overtreffende, stellende, vergrotende ~, Superlativ, Positiv, Komparativ *m*
trapas Tretkurbel *v*
trapleuning Treppengeländer *o*
traploper Treppenläufer *m*
trappelen trampeln, trappeln
trappen treten
trappenhuis Treppenhaus *o*
trapper Pedal *o*
travellercheque Reisescheck *m*
trawler Fischdampfer *m*
trechter Trichter *m*
trede Tritt *m*; (v. trap) Stufe *v*
treden treten
treeplank Trittbrett *o*
treffen treffen; ergreifen, rühren
treffend treffend, schlagend, zutretend; rührend
treffer Treffer *m*
trefwoord Schlag-, Stichwort *o*
trein Zug *m*
treinkaartje Zugfahrkarte *v*

treinverbinding Zugverbindung *v*
treinvertraging Zugverspätung *v*
treiteren quälen
trek Zug; (honger) Appetit *m*; (zin) Lust, Neigung *v*; (in gezicht) Gesichtszug *m*, Miene *v*
trekdier Zugtier *o*
trekhaak Zughaken *m*
trekken ziehen
trekker (wandelaar) Wanderer *m*
trekking (loterij, wissel) Ziehung; (zenuw-) Zuckung *v*
trekpleister Anreiz *m*, Lockmittel *o*
trektocht Tour *v*
trekvaart Kanal *m*
trekvogel Zugvogel *m*
treuren trauern
treurig traurig
treurwilg Trauerweide *v*
treuzelen trödeln, trendeln
tribune Tribüne *v*
triest traurig; trübe
trijp Plüsch *m*
trillen zittern; (natuurkunde) schwingen
trilling das Zittern, Schauder *m*; (natuurkunde) Schwingung *v*
trimmen (sich) trimmen
triomf Sieg *m*
triomfantelijk triumphal; triumphierend, siegreich
triomferen triumphieren, siegen
trip Reise *v*; (uitstapje) Ausflug *m*
triplex Sperrholz *o*
trippelen trippeln
triptiek Triptychon *o*; (v. auto) Durchlassschein *m*
troebel trübe, unklar
troebelen Wirren *mv*
troef Trumpf *m*
troep Trupp; (soldaten, toneelspelers) Truppe *v*
troetelkind Schoßkind *o*; Liebling *m*
troffel (Maurer)kelle *v*
trog Trog *m*
trom Trommel *v*
trom(mel) Trommel *v*
trombose Thrombose *v*
trommel Trommel *v*; (blik) Dose *v*
trommelen trommeln
trommelrem Trommelbremse *v*
trommelvlies Trommelfell *o*
trompet Trompete *v*
tronen thronen
tronie Fratze *v*
troon Thron *m*
troonopvolger Thronfolger *m*
troost Trost *m*
troosteloos trostlos
troosten trösten
tropen Tropen *mv*
tros Büschel *m*, Traube *v*; (touw) Trosse *v*

trots Stolz *m*; *bn* stolz; *voorz* (ondanks) trotz (+3)
trotseren trotzen (+3)
trottoir Bürgersteig *m*
trouw (ge)treu; Treue *v*
trouwdag Hochzeitstag *m*
trouweloosheid Treulosigkeit *v*
trouwen heiraten
trouwens übrigens
trouwring Trauring, Ehering *m*
truc Trick, Kunstgriff *m*
truck Truck *m*; Sattelschlepper *m*
truffel Trüffel *v*
trui Pullover *m*
tsaar Zar *m*
T-shirt T-Shirt *o*
Tsjechië Tschechien *o*
tsjilpen zwitschern
tuba Tuba *v*
tube Tube *v*
tuberculeus lungenkrank, tuberkulös
tucht Zucht, Ordnung *v*
tuchtigen züchtigen
tuchtschool Zwangserziehungsanstalt *v*
tuffen tuckern
tuig (gereedschap) Zeug; (v. paarden) Geschirr *o*; (v. schip) Takelage *v*; (gespuis) Gesindel *o*
tuil Strauß *m*
tuimelen purzeln, fallen
tuin Garten *m*
tuinboon große Bohne, Saubohne *v*
tuinbouw Gartenbau *m*
tuinder Gemüsezüchter *m*
tuinhuis Gartenhäuschen *o*
tuinman Gärtner *m*
tuit Tülle *v*
tuk: ~ *op*, erpicht auf
tulband Turban *m*; (gebak) Napfkuchen *m*
tule Tüll *m*
tulp Tulpe *v*
tunnel Tunnel *m*
turen spähen; starren
turf Torf *m*
turfmolm Torfstreu *v*
Turk Türke
Turkije die Türkei
Turks türkisch
turnen turnen; *het vrije* ~ Bodenturnen *o*
tussen zwischen
tussenbeide dann und wann; soso lala; ~ *komen*, dazwischenkommen, -treten; einschreiten
tussendek Zwischendeck *o*
tussenkomst Vermittlung *v*
tussenlanding Zwischenlandung *v*
tussenpersoon Vermittler *m*
tussenpoos Zwischenpause, Unterbrechung *v*
tussenruimte Zwischenraum *m*
tussenschot Scheidewand *v*
tussenstop Zwischenstopp *m*
tussentijd Zwischenzeit *v*; *in de* ~ in der Zwischenzeit
tussentijds *bijw* in der Zwischenzeit; *bn* zwischenzeitlich
tussenvoegsel Eingefügte(s), Einschiebsel *o*
tussenwerpsel Interjektion *v*
tussenwervelschijf Bandscheibe *v*
tutoyeren duzen
tv Fernsehen *o*
twaalf zwölf
twaalfde zwölfte
twee zwei
tweedaags zweitägig
tweede zweite; *ten* ~, zweitens
tweedehands aus zweiter Hand; Gebraucht-; ~ *auto*, Gebrauchtwagen *m*
tweedracht Zwietracht *v*
tweegevecht Zweikampf *m*
tweeklank Diphthong, Zwielaut *m*
tweeledig zweigliedrig
tweeling Zwillinge *mv*
tweepersoonsbed Doppelbett *o*
tweepersoonskamer Doppelzimmer *o*
tweesnijdend zweischneidig
tweespalt Zwiespalt *m*
tweestrijd Unentschlossenheit *v*, Zwiespalt *m*
tweetalig zweisprachig
tweevoudig zweifach, zwiefach
twijfel Zweifel *m*
twijfelachtig zweifelhaft
twijfelen zweifeln
twijg Zweig *m* Reis *o*
twintig zwanzig
twintigste zwanzigste
twist Streit, Zank, Zwist *m*
twistappel Zankapfel *m*
twisten sich streiten, (sich) zanken
twistziek streitsüchtig
tyfus Typhus *m*
type Typus *m*
typen tippen
typisch charakteristisch, typisch; merkwürdig
typist Maschinenschreiber *m*
typiste Typistin *v*
t.z.t. (te zijner tijd), seinerzeit

U

u 1e en 4e nv. Sie, 3e nv. Ihnen
ui Zwiebel *v*
uier Euter *o*
uil Eule *v*, Kauz *m*
uilskuiken Dumm-, Schafskopf *m*
uit aus; außer, außerhalb; erloschen, vorbei, zu Ende
uitbarsting Ausbruch *m*
uitbetalen auszahlen
uitblazen (vuur) ausblasen; (uitrusten) sich verschnaufen
uitblinken glänzen; sich auszeichnen vor (+3)
uitbreiden ausbreiten, erweitern
uitbreiding Ausdehnung; Erweiterung *v*
uitbreken ausbrechen
uitbroeden ausbrüten; aushecken
uitbuiten ausbeuten, auswerten
uitbundig übermäßig, überschwänglich; unbändig
uitchecken auschecken
uitdagen herausfordern
uitdeling Aus-, Verteilung *v*
uitdoen ausziehen;(doven) ausmachen
uitdoven (aus)löschen
uitdraaien ausdrehen; (printen) ausdrucken; ~ *op* hinauslaufen auf (+4)
uitdrager Trödler *m*
uitdrogen austrocknen
uitdrukkelijk nachdrücklich
uitdrukking Ausdruck *m*
uiteen auseinander
uiteenlopend verschiedenartig
uiteenzetten darlegen
uiteenzetting Auseinandersetzung, Darlegung *v*
uiteinde Ende *o*
uiten äußern
uiteraard naturgemäß
uiterlijk *bn* äußerlich; spätestens; *zn* das Äußere
uitermate übermäßig, ungemein
uiterst äußerst
uitgaaf: *zie uitgave*
uitgaan ausgehen; (licht) erlöschen
uitgaansagenda Veranstaltungskalender *m*
uitgaanscentrum Vergnügungsviertel *o*
uitgang Ausgang *m*
uitgave Ausgabe, Auslage *v*; (v. boeken) Veröffentlichung *v*; Herausgabe *v*
uitgebreid ausgedehnt
uitgelaten ausgelassen, toll
uitgeleide das Geleit *o*
uitgelezen auserlesen
uitgeput erschöpft
uitgeslapen gerieben, gerissen
uitgesloten ausgeschlossen
uitgesteld verschoben
uitgestrekt ausgedehnt
uitgeven ausgeben; (in druk) herausgeben, verlegen
uitgever Verleger *m*
uitgeverij Verlag *m*

uitgezocht ausgesucht, erlesen
uitgezonderd ausgenommen
uitgifte Ausgabe, Emission *v*
uitglijden ausgleiten, -rutschen
uithangbord Aushängeschild *o*
uithangen (her)aushängen
uitheems fremd, ausländisch
uithollen aushöhlen
uithoren aushorchen, ausfragen
uithouden aushalten, ausharren
uithoudingsvermogen Ausdauer *v*
uiting Äußerung *v*
uitje Ausflug *m*; (uitgaan) Ausgehen *o*
uitjouwen auszischen
uitkeren ausbezahlen; (dividend) ausschütten
uitkijk Aussicht *v*, Ausguck *m*
uitkleden (sich) ausziehen
uitkomen (her)auskommen; stimmen, klappen
uitkomst Auskunft, Hilfe *v*; Ergebnis, Resultat *o*
uitlaat Auspuff *m*
uitlaatgas Ab-, Auspuffgas *o*
uitlaatpijp Auspuffrohr *o*
uitladen ausladen, löschen
uitlating Äußering *v*
uitleg Auslegung, Erklärung *v*
uitleggen auslegen, erklären, deuten
uitlegging Auslegung, Deutung *v*
uitlekken auslecken; *fig* ruchbar werden
uitlevering Auslieferung *v*
uitlokken hervorrufen
uitlopen auslaufen;(ook fig) münden in, führen zu; ~ *op* hinauslaufen auf
uitloven (prijs) aussetzen
uitmaken ausmachen; (beslissen) entscheiden; (schelden) ausschimpfen
uitmonden (aus)münden
uitmoorden ausmorden
uitmuntend, uitnemend ausgezeichnet, hervorragend; vorzüglich
uitnodigen einladen
uitnodiging Einladung *v*
uitoefenen ausüben, treiben
uitpakken auspacken; *fig* loslegen
uitpuilen hervorquellen, -stehen
uitputting Erschöpfung *v*
uitreiken verabreichen; überreichen
uitrekken ausrecken, dehnen
uitrit Ausfahrt *v*
uitroeien ausrotten
uitroep Ausruf *m*
uitroepteken Ausrufungszeichen *o*
uitrukken ausreißen; *mil* ausrücken
uitrusten (sich) ausruhen; (van

uitrusting voorzien) ausrüsten, ausstatten
uitrusting Ausrüstung, Ausstattung *v*
uitschakelen ausschalten; abschalten
uitscheiden aufhören, enden
uitschelden ausschelten; schimpfen
uitschot Ausschuss; Schund *m*
uitschrijven (lening) ausschreiben; (rekening) ausstellen, ausfertigen
uitslag (medisch) Ausschlag *m*; (gevolg) Erfolg *v*, Ergebnis *o*
uitslapen ausschlafen
uitsloven *zich* ~, sich abmühen, sich abquälen
uitsluitend ausschließlich
uitsluiting Ausschließung *v*; Ausschluss *m*
uitsmijter Rausschmeißer; *cul* strammer Max
uitspansel Firmament *o*
uitsparen ersparen
uitspatting Ausschweifung, Ausschreitung *v*, Exzess *m*
uitspraak Aussprache *v*; Ausspruch *m*; (v. vonnis) Urteilsverkündigung *v*
uitspreiden ausbreiten
uitspreken aussprechen
uitstallen zur Schau ausstellen; auslegen
uitstalling Auslage *v*
uitstapje Ausflug *m*
uitstappen aussteigen
uitsteeksel Vorsprung *m*
uitstekend ausgezeichnet, vorzüglich, hervorragend, prima
uitstel Aufschub *m*; *zonder* ~, ohne Verzug, unverzüglich; ~ *v. betaling*, Stundung *v*
uitstellen aufschieben
uitstippelen vorzeichnen
uitstorten ausgießen; (hart) ausschütten
uitstrekken ausstrecken; ausdehnen, erstrecken
uittocht Auszug *m*
uittrekken (her)ausziehen
uittreksel Auszug *m*
uitvaagsel Abschaum, Auswurf *m*
uitvaardigen erlassen
uitvaart Leichenbegängnis *o*
uitval Ausfall *m*
uitverkocht ausverkauft
uitverkoop Ausverkauf *m*
uitverkoren auserwählt
uitvinden erfinden; ausfinden
uitvinding Erfindung *v*
uitvloeisel Ausfluss *m*; Folge *v*
uitvlucht Ausflucht, -rede *v*
uitvoer Ausfuhr *v*

uitvoeren ausführen; vollziehen; (doen) machen
uitvoerhandel Ausfuhrhandel, Exporthandel *m*
uitvoerig ausführlich; umständlich
uitvoering Ausführung *v*
uitvoerrecht Ausfuhrzoll *m*
uitvorsen ausforschen, ermitteln
uitwas Auswuchs *m*
uitwaseming Ausdünstung *v*
uitwedstrijd *sp* Auswärtsspiel *o*
uitweg Ausweg *m*
uitweiden sich verbreiten über (+4)
uitwendig äußerlich
uitwerking Wirkung *v*, Erfolg *m*; Ausarbeitung *v*
uitwerpsel Kot *m*
uitwijken ausweichen
uitwisselen austauschen
uitwissen auswischen, tilgen
uitwringen ausringen
uitzenden aussenden; ausschicken; (radio, tv) übertragen, ausstrahlen
uitzending (radio, tv) Sendung *v*
uitzet Aussteuer, Ausstattung *v*
uitzetten (naar buiten) hinaussetzen; ausweisen; (groter worden) sich ausdehnen; (uitschakelen) ausschalten
uitzicht Aussicht *v*
uitzichttoren Aussichtsturm *m*
uitzien aussehen, hinaussehen
uitzoeken aussuchen, auswählen
uitzondering Ausnahme *v*
uitzuigen aussaugen; *fig* ausbeuten, schinden
uitzuinigen erübrigen, ersparen
unaniem einstimmig, einmütig, einhellig
unie Union *v*; Bund *m*
uniform Uniform *v*, Dienstanzug *m*; *bn* einheitlich
universeel Universal-
universiteit Universität *v*
uranium Uran *o*
urgent dringend, dringlich
urine Urin *m*
urn Urne *v*
uur Stunde *v*; *zes* ~, sechs Uhr
uurwerk Uhr *v*; Triebwerk *o*
uurwijzer Stundenzeiger *m*
uw Ihr, Ihre
uwerzijds Ihrerseits

V

vaag vag, unbestimmt; verschwommen
vaak oft
vaal fahl
vaandel Fahne *v*
vaandrig Fähnrich *m*
vaardig gewandt, geübt

235

vaart (water) Fahrt v; Kanal m; (snelheid) Geschwindigkeit v; Tempo o

vaartuig Fahrzeug, Schiff o

vaarwel lebewohl, leben Sie wohl!

vaas Vase v

vaat Abwasch m

vaatdoek Geschirrtuch o

vacant offen, ledig, frei

vacature Vakanz; offene Stelle v

vaccineren impfen

vacht Pelz m, Fell o

vader Vater m

vaderland Vaterland o, Heimat v

vaderlijk väterlich

vaderschap Vaterschaft v

vadsig träge, faul

vagebond Vagabund, Strolch

vagevuur Fegefeuer o

vagina Vagina v

vak Fach o; (beroep) Branche v

vakantie (school~) Ferien mv; (v. volwassene) Urlaub m

vakantieadres Ferienadresse v

vakantiehuis Ferienhaus o

vakantieoord Sommerfrische v

vakantietoeslag Urlaubsgeld o

vakkundig fachmännisch, -gerecht

vakman Fachmann m

vakmanschap fachmännisches Können o

vakopleiding fachliche Ausbildung v

vakterm Fachausdruck m

vakvereniging Gewerkschaft v

val Fall, Sturz m; Falle v

valeriaan Baldrian m

valhelm Sturzhelm m

valies Reisetasche v

valk Falke m

vallei Tal o, Niederung v

vallen fallen; ~de ster, Sternschnuppe v; ~de ziekte, Fallsucht v

vals falsch; tückisch

valsemunter Falschmünzer m

valsheid Falschheit v; ~ in geschrifte, Urkundenfälschung v

valstrik Fallstrick m; Schlinge v

valuta Valuta, Währung v

van von

vanaf ab

vanavond heute Abend

vandaag heute

vandaan her; (verwijderd) weg

vangen fangen

vangrail Leitplanke v

vangst Fang m

vanillestokje Vanillenschote v

vanmiddag heute Nachmittag

vanmorgen heute Vormittag; ~ vroeg heute Morgen

vannacht heute Nacht

vanouds von jeher, von alters her

vanuit aus

vanwaar woher

vanwege wegen

vanzelf von selbst, von alleine

vanzelfsprekend selbstverständlich

varen ww fahren, schiffen; Farnkraut o

variëren wechseln, schwanken

variëteit Abart, Spielart v

varken Schwein o

varkensvlees Schweinefleisch o

vast bn fest, ständig; bijw bestimmt; vorläufig

vastberaden entschlossen

vastbinden fest-, anbinden

vasteland Festland o

vasten Fastenzeit v, Fasten mv; ww fasten

vastenavond Fastnacht v

vasthouden festhalten

vasthoudend zähe, beharrlich, konservativ

vastleggen festlegen, -binden; fixieren

vastlopen festlaufen

vastmaken festmachen

vaststaan feststehen

vaststellen (constateren) feststellen; (bepalen) festsetzen; (termijn) ansetzen

vat Fass, Gefäß o

vatbaar empfänglich, empfindlich

Vaticaan Vatikan m

vatten fassen; (snappen) verstehen, begreifen

vechten kämpfen; sich raufen

vechtpartij Rauferei v

vee Vieh o

veearts Tierarzt

veefokker Viehzüchter

veeg Zug, Streich, Hieb m

veel viel

veelal meistens, öfters

veelbelovend vielversprechend

veelbetekenend viel sagend, verständnisvoll

veeleer vielmehr

veeleisend anspruchsvoll; hochgestochen

veelvoud Vielfalt v

veelvraat Vielfraß m

veelvuldig vielfach; häufig

veemarkt Viehmarkt; m

veen (Torf)moor o, Torfboden m, Fenn o

veer (v. vogel) Feder v; (pont~) Fähre v

veerboot Fährschiff o

veerkracht Schwung-, Spannkraft v

veerkrachtig elastisch

veerman Fährmann m

veerpont Fähre v

veertien vierzehn

veertig vierzig

veestapel Viehbestand m

veeteelt Viehzucht v

vegen fegen

veger Besen m; (klein) Handfeger m

vegetariër Vegetarier m

vegetarisch vegetarisch

veil feil, käuflich

veilen versteigern

veilig sicher

veiligheid Sicherheit v

veiligheidsgordel Sicherheitsgurt m

Veiligheidsraad Sicherheitsrat m

veiligheidsriem Sicherheitsgurt m

veiligheidsspeld Sicherheitsnadel v

veiling Versteigerung, Auktion v

veinzen sich verstellen, heucheln

veinzerij Heuchelei v

vel Fell o, Haut v; (papier) Bogen m

veld Feld o

veldbed Feldbett o

veldfles Feldflasche v

veldkijker Feldstecher m

veldslag Schlacht v

veldtocht Feldzug m

veldwachter Gendarm; Flurschütz m

vele viele

velen ww ertragen, erdulden

velerlei vielerlei

velg Felge v

vellen (bomen, oordeel) fällsn; (doden) erschlagen

Venetië Venedig o

venijn Gift o

vennoot Teilhaber, Kompagnon, Sozius m

vennootschap Handelsgesellschaft v; naamloze ~, Aktiengesellschaft v

venster Fenster o

vensterbank Fensterbank v

vensterruit Fensterscheibe v

vent Kerl m

venten hausieren; feilbieten

ventiel Ventil o

ventielslangetje Ventilschlauch m

ventilatie Lüftung v

ventilator Ventilator m

ventilatorriem Ventilatorriemen m

ver fern, weit, entlegen

verachtelijk verächtlich

verachting Verachtung v

verademen aufatmen

verafgelegen weit entfernt

verafgoden vergöttern

verafschuwen verabscheuen

veranderen verändern

verandering (Ver)änderung, Verwandlung v

veranderlijk veränderlich,

unbeständig
verantwoordelijk verantwortlich
verantwoording Verantwortung:
    Rechenschaft v
verbaasd erstaunt
verband Verband m
verbandgaas Verbandmull m
verbandkist, verbandtrommel
    Verbandkasten m
verbannen verbannen
verbazend erstaunlich
verbazing (Er)staunen o
verbazingwekkend staunenswert,
    erstaunlich
verbeelding Einbildung v;
    (eigenwaan) Dünkel m
verbeeldingskracht
    Einbildungskraft, Phantasie v
verbergen verbergen, verstecken
verbeteren ver-, aufbessern,
    berichtigen, richtigstellen
verbeurdverklaring Konnskation,
    Einziehung v
verbeuren verscherzen, verwirken
verbieden verbieten, untersagen
verbijsterd verwirrt; bestürzt
verbinden verbinden
verbinding Verbindung v
verbintenis Verbindlichkeit,
    Verpflichtung v
verbitterd (stemming) verbittert;
    (strijd) erbittert
verbittering Erbitterung v
verbleken erbleichen, erblassen,
    verblassen
verblijf Aufenthalt m
verblijfkosten
    Aufenthaltsvergütung v
verblijfplaats Wohnsitz,
    Aufenthaltsort m
verblijfsvergunning
    Aufenthaltsgenehmigung v
verblijven bleiben
verblinden blenden; *fig* verblenden
verbluft verdutzt
verbod Verbot o
verboden verboten
verbogen verbogen
verbolgen erzürnt, ergrimmt
verbond Verband m
verborgen verborgen; versteckt,
    heimlich
verbouwen (product) anbauen;
    umbauen
verbranden (door zon) verbrennen
verbranding Verbrennung v
verbrassen verprassen
verbreden breiter machen,
    verbreitern
verbreken brechen, ab-,
    zerbrechen; (stroom)
    unterbrechen
verbrijzelen zertrümmern
verbroken unterbrochen

verbrokkelen zerbröckeln,
    zestückeln
verbruik Verbrauch, Konsum m
verbuigen verbiegen; (gram)
    beugen, deklinieren
verdacht verdächtig
verdagen vertagen
verdamping Verdunstung v
verdedigen verteidigen
verdediging Verteidigung, Abwehr
    v
verdeeldheid Uneinigkeit v
verdelerkabels Verteilerkabel o
verdelging Vertilgung v
verdenken im Verdacht haben
verdenking Verdacht m
verder weiter, ferner
verderf Verderben o
verderfelijk verderblich
verdicht erdichtet, erlogen
verdichtsel Erfindung v
verdienen verdienen
verdienste Verdienst m; *fig*
    Verdienst o
verdienstelijk verdienstvoll,
    verdient
verdieping Stock m, Stockwerk;
    Geschoss o
verdoemen verdammen
verdoezelen vertuschen
verdorven verdorben; (moreel)
    verderbt
verdoven betäuben
verdovende middelen Rauschgift o
verdoving Betäubung v
verdraagzaam duldsam, tolerant
verdraagzaamheid Toleranz,
    Duldsamkeit v
verdrag Vertrag m
verdragen (lichamelijk)
    (ver)tragen; (psychisch) ertragen,
    dulden
vérdragend weit tragend
verdriet Kummer, Gram m; Leid o
verdrieten verdrießen
verdrietig traurig, betrübt
verdrijven vertreiben
verdringen verdrängen
verdrinken (geld) vertrinken; (in
    water) *onoverg* ertrinken; *overg*
    ertränken
verdrukken unterdrücken
verdubbelen verdoppeln
verduidelijken verdeutlichen
verduisteren verdunkeln; (geld)
    unterschlagen
verduistering Verdunklung; (geld)
    Unterschlagung v; (zon)
    Sonnenfinsternis v
verduren ertragen, leiden
verdwalen sich verirren
verdwijnen verschwinden
vereenvoudigen vereinfachen
vereenzelvigen identifizieren

vereeuwigen verewigen
vereffenen ausgleichen,
    begleichen
vereffening Ausgleichung v,
    Ausgleich m
vereisen erfordern, bedingen
vereiste Erfordernis o
verend federnd
verenigen vereinigen; *zich ~ met*,
    einverstanden sein mit
vereniging Vereinigung v, Verein m
vereren verehren
verergeren verschlimmern;
    schlimmer machen, werden
verf Farbe v
verfijnen verfeinern
verfkwast Pinsel m
verflauwen nachlassen, abflauen;
    flau werden
verfoeien verabscheuen
verfoeilijk abscheulich
verfraaien verschönern
verfrissen erfrischen
verfrissing Erfrischung v
vergaan vergehen; vermodern;
    (schip) untergehen
vergaderen versammeln; tagen
vergadering Versammlung, Tagung,
    Sitzung v
vergallen verleiden
vergankelijk vergänglich
vergaren sammeln
vergasten bewirten, traktieren
vergeeflijk verzeihlich
vergeefs *bn* vergeblich; unnütz,
    eitel; *bijw* vergebens, umsonst
vergeetachtig vergesslich
vergeet-mij-niet Vergissmeinnicht
    o
vergelding Vergeltung v
vergelijk Vergleich m
vergelijken vergleichen
vergelijking Vergleichung v; (wisk)
    Gleichung v
vergemakkelijken erleichtern
vergen fordern, verlangen
vergenoegd vergnügt, munter
vergenoegen *zich ~*, sich
    begnügen
vergetelheid Vergessenheit v
vergeten vergessen
vergeven vergeben, verzeihen;
    vergiften
vergewissen vergewissern
vergezellen begleiten
vergezicht Aussicht v
vergieten vergießen
vergif Gift o
vergiffenis Verzeihung v
vergiftig giftig
vergiftigen vergiften
vergissen *zich ~*, sich irren
vergissing Irrtum m
vergoeding Vergütung,

Entschädigung v, Ersatz m
vergoelijken bemänteln
vergrijp Vergehen o; Verstoß m
vergrijzing Überalterung v
vergrootglas Vergrößerungsglas o
vergroten vergrößern
vergroting Vergrößerung v
verguld vergoldet; ~ op snee, mit
  Goldschnitt
vergunning Genehmigung v,
  Erlaubnis; Schankkonzession v
verhaal Erzählung, Geschichte;
  (vergoeding) Ersatzanspruch m
verhandelen verhandeln
verhandeling Abhandlung v
verhard verhärtet, (weg) befestigt,
verharden verhärten, hart machen
  (werden)
verheerlijking Verherrlichung,
  Verklärung v
verheffen erheben
verhelderen verdeutlichen, klären;
  (weer) sich aufheitern
verhelpen beheben
verhemelte Gaumen m
verheugd froh, erfreut
verheugen: zich ~, sich freuen
verheven erhaben; (stijl) gehoben
verhindering Verhinderung,
  Abhaltung v
verhitting Erhitzung v
verhoeden verhüten
verhogen erhöhen, steigern
verholen verhohlen, verborgen
verhoor Verhör o, Vernehmung v
verhoren vernehmen; erhören
verhouding Verhältnis o
verhuisbiljet An-, Abmeldeschein
  m
verhuiskosten Umzugskosten mv
verhuiswagen Möbelwagen m
verhuizen umziehen; übersiedeln
verhuizing Umzug m;
  Übersiedelung v
verhuren vermieten
verifiëren (nach)prüfen
verijdelen vereiteln
vering Federung v
verjaard verjährt, überjährig
verjaardag Geburtstag m
verjaardag Geburtstag m
verjagen verjagen, verscheuchen
verjaren verjähren; Geburtstag
  haben
verjongen verjüngen
verkavelen parzellieren
verkeer Verkehr; Umgang m; met
  huiselijk ~, mit
  Familienanschluss
verkeerd falsch, verkehrt
verkeersagent Verkehrspolizist, -
  Schutzmann m
verkeersbord Verkehrsschild o
verkeerslicht Verkehrsampel v

verkeersongeval Verkehrsunfall v
verkeersstremming
  Verkehrsstockung v
verkeersweg Verkehrsweg m
verkennen aufklären, erkunden
verkering Umgang m, Liebschaft v
verkieslijk wünschenswert
verkiezing Wahl v
verklaarbaar erklärlich
verklappen verraten
verklaren erklären; auslegen;
  (schriftelijk) bescheinigen;
  (getuigen) aussagen
verkleden verkleiden; zich ~, sich
  umziehen
verkleinwoord Verkleinerungswort
  o
verkleumd erstarrt
verkleuren die Farbe verlieren,
  verschießen
verklikker Angeber, Zuträger;
  Spitzel m
verknocht zugetan, verbunden
verknoeien verpfuschen
verkoelen abkühlen; erkalten
verkondigen verkündigen
verkoop Verkauf m
verkoopbaar gängig
verkoopkantoor Verkaufsstelle v
verkopen verkaufen
verkoper Verkäufer m
verkoping Auktion, Versteigerung v
verkorten verkürzen, abkürzen;
  schmälern
verkouden erkältet
verkoudheid Erkältung v
verkrachting Vergewaltigung v
verkreukelen zerknittern
verkrijgbaar erhältlich, zu haben
verkrijgen erwerben, erlangen
verkwijnen verkümmern
verkwikken erquicken
verkwisten vergeuden,
  verschwenden
verkwisting Verschwendung v
verlagen niedriger machen; (prijs)
  herabsetzen, ermäßigen
verlamd gelähmt
verlamming Lähmung v
verlangen ww verlangen, sich
  sehnen; zn Verlangen o;
  Sehnsucht v
verlanglijstje Wunschzettel m
verlaten verlassen
verleden bn vergangen, vorig; zn
  Vergangenheit v
verlegen verlegen, schüchtern
verleidelijk verführerisch
verleiden verleiten, verführen
verlenen gewähren, erteilen;
  verleihen
verlengen verlängern
verleppen verwelken
verlicht aufgeklärt

verlichten (met lampen) be-,
  erleuchten; (minder zwaar)
  erleichtern; (verzachten) lindern
verlichting Erleichterung;
  Linderung; (straat enz.)
  Beleuchtung; (geestelijk)
  Aufklärung v
verliefd verliebt; ~ worden op, sich
  verlieben in (+4)
verlies Verlust m
verliezen verlieren
verlof Urlaub m; Erlaubnis v
verlofganger Urlauber m
verlokkelijk reizend, verführerisch
verlokken verlocken, -führen
verloochenen verleugnen
verloofde Verlobte(r) m-v, Braut v,
  Bräutigam m
verloop Verlauf; Hergang;
  Rückgang m
verlopen (verouderd) abgelaufen
verloren verloren; ~ voorwerpen
  Fundsache(n) v
verloskundige Geburtshelfer(in);
  Hebamms v
verlossen befreien, erlösen
verlosser Befreier, Retter; V~
  Erlöser, Heiland m
verlossing Erlösung; Niederkunft,
  Entbindung v
verloten ver-, auslosen
verloven verloben
verlustigen: zich ~, (sich)
  belustigen mit; sich ergötzen an
vermaak Vergnügen o; Freude v
vermaard berühmt; namhaft
vermagering Abmagerung v
vermageringskuur Entfettungskur
  v
vermakelijk ergötzlich; amüsant
vermakelijkheid Egötzlichkeit;
  Lustbarkeit v
vermaken (anders maken) ver-,
  umändern; (erfenis) vermachen;
  zich ~, sich amüsieren
vermanen ermahnen
vermannen: zich ~, sich aufraffen
vermeend vermeintlich
vermeerderen vermehren,
  steigern; zunehmen
vermelden erwähnen
vermengen vermischen,
  vermengen
vermenigvuldigen vervielfältigen;
  (rekenen) multiplizieren
vermenigvuldiging Vervielfältigung
  v; (rekenen) Multiplikation v
vermicelli Nudeln, Fadennudeln mv
vermijden vermeiden
verminderen abnehmen;
  verringern, geringer werden;
  nachlassen; ermäßigen
verminkt verstümmelt
vermissing Vermissen o

vermist (v. persoon) abgängig
vermoedelijk vermutlich, mutmaßlich
vermoeden ww vermuten, mutmaßen; o Vermutung v
vermoeid ermüdet
vermoeienis Ermüdung; Strapaze v, Anstrengung v
vermogen zn Vermögen o, Kraft v, ww vermögen
vermogend vermögend, begütert
vermolmen verfaulen, vermorschen
vermommen vermummen
vermoorden ermorden
vermorzelen zerschmettern, zermalmen
vermout Wermut m
vermurwen erweichen
vernauwen verengen, enger machen (werden)
vernederen erniedrigen, demütigen
vernemen vernemen, erfahren
vernielen zerstören
vernietigen vernichten; (vonnis) aufheben
vernieuwen erneuern
vernis Firnis m; fig Anstrich m
vernuft Geist m
vernuftig sinnreich; erfinderisch; ingeniös
veronachtzamen vernachlässigen
veronderstelling Voraussetzung, Annahme v
verongelukken verunglücken
verontreinigen verunreinigen
verontrusten beunruhigen
verontschuldiging Entschuldigung v
verontwaardigd entrüstet, empört
verontwaardiging Entrüstung v
veroordelen verurteilen
veroordeling Verurteilung v; voorwaardelijke ~, Strafaufschub m
veroorloven erlauben, gestatten
veroorzaken verursachen
verordening Verordnung, Anordnung, Vorschrift v
verouderd veraltet; (mensen) gealtert
veroveren erobern
verpakking Verpackung v
verpanden verpfänden; (lommerd) versetzen
verpersoonlijken verkörpern
verpesten verpesten, verseuchen
verplaatsen versetzen, verlegen
verpleegster Krankenschwester v
verplegen pflegen
verpleging Pflege v
verpletteren zerschmettern, zerschellen
verplicht verpflichtet,

obligatorisch; genötigt; zeer ~, sehr verbunden
verplichten verpflichten; nötigen; vergattern
verplichting Verpflichtung, Verbindlichkeit v
verpotten umtopfen
verraad Verrat m
verraden verraten
verrader Verräter m
verraderlijk verräterisch
verrassing Überraschung v
verregaand maß-, bodenlos
verrekijker Fernrohr, Fernglas o
verrekken verrenken
verrekt bn verdammt
verreweg bei weitem, weitaus
verrichten verrichten, besorgen, leisten
verrijken bereichern
verroesten verrosten
verrotten verfaulen, verwesen
verrotting Fäulnis, Verwesung v
verruilen umtauschen, vertauschen, verwechseln
verrukkelijk entzückend, reizend
vers Vers m; Gedicht o
vers bn frisch
verschaald schal
verschaffen verschanen, besorgen
verschalken überlisten, hintergehen
verschansing Verschanzung v
verscheiden mehrere
verscheidenheid Mannigfaltigkeit; Verschiedenheit v
verschepen verschiffen
verscheuren zerreißen, -fetzen
verschiet Ferne, Perspektive; Aussicht v
verschieten sich verfärben
verschijnen erscheinen; fällig sein
verschijnsel Erscheinung v, Phänomen o
verschil Unterschied m
verschillend verschieden, unterschiedlich
verschonen entschuldigen; zich ~, reine Wäsche anziehen
verschrikkelijk schrecklich, furchtbar
verschrikken erschrecken
verschrikking Schrecken m
verschroeien versengen
verschrompelen zusammenschrumpfen
verschuilen verstecken, verbergen, verheimlichen
verschuiven verschieben
verschuldigd schuldig
versieren schmücken; (meisje) verführen
versiering Schmuck m, Ausschmückung v

verslaafd ergeben
verslaan schlagen; erschlagen
verslag Bericht m
verslagen bestürzt, niedergeschlagen, zerschlagen
verslaggever Berichterstatter m
verslapen zich ~, sich verschlafen
verslapping Erschlaffung v
versleten abgenutzt, abgetragen; verschlissen
verslikken zich ~, sich verschlucken
verslinden verschlingen
versmachten verschmachten
versmaden verschmähen
versmelten verschmelzen, umschmelzen; zerfließen
versnapering Leckerbissen m
versnellen beschleunigen
versnelling Beschleunigung; (fiets) Übersetzung v; (auto) Getriebe o, Gangschaltung v
versnellingsbak Wechselgetriebe o
versnellingshandel Schaltknüppel m
versnellingskabel Gangschaltungsleitung v
versnipperen zersplittern, verzetteln
verspelen verspielen, -scherzen
versperren sperren; verlegen
versperring Sperre v
verspieder Späher, Spion m
verspillen vergeuden, verschwenden, verzetteln
versplinteren zersplittern
verspreiden verbreiten; zerstreuen
verspreken zich ~, sich versprechen
vérspringen weitspringen
verstaan verstehen
verstaanbaar verständlich, deutlich
verstand Verstand m, Vernunft v
verstandhouding Einvernehmen o
verstandig verständig, gescheit, klug; vernünftig
versteend versteinert
verstek bij ~, in Abwesenheit
verstekeling Schwarzfahrer m
versteld bestürzt, verdutzt
verstellen flicken, ausbessern
verstenen Versteinerung v
versterken verstärken; befestigen; kräftigen
versterker Verstärker m
verstijfd erstarrt, steif
verstikken (er)sticken
verstoken bn entblößt, beraubt
verstokt verstockt; eingefleischt
verstommen verstummen
verstoord verstimmt, entrüstet, aufgebracht
verstoppen (dicht doen raken) verstopfen; (verbergen)

239

verstecken
verstopping Verstopfung v
verstoren stören
verstoteling Verstoßene(r) m-v
verstoten verstoßen
verstouten: zich ~, sich erkühnen, sich unterstehen
verstrekken verschaffen, verabreichen; (inlichting) erteilen
verstrijken verstreichen, ablaufen
verstrooid zerstreut, geistesabwesend, verträumt
verstrooiing Zerstreuung v
verstuiken verstauchen
verstuiver Zerstäuber m
versturen versenden
versuft stumpfsinnig
vertakking Verzweigung v
vertalen übersetzen
vertaler Übersetzer m
vertaling Übersetzung v
verte Ferne v
vertederen erweichen
vertedering Erweichung v Rührung v
verteerbaar verdaulich
vertegenwoordigen vertreten
vertegenwoordiger Vertreter m
vertegenwoordiging Vertretung v; evenredige ~, Proportionalvertretung
vertellen erzählen
vertelling Erzählung v
verteren verzehren; verdauen; verwesen, vermodern
vertering Verdauung v; (gelag) Zeche v; (uitgaven) Aufwand m
verticaal vertikal; senkrecht
vertier Verkehr, Betrieb m; reges Leben o; Unterhaltung v
vertikken nicht tun wollen
vertolken verdolmetschen; (rol) darstellen; (muziek) interpretieren
vertolking Interpretation, Darstellung v; Ausdruck m
vertoning Vorzeigung; (toneel) Aufführung v
vertoon Vorzeigung v; (pronk) Aufwand, Prunk m
vertoornd erzürnt
vertraging Verzögerung v; (trein) Verspätung v
vertrek (kamer) Gemach, Zimmer o, (afreis) Abreise, Abfahrt v
vertrekken verziehen, verzerren; (afreizen) abreisen, abfahren
vertroetelen verhätscheln
vertrokken abgefahren
vertroosten trösten
vertrouwd vertraut; zuverlässig
vertrouwelijk vertraulich
vertrouweling Vertraute(r) m-v
vertrouwen ww trauen (+3); zn

Vertrauen, Zutrauen o, Zuversicht v
vertwijfeling Verzweiflung v
veruit weitaus, bei weitem
vervaard furchtsam, ängstlich
vervaardigen an-, verfertigen, herstellen
vervaarlijk entsetzlich
verval Verfall, Ruin m; in ~, im Niedergang begriffen, in Verfall; (rivier) Gefälle o
vervaldag Fälligkeitstag m
vervallen ww verfallen; herunterkommen; (uitvallen) wegfallen, in Wegfall kommen; bn abgelebt; heruntergekommen, verkommen; baufällig
vervalsen fälschen, frisieren
vervangen ersetzen; vertreten; austauschen
vervelen langweilen
vervelend langweilig; (onaangenaam) unagenehm, dumm
verveling Langeweile v
vervellen sich häuten
verven (met de kwast) anstreichen; (stoffen) färben färben
verversen erfrischen, erneuern; olie ~, Öl wechseln
verversing Erfrischung v
vervliegen verdunsten, verfliegen
vervloeken verfluchen
vervoeging Konjugation v
vervoer Beförderung v, Transport m
vervoeren befördern, transportieren
vervoering Verzückung v
vervoermiddel Transportmittel o
vervolg Fortsetzung v
vervolgcursus Fortbildungskurs(us) m
vervolgen verfolgen, nachsetzen (+3); fortsetzen
vervolgens darauf; sodann, nachher
vervolging Verfolgung v
vervolmaken vervollkommnen
vervreemden veräußern; sich entfremden
vervroegen verfrühen
vervuild verdreckt
vervullen erfüllen; (betrekking) bekleiden
verwaand eingebildet
verwaardigen würdigen (+2); zich ~, sich herablassen
verwaarlozen verwahrlosen, vernachlässigen
verwachten erwarten
verwachting Erwartung v; in ~ zijn ein Baby erwarten, schwanger sein

verwant verwandt
verwantschap Verwandtschaft v
verward verwirrt, verworren
verwarmen erwärmen, heizen
verwarming Erwärmung; Heizung v; centrale ~, Zentralheizung
verwarren verwirren; verwechseln
verweer Verteidigung, Verteidigungsschrift v
verweking Erweichung v
verwekken erzeugen; erregen
verwelken verwelken
verwelkomen bewillkommnen
verwennen verwöhnen, verziehen
verwensing Verwünschung v
verweren verwittern; zich ~, sich wehren
verwerken verarbeiten
verwerpelijk verwerflich
verwerven erwerben
verwezenlijken verwirklichen
verwijden erweitern; (kleren) aufweiten
verwijderen entfernen, fortschaffen
verwijdering Entfernung; Entfremdung v
verwijfd verweichlicht
verwijt Vorwurf v
verwijten vorwerfen
verwijzen erweisen
verwijzing Verweisung v, Hinweis m; onder ~ naar, unter Hinweis (Bezugnahme) auf(+4)
verwikkeling Verwicklung v
verwilderd verwildert; verstört
verwisselen verwechseln; umtauschen, auswechseln
verwittigen benachrichtigen
verwoed wütend
verwoesten zerstören, verheeren
verwonden verwunden, verletzen
verwondering Verwunderung v, Erstaunen o
verwonderlijk erstaunlich, sonderbar
verwrongen verzerrt, verdreht
verzachten mildern; (pijn) lindern; ~de omstandigheden, Milderungsgründe mv
verzadigen sättigen
verzaken verleugnen; (plicht) vernachlässigen
verzakken einsinken, sich senken
verzakking Einsinken o; Senkung v
verzamelen sammeln
verzameling Sammlung v
verzanden versanden
verzegelen versiegeln
verzekerd versichert
verzekeren versichern
verzekering Versicherung; Assekuranz v
verzekeringsmaatschappij

Versicherungsgesellschaft v

verzenden versenden, absenden

verzending Versendung, Beförderung v; Versand m

verzengen versengen

verzet Widerstand; (recht) Einspruch m; (ontspanning) Zerstreuung v —

verzetje Erholung, Zerstreuung v

verzetsbeweging Widerstandsbewegung v

verzetten versetzen; verlegen; verschieben; zich ~, sich widersetzen (+3), sich auflehnen (gegen)

vérziend weitsichtig

verzilveren versilbern; een cheque ~, einen Scheck einlösen

verzinnen ersinnen, erdenken

verzinsel Erfindung, Erdichtung v

verzoek Bitte v; (officieel) Gesuch o, Ersuchen o

verzoeken bitten; ersuchen; (uitnodigen) einladen

verzoekschrift Bittschrift v

verzoenen ver-, aussöhnen

verzorgen versorgen, betreuen, pflegen

verzorging Versorgung, Pflege v

verzorgingsflat Seniorenwohnheim o

verzot erpicht, versessen

verzuchting Stoßseufzer m

verzuim Versäumnis, Unterlassung v

verzuimen versäumen, verpassen

verzuren sauer werden (machen)

verzwakken schwächen; schwach werden; (fotogr) abschwächen

verzwakking Schwächung v

verzwaren erschweren

verzwelgen verschlingen

verzwijgen verschweigen

verzwikken verrenken

vest Weste v

vestiaire Kleiderablage, Garderobe v

vestibule Flur m, Vestibül o

vestigen gründen, errichten; zich ~, sich niederlassen; de aandacht ~ op, die Aufmerksamkeit lenken auf (+4)

vestiging Gründung, Errichtung v; plaats van ~, Wohnsitz, Sitz m

vesting Festung v

vestzak Westentasche v

vet zn Fett; Schmalz o; bn fett; (dik) feist

vetarm fettarm

vete Fehde, Feindschaft v

veter Schnürsenkel m

vetmesten mästen

vetvlek Fettflecken m

veulen Füllen, Fohlen o

vezel Faser v

vezelig faserig

vgl. (vergelijk) vergleiche, vgl.

via über

viaduct Viadukt m, Überführung v, Unterführung v

video Video o

videoband Videoband o

videocamera Videokamera v

videocassette Videokassette v

videorecorder Videorekorder m

videotheek Videothek v

vier vier

vierde telw vierte; zn Viertel o; ten ~, viertens

vierdeursauto Viertürer m

vieren (touw) fieren; (feest) feiern, begehen

vierhoek Viereck o

viering Feier v

vierkant zn Quadrat o; bn quadratisch, Quadrat

vierpersoons viersitzig

viervoeter Vierfüßler m

viervoetig vierfüßig; ~ dier, Vierfüßler m

vies schmutzig; dreckig; (kieskeurig) wählerisch; (obsceen) unflätig

viewer Diabetrachter m

viezerik Schmutzfink m

vijand Feind

vijandelijk feindlich

vijandig feindselig

vijandschap Feindschaft v

vijf fünf

vijfde telw fünfte; zn Fünftel o

vijftien fünfzehn

vijftig fünfzig

vijg Feige v

vijl Feile v

vijlen feilen; abfeilen

vijver Teich, Weiher m

vijzel Mörser m; Flaschenwinde v

villa Villa v

villapark Villenpark m

villen häuten, schinden

vilt Filz m

vilten Filz-

viltstift Filzstift m

vin Flosse v

vinden (aantreffen) finden; (menen) meinen

vinder Finder m

vinding Erfindung v

vindingrijk erfinderisch

vinger Finger m

vingerdoekje Fingertuch o

vingerhoed Fingerhut m

vingerkom Fingerglas o

vingertop Fingerkuppe v, -spitze v

vingerwijzing Fingerzeig m

vink Fink m

vinnig bissig, spitzig

violet violett, lila

violier Levkoje v

violoncel Violoncell, Cello o

viool Geige, Violine v

violspeler Geiger, Violinist

viooltje Veilchen; (driekleurig) Stiefmütterchen o

virtuoos Virtuose m

virus Virus m

vis Fisch m

visgraat Fischgräte v

visie (Durch)sicht v; Schau v

visioen Vision v, Gesicht o

visite Besuch m

visitekaartje Visitenkarte v

visiteren visitieren

vissen fischen; (hengelen) angeln

visser Fischer m

visserij Fischerei v

visum Visum o

visvangst Fischfang m

visvergunning Angelschein m

visvrouw Fischhändlerin v

viswater Fischwasser o

viswinkel Fischgeschäft o

vitaal vital; (bedrijf) lebenswichtig

vitamine Vitamine o

vitrage Tüllgardine v

vitrine Vitrine v

vitten bekritteln

vitzucht Tadelsucht v

vizier Visier

vizierkorrel Visierkorn o

vla Vla, Pudding m

vlaag Windstoß, Schauer m; (woede, koorts) Anfall m

Vlaams flämisch

Vlaanderen Flandern o

vlag Flagge v

vlak bn flach, eben, gerade; bijw: ~ aan, nahe, hart an; ~ na, unmittelbar nach; zn Fläche, Ebene v; hellend ~, schiefe Ebene

vlakte Ebene v

vlam Flamme v

Vlaming Flame m

vlas Flachs m

vlecht Flechte v, Zopf m

vlechten flechten

vleermuis Fledermaus v

vlees Fleisch o

vleeswaren Fleischwaren mv

vleet: bij de ~, in Hülle und Fülle

vlegel Flegel, Grobian m

vleien schmeicheln (+3)

vleiend schmeichelhaft, schmeichlerisch

vleier Schmeichler

vlek Fleck(en), Klecks m

vlekkeloos makellos

vlekkenwater Fleckwasser o

vlerk (v. vogel) Flügel m; (vlegel) Flegel m

vleselijk fleischlich, sinnlich
vlet Jolle *v*
vleugel Flügel *m*
vleugelmoer Flügelmutter *v*
vlezig fleischig
vlieg Fliege *v*
vliegangst Flugangst *v*
vliegbrevet Piloten-, Flugführerschein *m*
vliegen fliegen
vlieger (speelgoed) Drachen *m*; (piloot) Flieger, Pilot *m*
vliegtuig Flugzeug *o*
vliegtuigbasis Luftbasis *v*
vliegveld Flughafen *m*
vliegwiel Schwungrad *o*
vlier Holunder *m*
vliering Dachboden *m*
vlies Haut *v*, Häutchen *o*
vlijen schmiegen; ordnen
vlijmscherp haarscharf
vlijt Fleiß *m*
vlijtig fleißig, emsig
vlinder Schmetterling, Falter *m*
vlo Floh *m*
vloed Flut *v*; Strom; Fluss *m*
vloeibaar flüssig
vloeien fließen; rinnen
vloeiend fließend, geläufig
vloeipapier Löschpapier *o*
vloeistof Flüssigkeit *v*
vloeitjes Zigarettenpapier *o*
vloek Fluch *m*
vloeken fluchen
vloer Fußboden *m*
vloerbedekking Bodenbelag *m*
vloerkleed Teppich *m*
vlok Flocke *v*
vlooienmarkt Flohmarkt *m*
vloot Flotte *v*
vlot *bn* flott; fließend; gängig; zügig; *het gaat* ~, es geht gut von statten; *zn* Floß *o*
vlotheid Schneid *m*
vlotter Schwimmer *m*
vlucht (met vliegtuig) Flug; (het vluchten) Flucht *v*
vluchteling Flüchtling *m*
vluchten fliehen
vluchtheuvel Verkehrsinsel *v*
vluchtig flüchtig
vluchtnummer Flugnummer *v*
vluchtstrook Standspur *v*, Seitenstreifen *m*
vlug schnell; geschwind, hurtig; munter
vlugheid Geschwindigkeit *v*
vocht Feuchtigkeit, Flüssigkeit; Nässe *v*
vochtig feucht
vod Lumpen, Fetzen *m*
voeden nähren, ernähren
voederen füttern
voeding Ernährung, Nahrung *v*

voedsel Nahrung *v*
voedselvergiftiging Lebensmittelvergiftung *v*
voedzaam nahrhaft
voeg Fuge *v*
voegen fügen; schicken, passen
voegwoord Bindewort *o*, Konjunktion *v*
voelbaar fühlbar; *fig* handgreiflich
voelen fühlen
voelhoorn Fühlhorn *o*
voeling Fühlung *v*
voer Futter *o*
voeren (leiden) führen, leiten; (met voer, voering) füttern
voering Futter *o*; (v. rem) Belag *m*
voerman Fuhrmann *m*
voertuig Fuhrwerk *o*
voet Fuß *m*
voetbal Fußball *o*, (de bal) *m*
voetballen Fußball spielen
voetballer Fußballspieler *m*
voetbank Fußbank *v*, Fußschemel *m*
voetganger Fußgänger *m*
voetlicht Rampe *v*, Rampenlicht *o*
voetpad Fußweg *m*
voetrem Fußbremse *v*
voetschrapper Abkratzeisen *o*
voetstap Schritt *m*; Fußstapfe *v*
voetstuk Sockel *m*
voettocht Fußwanderung *v*
vogel Vogel *m*
vogelkooi Vogelkäfig, Bauer *m*
vogelverschrikker Vogelscheuche *v*
vogelvlucht Vogelflug *m*; *in* ~, aus der Vogelschau
vogelvrij vogelfrei; geächtet
voile Schleier *m*
vol voll
volbloed Vollblut *o*
volbrengen vollbringen; erledigen
voldaan bezahlt; zufrieden; (op rekening) Betrag erhalten
voldoende genügend
voldoening Genugtuung; Bezahlung *v*
voldongen vollendet
volgeling Anhänger; Jünger
volgen folgen
volgende nächste
volgens zufolge, laut, nach; ~ afspraak, wie verabredet
volgorde Reihenfolge *v*
volgzaam folgsam
volharden beharren, ausharren
volharding Ausdauer *v*, Beharren *o*
volhouden aushalten; durchhalten
volk Volk *o*, Nation *v*
volkenrecht Völkerrecht *o*
volkomen vollkommen; völlig, vollständig
volkorenbrood Vollkornbrot *o*
volksfeest Volksfest, Nationalfest *o*

volkslied (traditioneel lied) Volkslied *o*; (nationaal lied) Nationalhymne *v*
volksstam Volksstamm *m*, Völkerschaft *v*
volksvertegenwoordiger Volksvertreter *m*
volledig vollständig, völlig
volleerd ausgelernt
volley Flugschlag *m*
volleybal Volleyball *o*
volmaakt vollkommen, vollendet
volmacht Vollmacht *v*
volmondig aufrichtig, offenherzig
volop vollauf, reichlich
volpension Vollpension *v*
volslagen völlig
volstrekt durchaus, unbedingt
voltage Spannung *v*
voltallig vollzählig
voltooien vollenden
voltrekken vollstrecken, vollziehen
voluit ganz, vollständig
volume Volumen *o*
volwassen erwachsen
volwassene Erwachsene(r) *m*
volzin Satz *m*
vondeling Finding *m*; Findelkind *o*
vondst Fund *m*
vonk Funke *m*
vonnis Urteil *o*, Urteilsspruch *m*
voogd Vormund *m*
voogdes Vormünderin *v*
voogdij Vormundschaft *v*
voor *vz* (plaats, tijd) vor; (ten behoeve van) für; (voegw) ehe; Furche *v*
vooraan vorn(e)
vooraf vorher, zuvor
voorafgaand vorhergehend, vorherig
vooral vor allem, besonders
voorarrest Untersuchungshaft *v*
voorbaat: *bij* ~, im voraus
voorbarig voreilig, vorschnell
voorbedacht vorsätzlich; *met* ~*en rade*, mit Vorbedacht
voorbeeld Vorbild, Beispiel, Muster *o*
voorbeeldig musterhaft
voorbehoedmiddel Präventivmittel, Empfängnisverhütungsmittel *o*
voorbehoud Vorbehalt *m*; *onder* ~, vorbehaltlich (+2)
voorbereiden vorbereiten
voorbeschikking Prädestination, Gnadenwahl *v*
voorbij vorüber, vorbei
voorbijgaan vorbei-, vorübergehen
voorbijganger Vorübergehende(r) *m-v*
voordat ehe, bevor
voordeel Vorteil, Nutzen *m*
voordelig vorteilhaft, einträglich,

zuträglich
voordeur Haustür v
voordoen vortun, vormachen; vorbinden; zich ~, sich geben; sich benehmen
voordracht Vortrag m; Vorschlagsliste v
voordringen sich vordränge(l)n
voorfilm Vorfilm m
voorgaan vorangehen; vorgehen
voorganger Vorgänger m
voorgebergte Vorgebirge o
voorgerecht Vorspeise v
voorgevel Fassade v
voorgeven vorgeben, -wenden
voorgevoel Ahnung v
voorgoed definitiv; endgültig
voorgrond Vordergrund m
voorhanden vorhanden, vorrätig
voorheen ehemals, sonst
voorhistorisch vorgeschichtlich
voorhoede Vorhut v
voorhoedespeler Stürmer m
voorhoofd Stirn v
voorin vorn, vorne
vooringenomen voreingenommen
voorjaar Frühjahr o, Frühling m
voorkamer Vorderzimmer o
voorkant Vorderseite v
voorkennis Vorwissen o
voorkeur Vorzug m; de ~ geven, vorziehen (+4); bij ~, vorzugsweise
'voorkomen ww vorkommen, (voor het gerecht) erscheinen; zn Vorkommen o; Äußere o
voor'komen ww zuvorkommen (+3); verhindern, vorbeugen (+3)
voor'komend zuvorkommend
voorlaatst vorletzt
voorletter Anfangsbuchstabe m des Vornamens
voorlezen vorlesen
voorlichting Aufklärung, Belehrung v; ~ bij beroepskeuze, Berufsberatung v
voorliefde Vorliebe v
voorloper Vorläufer m
voorlopig bn vorläufig, einstweilig, provisorisch; bijw einstweilen
voormalig ehemalig, früher
voormiddag Vormittag m
voornaam Vorname m; bn (deftig) vornehm
voornaamwoord Fürwort o
voornamelijk namentlich, hauptsächlich
voornemen: ww zich ~, sich vornehmen, planen; zn Vorhaben o, Absicht v
voornoemd oben erwähnt
vooroordeel Vorurteil o
voorop vorn
voorouders Vorfahren mv

voorover vornüber
voorpoot Vorderfuß m
voorpost Vorposten m
voorproef (Vor)probe v
voorprogramma Beiprogramm o
voorraad Vorrat, Bestand m; in ~, vorrätig, auf Lager
voorrang Vorrang; (in verkeer) Vorfahrt v
voorrangsbord Vorfahrtwarnzeichen o
voorrangsweg Vorfahrtsstraße v
voorrecht Vorrecht, Privilegium o
voorrede Vorrede v, Vorwort o
voorruit Windschutzscheibe v
voorschieten vorschießen, auslegen
voorschijn: te ~ komen, zum Vorschein (zutage) kommen
voorschoot Schürze v
voorschot Vorschuss m
voorschotbank Darlehnskasse v
voorschrift Vorschrift v
voorschrijven vorschreiben
voorseizoen Vorsaison v
voorsorteren einordnen
voorspel Vorspiel o
voorspellen vorhersagen, weissagen, prophezeien
voorspelling Vorhersagung, Weissagung v
voorspiegelen vorspiegeln
voorspoed Glück o, Wohlfahrt v
voorspoedig glücklich
voorsprong Vorsprung m
voorstad Vorort m
voorstander Verfechter, Vorkämpfer m
voorste vorderste
voorstel Vorschlag, Antrag m; (v. wagen) Vordergestell o
voorstellen (iem.) vorstellen, bekanntmachen; (iets) vorschlagen, beantragen; (uitbeelden) darstellen
voorstelling Vorstellung; Darstellung v
voorsteven Vordersteven m
voortaan künftig, fortan, hinfort
voortbrengen hervorbringen, erzeugen
voortbrengsel Erzeugnis o
voortdurend fortwährend, andauernd
voorteken Vorzeichen o
voortgaan fortfahren
voortgang Fortgang m
voortmaken sich beeilen
voortplanten fortpflanzen
voortreffelijk vortrefflich, trefflich, vorzüglich
voortrekken vorziehen
voorts ferner, weiter
voortvarend energisch

voortvloeien fortfließen; fig hervorgehen, sich ergeben
voortvluchtig landesflüchtig
voortzetting Fortsetzung v
vooruit vorher, voraus
vooruitbetaling Vorauszahlung v
vooruitgang Fortschritt m; Besserung v
vooruitlopen (den Ereignissen) vorgreifen
vooruitzicht Aussicht, Erwartung v
voorvaderen Vorfahren mv
voorval Vorfall m, Ereignis o
voorverkoop Vorverkauf m
voorvoegsel Vorsilbe v
voorvork (fiets) Vorderradgabel v
voorwaar fürwahr, freilich
voorwaarde Bedingung v
voorwaardelijk bedingungsweise; bedingt
voorwaarts vorwärts
voorwagen Protze v
voorwendsel Vorwand m
voorwereldlijk vorweltlich
voorwerp Gegenstand m; (gram) Objekt o
voorwiel Vorderrad o
voorzeker sicher(lich), gewiss
voorzetsel Präposition v, Verhältniswort o
voorzichtig vorsichtig; ~! Vorsicht!
voorzichtigheid Vorsicht v
voorzien voraus-, vorhersehen; ~ van, versehen mit; het op iem. ~ hebben, es auf einen abgesehen haben
voorzijde Vorderseite v
voorzitter Vorsitzende(r) m-v, Präsident m
voorzorg Vorsorge, Vorsicht; Fürsorge v
voorzorgsmaatregel Vorsichtsmaßnahme, Vorkehrung v
voorzover (in)sofern, (in)soweit
voos mürbe, schwammig, faul
vorderen (fietsen e.d.) fordern; (vereisen) erfordern; (vooruitkomen) Fortschritte machen, vorwärts gehen
vordering Forderung v; Fortschritt m
vorenstaand vorstehend, obig
vorig vorig, vorhergehend; ~e maand, Vormonat m
vork Gabel v
vorkheftruck Gabelstapler m
vorm Form v
vormelijk förmlich
vormen bilden, formen
vorming Bildung v
vorst (heerser) Fürst; (kou) Frost m
vorstelijk fürstlich
vorstin Fürstin v

vos Fuchs *m*
vouw Falte *v*
vouwen falten
vouwstoel Klappstuhl *m*
vraag Frage; Bitte *v*
vraagstuk Aufgabe *v*, Problem *o*
vraagteken Fragezeichen *o*
vraatzucht Fressgier *v*,
   Gefräßigkeit *v*
vraatzuchtig gefräßig
vracht Fracht; Ladung *v*
vrachtauto LKW (Lastkraftwagen
   m) , Laster *m*
vrachtboot Frachter *m*
vrachtbrief Frachtbrief *m*
vrachtvrij portofrei, franko
vragen (om te weten) fragen
   (nach); (om te krijgen) bitten
   (um); (uitnodigen) einladen
vragenlijst Fragebogen *m*
vrede Friede *m*
vredelievend friedfertig
vredesconferentie
   Friedenskonferenz *v*
vredesverdrag Friedensvertrag *m*
vredig friedlich
vreemd fremd, seltsam
vreemdeling (der, die) Fremde,
   Ausländer *m*
vrees Furcht *v*
vreesachtig furchtsam
vrek Geizhals, Filz *m*
vrekkig geizig, filzig
vreselijk fürchterlich, furchtbar;
   ungeheuer
vreten fressen
vreugde Freude, Wonne *v*
vrezen fürchten, sich fürchten (vor)
vriend Freund *m*
vriendelijk freundlich
vriendin Freundin *v*
vriendschap Freundschaft *v*
vriespunt Gefrierpunkt *m*
vriezen frieren
vrij frei; ~(af) hebben, Urlaub,
   schulfrei haben; ~*e tijd*, Muße,
   Freizeit *v*
vrijblijvend freibleibend
vrijdag Freitag *m*
vrijen mit jemandem schlafen
vrijer Freier, Schatz; *oude ~,* alter
   Junggeselle, Hagestolz *m*
vrijgeleide freies Geleit *o*
vrijgevig freigebig
vrijgezel Junggeselle *m*
vrijhandel Freihandel *m*
vrijheid Freiheit *v*
vrijkaart Freikarte *v*
vrijloop Freilauf *m*
vrijmetselaar Freimaurer *m*
vrijmoedig freimütig
vrijmoedigheid Freimut *m*
vrijpostig keck, frech
vrijspraak Freispruch *m*

vrijstelling Berfreiung *v*
vrijuit freiheraus
vrijwaren schützen (vor)
vrijwel nahezu
vrijwillig freiwillig
vrijwilliger Freiwillige(r) *m-v*
vrijzinnig freisinnig, liberal
vroed weise, klug
vroedschap Magistrat *m*
vroedvrouw Hebamme *v*
vroeg früh
vroeger früher; ehemals, sonst
vroegtijdig frühzeitig
vrolijk fröhlich, munter, lustig
vroom fromm
vroomheid Frömmigkeit *v*
vrouw Frau *v*, Weib *o*; (echtgenote)
   Ehefrau *v*; (kaartspel) Dame *v*
vrouwelijk weiblich
vrouwenarts Frauenarzt *m*
vrouwenhater Weiberfeind *m*
vrouwtje Weibchen *o*
vrucht Frucht *v*
vruchtbaar fruchtbar
vruchteloos fruchtlos, vergebens
vruchtensap Fruchtsaft *m*
vruchtgebruik Nießbrauch *m*,
   Nutznießung *v*
vuil *bn* schmutzig; dreckig; *zn*
   Schmutz, Kot *m*
vuilnis Kehricht *v* & *o*; Müll *m*
vuilnisbak Mülleimer *m*
vuilnisemmer Mülleimer *m*
vuilnisvat Kehrichtfass *o*
vuist Faust *v*
vulkaan Vulkan *m*
vullen füllen; (tand) plombieren
vulling Füllung *v*; (v. kies) Plombe
   v
vulpen Füllfederhalter *m*
vulpotlood Füllbeilstift *m*
vulsel Füllung *v*
vunzig muffig, dumpfig
vuren feuern, schießen
vurenhout Föhrenholz *o*
vurig feurig, inbrünstig
vuur Feuer *o*; Eifer *m*
vuurmond Geschütz *o*
vuurpijl Rakete *v*
vuurproef Feuerprobe *v*
vuurrood feuerrot
vuurspuwend feuerspeiend
vuursteen Feuerstein *m*
vuurtje Feuer *o*
vuurtoren Leuchtturm *m*
vuurvast feuerfest, feuerbeständig
vuurwapen Feuerwaffe *v*
vuurwerk Feuerwerk *o*
VVV-kantoor Fremdenverkehrsbüro
   o

W

WA (wettelijke aansprakelijkheid)

Haftplicht(versicherung) *v*
waaghals Wagehals *m*
waagschaal Waagschale *v*
waagstuk Wagnis *o*
waaien wehen
waaier Fächer *m*
waakhond Ketten-, Hofhund *m*
waakzaam wachsam
Waal Wallone *m*; (rivier) Waal *v*
waan Wahn *m*
waanzin Wahnsinn *m*
waanzinnig wahn-, irrsinnig
waar *bijw, voegw* wo; *bn* wahr,
   wahrhaft; Ware *v*
waaraan woran
waarachtig wahrhaft(ig)
waarbij wobei
waarborg Kaution, Garantie *v*
waarborgen verbürgen,
   garantieren
waarborgsom Kaution,
   Kautionssumme *v*
waard *bn* wert, teuer; (herbergier)
   Gastwirt, Wirt *m*
waarde Wert *m*
waardeloos wertlos
waarderen (taxeren) schätzen,
   taxieren; (op prijs stellen)
   anerkennen, würdigen
waardering Bewertung;
   Anerkennung *v*
waardevol wertvoll
waardig würdig; ~ *keuren*,
   würdigen (+2)
waardigheid Würde *v*
waardoor wodurch
waarheen wohin
waarheid Wahrheit *v*
waarin worin
waarlijk wahrlich
waarmee womit
waarmerk Stempel *m*
waarmerken beglaubigen
waarnemen wahrnehmen;
   (nauwkeurig) beobachten;
   (belangen) vertreten
waarnemend stellvertretend
waarneming Wahrnehmung;
   Beobachtung; Erfüllung,
   Vertretung *v*
waarom warum
waarschijnlijk wahrscheinlich
waarschuwen (bij gevaar) warnen
   (mededelen) benachrichtigen
waarschuwing Warnung *v*
waarvan wovon
waarzeggen wahrsagen
waas Hauch, Duft *m*
wacht Wache *v*; (persoon) Wächter
   m
wachten warten; *zich ~ voor*, sich
   hüten vor (+3)
wachtkamer Wartezimmer *o*
wachtmeester Wachtmeister

wachtwoord Losung, Parole *v*
wad Watt *o*
waden waten
wafel Waffel *v*
wagen Wagen *m*; *ww* wagen, sich getrauen
wagenwijd sperrangelweit
wagenziek reisekrank
waggelen wackeln, wanken
wagon Wagon *m*
wak Wake *v*
waken wachen
waker Wächter *m*
wakker wach, erwacht; munter; (flink) wacker; ~ maken, (auf)wecken; ~ schudden, wachrütteln
wal Wall *m*; *aan* ~ *gaan*, an Land gehen; *aan lager* ~ *geraken*, herunterkommen
walgelijk ekelhaft, widerlich
walgen sich ekeln (vor +3)
walging Ekel *m*
walkman Walkman *m*
walmen qualmen
walnoot Walnuss *v*
walrus Walross *o*
wals (dans) Walzer *m*; (rol) Walze *v*
walsen walzen
walvis Walfisch *m*
wanbeheer Misswirtschaft *v*
wand Wand *v*
wandelaar Spaziergänger *m*
wandelen spazieren (gehen)
wandeling Spaziergang *m*
wandelkaart Wanderkarte *v*
wandelpad Wanderweg *m*
wandelstok Spazierstock *m*
wandeltocht Wanderung *v*
wandluis Wanze *v*
wanen wähnen
wang Wange *v*
wang Backe, Wange *v*
wangedrag schlechte Aufführung *v*
wangunst Missgunst *v*, Neid *m*
wanhoop Verzweiflung *v*
wanhopig verzweifelt, hoffnungslos
wankel kippelig, wack(e)lig; schwach; labil
wankelen wanken, schwanken
wanklank Missklang *m*
wanneer *bijw* wann; *voegw* wenn
wanorde Unordnung, Verwirrung *v*
wanordelijk unordentlich
wansmaak Geschmacklosigkeit *v*
wanstaltig missgestaltet
want *voegw* denn; *zn* Fausthandschuh *m*
wantoestand Miss-, Übelstand *m*
wantrouwen *zn* Misstrauen *o*; *ww* misstrauen (+3)
wanverhouding Missverhältnis *o*
wapen Waffe *v*; (familie~) Wappen *o*

wapenen waffnen, bewaffnen, rüsten
wapenstilstand Waffenstillstand *m*
wapperen flattern, wehen
war Verwirrung *v*; *in de* ~ *zijn* verwirrt sein
warenhuis Warenhaus, Kaufhaus *o*
warenkennis Warenkunde *v*
warhoofd Wirrkopf *m*
warm warm
warmlopen warmlaufen
warmte Wärme *v*
warrig verworren, verwirrt
wars abhold, abgeneigt (+3)
wartaal Unsinn *m*, Geschwätz *o*
was (stof) Wachs *o*; (wasgoed) Wäsche *v*
wasbak Waschbecken *o*
wasecht waschecht
wasem Dampf, Dunst *m*
wasgoed Wäsche *v*
washandje Waschlappen *m*
washandschoen Waschlappen *m*
wasknijper Wäscheklammer *v*
waslijst Waschzettel *m*
wasmachine Waschmaschine *v*
wasmiddel, waspoeder Waschmittel *o*
wassen *ww* waschen; (stijgen) steigen
wasserette Waschsalon *m*
wasserij Wäscherei *v*
wastafel Waschbecken *o*
wastobbe Waschfass *o*
wasverzachter Weichspüler *m*
wasvrouw Wäscherin *v*
wat was
water Wasser *o*
waterdamp Wasserdampf *m*
waterdicht wasserdicht; regenfest
waterglas Wasserglas *o*
watergolf Wasserwelle *v*
waterhoofd Wasserkopf *m*
waterig wässerig
waterkraan Wasserhahn *m*
waterlaars Wasserstiefel *m*
waterleiding Wasserleitung *v*
watermerk Wasserzeichen *o*
watermolen Wassermühle *v*
waterpas *bn* waagerecht
waterpokken Wasserpocken *mv*
waterpomp Wasserpumpe *v*
waterproof wasserdicht
waterput Brunnen *m*
waterreservoir Wasserbehälter *m*
waterski Wasserschi *m*
waterskiën Wasserski laufen
watersnood Wassersnot *v*
watersport Wassersport *m*
waterstaat Wasserbauverwaltung *v*
waterstof Wasserstoff *m*
waterval Wasserfall *o*
watervrees Wasserscheu *v*
waterweg Wasserstraße *v*

watten Watte *v*
wazig neblig, dunstig
wc Toilette *v*
wc-papier Toilettenpapier *o*
we (wij) wir
web Gewebe *o*
wecken einwecken
wedde Gehalt *o*
wedden wetten
weddenschap Wette *v*
weder- zie ook *weer-*
wederdienst Gegendienst *m*
wederdoper Wiedertäufer *m*
wederhelft Ehehälfte *v*
wederkerig gegenseitig
wederom wiederum
wederopbouw Wiederaufbau *m*
wederrechtelijk widerrechtlich, rechtswidrig
wederwaardigheid Erlebnis *o*
wederzijds gegenseitig; beiderseitig
wedijver Wetteifer *m*
wedren Wettrennen *o*
wedstrijd Wettkampf *m*
weduwe Witwe *v*
weduwnaar Witwer *m*
wee Weh *o*; ~*!*, wehe! ach!
weeffout Webefehler *m*
weefgetouw Webstuhl *m*
weefsel Gewebe *o*
weegschaal Waage *v*
week Woche *v*; *bn* weich
weekblad Wochenblatt *o*
weekend Wochenende *o*
weekhartig weichherzig
weeklacht Wehklage *v*
weelde Üppigkeit *v*; Luxus *m*
weelderig luxuriös; üppig
weemoed Wehmut *v*
weemoedig wehmüttig
weer *zn* Wetter *o*, Witterung *v*; *in de* ~ *zijn*, sehr beschäftigt sein; *zich te* ~ *stellen*, sich zur Wehr setzen; *bijw* wieder, zurück
weerbaar wehrhaft, streitbar
weerbarstig widerspenstig
weerbericht Wetterbericht *m*, Wettermeldung *v*
weergalm Widerhall *m*, Echo *o*
weergalmen widerhallen
weergaloos unvergleichlich
weergave Wiedergabe *v*
weerhaak Widerhaken *m*
weerhouden zurückhalten
weerkaatsen reflektieren; *overg* zurückwerfen; *onoverg* zurückprallen, widerhallen; sich spiegeln
weerklank Widerhall; *fig* Anklang *m*
weerklinken widerhallen
weerleggen widerlegen
weerlicht Wetterleuchten *o*

weerloos wehrlos
weerschijn Widerschein, Abglanz m
weersgesteldheid Witterung v
weerslag Widerschlag m
weerspannig widerspenstig; aufsässig
weerstand Widerstand m
weersverwachting Wettervorhersage v
weerwil: in ~ van, trotz (+3)
weerzien Wiedersehen o
weerzin Widerwille, Ekel m
wees Waise v, Waisenkind o
weeshuis Waisenhaus o
weetgierig wissbegierig
weg Weg m; bijw weg, fort; op ~ naar... auf dem Weg nach /zum/ ins...
wegbrengen wegbringen; (auf die Bahn) begleiten
wegdek Fahrbahndecke v
wegen wiegen; fig wägen
wegenkaart Straßenkarte v
wegens wegen
wegenwacht Straßenwacht v
weggaan weggehen
weggeven weggeben, verschenken
weggooien wegwerfen
wegjagen fortjagen; verscheuchen
wegkwijnen dahinsiechen
weglaten weg-, fort-, auslassen
weglopen fortlaufen
wegnemen weg-, fortnehmen
wegomlegging Umleitung v
wegrestaurant Raststätte v
wegruimen forträumen; beseitigen
wegsluipen sich fortschleichen, sich fortstehlen
wegsplitsing Weggabelung v
wegsterven hinsterben; (klank) verklingen
wegvernauwing Engpass m
wegvoeren weg-, abführen
wegwerker Straßenarbeiter m
wegwerpspuitje Einmalkanüle v
wegwijzer Straßenschild o
wei(de) (v. vee) Weide v; (hooi) Wiese v
weiden weiden
weids stattlich, pomphaft, prunkhaft
weifelen wanken, schwanken, unschlüssig sein
weifeling Wankelmut m, Schwanken o
weigeren (etwas) verweigern; sich weigern (etwas zu tun); (verzoek) ablehnen; (geweer) versagen; een ~d antwoord, eine abschlägige Antwort
weigering Weigerung, Verweigerung v
weiland Weideland o; Wiese v

weinig wenig
wekelijks wöchentlich, Wochen-
weken weichen, einweichen
wekken wecken
wekker Wecker m
wel wohl, gut; ~ eens mal
welbehagen Wohlgefallen o
weldaad Wohltat v
weldadig wohltätig; (prettig) wohltuend
weldoener Wohltäter
weldra bald, nächstens
weleer sonst, vor Zeiten, einst
weleerwaard hochehrwürdig
welgedaan behäbig, stattlich
welgelegen schön gelegen
welgemaakt wohlgestalt(et)
welgemoed wohlgemut
welgeschapen gesund, wohlgebildet
welgesteld wohlhabend
welgevallen Wohlgefallen o
welig üppig
weliswaar zwar, freilich
welk welch
welkom willkommen
wellevend höflich, anständig
wellicht vielleicht
welluidend wohllautend, wohlklingend
wellust Wollust; Wonne v
welnemen Erlaubnis v
welnu! wohlan!
welopgevoed wohlerzogen
welp (dier) Junge o; (padvinder) Wölfling m
welslagen Erfolg m, Gelingen o
welsprekend beredt
welstand Wohlstand m
welterusten gute Nacht (schlafen Sie gut!)
welvaart Wohlfahrt v
welvarend gesund, wohlauf
welverzorgd gepflegt
welving Wölbung v
welvoeglijk schicklich, geziemend
welwillend wohlwollend
welzijn Wohl o
wemelen wimmeln
wenden wenden; zich ~ tot sich richten (an)
wending Wendung v, Umschwung m
Wenen Wien m
wenen weinen
wenk Wink m
wenkbrauw Augenbraue v
wenken winken
wennen gewöhnen
wens Wunsch m
wenselijk erwünscht, wünschenswert
wensen wünschen, verlangen
wentelen (sich) wälzen, rollen

wentelteefje armer Ritter m
wenteltrap Wendeltreppe v
wereld Welt v
werelddeel Weltteil m
wereldlijk weltlich
wereldrecord Welthöchstleistung v, Weltrekord m
werelds weltlich
wereldschokkend welterschütternd
weren: zich ~, sich wehren
werf Werft, Werfte v
werk o Arbeit v
werkdag Wochen-, Werkeltag m
werkelijk wirklich, wahrhaft
werkeloos = werkloos
werken arbeiten; (gevolg hebben) wirken
werkgever Arbeitgeber
werkgroep Arbeitsgruppe v; Arbeitsausschuss m
werking Wirkung v
werkkracht Arbeitskraft v
werkkring Wirkungskreis, Beruf v, Stellung v
werkloos (zonder werk) arbeitslos; (nietsdoend) müßig, untätig
werkloosheid Arbeitslosigkeit v
werkloze Arbeitslose(r) m-v
werknemer Arbeitnehmer m
werkplaats Werkstätte v
werkster Scheuer-, Putzfrau v
werktuig Werkzeug, Gerät o
werktuigkunde Mechanik v
werktuigkundige Mechaniker m
werktuiglijk mechanisch, automatisch
werkwoord Zeitwort, Verb o
werkzaam (ijverig) arbeitsam; (bezig) tätig, wirksam
werkzaamheden Arbeiten mv, Geschäfte mv
werpen werfen; (dobbelen) würfeln
wervel Wirbel m
wervelkolom Wirbelsäule v
werven anwerben, werben
wesp Wespe v
west Westen m; von Westen, nach Westen
westelijk westlich
westen Westen m; buiten ~, ohnmächtig, bewusstlos
westenwind Westwind m
westerlengte westliche Länge v
westers abendländisch
Westfaals westfälisch
wet Gesetz o
wetboek : burgerlijk ~, Bürgerliches Gesetzbuch; ~ van koophandel, Handelsgesetzbuch; ~ van strafrecht, Strafgesetzbuch o
weten wissen; te ~, das heißt

(d.h.); nämlich
wetenschap Wissenschaft *v*
wetenswaardig wissenswert
wetgeving Gesetzgebung *v*
wethouder Beigeordnete(r) *m-v*,
  Stadtrat; Schöffe *m*
wetteloos gesetzlos
wetten wetzen
wettig gesetzmäßig, gesetzlich
wettigen legitimieren;
  rechtfertigen
weven weben
wezel Wiesel *o*
wezen Wesen, Dasein *o*
wezenlijk wirklich, wesentlich
wezenloos entgeistert
whisky Whisky *m*
wichelaar Wahrsager *m*
wie wer, wen, wem
wiebelen wackeln; wippen
wieden jäten
wieg Wiege *v*
wiek Flügel *m*
wiel Rad *o*
wielklem Radklaue *v*
wiellager Radlager *o*
wielrennen Radrennen *o*
wielrijden Rad fahren, radeln
wielrijder Radfahrer *m*
wiens wessen; dessen
wier Tang *m*
wierook Weihrauch *m*
wig Keil *m*
wij wir
wijd weit; ~ *en zijd*, weit und breit
wijdbeens breitbeinig
wijden weihen; widmen
wijding Weihe; Widmung *v*
wijdverbreid weitverbreitet
wijf Weib *o*
wijk Stadtviertel *o*; Ortsteil *m*,
  Stadtteil *m*
wijken weichen; fliehen
wijkplaats Zufluchtsort *m*
wijlen weiland, verstorben
wijn Wein *m*; *rode* ~ Rotwein;
  witte ~ Weißwein
wijnbouwer Winzer
wijnhuis Weinstube *v*
wijnkaart Weinkarte *v*
wijnkelder Weinkeller *m*
wijnoogst Weinlese *v*
wijnstok Weinstock *m*, Rebe *v*
wijs *bn* weis, klug
wijs, wijze Art, Weise, Melodie *v*;
  (gram) Modus *m*
wijsgeer Philosoph *m*
wijsheid Weisheit *v*
wijsmaken weismachen
wijsneus Naseweis *m*
wijsvinger Zeigefinger *m*
wijten zuschreiben; vorwerfen
wijwater Weihwasser *o*
wijze Weise(r) *m-v*, Philosoph; zie

ook *wijs*
wijzen weisen, zeigen
wijzer Zeiger *m*
wijzerplaat Zifferblatt *o*
wijzigen (ab)ändern
wikkelen (ein)wickeln; verwickeln
wil Wille *m*
wild wild
wilde Wilde(r) *m-v*
wildernis Wildnis *v*
wilg Weide *v*
wilgenkatje Weidenkätzchen *o*
willekeur Willkür, Laune *v*
willekeurig willkürlich
willen wollen
willig willig, willfährig
wilskracht Tatkraft, Energie *v*
wimpel Wimpel *m*
wimper Wimper *v*
wind Wind *m*
windas Winde *v*
winden winden, wickeln
winderig windig
windhond Windhund *m*
windje Lüftchen *o*
windkussen Luftkissen *o*
windmolen Windmühle *v*
windscherm Windschutz *m*
windsel Wickel *m*
windstilte Windstille *v*
windstreek Windstrich *m*
windsurfen surfen
windvlaag Windstoß *m*
windwijzer Windfahne *v*
winkel Geschäft *o*, Laden *m*
winkelbediende Ladengehilfe,
  Verkäufer *m*
winkelcentrum Einkaufszentrum *o*
winkelen einkaufen
winkelhaak Winkelmaß *o*
winkelier Ladenbesitzer, Kaufmann
  m
winkeljuffrouw Verkäuferin *v*,
  Ladenfräulein *o*
winkelsluiting Ladenschluss *m*
winnaar Sieger *m*
winnen gewinnen
winst Gewinn *m*
winstbejag Gewinnsucht *v*
winstdeling Gewinnbeteiligung *v*
winstgevend einträglich,
  gewinnbringend
winter Winter *m*
winterdienstregeling
  Winterfahrplan *m*
winterhanden, -tenen Frostbeulen
  v mv an den Händen, an den
  Zehen
winterjas Wintermantel *m*
wintersport Wintersport *m*
wintervoorraad Wintervorrat,
  Winterbedarf *m*
wip Wippe *v*; *in een* ~, im Nu
wipneus Stupsnase *v*

wippen wippen
wirwar Gewirr *o*
wiskunde Mathematik *v*
wispelturig wetterlaunisch,
  flatterhaft
wissel (spoor) Weiche *v*; (handel)
  Wechsel *m*
wisselbeker Wanderpokal *m*
wisselen wechseln
wisselgeld Wechselgeld *o*
wisselkantoor Geldwechsel *m* /
  Wechselstube *v*
wisselkoers Wechselkurs *m*
wisselstroom Wechselstrom *m*
wisselvallig veränderlich;
  unbeständig
wisselwachter Weichensteller *m*
wisselwerking Wechselwirkung *v*
wissen (ab)wischen
wit weiß; ~*te bonen* weiße Bohnen
witkalk Tünche *v*
witlof Chicorée *v*, Schikoree *m*
wittebrood Weißbrot *o*
wittebroodsweken Flitterwochen
  mv
witten weißen, tünchen
wodka Wodka *m*
woede Wut, Raserei *v*
woeden wüten, toben
woedend wütend, aufgebracht
woeker Wucher *m*
woekeraar Wucherer *m*
woekerplant Schmarotzerpflanze
  v, Parasit *m*
woekerwinst Wuchergewinn *m*
woelen wühlen
woelig unruhig, beweglich
woensdag Mittwoch *m*
woest wüst, wild; unkultiviert
woesteling Wüterich *m*
woestijn Wüste *v*
wol Wolle *v*
wolf Wolf *m*
wolk Wolke *v*
wolkbreuk Wolkenbruch *m*
wolkenkrabber Wolkenkratzer *m*,
  Hochhaus, Turmhaus *o*
wollen wollen, aus Wolle
wond Wunde *v*
wonden verwunden, -letzen
wonder Wunder *o*
wonderbaar wunderbar
wonderdoener Wundertäter *m*
wonderlijk wunderlich, seltsam,
  sonderbar
wonen wohnen
woning Wohnung *v*
woonachtig wohnhaft
woonark Wohnschiff *o*
woonkamer Wohnzimmer *o*
woonlaag Geschoss *o*
woonplaats Wohnort *m*
woord Wort *o*
woordbreuk Wortbruch *m*

woordelijk wörtlich
woordenboek Wörterbuch o
woordentwist Wortstreit m
woordenvloed Wortschwall m
woordenwisseling Wortwechsel m
woordspeling Wortspiel o
woordvoerder Wortführer
worden werden
wormstekig wurmstichig
worp Wurf m
worst Wurst v
worstelen ringen
worsteling Ringen o, Ringkampf m
wortel Wurzel v; (peen) gelbe
    Rübe, Mohrrübe v
wortelen wurzeln
worteltjes Möhre, Karotte v
worteltrekken die Wurzel ziehen
woud Wald m
wraak Rache v
wraakzucht Rachgier v
wrak bn schwach; hinfällig;
    wacklig; zn Wrack o
wraken ablehnen, zurückweisen
wrang herb, scharf
wrat Warze v
wreed grausam
wreedaard grausamer Mensch m
wreef Spann, Rist m
wreken rächen; zich ~ op, sich
    rächen an (+3)
wrevel Unwille, Unmut m
wrevelig unwillig, ärgerlich
wrijven reiben
wrijving Reibung v
wrikken rütteln
wringen wringen; (handen) ringen;
    (schoenen) drücken
wroeging Reue v, Gewissensbisse
    mv
wroeten wühlen
wrok Groll, Hass m
wuft leichtsinnig
wuiven winken (+3)
wulps üppig
wurgen erdrosseln
wurm Wurm m

X
---

xylofoon Xylophon o

Y
---

yoga Yoga o
yoghurt Joghurt m

Z
---

zaad Same(n) m
zaag Säge v
zaagsel Sägemehl o
zaaien säen, ausstreuen
zaak (ding) Sache v, Ding o,

Gegenstand m; (bedrijf) Geschäft
    o; (affaire) Angelegenheit v
zaakgelastigde Bevollmächtigte(r)
    m-v; (gezant) Geschäftsträger m
zaal Saal m
zaalsport Hallensport m
zacht (gehoor) leise; (gevoel)
    weich; (gemoed) sanft; (weer,
    vonnis) milde; (wenk) zart
zachtgekookt weich gekocht
zachtheid Weichheit, Sanftheit,
    Milde v
zachtjes leise, sachte
zachtmoedig, zachtzinnig
    sanftmutig
zadel Sattel m
zadelpijn Sattelwundsein o
zagen sagen
zak Sack, Beutel m; (in broek)
    Tasche v; (papier) Tüte v
zakdoek Taschentuch o
zakelijk sachlicht; geschäftlich;
    (recht) dinglich
zakenman Geschäftsmann m
zakenreis Geschäftsreise v
zakenrelatie Geschäftsverbindung
    v
zakgeld Taschengeld o
zakje Säckchen o; Tasche v;
    (papier) Tüte v
zakken sinken, sich senken, fallen;
    (v. examen) durchfallen
zakkenroller Taschendieb m
zaklantaarn Taschenlampe v
zakmes Taschenmesser o
zalf Salbe v
zalig selig
zaligheid Seligkeit v
zalm Lachs m
zand Sand m
zandbank Sandbank v
zandstrand Sandstrand m
zang Gesang m, Lied o
zanger Sänger m
zangeres Sängerin v
zangvogel Singvogel m
zaniken nörgeln, quengeln
zat satt, überdrüssig; (dronken)
    voll, betrunken
zaterdag Sonnabend, Samstag m
ze (zij, enkelv. & mv.) sie
zebra Zebra o
zebrapad Zebrastreifen m
zede Sitte v, Brauch m
zedelijk sittlich, moralisch
zedelijkheid Sittlichkeit v
zedeloos sittenlos, unmoralisch
zedenleer Sittenlehre, Ethik v
zedig sittsam
zee Meer o, See v
zee-egel Seeigel m
zeef Sieb o
zeehond Seehund m
zeeleeuw Seelöwe m

zeeman Seemann m
zeemeermin Meerweib o
zeemleer Sämischleder o
zeep Seife v
zeepbakje Seifennapf m
zeeppoeder Seifenpulver o
zeepsop Seifenwasser o
zeer zn Leiden, Übel o; bn
    schmerzhaft; bijw (erg) sehr
zeereerwaard hochwürdig
zeereis Seereise v
zeerover Seeräuber m
zeester Seestern m
zeestrand Meeresstrand m
zeevis Seefisch m
zeewaardig seetüchtig
zeeziek seekrank
zege Sieg, Triumph m; de ~
    behalen, den Sieg davontragen
zegel Marke v
zegellak Siegellack m
zegelrecht Stempelgebühr v
zegelring Siegelring m
zegen Segen m
zegenen segnen
zegepraal Sieg, Triumph m
zegevieren siegen, triumphieren
zeggen sagen
zeggenschap Verfügungsrecht o
zegsman Gewährsmann m
zegswijze Redensart v
zeil Segel o; (op vloer) Linoleum o
zeilboot Segelboot o
zeilen segeln
zeilplank Surfbrett o
zeilschip Segelschiff o
zeilwedstrijd Wettsegeln o
zeis Sense v
zeker sicher, gewiss
zekerheid Sicher-, Gewissheit v
zekering Sicherung v
zelden selten
zeldzaam selten
zelf selbst, selber
zelfbehoud Selbsterhaltung v
zelfbewust selbstbewusst
zelfde selbe
zelfkant Peripherie v
zelfmoord Selbstmord m
zelfontspanner Selbstauslöser m
zelfs sogar
zelfstandig selbständig
zelfzucht Selbstsucht v
zendeling Missionar m
zenden schicken, senden
zender Sender m
zending Sendung; (kerk) Mission v
zenuw Nerv m
zenuwachtig nervös, reizbar
zenuwslopend nervenaufreibend,
    entnervend
zenuwziekte Nervenleiden o
zes sechs
zesde sechste; ten ~, sechstens

248

zestien sechzehn
zestig sechzig
zet Stoß, Puff v; (list) Streich m; (spel) Zug m
zetel Sessel, Sitz m
zetelen seinen Sitz haben; thronen
zetmeel Stärkemehl o
zetpil Zapfen m, Zäpfchen o
zetten setzen, stellen; (been) einrichten; (koffie) machen; *niet kunnen ~*, nicht leiden (riechen) können
zeug Sau v
zeuren nölen; quengeln; einem in den Ohren liegen
zeurkous Nölpeter m, Nölsuse v; Quengler m
zeven *telw* sieben; *ww* sieben, sichten
zevende siebente
zeventien siebzehn
zeventig siebzig
z.g. (zogenaamd) sogenannt
z.i. (zijns inziens) seiner Ansicht nach
zich sich
zicht Sicht v; *op ~ zenden*, zur Ansicht senden
zichtbaar sichtbar
zichtzending Auswahlsendung v
zichzelf sich selbst
zieden sieden; *~ van woede*, vor Wut schnauben
ziek krank
ziekelijk kränklich, krankhaft
ziekenauto Krankenwagen m
ziekenfonds Krankenkasse v
ziekenhuis Krankenhaus o
ziekenverpleger, -verpleegster Krankenpfleger(in), -wärter(in)
ziekte Krankheit v
ziel Seele v
zielig kläglich, jämmerlich
zielloos (dood) entseelt
zielsbedroefd tiefbetrübt
zien sehen
zienderogen zusehends
ziener Seher, Prophet m
ziens : *tot ~!* auf Wiedersehen!
zienswijze Ansicht v
ziften sieben, sichten
zigeuner Zigeuner m
zigzag Zickzack m
zij *vnw* (enk. & mv.)sie
zij(de) (kant) Seite v
zijde (stof) Seide v
zijdelings indirekt, seitlich; von der Seite
zijden aus Seide, seiden; Seiden-
zijderups Seidenraupe v, Seidenwurm m
zijgang Seiteneingang m, Nebeneingang m
zijgevel Seitenfront v

zijkant Seite v
zijn Seite o; *ww* sein; *dat is 6 gulden* das macht 6 Gulden; *er is, er ~*, es ist, es sind, es gibt (+4); *bez vnw* sein
zijrivier Nebenfluss, Seitenfluss m
zijstraat Seitenstraße v
zijwaarts seitwärts
zijweg Seitenweg m
zilver Silber o
zilverdraad Silberdraht m
zilveren silbern
zin Sinn, Verstand m; Bedeutung v; (lust) Lust v; Neigung v; (volzin) Satz m
zindelijk sauber, (dieren) stubenrein
zingen singen
zink Zink o
zinken sinken
zinledig sinnlos
zinnebeeld Sinnbild; Symbol o
zinnelijk sinnlich
zinneloos sinnlos, verrückt
zinnen sinnen (auf +4)
zinnig sinnvoll
zinspelen op anspielen auf
zinspeling Anspielung v
zinspreuk Sinnspruch, Wahlspruch m
zintuig Organ o
zinvol sinnvoll
zit Sitz m
zitje Sitzecke v
zitplaats Sitzplatz m
zitten sitzen
zitting (stoel) Sitz m; (vergadering) Sitzung v
zo so; (straks) sofort, gleich; (nauwelijks) kaum; *~ ja*, wenn ja; *~ niet*, wenn nicht
zoals (so)wie
zodanig derartig, solcher
zodat so dass
zode Grasscholle, Scholle v
zodra sobald
zoek fort, verschwunden, vermisst; *~ raken*, abhanden kommen; *op ~ naar*, auf der Suche nach
zoeken suchen
zoeklicht Scheinwerfer m
zoel schwül
zoemen summen
zoen Kuss m
zoenen küssen
zoet (smaak) süß; (lief) brav, artig
zoetje Süßstofftablette v; Süßigkeit v
zoetsappig süßlich
zoetstof Süßstoff m
zoetwater Süßwasser o
zoetwatervis Süßwasserfisch m
zoetzuur Süßsauer o
zo-even soeben, vorhin

zog Muttermilch v; (schip) Kielwasser o
zogen säugen
zogenaamd sogenannt
zoiets soetwas
zojuist gerade eben
zolang so lange
zolder Boden; Speicher m
zoldering Zimmerdecke v
zolderkamer Dachstube, Bodenkammer v
zomen säumen
zomer Sommer m
zomerdienst Sommerfahrplan m
zomerhuisje Sommerhaus o
zomersproet Sommersprosse v
zomervakantie Sommerferien
zon Sonne v
zo'n solch ein(e)
zondaar Sünder
zondag Sonntag m
zonde Sünde v; *het is ~*, es ist schade (um)
zonder ohne
zonderling sonderbar; seltsam; *zn* Sonderling m
zondig sündhaft, sündig
zondigen sündigen
zondvloed Sündflut v
zone Zone v
zonnebaden sich sonnen
zonnebank Sonnenbank v
zonnebloem Sonnenblume v
zonnebrandcrème Sonnencreme v
zonnebrandolie Sonnenöl o
zonnebril Sonnenbrille v
zonnehoed Sonnenhut v
zonnen sich sonnen
zonnescherm Sonnenschirm m
zonneschijn Sonnenschein m
zonnesteek Sonnenstich m
zonnestelsel Sonnensystem o
zonnewijzer Sonnenuhr v
zonnig sonnig
zonsondergang Sonnenuntergang m
zonsopgang Sonnenaufgang m
zonsverduistering Sonnenfinsternis v
zoogdier Säugetier o
zool Sohle v
zoom Saum; Rand m
zoomlens Zoomobjektiv o
zoon Sohn m
zorg Sorge v; (officieel) Fürsorge; (zorgvuldigheid) Sorgfalt v
zorgelijk besorgniserregend, bedenklich
zorgeloos sorglos
zorgen sorgen
zorgvuldig sorgfältig
zorgvuldigheid Sorgfalt v
zorgwekkend besorgniserregend, beunruhigend

zorgzaam (für)sorglich, sorgsam
zot *bn* närrisch, töricht; *zn* Narr, Tor *m*
zout Salz *o*; *bn* salzig, gesalzen
zouteloos fade, abgeschmackt
zoutloos salzlos
zoutvaatje Salzfass *o*
zoutzuur Salzsäure *v*
zoveel so viel
zover so weit; *tot ~* bis dahin
zowat etwa
zowel sowohl
z.o.z. (zie ommezijde) b.w., bitte wenden
zucht Seufzer *m*; (neiging) Sucht, Begierde *v*
zuchten seufzen
zuchtje Lüftchen *o*, Hauch *m*
zuid Süden *m*; aus Süden, nach Süden
zuidelijk südlich
zuiden Süden *m*
zuidenwind Südwind *m*
zuiderbreedte südliche Breite *v*
zuidpool Südpol *m*
zuigeling Säugling *m*
zuigen saugen, lutschen
zuiger Sauger *m*; (motor) Kolben *m*
zuigfles Saugnasche *v*
zuil Säule *v*
zuinig sparsam; ökonomisch
zuipen saufen
zuivel Molkereiprodukte *o mv*
zuivelfabriek Molkerei *v*
zuiver rein
zuiveren reinigen
zulk(e) solcher, solche, solches
zullen werden; (bevel) sollen
zuring Sauerampfer *m*
zus *bijw* derartig, auf die Weise; *~ of zo*, so oder so
zus, zuster Schwester *v*
zuur *bn*sauer; *zn* (scheik) Säure *v*; (maag~) Sodbrennen *o*

zuurkool Sauerkraut *o*
zuurstof Sauerstoff *m*
zuurtje Bonbon *m & o*
zwaaien schwingen, schwenken, winken; taumeln
zwaan Schwan *m*
zwaar schwer; (stem) tief
zwaard Schwert *o*
zwaarlijvig korpulent, stark
zwaarmoedig schwermütig
zwaarmoedigheid Schwermut *v*
zwaarte Schwere *v*, Gewicht *o*
zwaartekracht Schwerkraft *v*
zwaartepunt Schwerpunkt *m*
zwaartillend ängstlich; bedenklich
zwaarwichtig hochwichtig; wichtigtuerisch
Zwabisch schwäbisch
zwachtel Binde *v*, Wickel *m*
zwager Schwager *m*
zwak *bn*schwach
zwakte Schwäche *v*
zwaluw Schwalbe *v*
zwam Schwamm *m*
zwammen quatschen, faseln
zwang: *in ~ brengen*, aufbringen; *in ~ zijn*, im Schwange sein
zwanger schwanger
zwangerschap Schwangerschaft *v*
zwart schwarz; *iem. ~ maken*, einen anschwärzen
zwarte Schwarzer *m*
zwartgallig pessimistisch
zwartwitfoto Schwarzweißfoto *o*
zwavel Schwefel *m*
zwavelzuur Schwefelsäure *v*
Zweden Schweden *o*
Zweed Schwede *m*
Zweeds schwedisch
Zweedse Schwedin *v*
zweefbaan Gondelbaan *v*
zweefvliegen Segelfliegen *o*
zweem Anstrich, Anflug *m*
zweep Peitsche *v*

zweepslag Peitschenhieb *m*
zweer Geschwür *o*
zweet Schweiß *m*
zwelgen schwelgen, schlemmen
zwellen (an)schwellen
zwelling (An)schwellung *v*
zwembad Schwimmbad *o*
zwemband Schwimmreifen *m/mv*
zwembroek Badehose *v*
zwembroek Badehose *v*
zwemmen schwimmen
zwemvest Schwimmweste *v*
zwemvlies (v. vogel) Schwimmhaut *v*
zwemvliezen (v. zwemmer) Schwimmflossen *v*
zwendel Schwindel *m*
zwengel Schwengel *m*
zwenken drehen, schwenken, schwingen
zwenking Schwenkung *v*
zweren (eed) schwören; (wond) schwären
zweren schwören
zwerm Schwarm *m*
zwerven unherstreunen, herumwandern
zwerver Vagabund, Landstreicher *m*
zweten schwitzen
zwetser Aufschneider, Prahler *m*
zweven schweben
zwezerik Broschen *o*, Kalbsmilch *v*
zwichten nachgeben, erliegen (+3)
zwiepen schwingen; schwippen
zwierig modisch, schwungvoll
zwijgen schweigen
zwijm Ohnmacht *v*
zwijn Schwein *o*; *wild ~*, Wildschwein *o*
Zwitser Schweizer *m*
Zwitserland Schweiz *v*
Zwitsers schweizerisch, Schweizer-
zwoegen sich abmühen; schuften
zwoel schwül

Woordenlijst

Nederlands-Duits

A

Aachen *o* Aken
Aal(e) *m* aal, paling
Aar(e) *m* arend
Aas *o* (*mv* **Äser**) aas; kreng
ab af; vanaf; ~ *und zu* nu en dan
abändern wijzigen
Ab'art *v* variëteit
abäsen afgrazen, afvreten
Abb. zie Abbildung
Abbau *m* exploitatie; demontage;
geleidelijke opheffing;
vermindering afvloeiing (v.
personeel)
abbauen demonteren; exploiteren;
doen afvloeien (ambtenaren)
abbekommen krijgen, ontvangen;
zijn deel krijgen; beschadigd
worden
abbiegen afslaan
Abbieger *m mv* afslaand verkeer
Abbild *o* evenbeeld, kopie
Abbildung *v* afbeelding, portret
abblättern afschilferen,
afbladderen
abblenden afschermen (van licht),
dimmen
Abblendlicht *o* dimlicht
abbrennen afbranden
abbröckeln afbrokkelen;
teruglopen (prijzen)
Abbruch *m* afbraak; sloop
abbürsten afborstelen
abdampfen wegstomen;
vertrekken
abdanken zijn ontslag nemen;
aftreden
Abdankung *v* afdanking
abdecken (afdekken, bedekken;
den Tisch ~ de tafel afruimen
abdichten dichten; afsluiten
abdrehen af-, uitdraaien
Abdruck *m* afdruk; spoor; trekker
(van geweer)
abdrucken afdrukken
abdrücken afklemmen; aftrekken
(geweer), afschieten
abdunkeln verduisteren,
afschermen
Abend(e) *m* avond; *guten* ~!
Goedenavond! *Heiliger* ~
kerstavond
Abendbrot, - *o* avondeten
Abendessen *o* avondeten
abendländisch westers
abends 's avonds
A'benteuer *o* avontuur
A'benteurer *m* avonturier
aber maar (doch), echter, toch
A'berglaube *m* bijgeloof
a'bergläubisch bijgelovig
aberkennen bij vonnis ontzeggen
abermals opnieuw, nog een keer

abfahren vertrekken, wegrijden
Abfahrt *v* vertrek; afrit; helling
Abfall *m* afval; daling
abfällig afhellend; afkeurend
abfärben afgeven (kleur)
abfassen opstellen, redigeren
abfertigen controleren; inklaren,
inschrijven (bagage);
verzendklaar maken
Abfertigung *v* verzending;
behandeling; inklaring (bij de
douane); controle; uitbrander
Abfertigungsschalter *m*
incheckbalie
abfinden schadeloos stellen; *sich*
~ *mit* zich schikken in
Abfindungssumme *v*
schadeloosstelling, afkoopsom
Abflug *m* vertrek
Abfluss *m* afstroming; goot
Abflussrohr *o* afvoerbuis
Abfolge *v* volgorde; programma
(bv. van uitzendingen)
abfragen overhoren
Abfuhr *v* afvoer, transport;
afpoeiering
abführen afvoeren, vervoeren,
afleiden; purgeren, laxeren
Abführmittel *o* laxeermiddel
abfüllen bottelen
Abgabe *v* afgifte; belasting
abgabenfrei vrij van belastingen
Abgang *m* vertrek; overlijden; weg
naar beneden
Abgangsprüfung *v* eindexamen
Abgangszeugnis *o* einddiploma
Abgas *o* uitlaatgas,
verbrandingsgas
abgeben afgeven; afstaan;
uitbrengen (stem)
abgebrannt ~ *sein* blut zijn
abgebrüht doortrapt
abgedroschen afgezaagd
abgefahren vertrokken; gaaf
abgehen afgaan, ontbreken
abgelaufen beëindigd, verlopen
abgemacht! afgesproken! akkoord!
abgeneigt *einem Plan* ~ zijn
afwijzend staan tegenover een
plan
Abgeordnete(r) *m* afgevaardigde,
volksvertegenwoordiger
Abgeordnetenhaus *o*
volksvertegenwoordiging
Abgesandte(r) *m* afgezant
abgeschmackt smakeloos; laf;
flauw; afgezaagd
abgespannt vermoeid, uitgeput.
abgestanden verschaald
abgewinnen afwinnen, winnen van
abgewöhnen ontwennen, afleren
abgezählt gepast (geld)
Abglanz *m* weerschijn
Abgott *m* afgod

Abgötterei *v* afgodendienst
abgrenzen afgrenzen, -bakenen
Abgrund *m* afgrond,
abgucken afkijken
Abguss *m* afgietsel, gootsteen
abhalten afhouden, weerhouden,
beletten,; houden (terechtzitting,
godsdienstoefening, revue)
abhandeln afhandelen; afdingen
abhanden ~ *kommen* zoek raken,
kwijtraken
Ab'handlung *v* verhandeling,
scriptie
Abhang *m* helling
abhängen afhangen, *seinen
Gegner* ~ zijn tegenstander van
zich afschudden; loskoppelen
abhängig afhankelijk
abhärten harden
abhauen oprotten, ervandoor gaan
abheben afnemen,; couperen
(kaarten); opnemen (geld),
optijgen
abhelfen verhelpen
abhetzen afjakkeren
Abhilfe *v* hulp
abholen ophalen, afhalen,
weghalen
abhorchen afluisteren
abhören overhoren, afluisteren,
telefoon aftappen
Abitur *o* **Abiturprüfung** *v*
eindexamen
abklären klaren
Abklatsch *m* zwakke, slechte
imitatie
abkochen afkoken, steriliseren
abkommandieren detacheren;
abkommen afstammen; *vom Weg*
~ de weg kwijtraken, van de weg
af raken
Abkommen *o* overeenkomst,
verdrag
Abkömmling *m* afstammeling
Ab'kratzeisen *o* voetschrapper
abkühlen afkoelen, bekoelen
Abkunft *v* afkomst
abkürzen verkorten, afkorten
Abkürzung *v* afkorting; kortere
weg
abladen afladen, lossen
Ab'lage *v* garderobe,; archiefmap
ablagern deponeren; laten
bezinken
Ab'lass *m* riool; waterlozing; (*rk*)
aflaat
ablassen afzien; lediging; neerlaten
Ablauf *m* afloop; afvoer (v. water);
verloop; termijn (v. wissel)
Ablaufzeit *v* vervaltijd
Ableben *o* overlijden
ablegen afleggen (kleren,
gewoonten); afdoen
Ableger *m* loot, steek; filiaal

ablehnen weigeren, afwijzen,
dankend ~ bedanken voor
ablenken afleiden (aandacht);
afweren (stoot)
ablösen aflossen; losmaken;
afzonderen; verwijderen
Ablösung v aflossing;
abmachen afdoen; afspreken,
overeenkomen
Abmachung v regeling; afspraak,
overeenkomst
abmagern vermageren,
Abmarsch m afmars
abmelden (sich) zich afmelden,
zeggen te vertrekken
Abmeldeschein m verhuisbiljet
Abmeldung v melding van vertrek;
afmelding
abmontieren demonteren
abmühen (sich) zich afmatten, zich
afsloven
Abnahme v afneming
vermindering, daling; inspectie
abnehmen afvallen; afnemen,
verminderen
Abnehmer m afnemer, klant
Abneigung v afkeer, antipathie
Abnormität v abnormaliteit
abnötigen afdwingen, afpersen
abnutzen verslijten
Abnutzung v slijtage
Abonnent m abonnee; (*tel*)
aangeslotene
abonnieren zich abonneren op
ab'ordnen afvaardigen
Ab'ort m wc; miskraam
abprallen afstuiten
abputzen afboenen
abquälen (sich) zich afsloven,
tobben
abräumen wegnemen; opruimen;
afnemen (de tafel)
abrechnen afrekenen
Abrechnungsstelle v
clearingbureau
Abrede v afspraak; *in ~ stellen*
loochenen
Abreise v vertrek
abreißen afscheuren, afrukken,
slopen
Abriss m schets; sloop; kort
overzicht
abrücken wegschuiven, wegzetten
Abruf m terugroeping
ab'rüsten ontwapenen
Absage v afzegging; bedankje
absagen afzeggen, afgelasten;
opzeggen; afzweren
Absatz m (*mv* **Absätze**) hak; afzet;
alinea; (trap)portaal
abschaffen afschaffen; opheffen
abschalten uitschakelen; relaxen
abschätzen schatten
abschätzig geringschattend

Abschaum m (*fig*) schuim
Abscheu m afschuw
abscheu'lich afschuwelijk
abschicken verzenden
abschieben afschuiven;
wegsturen; uitwijzen
(asielzoekers)
Abschied m afscheid
Abschiedsgesuch o verzoek om
ontslag
abschirmen afschermen
Abschlag m afslag, korting
abschlagen afslaan; weigeren
abschlägig weigerend
Abschlagszahlung v
termijnbetaling
abschleppen wegslepen
Abschleppwagen m takelwagen
abschließen sluiten, afsluiten,
beëindigen
Abschluss m sluiting; afsluiting;
beëindiging
abschneiden afsnijden, knippen;
gut ~ een goed figuur slaan
Ab'schnitt m hoofdstuk; strook
(postwissel); sector; periode
abschrecken afschrikken
abschreiben overschrijven;
afschrijven
Abschreibung v afschrijving
Abschrift v afschrift, kopie
abschüssig hellend, steil
abschütteln afschudden
abschwächen verzwakken
abschweifen afdwalen
abschwören afzweren
absehen afzien;
abseilen aan een touw neerlaten
abseits ter zijde, van de weg af, ver
van
Abseits o *sp* buitenspel
absenden afzenden, verzenden
Absender (-) m afzender
absetzen afzetten
absichern beveiligen
Absicht(en) v bedoeling, plan
ab'sichtlich opzettelijk
absolut' absoluut, volstrekt
absolvieren voltooien
abson'derlich wonderlijk;
zonderling
absondern afzonderen
absorbieren absorberen;
opslorpen
abspannen uitspannen (paarden);
relaxen; ontspannen (boog,
geweerhaan)
Abspannung v het uitspannen;
uitputting, verslapping
abspeisen afschepen
abspenstig *jemandem etwas ~
machen* iemand iets afhandig
maken
absperren afsluiten; blokkeren

Absprache v afspraak,
overeenkomst
absprechen afspreken; ontzeggen,
betwisten
Abstand m afstand; verschil
abstatten *Besuch ~ bei* iem.
bezoeken
abstauben afstoffen
Abstecher m uitstapje
abstecken afbakenen
abstehen afstaan, afzien van
absteigen afstijgen, afklimmen,
afstappen afdalen; degraderen
abstellen afzetten; (fiets) stallen;
neerzetten
Abstieg m afdaling, achteruitgang
abstimmen stemmen; (*rtv*)
instellen
Abstimmschärfe v selectiviteit v
Abstimmskala v afstemschaal
Abstimmung v stemming; (*rtv*)
afstemming
abstoßen afstoten, van de hand
doen
abstoßend afstotend
abstreifen afstropen
Abstufung v schakering;
rangschikking
Absturz m 't neerstorten, val
abstürzen neerstorten; steil
afhellen
absuchen doorzoeken
Abszess m abces
Abt m (*mv* **Äbte**) abt
Abt. zie Abteilung
Abtei(en) v abdij
Abteil(e) o coupé
Abteilung(en) v afdeling
abtippen overtikken
Äbtis'sin(nen) v abdis
abtragen afbreken, afdragen
afnemen (tafel)
abträglich nadelig
abtreiben afdrijven, wegdrijven
Abtreibung v abortus
abtrennen afscheiden; lostornen
abtreten aftreden; afstaan
abtrocknen afdrogen, droog maken
abtrudeln in een "vrille" komen (v.
vliegtuig), afglijden
abtrünnig afvallig, ontrouw
abtun afdoen
abwägen afwegen; overwegen
abwählen niet herkiezen
abwarten afwachten
abwärts afwaarts, naar beneden
Abwasch m afwas, vaat
abwechseln afwisselen
abwechslungsreich vol afwisseling
Abweg m dwaalweg
Abwehr v afwering; verdediging
Abwehrgeschütz o afweergeschut
abweichen afwijken; losweken
abwerfen afwerpen, gooien

(bommen), droppen
abwerten devalueren
Abwertung *v* waardevermindering, devaluatie
ab'wesend afwezig; verstrooid; wezenloos
Abwesenheit *v* afwezigheid, verstrooidheid
abwickeln afwikkelen, afhandelen
abwinken afwijzen, afwimpelen
abwischen afvegen, schoonvegen
Abwurf *m* 't werpen; dropping; uitgooi, worp
abzahlen afbetalen
abzapfen aftappen
abzäunen omheinen
Abzeichen *o* kenmerk, onderscheidingsteken, insigne
abziehen aftrekken, afrukken; weggaan
abzielen doelen (op iets)
Abzug *m* afdruk, aftrek, aftocht, rookvang
abzüglich na aftrek van
abzweigen vertakken
Abzweigung *v* aftakking
Achat(e) *m* agaat
Achillessehne *v* achillespees
Achse *v* as (van machine)
Achsel(n) *v* schouder; oksel
Achselhöhle *v* oksel
Achsenbruch *m* asbreuk
Acht *v* sich in ~ nehmen oppassen
acht acht
achtbar achtenswaardig
achte achtste
Achtel *o* achtste deel
achten achten; eren, houden voor; ~ *auf* letten op
ächten verbannen; vogelvrij verklaren
achtens ten achtste
Acht'losigkeit *v* achterloosheid
Achtung *v* achting; oplettendheid; ~! pas op!
achtzehn achttien
achtzig tachtig
ächzen kermen
Acker *m* (*mv* **Äcker**), akker
Ackerbau *m* landbouw
Ackerbestellung *v* bewerken v. d. akker
A.D.A.C. = *Allgemeiner Deutscher Automobil-Club*
Adapter *m* adapter
addieren optellen
adé adieu
Adel *m* adel
Ader(n) *v* ader
Adler *m* adelaar
adlig adellijk
adoptieren adopteren
Adoptivkind *o* aangenomen kind
Adressat(en) *m* geadresseerde

Adressbuch *o* adresboek
Adresse(n) *v* adres
Adressenwechsel *m* adresverandering
Adria *v* Adriatische Zee
Affäre *v* affaire
Affe(n) *m* aap
Afrikaner *m* Afrikaan
A.G. zie *Aktiengesellschaft*
Agentur *v* agentuur, agentschap
Agrargesetzgebung *v* landbouwwetgeving
Agrarier *m* landeigenaar, agrariër
Agrarkredit *o* landbouwkrediet
Ahn(en) *m* voorvader, voorouder
ahnden straffen
Ahndung *v* vergelding; straf
ahnen een voorgevoel hebben, vermoeden
ähnlich gelijkende op, soortgelijk
Ähnlichkeit *v* gelijkenis, overeenkomst
Ahnung *v* voorgevoel; vermoeden
ahnungslos argeloos
Ahorn(e) *m* ahorn, esdoorn
Ähre *v* (koren)aar
Aids aids
Akademie' *v* academie
Aka'zie(n) *v* acacia
Akkord(e) *m* verdrag, akkoord, vergelijk; *im* ~ tegen stukloon
Akku(s) *m* accu
Akkumulator(en) *m* accumulator
Akt(e) *m* handeling; bedrijf; naaktstudie
Akt(studie) *v* studie naar 't naakt model
Akte *v* akte; processtuk
Aktenmappe *v* aktetas
Aktie *v* aandeel
Aktiengesellschaft *v* naamloze vennootschap
Aktion *v* actie
Aktionär'(e) *m* aandeelhouder
Aktions'radius *m* actieradius, vliegbereik
aktiv actief, werkzaam
akut acuut
akzeptieren accepteren
Alarm *m* alarm
albern onnozel, zot
alert' vlug, levendig; waakzaam
Algerien *o* Algiers (land)
Algier *o* Algiers (stad)
Alkohol *m* alcohol
alkoholfrei alcoholvrij
Alkoholiker *m* alcoholist
Alkoholtest *m* alcoholproef
all al, alles
All *o* heelal
alle allemaal, allen; op zijn
Allee(n) *v* laan
allein alleen (zonder anderen), eenzaam; maar

Alleinherrscher *m* alleenheerser
Alleinvertrieb *m* alleenverkoop
allenfalls desnoods, hoogstens
allenthalben overal, alom
aller -e, -es van alle
allerdings weliswaar; echter
allergisch allergisch
allerhand allerlei
Allerheiligen *o* Allerheiligen (1 nov.)
Allerseelen *o* Allerzielen (2 nov.)
alles alles
allgegenwärtig alomtegenwoordig
allgemein algemeen
Allheilmittel *o* panacee, geneesmiddel voor alle kwalen
allmählich langzamerhand, allengs
allseitig alzijdig
alltäglich alledaags, dagelijks
allwissend alwetend
allwöchentlich iedere week
allzu al te
Alm *v* bergweide
Almanach(e) *m* almanak
Almosen *o* aalmoes
Alpen *mv* Alpen
Alpenstock *m* alpenmassief
Alptraum *m* (*mv* -träume), nachtmerrie
als toen, wanneer; dan, als
als ob alsof
alsbald weldra
also dus
Alt *m* alt (stem)
alt oud
Altar *m* (*mv* **Altäre**) altaar
Altbier *o* meestal donker bier met bovengisting
Alter *o* leeftijd, ouderdom
altern oud worden,
Alternative *v* alternatief
Altersheim *o* bejaardentehuis
Alterskasse *v* pensioenkas
Altertum *o* klassieke oudheid
Älteste(r) *m* oudste; ouderling
Altglascontainer *m* glasbak
ältlich bejaard; ouwelijk
altmodisch ouderwets
Altöl *o* afgewerkte olie
Altpapier *o* oud papier
Altweibersommer *m* nazomer, herfstdraden
am = an dem; ~ *Ufer* aan de oever; ~ *Freitag* op vrijdag
Amboss *m* (*mv* **Ambosse**) aambeeld
Ameise(n) *v* mier
Amerika *o* Amerika
Amerikaner *m* Amerikaan
amerikanisch Amerikaans
Amme *v* min
amortisieren amortiseren
Ampel *v* stoplicht (verkeer)
Ampulle *v* ampul

Amputation *v* amputatie, afzetting
Amsel *v* merel
Amt *o* (*mv* **Ämter**) ambt; bureau, kantoor; departement; (*rk*) mis
amtieren een ambt waarnemen
amtlich ambtshalve, officieel
Amtsgenosse *m* collega
Amtsgericht *o* kantongerecht
Amtsrichter *m* kantonrechter
amüsieren amuseren
an aan, in; bij, op; ~ *die* omtrent
Ananas *v* ananas
anatomisch anatomisch
anbahnen (sich) ontstaan
anbändeln vrijage beginnen
Anbau *m* teelt; aanbouw; verbouw; bijgebouw
anbauen telen; aan-, verbouwen
anbei hiernevens
anbelangen betreffen
an'beten aanbidden
Anbetracht: *in* ~ in aanmerking genomen; met het oog op
anbieten aanbieden, presenteren
anbinden aanbinden, vastbinden
Anblick *m* aanblik; schouwspel
anblinzeln tegen iemand knipogen
Anbruch *m* begin, aanbreken (v.d. dag); opening (v. mijn)
Andacht(en) *v* (korte) godsdienstoefening; gebed
andächtig godsdienstig, vroom
Andenken(-) *o* souvenir; gedachtenis
ander(e) ander(e)
andererseits aan de andere kant
ändern veranderen, wijzigen
anderswo elders
anderthalb anderhalf
Änderung *v* verandering; wijziging
Änderungsantrag *m* wijzigingsvoorstel
anderweitig elders, anders
andeuten aanduiden
andichten toeschrijven
Andrang *m* aandrang; toevloed
aneignen (sich) zich (onrechtmatig) toe-eigenen; zich eigen maken
anekeln *etwas ekelt mich an* walgen, tegenstaan
Anemone *v* anemoon
anerkennen erkennen, waarderen
anfachen aanwakkeren
anfahren aanvaren; aanrijden; toesnauwen
Anfall *m* aanval vlaag
anfallen aanvallen optreden
anfällig vatbaar, gevoelig (ziekte)
Anfang *m* begin, aanvang
Anfänger *m* beginner, beginneling
anfänglich aanvankelijk
anfassen aanraken; vastpakken; *mit* ~ een handje helpen

an'fechtbar betwistbaar
an'fechten betwisten, bezwaar maken tegen
Anfeindung *v* bestrijding, vijandigheid
Anfertigung *v* vervaardiging
anfeuern aanvuren, aandrijven
Anflug *m* zweem
Anforderung *v* eis, aanvraag
Anfrage *v* aanvraag; vraag
anfragen aanvragen
anfreunden (sich) bevriend raken
anfühlen (sich) aanvoelen;
anführen aanvoeren; leiden; citeren
Anführung *v* citaat
anfunken draadloos oproepen
Angabe *v* gegeven; verklaring; opgave
angeben aangeven; melden; opscheppen
Angeber *m* opschepper
angeblich vermeend; zich noemende, zogenaamd
angeboren aangeboren
Angebot *o* bod, aanbod, aanbieding, offerte
angebracht geschikt; van pas
angegriffen vermoeid, verzwakt
angeheitert aangeschoten
angehen aangaan, betreffen; beginnen; *das geht dich nichts an!* Dat gaat je niet aan!
angehend beginnend; toekomstig
Angehörige(n) *m mv* familielid; lid
Angel *v* hengel; hengsel (deur)
Angelegenheit *v* aangelegenheid, zaak
angeleint aan de lijn, aangelijnd
angeln vissen, hengelen
Angelrute *v* hengel
Angelschein *m* visvergunning
Angelschnur *v* hengelsnoer
Angelsport *m* hengelsport
angemessen gepast, passend
angenehm fijn, plezierig, prettig; *angenehmen Abend!* Prettige avond!; aangenaam (kennis te maken)
angeregt opgewekt, vrolijk, levendig
angesehen gezien, geacht
angesichts (+2) in tegenwoordigheid van; met het oog op
Angestellte(r) *m & v* employé, bediende
angestrengt ingespannen, vermoeiend
angewöhnen aanwennen
Angewohnheit *v* gewoonte
angezeigt raadzaam, geraden
angleichen assimileren, gelijkmaken

anglotzen aangapen
angreifen aanvallen; aandoen; aanpakken
Angriff *m* aanval, aanranding
Angst *v* (*mv* **Ängste**) angst, benauwdheid; ~ *haben* bang zijn
ängstigen (sich) zich ongerust maken
ängstlich angstig, angstvallig
angucken aankijken
anhaben aanhebben, dragen
anhaften vastzitten, aankleven
anhalten aanhouden, stoppen; voortduren
anhaltend aanhoudend, voortdurend
Anhalter *m* lifter; *per* ~ *fahren* liften
Anhaltspunkt *m* aanknopingspunt
Anhang *m* aanhangsel; aanhang
anhängen aanhangen, ophangen, gehecht zijn
Anhänger(-) *m* aanhanger, supporter; aanhangwagen
An'hänglichkeit *v* aanhankelijkheid
an'hänglig aanhankelijk
anhauchen ademen tegen
anhäufen (sich) (zich) ophopen
anheften aanhechten
anheim'fallen ten deel vallen
anheim'stellen overlaten aan
anherrschen toesnauwen
anhören (sich) aanhoren, luisteren naar; *das hört sich gut an* dat klinkt goed.
Anis *m* anijs
Ankauf *m* (*mv* **Ankäufe**) aankoop; het gekochte
Anker *m* anker
Ankerboje *v* ankerboei
ankern ankeren
Ankerplatz *m* ankerplaats
Anklage(n) *v* aanklacht
anklammern vastklemmen
Anklang *m* akkoord; overeenkomst; weerklank, bijval
anklopfen op de deur kloppen
anknipsen elektrisch licht aansteken, aandoen
ankommen aankomen; succes hebben
ankreuzen aankruisen
ankünden, ankündigen aankondigen
Ankunft *v* aankomst
ankurbeln aanzwengelen, stimuleren, op gang brengen
anlächeln glimlachen tegen
Anlage *v* aanleg; kapitaal belegging; bijlage
anlangen aankomen;
Anlass *m* (*mv* **Anlässe**) aanleiding, reden

anlassen starten (motor); aanlaten
Anlasser *m* starter
Anlasserschlüssel *m*
contactsleutel (v. auto)
anlässlich (+2) naar aanleiding van
Anlauf *m* aanloop; poging
anlaufen aanlopen; beslaan;
verkleuren *der Film ist gestern
angelaufen* de film is gisteren
begonnen te draaien
anläuten (*tel*) opbellen; aanbellen
anlegen aanleggen, meren;
besteden, *Hand anlegen* een
handje helpen
anlegen (sich) ~ *mit* het aan de
stok krijgen met
anlehnen aanleunen
anlehnungsbedürftig aanhankelijk
Anleihe *v* lening
Anleitung *v* handleiding,
aanwijzing
anlernen aanleren
anliegen *es liegt heute viel an* er is
vandaag veel te doen; *es liegt an
dir* het hangt van jou af.
Anliegen *o* verzoek, verlangen,
wens
Anlieger (-) *m mv* aanwonende, ~
frei alleen voor
bestemmingsverkeer
anmachen aanzetten; aanmaken
(salade); proberen te versieren;
toesnauwen
anmaßen (sich) zich aanmatigen
Anmaßung *v* aanmatiging
anmelden (sich) ~ *zu* zich
opgeven voor
Anmeldeschein *m* verhuisbiljet
anmerken opmerken, aantekenen
Anmerkung *v* opmerking,
aantekening
Anmut *v* bevalligheid, charme,
gratie
anmuten aandoen
annähernd ongeveer
Annäherung *v* (toe)nadering
Annahme *v* onderstelling;
acceptatie
annehmen aannemen
annehmlich aannemelijk;
aangenaam
annektie'ren annexeren
Annexion *v* annexatie
Annonce *v* advertentie
annullieren annuleren
an'öden vervelen
anonym anoniem
An'ordnung *v* rangschikking,
regeling, ordening, verordening
anormal' abnormaal
anpassen aanpassen, richten naar
anpochen aankloppen
Anprall *m* stoot, botsing
anprallen botsen

Anprobekabine *v* paskamer
anprobieren passen
anpumpen *jemanden* ~, van
iemand te leen vragen
anrechnen aanrekenen
Anrecht *o* recht, aanspraak
anreden aan-, toespreken
anregen aansporen, stimuleren;
suggereren
Anregung *v* opwekking;
stimulering, voorstel, prikkel
anreißen inscheuren; *ein Thema* ~
een onderwerp aansnijden)
Anreiz *m* prikkel; stimulans
Anrichte *v* aanrecht; buffet
Anruf *m* aanroeping; telefoontje
Anrufbeantworter *m*
antwoordapparaat
anrufen opbellen
anrühren aanroeren; aanraken
ans, (an das) aan het
ansagen aankondigen,
bekendmaken
An'sager *m* (*rtv*) omroeper
Ansammlung *v* verzameling;
ophoping, samenscholing
ansässig woonachtig
Ansatz *m* aanzetsel; mondstuk;
begin
Anschauung *v* aanschouwing,
mening
Anschein *m* schijn, indruk
anscheinend blijkbaar
anschicken (sich) zich klaarmaken;
op 't punt staan
anschieben aanduwen
Anschlag *m* aanslag;
bekendmaking; aanplakbiljet
anschlagen aanslaan; aanplakken;
ramen; helpen (therapie)
Anschlagsäule *v* aanplakzuil
anschließen aansluiten; bijvoegen
anschließend vervolgens
Anschluß *m* aansluiting,
verbinding
anschmiegen zich vlijen tegen
anschmieren aansmeren;
bedriegen
anschnallen(sich)
veiligheidsgordel aandoen
anschnauzen toesnauwen
Anschovis *v* ansjovis
An'schrift *v* adres
anschwärzen zwart maken,
belasten
anschwellen (aan-, op-)zwellen
anschwemmen aanspoelen, (doen)
aanslibben
ansehen aanzien, aankijken,
bekijken, beschouwen
Ansehen *o* aanzien, uiterlijk;
voorkomen
ansehnlich aanzienlijk,
imponerend

anseilen (sich) aan touw
vastbinden
ansetzen inzetten, aanzetten;
vastzetten, bepalen
Ansicht *v* gezicht; mening,
opvatting
Ansichtkarte(n) *v* ansichtkaart,
prentbriefkaart
ansiedeln (sich) zich nederzetten,
zich vestigen
An'siedlung *v* volksplanting,
kolonie; vestiging
Ansinnen *o* plan, voornemen
Anspielung *v* zinspeling,
toespeling
anspornen aansporen
Ansprache *v* toespraak
ansprechen aanspreken; bevallen
Anspruch *m* aanspraak, vordering
anspruchslos bescheiden, nederig,
zonder pretenties
anspruchsvoll veeleisend
anstacheln ophitsen
Anstalt *v* inrichting; instelling,
instituut
Anstand *m* fatsoen,
an'ständig fatsoenlijk; behoorlijk
anstandslos zonder bezwaar
anstatt in plaats van
anstecken aansteken, besmetten;
sich ~ *mit* besmetten
ansteckend besmettelijk,
aanstekelijk
Ansteckung *v* besmetting
anstehen in de rij staan
ansteigen stijgen; omhooggaan
Anstellung *v* aanstelling;
betrekking
Anstich *m* het aansteken (vat)
Anstieg *m* stijging; beklimmen
anstiften aanstichten
anstimmen aanheffen
Anstoß *m* aanstoot; aftrap
anstoßen aanstoten; aanstoot
geven; ~ *auf* klinken op
anstößig aanstotelijk
anstreichen aanstrepen; verven,
schilderen
Anstreicher *m* schilder
anstrengen (sich) zich inspannen
Anstrengung *v* inspanning
Anstrich *m* verf; vernisje; schijn
Ansuchen *o* verzoek
Anteil *m* aandeel; deelneming
Anteilnahme *v* deelneming,
belangstelling
Anteilschein *m* aandeel
antelephonieren opbellen
Anti-Baby-Pille *v* pil
(anticonceptie)
antik antiek
Antiquitäten *v mv* antiek,
antiquiteit
Antiquitätenhändler *m* antiquair

Antisemitismus *m* antisemitisme,
  jodenhaat
Antlitz(e) *o* (aan)gezicht, gelaat
Antrag *m* voorstel, aanbod; motie
antragen aandragen; aanbrengen;
  verklikken
Antragsformular *o*
  aanvraagformulier
Antragsteller *m* aanvrager,
  voorsteller (motie)
antreiben aandrijven, aansporen;
  aanzetten
antreten aantreden; aanvaarden
Antrieb *m* aandrijving; aansporing
Antritt *m* aanvaarding, begin
Antwort(en) *v* antwoord
antworten antwoorden
Antwortschein *m* antwoordcoupon
anvertrauen toevertrouwen
anverwandt verwant
anwachsen aan-, vastgroeien,
  groeien
Anwalt *m* advocaat, verdediger
Anwandlung *v* aanvechting; vlaag
Anwärter *m* aspirant; kandidaat
Anweisung *v* aanwijzing; cheque,
  instructie, handleiding
anwenden aanwenden, toepassen,
  gebruiken
Anwendung *v* toepassing, gebruik
Anwesen *o* erf; hoeve
anwesend aanwezig
An'wesenheit *v* aanwezigheid
anwidern tegenstaan
Anzahl *v* aantal
anzahlen een gedeelte
  vooruitbetalen, aanbetalen
Anzapfung *v* (*rtv*) aftakking
Anzeichen *o* teken, symptoom
Anzeige *v* aankondiging,
  advertentie; aangifte
Anzeige *v* proces-verbaal; ~
  erstatten aangifte doen
anzeigen aantonen, aangeven,
  aangifte doen
Anzeiger *m* aanbrenger;
  nieuwsblad
anzetteln op touw zetten,
  voorbereiden
anziehen aantrekken; bekoren;
  lokken
anziehend aantrekkelijk
Anziehungskraft *v*
  aantrekkingskracht
Anzug *m* pak (kostuum)
anzüglich stekelig, hatelijk
anzünden opsteken (sigaret),
  aansteken
apart bijzonder, eigenaardig
Aperitif *m* aperitief
Apfel *m* (*mv* Äpfel) appel
Apfelsaft *m* appelsap
Apfelsine(n) *v* sinaasappel

Apfelsinensaft *m* sinaasappelsap
Apotheke(n) *v* apotheek
Apparat *m* toestel
Appetit *m* eetlust, trek; *Guten ~!*
  Eet smakelijk!
appetitlich smakelijk
applaudieren applaudisseren
Après- Ski *o* après-ski
Aprikose(n) *v* abrikoos
April *m* april
Äquator *m* evenaar, equator
Araber *m* Arabier
Arbeit *v* werk (taak), arbeid,
  moeite
arbeiten werken
Arbeiter *m* arbeider
Arbeiterin *v* arbeidster
Arbeiterschaft *v* gezamenlijke
  arbeiders
ar'beitsam arbeidzaam
Arbeitsamt *o* arbeidsbureau
Arbeitsausfall *m* werkverzuim
Arbeitsausschuss *m* werkgroep
Arbeitsbeschaffung *v*
  werkverschaffing,
  werkverruiming
Arbeitseinstellung *v* werkstaking
Arbeiterlaubnis *v*
  werkvergunning
Arbeitsgemeinschaft *v*
  werkgemeenschap; werkcursus
Arbeitsgruppe *v* werkgroep
arbeitslos werkloos
Arbeitstag *m* werkdag
Arbeitsvertrag *m* arbeidscontract
Arche *v* ark
Architekt(en) *m* architect
Archiv *o* archief
Archivar(e) *m* archivaris
arg erg, kwaad, hard, moeilijk
argentinisch Argentijns
Ärger *m* ergernis; verdriet
ärgerlich ergerlijk, irritant
ärgern ergeren
arglos argeloos
Argwohn *m* argwaan
argwöhnisch argwanend
Arithme'tik *v* rekenkunde
arm arm (*an*, aan)
Arm(e) *m* arm
Armaturenbrett *o*
  instrumentenbord, dashboard (v.
  auto)
Armband *o* armband
Armbanduhr *v* (pols-)horloge
Armbrust *v* hand- of voetboog
Armee(n) *v* leger
Ärmel(-) *m* mouw
Ärmelkanal *m* Kanaal
Armenpflege *v* armenzorg
Armlehne *v* leuning (v. stoel)
ärmlich armelijk, armzalig
armselig armzalig,
  beklagenswaardig

Armsessel *m* leuningstoel
Armut *v* armoede
Arnheim *o* Arnhem
Arrest *m* arrest; beslag
arretieren vastmaken
Arse'n *o* arsenicum
Art *v* manier, soort
Art. zie Artikel
artfremd van ander ras
artig braaf, vriendelijk, zoet,
  complimenteus
Artikel *m* artikel; lidwoord
Artischocke(n) *v* artisjok
Arznei(mittel) *o* geneesmiddel
Arzt/Ärztin *m/v* arts, dokter
As *o* (*mv* Asse) aas(kaart)
Aschbecher *m* asbakje
Asche *v* as (door branden)
Aschenbahn *v* (*sp*) sintelbaan
Aschenbecher (-) *m* asbak
Aschenbrödel *o* assepoester
Ascher *m* asbakje
Aschermittwoch *m* Aswoensdag
aschgrau asgrauw
Asien *o* Azië
Aspekt *m* aspect
Aspirin *o* aspirine
Ast *m* tak
ästhetisch esthetisch
Asthma *o* astma
Astronaut *m* astronaut,
  ruimtevaarder
astronomisch sterrenkundig
Asyl *o* asiel
Asylant *m* asielzoeker
Atem *m* adem
Äther *m* ether
Atlan'tik *m* Atlantische Oceaan
At'las *m* (*mv* Atlasse & Atlanten)
  atlas
atmen ademhalen
Atmosphäre *v* sfeer
Atomkraftwerk *o* atoomcentrale
Atomspaltung *v* atoomsplitsing
ätzen etsen
auch ook
Audienz *v* audiëntie
auf op, in; ~ *einmal* opeens
auf'atmen opgelucht ademhalen
Aufbau *m* opbouw, bouw
aufbauen (op)bouwen, opzetten
  (van tent)
aufbäumen steigeren
aufbauschen opschroeven,
  opblazen (fig)
aufbessern verbeteren, verhogen
  (salaris)
aufbewahren bewaren, sparen,
  (op)bergen
Aufbewahrung *v* bewaring; *zur ~*
  geben in bewaring geven
aufbieten ontbieden, oproepen;
  inspannen
aufblasen opblazen, oppompen;

sich ~ snoeven
aufblicken opkijken
aufblühen opbloeien, ontluiken
aufbrauchen verbruiken, opgebruiken
aufbrausen opbruisen
aufbrechen openbreken; opbreken, vertrekken
aufbringen opbrengen; opvoeden; vertoornen; in zwang brengen; bijbrengen (getuigen)
Aufbruch *m* opbreken; vertrek; openbreken
aufbügeln opstrijken
aufbürden belasten; op de hals schuiven
aufdecken bloot leggen, onthullen; tonen
aufdrängen opdringen
aufdrehen opdraaien, aandraaien; opendraaien
aufdringlich opdringerig, lastig
aufeinan'der op elkaar, opeen
Aufeinan'derfolge *v* opeenvolging
Aufenthalt *m* verblijf, oponthoud
Aufenthaltsgenehmigung *v* verblijfsvergunning
Aufenthaltsregister *o* verblijfsregister
auferlegen opleggen
Auferstehung *v* opstanding
aufessen opeten
auffahren botsen, oprijden
auffahrend driftig
Auffahrt *v* oprit, oprijlaan
Auffahrunfall *m* kop-staartbotsing
auffallen opvallen; openvallen
auffallend, auffällig opvallend, opmerkelijk
auffinden ontdekken, vinden
auffordern verzoeken, uitnodigen, oproepen, sommeren
auffrischen opfrissen
aufführen op-, uitvoeren; vertonen; spelen (toneelstuk); *sich* ~ zich gedragen
Aufführung *v* op-, uitvoering; vertoning, voorstelling
auffüllen aanvullen, opscheppen (soep)
Aufgabe *v* aangifte; vraagstuk; taak, werk; opgaaf
aufgeben opgeven, aangeven, neerleggen
Aufgebot *o* afkondiging van ondertrouw; delegatie
aufgebracht vertoornd; boos
aufgehen opgaan (maan), rijzen (deeg) opengaan
aufgeklärt verlicht
aufgelegt gestemd
aufgeräumt opgeruimd; vrolijk
aufgeregt opgewonden
aufgeweckt opgewekt

aufgraben opgraven
aufhalten ophouden; tegenhouden
aufhängen ophangen
aufhäufen opstapelen
aufheben opheffen; vernietigen (vonnis); afschaffen; bewaren; oprapen; oplichten
aufheitern opvrolijken; opklaren (weer)
aufhetzen opjagen (wild); ophitsen, opruien
aufholen ophalen, hijsen; inhalen
aufhorchen de oren spitsen
aufhören ophouden, stoppen
Aufkäufer *m* opkoper
aufklären ophelderen; informeren; verkennen
Aufklärung *v* opheldering; verlichting
Aufklärungsflug *m* (*mil*) verkenningsvlucht
aufkleben opplakken
Aufkleber *m* etiket, sticker
aufkommen opkomen; ontstaan
aufkündigen opzeggen, afzeggen
auflachen in lachen uitbarsten
Auflage *v* oplaag, editie
Auflauf *m* oploop;
Auflaufform *v* vuurvast schoteltje
aufleben herleven, bekomen
auflegen openleggen; opleggen
auflodern hoog opvlammen
auflösbar oplosbaar
Auflösung *v* oplossing; ontbinding; liquidatie
aufmachen open maken, openen
aufmerksam oplettend, opmerkzaam; attent
Aufmerksamkeit *v* opmerkzaamheid, oplettendheid, voorkomendheid
aufmuntern op vrolijken; aanwakkeren
Aufnahme *v* opname; ontvangst; aanneming (als lid)
Aufnahmeprüfung *v* toelatingsexamen
aufnehmen opnemen, oprapen; ontvangen; opvatten; bevatten
aufopfern opofferen
aufpassen oppassen, opletten
aufpumpen oppompen
aufputschen opruien, stimuleren
Aufputschmittel *o* stimulerend middel
aufraffen (sich) zich vermannen
aufräumen opruimen
aufrecht overeind, rechtop
Aufrechterhaltung *v* instandhouding
aufregen opwinden; opwekken
Aufregung *v* opwinding
aufreiben openwrijven; afmatten; in de pan hakken

aufreißen openscheuren; scheuren; opensperren
aufreizen ophitsen
aufreizend prikkelend
aufrichtig oprecht
aufrollen oprollen
Aufruf *m* oproep(ing)
Aufruhr(e) *m* oproer
aufrührerisch oproerig
Aufrüstung *v* (toenemende) bewapening
aufrütteln wakker schudden
aufs (auf das) op het
aufsässig weerspannig
Aufsatz *m* bovenstuk; opzet; opstel; stel
aufschauen opzien, opkijken
aufschichten opstapelen
aufschieben verschuiven, uitstellen; openschuiven
Aufschlag *m* opslag
aufschlagen openslaan; opslaan (in prijs)
aufschließen ontsluiten; opsluiten,
Aufschluss *m* ontsluiting; opheldering; uitsluitsel
aufschnappen snel weghappen; opvangen
aufschneiden open-, opsnijden
Aufschneider *m* opschepper
Aufschnitt *m* gesneden vlees
Aufschrei *m* kreet, gil
aufschreiben opschrijven, noteren; op de bon zetten
aufschreien uitschreeuwen, gillen, beginnen te schreeuwen
Aufschrift *v* opschrift
Aufschub *m* uitstel
aufschürfen schrammen
aufschwatzen aanpraten, aansmeren
aufschwingen (sich) opvliegen; zich verheffen
Aufschwung *m* vlucht, opleving
aufsehen opzien; toezien
Aufsehen *o* ~ *erregen* opzien baren
aufsehenerregend opzienbarend
Aufseher *m* opzichter
Aufsicht *v* opzicht, toezicht
aufsitzen opzitten;
aufspeichern opstapelen, verzamelen
aufsperren opensperren, wijd openmaken
Aufstand *m* opstand
aufständisch opstandig; oproerig
aufstecken opsteken (haar)
aufstehen openstaan; opstaan
aufsteigen opstijgen; rijzen
aufstellen plaatsen; opstellen
Aufstiegsmöglichkeit *v* promotiekans
Aufstrich *m* broodbeleg

Auftrag *m* opdracht, order
Auftraggeber *m* opdrachtgever
auftreiben opdrijven;
    bijeenscharrelen
auftreten optreden; opentrappen;
    zich gedragen
Auftritt *m* optreden; scène
auftun opdoen; opendoen
Aufwand *m* kosten; inzet, moeite;
    ge-, verbruik
aufwaschen (vaten) afwassen
aufwecken wakker maken;
    opwekken
aufweisen aanwijzen, vertonen
aufwenden besteden; (pogingen)
    in het werk stellen
aufwerfen opwerpen; opengooien
aufwerten hoger waarderen
Aufwertung *v* revaluatie,
    opwaardering
aufwiegen opwegen
aufwirbeln opdwarrelen; (stof)
    opjagen
aufzählen optellen, opsommen
aufzehren opteren; verteren
aufzeichnen optekenen
aufzeigen aantonen, -wijzen
aufziehen opentrekken; ophalen;
    opwinden (horloge); opkweken
Aufzug *m* lift (in gebouw), bedrijf
    (toneel), optocht, kostuum
aufzwingen opdringen
Auge *o* oog
Augenarzt *m* oogarts
Augenbinde *v* blinddoek
Augenblick(e) *m* ogenblik
augenblicklich ogenblikkelijk,
    onmiddellijk
Augenbraue *v* wenkbrauw
Augenhöhle *v* oogholte
Augenlid *o* ooglid
Augenlust *v* lust voor de ogen
Augenmerk *o* oogmerk, doel
Augenschein *m* ogenschouw
augenscheinlich blijkbaar,
    kennelijk
August' *m* augustus
Auktion' *v* veiling
Aureole *v* stralenkrans
aus uit, vanuit; afgelopen
ausarbeiten uitwerken
Ausbau *m* verbouwing, vergroting
ausbessern repareren
Ausbeute *v* opbrengst, winst;
    rendement
ausbeuten exploiteren, gebruiken
ausbilden vormen, opleiden
Ausbildung *v* opleiding
ausbitten dringend verzoeken
ausbrechen uitbreken; uitbarsten;
    ontsnappen
ausbreiten uitbreiden; uitspreiden;
    verspreiden
Ausbruch *m* uitbraak; uitbarsting;

eruptie (vulkaan)
ausbürgern het burgerrecht
    ontnemen
auschecken uitchecken
Aus'dauer *v* volharding
ausdehnen uitbreiden, uitzetten
Ausdruck *m* uitdrukking
ausdrücklich uitdrukkelijk
ausdrucksfähig expressief
ausdrucksvoll vol uitdrukking
Ausdünstung *v* uitwaseming
auseinan'der uiteen
auserlesen uitgelezen
auserwählt uitverkoren
Ausfahrt *v* afrit
Ausfall *m* uitval; uitslag; tekort
ausfallen uitvallen; niet doorgaan
Ausfallstraße *v* weg naar buiten .
    (uit de stad)
ausfertigen uitvaardigen, opmaken
    (van contract)
ausfinden vinden; opsporen
ausfindig ~ *machen* opsporen
Ausflucht *v* (*mv* Ausflüchte)
    uitvlucht
Ausflug *m* uitstapje, excursie
Ausflügler *m* dagjesmens
Ausfluss *m* uitvloeisel; vloeiing
    (med)
ausforschen uitvorsen, uithoren
Ausfuhr *v* uitvoer, export
ausführen uitvoeren, volbrengen;
    uitvoerig behandelen, exporteren
    den Hund ~ de hond uitlaten
Ausfuhrsperre *v* uitvoerverbod
Ausführung *v* uitvoering
Ausfuhrzoll *m* uitvoerrechten
ausfüllen invullen
ausfürlich uitvoerig
Ausgabe *v* uitgave; afgifte
Ausgang *m* uitgang; afloop
Ausgangsverbot *o* uitgaansverbod
ausgeben uitgeven, besteden
ausgedehnt uitgebreid, uitgestrekt
ausgefallen zonderling, gek
ausgehen uitgaan; aflopen
ausgelassen uitgelaten, dartel
ausgemacht uitgemaakt; beslist;
    volslagen
ausgenommen uitgezonderd
ausgeprägt duidelijk, uitgedrukt,
    geprononceerd
ausgeschlossen uitgesloten
ausgeschnitten gedecolleteerd
ausgezeichnet uitstekend (prima)
ausgiebig overvloedig, uitgebreid
Ausgleich *m* vereffening; vergelijk
Ausgleich(s)tor *o* (*sp*) gelijkmaker.
ausgleichen vereffenen,
    compenseren, bijleggen,
    goedmaken
ausgraben uit-, opgraven
Ausguck *m* uitkijk
Ausguss *m* uitgieting; uitgietsel;

gootsteen
aushalten aanhouden; weerstaan,
    uithouden
aushändigen overhandigen
Aushängeschild *o* uithangbord
ausharren volharden; wachten
ausheben uitnemen, uitlichten;
    oplichten, gevangen nemen
aushecken uitbroeden
ausheilen geheel genezen
Aushilfe *v* invalskracht;
    hulpmiddel; noodhulp
ausholen uithoren; opheffen (arm),
    aanloop nemen
auskennen grondig, door en door
    kennen
ausknipsen uitdraaien (licht)
auskommen rondkomen
Auskunft, Auskünfte *v mv*
    inlichtingen; informatie
Auskunftsstelle *v*
    inlichtingenbureau
auskuppeln (auto) debrayeren,
    ontkoppelen
Ausladeplatz *m* Ausladestelle *v*
    losplaats
Auslage *v* uitgaaf, onkosten;
    uitstalling, etalage
Ausland *o* buitenland
Ausländer (-) *m* buitenlander
Ausländerin *v* buitenlandse
ausländisch buitenlands,
    allochtoon
Auslandsgespräch *o*
    internationaal telefoongesprek
auslassen uitlaten, weglaten; uiten
Ausläufer *m* uitspruitsel, uitloper;
    loopjongen
ausleeren ledigen; lichten
    (brievenbus); ruimen
auslegen uitspreiden, uitstallen,
    uitleggen
Auslese *v* beste wijn; keur,
    bloemlezing
ausliefern overleveren; uitleveren
auslöschen uitdoven (licht, vuur);
    sterven; uitwissen; aflossen
    (schuld)
auslösen inlossen, loskopen
Ausmaß *o* omvang, grootte
Ausnahme *v* uitzondering
Ausnahmezustand *m* staat van
    beleg
ausnahmslos zonder uitzondering
ausnahmsweise bij wijze van
    uitzondering
ausnehmen uitnemen; uitzonderen
ausnehmend uitnemend
ausnutzen, ausnützen gebruiken,
    profiteren van, exploiteren
auspflanzen uitpoten
ausprägen stempelen, duidelijk
    uitdrukken
Auspuff *m* uitlaat

Auspuffgas *o* uitlaatgas
Auspuffrohr *o* uitlaatpijp
Auspufftopf *m* knalpot
ausräumen leeg maken, uit de weg
ruimen
ausrechnen uitrekenen
Ausrede *v* uitvlucht
ausreichen toereikend zijn
aus'reichend voldoende
Ausreise *v* vertrek naar buitenland
Ausreißer *m* vluchteling,
deserteur
ausrichten effen maken,
verrichten, volvoeren; *Grüße ~ de*
groetjes doen
ausrotten uitroeien
ausrücken uitrukken; ervandoor
gaan; uitschakelen
ausrufen omroepen
Ausrufungszeichen *o* uitroepteken
ausruhen uitrusten
ausrüsten toerusten
ausrutschen uitglijden
Aussage *v* getuigenis, verklaring;
uitspraak
aussätzig melaats
ausschalten uitzetten
(uitschakelen)
Ausschank *m* proeflokaal, kroeg
Ausschau *v* ~ *halten* uitkijken
naar
ausscheiden afscheiden;
ophouden; de dienst verlaten
ausschiffen ontschepen
Ausschlag *m* uitslag; opslag;
overwicht; doorslag
ausschlaggebend doorslaggevend
ausschließen buitensluiten;
uitsluiten
ausschließlich uitsluitend
Ausschluß *m* uitsluiting,
uitzondering
Ausschnitt *m* uitsnijding;
fragment
ausschreiben (uit)schrijven,
voluitschrijven
Ausschreibung *v* uitschrijving,
aanbesteding
Ausschreitung *v* ongeregeldheid
Ausschuss *m* uitschot; het
slechtste; commissie;
geschäftsführender ~ dagelijks
bestuur
ausschütten uitstorten; uitkeren
Ausschweifung *v*
buitensporigheid, uitspatting
aussehen (er) uitzien
außen buiten
Außenbordmotor *m*
buitenboordmotor
Außenhandel *m* buitenlandse
handel
Außenminister *m* Minister van
Buitenlandse Zaken

Außenseite *v* buitenkant, uiterlijk
Außenspiegel *m* buitenspiegel
Außenstürmer *m* (*sp*) buiten
Außenviertel *o* buitenwijk
außer behalve; buiten
außerdem bovendien
Äußere(s) *o* uiterlijk
außerhalb buiten
äußerlich uitwendig, uiterlijk
äußern uiten
außeror'dentlich buitengewoon
äußerst uiterst
Äußerung *v* uiting, gezegde
aussetzen uitzetten; uitstallen;
blootstellen; haperen, stokken,
ophouden
Aussicht *v* uitzicht; kans
aussichtslos hopeloos
aussöhnen verzoenen
aussondern afzonderen, schiften
Aussperrung *v* uitsluiting
Aussprache *v* uitspraak, discussie
aussprechen uitspreken
Ausspruch *m* uitspraak; vonnis;
gezegde
ausstaffieren opsmukken;
stofferen
Ausstattung *v* uitrusting;
huwelijksuitzet
ausstechen uitsteken; graveren;
steken; verdringen
aussteigen uitstappen; niet meer
meedoen
ausstellen ten toon stellen;
uitreiken; uitschrijven
Ausstellung *v* tentoonstelling
Ausstellungsgelände *o*
tentoonstellingsterrein
Aussteuer *v* uitzet.
ausstrahlen uitstralen;(*rtv*)
uitzenden
ausstreichen uitstrijken;
doorhalen, uitschrappen
Austausch *m* ruil; wisseling (van
gedachten)
austauschen vervangen, vervangen
Auster *v* oester
austilgen delgen
Austrag *m* uitslag; beslissing
Australien *o* Australië
austreten uittreden; zich even
verwijderen
austrocknen uitdrogen
Ausverkauf opruiming (uitverkoop)
ausverkauft uitverkocht
Auswahl *v* keuze, keur,
assortiment
Auswanderer *m* emigrant
auswandern emigreren
auswärtig buitenlands, uitheems
auswärts buitenwaarts, buiten-;
naar (in) het buitenland
Auswärtsspiel *o* (*sp*) uitwedstrijd
auswechseln uit-, verwisselen,

vervangen
Ausweg *m* uitvlucht; uitkomst
ausweichen uitwijken
Ausweis *m* legitimatiebewijs,
identiteitsbewijs, pas
ausweisen uitwijzen; *sich ~* zich
legitimeren
Ausweispapiere *o mv*
legitimatiepapieren
ausweiten oprekken,
auswendig uitwendig, van buiten,
uit 't hoofd
auswerfen uitgooien
auswerten evalueren
auswirken (sich) zich doen
gevoelen
Auswirkung *v* gevolg, effect
auswischen uitwissen
Auswuchs *m* uitwas; bult;
woekering
Auswurf *m* uitschot; (*med*)
spuwsel
auszahlen betalen, voldoen
auszehren uitmergelen
auszeichnen uittekenen; met
onderscheiding behandelen; een
onderscheiding verlenen
Auszeichnung *v* onderscheiding
ausziehen (sich) uitkleden;
verhuizen, uittrekken
Auszubildender *m* leerling
Auszug *m* uittocht; uittreksel;
schuiflade; verhuizing
Auto(s) *o* auto; ~ *fahren*
autorijden
Autobahn(en) *v* autosnelweg
Autobus(se) *m* autobus
Autofähre *v* autoveerboot
Autofahrer *m* automobilist
Autofahrt *v* autorit
Autofriedhof *m* autokerkhof
Autogas LPG
Automat(en) *m* automaat
automatisch automatisch
Autor(en) *m* auteur, schrijver
Autostop *per ~ reisen* liften
Autovermietung *v* autoverhuur
Autozug *m* autotrein
Axt *v* (*mv* **Äxte**) bijl

B

BAB = Bundesautobahn snelweg
Baby(-ies) *o* baby; *ein ~ erwarten*
in verwachting zijn
Babysitter *m* oppas, babysit(ter)
Bach *m* (*mv* **Bäche**) beek
Bachstelze *v* kwikstaartje
Backbord *o* bakboord
Backe(n) *v m* wang
backen (backte; gebacken) bakken
Backenzahn *m* kies
Bäcker(-) *m* bakker
Bäckerei *m* banketbakkerij

Backobst o gedroogd fruit
Backwerk o gebak
Bad o (mv Bäder) bad; badkamer; badplaats
Badeanstalt v badinrichting
Badeanzug m badpak
Badehandtuch o badhanddoek
Badehose v zwembroek
Bademantel m badjas
Bademeister m badmeester
Bademütze(n) v badmuts
baden baden
Badeort m badplaats
Badetasche(n) v badtas
Badewanne v badkuip
Badezimmer (-) o badkamer
Baguette o stokbrood
Bahn v trein; baan; spoorweg
bahn(hof)lagernd stationrestant
bahnbrechend baanbrekend
Bahndamm m spoordijk
bahnen banen, effenen
Bahnfahrt v treinreis
Bahnhof m station
Bahnhofspolizei v spoorwegpolitie
Bahnhofsvorsteher m stationschef
Bahnlinie v spoorlijn
Bahnsteig(e) m perron
Bahnübergang m spoorwegovergang, overweg
Bahnunterführung v tunnel (onder spoorbaan)
Bahnverbindung v spoorverbinding
Bahre v draagbaar, berrie
Bai(en) v baai, bocht
Bake v baak, boei
Bakterie v bacterie
bald spoedig, gauw, weldra; bijna
baldig spoedig
baldmöglichst zo snel mogelijk
Balg m balg; huid; straatjongen
balgen (sich) vechten, plukharen
Balken m balk
Balkon(s) m balkon
Ball m bal (speelbal; dans
Ballen m baal; bal (v. voet); muis (hand)
Ballett o ballet
Banane(n) v banaan
Band o (mv Bänder) band, lint (schrijfmachine); m (mv Bände) boekdeel
Bande v bende
bändigen temmen
Bandscheibe v tussenwervelschijf
Bandwurm m lintworm
bange bevreesd, bang
bangen vrezen
Bank v (mv Bänke) bank (zitbank, zand); (mv Banken) bank (voor geld)
Bankett o banket; berm

Bankier(s) m bankier
Bankkonto o bankrekening
Bankleitzahl v banknummer
Banknote(n) v bankbiljet
bankrott bankroet, failliet
Bankschließfach o safeloket
Bann m kerkban, banbliksem; betovering
bannen insluiten; betoverd zijn; uitbannen
Banner o banier, vlag
bar contant, baar; bloot, ledig
Bär(en) m beer
Bar(s) v bar
Barackenlager o barakkenkamp
bärbeiig stuurs
Barbestand m voorraad contanten; geld in kas
Barett o baret
barfuß, barfüßig barrevoets
barhäuptig blootshoofds
Barkasse v barkas
barmherzig barmhartig
Barometer o barometer
Baron(e) m baron
Baro'nin v barones
Barren m brug (gymnastiek); baar (metaal)
Barrikade v barricade
Barsch m baars
barsch nors, bars
Barschaft v gereed geld
Bar'schemel m barkrukje
Bart m baard
bärtig gebaard
Barzahlung v contante betaling
Base v nicht, tante (zw)
basieren baseren
Baskenmütze v alpinopet
Baß m bas(stem)
Bassin(s) o bassin, bekken
Bast m bast, schors
Batterie v batterij; accu (auto)
Bau(e/ten) m bouw; gebouw
Bauarbeiter m bouwvakarbeider
Bauart v bouwstijl, constructie
Bauch m buik
Bauchfellentzündung v buikvliesontsteking
Bauchschmerzen mv buikpijn
Bauchweh o buikpijn
Baudenkmal o monument
bauen bouwen
Bauer(n) m boer; o vogelkooi
Bäuerin(nen) v boerin
Bauernhof m boerderij
baufällig bouwvallig
Baufläche v bouwterrein
Baugerüst o steiger, stelling
Baum m (mv Bäume) boom
Baumschule v (boom)kwekerij
Baumwolle v katoen
Bauordnung v bouwverordening; bouwwijze

bäurisch boers
bauschig opbollend, bol
Baustopp m bouwverbod
Bayer(n) m Beier
Bayern o Beieren
Bazillus m bacil
beabsichtigen van plan zijn
beachten letten op, behartigen
Beambte(r) m ambtenaar
beängstigen bangmakend
beanspruchen aanspraak maken op, eisen, belasten
beanstanden bezwaar maken tegen
beantragen aanvragen, verzoeken, officieel voorstellen
beantworten beantwoorden
beatmen kunstmatige beademing toepassen
Beatmung v kunstmatige beademing
beaufsichtigen toezicht uitoefenen op
beauftragen opdragen
beben beven
Becher m beker
Becken o bekken, schaal
Bedacht m bedachtzaamheid, beleid
bedanken (sich) bedanken
Bedarf m behoefte; voorraad
Bedarfsartikel (-) m mv gebruiksartikel, benodigdheden
bedauerlich betreurenswaardig
bedauern betreuren, beklagen
bedenken bedenken, overdenken
Bedenken o bedenking; bezwaar
bedeuten betekenen, van belang zijn; te verstaan geven
Bedeutung(en) v betekenis
bedienen bedienen
Bediente(r) m bediende
Bedienung v bediening
bedingen bedingen; vereisen; vooronderstellen
bedingt voorwaardelijk
Bedingung v voorwaarde
bedingungslos onvoorwaardelijk
bedingungsweise voorwaardelijk
bedrängen bedreigen, lastig vallen
bedrohen bedreigen
bedrohlich dreigend
Bedrohung v bedreiging, dreigement
bedürfen behoeven, nodig hebben
Bedürfnis(se) o behoefte
bedürftig arm, noodlijdend
Beefsteak(s) o biefstuk
beei'digen beëdigen
beeinflussen beïnvloeden
beein'trächtigen benadelen
beerben erven van
beer'digen begraven
Beerdigungsinstitut o

begrafenisonderneming
Beere(n) *v* bes
Beet *o* bloembed
befähigen bekwamen, geschikt
 maken, in staat stellen
befallen overvallen
befangen bevooroordeeld;
 bevangen; verlegen
Befehl *m* bevel
befehlen (befahl; befohlen)
 bevelen
befehligen aanvoeren
Befehlshaber *m* bevelhebber
Befehlsstelle *v* commandopost
befestigen bevestigen; versterken;
 verharden (weg)
befeuchten bevochtigen
Befinden *o* toestand; welzijn
befindlich zich bevindend
beflissen ijverig
befolgen opvolgen (raad)
befördern bevorderen; vervoeren;
 promoveren
Beförderung *v* bevordering,
 promotie; vervoer
befrachten bevrachten, laden
befragen ondervragen; raadplegen
befreien bevrijden
befremdlich vreemd, bevreemdend
befriedigen bevredigen,
 tevredenstellen
Befugnis(se) *v* bevoegdheid
Befund *m* bevinding, diagnose
befürchten vrezen,
befürworten voorspreken,
 bepleiten
Begabung *v* gave, begaafdheid,
 talent
begeben (sich) zich begeven;
 gebeuren
Begebenheit *v* gebeurtenis
begegnen ontmoeten
begehen begaan; vieren; plegen
 (misdaad)
begehren begeren, verlangen
begeistert enthousiast,
 geestdriftig
Begeisterung *v* geestdrift,
 enthousiasme
Begier(de) *v* begeerte
begierig begerig, verlangend
Beginn *m* begin
beginnen (begann; begonnen)
 beginnen
beglaubigt bekrachtigd;
 gewaarmerkt, gelegaliseerd
Beglaubigungsschreiben *o*
 geloofsbrief
begleichen vereffenen, betalen
begleiten begeleiden
Begleiter *m* geleider
Begleitschein *m* geleidebiljet
Begleitschreiben *o* begeleidende
 brief

beglückwünschen gelukwensen
Begnadigung *v* genade, gratie.
begraben begraven
Begräbnis *o* begrafenis
begreifen omvatten; begrijpen
begreiflich begrijpelijk
Griff(e) *m* begrip, voorstelling
begründen stichten; staven;
 motiveren
begrüßen begroeten
begütert gegoed, rijk
behäbig traag
behaftet behept
behaglich behaaglijk
behalten behouden; onthouden
Behälter *m* vergaarbak; reservoir,
 tank; viskaar; blik
Behandlung(en) *v* behandeling
Behandlungsweise *v* aanpak
beharren volharden
beharrlich volhardend,
behaupten beweren; staande
 houden
Behauptung *v* bewering;
 handhaving
beheben opheffen, verhelpen
Behelf *m* noodhulp
behelligen lastig vallen
behende behendig, vlug
beherzt moedig
behilflich behulpzaam
behindern hinderen, belemmeren
behindert gehandicapt
Behinderte(r) *v & m* gehandicapte
Behinderung *v* belemmering;
 gebrek, handicap
behorchen beluisteren, afluisteren
Behörde *v* overheid, instantie
behüten behoeden, bewaren
bei bij; in de buurt van; *~ der*
 Arbeit aan het werken
beibringen bijbrengen
Beichte *v* biecht
beide beide
beiderseitig, beiderseits
 beiderzijds, van weerskanten
Beifahrer *m* meerijder
Beifall *m* bijval, applaus
 goedkeuring
beifällig toestemmend;
 goedkeurend
beigeben toevoegen; *klein ~* een
 toontje lager zingen
beigehend nevensgaand, bijgaand
Beigeordnete(r) *m* wethouder
Beigeschmack *m* bijsmaak
beikommen bereiken; vat krijgen
 op
Beikost *v* bijvoeding; bij-,
 tussengerecht
Beil *o* bijl
Beilage *v* bijlage; garnering
beiläufig terloops; ongeveer
beilegen toevoegen; toeschrijven;

bijleggen
beileibe nicht! om de dood niet!
Beileid *o* rouwbeklag, deelneming
beimessen toekennen,
 toeschrijven
Bein(e) *o* been
beinahe bijna
Beinbruch *m* beenbreuk; *Hals-*
 und ~ Sterkte!
beinern benen, van been
beipflichten instemmen,
 goedkeuren
Beiprogramm *o* voorprogramma
Beirat *m* adviescommissie
beir'ren in de war brengen
beisammen tezamen
Beischlaf *m* bijslaap
Beischrift *v* bijschrift; toevoegsel
Beisein *o* bijzijn;
 tegenwoordigheid
beiseite terzijde, apart
Beisel *o* (*oost*) restaurant
Beispiel(e) *o* voorbeeld; *zum ~*
 bijvoorbeeld
beißen (biss; gebissen) bijten
Beistand *m* bijstand, hulp
Beistandsgelder *o mv* subsidie
beistimmen toestemmen, gelijk
 geven
Beitrag *m* bijdrage
Beitritt *m* toetreding
Beiwagen *m* zijspan
beiwohnen bijwonen
beizen laten invreten, beitsen
Beizmittel *o* bijtend middel
bejahen bevestigen
bekämpfen bevechten, bestrijden
bekannt bekend
Bekannte(n) *m* kennis
bekanntgeben bekendmaken
bekanntlich zoals bekend is
bekanntmachen voorstellen
 (mensen); *er macht mich mit ihr*
 bekannt hij stelt mij aan haar
 voor.
Bekanntmachung *v*
 bekendmaking, kennisgeving
Bekanntschaft *v* kennis,
 kennissen; kennismaking
Bekehrte(r) *m* bekeerling
bekennen belijden; be-, erkennen
Bekenntnis(se) *o* belijdenis
Beklagte(r) *m* verdachte,
 gedaagde
Bekleidung *v* kleding, bekleding
Bekleidungsgeschäft *o*
 kledingzaak
beklommen beklemd, benauwd
Beklommenheit *v* benauwdheid
bekommen krijgen
bekömmlich goed bekomend,
 gezond
beköstigen de kost geven,
 onderhouden

bekräftigen bekrachtigen
bekümmern zorg baren
bekunden aan de dag leggen, verklaren
Belag *m* bedekking, wegdek, voering (rem), beslag (tong)
belagern belegeren
Belagerung *v* belegering; beleg
Belagerungszustand *m* staat van beleg
Belang(e) *m* belang, opzicht
belassen laten blijven
belasten beladen, bezwaren
belästigen lastig vallen
Belästigung last, hinder
Belastung *v* belasting; belading
belauschen beluisteren
beleben bezielen
belebt levendig, druk
Belebung *v* bezieling
Beleg(e) *m* bewijs
belegen bewijzen, beleggen
Belegschaft *v* personeel, alle arbeiders tezamen
Belegstück *o* bewijsexemplaar
belegt beslagen (tong), belegd(brood)
belehren onderrichten, inlichten
beleibt lijvig, corpulent
Beleidigung *v* belediging
belesen belezen
beleuchten verlichten, beschijnen
Beleuchtung *v* verlichting, licht
Belgien *o* België
Belgier/Belgierin *m/v* Belg
belgisch Belgisch
belichtet belicht
Belichtungsmesser *m* belichtingsmeter
Belieben *o* believen, goeddunken
beliebig naar goeddunken, willekeurig
beliebt geliefd; gezocht
bellen blaffen
beloben, belobigen prijzen
Belüftung *v* ventilatie
belügen voorliegen
Belustigung *v* vermaak
bemächtigen (sich) zich meester maken
bemänteln bemantelen
bemerkenswert opmerkelijk
Bemerkung *v* opmerking
bemitleiden (+4) medelijden hebben
bemühen (sich) zich moeite geven, trachten
Bemühung *v* bemoeiing, poging
benachbart naburig
benachrichtigen melden, berichten, inlichten
benachteiligen benadelen
benannt genoemd
Benehmen *o* gedrag, handelwijze

benehmen (sich) zich gedragen
beneiden benijden
benennen benoemen, betitelen
benetzen bevochtigen
Bengel *m* bengel; klepel
benommen versuft, bevangen
benoten beoordelen
benötigen nodig hebben
benötigt nodig
benutzen gebruiken
Benut'zung *v* gebruik
Benzin *o* benzine
Benzinkanister *m* benzineblik
Benzintank *m* benzinetank
beobachten beschouwen, waarnemen
Beobachter waarnemer
Beobachtungsposten, -stand *m* (*mil*) waarnemingspost
bepflanzen beplanten
bequem gemakzuchtig; gemakkelijk; geriefelijk
Bequemlichkeit *v* gemakzucht; geriefelijkheid
beraten raad geven; *sich ~* te rade gaan
Berater *m* adviseur
beratschlagen beraadslagen
berauben beroven
berauscht beschonken, bedwelmd
berechnen berekenen
berechtigt gerechtigd
bereden overreden; bepraten
beredt welbespraakt, welsprekend
Bereich *m* bereik; gebied, domein; *zu einem ~ gehören* ressorteren onder
bereinigen zuiveren, uit de weg ruimen; aanzuiveren
bereit gereed, bereid
bereits reeds, al
Bereitschaft *v* gereedheid, reserve
bereitwillig bereidwillig
bereuen berouwen, spijt hebben van
Berg(e) *m* berg
bergab bergaf
bergabwärts bergafwaarts
bergan, bergauf bergop
bergaufwärts bergopwaarts
Bergbau *m* mijnbouw
Berghütte *v* berghut
bergig bergachtig
Bergmann *m* mijnwerker
Bergschuhe *mv* bergschoenen
bergsteigen bergbeklimmen
Bergstock *m* bergstok
Bergwanderung *v* bergwandeling
Bergwerk *o* mijn
Bericht(e) *m* bericht; verslag, rapport
berichten meedelen, verslag doen
Berichterstatter *m* verslaggever
berichtigen verbeteren; herstellen

Berichtigung *v* rectificatie; vereffening; correctie
berieseln bevloeien
Berlin *o* Berlijn
Bernstein *m* barnsteen
bersten (barst, borst; geborsten) barsten, splijten
berüchtigt berucht
berückend betoverend
berücksichtigen in aanmerking nemen, bedenken
Beruf *m* beroep
berufen geroepen; bevoegd; beroepen
Berufsberatung *v* beroepsvoorlichting
Berufsgenossenschaft *v* vakvereniging
Berufsschule *v* vak-, streekschool
Berufung *v* beroep; (*jur*) hoger beroep
Berufsfall *m* precedent
beruhen berusten
beruhigen geruststellen
berühmt beroemd
berühren aanraken; aanroeren
Berührungsebene *v* raakvlak
Berührungslinie *v* raaklijn
besagen zeggen; betekenen
besagt bovengemeld
besänftigen kalmeren
Besatz *m* belegsel, boord
Besatzung *v* bezetting.
beschädigen beschadigen
beschädigt beschadigd
beschaffen aanschaffen, leveren
Beschaffenheit *v* gesteldheid, aard
beschäftigt bezig
Beschäftigung *v* bezigheid; werk
beschämt beschaamd.
beschatten overschaduwen; bewaken
beschaulich bespiegelend, rustig
Beschauung *v* beschouwing; (*med*) (lijk)schouwing
Bescheid *m* bescheid; bericht, antwoord
bescheinigen schriftelijk verklaren
Bescherung *v* pakjesavond (kerst); (*fig*) gedonder
Beschlag *m* beslag;
beschleunigen bespoedigen
beschließen besluiten; eindigen
Beschluß *m* besluit; beslissing;
beschlußfähig bevoegd een besluit te nemen
beschmieren besmeren
beschmutzen bevuilen
beschönigen vergoelijken
beschränken beperken
beschränkt bekrompen, stom
beschreiben omschrijven
Beschriftung *v* opschrift

beschützen beschermen; behoeden
Beschwerde(n) v klacht; (med) ~ haben mit moeite hebben met
Beschwerdenbuch o klachtenboek
beschwerlich lastig
beschwichtigen sussen, kalmeren
beschwindeln afzetten, bedriegen, beetnemen
beschwören bezweren
beseelen bezielen
besehen bezien, bekijken
beseitigen afschaffen, uit de weg ruimen
Besen m bezem
besessen bezeten
besetzen bezetten; omboorden
besetzt bezet
besichtigen bezichtigen
besiegen overwinnen
besinnen (sich) zich bezinnen, te binnen brengen
Besinnung v bewustzijn, bezinning
besinnungslos bewusteloos
Besitz m bezit
Besitzer m bezitter; eigenaar
Besitztum o eigendom, bezitting
Besoldung v bezoldiging
besonders bijzonder
besorgen bezorgen, kopen
Besorgnis(se) v bezorgdheid; vrees
Besorgung v bezorging; bezorgdheid; boodschap
bespielen bespelen
besprechen bespreken
besprengen besprenkelen
besser beter
Besserung v beterschap; Gute ~! Beterschap! verbetering
Bestand m stand, staat; duurzaamheid; inventaris, voorraad
beständig bestendig
Bestandsaufnahme v inventarisatie
Bestandteil m bestanddeel
bestätigen bevestigen, staven
bestatten begraven
bestäubt bestoven
beste beste; der Beste, de beste; am besten, het best
bestechen omkopen
bestechlich omkoopbaar
Besteck o bestek (mes en vork); couvert; instrumenten
bestehen bestaan; doorstaan; slagen (examen)
besteigen beklimmen, bestijgen
bestellen bestellen
Bestellung(en) v bestelling, order
bestens allerbest, best, zeer goed
besteuern belasten, belasting

opleggen
bestialisch beestachtig
Bestie v beest
bestimmen bepalen
bestimmend doorslaggevend
bestimmt bepaald, zeker, precies; stellig
bestimmte bepaalde
bestohlen bestolen
bestrahlen (med) bestralen
Bestrahlung v (med) bestraling
bestreiten betwisten tegenspreken
bestricken verstrikken, betoveren
bestürzt ontsteld; onthutst
Bestürzung v ontsteltenis
Besuch(e) m bezoek, visite
besuchen bezoeken
Besuchszeit v bezoekuren
Betäubung v verdoving
beteiligen in iets betrekken; sich ~ deelnemen
Beteiligte(r) m belanghebbende, deelnemer
beten bidden
beteuern betuigen; plechtig verzekeren
Beton m beton
betonen nadruk leggen op; beklemtonen
betonieren betonneren
Betonung v klemtoon, accent
betr. zie betreffs
Betracht m in ~ kommen, nehmen in aanmerking komen, nemen
betrachten beschouwen
beträchtlich aanmerkelijk
Betrachtung v beschouwing, overpeinzing
Betrag m bedrag
Betragen o gedrag
betreff in ~ betreffende
betreffen betreffen; overkomen
betreffs ten opzichte van
betreiben drijven, uitoefenen
betreten (bn) onthutst, ontsteld; (ww) betreden
betreuen verzorgen
Betrieb(e) m bedrijf, exploitatie; in ~ setzen aanzetten
betriebsam werkzaam, nijver
Betriebskosten m mv exploitatiekosten
Betriebswirtschaftslehre v bedrijfseconomie
betroffen onthutst, ontsteld
Betrübnis(se) v droefheid, droefenis
Betrug m afzetterij, bedroeg
betrügen (betrog; betrogen) bedriegen
Betrügerei v oplichting
betrunken dronken
Bett(en) o bed; im ~ bleiben in ~ blijven

Bettdecke v sprei
Bettelei v bedelarij
betteln bedelen; smeken
bettlägerig bedlegerig
Bettler m bedelaar
Bettschieber m ondersteek
Bettuch o laken
Bettwäsche, Bettzeug v, o beddengoed
beugen (bog; gebogen) buigen
Beule v buil
beun'ruhigen verontrusten
beur'lauben verlof geven
beur'teilen beoordelen
Beute v buit, prooi
Beutel m zak, buidel
bevölkert bevolkt
Bevölkerung v bevolking
Bevollmächtigte(r) m gevolmachtigde
bevor voordat
bevorstehen aanstaande zijn, naken; dreigen
bevorzugen de voorkeur geven aan; voortrekken
bewacht bewaakt
Bewachung v bewaking
Bewaffnung v bewapening
bewahren bewaren
bewähren (sich) goed voldoen
bewährt beproefd, echt
Bewährungsfrist v proeftijd
bewältigen afdoen; onder de knie krijgen
bewandert bedreven, ervaren
Bewandtnis v gesteldheid, toedracht
Beweggrund v beweegreden
beweglich beweegbaar; beweeglijk; roerend
Bewegung v beweging; aandoening
Beweis(e) m bewijs, blijk
bewenden: es bei etwas ~ lassen 't erbij laten
bewerben (sich) ~ um solliciteren, kandideren
Bewerbung v sollicitatie; kandidatuur
bewerten waarderen, schatten
Bewertung v waardebepaling
bewilligen toestaan
bewirken bereiken, veroorzaken
bewirten onthalen
bewölkt bewolkt
Bewölkung v bewolking
bewundern bewonderen
bewusstlos bewusteloos
Bewusstlosigkeit v bewusteloosheid
Bewusstsein o bewustzijn; zum ~ bringen bijbrengen
bez. zie bezüglich
bezahlen betalen

bezähmen beteugelen
bezeichnen aanduiden, kenmerken
bezeichnend karakteristiek, kenmerkend
bezeugen betuigen, getuigen
bezichtigen betichten, beschuldigen
beziehen betrekken, ontvangen, geabonneerd zijn op (krant)
Beziehung v betrekking; relatie
beziehungsweise (verkort: **bzw.**) respectievelijk
Bezirk m district
Bezug m overtrek; betrekking; het betrekken (waren)
bezüglich betrekkelijk, met betrekking tot
Bezugnahme v betrekking, verwijzing
Bezugspreis m abonnementsprijs
bezuschussen subsidiëren
BH m beha
Bibel v bijbel
Biber m bever
Bibliothek v bibliotheek
Bibliothekar(e) m bibliothecaris
biblisch bijbels
bieder braaf, rechtschapen
biegen (bog; gebogen) buigen
biegsam buigzaam, lenig
Biegung(en) v buiging, bocht
Biene v bij (insect)
Bienenkorb, -stock m bijenkorf
Bienenzucht v bijenteelt
Bienenzüchter m bijenhouder, imker
Bier o bier
Bierbrauerei v bierbrouwerij
Bierseidel o bierglas
Biest o beest (ongunstig)
bieten (bot; geboten) bieden
Bikini m bikini
Bilanz v balans
Bild o beeld, schilderij, foto, plaat (drukwerk)
Bildberichterstatter m persfotograaf
bilden beschaven, vormen
Bilderbuch o prentenboek
Bilderroman m beeldroman, stripverhaal
Bildersprache v beeldspraak
Bildhauer m beeldhouwer
Bildnis(se) o beeltenis; portret
Bildschirm m beeldscherm
Bildung v vorming, beschaving
Bildungsanstalt v onderwijsinrichting
Billard o biljart
Billardkugel v biljartbal
Billett(s) o biljet, kaartje
billig goedkoop
billigen goedkeuren
Bimsstein m puimsteen

Binde(n) v damesverband, band; verband
binden (band; gebunden) binden
Bindung v binding, band; gebondenheid
binnen binnen
Binse v bies
Birke v berk
Birkhuhn o korhoen
Birne(n) v peer; gloeilamp
bis tot
Bisam m muskus
Bischof m (mv **Bischöfe**) bisschop
bisher tot dusverre, tot nu toe
Biss m (mv **Bisse**) beet, hap
biss'chen beetje
Bissen m hap, mondvol
bissig bijtachtig; bits
Bistum o (mv **Bistümer**) bisdom
bisweilen somtijds
Bitte v bede, verzoek
bitte alstublieft, alsjeblieft; graag gedaan
bitten (bat; gebeten) verzoeken; vragen
Bittende(r) m & v smekeling, verzoeker, -ster
bitter bitter
bitterböse zeer kwaad
Bittgesuch o **-schreiben**, o, **-schrift** v verzoekschrift, rekwest
Bittsteller m adressant, rekwestrant
Biwak(e/s) o bivak
blähen opblazen, doen zwellen
blank blank, blinkend
Blase v blaar, blaas
blasen (blies; geblasen) blazen
blasiert blasé
blass bleek, flauw
Blässe v bleekheid
Blatt o (mv **Blätter**) blad (boom), vel (papier)
Blättchen (-) o blaadje
Blatter v puist, blaar; *die ~n* pokken
blatternarbig pokdalig
Blätterteig m bladerdeeg
blau blauw, dronken
Blaubeere(n) mv bosbes
Blaulicht o zwaailicht
Blech o blik
blechen dokken
blechern blikken, van blik
Blechschaden m blikschade
Blechschmied m blikslager
Blei o lood; m (mv **Bleie**) blei, bliek (vis)
bleiben (blieb; geblieben) blijven, verblijven
bleich bleek, vaal
bleiern loden, van lood
bleifrei loodvrij
Bleistift m potlood

Bleiverschluss m unter ~ geplombeerd
Blende v diafragma
blenden verblinden
Blendwerk o begoocheling
Blick(e) m blik, uitzicht
blicken blikken, kijken
Blickfang m blikvanger
blind blind; loos
Blinddarm m blindedarm
Blinddarmentzündung v blindedarmontsteking
Blindgänger m niet ontplofte projectiel
blinken blinken; lichtseinen geven
Blinklicht(er) o richtingaanwijzer, knipperlicht, clignoteur
blinzeln knipogen, met de ogen knipperen
Blitz(e) m bliksem
Blitzableiter m bliksemafleider
blitzen flitsen
Blitzgerät o flitser
Blitzkrieg m bliksemsnel besliste oorlog
Blitzlicht o flitslicht
Blitzwürfel(-) m flitsblokje
Block m blok
blockfrei ongebonden (v. mogendheid)
blockieren blokkeren
blöde stompzinnig
Blöd'sinn m onnozelheid; onzin
blöken blaten, loeien
blond blond
blondieren blonderen
bloß bloot, naakt; enkel, slechts; ontbloot
Blöße v naaktheid; zwakke zijde
blühen bloeien
Blume(n) v bloem
Blumenkohl m bloemkool
Blumenlese v bloemlezing
Blumentopf m bloempot
Blumenzwiebel v bloembol
Blumenzwiebelfeld o bollenveld
blumig bloemrijk
Bluse v blouse
Blut o bloed
Blutbrechen o bloedspuwing
Blutdruck m bloeddruk
blutdürstig bloeddorstig
Blüte v bloesem; bloei
Blutegel m bloedzuiger
Blütenstaub m stuifmeel
Bluterguss m bloeduitstorting
Blutgefäß(e) o bloedvat
blutig bloederig, bebloed
Blutkörperchen o bloedlichaampje
blutreinigend bloedzuiverend
blutrünstig bloederig
Blutsauger m bloedzuiger
Blutspender m donor, bloedgever
blutstillend bloedstelpend

Blutsturz *m* bloedspuwing
Blutübertragung *v* bloedtransfusie
BMX-Rad *o* crossfiets
B.N.D. = *Bundesnachrichtendienst*
Bö(en) *v* bui
Bob *m* bobslee
Bock *m* (*mv* Böcke) bok; schraag,
    ezel; misslag
Boden *m* grond, bodem, vloer,
    zolder
Bodenbelag *m* vloerbedekking
Bodenbeschaffenheit *v*
    grondgesteldheid
Bodendienst *m* gronddienst (op
    vliegveld)
Bodenkammer *v* zolderkamer
bodenlos bodemloos, verregaand
    ongehoord
Bodenorganisation *v* gronddienst
    (v. vliegveld)
Bodenreform *v* hervorming van
    het grondbezit
Bodensatz *m* grondsop
bodenständig in de bodem
    vastgeworteld, autochtoon
Bogen *m* boog; strijkstok;
    handboog; vel (papier)
Bohle *v* dikke plank
Böhme *m* Bohemer
Bohnen *mv* bonen
bohnern boenen
Bohnerwachs *o* boenwas
Bohrer(-) *m* boor (boren)
Boje *v* (anker)boei
Bolzen *m* ijzeren bout
Bombe *v* bom
Bombenangriff *m* bomaanval
Bombenerfolg *m* reuze succes
bombensicher bomvrij, vast en
    zeker
Bombensplitter *m* bomscherf
Bonbon *m* & *o* bonbon, snoepje
Boot(e) *o* boot
Bootsanhänger *m* boottrailer
Bootsfahrt *v* boottocht
Bootsverleih *m* verhuur van boten
Bord(e) *m* boord, rand; *o* plank
    (aan muur)
Bordell *o* bordeel
Bordkarte *v* instapkaart
borgen lenen
Borke *v* schors
borniert bekrompen
Börse *v* beurs, portemonnee
Börsenzettel *m* koerslijst
Borste *v* borstel (varken)
Borte *v* boordsel; rand, kant
Böschung *v* helling
böse kwaad, boos
Bösewicht(e/er) *m* booswicht
boshaft boosaardig
böswillig kwaadwillig
Bota'nik *v* plantkunde
Bote(n) *m* bode

Botschaft(en) *v* ambassade
Botschafter *m* ambassadeur
Böttcher *m* kuiper
Bowle *v* bowl
boxen boksen
brach braak
Brackwasser *o* brakwater
Brand *m* brand
Brandmal *o* brandmerk
brandneu gloednieuw
Brandsalbe *v* brandzalf
Brandstifter *m* brandstichter
Brandung *v* branding
Brandwunde(n) *v* brandwond
Brasilien *o* Brazilië
Braten *m* gebraad
braten (briet; gebraten) braden,
    bakken
Brathähnchen *o* braadkip
Brathendl *o* (*oost*) braadkip
Bratkartoffeln *v mv* gebakken
    aardappelen; patates frites
Bratpfanne *v* koekenpan,
    braadpan
Bratsche *v* altviool
Bratspieß *m* braadspit
Brattopf *m* braadpan
Brauch *m* (*mv* Bräuche), gebruik,
    gewoonte
brauchen nodig hebben, zijn;
    gebruiken
Braue *v* wenkbrauw
Brauerei(en) *v* brouwerij
braun bruin
Brause *v* sproeier, douche,
    limonade
Brauselimonade *v* priklimonade
brausen bruisen stuiven
Braut *v* (*mv* Bräute) bruid;
    verloofde
Bräutigam(e) *m* bruidegom;
    verloofde
brav braaf; dapper
B.R.D. = *Bundesrepublik*
    Deutschland
brechen (brach; gebrochen)
    breken; (*med*) braken
Brechmittel *o* braakmiddel
Brei(e) *m* pap
breit breed; dronken
Breite *v* breedte
Bremsbacke *v* remblokje
Bremse *v* rem, paardenvlieg
bremsen remmen, afremmen
Bremsflüssigkeit *v* remolie
Bremsklotz *m* (*mv* Bremsklötze)
    remblok
Bremslicht *o* remlicht
Bremsscheibe *v* remschijf
brennen branden
Brennpunkt *m* brandpunt
Brennspiritus *m* brandspiritus
brenzlich branderig; netelig
Bresche *v* bres

Brett(er) *o* plank, bord
brettern razen; planken
Brezel *v* krakeling
Bridgeturnier *o* bridgedrive
Brief(e) *m* brief
Briefbeschwerer *m* presse-papier
Briefbogen *m* velletje postpapier
Brieffach *o* postbus
Briefkasten *m* brievenbus
Briefmarke(n) *v* postzegel
Briefmesser *o* briefopener
Briefpapier *o* briefpapier
Briefsperre *v* verbod om brieven
    te verzenden of te ontvangen
Brieftasche *v* portefeuille
Brieftaube *v* postduif
Briefträger *m* postbode
Briefumschlag *m* couvert,
    enveloppe
Briefwaage *v* brievenweger
Briefwechsel *m* briefwisseling,
    correspondentie
Brigg *v* brik (schip)
Brikett(e/s) *o* briket
Brillant(en) *m* briljant
Brille(n) *v* bril
bringen (brachte; gebracht)
    brengen
Brise *v* briesje
Britannien *o* Brittannië
Brocken *m* brok, stuk
brodeln pruttelen, zieden
Broiler *m* (*oostdt*) braadkip
Brombeere *v* braam(bes)
Bronchitis *v* bronchitis
Bronze *v* brons
broschieren innaaien
Broschüre *v* folder, brochure
Brot(e) *o* brood
Bruch *m* (*mv* Brüche) breuk;
    hernia; *zu ~ gehen* kapotgaan
Bruchband *o* breukband
brüchig bros
Bruchstück *o* brokstuk, fragment
Bruchzahl *v* gebroken getal, breuk
Brücke(n) *v* brug
Brückenkopf *m* bruggenhoofd
Bruder *m* (*mv* Brüder) broer
Brüderschaft *v* broederschap; ~
    trinken broederschap drinken
Brühe *v* vleesnat, bouillon
brühen broeien
brühheiß brandend heet
brummen brommen, grommen,
    knorren
Brunnen *m* bron, put, fontein
Brunnenwasser *o* bronwater
Brust/Busen *v/m* borst (van
    vrouw)
Brustbild *o* borstbeeld
brüsten (sich) een hoge borst
    opzetten
Brustkasten *m* borstkas
Brustkorb *m* borstkas

Brüstung *v* balustrade; kozijn; borstwering

Brustwarze *v* tepel

Brut(en) *v* broedsel

brutal ruw, bruut

brüten broeden; pikeren van plantjes

brutto bruto

Bube(n) *m* jongen; boef; boer (in het kaartspel)

Buch *o* (*mv* **Bücher**) boek

Buche *v* beuk

Buchecker(n), Buchel(n) *v* beukennoot

buchen boeken (een reis), bespreken

Bücherbrett *o* boekenrek

Büchergutschein *m* boekenbon

Bücherrevisor *m* accountant

Bücherstütze *v* boekensteun

Bücherverzeichnis *o* catalogus

Bücherwurm *m* boekenwurm

Buchfink *m* vink

Buchführer, -halter *m* boekhouder

Buchhändler *m* boekhandelaar

Buchhandlung(en) *v* boekhandel

Büchse *v* bus (blik), doos; buks (wapen)

Büchsenfleisch *o* vlees in blik

Büchsenmilch *v* gecondenseerde melk

Büchsenöffner *m* blikopener

Buchstabe(n) *m* letter

buchstabieren spellen

buchstäblich letterlijk

Bucht(en) *v* baai, bocht

Buchungsstelle *v* bespreekbureau

Buchverleih *m* uitleenbibliotheek

Buchweizen *m* boekweit

Buckel *m* bult, bochel

bücken (sich) bukken

Bückling(e) *m* bokking (vis); buiging

buddeln graven

Bude *v* kraam, stalletje; kamer

Büfett(s) *o* buffet

Bug *m* boeg (schip); schoft (dier)

Bügel *m* stijgbeugel; beugel

Bügeleisen *o* strijkijzer

bügeln strijken

Bugspriet *o* boegspriet

Bühne *v* toneel, schouwburg, podium

Bukett *o* boeket

Bullauge *o* patrijspoort

Bulle(n) *m* stier; smeris; *v* bul, pauselijke oorkonde

Bullette *v* (*oostdt*) gehaktbal

Bummel *m* wandeling, boemel

bummeln rondboemelen

Bummelstreik *m* langzaam-aan-actie

Bummelzug *m* boemeltrein, stoptrein

Bund *o* 1 (*mv* **Bunde**), bundel, bos; 2 *m* (*mv* **Bünde**) verbond **3** *m* (*mil*) dienstplicht *beim ~ sein* in dienst zijn

Bündel *o* bundel

Bundesbahn *v* spoorwegen

Bundesgenosse *m* bondgenoot

Bundeskanzler *m* bondskanselier

Bundesliga *v* (*sp*) eredivisie

Bundespost *v* posterijen

Bundesrepublik Bondsrepubliek

Bundestag *m* Bondsdag

Bundeswehr *v* leger

bündig bondig; beknopt; bindend

Bündnis(se) *o* verbond

Bungalow(s) *m* bungalow

Bungalowzelt *o* bungalowtent

Bunker *m* bunker, kazemat

bunt bont, veelkleurig

Buntheit *v* gevarieerdheid

Buntstift *m* gekleurd potlood

Bürde *v* last, vracht

Burg *v* burcht, kasteel

Bürge(n) *m* borg, waarborg

bürgen waarborgen

Bürger *m* burger

Bürgermeister *m* burgemeester

Bürgerrecht *o* burgerrecht

Bürgerschaft *v* burgerij

Bürgersteig(e) *m* trottoir, stoep

Bürgerwehr *v* burgerwacht

Bürgschaft *v* borgtocht, waarborgsom

Burgund' *o* Bourgondië

Büro(s) *o* kantoor, bureau

Büroklammer *v* paperclip

Bursche(n) *m* knaap, jongen

burschikos studentikoos

Bürste(n) *v* borstel

bürsten borstelen

Bus(se) *m* bus

Busbahnhof *m* busstation

Busch *m* struik(gewas); oerwoud; *es ist etwas im ~(e)* er is iets op til

Büschel *m & o* bos, tros

Busen *m* boezem, borst

Bushaltestelle(n) *v* bushalte

Businessklasse businessklasse

Buße *v* boete

büßen boeten

Bußgeld *o* boete

Büstenhalter *m* bustehouder

Busverbindung *v* busverbinding

Butangas *o* butagas

Butt(e) *m* bot

Butter *v* boter

Butterbrot *o* boterham; *für ein ~* voor een appel en een ei

Butterbüchse, -dose *v* botervlootje

Buttermilch *v* karnemelk

b.w. = bitte wenden z.o.z. zie ommezijde

bzw. zie beziehungsweise

C

Café(s) *v* tea-, lunchroom

Caféteria *m* cafetaria

Campinggas *o* campinggas

Campingplatz *m* camping

Campingwagen *m* kampeerwagen

CD *v* cd

CD-Spieler(-) *m* cd-speler

Cellist(en) *m* cellist

Cello(s) *o* violoncel, cello

Cembalo *o* klavecimbel

Champagner *m* champagne

Champignons *m mv* champignons

Chance(n) *v* kans

Chaos *o* chaos

Charakter(-/e) *m* karakter

Charakteris'tik *v* karakteristiek

Charterflug *m* chartervlucht

Charterflugzeug *o* chartervliegtuig

Chaussee(n) *v* straatweg

Chef *m* baas

Chemikalien *v mv* chemicaliën

Chemiker *m* scheikundige

Chicorée *v* Brussels lof, witlof

Chiffre *v* cijferschrift; letter (advertentie)

Chinese(n) *m* Chinees

Chinin *o* kinine

Chip *m* (*cul, comp*) chip

Chirurg(en) *m* chirurg

Choke *m* choke

Cholera *v* cholera

Chor *m* (*mv* **Chöre**) koor

Christ(en) *m* Christus, christen

Christbaum *m* kerstboom

Christenheit *v* christenheid

Christkind *o* Kindje Jezus, Kerstkind

christlich christelijk

chronisch langdurig, slepend

Computer *m* computer

Copilot *m* tweede piloot

Cousin *m* neef (zoon van oom of tante)

Cousine *v* nicht (dochter van oom of tante)

Curry *o* kerrie

D

---

da daar, er, toen; dan; omdat

dabei daarbij,

Dach *o* (*mv* **Dächer**) dak

Dachboden *m* zolder

Dachdecker *m* dakdekker

Dachgepäckträger *m* imperiaal

Dachgeschoss *o* zolderverdieping

Dachgesellschaft *v* holdingcompagnie

Dachrinne *v* dakgoot

Dachs(e) *m* das, dashond, taks

Dachstube *v* zolderkamertje
Dachziegel *m* dakpan
Dackel *m* dashond, taks
dafür daarvoor; *nichts ~ können,* er niets aan kunnen doen
Dafürhalten *o* mening
dagegen daartegen; daarentegen
daheim thuis, in 't vaderland
daher vandaar; dus, derhalve
dahin daarheen, voorbij; weg
Dahlie *v* dahlia
damalig toenmalig
damals destijds, toenmaals
Dame(n) *v* dame; vrouw (kaartspel); damschijf
Damenbinde(n) *v* maandverband
Damenmode *v* damesmode
Damentoilette *v* damestoilet
Damespiel *o* damspel, dammen
Damhirsch *m* damhert
damit daarmee, opdat
dämlich dom, onnozel
Damm *m* dam, dijk
dämmern schemeren
Dämmerung *v* schemering
Dämon(en) *m* demon
Dampf *m* (*mv* **Dämpfe**)damp, stoom
Dampfantrieb *m* stoomaandrijving
Dampfbad *o* stoombad
Dampfbügeleisen *o* stoomstrijkijzer
dämpfen dempen; beteugelen; smoren
Dampfer *m* stoomboot
Dampferrundfahrt *v* rondvaart met een stoomboot
Dampfkessel *m* stoomketel
Dampfkochtopf *m* snelkookpan
danach daarna; daarnaar
Däne(n) *m* Deen
Dänemark *o* Denemarken
Dank *m* dank
danke schön dank u, bedankt
danken danken (bedanken)
dankenswert verdienstelijk
Danksagung *v* dankbetuiging, dank
dann dan, toen; *~ und wann* nu en dan
daran, dran daaraan
dar'bieten aanbieden; vertonen
Darbietung *v* vertoning, uitvoering
darbringen brengen
darlegen uitleggen, betogen
Darlehen *o* lening, geleende som
Darm *m* (*mv* **Därme**) darm
darreichen aanbieden
darstellen vertonen, voorstellen, betekenen
Darstellung *v* vertoning, voorstelling
darüber daarover, daarboven
das het; dat *betr vnw*

Dasein *o* bestaan
dasjenige datgene
dass dat (voegwoord)
dasselbe hetzelfde
Daten *o mv* gegevens
datieren dateren
Dattel(n) *v* dadel
Datum *o* (*mv* **Daten**) datum
Daube *v* duig
Dauer *v* duur
Dauerauftrag *m* machtiging tot automatische afschrijving
Dauerbrenner *m* vulkachel; successtuk
dauerhaft duurzaam
Dauerkarte *v* abonnementskaart
Dauerlauf *m* langeafstandsloop
dauern duren
Dauerwelle *v* permanent (haar)
Daumen(-) *m* duim
Däumling *m* Kleinduimpje, duim
Daune *v* dons
Daunendecke *v* donzen dekbed
davon'gehen weggaan
davon'kommen eraf komen
davon'machen (sich) zich uit de voeten maken
davon'tragen wegdragen, behalen (overwinning)
dazu daartoe, daarvoor
D.D.R. = *Deutsche Demokratische Republik*
Debatte *v* debat
Deck *o* dek
Decke(n) *v* deken, tafelkleed, plafond, zoldering
Deckel *m* deksel; omslag (van boek)
decken dekken
Deckname *m* pseudoniem
Deckstuhl *m* dekstoel
Deckung *v* (be)dekking
defekt defect
definitiv definitief, voorgoed
Defizit *o* tekort, deficit
Degen *m* degen
degradieren degraderen
dehnen spannen, uit(st)rekken
Deich *m* dijk
Deichbruch *m* dijkbreuk
Deichsel(n) *v* disselboom
deichseln bedisselen, voor mekaar krijgen
dein jouw, uw
deinethalben, -wegen om jou, om u
deinige (der, die, das) de (het) jouwe, de (het) uwe
Dekan'(e) *m* deken (geestelijke); decaan
Deklination(en) *v* verbuiging; afwijking (v.e. magneetnaald)
Dekoration *v* decoratie
Delikatessen *mv* delicatessen

dementsprechend, demgemäß dienovereenkomstig
demnach dus, derhalve
demnächst binnenkort
De'mut *v* deemoed
demütigen vernederen
demzufolge dientengevolge
denen aan die; aan wie
denken denken
Denkfähigkeit *v* denkvermogen
Denkmal *o* monument
Denkmalschutz *m* monumentenzorg
Denkschrift *v* memorie
denk'würdig gedenkwaardig
denn want; dan, toch; *es sei ~* tenzij
dennoch toch (niettemin)
Deodorant *o* deodorant
deprimiert gedeprimeerd
der de, het
derart zodanig
derartig zulk, dergelijk
derb hard, vinnig, grof
dere(n)twegen ter wille van haar, hun
deren welker, wier, waarvan
derer van hen, van haar, dezer, dier
dergestalt dusdanig, dermate
dergleichen dergelijk
derjenige degene; hij, die
dermaßen dermate
derselbe (die –, das -) dezelfde
derzeit nu; toenmaals
derzeitig tegenwoordig, toenmalig
deshalb daarom, derhalve
desto des te
deswegen derhalve, daarom
Detektiv'(e) *m* detective
deuten uitleggen, verklaren; duiden
deutlich duidelijk
deutsch Duits
Deutsch Duits (taal) *auf ~* in het Duits
Deutsche *m/v* Duitser/Duitse
deutschfeindlich anti-Duits
deutschfreundlich Duitsgezind
Deutschland *o* Duitsland
deutschsprachig Duitstalig, Duitssprekend, in het Duits
Deutung *v* uitlegging, verklaring
Devise *v* devies; buitenlands betaalmiddel
Dezember *m* december
Dezimal'bruch *m* tiendelige breuk
Dezimeter *o* decimeter
d.h. = das heißt d.w.z., dat wil zeggen
Dia(s) *o* dia
Diabetiker *m* suikerpatiënt
Diafilm *m* diafilmpje
Dialekt(e) *m* tongval, dialect
Dialog(e) *m* samenspraak, dialoog

Diamant(en) *m* diamant
Diapositiv *o* dia
Diapositivrahmen *m* diaraampje
Diarrhöe *v* diarree
Diät *v* dieet
Diäten *v mv* daggelden, vacatiegelden, vergoeding
Diätnahrung dieetvoeding
dich u, je, jou (4e nv. van **du**)
dicht dicht, vast
Dichte *v* dichtheid
dichten dichten
Dichter *m* dichter
dichterisch dichterlijk
Dichtung *v* dichtwerk; verdichting
dick dik
Dickdarm *m* dikke darm
Dicke *v* dikte
dickflüssig dikvloeibaar
Dickhäuter *m* dikhuidige
Dickicht *o* dicht struikgewas
Dickkopf *m* stijfkop
dickleibig zwaarlijvig
dicklich gezet
die de; die
Dieb(e) *m* dief
Die'bin(en) *v* dievegge
diebisch diefachtig
Diebstahl *m* diefstal
diebstahlversichert verzekerd tegen diefstal
diejenige degene, zij, die
Diele *v* plank; hal
dienen dienen
Diener *m* bediende; buiging
Dienerschaft *v* dienstpersoneel
Dienst *m* dienst
Dienstag *m* dinsdag
Dienstanweisung *v* instructie
Dienstmädchen *v* dienstmeisje
Dienststelle *v* bureau; instantie
Dienstvertrag *m* arbeidscontract
diese deze, die, dit
Dieselöl dieselolie
dieser deze; ~ *und jener*, deze en gene
diesjährig van dit jaar
diesmal voor deze keer
diesseitig, diesseits aan deze kant, werelds
Dietrich(e) *m* Dirk; loper (sleutel)
Differenz *v* verschil, onenigheid
Diktat *o* dictaat, dictee
Diktator *m* dictator
Diktatur *m* dictatuur
diktieren dicteren
Dill *m* dille
DIN= Deutsche Industrienorm din-formaat
Ding(e) *o* ding, zaak
Diplom(e) *o* diploma
dir, dich jou, je, u (3e nv. van du)
direkt rechtstreeks
Direktor(en) *m* directeur

Direktsendung *v rtv* live-uitzending
Dirndl(kleid) *o* (*zuiddt*) boerinnenkostuum; meisje
Dirne *v* prostituee, hoer
Diskette *v* diskette
Disko(thek) *v* disco
Diskriminierung *v* discriminatie
Diskussion *v* discussie
Disposition *zur ~, z.D.*, non-actief, (*mil*) ter beschikking
Disput(e) *m* redetwist
Distanz *v* afstand
Distel *v* distel
Disziplin *v* discipline, tucht; tak van wetenschap
Dividende *v* dividend
dividieren delen
Division *v* divisie
Diwan(bett) *m* divanbed
d.J. = dieses Jahres van dit jaar
D-Mark *v* mark (Duitse munt)
doch toch, evenwel, jawel
Docht(e) *m* pit, kousje (van lamp, kaars)
Dock(s) *o* dok
Dogge *v* doghond
Dohle *v* kauw
Doktor(en) *m* doctor; dokter; doctorsexamen; *seinen ~ machen* promoveren
Doktorarbeit *v* proefschrift
Dolch(e) *m* dolk
Dolde *v* bloemscherm
Dolmetscher *m* tolk
Dom(e) *m* koepeldak; domkerk
Domäne *v* domein
Domizil *o* domicilie
Donner *m* donder
Donnerstag *m* donderdag
donnerwetter! wat weerga, drommels!
doof stom, dom
Doppelbett *o* tweepersoonsbed
doppeldeutig dubbelzinnig
Doppelgänger *m* dubbelganger
Doppelpunkt *m* dubbele punt
Doppelsteuerung *v* dubbele besturing (v. auto, vliegtuig)
doppelt dubbel
Doppelzimmer *o* tweepersoonskamer
Dorf *o* (*mv* **Dörfer**) dorp
Dorn *m* (*mv* **Dornen**) doorn; tong (van gesp)
dörren doen drogen
Dorsch(e) *m* kabeljauw
dort daar(ginds)
dorther van daar
dorthin daarheen
dortig (*bn*) van daar, daar zijnde
Dose *v* blik (bus), doos
dösen suffen
Dosenöffner(-) *m* blikopener

Dosis *v* dosis
Dotter *m* eidooier
Dozent(en) *m* docent, leraar
Drache(n) *m* draak; vlieger
Draht *m* (*mv* **Drähte**) draad; *auf ~* hip
Drahtseilbahn *v* kabelbaan
Drahtzaun *m* draadafrastering
drall vast; stevig; glunder
Drama'tiker *m* toneeldichter
dran daaraan
Drang *m* drang, dwang
drängen dringen, persen, duwen
Drangsal(e) *o* & *v* tegenspoed; ellende
dränieren draineren
drauf daarop, er op
Draufgänger *m* haantje-de-voorste
draußen buiten
draußen buiten
drechseln draaien
Dreck *m* vuil, drek
dreckig vuil
Drehbleistift *m* vulpotlood
Drehbuch *o* draaiboek, scenario
drehen draaien; gaan over; *die Geschichte dreht sich um.. het verhaal gaat over*
Drehkreuz *o* draaikruis, tourniquet
Drehorgel *v* draaiorgel
Drehtür *v* draaideur
Drehung *v* draaiing, omwending
Drehzahl *v* toerental
drei drie
Dreieck *o* driehoek
Dreieinigkeit, -faltigkeit *v* Drie-eenheid
dreifach drievoudig
Dreifuß *m* drievoet
drein er in
dreinschlagen er op inslaan
Dreirad *o* driewieler
dreißig dertig
dreist driest
dreizehn dertien
dreschen (drosch, gedroschen) dorsen, afranselen
Dressur(en) *v* dressuur
dribbeln dribbelen
dringen (drang; gedrungen) dringen, aandringen
dringend dringend
Dringlichkeit *v* urgentie
drinnen binnen
dritte derde
Drittel *o* derde deel
drittens ten derde
Drogen *mv* drugs, verdovend middel
drogenabhängig drugverslaafd
Drogenhändler *m* dealer
Drogensucht *v* drugverslaving
Drogensüchtiger *m*

drugverslaafde
Drogerie *v* drogisterij
Drogist *m* drogist
drohen dreigen
Drohne *v* dar
dröhnen dreunen
Drohung *v* bedreiging, dreigement
drollig grappig
Drossel *v* lijster
drosseln worgen, afknijpen, verminderen
drüben aan de overzijde, ginds
Druck(e) *m* druk; nood; drukking
Druckbogen *m* vel druks
drucken drukken (boek)
drücken duwen; *sich ~ uitknijpen*
Druckfahne *v* drukproef
Druckfehler *m* drukfout
Druckknopf *m* drukknop
Druckluft *v* perslucht
druckreif persklaar
Drucksache *v* drukwerk
drunten daarbeneden
Drüse *v* klier
du jij, je
ducken (sich) zich bukken
Duckmäuser *m* stiekemerd
Dudelsack *m* doedelzak
Duell *o* tweegevecht, duel
Duft *m* geur, reuk
duften geuren
dulden dulden, lijden
duldsam verdraagzaam
dumm dom, dwaas, stom
dumpf dof, muf; gevoelloos
Düne(n) *v* duin
düngen mesten
Dünger *m* mest
dunkel donker
Dunkelheit *v* duisternis
Dünkirchen *o* Duinkerken
dünn dun
Dunst *m* nevel, damp, wasem
dunstig dampig, nevelig
Dunstkreis *m* dampkring
Dünung *v* deining
durch door
durchaus volstrekt, geheel en al
durchblicken doorkijken
durch'bringen erdoor brengen
Durchbruch *m* doorbreking, doorbraak
durcheinan'der dooreen; *~ sein* in de war zijn
Durchfall *m* diarree, mislukking
durch'fallen doorvallen; zakken (examen)
durchforschen doorgronden
durchführen doorvoeren, uitvoeren
Durchgang *m* doorgang
durchgängig algemeen geldend; doorgaans
Durchgangsverkehr *m* doorgaand verkeer

durchgehen doorgaan, doorlopen, doorlópen; er van door gaan
durch'gehends geregeld
durch'halten volhouden
durch'kommen er door komen; rondkomen
durchlässig poreus
Durchlauferhitzer *m* geiser
durch'leuchten doorlichten, röntgenfoto's van maken
durchlö'chern doorboren
Durchmesser *m* middellijn, doorsnee
durchnässen doornat maken
durch'nehmen doorlopen, behandelen
durch'pausen calqueren (tekening)
durch'prügeln afrossen, afranselen
Durchreise *v* doorreis
durchschau'en doorzien
Durchschlag *m* doorslag (kopie); doorbraak
durch'schlagend doorslaand
Durchschnitt *m* doorsnede
durchschnittlich gemiddeld
Durchschnittsmensch *m* alledaags mens
Durchschnittspreis *m* gemiddelde prijs
durch'setzen doorzetten; doordrijven
Durchsicht *v* inzage, doorkijk; inzicht
durch'sichtig doorzichtig
durch'sprechen grondig bespreken
durchste'chen doorsteken
durchstö'bern doorsnuffelen
durch'streichen doorstrepen, doorhalen
durchsu'chen doorzoeken
durchverbinden doorverbinden
durchwählen doorkiezen
Durchwahlnummer *v* doorkiesnummer
Durchzug *m* doortocht
dürfen mogen, verlof hebben
dürftig behoeftig
dürr(e) dor, schraal
Durst *m* dorst
dürsten dorst hebben, dorsten
Dusche *v* douche
duschen douchen
Duschkabine *v* douchecel
Dusel *m* sufheid, lichte dronkenschap; bof
duseln dommelen, soezen
Düsenflugzeug, Düsenjet *o/m* straalvliegtuig
Düsenjäger *m* straaljager
düster duister, somber
Dutzend *o* dozijn; *~e von Besuchern* tientallen bezoekers
duzen met **du** aanspreken, tutoyeren

Duzfreund *m* intieme vriend
Dynamo *m* dynamo
dz. zie derzeit

E

D-Zug *m* D-trein
Ebbe *v* eb, ebbe
Ebbe *v* eb
eben, flach effen (vlak); juist, pas
ebenbürtig gelijkwaardig, van gelijke afkomst
Ebene *v* vlakte; vlak
ebenfalls eveneens, tevens
Ebenholz *o* ebbenhout
ebenso evenzo
Eber *m* everzwijn
ebnen effenen
Echo *o* echo
echt echt,
Eckball *m* (*sp*) hoekschop
Ecke(n) *v* hoek; hoekschop
eckig hoekig, kantig
Eckstoß *m* (*sp*) hoekschop
Edelmut *m* edelmoedigheid
Edelstein(e) *m* edelsteen
Efeu *m* & *o* klimop
egal egaal; onverschillig
Egge *v* eg
ehe eer, voordat, alvorens
Ehe *v* huwelijk
Ehebruch *m* overspel
ehedem eertijds, weleer
Ehefrau *v* vrouw (echtgenote)
Ehegatte *m* man, echtgenoot
Eheleute *mv* echtelieden
ehelich echtelijk
ehemalig voormalig
ehemals eertijds
Ehepaar(e) *o* echtpaar
eher eerder
Ehescheidung *v* echtscheiding
ehrbar eerzaam
Ehre *v* eer
ehren eren, eerbiedigen
Ehrenbezeigung *v* eerbewijs
ehrenvoll eervol
Ehrenwort *o* erewoord
ehrerbietig eerbiedig
Ehrfurcht *v* eerbied
Ehrgeiz *m* eerzucht
ehrlich eerlijk
ehrlos eerloos
Ei(er) *o* ei
Eiche *v* eik
Eichel(n) *v* eikel; klaveren (kaart)
eichen ijken; (*bn*) eiken
Eichhörnchen, -katze *o* eekhoorntje
Eid(e) *m* eed
eidbrüchig meinedig
Eidechse *v* hagedis
Eidgenossenschaft *v* eedgenootschap

eidlich met een eed
Eierbecher *m* eierdopje
Eierlikör *m* advocaat
Eifer *m* ijver, vuur
eifern ijveren
Eifersucht *v* jaloezie
eifrig ijverig, levendig
Eigelb *o* eigeel
eigen eigen, eigenaardig
Eigenbrötler *m* eigengereid mens
eigenhandig eigenhandig
Eigenheit *v* eigenaardigheid
Eigennutz *m* eigenbaat
eigens opzettelijk, speciaal
Eigenschaft *v* eigenschap
Eigensinn *m* eigenzinnigheid
eigentlich eigenlijk
Eigentum *o* eigendom
Eigentümer *m* eigenaar
eigentümlich eigenaardig
Eigentumswohnung *v* koopflat
eigenwillig eigenzinnig
eignen (sich) geschikt zijn voor
Eiklar *o* eiwit
Eilbote *m* koerier; *durch ~n* per
  expresse
Eilbrief *m* expresbrief
Eile *v* haast (spoed)
eilen zich haasten, reppen
eilends haastig, ijlings
eilfertig haastig
Eilgut *o* snelgoed
eilig haastig; *~er Fall, m*
  spoedgeval; *Es eilt!* Spoed!
Eilzug *m* sneltrein
Eimer *m* emmer; *im ~ sein* naar de
  maan zijn
ein, eine een
einan'der elkaar
einarbeiten inwerken; invoegen
einäschern cremeren; in de as
  leggen
Einäscherung *v* crematie
einatmen inademen, inhaleren
Einbahnstraße *v* straat met
  éénrichtingsverkeer
Einband *m* band (v. boek)
einbauen inbouwen; invoegen
Einbauküche *v* ingebouwde
  keuken
einbegriffen inbegrepen
einberufen bijeenroepen,
  oproepen
Einbettzimmer *o*
  eenpersoonskamer
Einbeulung *v* deuk
einbiegen inslaan (straat)
Einbildung *v* inbeelding
Einblick *m* blik, kijkje
einbrechen instorten, inzakken;
  inbreken
Einbrecher *m* inbreker
einbringen opbrengen;
  binnenhalen

Einbruch *m* inbraak; inbreuk
Einbruchsdiebstahl *m* diefstaal
  met braak
einbruchsicher inbraakvrij
einbürgern naturaliseren
Einbuße *v* schade, verlies
einchecken inchecken
eindeutig ondubbelzinnig
eindeutschen verduitsen
eindringen indringen
ein'dringlich nadrukkelijk
Eindringling *m* indringer
Eindruck *m* indruk
eindrucksvoll indrukwekkend
Einebnung *v* nivellering
einen verenigen
einengen in het nauw brengen
einer een; de een; iemand
einerseits enerzijds
einfach gemakkelijk, eenvoudig; *~
  Fahrt* enkele reis
einfädeln insteken draad;
  invoegen (v. auto)
Einfahrt *v* inrit, oprit, afslag
Einfall *m* inval; gedachte
Einfalt *v* onnozelheid
einfältig onnozel
Einfaltspinsel *m* domkop, sul
Einfamilienhaus *o*
  eengezinswoning
einfarbig effen (van kleur)
Einfassung *v* lijst
einfinden (sich) verschijnen
einfliegen binnenvliegen, invliegen
einflößen ingeven, inboezemen
Einfluß *m* invloed
einförmig eentonig, gelijkvormig
einfriedigen omheinen
einfügen invoegen; insluiten
einfühlen (sich) zich inleven
Einfuhr *v* invoer, import
Einfuhrbewilligung *v*
  invoervergunning
einführen invoeren; introduceren;
  importeren
Einfuhrzoll *m* invoerrechten
Eingabe *v* verzoekschrift, input
Eingang *m* ingang, toegang
eingebildet ingebeeld, verwaand
Eingeborene(r) *m* inboorling
eingefleischt verstokt
eingehen ingaan; aangaan;
  binnenkomen (brieven); krimpen
  (kleren), afsterven (planten)
eingehend grondig
Eingemachtes *o* inmaak
eingemeinden inlijven in gemeente
eingeschlossen ingesloten,
  inbegrepen
eingeschrieben aangetekend
  (brief)
Eingestandnis *o* bekentenis
eingestehcn bekennen
Eingeweide *o* ingewand

Eingeweihter *m* ingewijde
eingliedern indelen, invoegen bij
einhaken inhaken, een arm geven
einhalten binnenhouden,
  ophouden, zich houden aan
einhändigen overhandigen
einhängcn op haak leggen
  (telefoon)
einheimisch inheems
einheimsen inpikken
einheitlich een geheel vormend
einhellig eensgezind, eenparig
einhergehen (mit) gepaard gaan
  mee
einholen inhalen, inwinnen
  (informatie); boodschappen doen
einig eensgezind
einige enkele
einigermaßen enigszins
einkalkulieren rekening houden
  met
Einkauf *m* (*mv* **Einkäufe**) inkoop;
  Einkäufe machen boodschappen
  doen
Einkaufsabend *m* koopavond
Einkaufszentrum *o* winkelcentrum
einkehren aanleggen (kroeg)
einklammern tussen haakjes
  zetten
Einklang *m* overeenstemming
einkleben inplakken
einkommen binnenkomen
Einkommen *o* inkomst, inkomen
Einkommensteuer *v*
  inkomstenbelasting
einkreisen omsingelen
Einkünfte *v mv* inkomsten
einladen uitnodigen; inladen
Einlage *v* vulsel; steunzool
  (schoen); extranummer (toneel)
Einlass *m* toegang
einleben (sich) zich gewennen
einlegen inleggen
einlenken bijdraaien
einleuchten duidelijk zijn
einliegend ingesloten
einlösen innen (van cheque),
  inwisselen (bon)
einmal eens (eenmaal)
Einmaleins *o* tafel van
  vermenigvuldiging
einmalig uniek
Einmalkanüle *v* wegwerpspuitje
einmischen inmengen, mengen in;
  sich ~ zich bemoeien mee
einmütig eensgezind
Einnahme *v* inneming; ontvangst
einnehmen innemen (pillen);
  gebruiken (eten); ontvangen
  (geld)
Einnehmer *m* ontvanger
Ein'öde *v* eenzame streek,
  woestenij
einordnen ordenen, rangschikken;

sich ~ voorsorteren (verkeer)
einpacken inpakken
einparken parkeren
einpauken inpompen, stampen
einpflanzen inplanten
einplanen inplannen, rekening houden met
einpoldern inpolderen
einprägen inprenten
Einquartierung v inkwartiering
einrahmen inlijsten
einräumen inruimen, toegeven
einrechnen meerekenen
Einrede v tegenspraak
einreden spreken tegen; aanpraten
einreichen inleveren, indienen
Einreisebewilligung v visum
einreißen slopen; insluipen
einrenken zetten (been); in orde brengen
Einrichtung v inrichting; meubilering; instelling
einrücken binnenrukken; plaatsen
eins één; enerlei
einsam eenzaam
einsammeln inzamelen
Einsatz m inzet, inleg; tussenzetsel
einschalten aanzetten (inschakelen)
einschärfen inprenten
einschätzen schatten, taxeren
einschl. zie einschließlich
einschlafen inslapen
einschlagen inslaan, kappen, overladen
einschlägig betrekking hebbende op
einschleichen (sich) binnensluipen
einschließen insluiten; inhouden
einschließlich met inbegrip van, inclusief; *bis zu*... ~ tot en met
einschmeicheln (sich) zich indringen door mooie praatjes
einschmeichelnd aanhalig
einschnappen boos worden
einschneidcnd ingrijpend, diepgaand
Einschnitt m insnijding
einschränken beperken, bezuinigen
Einschreibebrief m aangetekende brief
Einschreibegebühr v inschrijfgeld; kosten v. aangetekend verzenden
einschreiben inschrijven; aantekenen (brief)
einschreiten tussenbeide komen, ingrijpen
einschrumpfen inkrimpen, slinken
einschüchtern verlegen, bang maken
einsehen inzien; begrijpen
einsetzen inzetten; bepalen;

beginnen (muziek)
Einsicht v inzicht
Einsiedler m kluizenaar
einsilbig éénlettergrepig; kortaf
Einspänner m wagen met één paard
einsperren opsluiten
Einspritzpumpe v injectiepomp
Einspruch m protest
einst eens, eenmaal
einstecken insteken; in de zak steken
einsteigen instappen
einstellen inzetten; staken
einstreichen opstrijken (geld)
Einsturz m instorting
einstürzen instorten
Einsturzgefahr gevaar van instorting
einstweilen ondertussen, voorlopig
einstweilig voorlopig
eintägig eendags-
eintauschen inruilen
einteilen indelen
Einteilung v indeling
eintönig eentonig
Eintopf(gericht) o stamppot
Eintracht v eendracht
Eintrag m (Einträge) boeking; aantekening
eintragen boeken; aantekenen; opleveren (winst)
ein'träglich winstgevend
eintreffen aankomen
eintreiben invorderen
eintreten binnenkomen
Eintritt m toegang, entree(geld)
Eintrittskarte v toegangsbewijs
Eintrittspreis m toegangsprijs
einverleiben (sich) inlijven
Einvernehmen o overeenstemming; overleg
einverstanden eensgezind; akkoord
Einverständnis o overeenstemming
Einwand m (*mv* **Einwände**) tegenwerping, bedenking; bezwaar; *Einwände erheben* bezwaren opperen
Einwanderung v immigratie
einwärts binnenwaarts
Einwegflasche v wegwerpfles
Einweihung v inwijding
einweisen instrueren; verwijzen naar (ziekenhuis)
einwenden inbrengen tegen
Einwendung v tegenwerping; bedenking
einwickeln inwikkelen, inpakken; inpalmen (persoon)
einwilligen inwilligen
Einwirkung v inwerking; invloed

Einwohner m inwoner
Einzahl v enkelvoud
einzahlen storten, betalen
Einzahlungsschcin m stortingsbiljet
Einzelhandel m kleinhandel
Einzelheit v bijzonderheid, detail
einzeln enkel, afzonderlijk
Einzelpreis m prijs per stuk
Einzelteil o onderdeel
Einzelzimmer(-) o eenpersoonskamer
einziehen intrekken; invorderen; verbeurd verklaren
einzig enige (uniek) enkel
Einzug m intocht, betrekken (woning)
Eis o ijs; ~ *am Stiel* ijslolly
Eisbein o varkenspootje
Eisbeutel m ijszak
Eisblumen v mv bloemen op de ruiten
Eisdiele v ijssalon
Eisen o ijzer
Eisenbahn v spoorweg
Eisenbahnabteil o coupé
Eisenbahnbrücke v spoorbrug
Eisenbahnstrecke v spoorwegtraject
Eisenbeton m gewapend beton
Eisenblech o plaatijzer
Eisengrube v ijzermijn
Eisenhammer m **Eisenhütte** v ijzersmelterij
eisern ijzeren, van ijzer
eisig ijzig, ijskoud
Eiskunstlauf m kunstrijden op de schaats
Eislauf m het schaatsenrijden
Eismeer o ijszee
Eisregen m ijzel
Eisscholle v ijsschots
Eisschrank m ijskast
Eiswürfel(-) m ijsblokje
Eiszapfen m ijskegel
eitel ijdel
Eiter m etter
Eiweiß o eiwit
Ekel m tegenzin, walging
ekel, ekelhaft walgelijk, vies
ekeln (sich) walgen
Ekstase v extase
elastisch veerkrachtig
Elefant(en) m olifant
Eleganz v bevalligheid, zwier
elektrisch elektrisch
Elektrische v elektrische tram
Elektrizität v elektriciteit
Elektroanlage v elektrische installatie
Elektronik v elektronica
Elend o ellende
elend ellendig
elf elf

Elfenbein *o* ivoor
elfenbeinern ivoren
Elfmeterstoß *m* (*sp*) strafschop
Ellbogen *m* elleboog
Elle *v* el
Elsass *m* & *o* Elzas
Elster(n) *v* ekster
Eltern *o mv* ouders
E-Mail *v* e-mail
Emissionskurs *m* koers van
  uitgifte
emotional emotioneel
Empfang *m* receptie, ontvangst
empfangen (empfing; empfangen)
  ontvangen
empfänglich ontvankelijk
Empfängnisverhütungsmittel *o*
  voorbehoedmiddel
Empfangsbescheinigung *v* reçu,
  bewijs van ontvangst
Empfangschef *m* receptionist
Empfangsdame *v* receptioniste
Empfangsschein *m* reçu, bewijs
  van ontvangst
empfehlen (empfahl; empfohlen)
  aanbevelen
empfehlenswert
  aanbevelenswaardig
Empfehlungsschreiben *o*
  aanbevelingsbrief
empfinden (empfand; empfunden)
  gevoelen; gewaarworden
empfindlich gevoelig, lichtgeraakt
empfindsam sentimenteel,
  fijngevoelig
Empfindung *v* gevoel;
  gewaarwording
empor' omhoog, naar boven
empören (sich) boos worden
Emporkömmling *m* parvenu
emporragen uitsteken boven
Empörung(en) *v* opstand,
  verontwaardiging
emsig naarstig
Ende *o* einde
enden eindigen
Endergebnis *o* eindresultaat
end'gültig voor goed, definitief
Endi'vie *v* andijvie
endlich eindig; eindelijk
Endpunkt *m* eindpunt
Endspiel *o* finale
Endstation *v* eindstation
Energie *v* energie
ener'gisch energiek
eng nauw
Enge *v* engte, nauwte
Engel *m* engel
engherzig kleinzielig
England Engeland
Engländer *m* Engelsman
englisch Engels
Englisch Engels (taal)
Engpaß *m* bergengte; bottleneck;

wegvernauwing; knelpunt
Enkel(-) *m* kleinzoon, nakomeling
Enkelin(nen) *v* kleindochter
Enkelkind *o* kleinkind
entar'ten ontaarden
entbehren missen, ontberen
entbinden ontheffen van; (*med*)
  verlossen
Entbindung *v* ontheffing; (*med*)
  bevalling
entdecken ontdekken
Ente *v* eend canard (krant)
Enteig'nungsverfahren *o*
  onteigeningsproces
Entenbraten *m* gebraden eend
Entengrütze *v* (eende)kroos
enterben onterven
Enterich(e) *m* woerd
entfalten ontvouwen, -plooien
entfernen verwijderen
Entfernung(en) *v* afstand
entfesseln ontketenen
entfliehen ontvluchten
entführen ontvoeren, schaken
entgegen tegemoet; tegen
entgegengesetzt tegenovergesteld
entgegenkommen tegemoetkomen
entgegennehmen in ontvangst
  nemen
entgegnen antwoorden
Entgelt *o* beloning, vergoeding
entgleisen ontsporen
enthalten bevatten; *sich* ~ zich
  onthouden
Enthaltsamkeit *v* onthouding,
  matigheid
entheben ontheffen; ontslaan
enthüllen onthullen
Enthusiasmus *m* enthousiasme,
  geestdrift
entkleiden uitkleden
entkommen ontkomen
entladen ontladen; lossen
entlang langs
entlarven ontmaskeren
entlassen ontslaan; ontlasten,
  crediteren
entleeren ledigen, leegmaken
entlohnen betalen
Entmündigung *v*
  ondercuratelestelling
entmutigen ontmoedigen
entnehmen ontnemen, ontlenen
entrinnen ontvluchten
entrüsten (sich) (zich)
  verontwaardigen
Entrüstung *v* verontwaardiging
entsagen afstand doen; verzaken
Entsatz *m* ontzet
entschädigen schadeloosstellen
entscheiden beslissen; *sich* ~
  kiezen voor
Entscheidung *v* beslissing
entschieden beslist

entschlafen ontslapen
entschleiern ontsluieren
entschließen ontsluiten; *sich* ~
  besluiten
entschlossen vastberaden
entschlüpfen ontglippen
Entschluss *m* besluit
entschuldigen (sich) zich
  verontschuldigen
Entschuldigung(en) *v* excuus; ~!
  pardon! sorry!
entseelt ontzield, dood
entsenden afzenden
Entsetzen *o* ontzetting
entsetzlich ontzettend
entsinnen (sich) zich herinneren
entsprechen beantwoorden aan
entstehen ontstaan
entstellt misvormd
Enttäuschung *v* teleurstelling
entvölkern ontvolken
entwaffnen ontwapenen
entwarnen het signaal "veilig"
  geven
entweder... oder... of... of...
entweihen ontwijden
entwenden afhandig maken,
  ontvreemden
entwerfen ontwerpen
entwerten waardeloos maken;
  knippen, afstempelen
  (treinkaart)
entwickeln ontwikkelen
Entwicklung *v* ontwikkeling
Entwicklungshilfe *v*
  ontwikkelingshulp
Entwicklungsland *o*
  ontwikkelingsland
entwirren ontwarren
entwischen ontsnappen
entwöhnen afwennen; spenen
Entwurf *m* ontwerp
entziehen onttrekken
Entzifferung *v* ontcijfering
entzücken verrukken, bekoren
Entzücken *o* **Entzückung** *v*
  verrukking, vervoering
entzückend verrukkelijk, allerliefst
entzünden ontsteken
Entzündung *v* ontsteking (infectie)
entzwei aan stukken
entzweien (sich) ruzie krijgen
epilieren epileren
Epoche *v* tijdperk; ~ *machen*
  opgang maken
er hij
erachten ~ *für* geloven, menen
Erbanlage *v* erfelijke aanleg
Erbarmen *o* ontferming
erbärmlich erbarmelijk
erbauen bouwen, stichten
erbaulich stichtelijk
Erbauseinandersetzung *v*
  boedelscheiding

Erbe *m* (*mv* **Erben**) erfgenaam; *o* erfgoed, erfdeel
erben erven
erbeuten buit maken
Er'bin(nen) *v* erfgename
Erbitterung *v* verbittering
Erbkrankheit *v* erfelijke ziekte
erblassen verbleken
erb'lich erfelijk
erblicken zien, aanschouwen
erblinden blind worden
erbrechen (sich) braken
Erbrochenes *o* braaksel
Erbschaft(en) *v* erfenis
Erbse *v* erwt
Erbsensuppe *v* erwtensoep
Erbsünde *v* erfzonde
Erdbeben *o* aardbeving
Erdbeere(n) *v* aardbei
Erdbeermarmelade *v* aardbeienjam
Erde *v* aarde, grond
erden aarden
erdenklich denkbaar
Erdgas *o* aardgas
Erdgeschoss *o* benedenverdieping, parterre
Erdkunde *v* aardrijkskunde
Erdnuss *v* pinda
Erdöl *o* aardolie, petroleum
erdrosseln worgen
Erdrutsch *m* aardverschuiving
Erdteil *m* werelddeel
erdulden dulden, verdragen
ereifern (sich) zich driftig maken
ereignen (sich) gebeuren
Ereig'nis(se) *o* gebeurtenis
erfahren ondervinden, vernemen, ondergaan; (*bn*) ervaren
Erfahrung(en) *v* ervaring
erfahrungsgemäß zoals de ervaring leert
erfassen aangrijpen; begrijpen; achterhalen (v. belasting)
erfinderisch vindingrijk
Erfindung *v* uitvinding
Erfolg *m* uitslag, succes
erfolgreich succesvol
erforderlich vereist, nodig
erfordern vereisen
Erfordernis(se) *o* vereiste
Erforschung *v* onderzoek
erfreuen verheugen
erfrieren bevriezen
erfrischen opfrissen
Erfrischung *v* verfrissing
Erfrischungsgetränk *o* frisdrank
Erfrischungsraum *m* kantine; lunchroom
erfüllen vervullen, voldoen aan; *sich* ~ in vervulling gaan
ergänzen aanvullen; volledig maken
ergeben *ww* opleveren; *sich* ~ blijken; zich overgeven; (*bn*)

trouw, toegedaan
Ergebnis(se) *o* uitslag, resultaat
Ergebung *v* gelatenheid
ergiebig overvloedig; veel opbrengend
ergötzlich vermakelijk
ergreifen aangrijpen; vastpakken, arresteren
ergründen doorgronden
Erguss *m* (*mv* **Ergüsse**) (*med*) uitstorting, ontboezeming
erhaben verheven
erhalten behouden; verkrijgen; in stand houden
erhältlich verkrijgbaar
Erhaltung *v* behoud; instandhouding
erhängen (sich) (zich) ophangen
erheben opheffen; verheffen
erheblich aanmerkelijk
Erhebung *v* verheffing; enquête
erheitern opvrolijken
erhöhen verhogen
erholen (sich) herstellen, bekomen, bijkomen; zich ontspannen
Erholung *v* herstel; ontspanning, recreatie
Erholungsheim *o* sanatorium
Erholungsurlaub *m* ziekteverlof
erhören verhoren
erinnern (sich) herinneren, vermanen
Erinnerung *v* herinnering
erkälten(sich) kou vatten
erkältet verkouden
Erkältung *v* verkoudheid
Erkältung *v* verkoudheid
erkennen herkennen; inzien; crediteren
erkenntlich erkentelijk
Erkenntnis(se) *v* inzicht, besef
Erkennungsmarke *v* identiteitsplaatje
erklären verklaren
erklärlich verklaarbaar
Erklärung *v* verklaring
erkranken ziek worden
erkunden uitvorsen, verkennen
erkundigen (sich) informeren
Erkundigung *v* inlichting
erlangen verkrijgen
Erlass *m* (*mv* **Erlässe**) decreet; kwijtschelding
erlassen uitvaardigen; kwijtschelden
erlauben toestaan, veroorloven
Erlaubnis *v* vergunning
erläutern toelichten
Erle *v* els
erleben beleven, ervaren
Erlebnis(se) *o* wederwaardigheid, belevenis
erle'digen afdoen uitschakelen

(*fig*)uitvoeren
erlegen neervellen
erleichtern verlichten
erleiden lijden, doorstaan
erlesen uitgezocht
Erleuchtung *v* verlichting
erliegen bezwijken
Erliegen *o* zum ~ *kommen* tot stilstand komen
erlogen gelogen, verdicht
Erlös(e) *m* opbrengst, winst
erlöschen (erlosch; erloschen) uitdoven; verflauwen
Erlöser *m* Verlosser
Ermächtigung *v* machtiging
ermahnen vermanen
ermäßigen matigen, verminderen
Ermäßigung *v* korting, reductie
ermatten afmatten
Ermessen *o* oordeel; goedkeuren
ermitteln opsporen (misdadiger); achterhalen
ermöglichen mogelijk maken
ermorden vermoorden
ermüdet vermoeid
Ermüdung *v* vermoeidheid
ermuntern opmonteren; aanmoedigen
ernähren voeden
Ernährer *m* kostwinner
ernennen benoemen
erneuern vernieuwen
Erneuerung *v* vernieuwing
erniedrigen vernederen
Ernst *m* ernst
ernst ernstig
ernsthaft, -lich ernstig
Ernte *v* oogst
ernten oogsten
ernüchtern ontnuchteren
erobern veroveren
eröffnen openen, mededelen
erörtern uiteenzetten
Erotik *v* erotiek
erpicht verzot
erpressen afpersen
erprobt beproefd; trouw
erquickend verkwikkelijk
erraten gissen, raden
erregen opwinden; verwekken
erregt opgewonden
Erregung *v* opgewondenheid; verwekking (v. ziekten)
erreichen bereiken
Erretter *m* redder
Errichtung *v* oprichting, stichting
erringen bevechten; behalen
erröten blozen
Errun'genschaft *v* verovering, aanwinst
Ersatz *m* vergoeding, schadeloosstelling; vervanging
Ersatzmittel *o* vervangingsmiddel, surrogaat

Ersatzreifen *m* reservewiel
Ersatzstück *o* reservestuk
Ersatzteil *o* reserveonderdeel
erscheinen schijnen (lijken)
Erscheinung *v* verschijning;
    verschijnsel
erschießen doodschieten
Erschlaffung *v* verslapping
erschlagen doodslaan,
erschöpfen uitputten
erschrecken 1 (erschrekte;
    erschreckt) verschrikken
    (iemand); 2 *sich* ~ (erschrak;
    erschrokken) schrikken
erschüttern schokken; doen
    wankelen
Erschütterung *v* schok
erschweren bemoeilijken
ersehen opmaken uit
ersetzen herstellen, vergoeden
ersichtlich blijkbaar; zichtbaar
ersparen bezuinigen
Ersparnis(se) *o* het bespaarde; *v*
    besparing
erst eerst, (zojuist) pas
erstarken sterk worden
erstarren verstijven
erstatten vergoeden; *Bericht* ~
    verslag uitbrengen
Erst'aufführung *v* première
erstaunen zich verbazen
Erstaunen *o* verbazing
erstaunlich verbazend
erstaunt verbaasd
erste eerste
erste Hilfe *v* eerste hulp
erstehen kopen
erstens ten eerste
ersticken smoren, verstikken
erstklassig prima; eersterangs
erstreben streven naar
erstürmen bestormen
ersuchen verzoeken
ertappen betrappen
erteilen verstrekken, geven
ertönen (weer)klinken
Ertrag *m* opbrengst
erträglich draaglijk
ertränken (doen) verdrinken
ertrinken verdrinken
erübrigen (sich) overbodig zijn
erwachen ontwaken
erwachsen *bn* volwassen
Erwachsene(n) *m* volwassene
Erwägung *v* overweging
erwählen (uit)kiezen
erwähnen gewagen, vermelden
Erwähnung *v* vermelding
erwärmen verwarmen
erwarten verwachten
erwarten verwachten
Erwartung *v* verwachting, hoop
Erwartung *v* verwachting
Erweichung verweking, vertedering

erweisen bewijzen; *sich* ~ blijken
erweitern uitbreiden
Erwerb *m* verdienste, kostwinning
erwerben verwerven, verdienen
erwerbslos werkloos
Erwerbsquelle *v* bron van bestaan
erwidern antwoorden
erwischen betrappen
erwünscht wenselijk
Erz *o* erts
erzählen vertellen
Erzbischof *m* aartsbisschop
erzeugen verwekken,
    voortbrengen; fabriceren
Erzeugland *o* land van herkomst
Erzeugnis(se) *o* voortbrengsel,
    product
erziehen opvoeden
Erziehung *v* opvoeding
erzielen bereiken, verkrijgen
erzürnen vertoornen
erzwingen afdwingen; forceren
es het; ~ *gibt* er is
Esche *v* es
Esel *m* ezel
eskalieren escaleren
Espe esp
Espresso *m* espresso
essbar eetbaar
Esse *v* schoorsteen; smidshaard
Essen *o* eten, maaltijd
essen (aß; gegessen) eten
essentiell essentieel
Essenz *v* essence
Essgeschirr *o* eetservies
Essig *m* azijn
Esswaren *mv* etenswaar
Etage(n) *v* etage
Etagenbett *o* stapelbed
Etagenwohnhaus flatgebouw
Etat(s) *m* begroting
Ethik *v* ethica, zedenleer
Etikett(e) *o* etiket
et'liche ettelijke, sommige
etwa omtrent; misschien, soms
etwa'ig eventueel
etwas iets
euch jullie (3e en 4e nv. van **ihr**)
euer, eure van jullie (2e nv. van **ihr**)
Eule *v* uil
Euro *m* euro (munt)
Europa Europa
Europäer *m* Europeaan
europäisch Europees
Europa weit in heel Europa
Euroscheck(s) *m* eurocheque
Euter *o* uier
evangelisch protestant
evtl. = eventuell eventueel
ewig eeuwig
Examen *o* examen, tentamen
Exil *o* ballingschap
Existenz *v* bestaan
exklusiv exclusief

explodieren ontploffen
Explosion *v* ontploffing
Exporthandel *m* uitvoerhandel
exportieren exporteren
Express expresse *per* ~ per
    expresse
Expressionismus *m*
    expressionisme
extra extra
Exzess *m* exces, uitspatting
Ez. zie Einzahl

F

Fabel *v* fabel
fabelhaft ongelofelijk
Fabrik *v* fabriek
Fabrikant, Fabrikbesitzer, -inhaber
    m fabrikant
Fabrikat *o* fabrikaat
Fabrikation *v* fabricage
Fach *o* (*mv* **Fächer**) vak
Facharbeiter *m* geschoold
    arbeider
Facharzt *m* specialist (arts)
fächeln waaieren
Fächer *m* waaier
fachgerecht, fachkundig vakkundig
Fachmann *m mv* (*mv* **-leute**)
    vakman
fachmännisch deskundig
fachsimpeln over zijn vak spreken
Fackel *v* fakkel, toorts
fade flauw, laf, smakeloos
Faden *m* (*mv* **Fäden**) draad (stof)
Fadennudeln *v mv* vermicelli
fadenscheinig gezocht (v.
    argumenten)
fähig bekwaam, in staat
Fähigkeit *v* bekwaamheid, talent
fahl vaal
fahnden opsporen, vervolgen
Fahne *v* vaandel; vlag; slip (v.
    drukproef)
Fahnenflucht *v* desertie
Fahrausweis *m* kaartje, reisbiljet
Fahrbahn *v* rijbaan, rijweg
Fahrbahndecke *v* wegdek
Fähre *v* pont (veer)
fahren (fuhr; gefahren) rijden;
    varen (boot)
Fahrer *m* bestuurder, chauffeur
Fahrerflucht *v* doorrijden na een
    ongeval, vluchtmisdrijf
Fahrgast *m* passagier
Fahrgemeinschaft *v* carpooling
Fahrgestell *o* chassis (v. auto);
    landingsgestel (v. vliegtuig)
fahrig nerveus, onrustig
Fahrkarte *v* kaartje, reisbiljet
fahrlässig onachtzaam
Fahrplan *m* dienstregeling,
    spoorboekje
fahrplanmäßig volgens de

dienstregeling
Fahrpreis *m* (reis)tarief
Fahrrad *o* fiets, rijwiel
Fahrradgeschäft *o* rijwielhandel
Fahrradkette *v* fietsketting
Fahrradmechaniker *m*
 fietsenmaker
Fahrradtour *v* fietstocht
Fahrradverleih *m* fietsverhuur
Fahrradweg *m* fietspad
Fahrschein *m* kaartje, reisbiljet
Fährschiff *o* veerboot
Fahrschule *v* autorijschool
Fahrstuhl *m* lift
Fahrstunde *v* autorijles
Fahrt *v* rit, reis, vaart
Fährte *v* spoor (wild)
Fahrtreppe *v* roltrap
Fahrtrichtung *v* rijrichting; *in ~*
 vooruitrijdend
Fahrweg *m* rijweg
Fahrzeug *o* vaartuig; voertuig
faktisch werkelijk
Fakultät *v* faculteit
Falke(n) *m* valk
Fall *m* val. geval; verval; naamval;
 (*jur*) zaak
Falle *v* val, knip
fällen vellen
fallen (fiel; gefallen) vallen,
 sneuvelen
fällig betaalbaar, vervallende
falls in geval
Fallschirm *m* parachute
Fallschirmspringer *m* parachutist
falsch verkeerd, fout; vals
fälschen vervalsen
Falschfahrer *m* spookrijder
Falschgeld *o* vals geld
fälschlich ten onrechte
Falschmünzer *m* valsemunter
Faltblatt *o* folder, vouwblad
Falte *v* vouw, rimpel, plooi
falten vouwen
Falter *m* vlinder
Familie(n) *v* familie, gezin
Familienanschluss *m mit ~* met
 huiselijk verkeer
familienfreundlich
 gezinsvriendelijk
Familienname(n) *m* achternaam
Familienplanung *v* gezinsplanning
Familienstand *m* burgerlijke staat
Fang *m* vangst; buit; slagtand
fangen (fing; gefangen) vangen
Farbband *o mv* (*mv* -**bänder**)
 schrijfmachinelint
Farbe(n) *v* kleur; verf
farbecht kleurecht
färben verven; kleuren
farbenblind kleurenblind
Farbfernsehen *o* kleuren-tv
Farbfilm *m* kleurenfilm; *~ für Dias*
 kleurendiafilm

Farbfoto *o* kleurenfoto
farbig kleurig
Farbstift *m* kleurstift
Farbstoff *m* kleurstof
Farbton *m* tint
Farce *v* klucht; vulling (v.
 pasteitje)
Farn(e) *m* varen
Färse *v* vaars, jonge koe
Fasan(e/en) *m* fazant
Fasching *m* carnaval
Faschismus *m* fascisme
faseln leuteren, beuzelen
Faser *v* draad, vezel
fasern (uit)rafelen
Faserplatte *v* board
Fass *o* (*mv* **Fässer**) vat
Fassade *v* voorgevel
Fassbier *o* bier van het vat
fassen vatten; bevatten; begrijpen;
 sich ~, kalm worden; *sich kurz ~*
 het kort maken
Fasson *v* manier; model, coupe
Fassung *v* zetting (v. edelsteen);
 kalmte; versie (v. film)
fassungslos in de war, buiten zich
 zelf
fast bijna, haast
fasten vasten
Fastnacht *v* vastenavond
fatal fataal, noodlottig
faul rot, bedorven; (traag) lui
faulen verrotten, bederven
fau'lenzen luieren
Fau'lenzer *v* luiaard
Faulheit *v* luiheid
Fäulnis *v* verrotting, bederf
Faust *v* (*mv* **Fäuste**) vuist
Fausthandschuh *m* want
Fax *o* fax
faxen faxen
Faxgerät *o* faxapparaat
Februar *m* februari
fechten (focht; gefochten)
 schermen
Feder *v* veer; pen
Federball *o* pluimbal, badminton
Federbett *o* veren dekbed
federführend verantwoordelijk
Federhalter *m* pennenhouder
federnd verend, elastisch
Federung *v* vering
Federvieh *o* pluimvee
Federzeichnung *v* pentekening
Fegefeuer *o* vagevuur
fegen vegen
Fehlbetrag *m* tekort
fehlen ontbreken, missen; schelen,
 markeren
Fehler(-) *m* fout
fehlerhaft met fouten
Fehlernte *v* misoogst
Fehlgeburt *v* miskraam
Fehlgriff *m* misgreep

fehlschlagen mislukken
Fehltritt *m* misstap
Feier(n) *v* feest, partij
Fei'erabend *m* rusttijd na het
 werk; *~ machen* ophouden met
 werken
feierlich plechtig
feiern vieren, huldigen
Feiertag(e) *m* feestdag
feige laf, lafhartig
Feige *v* vijg
Feigling(e) *m* lafaard
feil veil, omkoopbaar
Feile *v* vijl
feilschen afdingen
fein fijn; voornaam
Feind(e) *m* vijand
feindlich vijandelijk
Feindschaft *v* vijandschap
feindselig vijandig
Feingefühl *o* fijngevoeligheid
Feinkost *v* delicatessen
Feinmechaniker *m*
 instrumentmaker
Feinschmecker *m* fijnproever
Feinschnitt *m* shag
feist vet
feixen grinniken
Feld(er) *o* veld, akker; vak;
 paneel; ruit (v. dam- of
 schaakbord)
Feldbett *o* veldbed
Feldstecher *m* verrekijker
Feldweg *m* landweg
Feldzug *m* veldtocht
Felge(n) *v* velg
Fell *o* vel, huid, pels
Felsen(-) *m* rots
felsig rotsig
Fenn *o* veen; moeras
Fenster(-) *o* raam
Fensterladen *m* vensterluik
Fensterplatz *m* (zit)plaats aan het
 raam
Fensterputzer *m* glazenwasser
Fensterscheibe *v* vensterruit
Ferien *mv* vakantie (v. school)
Feriendorf *o* bungalowpark
Ferienhaus *o* vakantiehuis
Ferienlager *o* kamp, vakantiekamp
Ferkel *o* big
fern ver, afgelegen
Fernbedienung *v*
 afstandsbediening
Ferne *v* verte; verschiet
Fernfahrer *m* chauffeur voor lange
 afstanden
Ferngespräch interlokaal bellen
Fernglas *o* verrekijker
fernhalten (sich) zich afzijdig
 houden
Fernkursus *m* schriftelijke cursus
Fernlenkung *v* afstandsbesturing
Fernlicht *o* groot licht (auto)

Fernrohr o verrekijker
Fernschreiber m telex
Fernsehapparat m televisietoestel
Fernsehen o televisie
Fernseher m televisietoestel
Fernsicht v vergezicht
Fernsprechamt o telefoonkantoor
Fernsprecher m telefoon
Ferse v hiel, hak
fertig klaar (gereed)
fertigen vervaardigen
Fertigware v afgewerkt fabrikaat
fesch chic, kranig
Fessel v boei, keten
Fesselballon m kabelballon
fesseln boeien
fest vast, stijf, ferm
Fest(e) o feest
Festessen o feestmaal
festhalten vasthouden
festigen consolideren, verstevigen
Festland o vasteland
festlaufen vastlopen
festlich feestelijk
festmachen vastmaken
Festnahme v arrestatie
festsetzen bepalen, vaststellen;
    opsluiten
feststellen vaststellen, constateren
Festung v vesting
fett vet
Fett o vet
fettarm vetarm
Fetzen m flard; lap
feucht vochtig
Feuer m brand, vuur
feuerbeständig vuurvast
Feuergefahr v brandgevaar
Feuerhaken m pook
Feuerlöscher (-) m blusapparaat
Feuermelder m brandmelder
feuern vuren; ontslaan (werk)
feuersicher vuurvast, brandvrij
Feuertreppe v brandtrap
Feuerversicherung v
    brandassurantie
Feuerwehr v brandweer
Feuerwerk o vuurwerk
Feuerzeug(e) o aansteker
feurig vurig, driftig
ff. = folgende Seiten volgende
    bladzijden
Fibel v abcboekje
Fichte v spar
ficken naaien, neuken
Fieber o koorts
fieberhaft koortsachtig
Figur v figuur
Fiktion' v fictie
Filiale v filiaal
Film(e) m film
filmen filmen
Filmfestspiele o mv filmfestival
Filmstar m filmster

Filmverleih m filmverhuur
Filmvorführung v filmvoorstelling
Filter(-) m filter(zakje)
Filterzigarette v sigaret met filter
Filz(e) m vilt
Filzstift m viltstift
Finanzen v mv financiën
finden (fand; gefunden) vinden
    (aantreffen)
Findling m vondeling
Finger(-) m vinger
fingerfertig vingervlug
Fingerzeig m vingerwijzing
Fink(en) m vink
Finne v vin, puist; m Fin
finster duister, donker
Finsternis v duisternis
Firma v (mv **Firmen**)firma
Firn(e) m firn(sneeuw)
Firnis(se) m vernis
First(e) m kruin (berg); nok (dak)
Fisch(e) m vis
Fischer(-) m visser
Fischgeschäft o viswinkel
Fiskus m fiscus, staatskas
Fitness v fitness
fix vlug, handig; vast
Fixkosten mv vaste lasten
FKK-Strand m naaktstrand
flach vlak
Fläche v vlak; vlakte; oppervlakte
Flachs m vlas
flackern flikkeren
Fladen m platte koek, vlaai;
    koeienstront
Flagge(n) v vlag
Flame m Vlaming
flämisch Vlaams
Flamme(n) v vlam
Flandern o Vlaanderen
Flanke v flank
Flasche(n) v fles
Flaschenöffner m flesopener
Flaschenpfand o statiegeld
Flaschenzug m katrol
flatterhaft wuft, wispelturig
flattern fladderen, wapperen
flau flauw; zwak
Flaum m dons
Flechte v vlecht; korstmos
flechten (flocht; geflochten)
    vlechten
Fleck(en) m vlek; plek
Fledermaus v vleermuis
Flegel m vlegel
flegelhaft lomp
flehen smeken, bidden
Fleisch o vlees
Fleischbrühe v vleesnat, bouillon
Fleischer (-) m slager; (winkel)
    slagerij
fleischig vlezig
Fleischwaren v mv vleeswaren
Fleiß m vlijt

fleißig vlijtig
flicken repareren, verstellen;
    stoppen
Flieder m sering; vlier
Fliege(n) v vlieg
fliegen (flog; geflogen) vliegen
fliehen vlieden, schuwen
fliehen (floh; geflohen) vluchten
Fliese v vloertegel
Fließband o lopende band
fließen vlieten, vloeien
Flimmer m glans; lovertje
flimmern glinsteren, flikkeren
Flinte v geweer
Flittergold o klatergoud
Flitterwochen mv
    wittebroodsweken
Flocke v vlok
Floh m vlo
Flohmarkt m vlooienmarkt
Flor m bloei
florieren bloeien
Floß o (mv **Flöße**) houtvlot
Flosse v vin
Flöte v fluit
flott vlot; vlug, kranig, jolig
Flotte v vloot
Fluch m vloek
fluchen vloeken
Flucht v vlucht
flüchtig voortvluchtig; vluchtig;
    oppervlakkig
Flüchtling(e) m vluchteling
Fluchtlinie v rooilijn
Flug m vlucht (vliegtuig)
Flügel(-) m vleugel
Flügelmutter v vleugelmoer
Flügelstürmer m (sp)
    vleugelspeler
Flugführerschein m vliegbrevet
Fluggast m luchtreiziger
flügge klaar om uit te vliegen
Flughafen m vliegveld
Flughafengebühr v
    luchthavenbelasting
Flugkrankheit v luchtziekte
Flugnummer v vluchtnummer
Flugplatz m vliegkamp,
    vliegterrein
Flugschein m vliegticket
Flugzeug(e) o vliegtuig
Flunder m bot (vis)
flunkern leugenverhalen vertellen
Flur m 1 (mv **Flure**) gang (in huis);
    2 (mv **Fluren**) veld, beemd
Flurbereinigung v ruilverkaveling
Fluss m (mv **Flüsse**) rivier; stroom;
    vloed
flüssig vloeibaar
Flüssigkeit v vloeistof
flüstern fluisteren
Flut v vloed
Fohlen o veulen
Föhn m föhn (bergafwaartse,

warme wind)
Folge v gevolg; vervolg, vervolgreeks (boek, tv)
folgen volgen, navolgen, gehoorzamen
folgerichtig logisch; consequent
folgern concluderen
Folgerung v gevolgtrekking
folglich dus, bijgevolg
Folter(n) v pijnbank; foltering
Föhn m föhn, haardroger
föhnen föhnen
Förderband o transportband
förderlich bevorderlijk
fordern eisen, vorderen; vragen (geld)
fördern bevorderen; omhoog brengen
Forderung v eis
Forelle(n) v forel
Form v vorm
Format(e) o formaat
Formel v formule; formulier
formell vormelijk, formeel
formen vormen
förmlich vormelijk, in de vorm; formeel
Förmlichkeit v formaliteit
Formular o formulier
forschen vorsen, onderzoeken
Forschung v navorsing; onderzoek
Forst m bos, woud
Förster m houtvester, boswachter
fort weg; *und so ~* enzovoort
fortan' in 't vervolg, voortaan
Fortbildung v verdere ontwikkeling, bijscholing
fortdauernd duurzaam, gedurig
fortfahren wegrijden; doorgaan
Fortgang m voortgang; weggaan
fortgehen voortgaan; weggaan
fortgeschritten gevorderd; verslechterd (ziekte)
fortgesetzt aanhoudend, voortdurend
fortlaufen weglopen
fortpflanzen voortplanten
fortreißen medeslepen
Fortschritt(e) m vooruitgang
Fortsetzung v vervolg, voortzetting
fortwährend voortdurend
Foto(s) o foto
Fotoapparat m fototoestel
Fotograf m fotograaf
fotografieren fotograferen
Fotokopie v fotokopie
Foyer o foyer
Fracht v vracht
Frachtbrief m vrachtbrief
Frachter m vrachtboot
Frachtsatz m vrachttarief
Frack m (*mv* **-s** & **Fräcke**) rok (van heer)

Frage(n) v vraag; kwestie
Fragebogen m vragenlijst, invulformulier
fragen vragen
Fragezeichen o vraagteken
fraglich twijfelachtig; in kwestie
fraglos zonder twijfel
Fraktion v fractie, breuk
frankieren frankeren
Frankierung v frankering
Frankreich Frankrijk
Franse v franje
Franzose(n) m Fransman
Französin(nen) v Française
französisch Frans
Französisch Frans (taal)
Fratze v grimas
Frau(en) v vrouw; (met namen) mevrouw
Frauenarzt m vrouwenarts
Frauenmagazin o damesblad
Fräulein(-) o juffrouw
frech brutaal
frei vrij; gratis; vacant (baan)
Freibad o openluchtzwembad
Freibier o gratis bier
freibleibend vrijblijvend
freigebig vrijgevig, royaal
Freigepäck o vrachtvrije bagage
Freihandel m vrijhandel
Freiheit v vrijheid
Freikarte v vrijkaartje
freilich (*zuiddt*) wel, zeker, weliswaar; trouwens
Frei'lichtbühne v openluchttheater
Freimaurer m vrijmetselaar
Freimut m vrijmoedigheid
Freispruch m vrijspraak
Freitag m vrijdag
Freitod m zelfmoord
freiwillig vrijwillig
Freizeit v vrije tijd
fremd vreemd
Fremde(n) m vreemdeling
Fremdenverkehrsbüro o VVV-kantoor
Fremdkörper m vreemd voorwerp
Fremdsprache v vreemde taal
frenetisch razend
fressen (fraß; gefressen) stevig eten, vreten, eten (dier)
Freude v vreugde, plezier
Freudenhaus o bordeel
freudig blij, vrolijk, blijmoedig
freuen (sich) zich verheugen
Freund(e) m vriend
Freundin(nen) v vriendin
freundlich vriendelijk
Freundschaft v vriendschap
Frevel m misdaad, moedwil
frevelhaft misdadig; goddeloos
Friede(n) m vrede
Friedensschluss m sluiten v.d. vrede

friedfertig vredelievend
Friedhof m kerkhof
friedlich vreedzaam
Friedrich m Frederik
frieren (fror; gefroren) vriezen; 't koud hebben
Friese(n) m Fries
friesisch Fries
Frikadelle v gehaktbal
frisch vers; fris (lucht)
Frische v frisheid
Friseuse, Frisöse v kapster
frisieren friseren; vervalsen
Frisör m kapper
Frist v bepaalde tijd, termijn; uitstel
Frisur v kapsel
Frl. zie Fräulein
froh blij
fröhlich vrolijk
frohlo'cken juichen
Froh'sinn blijmoedigheid
fromm vroom; dapper; mak
Frömmelei v kwezelarij
Front v front; voorgevel (huis)
Frontscheibe v voorruit
Frosch m kikvors
Frost m vorst (koude)
frösteln van koude huiveren, rillen; zacht vriezen
frostig kil; onverschillig
Frostschutzmittel o antivries
frottieren wrijven
Frottiertuch o badhanddoek
Frucht v (*mv* **Früchte**) vrucht
fruchtbar vruchtbaar
fruchtlos vruchteloos
Fruchtsaft m vruchtensap
früh vroeg
Frühe v vroegte
früher vroeger
frühestens op zijn vroegst
Frühgeburt v voortijdige bevalling; te vroeg geboren baby
Frühjahr o voorjaar
Frühling m lente
Frühstück o ontbijt
frühzeitig vroegtijdig
Fuchs m vos
fuchteln in het rond slaan
Fuge v voeg;(*muz*) fuga
fügen voegen, passen; *sich ~* zich schikken
fügsam gedwee, meegaand
Fügung v voeging; beschikking
fühlen voelen
Fühler o voelhoorn
führen leiden, voeren; besturen; rondleiden
Führer m gids, leider, aanvoerder; bestuurder
Führerschein m rijbewijs
Führersitz m cockpit
Führung v rondleiding; leiding

Fuhrwerk *o* voertuig
Fülle *v* menigte; overvloed
füllen vullen
Füller *m* vulpen(houder)
Füllfederhalter *m* vulpen
Füllhorn *o* hoorn des overvloeds
Füllung *v* vulling
Fund(e) *m* vondst
Fund'büro *o* bureau van gevonden
   voorwerpen
Fundgrube *v* (rijke) bron
Fundsache(n) *v* gevonden
   voorwerp
fünf vijf
Fünftel *o* vijfde deel
fünfzehn vijftien
fünfzig vijftig
Funk *m* radiotelegrafie; radio,
   omroep
Funke(n) *m* vonk, sprank
funkeln fonkelen
funkelnagelneu spiksplinternieuw
funken seinen, vonken
Funkspruch *m* radiogram
für voor (iemand)
Fürbitte *v* voorspraak
Furche *v* vore; rimpel
Furcht *v* vrees
furchtbar verschrikkelijk
fürchten vrezen; *sich* ~ bang zijn
fürchterlich vreselijk, schromelijk
furchtsam vreesachtig
Fürsorge *v* zorg
Fürsprache *v* voorspraak;
   voorbede
Fürst(en) *m* vorst
Fürstentum *o* vorstendom
Für'stin *v* vorstin
Furt *v* doorwaadbare plaats
Furunkel *m* steenpuist
Fuß *m* voet; poot; *zu* ~ te voet
Fußball *m* voetbal, ~ *spielen*
   voetballen
Fußballmannschaft *v* voetbalelftal
Fußboden *m* vloer
Fußbremse *v* voetrem
Fußende *o* voeteneinde
Fußgänger(-) *m* voetganger
Fußgängerampel *v*
   voetgangerslicht
Fußgängerzone *v*
   voetgangerszone
Fußtritt *m* schop
Fußwanderung *v* voettocht
Fußweg *m* voetpad
futsch weg, verdwenen
Futter *o* voeder, voedsel; voering;
   foedraal
futtern bikken (eten)
füttern voederen; voeren (kleren)

G

Gabe *v* gave

Gabel *v* vork; gaffel
Gabelstapler *m* vorkheftruck
gackern kakelen; kwaken
gaffen gapen; met open mond
   staan
gähnen gapen, geeuwen
Gala *m* galabal; galavoorstelling
Galerie(n) *v* galerij
Galgen *m* galg
Galle *v* gal; galnoot
Gallenblase *v* galblaas
Gallert *o* gelei, dril
Galopp *m* galop
Galosche *v* overschoen
Gamasche *v* slobkous
Gang *m* gang, wandeling;
   versnelling
Gang *m* (*mv* **Gänge**) gang,
   wandeling; versnelling
gang und gäbe algemeen
   gebruikelijk
gangbar begaanbaar, gewild
Gängelband *o* leiband
gängig gangbaar; vlot; goed
   verkoopbaar
Gangschaltung *v* versnelling
Gans *v* (*mv* **Gänse**) gans
Gänseblümchen *o* madeliefje
Gänsebraten *m* gebraden gans
Gänsefüße *m mv*
   aanhalingstekens
Gänsehaut *v* kippenvel
ganz heel, geheel; helemaal
gänzlich geheel en al
gar gaar; ~ *nicht* helemaal niet
Garage *v* garage
Garantie *v* garantie, waarborg
Garantiefrist *m* garantietermijn
garantieren garanderen,
   waarborgen
Garbe *v* (koren)schoof
Garderobe *v* garderobe
Garderobemarke *v* vestiairereçu,
   garderobepenning
Gardine *v* gordijn
Gardinenpredigt *v* bedsermoen
gären gisten
garen gaar worden; gaar maken
Garn *o* garen; net
Garnele(n) *v* garnaal
Garnitur' *v* stel; garnituur;
   garnering
garstig akelig; stout
Garten *m* (*mv* **Gärten**) tuin
Gartenkresse *v* sterkers
Gartenlaube *v* prieel
Gartenschau *v*
   tuinbouwtentoonstelling
Gartenzaun *m* tuinschutting
Gärtner *m* tuinman
Gärtnerei *v* tuinderij
gärtnern tuinieren
Gärung *v* gisting
Gas(e) *o* gas

Gasflasche(n) *v* gasfles
Gasherd *m* gasfornuis
Gaskocher *m* gastoestel
Gaspedal *o* gaspedaal
Gasse *v* steeg
Gast *m* gast
Gastarbeiter *m* gastarbeider
gastfreundlich gastvrij
Gastfreundlichkeit *v* gastvrijheid
Gastgeber *m* gastheer
Gasthaus *o* logement, hotel,
   restaurant
Gasthof *m* logement, hotel,
   restaurant
gastieren te gast zijn, als gast
   optreden
Gastlichkeit *v* gastvrijheid
Gaststätte *v* eethuis, restaurant
Gaststube *v* gelagkamer
Gastwirt *m* waard
Gasuhr *v* gasmeter
Gatte(n) *m* echtgenoot
gatten paren
Gattin(nen) *v* echtgenote
Gattung *v* geslacht, soort
Gau(e) *m* gouw, gewest
gaukeln goochelen
Gaukler *m* goochelaar
Gaul *m* (*mv* **Gäule**) paard
Gaumen *m* verhemelte
Gauner *m* schurk, bedrieger
Gaze *v* gaas
Gebäck(e) *o* gebak, koekjes
Gebärde(e) *v* gebaar
gebärden(sich) zich gedragen
Gebärdensprache *v* gebarentaal
gebären (gebar; geboren) baren,
   voortbrengen
Gebärmutter *v* baarmoeder
Gebäude(-) *o* gebouw
Gebein *o* gebeente
geben (gab; gegeben) geven; *es
   gibt* er is, er zijn; *das gibt es
   nicht* dat bestaat niet
Gebet *o* gebed
Gebiet *o* gebied
Gebiet(e) *o* streek, gebied
gebieten (gebot, geboten)
   gebieden
gebieterisch bevelend
Gebilde *o* maaksel; voortbrengsel
gebildet beschaafd
Gebirge(-) *o* gebergte
gebirgig bergachtig
Gebirgsbahn *v* bergspoor
Gebirgsstock *m* bergmassief,
   berggroep; bergstok
Gebiss *o* gebit
Geblök(e) *o* geblaat
geboren geboren; *~e Meier* met
   meisjesnaam Meier
Gebot(e) *o* gebod, bevel
Gebrauch *m* gebruik
gebrauchen gebruiken

gebräuchlich gebruikelijk
Gebrauchsanweisung
  gebruiksaanwijzing
Gebrauchtwagen *m* tweedehands
  auto
Gebrauchtwaren *v mv*
  tweedehandsgoederen
Gebrechen *o* gebrek
gebrechlich gebrekkig; broos
Gebühr *v* tarief; recht, kosten;
  porto
gebührend behoorlijk
Gebühren frei gratis
Gebühren pflichtig tegen betaling
Geburt *v* geboorte
gebürtig geboortig, afkomstig
Geburtsdatum *o* geboortedatum
Geburtshelfer(in) *m* (*v*)
  verloskundige
Geburtsschein *m* geboortebewijs
Geburtstag *m* verjaardag,
  geboortedag
Gebüsch *o* kreupelhout; bosje
Gedächtnis *o* geheugen;
  herinnering
Gedächtnisfeier *v*
  herdenkingsfeest, -plechtigheid
gedämpft gedempt
Gedanke(n) *m* gedachte
gedankenlos gedachteloos
Gedeck *o* tafelgoed, couvert
gedehnt gerekt, lijzig
gedeihen (gedieh; gediehen)
  gedijen
gedenken denken; gedenken,
  herinneren
gediegen degelijk
Gedränge *o* gedrang
Geduld *v* geduld
geeignet geschikt
Gefahr(en) *v* gevaar
gefährden in gevaar brengen
gefährlich gevaarlijk
Gefährt *o* voertuig
Gefährte(n) *m* makker
Gefälle *o mv* helling
gefallen bevallen, aanstaan
Gefallen *m* genoegen, plezier
gefällig voorkomend, gedienstig
Gefälligkeit *v* dienst, plezier
gefälligst alsjeblieft
gefallsüchtig behaagziek
Gefangene(r) *m* gevangene
Gefangenschaft *v* gevangenschap
Gefängnis(sse) *o* gevangenis
Gefäß(e) *o* vat; bak, beker
gefaßt bedaard, kalm
Gefecht *o* gevecht
gefiedert gevederd
Geflügel *o* gevogelte
Geflügelhändler *m* poelier
Gefolge *o* stoet; gevolg
Gefolgschaft *v* aanhangers
gefräßig gulzig, schrokkig

gefrieren bevriezen
Gefrierfach *o* diepvrieskastje
Gefrierpunkt *m* vriespunt
Gefrierschrank *m* diepvrieskast
Gefriertruhe *v* diepvrieskist
Gefrorenes *o* ijs (om te eten)
Geflüge *o* structuur
gefügig plooibaar, meegaand,
  gedwee
Gefühl(e) *o* gevoel
gegen tegen
Gegend *v* streek, omgeving, buurt
Gegengewicht *o* tegenwicht
Gegenleistung *v* contraprestatie
Gegenpol *m* tegenpool
Gegensatz *m* tegenstelling; im ~
  zu in tegenstelling met
Gegenseitigkeit *v* wederkerigheid
Gegenstand *m* voorwerp,
  onderwerp
gegenstandslos ongegrond
Gegenteil *o* tegendeel
gegenüber tegenover
Gegenverkehr *m* tegenliggers
Gegenwart *v* tegenwoordigheid
gegenwärtig tegenwoordig
Gegenwert *m* tegenwaarde
Gegenwind *m* tegenwind
Gegner(-) *m* tegenstander
Gehalt *m* inhoud, gehalte; *o* salaris
Gehaltszulage *v* salaristoeslag
gehässig hatelijk
Gehäuse *o* omhulsel, koker,
  schede, huis
Geheimnis(se) *o* geheim
geheimnisvoll geheimzinnig
Geheimzahl *v* pincode
gehemmt geremd
gehen (ging; gegangen) gaan, lopen
geheuer *nicht* ~ niet in de haak
Geheul *o* gehuil, geloei
Gehilfe(n) *m* helper
Gehirn *o* hersenen, brein
Gehirnerschütterung *v*
  hersenschudding
Gehöft(e) *o* hoeve, boerderij
Gehölz *o* bosje
Gehör *o* gehoor (oor)
gehorchen gehoorzamen
gehören toebehoren
gehörig toebehorend; behoorlijk
gehörlos doof, gehoorloos
Gehorsam *m* gehoorzaamheid
gehorsam gehoorzaam
Geier *m* gier
Geige *v* viool
Geigenbogen *m* strijkstok
Geigenkasten *m* vioolkist
Geiger *m* violist
geil geil; tof
Geisel(n) *m & v* gijzelaar
Geiß(en) *v* geit
Geißblatt *o* kamperfoelie
Geißel(n) *v* gesel

Geist(er) *m* geest; vernuft;
  spooksel
Geistesgegenwart *v*
  tegenwoordigheid van geest
geistesgestört geestelijk gestoord
geisteskrank krankzinnig
Geistesumnachtung *v*
  verstandsverbijstering
geistig geestelijk; verstandig;
  geestrijk (dranken)
geistlich geestelijk
Geistlicher *m* geestelijke
  (priester)
geistlos geesteloos
geistreich geestig
Geiz *m* gierigheid
Geizhals *m* gierigaard, vrek
geizig gierig, vrekkig
gekünstelt gekunsteld,
  onnatuurlijk
Gel *o* gel
Gelächter *o* gelach
Gelage *o* drinkgelag; feestmaal
gelähmt verlamd
Gelände *o* terrein
Geländer *o* leuning
gelassen gelaten, kalm
geläufig vloeiend, gemakkelijk
gelaunt geluimd
Geläute *o* gelui
gelb geel
Gelbsucht *v* geelzucht
Geld(er) *o* geld
Geldautomat *m* geldautomaat
Geldmangel *m* geldgebrek
Geldstrafe *v* (geld)boete
Geldwechsel *m* wisselkantoor
Gelee(s) *o* gelei
Gelegenheitsarbeit *v* klus
Gelegenheit *v* gelegenheid
Gelegenheitskauf *m* koopje
gelegentlich bij gelegenheid
gelehrig leerzaam
gelehrt geleerd
Gelehrte(r) *m* geleerde
Geleit *o* geleide, escorte
geleiten geleiden
Geleitzug *o* konvooi
Gelenk(e) *o* gewricht
gelenkig buigzaam, lenig
Geliebte *v* geliefde; minnares
Geliebter *m* geliefde; minnaar
gelinde zacht, zachtzinnig
gelingen (gelang; gelungen)
  gelukken, (wel)slagen; *es gelingt*
  mir nicht ik slaag er niet in
Gelöbnis(se) *o* gelofte
gelt (*zuiddt*) niet waar?
gelten (galt; gegolten) gelden
geltend machen doen gelden
Geltungsbedürfnis *o*
  geldingsdrang
Geltungsdauer *v* geldigheidsduur
Gelübde *o* gelofte

Gelüst(e) o begeerte, lust
gelüsten lusten, begeren
Gemach o (mv **Gemächer**) vertrek, kamer
gemächlich op zijn gemak
Gemälde o schilderij
gemäß volgens, overeenkomstig; passend
gemäßigt gematigd
gemein gemeen, gering; gewoon
Gemeinde v gemeente
Gemeinderat m gemeenteraad
Gemeindevorsteher m burgemeester
Gemeingeist m gemeenschapszin
Gemeinheit v gemeenheid, laagheid; algemeenheid
Gemeinnutz m algemeen belang
gemeinsam gemeenschappelijk, samen
Gemeinschaft v gemeenschap
Gemeinschaftsküche v centrale keuken
gemeinverständlich algemeen verstaanbaar, populair
Gemenge o mengsel; gewoel
gemessen afgemeten
Gemisch'warengeschäft o levensmiddelenwinkel
Gemse v gems
Gemurmel o gemompel
Gemüse o groente
Gemüsegarten m moestuin
Gemüsehändler m groenteboer
Gemüseladen m groentewinkel
Gemüsesuppe v groentesoep
Gemüt(er) o gemoed
gemütlich gezellig
gemütskrank zielsziek
Gemütsverfassung v gemoedstoestand
genau precies, nauwkeurig, stipt
genehm aangenaam
genehmigen goedkeuren
Genehmigung v vergunning
geneigt geneigd; welwillend; hellend
Generalagentur v hoofdagentschap
Generalkonsul m consul-generaal
Generalprobe v generale repetitie
Generalstreik m algemene werkstaking
Generation v generatie
genesen (genas; genesen) genezen
Genf o Genève
Genialität v genialiteit
Genick o nek
Genickstarre v nekkramp
Genie(s) o genie
genieren (sich) zich generen
genießen (genoss; genossen) genieten

Genosse(n) m kameraad, makker
Genossenschaft v genootschap; (eingetragene) ~ coöperatie
genug genoeg (voldoende)
Genüge v voldoening; zur ~ voldoende
genügen voldoende zijn
genügend voldoende
Genugtuung v voldoening, genoegdoening
Genuss m (mv **Genüsse**) genot
Geographie v aardrijkskunde
Geometrie v meetkunde
Gepäck o bagage
Gepäckabfertigung v inschrijving van bagage
Gepäckaufbewahrung v bagagedepot
Gepäckhalter m bagagerek (v. auto)
Gepäcknetz o bagagenet
Gepäckraum m bagageruimte (auto)
Gepäckschein m reçu
Gepäckträger (-) m bagagedrager, kruier
Gepäckträgerspannband o snelbinder
Gepäckversicherung v bagageverzekering
Gepäckwagen m bagagewagentje
gepflegt verzorgd; goed onderhouden; beschaafd
Geplauder o gebabbel, gepraat
Gepolter o geraas
gerade recht; ~ eben zojuist; ich war ~ dort ik was er net
geradeaus rechtuit, rechtuit
geradewegs rechtstreeks
geradezu ronduit
geradwinklig rechthoekig
Gerät(e) o gereedschap; toestel, apparaat
geraten (geriet; geraten) raken; lukken
Geratewohl o aufs ~ op goed geluk
geräuchert gerookt
geräumig ruim
Geräusch o geluid
gerben looien
gerecht rechtvaardig, billijk
Gerechtigkeit v rechtvaardigheid
Gerede o gepraat
gereizt geprikkeld
Gericht o gerecht; rechtbank
gerichtlich gerechtelijk
Gerichtskosten mv gerechtskosten
Gerichtstermin rechtszitting
Gerichtsverfahren o proces
Gerichtsvollzieher m deurwaarder
gerieben gewiekst, geslepen
gering gering; schraal; nederig

geringfügig onbeduidend
geringschätzen geringschatten, minachten
gerinnen stollen
Gerippe o geraamte, skelet
gerissen geslepen, sluw
gern graag
Geröll o losse stenen, keien
geröstet geroosterd
Gerste v gerst
Gerte v (wilgen)teen
Geruch m (mv **Gerüche**) reuk, geur
geruchlos reukloos
Gerücht o gerucht, praatje
Gerümpel o rommel
Gerüst o stellage, steiger
gesamt totaal, geheel
Gesamtbetrag m totaal bedrag
Gesamtschule v scholengemeenschap
Gesandschaft v gezantschap
Gesandte(r) m gezant
Gesang m gezang, zang
Geschäft(e) o zaak (bedrijf), winkel, kantoor
geschäftig bedrijvig
geschäftlich voor zaken
Geschäftsführer m gerant
Geschäftsmann m (mv **-leute**) zakenman
Geschäftsreise v zakenreis
Geschäftsreisende(r) m handelsreiziger
gescheckt bont, gespikkeld
geschehen (geschah; geschehen) gebeuren
Geschehen o (het) gebeuren
gescheit verstandig
Geschenk(e) o cadeau, geschenk
Geschichte(n) v verhaal; geschiedenis
geschichtlich historisch
Geschick o handigheid; lot
Geschicklichkeit v handigheid
geschickt handig, bekwaam
Geschirr o vaatwerk, servies; (paard) tuig
Geschirrspüler m vaatwasmachine
Geschlecht(er) o geslacht, sekse
Geschlechtskrankheit v geslachtsziekte
Geschlechtsteile m mv geslachtsdelen, genitaliën
geschlossen dicht
Geschmack m smaak
geschmeidig buigzaam; soepel
geschniegelt in de puntjes
Geschöpf o schepsel
Geschoss o verdieping; projectiel
Geschrei o geschreeuw
geschwätzig praatziek; loslippig
geschweige ~ denn laat staan, om niet te spreken van
geschwind vlug, gezwind

Geschwindigkeit v snelheid
Geschwindigkeitsbeschränkung v snelheidsbeperking
Geschwindigkeitsüberschreitung v snelheidsovertreding
Geschwister mv broers en zussen
Geschworene(r) m gezworene, jurylid (bij de rechtbank)
Geschwulst v (mv **Geschwülste**) gezwel
Geschwür o zweer
Geselle(n) m knecht, ambachtsgezel
gesellen zich voegen bij
gesellig gezellig; sociaal; sociabel
Gesellschaft v maatschappij, samenleving; gezelschap; ~ mit beschränkter Haftung besloten vennootschap, afk. **G.m.b.H.**
Gesellschafter m vennoot, compagnon
gesell'schaftlich maatschappelijk
Gesetz(e) o wet
gesetzlich wettig; ~ geschützt, door de wet gewaarborgd
gesetzmäßig wettig, wetmatig
gesetzt bedaard; bezadigd; ~ daß/dass gesteld dat
gesetzwidrig in strijd met de wet, onwettig
gesichert veilig
Gesicht(er) o gezicht; zu ~ bekommen te zien krijgen
Gesims o kroonlijst, richel
Gesinde o gezamenlijk dienstpersoneel
Gesindel o gespuis
gesinnt gezind, voornemens
Gesinnung v gezindheid, neiging
gesittet welgemanierd, welopgevoed
Gespann o span (paarden)
gespannt gespannen, benieuwd
Gespenst(er) o spook
gespenstisch spookachtig
Gespött o gespot, spot
Gespräch o gesprek
gesprächig spraakzaam
Gestalt v gestalte, gedaante, vorm
gestalten vormen, een gedaante geven
geständig ~ sein bekennen
Geständnis(se) o bekentenis
Gestank m stank
gestatten toestaan
Geste v gebaar
gestehen bekennen
Gestein o gesteente
Gestell o frame (van fiets), chassis (auto), onderstel, rek
gestern gisteren
Gestirn o ster(renbeeld), gesternte
ges'trig van gisteren

Gestrüpp o struikgewas
Gesuch o verzoek, rekwest
gesund gezond
Gesundheit v gezondheid
gesundheitsschädlich schadelijk voor de gezondheid
Gesundheitszeugnis m gezondheidsattest
Gesundheitszustand gezondheidstoestand
Getöse o getier, geraas
Getränk o drank (drankje)
getrauen (sich) wagen, durven
Getreide o graan, koren
getrennt gescheiden; apart
getreu getrouw
Getriebe o versnelling, transmissie
getrost getroost; gerust
Getümmel o gewoel
geübt geoefend, bedreven
Gewächs o gewas
gewachsen ~ sein opgewassen zijn tegen, aankunnen
Gewächshaus o broeikas, serre
gewählt uitgezocht, keurig, verzorgd; geaffecteerd
Gewähr v waarborg, garantie; ohne ~ onder voorbehoud
gewahr werden gewaarworden; bespeuren
gewähren toestaan; verlenen
Gewährleistung v borgstelling, waarborg
Gewährsmann m zegsman
Gewalt v geweld; macht; gezag
Gewaltherrschaft v dwingelandij
gewaltig geweldig
gewaltsam gewelddadig
Gewand o (mv **Gewänder**) gewaad
gewandt handig, bedreven
Gewässer o water(en)
Gewebe o weefsel; web
Gewehr o geweer
Geweih o gewei
Gewerbe o ambacht; nijverheid
Gewerbeaufsicht v arbeidsinspectie
Gewerbeschein m bedrijfsvergunning
Gewerbeschule v ambachtsschool
gewerbetreibend neringdoend
gewerblich beroeps-
Gewerkschaft v vakvereniging
Gewicht o gewicht; spezifisches ~ soortelijk gewicht
gewillt genegen, gezind
Gewinn(e) m winst, prijs
Gewinnbeteiligung v winstdeling
gewinnbringend winstgevend
gewinnen (gewann; gewonnen) winnen
Gewinner(-) m winnaar
Gewinnung v winning

Gewinsel o gekerm
Gewirr(e) o verwarring; doolhof; geroezemoes
Gewiss zeker, vast; ein ~ Herr B een zekere heer B
Gewissen o geweten
gewissenhaft nauwgezet
Gewissensbisse m mv wroeging
gewissermaßen in zekere zin
Gewitter o onweer
Gewitterneigung v toenemende kans op onweer
gewitzt gewiekst
gewogen genegen, gunstig
gewöhnen gewennen; sich ~ gewend raken
Gewohnheit v gewoonte
Gewohnheitsrecht o gewoonterecht
gewöhnlich gewoon, alledaags
gewohnt gewend; gewoon
Gewölbe o gewelf
Gewühl o gewoel, gedrang
Gewürz o specerij, kruiderij
Gewürznelke v kruidnagel
gewürzt gekruid
gezackt, gezahnt getand
Gezeit(en) v getij; die ~en eb en vloed
gezielt gericht
geziemen (sich) betamen
geziemend betamelijk, gepast
geziert gemaakt, aanstellerig
Gezwitscher o getjilp
Gicht v jicht
Giebel m topgevel
Gier v begerigheid, hebzucht
gierig gretig, gulzig
gießen (goss; gegossen) gieten
Gießkanne v gieter; waterkan
Gift o gif, vergif
giftig vergiftig; (mens) boosaardig
Giftmüll m giftig afval
Giftpflanze v giftige plant
Giftpilz m giftige paddestoel
gigantisch gigantisch
Ginster m brem
Gipfel m top
Gipfelkonferenz v topconferentie
gipfeln culmineren, zijn hoogtepunt bereiken
Gipfelpunkt m toppunt
Gipfeltreffen o topconferentie
Gips m gips, pleister
gipsen gipsen; in gips zetten
Gipsverband m gipsverband
Girlande v guirlande
Giro(s) o giro
Gitarre v gitaar
Gitter o hek, tralie(werk)
Glanz m glans; looderts
glänzen schitteren; luister
Glanzleistung v schitterende prestatie

Glas *o* (*mv* **Gläser**) glas, pot
Glaser *m* glazenmaker
gläsern van glas, glazen
glashart glashard
Glashütte *v* glasblazerij
glasig glazig
Glasur' *v* verglaassel, glazuur
glatt glad, effen; vlot
Glätte *v* gladheid
Glatteis *o* ijzel
glätten gladmaken, polijsten
glattweg ronduit
Glatze *v* kaal hoofd
Glaube(n) *m* geloof
glauben geloven
glaubhaft geloofwaardig
gläubig gelovig
Gläubiger *m* gelovige; schuldeiser
glaubwürdig geloofwaardig
gleich gelijk; *das ~e Auto* dezelfde
auto; *bis* ~ tot straks; *~ groß*
even groot
gleichaltrig even oud
gleichartig gelijksoortig
gleichberechtigt gelijkgerechtigd
Gleichberechtigung *v* gelijkheid
gleichen (glich; geglichen) (*+3*)
lijken op
gleichfalls desgelijks, insgelijks
gleichförmig gelijkvormig;
éénparig
Gleichgewicht *o* evenwicht
gleichgültig onverschillig
gleichkommen evenaren
gleichlaufend evenwijdig
gleichlautend gelijkluidend
gleichmäßig gelijkmatig
Gleichmut *m* gelijkmoedigheid,
kalmte, koelbloedigheid
Gleichnis(se) *o* gelijkenis
gleichsam als het ware
Gleichschaltung *v*
gelijkschakeling
Gleichstrom *m* gelijkstroom
Gleichung *v* vergelijking
gleichwohl evenwel, toch
gleichzeitig gelijktijdig
Gleis *o* spoor (op station)
gleißen glinsteren
gleiten (glitt; geglitten) glijden
Gleitflieger *m* zweefvliegtuig;
zweefvlieger
Gleitflug *m* glijvlucht
Gleitsitz *m* sliding, glijbankje (in
roeiboot)
Gletscher(-) *m* gletsjer
Glied *o* lid; schakel
gliedern indelen; rangschikken
Gliedmaßen *o mv* ledematen
glimmen glimmen, smeulen
glimpflich ~ *davonkommen* er nog
schappelijk afkomen
glitschen uitglijden
glitschig glibberig

glitzern glinsteren
Glocke *v* klok
Glockenspiel *o* klokkenspel,
carillon
Glöckner *m* klokkenist
glorreich luisterrijk, heerlijk
Glosse *v* kanttekening,
commentaar (in krant)
glotzen wezenloos staren
Glück *o* geluk, voorspoed; *zum* ~
gelukkig
glücken gelukken
glücklich gelukkig, voorspoedig
glücklicherweise *bijw* gelukkig
glückselig gelukzalig
Glücksfall *m* gelukkig toeval,
buitenkans
Glückspilz *m* geluksvogel
Glücksspiel *o* kansspel
Glückwunsch *m* gelukwens;
Herzlichen ~*!* Van harte
gefeliciteerd!
Glückwunschkarte *v*
felicitatiekaart
Glühbirne *v* gloeilamp
glühen gloeien
Glühwein *m* warme wijn
Glut *v* gloed; drift
Gnade *v* genade
Gnadengesuch *o* verzoek om
gratie
gnädig genadig, goedgunstig; *~e
Frau* (oost) Mevrouw
Gnom(en) *m* aardgeest
Gold *o* goud
golden gulden, van goud
Goldfisch *m* goud vis
Goldgrube *v* goudmijn
goldig liefelijk
Goldschmied *m* goudsmid
Goldschnitt *m mit* ~, verguld op
snee
Goldstaub *m* stofgoud
Goldstück *o* goudstuk
Golf *m* 1 (*mv* **Golfe**) golf (inham); 2
o golf(spel); ~ *spielen* golfen
Gondelbaan *v* zweefbaan
gönnen gunnen
Gör(en) *o* **Göre** *v* kind, wicht
Gosse *v* goot
Go'tik *v* gotiek
Gott *m* (*mv* **Götter**) God, god
Gottesdienst *m* kerkdienst
Gottesfurcht *v* godsvrucht
Gotteslästerung *v* godslastering
Göttin *v* godin
göttlich goddelijk
gottlos goddeloos
Götze(n) *m* afgod
Götzenbild *o* afgodsbeeld
Grab *o* (*mv* **Gräber**) graf
Graben *m* sloot, gracht
graben (grub; gegraben) graven,
spitten

Graben *m* sloot
Grabgewölbe *o* grafkelder
Grabmal *o* (graf)teken
Grabschrift *v* grafschrift
Grabstein *m* grafsteen
Grad(e) *m* graad
Graf(en) *m* graaf
Grä'fin(nen) *v* gravin
gräflich grafelijk
Grafschaft *v* graafschap
gram boos
Gram *m* verdriet
grämen (sich) kniezen
Gramm *o* gram
Gramma'tik *v* grammatica
Granate *v* granaat
Gras *o* gras
grasen grazen, weiden
grassieren heersen, woeden
gräßlich gruwelijk
Grat(e) *m* scherpe bergrug
Gräte *v* bot (vis)
gratis gratis
gratulieren gelukwensen,
feliciteren
grau grijs
Graubrot *o* bruinbrood
grauen gruwen, ijzen
grauenhaft huiveringwekkend
Graupen *v mv* grutten
grausam wreed
gravierend belangrijk, invloedrijk
Gravitation *v* zwaartekracht
greifen (griff; gegriffen) grijpen
Greis(e) *m* grijsaard
grell schel; schril
Grenze *v* grens
Grenze(n) *v* grens
Grenzkontrolle *v* grenscontrole
Grenzposten *m* grenspost
Grenzstreitigkeit *v* grensgeschil
Grenzverletzung *v* grensschending
Gräuel *m* gruwel
gräulich gruwelijk
Griechenland *o* Griekenland
griechisch Grieks
griesgrämig knorrig
Grieß *m* gruis; gries(meel)
Griff(e) *m* greep, hengsel; *im* ~
haben onder de knie hebben
Griffel *m* griffel
Grille *v* krekel; gril
grillen barbecuen
Grimm *m* woede
grinsen grijnzen
Grippe *v* griep
grob grof; onbeschoft
Grobian(e) *m* lomperd
Groll *m* wrok, haat
grollen rommelen (donder); *einem*
~ wrok koesteren jegens iemand
Gros *o* gros
Groschen *m* munt van 10 Pfennig;
kleinste Oostenrijkse munt

groß groot, lang
groß'artig groots
Großaufnahme v close-up
Großbritannien o Groot-Brittannië
Größe v grootte; grootheid; maat
Großeltern m mv grootouders
großenteils grotendeels
Größenwahn m
  grootheidswaanzin
großherzig grootmoedig
Grossist(en) m grossier
großjährig meerderjarig
Großmut v grootmoedigheid
Großmutter v grootmoeder
Großstadt v grote stad
größtenteils grotendeels
Großvater m grootvader
großziehen grootbrengen
großzügig groots, breed opgezet
Grotte v grot
Grube v mijn, groeve
grübeln peinzen, tobben
Gruft v (mv **Grüfte**) groeve,
  grafkuil, grafkelder
grün groen
Grund m reden, oorzaak; grond
Grundbuch o kadaster
Grun'del v grondeling
grün'den stichten, oprichten,
  grondvesten; baseren
Gründer m stichter, oprichter
grundfalsch glad verkeerd
Grundgebühr v vast recht
Grundgesetz o grondwet,
  constitutie
Grundlage v grondslag, basis
gründlich grondig
grundlos bodemloos; ongegrond
Gründonnerstag m Witte
  Donderdag
Grundregel v stelregel
Grundriss m ontwerp, schets
Grundsatz m grondbeginsel,
  principe
grundsätzlich in beginsel,
  principieel
Grundschule v basisschool
Grundstück o stuk grond, terrein
Gründung v stichting, oprichting
Grundzug m hoofdtrek
Grünkohl m boerenkool
Grünschnabel m melkmuil
Grünspan m kopergroen
Grünstreifen m groenstrook;
  middenberm
grunzen knorren
Gruppe(n) v groep
Gruppenermäßigung v reductie
  voor groepen
Gruppenreise v groepsreis
gruselig griezelig
gruseln griezelen
Gruß m (mv **Grüße**) groet
Gruß m groet

grüßen groeten
Grütze v grut, gort
gucken kijken
Gulasch m hachee, goulash
Gulden(-) m gulden
gültig geldig
Gummi m rubber; gom; condoom;
  o elastiekje
Gum'miabsatz m rubberhak
Gum'miball m elastieken bal
Gummistiefel m mv rubberlaarzen
Gunst v gunst
günstig gunstig
Günstling m gunsteling
Gurgel v keel, strot
gurgeln gorgelen
Gurke(n) v komkommer;
  eingelegte ~ augurk
Gurkensalat m komkommersla
Gurt(e) m gordel, riem
Gürtel m riem
Guss m gietsel, het gieten,
  stroom; stortbui; aus einem ~,
  uit één stuk
Gusseisen o gietijzer
Gussregen m stortregen
Gusto m smaak
Gut o (mv **Güter**), landgoed; goed
gut goed, wel
Gutachten o rapport, advies
gut'artig goedaardig
Güte v goedheid; deugdelijkheid,
  kwaliteit
Güterabfertigung v
  goederenkantoor; expeditie
Gütergemeinschaft v
  gemeenschap van goederen
Güterzug m goederentrein
gutgläubig goedgelovig; bonafide
Guthaben o tegoed
gutheißen goedkeuren
gut'herzig goedhartig
gütig goedig, welwillend
gütlich in de minne, minnelijk
Gutsbesitzer m landeigenaar
Gutschein m bon
gutschreiben crediteren
Gutsherr m landheer
gutsprechen borg staan
Gutsverwalter m rentmeester
Gymnasium o gymnasium,
  atheneum, VWO
Gynäkologe m vrouwenarts

H

Haar(e) o haar
Haarbürste v haarborstel
haarig harig, ruig
Haarnadel v haarspeld
Haarnetz o haarnet
haarscharf vlijmscherp, precies
haarsträubend vreselijk,
  verschrikkelijk

Habe v goed
Haben o credit
haben hebben; nichts davon ~ er
  niets aan hebben; sie ~ noch zu
  arbeiten zij moeten nog werken
habgierig hebzuchtig
Habicht(e) m havik
Habseligkeiten v mv hebben en
  houden
Habsucht v hebzucht
Hacke v houweel; hak
Hackfleisch o gehakt (vlees)
Hackmesser o hakmes
Hafen m (mv **Häfen**), haven
Hafenarbeiter m havenarbeider
Hafengebühr v havengeld
Hafer m haver
Haferflocken v mv havermout
Haft v hechtenis
haftbar aansprakelijk
haften gehecht zijn, kleven; borg
  staan
Häftling m gedetineerde
Haftpflicht(versicherung) v WA
  (wettelijke aansprakelijkheid)
Haftschale v contactlens
Haftung v aansprakelijkheid
Hagebutte v rozenbottel
Hagel m hagel (weer)
Hagelschauer m hagelbui
hager mager, schraal
Hahn m haan; kraan
Hähnchen o haantje, (cul) kip
Hai(e) m haai
Hain(e) m woud
häkeln haken
Häkelnadel v haakpen
Haken m haak; die Sache hat
  einen ~ er is een maar bij
Hakenkreuz o hakenkruis,
  swastika
halb half
Halbbruder m stiefbroeder
Halbinsel v schiereiland
Halbkugel v halfrond
Halbmesser m straal (cirkel)
Halbmond m halve maan
Halbpension v halfpension
Halbschuh m lage schoen
Halbschwester v stiefzuster
Halbstarker m nozem
halbtags voor halve dagen, parttime
halbwegs halfweg
halbwüchsig halfwassen
Hälfte(n) v helft
Halfter m & v & o halster
Hall(e) m galm, weerklank
Halle v hal, overkapping
hallen weerklinken, schallen
Hallenbad o overdekte
  zweminrichting
Hallensport m zaalsport
hallo hallo
Halm(e) m halm

Hals *m* nek, keel
Halsband *o* halsband, -snoer
Halsbinde *v* das, halsdoek
Halsschmerzen *m mv* keelpijn
hals'starrig halsstarrig
Halsweh *o* keelpijn
Halswirbel *m* halswervel
Halt *m* steun, houvast; halte,
    stopplaats
halt! houd op! halt! stop!; (zuiddt)
    nu eenmaal
haltbar houdbaar (spijzen);
    duurzaam
halten (hielt; gehalten) houden;
    stoppen; *was hältst du davon?*
    wat denk jij ervan?
Halterung *v* houder
Haltesignal *o* stopsein
Haltestelle(n) *v* halte
haltlos ongegrond; slap, onvast
Haltung houding
Halun'ke(n) *m* schurk
hämisch boosaardig; gemeen
Hammelfleisch *o* schapenvlees
Hammer *m* (*mv* **Hämmer**) hamer;
    das ist ja der Hammer!
    ongelofelijk!
hämmern hameren
Hand *v* (*mv* **Hände**) hand; *aus*
    zweiter ~ tweedehands; *auf der*
    ~ liegen voor de hand liggen; *zu*
    Händen von (z.Hd.) ter attentie
    van (t.a.v.)
Handarbeit *v* handwerk
Handbremse *v* handrem
Händedruck *m* handdruk
Händel *mv* geschil, twist
Handel *m* handel
handeln handelen; afdingen; *der*
    Film handelt von Afrika de film
    gaat over Afrika; *es handelt sich*
    um einen Mord het gaat om een
    moord
Handelsbeziehungen *v mv*
    handelsbetrekkingen
Handelskammer *v* Kamer van
    Koophandel
Handelsklasse *v* handelsklasse
Handelsreisender *m*
    handelsreiziger
Handelsschifffahrt *v* koopvaardij
handelsüblich in de handel
    gebruikelijk
Handfessel *v* handboei
handfest stevig, potig
handgearbeitet handgemaakt
Handgelenk *o* pols
Handgepäck *o* handbagage
handgreiflich handtastelijk
Handgriff *m* handgreep;
    kunstgreep
Handhabe *v* aanknopingspunt
handhaben behandelen; hanteren;
    toepassen

Handlanger *m* opperman
Händler *m* koopman, handelaar
Handlung(en) *v* handeling; winkel
Handlungsweise *v* handelwijze
Handschelle *v* handboei
Handschrift *v* handschrift
Handschuh(e) *m* handschoen
Handtasche *v* handtas
Handtuch *o* handdoek
Handwerk *o* ambacht
Handwerksleute *m mv*
    ambachtslieden
Handy *o* mobiele telefoon
Handzeichnung *v* tekening uit de
    hand
Hanf *m* hennep
Hang *m* helling; neiging
Hängelampe *v* hanglamp
Hängematte *v* hangmat
hängen (hängte, gehängt)
    ophangen; gehecht zijn aan
hängen (hing; gehangen) hangen;
    (over)hellen
Hänger *m* hanger; aanhanger;
    overgooier
Hängeschrank *m* hangkast
hänseln plagen
hantieren hanteren, bezig zijn
hapern haperen, ontbreken
Happen *m* hap
Harfe *v* harp
Harke *v* hark
harmlos onbezorgd; onschuldig;
    naïef
Harmonika(s) *v* harmonica
Harn *m* urine
Harnisch(e) *m* harnas
harren wachten
hart hard, hardvochtig; stevig;
    moeilijk
Härte *v* hardheid; ongevoeligheid
Hartgeld *o* munten
hartgesotten hardgekookt;
    verstokt
Hart'gummi *o* eboniet
hart'herzig hardvochtig
hart'näckig hardnekkig
Harz *o* hars
Hasch(isch) *o* hasj
haschen pakken; hasj roken
Hase(n) *m* haas
Haselnuß *v* hazelnoot
Hasenpfeffer *m* hazenpeper
Hasenscharte *v* hazenlip
Hass *m* haat, wrok
hassen haten
hässlich lelijk
Hast *v* haast, gejaagdheid
hastig haastig, gejaagd
Haube *v* huif, motorkap; kuif
Haubitze *v* houwitser
Hauch(e) *m* adem; zachte wind,
    waas
hauen (hieb, haute; gehauen)

slaan, houwen; kappen
Hauer *m* slagtand
Haufen *m* hoop, stapel; menigte;
    ein ~ Menschen een heleboel
    mensen
häufen ophopen, stapelen
häufig menigvuldig, vaak
Haupt *o* (*mv* **Häupter**) hoofd
Hauptbahnhof *m* centraal station
Hauptgericht *o* hoofdgerecht
Hauptgeschäftsstraße *v* grote
    winkelstraat
Häuptling *m* opperhoofd,
    hoofdman
Hauptmann *m* kapitein
Hauptpostamt *o*
    hoofdpostkantoor
Hauptproblem *o* belangrijkste
    probleem
Hauptreisezeit *v* hoogseizoen
Hauptrolle *v* hoofdrol
Hauptsache *v* hoofdzaak
hauptsächlich voornamelijk,
    hoofdzakelijk
Hauptschule *v* mavo
Hauptstadt *v* hoofdstad
Haupttreffer *m* hoofdprijs
Hauptverkehrsstraße *v* hoofdweg
Hauptverkehrszeit *v* spitsuur
Haus *o* (*mv* **Häuser**) huis; *zu ~e*
    thuis; *nach ~e bringen*
    thuisbrengen
Hausangestellte *v* dienstbode
Hausarzt *m* huisarts
Hausaufgabe *v* huiswerk
Hausbesetzung *v* kraakactie
Hausboot *o* woonboot
hausen huizen; wonen
Hausflur *m* vestibule, hal
Hausfrau(en) *v* huisvrouw
Hausgenosse *m* huisgenoot
Hausgerät *o* huisraad
Haushalt *m* huishouding
Haushälterin *v* huishoudster
Hausierer *m* venter
häuslich huiselijk
Hausmeister *m* conciërge
Hausstand *m* huishouding
Haustier *o* huisdier
Haut *v* (*mv* **Häute**) huid, vel
häuten villen
Hautkrankheit *v* huidziekte
Hbf. zie Hauptbahnhof
Hebamme *v* vroedvrouw
Hebel *m* hefboom
heben (hob; gehoben) heffen,
    tillen; opheffen
Heber *m* hevel
Hebewinde *v* dommekracht;
    windas
hecheln hekelen
Hecht(e) *m* snoek
Heck *o* achtersteven; achterkant
    (auto)

Hecke *v* heg, haag
Heckmotor *m* achterin geplaatste motor
Heckscheibe *v* achterruit
Heer *o* leger
Hefe *v* gist
Heft *o* schrift; aflevering, nummer; heft
heften hechten; innaaien
heftig hevig; heftig
Heftklammer *v* papierknijper
Heftpflaster *o* hechtpleister
Heftzwecke *v* punaise
hegen omheinen; verzorgen; koesteren
hehlen helen
Heide(n) *m* heiden; *v* heide
Heidelbeere *v* blauwe bosbes
heidnisch heidens
heikel kieskeurig; netelig; hachelijk
Heil *o* heil
heil heel; genezen
Heiland *m* Heiland
Heilanstalt *v* herstellingsoord, sanatorium
heilbar geneeslijk
heilen genezen, helen
heilig heilig; ~*er Abend*, avond voor Kerstmis
Heiligenschein *m* stralenkrans
Heiligtum *o* heiligdom
heil'kräftig geneeskrachtig
Heilkunde *v* geneeskunde
heillos heilloos, verfoeilijk
Heilmittel *o* geneesmiddel
Heilsarmee *v* Leger des Heils
Heilverfahren *o* therapie, geneesmethode
heim naar huis
Heim *o* woonplaats, tehuis
Heimat *v* vaderland
Heimatroman *m* streekroman
heimgehen naar huis gaan; sterven
heimisch inheems, vaderlands; huis-
Heimkehr *v* thuiskomst
heimlich heimelijk; gezellig
Heimspiel *o* (sp) thuiswedstrijd
heimsuchen bezoeken (kwaad); teisteren
heim'tückisch boosaardig, vals
heimwärts huiswaarts
Heimweh *o* heimwee
Heinzelmännchen *o* kabouter
Heirat *v* huwelijk
heiraten trouwen
heiratsfähig huwbaar
Heiratsvermittler *m* huwelijksmakelaar
heiser hees, schor
heiß heet; hevig
heißen (hieß; geheißen) heten;

bevelen; *daß/dass heißt*, dat wil zeggen
Heißhunger *m* geeuwhonger
Heißwasserspeicher *m* warmwaterreservoir, boiler
heiter helder; vrolijk
heizen stoken, verwarmen
Heizkissen *m* elektrisch kussen
Heizkörper *m* radiator; verwarmingstoestel
Heiz'öl *o* stookolie
Heizung *v* verwarming
Hektar *o* & *m* hectare
hektisch teringachtig; nerveus, druk
Held(en) *m* held
heldenhaft heldhaftig
Heldin(nen) *v* heldin
helfen (half; geholfen) helpen; *ihr ist nicht zu ~* zij is niet te redden
Helfershelfer *m* handlanger
hell licht (kleur), helder, klaar
hellblau lichtblauw
Helle *v* helderheid; licht
Hellseher *m* helderziende
Helm(e) *m* helm
Hemd(en) *o* hemd
hemmen remmen; stuiten
Hemmschuh *m* remschoen
Hemmung *v* stremming; remming
Hengst(e) *m* hengst
Henkel *m* hengsel
Henker *m* beul
Henne *v* hen, kip
her hier, hierheen, herwaarts
herab naar beneden
herab'lassend minzaam, uit de hoogte, neerbuigend
herabsetzen afzetten; verlagen
heran naar toe, nader
heranwachsen opgroeien
heranziehen erbijhalen, aanhalen
herauf omhoog, opwaarts
heraus uit, naar buiten; ~ *damit*, voor de dag er mee!
herausfinden uitzoeken
herausfordern uitdagen
herausgeben uitleveren; teruggeven; uitgeven (boek)
herauskommen uitkomen; nut aanbrengen
herausstellen (sich) blijken
herb wrang, bitter, scherp; stug; onrijp
herbei herwaarts, naar toe, bij
herbeiführen teweegbrengen, veroorzaken
Herberge(n) *v* herberg
Herbst *m* herfst
Herd(e) *m* haard, fornuis; brandpunt
Herde *v* kudde
herein binnenwaarts; binnen
hereinlassen binnenlaten

hereinlegen erin laten lopen
herfallen *über einen* ~ iem. overvallen
Hergang *m* toedracht van een zaak; verloop
hergeben aanreiken; opgeven
hergebracht traditioneel
hergehen geschieden, toegaan
Hering *m* haring (vis & voor tent)
Heringssalat *m* haringsla
herkommen afkomstig zijn, afstammen
herkömmlich gebruikelijk
Herkunft *v* oorsprong, afkomst
herleiten afleiden
Hermelin'(s) hermelijn
Herr(en) *m* heer; (bij het aanspreken) meneer, mijnheer; meester, baas
Herrenkleidung *v* herenkleding
herrenlos onbeheerd
Herrentoilette *v* herentoilet
Herrgott *m* Onze-Lieve-Heer
Herr'in(nen) *v* meesteres
herrisch heerszuchtig
herrlich heerlijk
Herrschaft *v* heerschappij; *die* ~*en* meneer en mevrouw; *meine* ~*en!* dames en heren!
herrschen heersen
Herrschershaus *o* dynastie
Herrschsucht *v* heerszucht
herrühren afkomstig zijn
hersagen opzeggen
herstammen afkomstig zijn
her'stellen tot stand brengen, vervaardigen
Her'stellungskosten *mv* productiekosten
herüber over, hierheen
herum rondom, rond
herumführen rondleiden; *an der Nase* ~ misleiden
herumreichen rondgeven, -delen
herunter naar beneden
herunterfahren afdalen (skiën)
herunterhandeln afdingen
herunterkommen naar beneden komen, aan lager wal raken
hervor naar buiten, voor de dag, te voorschijn
hervorbringen voortbrengen
hervorgehen voortkomen, volgen
hervorheben doen uitkomen
hervorragend vooruitstekend; uitstekend
hervorrufen te voorschijn roepen, doen ontstaan
Herz *o* hart; moed; harten (kaartspel)
Herzanfall *m* hartaanval
herzen liefkozen
Herzensfreude *v* innig genoegen
herzhaft pittig (van smaak);

dapper; stevig
herzig lief, dierbaar
Herzinfarkt *m* hartinfarct
Herzklopfen *o* hartkloppingen
Herzkranke/-r *v/m* hartpatiënt
herzlich hartelijk
Herzog *m* hertog
Her'zogin(nen) *v* hertogin
Herzschlag *m* hartslag;
  hartverlamming
herzzerreißend hartverscheurend
Hetze *v* drijfjacht; gestook;
  gejaagdheid
hetzen aanhitsen, opstoken
Heu *o* hooi
Heuboden *m* hooizolder
heucheln huichelen
Heuchler *m* huichelaar
heuchlerisch huichelachtig
heuen hooien
heuer (zuidt; oost) tegenwoordig;
  van dit jaar
heulen huilen
Heuler *m* huiltoon; gillende
  keukenmeid *(vuurverk)*;
  alarmsirene
heurig (zuidt; oost) van dit jaar
  (wijn); nieuw
Heuschober *m* hooimijt
Heuschrecke *v* sprinkhaan
heute vandaag; ~ *Abend/Morgen/*
  Nachmittag/Nacht vanavond;
  vanmorgen vroeg; vanmiddag;
  vannacht; vanmorgen
heutig (heutige) huidige
heutzutage tegenwoordig
Hexe *v* heks
Hexenschuss *m* spit (in de rug)
Hieb(e) *m* houw, slag
hier hier
hiernach hierna, dan
hiesig van deze plaats, alhier
Hilfe *v* hulp; ~! help!; *erste* ~
  eerste hulp
Hilfeleistung *v* hulpverlening,
  bijstand
hilflos hulpeloos
hilfsbedürftig hulpbehoevend
Hilfsmittel *o* hulpmiddel
Himbeere *v* framboos
Himmel *m* hemel, lucht
Himmelfahrt Hemelvaart
Himmelskörper *m* hemellichaam
Himmelsrichtung *v* windstreek
himmlisch hemels
hin heen, weg, verloren; ~ *und her*
  heen en weer; ~ *und wieder* nu
  en dan
hinab omlaag; naar beneden
hinauf omhoog, naar boven
hinaus naar buiten, uit
hinausschieben uitstellen
Hinblick *m* *im* ~ *auf* met het oog op
hindern verhinderen, beletten

Hindernis(se) *o* beletsel,
  hindernis, obstakel
hindeuten wijzen (op iets)
hindurch' doorheen
hindurchgehen doorgaan
hinein naar binnen, in
hinfällig zwak, broos; ongegrond
Hingabe *v* toewijding
hingeben (sich) zich (toe)- wijden,
  zich opofferen
Hingebung *v* toewijding
hinge'gen daarentegen
hingehen heengaan; sterven
hinken hinken
hinreichen aanreiken; voldoende
  zijn
hinreichend voldoende, toerijkend
Hinreise *v* heenreis
hinreißen meeslepen
hinrichten terechtstellen
Hinsicht *v* opzicht, betrekking
hinsichtlich met betrekking tot
hinstellen, -legen, -setzen
  neerzetten
hinten achterin
hinter achter
Hinterbliebener *m* nabestaande
hintergehen misleiden, bedriegen
Hintergrund *m* achtergrond
Hinterhalt *m* hinderlaag
hinterhältig achterbaks
hinterher achterna; naderhand
Hinterkopf *m* achterhoofd
hinterlassen achterlaten, nalaten
Hinterlassenschaft *v* nalatenschap
hinterlegen deponeren
hinterlistig arglistig
Hintern *m* achterste
Hinterrad *o* achterwiel
Hinterreifen *m* achterband
Hinweis *m* verwijzing
hinweisend aanwijzend
hinzu toe, bij
Hirn *o* hersenen, brein
Hirngespinst *o* hersenschim
Hirsch(e) *m* hert
Hirschkuh *v* hinde
Hirt(e) *m* herder
Hirtin(nen) *v* herderin
hissen hijsen
historisch historisch
Hitze *v* hitte
Hitzewelle *v* hittegolf
hitzig driftig; heftig
Hitzkopf *m* driftkop
Hitzschlag *m* zonnesteek
Hobby *o* hobby
Hobel *m* schaaf
hobeln schaven
Hoch *o* hoera; gebied van hoge
  druk
hoch hoog
hochachtungsvoll hoogachtend
Hochamt *o* (*rk*) hoogmis

hochdeutsch Hoogduits
hochfein zeer fijn, piekfijn
Hochgeschwindigkeitszug *m*
  hogesnelheidstrein
hochgestochen veeleisend;
  hoogdravend; snobistisch
hochgradig in hoge mate
Hochhaus *o* flatgebouw
hochheben omhoog heffen;
  opsteken (hand)
hochherzig fier, edeldenkend
Hochmut *m* hoogmoed
Hochparterre *o* bel-etage
Hochsaison *v* hoogseizoen
Hochschule *v* hogeschool
Hochsitz *m* hooggelegen
  standplaats (v. jager)
Hochstapler *m* oplichter
Höchstgeschwindigkeit *v*
  maximumsnelheid
höchtens hoogstens
Höchstpreis *m* maximumprijs
Hochzeit *v* bruiloft
Hochzeitsreise *v* huwelijksreis
hocken ineengedoken zitten
Hocker *m* krukje, stoeltje
Höcker *m* bochel, knobbel
Hof *m* hof; erf, binnenplaats;
  hoeve, boerderij
hoffen hopen
hoffentlich hopelijk
Hoffnung *v* hoop
hoffnungslos hopeloos
Hofhaltung *v* hofhouding
höflich beleefd, hoffelijk
Höhe *v* hoogte
Höhenangst *v* hoogtevrees
Höhenkrankheit *v* bergziekte
Höhepunkt *m* hoogste punt,
  hoogtepunt
hohl hol, ledig
Höhle *v* hol, spelonk
Hohn *m* hoon, smaad
höhnisch spotachtig
holen halen
Holland Holland, Nederland
Holländer(-) *m* Hollander,
  Nederlander
Holländerin(nen) *v* Hollandse,
  Nederlandse
holländisch Hollands, Nederlands
Holländisch *o* Hollands,
  Nederlands (taal)
Hölle *v* hel
höllisch hels
holpern hobbelen; haperen
Holunder *m* vlier
Holz *o* (*mv* Hölzer) hout
Holzbündel *o* takkenbos
hölzern houten, van hout, houterig
Holzkohle *v* houtskool
Holzschnitt *m* houtsnede
Holzschuh *m* klomp
homosexuell homoseksueel

Honig *m* honing
Honigscheibe, -wabe *v* honigraat
Honorar(e) *o* honorarium
Honoratioren *m mv* notabelen
honorieren honoreren
Hopfen *m* hop
hörbar hoorbaar
horchen luisteren
Horde *v* horde, troep
hören horen; luisteren
Hörer *m* hoorder; toehoorder;
  hoorn (*tel*)
Horizont(e) *m* horizon
Horn *o* (*mv* Hörner) hoorn
Hornhaut *v* hoornvlies
Hornisse *v* horzel
Hörsaal *m* collegezaal
Hort(e) *m* toeverlaat;
  kinderopvang
Höschen (-) *o* broekje
Hose(n) *v* broek
Hosenanzug *m* broekpak
Hosenbein *o* broekspijp
Hosenträger *m* (broek)draagband,
  bretel
Hospital *o* (*mv* Hospitäler)
  hospitaal
Hostie(n) *v* hostie
Hotel(s) *o* hotel
Hotelverzeichnis *o* hotelgids
Hotelzimmer *o* hotelkamer
Houseparty *v* houseparty
hüben ~ und drüben aan deze en
  gene zijde
hübsch knap, mooi, aardig
Hubschrauber *m* helikopter
Huf(e) *m* hoef
Hufeisen *o* hoefijzer
Hufschmied *m* hoefsmid
Hüfte *v* heup
Hügel(-) *m* heuvel
hügelig heuvelachtig
Huhn *o* (*mv* Hühner) kip
Hühnerauge *o* likdoorn
Hühnerhof *m* hoenderpark
Hühnerstall *m* kippenhok
Hülle *v* (om)hulsel; *in* ~ *und Fülle*
  in overvloed
Hülse *v* huls, dop
Hummel *v* hommel
Hummer *m* zeekreeft
Humor' *m* goede luim; humor
humpeln hinken; knoeien
Hund(e) *m* hond
Hundefutter *o* hondenvoer
hundekalt bar koud
Hundemarke *v* hondenpenning
hundert honderd
hundertste honderdste
Hündin teef
Hundstage *mv* hondsdagen
Hüne(n) *m* reus
Hünengrab *o* hunebed
Hunger *m* honger

Hungersnot *v* hongersnood
hungrig hongerig
Hupe *v* claxon, toeter
hüpfen huppelen
Hürde *v* (tenen) horde
Hure *v* hoer
hurtig vlug, behendig, gauw
huschen glippen, glijden; flitsen
hüsteln kuchen
husten hoesten
Husten *m* hoest
Hustensaft *m* hoestdrank
Hut *m* (*mv* Hüte) hoed; *v* (-) *auf*
  der Hut sein op z'n hoede zijn
Hutablage *v* hoedplank
hüten hoeden, oppassen
Hütte(n) *v* hut
Hyazinthe *v* hyacint (bloem)
Hypothek *v* hypotheek

I

i.A. = im Auftrag in opdracht
ich ik
Ideal *o* ideaal
ideal ideaal
Idee(n) *v* idee, denkbeeld
identifizieren 1 identificeren 2 *sich*
  ~ *mit* vereenzelvigen
Identität *v* identiteit
Idiot(en) *m* idioot
Idyll *o* idylle
Igel *m* egel
ihm, ihn hem, aan hem (3e nv. van
  er)
ihn hem (4e nv. van er)
ihnen aan hen, hun (3e nv. van sie,
  mv)
Ihnen aan U, U (3e nv. van Sie)
ihr (*bez vnv*) haar, aan haar; jullie;
  hun
Ihr (*bez vnv*) Uw, uw
ihrerseits van hun/haar kant
ihrethalben, -wegen, -willen om
  hunnentwil, harentwil
illegal illegaal
im (in dem) in de, in het
Imbisspacket *o* lunchpakket
Imitation *v* imitatie, namaak
Imker *m* bijenhouder, imker
immatrikulieren (sich) inschrijven
  (v. student)
immer altijd, steeds, immer
immer altijd, steeds
immerfort altijd, voortdurend
immerhin in elk geval; tenminste
immerzu voortdurend
immun immuun
Imperialismus *m* imperialisme
impfen inenten
Impfpass *m* inentingsbewijs
Importartikel *m* invoerartikel
importieren importeren
imstande in staat

in in, binnen; naar (richting);over
  (tijdsaanduiding)
Inanspruchnahme *v*
  inbeslagneming
Inbrunst *v* innigheid, vuur
inbrünstig vurig, hartgrondig, innig
inclusiv inclusief
indem terwijl, doordat
Inder *m* Indiër
indes(sen) intussen; echter
Indianer *m* Indiaan
Indisch Indisch
Indivi'duum *o* (*mv* Individuen)
  wezen, individu
Indiz(ien) *o* aanwijzing
Indonesien *o* Indonesië
Industrie *v* industrie, nijverheid
industriell industrieel
Infektion *v* infectie, besmetting
infizieren infecteren, besmetten
Inflation *v* inflatie
infolge tengevolge
infolgedessen dientengevolge
Informatik *v* informatica
Information *v* informatie;
  inlichtingenbureau
informieren inlichten
Ingenieur(e) *m* ingenieur
Ingredienz(ien) *v* ingrediënt
Ingwer *m* gember
Inhaber *m* eigenaar, houder,
  bekleder (v. ambt)
inhalieren inhaleren
Inhalt *m* inhoud
Inhaltsverzeichnis *o*
  inhoudsopgave
Initiative *v* initiatief
injizieren inspuiten
inkl. = inklusive inclusief
inkonsequent *v* inconsequent
Inland *o* binnenland
inländisch binnenlands
inmitten te midden van
innehaben bezitten, bekleden
innehalten ophouden,
  onderbreken
innen binnenin, binnen
Innenarchitekt binnenhuisarchitect
Innenminister *m* minister van
  binnenlandse zaken
Innenstürmer *m* (*sp*) links- of
  rechtsbinnen
inner innerlijk, binnenste
innerhalb binnen
innig innig
ins (in das) in het
Insasse(n) *m* ingezetene;
  inzittende
insbesondere in het bijzonder
Insekt(en) *o* insect
Insektenpulver *o* insectenpoeder
Insel(n) *v* eiland
Inserat *o* advertentie
insgeheim heimelijk

insgesamt allemaal
insofern in zoverre
Insolvenz v insolventie
insoweit in zoverre
Inspektion v onderhoudsbeurt, inspectie
inspizieren inspecteren
inständig dringend
Instanz v instantie
Instinkt(e) m instinct
Institut o instituut
Instruktion' v instructie
inszenieren ensceneren
intellektuell intellectueel
Intelligenz v intelligentie
Intendant(en) m intendant, schouwburgdirecteur
Intensivstation v intensive care
interessant interessant
Interesse(n) o belangstelling, interesse, belang
Interessengemeinschaft v belangengemeenschap
interessiert geïnteresseerd
international internationaal
Internist m internist
interpretieren interpreteren
Intoleranz v intolerantie, onverdraagzaamheid
Intrige v intrige
Invalide m invalide
Invasion v invasie
Inventar o inventaris; inboedel
inwiefern, -weit in hoeverre
inzwischen intussen; ondertussen
irden aarden, van aarde
irdisch aards
Ire(n) m ler
irgendeiner, -jemand de een of ander
irgends ergens
irgendwie op de een of andere manier
irgendwo ergens
irisch Iers
irre verdwaald; in de war; gek
irreführen op een dwaalspoor leiden
irregulär onregelmatig
irremachen in de war brengen
irren (sich) vergissen
Irrgarten m doolhof
irrig verkeerd, dwalend
Irrlicht o dwaallicht
irr'sinnig krankzinnig
Irrtum m (mv Irrtümer) vergissing
irrtümlich bij vergissing
Irrweg m dwaalweg
Italien Italië
Italiener m Italiaan
italienisch Italiaans

J

ja ja; immers; vooral
Jacht v jacht (schip)
Jachthafen m jachthaven
Jacke v jak, wambuis
Jacketkrone v jacketkroon
Jagd v jacht (het jagen)
Jagdfrevel m stroperij
Jagdrevier o jachtveld, jachtterrein
Jagdschein m jachtakte
jagen jagen; hard rijden
Jäger m jager
jäh steil; plotseling
Jahr(e) o jaar; im ~e 1990 in 1990; in den zwanziger ~en in de jaren twintig
Jahresabschluß m balans
Jahresbeitrag m contributie
Jahresbericht m jaarverslag
Jahreswechsel m jaarwisseling
Jahreszahl v jaartal
Jahreszeit v jaargetij, seizoen
Jahrgang m jaargang; (studie-)jaar; lichting
Jahrhundert(e) o eeuw
jährlich jaarlijks
Jähzorn m drift
Jammer m ellende
jämmerlich jammerlijk, deerlijk
Januar m januari
Japaner m Japanner
japanisch Japans
Jasmin(e) m jasmijn
jäten wieden
jauchzen juichen
Jause v (oost) namiddagkoffie
jawohl jawel
je ooit; ~ länger ~ lieber hoe langer hoe liever; ~ nachdem al naarmate
Jeans v spijkerbroek
jedenfalls in elk geval
jeder ieder, elk
jedermann iedereen
jederzeit te allen tijde
jedesmal telkens
jedoch echter, toch, niettemin
jemals ooit
jemand iemand
jene(r), jenes gene; gindse, die, dat
jenseits(s) aan gene zijde; das J~, o hiernamaals
jetzig tegenwoordig
jetzt nu, tegenwoordig
jeweils telkens
Jht. zie Jahrhundert
Joch o juk; span; morgen (maat)
Jod o jodium
joggen joggen
Joghurt m & o yoghurt
Johannisbeere v aalbes
johlen joelen

Jolle v jol
Joppe v kort jasje
Jubel m gejuich
Jubilar(e) m jubilaris
jucken jeuken, kriebelen
Juckreiz m jeuk
Jude(n) m jood
Jüdin(nen) v jodin
Jugend v jeugd
Jugendamt o bureau voor jeugdzorg
Jugendaustausch m jeugduitwisseling
Jugendherberge v jeugdherberg
jugendfrei toegelaten voor iedere leeftijd (film)
jugendlich jeugdig
Jugendliche mv jongeren
Juli m juli
jung jong
Junge(n) m jongen; o het jong
Jünger m discipel, leerling
Jungfer v juffrouw; kamenier; alte ~ oude vrijster
Jungfrau v maagd
Junggeselle m vrijgezel
Jüngling m jongeling
jüngst onlangs, laatst
Juni m juni
Jura o rechten
juristisch rechtskundig, rechtsgeleerd
just juist, net
Justiz v justitie
Juwel(en) o juweel
Juwelier m juwelier
Jux m lol; aus ~ voor de lol

K

Kabarett o cabaret
Kabel o kabel
Kabeljau(e) m kabeljauw
kabeln telegraferen
Kabine v (scheeps)hut; badhokje; cabine
Kabinett o kabinet
Kachel v tegel
kacheln betegelen
Kachelofen m kachel uit tegels
Käfer m tor, kever; (aardig) meisje; VW kever (auto)
Kaffee m koffie
Kaffeegeschirr o koffieservies
Kaffeekanne v koffiepot
Kaffeetasse v koffiekopje
Käfig(e) m kooi
kahl kaal
kahlköpfig kaalhoofdig
Kahn m schuit, boot
Kai m kade
Kaiser m keizer
Kajüte v kajuit
Kakao m cacao; chocomelk; durch

den ~ ziehen voor de gek houden
Kalauer *m* flauwe mop
Kalb *o* (*mv* **Kälber**) kalf
Kalbfleisch *o* kalfsvlees
Kalbsbraten *m* gebraden kalfsvlees
Kalbsmilch *v* zwezerik
Kalender *m* kalender
Kalk(e) *m* kalk
kalt koud; *mir ist ~* ik heb het koud
kaltblütig koelbloedig; koudbloedig
Kälte *v* koude
Kamel(e) *o* kameel
Kamera(s) *v* camera
Kamerad(en) *m* kameraad
Kamin' *m* schoorsteen; (open) haard
Kamm *m* kam
kämmen kammen
Kammer *v* kleine kamer; bergruimte
Kamp *m* kamp
Kampf *m* gevecht
kämpfen kampen, vechten
Kampfer *m* kamfer
kampfunfähig buiten staat tot vechten
Kana'dier *m* Canadees
Kanal *m* kanaal, gracht; riool
Kanalisation *v* riolering
Kanarienvogel *m* kanarie
kandidieren kandidaat zijn, stellen
Kandis(zucker) *m* kandij
Känguru *o* kangoeroe
Kaninchen *o* konijn
Kanne(n) *v* kan
Kanone(n) *v* kanon
Kante(n) *v* kant, rand
Kantine *v* kantine
Kanu *o* kano; *~ fahren* kanoën
Kanzel(n) *v* preekstoel kansel
Kanzlei(en) *v* kanselarij, secretarie; kantoor
Kanzler(-) *m* kanselier
Kap(s) *o* kaap
Kapelle *v* kapel
Kaper *v* kappertje (vrucht)
kapieren begrijpen, snappen
Kapital(e) *o* kapitaal
Kapitän(e) *m* (scheeps-)kapitein
Kapitel *o* hoofdstuk
Kaplan *m* (*mv* **Kapläne**) kapelaan
Kappe *v* kap, muts
Kappweide *v* knotwilg
Kapsel *v* capsule (pil)
kaputt stuk (kapot)
Kapuze *v* capuchon
Kapuziner *m* Kapucijn; (*oost*) koffie met weinig melk
Karaffe *v* karaf
Karambolage *v* hevige botsing
Karawane *v* karavaan

Karbunkel *m* karbonkel; negenoog (zweer)
Kardinal *m* (*mv* **Kardinäle**) kardinaal
Karfreitag *m* Goede Vrijdag
karg karig, schraal
kärglich karig, armoedig
kariert geruit
kariös aangestoken (tanden)
Karneval *m* carnaval
Karnickel *o* konijn
Kärnten *o* Karinthië
Karo *o* ruiten (in het kaartspel)
Karosserie *v* carrosserie
Karotte *v* wortel (groente)
Karpfen *m* karper
Karre *v* kruiwagen, kar (fiets)
Karren *m* kar, kruiwagen
Karriere *v* carrière
Karte *v* kaart, kaartje; plattegrond
Kartei *v* kaartsysteem
Kartell *o* kartel, handelssyndicaat
Kartenspiel *o* kaartspel
Kartentelefon *o* kaarttelefoon
Kartoffel(n) *v* aardappel
Kartoffelbrei *m* aardappelpuree
Karton(s) *m* karton; kartonnen doos
Karussell(e/s) *o* draaimolen
Karwoche *v* stille week voor Pasen
Käse *m* kaas; onzin
Käseblatt *o* snertkrant
Käsebrötchen *o* broodje kaas
Kaserne *v* kazerne
Kasino *o* casino
Kasko *o* casco
Kasperletheater *o* poppenkast
Kasse *v* kas
Kassenarzt *m* fondsdokter
Kassenführer *m* kassier, penningmeester
Kassenzettel *m* kassabon
Kassette *v* cassette
Kassierer *m* kassier
Kastanie *v* kastanje
kasteien kastijden
Kasten *m* doos, kist, bak; krat
Katalog(e) *m* catalogus
Kataster *m & o* kadaster
Katastrophe *v* ramp, catastrofe
Kater *m* kater
Kathedrale *v* kathedraal
katholisch katholiek
Katze *v* kat, poes
Katzenjammer *m* katterigheid
Kauderwelsch *o* koeterwaals
kauen kauwen
kauern hurken
Kauf *m* (*mv* **Käufe**) koop
kaufen kopen
Käufer *m* koper
Kaufhaus *o* warenhuis
käuflich te koop, omkoopbaar
Kaufmann *m* (*mv* **-leute**)

koopman, handelaar, kruidenier
kauf'männisch handels-, commercieel
Kaugummi *m/o* kauwgom
kaum nauwelijks
Kautabak *m* pruimtabak
Kaution(en) *v* borgsom
Kautionssumme *v* waarborgsom
Kauz *m* steenuil rare snuiter
Kavalier *m* cavalier, heer, man van de wereld
keck vermetel, brutaal
Kegel *m* kegel; spil
kegeln bowlen
Kehle *v* keel
Kehlkopf *m* strottenhoofd
Kehre *v* wending, serpentine
kehren keren, omwenden; vegen
Keh'richt *m & o* veegsel, vuilnis
Kehrseite *v* keerzijde
kehrt rechtsomkeert
keifen kijven, twisten
Keil(e) *m* wig
Keilkissen *o* peluw
Keim(e) *m* kiem, spruit
keimfrei kiemvrij
kein geen, niet een
keinesfalls in geen geval
keineswegs geenszins
Keks(e) *m/o* koekje
Kelch(e) *m* kelk
Keller *m* kelder
Kellermeister *m* bottelier
Kellner *m* kelner
Kellnerin *v* serveerster
kennbar kennelijk; duidelijk
kennen (kannte; gekannt) kennen, weten
kenntlich kenbaar
Kenntnis(se) *v* kennis, kunde
Kennzeichen *o* kenmerk, kenteken
kennzeichnen kenmerken, karakteriseren
Kennziffer *v* nummer (b.v. v. advertentie, telefoon)
kentern kenteren
Kera'mik *v* pottenbakkerskunst, aardewerk; ceramiek
Kerbe *v* keep, kerf
Kerl(e/s) *m* kerel, vent
Kern *m* pit, kern
Kerngehäuse *o* klokhuis
kernig pittig, kernachtig
Kernkraftwerk *o* kerncentrale
Kernseife *v* harde zeep
Kerze(n) *v* kaars
Kerzenständer *m* kandelaar
Kessel *m* ketel
Kette *v* ketting
Kettenglied *o* schakel
Kettenhund *m* waakhond
Ketzer *m* ketter
keuchen hijgen
Keuchhusten *m* kinkhoest

Keule v knots; bout
keusch kuis
Kfz. zie Kraftfahrzeug
kichern giechelen
Kiebitz(e) m kievit
Kiefer m (-) kaak; v (mv **Kiefern**) den(nenboom)
Kiel(e) m (scheeps)kiel
Kielwasser o (kiel)zog
Kieme v kieuw
Kies m kiezel; poen
Kilo(s) o kilo
Kilometer(-) m kilometer
Kind(er) o kind
Kindbett o kraambed
Kinderbeihilfe v kindertoeslag
Kinderbett o kinderbed
Kinderfilm m kinderfilm
Kindergarten m kleuterschool
Kinderkleidung v kinderkleding
kinderlieb lief voor kinderen
Kindermenü o kindermenu
Kinderschreck m boeman
Kindersitz m kinderzitje (op fiets); kinderstoel
Kinderspiel o kinderspel
Kinderstube v kinderkamer
Kinderstuhl m kinderstoel
Kindertagesstätte v crèche
Kinderwagen m kinderwagen
kindisch kinderachtig; kinds
kindlich kinderlijk
Kinn o kin
Kinnlade v kaak, kinnebak
Kino o bioscoop; ins ~ gehen naar de bioscoop gaan
****Kiosk** m kiosk
Kipferl o hoorntje, (broodje)
Kippe v wip
kippelig wankel
kippen wippen, kantelen
Kirche(n) v kerk
Kirchhof m kerkhof
Kirchspiel o kerspel, parochie
Kirmes v kermis
Kirsche v kersen
Kissen(-) o kussen (hoofdkussen)
Kissenbezug m kussensloop
Kiste v kist
Kitsch m kitsch
Kitt m lijm; stopverf
Kittel m kiel
kitzeln kittelen, strelen
kitzlig kriebelig; netelig
k.J.= künftigen Jahres v.h. aanstaande, volgende jaar
Kladde v klad; kladboek
kläffen blaffen, keffen
Klage v klacht; eis (in rechte)
klagen klagen; een eis doen; (in rechte); aanklagen
Kläger m klager; eiser
kläglich klagelijk, deerlijk
Klammer v klamp, klem; haakje

Klampfe v gitaar
Klang m klank, galm
Klangfarbe v timbre
Klappbett o opklapbed; couchette
Klappe v klep, deksel; smoel; halt die ~! hou je bek!
klappen klappen
klappern klapperen; klappertanden
Klapperstorch m ooievaar
klapprig gammel
Klappstuhl m vouwstoel
klar klaar, helder; duidelijk
klären zuiveren, ophelderen
Klarinette v klarinet
Klasse v klasse
Klassenfahrt v schoolreis
Klassenkampf m klassenstrijd
Klassenzimmer o schoollokaal
Klas'sik v klassieke tijd, kunst
Klas'siker m klassiek schrijver
Klatsch m geklets
klatschen kletsen; klappen; kletteren
Klatschrose v klaproos
Klaue v klauw
Klausel v clausule
Klavier' o piano
Klavizimbel o klavecimbel
kleben plakken; jemandem eine ~ iemand een mep geven
Klebestreifen m plakband
Klecks(e) m vlek, klad
Klee m klaver
Kleeblatt o klaverblad
Kleid(er) o jurk
kleiden kleden
Kleiderablage v garderobe
Kleiderbügel m kleerhanger
Kleiderhaken m kapstok
Kleiderschrank m kleerkast
kleidsam goed kledend
Kleidung v kleding
Kleidungsstücke mv kleren
Kleie v zemelen
klein klein
Kleinbild o klein beeld
Kleingeld o kleingeld
Kleinigkeit v kleinigheid, bagatel
Kleinkind o kleuter
Kleinkram m rommel
Kleinkunst v cabaretkunst
kleinlaut bedeesd; moedeloos
kleinlich kleingeestig
Kleinmut m kleinmoedigheid
Kleinod(e) o kleinood
Kleinstadt v kleine stad
klein'städtisch kleinsteeds
Kleinwagen m kleine auto
Kleister m stijfsel(pap)
Klemme(n) v klem; in der ~ sitzen in het nauw zitten
klemmen klemmen, vastzitten
Klempner m loodgieter

Kle'riker m geestelijke
Kle'rus m geestelijkheid
klettern klimmen
Kleve o Kleef
Klima(s) o klimaat
Klimaanlage v airconditioning
klimmen (klomm, klimmte; geklommen, geklimmt) klimmen
Klinge v lemmet
Klingel v bel
klingeln bellen
Klingelschnur v belkoord
klingen (klang; geklungen) klinken
Kli'nik v kliniek
Klinke(n) v (deur)klink
Klinker m klinker (steen)
klipp und klar heel duidelijk
Klippe v klip
klirren rinkelen
Klischee(s) o cliché
Klistier o lavement
klitschig week, klef; drassig
Klo o toilet, wc
klobig plomp
klopfen kloppen
klöppeln kantklossen
Kloster o (mv **Klöster**) klooster
Klotz m blok; botterik
klotzig grof, plomp
Klub(s) m sociëteit, club
Klubsessel m clubfauteuil
Kluft v (mv **Klüfte**) kloof; kostuum
klug wijs, verstandig, schrander
klügeln ziften, vitten
Klumpen m klomp; klonter
k.M. = künftigen Monats v.d. volgende maand
knabbern knabbelen
Knabe(n) m jongen, knaap
knacken knakken, kraken
Knackwurst v knakworst
knallen knallen, ploffen
knapp eng, nauw; karig, schaars
Knarre v ratel; (mil.) spuit
Knast m nor
Knäuel m & o kluwen
Knauf m (mv **Knäufe**) knop
knauserig gierig, vrekkig
Knebel m mondprop
knebeln knevelen
Knecht(e) m knecht
kneifen (kniff; gekniffen) knijpen
Kneifzange v nijptang
Kneipe v bierhuis, kroeg
Knete v kneedsel; poen
kneten kneden
Knicks(e) m knik; barst; buiging
knicksen knikken, buigen
Knie(-) o knie
knien knielen
Kniff(e) m kneep; deuk (in hoed); truc, streek
knipsen knippen; kieken
Knirps(e) m dreumes

knirschen knarsen; *mit den Zähnen* ~ knarsetanden
knistern knetteren
knitterfrei kreukvrij
knobeln dobbelen
Knoblauch *m* knoflook
Knöchel(-) *m* enkel; knokkel
Knochen *m* bot (been)
Knochenbruch *m* beenbreuk
Knochengerüst *o* geraamte
Knochenmark *o* beendermerg
knöchern benig; van been
Knödel *m* meelballetje, vleesballetje
Knolle *v* knol; knobbel
Knopf *m* knoop
knöpfen knopen
Knopfloch *o* knoopsgat
Knorpel *m* kraakbeen
knorrig knoestig
Knospe *v* (bloem-, vrucht-)knop
Knoten *m* knoop (in een touw), knobbel; wrong
knüpfen knopen; strikken
Knüppel *m* knuppel
knurren knorren, grommen (v. hond)
knusprig knappend, bros
Ko'bold(e) *m* kobold, aardgeest; kabouter
Koch *m* kok
kochen koken; *Kaffee* ~ koffie zetten
Kocher *m* (kook)stel, koker
Köcher *m* (pijl)koker
Köchin *v* kokkin
Kochplatte kookplaat
Kochtopf *m* kookpot
Kocklöffel pollepel
Köder *m* aas (hengelsport)
Koffer(-) *m* koffer
Kofferraum *m* kofferbak
Kognak *m* cognac
Kohl *m* kool (groente)
Kohle *v* kool; poen
Kohlehydrat *o* koolhydraat
Kohlengrube *v* kolenmijn
Kohlenpott *m* Ruhrgebied
Kohlensäure *v* koolzuur
Kohlenstoff *m* koolstof
Kohlepapier *o* carbonpapier
Köhler *m* kolenbrander
Kohlezeichnung *v* houtskooltekening
Kohlrabi(s) *m* koolrabi
Koje *v* kooi, slaapplaats
kokett koket
Kokosnuss *v* kokosnoot
Kokosöl *o* klapperolie
Koks *m* cokes
Kolben *m* zuiger (auto); kolf
Kolbenstange *v* zuigerstang
Kolleg(s) *n* college, collegium
Kollege(n) *m* collega

Köln *o* Keulen
Kölnischewasser *o* eau de cologne
Kombi(wagen) *m* stationcar
Kombination *v* combinatie
kombinieren combineren
Kombüse *v* kombuis
Ko'miker *m* komiek
komisch komisch; raar
Komitee(s) *o* comité
Kommandeur(e) *m* commandeur, commandant
Kommanditgesellschaft *v* commanditaire vennootschap
kommen (kam; gekommen) komen
kommend ~ *Donnerstag* aanstaande donderdag
Kommilito'ne(n) *m* medestudent
Kommissar(e) *m* commissaris
Kommunismus *m* communisme
Komö'die *v* blijspel, komedie
Kompagnon' *m* compagnon
Kompanie *v* compagnie
Komparse(n) *m* figurant (bij film/ theater)
Kompass (*mv* **Kompasse**) kompas
kompensieren compenseren
komplett compleet
Komplott *o* complot
Kompott *o* compote
Kompromiss *m* compromis
kompromittieren compromitteren, in opspraak brengen
Kondensmilch *v* koffiemelk
Kondi'tor(en) *m* banketbakker
Konditorei *v* banketbakkerij
kondolieren condoleren
Kondom(e) *o* condoom
Konfekt *o* suikergoed; lekkers
Konfektion *v* confectie
Konferenz *v* conferentie
Konfession'(en) *v* confessie, geloofsbelijdenis
konfirmieren aannemen, bevestigen
konfiszieren verbeurdverklaren
Konflikt(e) *m* conflict
Kongress *m* congres
König *m* koning; heer (in het kaartspel)
Königin *v* koningin; vrouw (in het kaartspel)
königlich koninklijk
Königreich *o* koninkrijk
Konjunktur' *v* conjunctuur
Konkurrenz *v* concurrentie; concurrenten
Konkurs(e) *m* faillissement, bankroet
Konkursmasse *v* failliete boedel
können kunnen; kennen; *nichts dafür* ~ geen schuld hebben
Konsequenz *v* consequentie
Konstitution *v* constitutie, grondwet; lichaamsgesteldheid

Konsul(n) *m* consul
konsularisch consulair
Konsulat *o* consulaat
Konsum *m* consumptie; verbruik
Konsumverein *m* coöperatieve verbruiksvereniging
Kontakt(e) *m* contact
kontaktieren contact zoeken met
Kontaktlinse(n) *o* contactlens
Kontinent *m* continent
Konto *v* (*mv* **Konten**) rekening
Kontoauszug *m* rekeningafschrift
Kontoinhaber *m* rekeninghouder
Kontonummer *v* rekeningnummer
Kontor *o* kantoor
Kontostand *m* saldo
Kontrolle *v* controle
kontrollieren controleren
Kontrolleuchte *v* controlelampje
Kontrolluhr *v* controleklok
Konversationslexikon *o* encyclopedie
Konzentration *v* concentratie
Konzentrationslager *o* concentratiekamp
Konzept *o* ontwerp, klad, concept; *aus dem* ~ *bringen* in de war brengen
Konzert(e) *o* concert
Konzession *v* concessie, vergunning
Konzil *o* (*mv* **-e** & **Konzilien**) concilie
konzipieren ontwerpen
Kopf *m* hoofd; kop
Kopfball *m* (*sp*) kopbal
Kopfbedeckung *v* hoofddeksel
Kopfhörer *m*/*mv* koptelefoon
Kopfkissen *o* hoofdkussen
Kopfsalat *m* kropsalade
Kopfschmerzen *mv* hoofdpijn
Kopfstein *m* straatkei, kinderhoofdje
Kopftuch *o* hoofddoek
kopfüber hals over kop
Kopfzerbrechen *o* hoofdbrekens
Kopie' *v* kopie, afschrift; kopij
Koppel(n) *v* koppel; *o* sabelkoppel
Korb *m* mand, korf; *einen* ~ *bekommen* een blauwtje lopen
Korbstuhl *m* rieten stoel
Kordel *v* touwtje
Korinthe *v* krent
Kork *m* kurk
Korken kurk
Korkenzieher *m* kurkentrekker
Korn *o* (*mv* **Körner**) korrel; koren; brandewijn; vizierkorrel
Kornblume *v* korenbloem
Körnchen *o* korrel
Kornspeicher *m* korenzolder
Körper *m* lichaam
Körperbehinderter *m* lichamelijk gehandicapte

körperlich lichamelijk
Körperpflege v lichaamsverzorging
Körperschaft v corporatie
Körperteil m lichaamsdeel
Körperübung v lichaamsoefening
Körperverletzung v lichamelijk letsel
Korrektur v correctie
Korrespondenz v correspondentie
Korridor(e) m gang, corridor
korrupt corrupt
kosen liefkozen
Kosename m vleinaam
Kosmetik v cosmetica
Kosmetikerin v schoonheidsspecialiste
Kost v kost, onderhoud, voedsel
kostbar kostbaar
Kosten mv (on)kosten
kosten kosten; proeven (eten)
Kostenanschlag m begroting
kostenfrei kosteloos, gratis
köstlich kostelijk; heerlijk
Kostprobe v proefje
kostspielig kostbaar
Kostüm o kostuum
Kostümball m gekostumeerd bal
Kot m slijk, vuilnis, uitwerpselen
Kotelett(s) o kotelet
Köter m mormel
Kotflügel(-) m spatbord
Krabbe v krab, garnaal
Krach m gekraak; ruzie
krachen kraken
krächzen krassen
Kraft v (mv **Kräfte**) kracht
kraft krachtens
Kraftbrühe v bouillon
Kraftfahrzeug o automobiel
Kraftfahrzeugschein m kentekenbewijs
kräftig sterk; krachtig
kräftigen sterker maken
Kraftstoff m motorbrandstof
Kraftwagen m automobiel
Kraftwerk o elektrische centrale
Kragen m boord (kraag)
Krähe v kraai
Kralle(n) v klauw; nagel
Kram m rommel, spullen
Krämer m kruidenier, winkelier
Krampf m kramp; stuip
Krampfader v spatader
krampfhaft krampachtig
Kran m kraan
Kranich(e) m kraanvogel
krank ziek
Kranke m & v zieke, patiënt(e)
kränkeln sukkelen, ziekelijk zijn
kränken krenken, beledigen
Krankengymnastin v fysiotherapeute
Krankenhaus o ziekenhuis

Krankenkasse v ziekenfonds
Krankenpflegerin v verpleegster
Krankenschwester v verpleegster
Krankenwagen m ziekenauto
krankhaft ziekelijk, pathologisch
Krankheit v ziekte
kränklich ziekelijk, sukkelend
Kranz m krans
Krätze v schurft
kratzen krabben; krassen
kraulen krabbelen; crawlen
kraus kroes
kräuseln (sich) krullen
Kraushaar o kroeshaar
Krauskohl m boerenkool
Kraut o (mv **Kräuter**) kruid, groente; kool
Krawall'(e) m opstootje; spektakel
Krawatte v das (stropdas)
Krawattennadel v dasspeld
Krebs(e) m kreeft; kanker
Krebs erregend kankerverwekkend
krebskrank aan kanker lijdend
Kredit' m krediet
Kreditkarte(n) v creditcard
Kreide v krijt
Kreis(e) m kring, cirkel; district
kreischen krijsen
Kreisel m drijftol
kreiseln tollen
kreisen zich in een kring bewegen, ronddraaien
Kreislauf m kringloop; (bloeds)omloop
Kreißsaal m verloskamer
Kreisverkehr m rotonde
Krempe v rand van hoed
Kremschnittchen o tompoes
krepieren barsten, springen; verrekken
Kresse v sterrenkers
Kreuz o kruis; klaveren (in het kaartspel)
kreuzen kruisen
Kreuzer m kruiser
Kreuzfahrer m kruisvaarder
kreuzfi'del zeer jolig
Kreuzigung v kruisiging
Kreuzotter v adder
Kreuzung(en) v kruising
kreuzweise kruislings
kriechen (kroch; gekrochen) kruipen
Krieg(e) m oorlog
kriegen krijgen
kriegerisch krijgshaftig
Kriegsberichterstatter m oorlogscorrespondent
Kriegserklärung v oorlogsverklaring
Kriegsgefangene(r) m krijgsgevangene
Kriegsgericht o krijgsraad

Krimi m detectiveverhaal
Kriminalpolizei (Kripo) v recherche
Kriminalpolizist m rechercheur
Kriminalroman m detective-, misdaadroman
Krippe(n) v kribbe; kinderdagverblijf
Krise v crisis
Kristall m & o kristal
Kritik(en) v kritiek
Kritiker m criticus
kritisch kritisch, kritiek, hachelijk
kritzeln kriebelen (schrijven)
Krokus(se) m krokus
Krone v kroon; kruin; top
Kronleuchter m lichtkroon
Krönung v kroning
Kropf m krop; kropgezwel
Kröte(n) v pad (dier)
Krücke(n) v kruk, handvat(sel)
Krug m kruik; herberg
Krümel o kruimel
krümeln kruimelen
krumm krom
krümmen krommen; buigen
Krümmung v kromming, bocht
Krüppel m invalide
Kruste v korst
Kruzifix o crucifix, kruisbeeld
Kübel m tobbe
Küche v keuken
Kuchen m koek, taart
Kuchenblech o bakblik
Kuchenform v bakvorm
Küchenherd m fornuis
Küchenlöffel m pollepel
Küchenschabe v kakkerlak
Kufe v kuip; (slee) onderstuk
Küfer m kuiper
Kugel v kogel; bol
Kugellager(-) o kogellager
Kugelschreiber (-) m balpen
Kuh v (mv **Kühe**) koe
kühl koel, fris
Kühle v koelte
Kühler m radiateur (auto)
Kühlflüssigkeit v koelvloeistof
Kühlschrank m koelkast
Kühltasche v koelbox
Kühlwasser o koelwater
kühn koen, stoutmoedig
Küken o kuiken
Kulisse v coulisse
Kult m verering, cultus
kultiviert beschaafd
Kultur v cultuur, beschaving
Kulturfilm m documentaire
Kultusminister m minister van onderwijs, wetenschappen en cultuur
Kümmel m komijn; kummel
Kummer m hartzeer, kommer
kümmerlich kommerlijk, ellendig

kümmern (sich) zich bekommeren, zorgen
Kumpan(en) *m* makker, spitsbroeder
kündbar opzegbaar
Kunde(n) *m* klant
Kundgebung *v* betoging, demonstratie
kundig bekwaam, kundig
kündigen opzeggen
Kundschaft *v* klandizie, cliëntèle
Kundschafter *m* spion, verkenner
künftig (*bijv*) aanstaande; toekomstig; (*bijv*) voortaan
Kunst *v* (*mv* **Künste**) kunst
Kunstdünger *m* kunstmest
Kunstgebiss *o* kunstgebit
Kunstgewerbe *o* kunstnijverheid
Kunstgriff *m* kunstgreep
Künstler *m* kunstenaar
künstlerisch artistiek
künstlich kunstmatig
Kunststoff *m* synthetische stof
Kunststück *o* kunststuk; kunstje
kunstvoll kunstig
kunterbunt kakelbont
Kupfer *o* koper
kupfern koperen
Kupferstecher *m* graveur
Kupferstich *m* kopergravure
Kupon(s) *m* coupon
Kuppel *v* koepel; koepeldak
kuppeln koppelen
Kupplung *v* koppeling
Kur *v* kuur; genezing
Kuranstalt *v* sanatorium
Kurbel(n) *v* kruk, zwengel
kurbeln draaien, zwengelen
Kurbelwelle *v* krukas
Kürbis(se) *m* pompoen
Kurgast *m* badgast
Kurhaus *o* badhotel
kurieren genezen
Kuriositäten *v mv* curiosa
Kurort *m* badplaats
Kurs *m* koers (wisselkoers); cursus
Kursbuch *o* spoorboekje
Kürschner *m* bontwerker
kursieren circuleren
kursiv cursief
Kursus *m* (*mv* **Kurse**) cursus
Kurswagen *m* doorgaand rijtuig (v. trein)
Kurszettel *m* koerslijst
Kurtaxe *v* toeristenbelasting
Kurve(n) *v* bocht
kurvenreich bochtig
kurz kort; kortom; *sich ~ fassen* het kort maken
Kürze *v* kortheid
kürzen verkorten
Kurzfilm *m* korte film
kurzfristig op korte termijn

kurzgefaßt beknopt
kürzlich onlangs
Kurzschluss *m* kortsluiting
Kurzschrift stenografie
kurzsichtig bijziende; kortzichtig
Kurzstrecke *v* korte afstand
Kurzweil *v* vermaak, tijdverdrijf
Kurzwelle *v* korte golf
Kusine *v* nicht (dochter van tante en oom)
Kuss *m* (*mv* **Küsse**) zoen
küssen kussen (zoenen)
Küste(n) *v* kust
Küstenort(e) *m* kustplaats
Küster *m* koster
Kutsche *v* rijtuig, koets
Kutscher *m* koetsier
Kutte *v* monnikskap, -pij
Kutter *m* kotter

L

l = Liter liter
labil labiel, wankel
Labor *m* **Laboratorium** *o*, (*mv - rien*) laboratorium
Lache *v* poel, plas; gelach
lächeln glimlachen
lachen lachen
lächerlich belachelijk
Lachs *m* zalm
Lack *m* lak, vernis
lackieren verlakken, lakken
Lade *v* lade; kist
Ladefähigkeit *v* laadvermogen
Laden *m* (*mv* **Läden**) winkel; luik
laden (lud; geladen) laden
Ladenhüter *m* winkeldochter
Ladenschluss *m* winkelsluiting
Ladentisch *m* toonbank
lädieren kwetsen; beschadigen
Ladung *v* lading; dagvaarding
Lage *v* toestand, positie, stand; ligging
Lager *o* kamp; magazijn; kogellager
Lagerbestand *m* magazijnvoorraad
Lagerhaus *o* magazijn
lagern legeren, kamperen; in het magazijn liggen
lahm lam; kreupel, mank
lähmen verlammen
lahmlegen verlammen
Laib *m ein ~ Brot* een brood
Laich *m* viskuit
Laie(n) *m* leek; oningewijde
Laken *o* laken (op bed)
Lakritze *v* drop
lallen stamelen
Lamm *o* (*mv* **Lämmer**) lam
Lammskeule *v* lamsbout
Lampe(n) *v* lamp
Lampenfieber *o* plankenkoorts

Lampenschirm *m* lampenkap
Land *o* (*mv* **Länder**) land, veld; platteland
Landebahn *v* landingsbaan
landen landen
Landenge *v* landengte
Ländereien *v mv* landerijen
Landeshoheit *v* soevereiniteit
landesüblich in een land gebruikelijk
Landhaus *o* landhuis, buitenhuis
Landkarte *v* landkaart
Landkreis *m* district
landläufig gangbaar, algemeen gebruikelijk
ländlich landelijk
Landmine *v* landmijn
Landschaft *v* landschap; streek
Landsmann *m* (*mv* **-leute**) landgenoot
Landstraße *v* straatweg
Landstreicher *m* landloper
Landung *v* landing
Landungsbrücke *v* scheepsplank; (aanleg)steiger
Landwein *m* landwijn
Landwirt *m* landbouwer
Landwirtschaft *v* landbouw
lang lang
lange lang, lange tijd
Länge *v* lengte
langen toereikend zijn; grijpen
Langeweile *v* verveling
langfristig langlopend
langlaufen langlaufen
länglich langwerpig
langmütig lankmoedig
längs langs
langsam langzaam
Längsschnitt *m* lengtedoorsnede
längst lang geleden, reeds lang
langstielig langdradig
Langstreckenflug *m* langeafstandsvlucht
langweilig vervelend, saai
langwierig langdurig
Lanze *v* lans
Lanzette *v* lancet
Lappa'lie *v* bagatel, kleinigheid
Lappen *m* lap, lor
läppisch beuzelachtig, flauw
Lärche *v* lariks
Lärm *m* lawaai
lärmen lawaai maken
Larve(n) *v* larve; masker
Lasche *v* lus; tong (v. schoen)
lassen (ließ; gelassen) laten
lässig nonchalant, loom
Last *v* last; vracht
lasten drukken op
Laster *o* ondeugd; misdrijf; *m* vrachtwagen
lasterhaft slecht, verdorven
lästerlich lasterlijk

Lästermaul *o* roddelaar
lästern lasteren, kwaadspreken
lästig lastig; irritant
Lastkraftwagen *m* vrachtauto
Lastzug *m* goederentrein, vrachtautocombinatie
lateinisch Latijns
Laterne *v* lantaarn
Latte *v* lat; *die ~n* de ski's
Lattenkiste *v* krat
Lattenzaun *m* houten hek
lau lauw
Laub *o* loof
Laube *v* prieel
Laubsäge *v* figuurzaag
Lauch *m* prei, look
Lauer *v* loer
lauern *~ auf* loeren naar
Lauf *m* (*mv* **Läufe**) loop; poot (wild); *im ~ der Jahre* in de loop van de jaren
Laufbahn *v* loopbaan
Laufbursche *m* loopjongen
laufen (**lief; gelaufen**) lopen, rennen
Läufer *m* (hard)loper; loper (schaakstuk); middenspeler, halfback
Laufpass *m* *jemandem den ~ geben* iemand de bons geven
Laufschritt *m* looppas
Lauge *v* loog
Laune *v* luim, humeur
launenhaft humeurig, nukkig, grillig
launisch nukkig, grillig
Laus *v* (*mv* **Läuse**), luis
Lausbube *m* kwajongen
lauschen luisteren
laut luid; lawaaiig; hardop; *~ dem Gesetz* volgens de wet
Laut(e) *m* geluid, klank
Laute *v* luit
läuten luiden, bellen
lauter louter, zuiver
läutern louteren, zuiveren
Lautsprecher *m* luidspreker
lauwarm lauw
lavieren laveren
Lawine *v* lawine
lax laks, slap
Lazarett *o* hospitaal
Lebemann *m* bon-vivant
Leben *o* leven
leben leven
leben'dig levend
Lebensbedingungen *v mv* levensvoorwaarden
lebensbejahend optimistisch
Lebensbeschreibung *v* levensbeschrijving, biografie
lebensfroh levenslustig
lebensgefährlich levensgevaarlijk
Lebensgefährte *m* levensgezel

lebenslang, -länglich levenslang
Lebenslauf *m* levensloop, curriculum vitae
Lebensmittel *mv* levensmiddelen
Lebensmittelvergiftung *v* voedselvergiftiging
Lebensversicherung *v* levensverzekering
Leber *v* lever
Lebewohl *o* vaarwel, afscheid
lebhaft druk (levendig)
leblos levenloos
lechzen snakken
leck lek
lecken likken; lekken, lek zijn
lecker lekker
Leckerbissen *m* lekkernij
Leder *o* leer
ledern lederen, van leer
Lederwaren *v mv* lederwaren
ledig ongehuwd
lediglich enkel, slechts
leer leeg
Leere *v* leegte
leeren ledigen, ruimen
Leergut lege flessen
leerlaufen stationair draaien
leerstehend leegstaand
Leerung *v* lichting
legal legaal
legen leggen, zetten
Leh'rerin(nen) *v* onderwijzeres, lerares
Lehm *m* leem, klei
Lehne *v* leuning
lehnen leunen, steunen
Lehnstuhl *m* leuningstoel
Lehre *v* leer; leerstelling; lering; voorschrift; model
lehren leren, onderwijzen
Lehrer *m* onderwijzer, leraar
Lehrkörper *m* docentenkorps
Lehrling(e) *m* leerling
lehrreich leerzaam, leerrijk
Leib(er) *m* lijf
leibhaftig in levenden lijve
leiblich lichamelijk, lijfelijk
Leibrente *v* lijfrente
Leiche *v* lijk
Leichenwagen *m* lijkkoets
Leichnam(e) *m* lijk
leicht licht (gewicht), gemakkelijk
Leicht'sinn *m* lichtzinnigheid
leichtfertig lichtvaardig
leichtgläubig lichtgelovig
leichthin losjes, gemakkelijk
leichtsinnig lichtzinnig, wuft
Leid *o* leed
leid *es ~ sein* er genoeg van hebben
Leiden *o* kwaal, lijden
leiden (litt; gelitten) lijden; *~ an* last hebben van
Leidenschaft *v* hartstocht
leider helaas

leidig vervelend, onaangenaam
leidlich middelmatig, tamelijk
Leidwesen *o* leedwezen
Leier *v* lier
Leierkasten *m* draaiorgel
Leihbibliothek leesbibliotheek
leihen lenen
Leihhaus *o* pandjeshuis
Leim *m* lijm
Leine *v* lijn, koord
leinen linnen
Leinöl *o* lijnolie
Leinsamen *m* lijnzaad
Leinwand *v* linnen
leise zachtjes, fijn
Leiste *v* lies, lijst, rand
leisten verrichten, doen, presteren
Leistenbruch *m* liesbreuk
Leistung *v* verrichting; prestatie; arbeidsvermogen
leistungsfähig in staat veel te presteren, productief
Leitartikel *m* hoofdartikel
leiten leiden, voeren
Leiter *v* ladder; *m* leider, geleider
Leitfaden *m* leidraad
Leitkarte *v* tabkaart, ruitertje
Leitmotiv *o* telkens weerkerende muzikale frase
Leitung *v* leiding; geleiding
Leitungswasser *o* leidingwater
Lektion(en) *v* les
Lektüre *v* dat wat je aan 't lezen bent (boek, krant, artikel)
Lende *v* lende
lenkbar bestuurbaar; gedwee
lenken leiden, besturen
Lenker *m* stuur (fiets)
Lenkrad *o* stuurwiel
Lenz *m* lente
Lerche *v* leeuwerik
lernbegierig leergierig
lernen leren (studeren)
Lese *v* inzameling; oogst
Lesehalle *v* leeszaal
lesen (las; gelesen) lezen
leserlich leesbaar
letzlich laatst, ten slotte
letzte laatste
letztens ten laatste; onlangs
Leuchte *v* lantaarn, licht
leuchten lichten, blinken
Leuchter *m* kandelaar, blaker
Leuchtturm *m* vuurtoren
leugnen ontkennen, loochenen
Leukämie *v* leukemie
leut'selig vriendelijk
Leute *m* mensen, lieden
Levkoje *v* violier
Libelle *v* libel (insect); waterpas
liberal liberaal, vrijzinnig; mild licht helder stralend
Licht *o* licht (verlichting)
Lichtbild *o* lichtbeeld; foto

lichten lichten; oplichten; verlichten; uitdunnen
lichterloh lichterlaaie
Lichtschutzfaktor *m* beschermingsfactor
Lichtung *v* open plek in bos
Lid(er) *o* ooglid
lie'benswürdig beminnelijk, vriendelijk
lieb lief; *am ~sten* het liefst
liebäugeln lonken; koketteren
Liebe *v* liefde
Liebelei(en) *v* amourette
lieben houden van (iem.), liefhebben
Liebesgedicht *o* minnedicht
Liebhaber *m* liefhebber, amateur; minnaar
lieblich liefelijk
Liebling(e) *m* lieveling
lieblos liefdeloos, hardvochtig
liebreich liefderijk
Liebreiz *m* bekoorlijkheid
Liebste *v* geliefde
Lied(er) *o* lied; zang
liederlich liederlijk; slordig
Lieferant(en) *m* leverancier
liefern leveren
Lieferung *v* aflevering, levering
Lieferwagen *m* bestelauto
liegen (lag; gelegen) liggen
Liegenschaften *mv* onroerende goederen
Liegestuhl *m* ligstoel
Liegewagen *m* ligwagen
Likör *m* likeur
lila paars
Lilie(n) *v* lelie
Limonade *v* limonade
lind(e) zacht
Linde *v* linde
lindern verzachten, lenigen
Linie(n) *v* lijn, streep
Liniendienst *m* lijndienst
Linienflug *m* lijnvlucht
Linienpapier *o* gelinieerd papier
links links
Linksabbieger(-) *m* links afslaand verkeer
Linkshänder *m* linkshandige
linksum linksom
Linse(n) *v* lens
Lippe(n) *v* lip
Lippenstift *m* lippenstift
lispeln lispelen, fluisteren
List *v* list
Liste *v* lijst
Liter *m* liter
Literatur *v* letterkunde, literatuur
Litfasssäule *v* aanplakzuil
Litze *v* lis, lus, trens; bies
l.J. = laufenden Jahres van dit jaar
LKW/ Lkw (= Lastkraftwagen *m*) vrachtauto

l.M. = laufenden Monats van deze maand
Lob *o* lof, goedkeuring
loben loven, prijzen
löblich loffelijk
Loch (*mv* **Löcher**) gat, kuil; hol
Locher *m* perforator
Lochkarte ponskaart
Locke(n) *v* krul, lok
locken aanlokken, bekoren
Lockennadel *v* krulspeld
Lockenwickler m/ mv krulspelden
locker los; losbandig
Lockmittel *o* lokmiddel, trekpleister
Loden *m* loden
lodern vlammen, opvlammen
Löffel(-) *m* lepel
Loge *v* loge
Lohn *m* (*mv* **Löhne**) loon
lohnen (sich) de moeite waard zijn
lohnend lonend, winstgevend; de moeite waard
Lohnstopp *m* verbod tot loonsverhoging
Loipe *v* loipe
lokal lokaal, plaatselijk
Lokal *o* lokaal, restaurant, café
Lokalanzeiger *m* plaatselijk nieuwsblad
Lokomotivführer *m* machinist
London *o* Londen
Lorbeer(en) *m* laurier, lauwer
Lore *v* lorrie
los los; *was ist ~?* wat is er (aan de hand)?; *etwas ~ sein* van iets af zijn; *~!* Af! Vooruit!
Los(e) *o* lot; loterijbriefje; noodlot
löschen blussen (brand); lessen (dorst); lossen (schip); delgen (schuld)
Löschpapier *o* vloeipapier
lose los; wispelturig
Lösegeld *o* losprijs
losen loten
lösen vrijmaken; oplossen; nemen
losgehen losgaan; ontploffen; beginnen
löslich oplosbaar
Losung *v* leus, wachtwoord
Lösung *v* oplossing
loswerden kwijt raken
Lot *o* schietlood, soldeersel, loodlijn
löten solderen
Lothringen *o* Lotharingen
Lotion *v* lotion
Lotse(n) *m* loods
Lotterie(n) *v* loterij
Löwe(n) *m* leeuw
Löwen *o* Leuven
Löwenzahn *m* paardebloem
Löwin(nen) *v* leeuwin
Lücke *v* gaping. leemte, gat

Lückenbüßer *m* invaller, vervanging
lückenhaft onvolledig
Luft *v* (*mv* **Lüfte**)lucht
Luftbett(en) *o* luchtbed
Luftblase *v* luchtbel
luftdicht luchtdicht
Luftdruck *m* luchtdruk
lüften luchten; afnemen (v. hoed); ontsluieren (geheim)
Lüfter *m* ventilator
Luftfahrt *v* luchtvaart
Luftfilter *m* luchtfilter
luftig luchtig; ijl
Luftkurort *m* luchtkuuroord, zomerverblijf
luftleer luchtledig
Luftmatratze *v* luchtbed
Luftpost *v* luchtpost
Luftröhre *v* luchtpijp
Luftschloss *v* luchtkasteel
Luftverschmutzung *v* luchtvervuiling
Luftwaffe *v* luchtmacht
Luftzug *m* tocht
Lüge *v* leugen
lügen (log; gelogen) liegen
lügenhaft leugenachtig
Lügner *m* leugenaar
Luke(n) *v* luik
Lump(en) *m* schooier, mispunt
Lumpen *m* lomp, vod
Lunchpaket *o* lunchpakket
Lunge(n) *v* long
Lungenentzündung *v* longontsteking
Lunte(n) *v* lont
Lupe(n) *v* loep
Lust *v* (*mv* **Lüste**) zin, lust, plezier; *~ haben zu/auf* zin hebben in
lüstern begerig; wulps
lustig vrolijk, lustig, grappig
lustlos lusteloos, mat, hangerig
Lustspiel *o* blijspel
lutschen zuigen
Lüttich *o* Luik
Luv *v* loef
luxuriös weelderig
Luxus *m* weelde, luxe
Ly'rik *v* lyriek
Lympfknoten(-) *m* lymfeklier
ma'lerisch schilderachtig
machen doen; maken

M

Macht *v* (*mv* **Mächte**), macht; mogendheid; gezag
mächtig machtig
Mädchen(-) *o* meisje
Mädchenname *m* meisjesnaam
Mädel *o* meisje
Magazin(e) *o* magazijn
Magd *v* (*mv* **Mägde**), meid,

dienstmeid (op boerderij)
Magen *m* maag
Magensäure *v* maagzuur
Magenschmerzen **mv** maagpijn
mager mager, schraal
Magistrat *m* overheid, magistraat
Magnet(e/en) *m* magneet
Mahagoniholz *o* mahoniehout
mähen maaien
Mahl *o* (*mv* **-e** & **Mähler**), maaltijd, maal
mahlen malen
Mahlzeit(en) *v* maaltijd; ~! eet smakelijk
Mähne *v* manen *mv*
mahnen manen
Mahnung(en) *v* aanmaning
Mai *m* mei
Maiglöckchen *o* lelietje-van-dalen
Maikäfer *m* meikever
Mailand *o* Milaan
Mais *m* maïs
Majestät(en) *v* majesteit
majestätisch majestueus, indrukwekkend
Majoran *o* marjolein
Makel *m* vlek, gebrek
makellos vlekkeloos, smetteloos
mäkeln bedillen
Make-up *o* make-up
Makkaroni **mv** macaroni
Makler *m* makelaar
Makrone *v* bitter-, kokoskoekje
mal wel eens
Mal *o* keer (maal); teken
Malaria *v* malaria
malen schilderen, verven
Maler *m* schilder
man men
manche sommige
mancher menig, menigeen
mancherlei velerlei
manchmal soms; af en toe
Mandarine(n) *v* mandarijn
Mandel *v* amandel
Mangel *m* (*mv* **Mängel**) gebrek
mangelhaft gebrekkig
mangeln ontbreken, mankeren; mangelen
mangels bij gebrek aan
Manieren **mv** manieren
manierlich netjes
Maniküre *v* manicure
Manko(s) *o* tekort
Mann *m* (*mv* **Männer**) man
mannhaft mannelijk
mannigfach, -faltig menigvuldig
Mannigfaltigkeit gevarieerdheid
männlich mannelijk
Mannsbild *o* manspersoon
Mannschaft *v* manschap; elftal, ploeg
Manöver *o* manoeuvre
Mansarde *v* zolderkamer

Manschette(n) *v* manchet
Mantel *m* (*mv* **Mäntel**) mantel, jas; buitenband
Mappe *v* map, brieventas
Märchen *o* sprookje
Marder *m* marter
Margarine *v* margarine
Mark *o* merg; *v* (*mv* **Marken**) mark (geldstuk); grensprovincie
Marke(n) *v* postzegel; merk; teken
Markenzeichen *v* handelsmerk
markerschütternd hartverscheurend
markig pittig, kernachtig
Markise *v* markies
Markknochen *m* mergpijp
Markt *m* markt
Marktforschung *v* marktonderzoek
Marktplatz *m* marktplein
Marmel(n) *v* knikker
Marmelade *v* jam
Marmor *m* marmer
marode uitgeput, doodop, gammel
Marotte *v* gril
Marsch *m* mars (*muz*); *v* marsland
marschieren marcheren
Marter *v* marteling
martern martelen
Märtyrer *m* martelaar
März *m* maart
Marzipan *o* marsepein
Masche *v* maas, steek
maschenfest niet-ladderend.
Maschine *v* machine
Maschinengewehr *o* mitrailleur
maserig gespikkeld, gevlekt
Masern **mv** mazelen
Maske *v* masker
maskiert gemaskerd
Maß(e) *v* pot (bier) van 1 liter; *o* maat, mate
Massage *v* massage
Masse *v* massa; boedel
massenhaft in massa
maßgebend beslissend, de doorslag gevend
massieren masseren
massig massaal, log
mäßig matig
mäßigen matigen, kalmeren; temperen
massiv massief
Maßnahme, Maßregel *v* maatregel
maßregeln ringeloren, straffen
Maßstab *m* maatstaf, maatstok, schaal
Mast(en) *m* mast; *v* bemesting
mästen mesten, vetmesten
Material(ien) *o* materiaal
Mathematik *v* wiskunde
Matratze *v* matras
Matrose(n) *m* matroos
matt mat, krachteloos
Matte *v* mat; alpenweide

Matura *v* (Oost) eindexamen
Mauer *v* muur
mauern metselen
Maul *o* (*mv* **Mäuler**) muil, bek
Maul- und Klauenseuche *v* mond- en klauwzeer
Maulbeere *v* moerbezie
Maulesel *m* muilezel
Maulkorb *m* muilband
Maulschelle *v* muilpeer
Maultier *o* muildier
Maulwurf *m* **-würfe**, mol
Maurer *m* metselaar
Maus *v* (*mv* **Mäuse**) muis
maximal maximaal
m.E. = meines Erachtens naar mijn mening
Mecha'niker *m* werktuigkundige; monteur
Mechanik *v* werktuigkunde
meckern blaten; mopperen, zeuren
Medikament *o* geneesmiddel
Medizin(en) *v* medicijn, geneesmiddel; geneeskunde
Mediziner *m* geneeskundige, medisch student
medizinisch geneeskundig
Meer *o* zee
Meerbusen *m* zeeboezem, golf
Meerrettich *m* mierikswortel
Mehl *o* meel
Mehr *o* meerderheid; extra; overschot
mehr meer (*telw*)
mehren (sich) vermeerderen
mehrere verscheidene
mehrfach meervoudig; veelvuldig
Mehrkosten **mv** meerdere kosten
Mehrwertsteuer *v* BTW
Mehrzahl *v* meervoud, meerderheid
meiden (mied; gemieden) mijden, ontwijken
Meile *v* mijl
mein mijn
meineidig meinedig
meinen vinden (menen); bedoelen
meinerseits van mijn kant
meinethalben, -wegen voor mijn part
meinige *der/die/das* ~, de mijne
Meinung(en) *v* mening
Meinungsverschiedenheit *v* meningsverschil
Meise *v* mees
Meißel *m* beitel
meist meest; meestal
meistens meestal
Meister *m* meester; baas; kampioen
meisterhaft meesterlijk
Meisterin *v* meesteres, bazin; kampioene
Meisterschaft *v* meesterschap;

kampioenschap
melancholisch melancholiek
Meldeamt o bevolkingsbureau
melden melden
Meldestelle v aanmeldingsbureau
Meldung v melding
melo'disch melodieus, welluidend
Melone v meloen; bolhoed
Memme v lafaard
Menge v hoeveelheid, menigte
Mensch(en) m mens
Menschenliebe v menslievendheid
menschenscheu mensenschuw
Menschheit v mensdom;
   mensheid
menschlich menselijk
Menstruation v menstruatie
Menü(s) o menu
Merkbuch o agenda
merken merken, gewaar worden;
   sich ~, onthouden
merklich merkbaar; aanzienlijk
Merkmal o kenteken
merkwürdig merkwaardig
Mesner m koster
Messe v mis (kerk); jaarmarkt, -
   beurs; messroom
Messegelände o jaarbeursterrein
messen (maß; gemessen) meten
Messer(-) o mes; m meter
Messing o messing, geel koper
Metall(e) o metaal
metallen metalen
metallisch van metaal,
   metaalhoudend
Meteor m meteoor
Meter(-) m meter (lengtemaat)
Metzger m slager
Meute v koppel (jachthonden)
Meuterei v muiterij
Meuterer m muiter
mich mij (4e nv. van **ich**)
Miene v gezicht; gelaatstrek
Miet(s)haus o huurhuis
Miet(s)vertrag m huurcontract
Miete v huur
mieten huren
Migräne v migraine
Milbe v mijt
Milch v melk
Milchstraße v Melkweg
milde mild, zacht
Milde v zachtheid,
   goedaardigheid
mildern verzachten, lenigen
Milderungsgrund m verzachtende
   omstandigheid
militärisch militair
militärpflichtig dienstplichtig
Millimeter(-) m millimeter
Million(en) v miljoen
Milz v milt
Mime m toneelspeler
minder minder

Minderheit v minderheid
minderjährig minderjarig
mindern verminderen
Minderzahl v minderheid
mindest minst, geringst; nicht im
   ~en in het minst niet
mindestens ten minste, minstens
Mindestpreis m minimumprijs
Mine v mijn; reservestift (potlood)
Mineral(e) o mineraal
Mineralwasser o bronwater,
   mineraalwater
minimal minimum
Minister m minister
Ministerium o (mv **Ministerien**)
   ministerie
Minus o tekort, minus
Minute(n) v minuut
Minutenzeiger m minuutwijzer
mir mij (3e nv. v. **ich**)
mischen mengen; schudden
   (kaarten); vermengen
Mischmasch m mengelmoes
Mischung v mengsel; mengeling
Missvergnügen o misnoegen
missachten minachten
missbilligen afkeuren
Missbrauch m misbruik
missdeuten verkeerd opvatten,
   euvel duiden
Misserfolg m mislukking, fiasco,
   flop
Missernte v slechte oogst
Missetat v misdaad
Missfallen o mishagen
missgestaltet wanstaltig
missglücken mislukken
Missgunst v afgunst, wangunst
misshandeln mishandelen
Missionar(e) m zendeling,
   missionaris
misslich onzeker, hachelijk
missliebig onpopulair
misslingen mislukken
Missstand m wantoestand
misstrauen wantrouwen
missvergnügt misnoegd
Missverständnis o misverstand
Mist m mest; onzin
Misthaufen m mesthoop
mit met, mee
Mitarbeiter m medewerker
Mitbewerber m mededinger
mitfahren meerijden
Mitfahrer m lifter
Mitgefühl o medegevoel,
   sympathie
mitgehen meelopen (vergezellen)
mitgenommen meegenomen
Mitglied o lid
Mithilfe v steun, hulpverlening
Mitleid o medelijden
mitleidig medelijdend, meewarig
mitnehmen meenemen;

aangrijpen; die Krankheit hat ihn
   übel mitgenommen, door zijn
   ziekte is hij erg afgetakeld
mitsamt benevens
mitschuldig medeplichtig
Mittag m middag; ~ essen
   lunchen
Mittagessen o lunch
mittags 's middags
Mitte v midden
mitteilen mededelen
mitteilsam mededeelzaam
Mitteilung(en) v mededeling
Mittel o middel (manier);
   geneesmiddel
Mittelalter o middeleeuwen
mittelbar indirect, middellijk
mittellos zonder middelen,
   onbemiddeld
mittelmäßig middelmatig
Mittelmeer o Middellandse Zee
Mittelpunkt m middelpunt
mittels(t) door middel van
Mittelsmann m bemiddelaar
Mittelstand m middenstand
mittelste(r) middelste
Mittelstreifen m middenberm
Mittelstürmer m middenvoor
mitten midden
Mitternacht v middernacht
mittler middelste; middelbaar
mittlerweile ondertussen
Mittwoch m woensdag
mitunter soms, af en toe
mitwirken medewerken
Mitwisser m medeplichtige
mo'deln vormen, fatsoeneren
Möbel o meubel
Möbelwagen m verhuiswagen
Mobi'lien mv roerende goederen
Mobiliar o meubilair
möbliert gemeubileerd,
   gestoffeerd
möchten willen; ich möchte gern ik
   zou graag willen
Mode v mode
Modell(e) o model
Moder m stof, molm
modern verrotten, vermolmen
modern modern
modisch volgens de mode
Modus m wijze
Mofa(s) o bromfiets
mögen lusten; houden van
möglich mogelijk
möglichst zo mogelijk
Mohn m papaver, klaproos
Möhre(n) v worteltje
Mokka m mokka
Mole v pier, havenhoofd
Molekül(e) o molecule
Molkerei v zuivelbedrijf
Moment m moment; ogenblik
Monat(e) m maand

monatlich maandelijks
Monatschrift v maandblad
Mönch(e) m monnik
Mond m maan
Mondfinsternis v
  maansverduistering
Mondschein m maneschijn
Moneten mv geld
Monokel o monocle
Monopol o monopolie
monströs monsterachtig
Monsun(e) m moesson
Montag m maandag
Monteur m monteur
Montur v montuur
Moor o moeras; veen
Moorbad o modderbad
moorig veenachtig
Moos o mos
Moped o bromfiets
Moral v moraal
moralisch moreel, zedelijk
Morast(e) m moeras
Mord m ~ an, moord op
morden vermoorden
Mörder m moordenaar
mörderisch moorddadig
Mordskerl m kranige kerel
mordsmäßig geweldig
morgen morgen; ~ Abend
  morgenavond
Morgen m ochtend
Morgenausgabe v ochtendeditie
Morgenrock m peignoir,
  ochtendjas
morgens 's ochtends, 's morgens
Morgenschicht v ochtendploeg
morgig van morgen
Morphium o morfine
morsch vermolmd; broos
Mörser m vijzel, mortier
Moschee(n) v moskee
Mosel v Moezel
Moskito(s) m muskiet
Moskitonetz v klamboe
Moslem m moslim
Motel(s) o motel
Motiv o motief, beweegreden
Motor m motor (aandrijving)
Motorboot o motorboot
Motorhaube v motorkap
motorisiert gemotoriseerd
Motoröl o motorolie
Motorrad o motorfiets
Motorroller m scooter
Motte v mot
Mountainbike o mountainbike
Möwe v meeuw
Mu'siker m musicus
Mücke(n) v mug
müde moe (vermoeid)
Müdigkeit v moeheid
muffig muf, duf
Müh'sal(e) v moeite, zorg; verdriet

muhen loeien
Mühe v moeite; der ~ wert de
  moeite waard
Mühle v molen
mühsam, mühselig moeilijk, lastig
Mulde v inzinking, uitholling
Mull m neteldoek; verbandgaas
Müll m puin, vuilnis
Mülleimer (-) m afvalbak
Müller m molenaar
Multiplikation v
  vermenigvuldiging
multiplizieren vermenigvuldigen
Mumie(n) v mummie
Mund m (mv Münder) mond
Mund'art v dialect, streektaal
munden smaken
münden uitlopen, uitmonden
mündig mondig, meerderjarig
mündlich mondeling
Mündung v monding
Mund-zu-Mund-Beatmung v
  mond-op-mondbeademing
Munition v munitie
Münster o domkerk
munter wakker; vlug; opgewekt;
  monter; gezond
Münze(n) v munt
Münztelefon o munttelefoon
mürbe murw, mals; gedwee
murmeln murmelen, mompelen
Murmeltier o marmot
murren knorren
mürrisch knorrig, korzelig
Mus o moes, pap
Muschel(n) v mossel; schelp
Muse v muze
Museum o (mv Museen) museum
Musik v muziek
Musikalien mv muziek(stukken)
musikalisch muzikaal
Musikkassette v geluidsbandje
Musiikatelier m muskaatwijn
Muskatnuss v muskaatnoot,
  nootmuskaat
Muskel m spier
Muskelkater m spierpijn (na grote
  inspanning)
Muskelstärke v spierkracht
muskulös gespierd
Muss o dwang; het moeten
Muße v vrije tijd
müssen moeten
Muster o monster, proef;
  voorbeeld, model
mustergültig, musterhaft
  voorbeeldig
mustern monsteren, keuren
Mut m moed
mutig moedig
mutlos moedeloos
mutmaßen vermoeden, gissen
mutmaßlich vermoedelijk
Mutter v (mv Mütter) moeder; (mv

Muttern) moer (v. schroef)
Muttermal o moedervlek
Mutwille m overmoed,
  baldadigheid
mutwillig overmoedig, baldadig
Mütze v muts, pet

N

na nou, nu
Nabe v naaf
Nabel m navel
Nabelschnur v navelstreng
nach na; naar, volgens; ~ und ~,
  langzamerhand; ~ wie vor, voor
  en na, nog altijd
nachäffen na-apen
nachahmen nabootsen
Nachbar(n) m buurman
Nachbarschaft v buurt; buren
nachbilden namaken, nabootsen
nachdem nadat
nachdenken nadenken
Nachdruck m nadruk; klem,
  klemtoon; kracht
nachdrücklich nadrukkelijk
nacheifern nastreven, -bootsen
nacheinander na elkaar
Nachfolger m opvolger, navolger
Nachfrage v navraag; Angebot
  und ~ vraag en aanbod
nachfüllen bijvullen
nachgeben toegeven; wijken
Nachgebühr v strafporto
Nachgeschmack m nasmaak
nachgiebig toegeeflijk
nachher naderhand, vervolgens
Nachhilfestunde v bijles
nachholen inhalen
Nachholspiel o (sp)
  inhaalwedstrijd
Nachhut v achterhoede
Nachklang m naklank, nagalm
Nachkomme(n) m nakomeling
Nachlass m nalatenschap;
  vermindering; korting
nachlassen verminderen, langzaam
  ophouden, bedaren
nachlässig nalatig, slordig,
  nonchalant
nachlösen bijbetalen
  (voortreinkaartje)
nachmachen nadoen, namaken
nachmittags des namiddags
Nachnahme v gegen ~, tegen
  rembours
Nachname m achternaam
nachprüfen controleren
Nachprüfung v controle;
  herexamen
nachrechnen narekenen
Nachrede v napraten; laster
nachreden napraten;
  kwaadspreken

Nachricht(en) v bericht;
Nachrichten mv nieuws,
nieuwsbericht
Nachsaison v naseizoen
nachschneiden bijknippen
Nachschub m voorraad,
bevoorrading
nachsehen nakijken; opzoeken;
door de vingers zien
nachsetzen achtervolgen
Nachsicht v toegevendheid,
inschikkelijkheid
nachsichtig toegeeflijk,
inschikkelijk
nachsitzen schoolblijven
Nachspeise v dessert, nagerecht
Nachspiel o naspel
nachspüren naspeuren
nächste(r) volgende;
dichtstbijzijnd
nachstehen onderstaan
nachstehend onderstaand
nachstellen bijstellen;
achtervolgen
nächstens binnenkort, weldra
nachstöbern nasnuffelen
Nacht v (mv **Nächte**) nacht
Nachtclub m nachtclub
Nachteil m nadeel
nachteilig nadelig
Nachthemd o nachtjapon
Nachtigall(en) v nachtegaal
nächtigen overnachten
Nachtisch m dessert, toetje
Nachtlager o nachtleger
nächtlich nachtelijk
Nachtlokal o nachtclub
Nachtrag m aanhangsel,
bijvoegsel
nachtragen wrokken, boos blijven
nachträglich achteraf, alsnog
Nachtruhe v nachtrust
nachts 's nachts
Nachtschicht v nachtploeg
Nachttarif m nachttarief
Nachttisch m nachtkastje
Nachttischlampe v bedlamp
Nachtwandler m slaapwandelaar
Nachweis m bewijs
nachweisbar, ~lich bewijsbaar,
aanwijsbaar
Nachwelt v nageslacht
Nachwirkung v nawerking
Nachwuchs m de jongeren
Nachzahlung bij-, nabetaling
Nachzügler m telaatkomer
Nacken m nek
nackt naakt, bloot
Nadel(n) v naald, speld
Nadelstich m speldenprik
Nagel m (mv **Nägel**) spijker; nagel
Nagelbürste v nagelborstel
Nagellack m nagellak
nageln spijkeren

nagelneu fonkelnieuw
Nagelschere v nagelschaar
nagen knagen
Nagetier o knaagdier
nah(e) nabij, dichtbij; na
Nah'aufnahme v close-up
Nähe v nabijheid; in der ~ in de
buurt, dichtbij
nahe legen aanraden
nahe liegen voor de hand liggen
nahen naderen
nähen naaien
nähern (sich) naderen
nahezu bijna, nagenoeg
nahrhaft voedzaam
Nahrung v voedsel
Nahrungsmittel(-) o levensmiddel
Naht v (mv **Nähte**) naad
Nahverkehrszug m stoptrein
naiv naïef
Name(n) m naam
namens genaamd
Namensschild o naambordje
Namenstag m naamdag
Namensvetter m naamgenoot
Namenszug m paraaf
namentlich bijzonder,
voornamelijk; met name
namhaft bekend, vermaard; van
naam; noemenswaard
nämlich te weten, namelijk
Napf m nap, bak, kom
Napfkuchen m tulband
Narbe v litteken; nerf (v. leder)
Narkose v narcose
Narr(en) m dwaas, nar
Narrenhaus o gekkenhuis
Närrin(nen) v gekkin
närrisch zot, dol, dwaas
Narzis'se(n) v narcis
naschen snoepen
Nase v neus
näseln door de neus spreken
Nasenbluten o neusbloeding
Nasenloch o neusgat
Nasenstüber m knip voor de neus
naseweis wijsneuzig
Nashorn o neushoorn
nass nat, vochtig
Nässe v vochtigheid, nat
nässen natmaken
Nation v volk, natie
Nationalfeiertag m nationale
feestdag
Nationalhymne v volkslied
Nationalität v nationaliteit
Natter v gladde slang, adder
Natur v natuur
Naturell o aard, aanleg
Naturkatastrophe v natuurramp
natürlich natuurlijk
Naturschutz m
natuurbescherming
Naturschutzgebiet o

natuurreservaat
Naturwissenschaftler m
beoefenaar der
natuurwetenschap
Nazi(s) m nationaal-socialist
Nebel m mist, nevel
Nebelhorn o misthoorn
Nebellampen mv mistlampen
neben naast
Nebenabsicht v bijbedoeling
nebenan hiernaast
nebenbei' terloops
Nebengebäude o bijgebouw
Nebengeräusch o bijgeluid
nebenher daarnaast
Nebenmann m buurman
Nebensache v bijzaak
nebensächlich bijkomstig, van
ondergeschikt belang
Nebenstraße v zijstraat
Nebenverdienst m bijverdienste
neblig nevelig, mistig
necken plagen
Neffe(n) m neef
negativ negatief
Negativ o negatief (het)
Negerkuss m moorkop
negieren negéren
nehmen (nahm; genommen)
nemen
Neid m jaloezie, afgunst
neidisch jaloers, afgunstig
Neige v overschot, rest (in een
glas); zur ~ gehen opraken
neigen (sich) buigen; neigen;
geneigd zijn, overhellen (tot)
Neigung v helling; buiging;
genegenheid
nein nee
Nelke v anjer; kruidnagel
Nelkenöl o nagelolie
nennen (nannte; genannt) noemen
nennenswert noemenswaardig
Nenner m noemer
Nennwert m nominale waarde
Nepp m zwendel, nep
Nerv(en) m zenuw; nerf
Nervenarzt m zenuwarts,
neuroloog
nervenkrank zenuwziek
Nervenleiden o zenuwziekte
Nervensystem o zenuwstelsel
nervig op de zenuwen werkend
nervös zenuwachtig
Nervosität v zenuwachtigheid
Nessel v (brand)netel
Nest(er) o nest
nett leuk, aardig
netto netto
Netz(e) o net
Netzhaut v netvlies
neu nieuw; vers; von ~em opnieuw
Neubildung o omvorming; nieuw
gevormd woord of uitdrukking

neuerdings onlangs
Neuerung(en) v nieuwigheid
Neugestaltung v herschepping
Neugier(de) v nieuwsgierigheid
neugierig nieuwsgierig
Neuheit v nouveauté
Neuigkeit v nieuwigheid; nieuwtje
Neujahr o nieuwjaar
Neujahrstag m Nieuwjaarsdag
neulich laatst, onlangs
neumodisch nieuwerwets
neun negen
neunzehn negentien
neunzig negentig
Neuordnung v nieuwe ordening;
  hergroepering
Neurologe m neuroloog
Neuschnee m vers gevallen sneeuw
neutral neutraal, onzijdig
Neuzeit v moderne tijd
nicht niet
Nichtachtung v geringschatting;
  terzijdestelling
Nichte v nicht
nichtig nietig, ongeldig; futiel
Nichtraucher m niet-roker
Nichtraucherzone v rookvrije
  ruimte
nichts niets
Nichtschwimmer m niet-
  zwemmer; het ondiepe bekken
nichtsdestoweniger niettemin
nichtsnutzig onnut
Nickel o nikkel
nicken knikken
Nickerchen o dutje
nie nooit
nieder laag, gering; neder
niederbrechen afbreken; slopen
Niedergang m ondergang;
  afdaling; verval
niedergeschlagen neerslachtig,
  gedeprimeerd
niederhocken, niederkauern
  neerhurken
niederkommen bevallen (v. een
  kind)
Niederlage v nederlaag; depot
Niederlande (die) Nederland
Niederländer(-) m Nederlander
Niederländerin(nen) v
  Nederlandse
Niederländisch Nederlands
niederlassen(sich) zich vestigen
Niederlassung v vestiging
niederreißen slopen
Niedersachsen o Neder-Saksen
Niederschlag m neerslag
niederschmettern verpletteren
niederstrecken neervellen
niederstürzen neerstorten
niederträchtig laaghartig, laag,
  gemeen
Niederung v laagte

niederwerfen terneerslaan
  onderdrukken
niedlich lief, aardig
niedrig laag; gemeen; gering
niemals nooit, nimmer
niemand niemand
Niere(n) v nier
Nierenleiden o nierziekte
Nierenstein m niersteen
niesen niezen
Niete v niet, mislukking
nieten (vast)klinken
Nilpferd o nijlpaard
nimmer nimmer, nooit
Nimwegen Nijmegen
Nippsachen v mv snuisterijen
nirgends nergens
Nische v nis
nisten nestelen
Niveau o niveau
Nixe v waternimf
nobel nobel, voornaam; royaal
Nobelpreisträger m
  Nobelprijswinnaar
noch nog
nochmals nogmaals
nominieren benoemen
Nonne v non
nonstop non-stop
Norden m noorden
nördlich noordelijk, noorder-
Nordpol m noordpool
Nordsee v Noordzee
Nordwind m noordenwind
nörgeln mopperen; pruttelen
Nörgler m kankeraar
Norm v norm, richtsnoer
normal normaal
normen, normieren normeren
Norwegen o Noorwegen
Norweger v Noor
Not v nood; ramp
Not v (mv **Nöte**) nood; mit
  knapper ~ op 't nippertje
Notar(e) m notaris
Notarzt m dienstdoende arts
Notausgang m nooduitgang
Notbehelf m noodhulp
Notbremse v noodrem
notdürftig behoeftig;
  ternauwernood
Note v muzieknoot; rapportcijfer;
  bankbiljet; **Noten** mv muziek
Notenpapier o muziekpapier
Notfall m geval van nood
notfalls zo nodig
notgedrungen noodgedwongen
notieren noteren
Notierung v notering
nötig nodig, noodzakelijk
nötigen dwingen, noodzaken
nötigenfalls desnoods
Notiz v kort bericht; aantekening;
  nota

Notizbuch o notitieboek
Notlage v noodsituatie
Notlandung v noodlanding
Notlüge v leugen om bestwil
noto'risch notoir
Notruf m alarmnummer
Notrufsäule v praatpaal
Notsignal o noodsein
Nottreppe v brandgang
notwendig noodzakelijk
Nougat m noga
November m november
Nr. zie Nummer
Nu im ~ in een oogwenk, in een
  wip
nüchtern nuchter
Nudeln mv vermicelli, macaroni
Null v nul
nummerieren nummeren
Nummer(n) v nummer
Nummernschild o nummerbord
nun nu, nou
nunmehr nu, thans, voortaan
nur slechts, alleen, maar
Nuss v (mv **Nüsse**) noot
Nussknacker m notenkraker
Nussschale v notendop
Nüster v neusgat (v. paard)
Nut(e) v voeg, sponning
Nutte v hoer
Nutzbarkeit v nut
Nutzen m nut, baat
nützen, nutzen nuttig zijn, nut
  aanbrengen, gebruiken
nützlich nuttig
nutzlos nutteloos
Nylon o nylon
Nymphe(n) v nimf

O

Oase v oase
ob of
Obacht v aandacht, zorg
Obdach o huisvesting, onderdak
oben boven; nach ~ omhoog; ~
  ohne topless
obendrein bovendien
ober opper, bovenst
Ober m ober
Oberfläche v oppervlakte
oberflächlich oppervlakkig
obergärig bovengistend
oberhalb boven, over
Oberhaupt o opperhoofd, hoofd
Oberhemd(en) o overhemd
Oberhoheit v soevereiniteit
oberirdisch bovengronds
Oberkörper m bovenlijf
Oberlippe v bovenlip
Obers m (oost) room
Oberschenke(-)l m dij(been)
Oberst m kolonel
oberst opperst, bovenst

Oberstaatsanwalt *m* procureur-generaal
Oberstock *m* bovenverdieping
obgleich ofschoon
Obhut *v* hoede
o'big bovenstaand
Objekt *o* object, voorwerp (ook grammaticaal)
Oblate *v* ouwel
Obligation *v* obligatie
obligatorisch verplichtend
Obmann *m* voorzitter
Obo'e *v* hobo
Obrigkeit *v* overheid
obschon ofschoon
Obst *o* fruit
Obstbau *m* fruitteelt
Obstmesser *o* fruitmes
obszön obsceen, onzedelijk
obwohl hoewel
Ochse *m* os
ochsen blokken, vossen
od. zie oder
öde woest, eenzaam; saai
Öde *v* woestenij; eenzaamheid
oder of; *eintweder...~... of...of*
Ofen *m* (*mv* **Öfen**) kachel, oven
offen open (geopend)
offenbar blijkbaar, klaarblijkelijk
offenbaren openbaren
Offenheit *v* oprechtheid
offenherzig openhartig
offenkundig algemeen bekend, publiek
offensichtlich klaarblijkelijk
Offensive *v* aanval, offensief
öffentlich openlijk, publiek
Öffentlichkeit *v* publiek; openbaarheid
Offerte *v* aanbod
offiziell ambtelijk, officieel
Offizier(e) *m* officier
öffnen openen, opendoen
Öffnung *v* opening
Öffnungszeiten *mv* openingstijden
oft vaak, dikwijls
öfter(s), des öftern, oftmals vaker, vrij vaak
ohne zonder
ohnedies, ohnehin bovendien, buitendien
ohnegleichen zonder weerga
Ohnmacht *v* onmacht; *in ~ fallen* flauwvallen
ohnmächtig machteloos; bewusteloos
Ohr *o* oor
Öhr(e) *o* hengsel, oor (v. kan), oog (van naald)
Ohrenarzt *m* oorarts
Ohrenentzündung *v* oorontsteking
Ohrenschmerzen *m mv* oorpijn
Ohrfeige *v* oorveeg
Ohrläppchen *o* oorlel

Ohrring(e) *m* oorbel
Ohrwurm *m* oorwurm
ok oké
Oktave *v* octaaf
Oktober *m* oktober
Öl *o* olie; *~ wechseln* olie verversen
Ölbild *o* olieschilderij
ölen smeren
Ölfilter *m* oliefilter
Ölheizung *v* oliestook
ölig olieachtig
Olive(n) *v* olijf
Olivenöl *o* olijfolie
Ölpumpe *v* oliepomp
Ölsardine *v* sardine in blik
Ölspiegel *m* oliepeil
Olympiade *v* olympiade
Ölzeug *o* oliegoed
Oma *v* oma
Omelett *o* omelet
Omnibus *m* autobus
Onkel *m* oom
OP *m* operatiekamer
Opa *m* opa
Oper(n) *v* opera
Operation *v* operatie
operieren opereren
Opernglas *o* toneelkijker
Opernhaus *o* opera (gebouw)
Opfer *o* offer
opfern offeren; *sich ~* zich opofferen
Opposition *v* oppositie
Optiker *m* opticien
or'dentlich ordelijk, net, behoorlijk; gewoon; gewoonweg
orange oranje
Orangensaft *v* sinaasappelsap
Oranien *o* Oranje
Orchester *o* orkest
Orchestergraben *m* orkestbak
Orden *m* (ridder-, klooster-) orde; onderscheiding
Order *v* order, bevel
Ordinarius *m* (*mv* **-rien**) gewoon hoogleraar
ordnen regelen
Ordnung *v* orde, rangschikking, ordening
ordnungshalber voor de goede orde
ordnungsmäßig volgens de regels
Organ *o* orgaan, zintuig
Organisation *v* organisatie
Organismus *m* (*mv* **Organismen**) organisme
Orgel *v* orgel
Orient *m* het Oosten, de Oost
orientalisch oosters
originell origineel
Ort(e) *m* (*mv* **Orte**) plaats
orten lokaliseren
örtlich plaatselijk
Örtlichkeit *v* plaats

ortsansässig ter plaatse gevestigd
Ortschaft *v* plaats; *geschlossene ~* bebouwde kom
Ortsgespräch *o* lokaal gesprek
ortskundig met de plaats bekend
Ortsteil *m* wijk
ortsüblich volgens 't plaatselijk gebruik
Öse *v* oog (naald)
Osten *m* oost
Osterhase *m* paashaas
Ostern Pasen; *zu ~* met Pasen
Österreich *o* Oostenrijk
östlich oostelijk
Ostwind *m* oostenwind
Ostzee *v* Oostzee
Otter *m* otter; *v* adder
Ozean(e) *m* oceaan

P

Pa'nik *v* paniek
paar paar (meerdere)
Paar *o* paar (twee)
paaren (sich) paren
Pacht *v* pacht
Pächter *m* pachter
Pack *o* gepeupel
Päckchen (-) *o* pakje
packen pakken
Packung *v* pakking
Pädagogik *v* opvoedkunde
Paddelboot *o* kano
Paket(e) *o* postpakket
Paketpost *v* pakketpost
Pakt(e) *m* verdrag
paktieren een verdrag sluiten
Palast *m* (*mv* **Paläste**) paleis
Palette *v* palet
Palme *v* palm; palmtak
Panne *v* panne; pech
Pannenhilfe *v* hulp bij autopech
Pantoffel(n) *m* pantoffel, slof
pantschen roeren, plassen, knoeien
Panzer *m* pantser, tank
Papagei(e/en) *m* papegaai
Papier *o* papier
Papierkorb *m* prullenmand
Papiermesser *o* vouwbeen
Pappdeckel *m* bordpapier, karton
Pappe *v* pap, brij; bordpapier, karton
Pappel *v* populier
Pappschachtel *v* kartonnen doos
Paprika *v* paprika
Papst *m* (*mv* **Päpste**) paus
päpstlich pauselijk
Paradies *o* paradijs
Paraffin *o* paraffine
parallel' evenwijdig, parallel
Parasit(en) *m* parasiet
Parfüm *o* parfum
Parfümerie *v* parfumerie (zaak)

Paris *o* Parijs
Pariser *m* Parijzenaar; (*bn*) Parijs; condoom
Park(e/s) *m* park
Park(o)meter *o* parkeermeter
parken parkeren
Parkgebühr *v* parkeergeld
Parkhaus *o* parkeergarage
Parklicht *o* parkeerlicht
Parkplatz *m* parkeerplaats
Parkscheibe *v* parkeerschijf
Parkscheinautomat *m* parkeerautomaat
Parkuhr *v* parkeermeter
Parkverbot *o* parkeerverbod
Parkwächter *m* parkeerwacht
Parkzeituhr *v* parkeermeter
Parlament(e) *o* parlement
Parole *v* parool, leus, wachtwoord
Partei *v* partij (politiek)
parteiisch, parteilich partijdig
Partie(n) *v* partij; uitstapje
Partner *m* partner
Partnerschaft *v* relatie; partnership, samenwerking
Parzelle *v* perceel, kaveling
parzellieren verkavelen
Pas'tor(en) *m* predikant, dominee; pastoor
Pass *m* (*mv* **Pässe**) pas; paspoort
Passabfertigung *v* passencontrole
Passage *v* passage
Passagier *m* passagier
Passagiergut *o* passagiersgoed
Passamt *o* pasbureau
passen passen (juiste maat zijn); schikken; *das paßt/passt mir gut* dat komt goed uit
passend gepast (geschikt)
Passfoto *o* pasfoto
passieren passeren; gebeuren
Passionsspiel *o* passiespel
passiv lijdelijk
Passkontrolle *v* pascontrole
Pastell' *o* pastel; pasteltekening
Pastete *v* pastei
Pate(n) *m* peet(oom)
Patenkind *o* petekind
Patentamt *o* octrooiraad
Patientin(nen) *v* patiënte, zieke
Patin(nen) *v* peettante
Patriot(en) *m* vaderlander, patriot
Patrone *v* patroon, model
Patsche *v in der ~ sitzen* in moeilijkheden zitten
Pauke *v* pauk
pauken blokken, hard studeren
pausbäckig bolwangig
pauschal' globaal, gemiddeld, rondaf
Pauschal'preis *m* all-in prijs
Pause *v* pauze; *~ machen* pauzeren
Pavian(e) *m* baviaan

Pavillon(s) *m* paviljoen
Pech *o* pech; pek
Pechvogel *m* ongeluksvogel
Pedal(e) *o* pedaal
pedantisch pietluttig
Pegel *m* peil
Pegelskala *v* peilschaal
peilen peilen
peinigen pijnigen
peinlich pijnlijk
Peitsche(n) *v* zweep
Peitschenhieb *m* zweepslag
Pelle *v* schil
Pellkartoffeln *mv* in de schil gekookte aardappelen
Pelz(e) *m* bont (pels)
Pelzjacke *v* bontjasje
Pelzkragen *m* bontkraag
Pendel *m* & *o* slinger
pendeln slingeren
Penduhr *v* pendule
Pendelverkehr *m* heen- en weerdienst, pendeldienst
Penis *m* penis
Pension *v* pension
Pensionat *o* kostschool
pensionieren pensioneren
pensionsberechtigt pensioengerechtigd
Pergament(e) *o* perkament
periodisch periodiek
Peripherie *v* omgeving, zelfkant (v.d. samenleving)
Perle(n) *v* parel
Perlenschmuck *m* sieraad van parels
Perlmutt *m* parelmoer
Perser *m* Pers
Persien *o* Perzië
Person *v* persoon
Personal *o* personeel
Personalausweis *m* persoonsbewijs
Personalbeschreibung *v* signalement
Personalien *mv* personalia, gegevens over een persoon
Personenbeförderung *v* reizigers vervoer
Personenzug *m* stoptrein
persönlich persoonlijk
Perspektive *v* perspectief; verschiet
Perücke *v* pruik
Pest *v* pest
Petersilie *v* peterselie
Petroleum *o* petroleum
Pf. zie Pfennig
Pfad(e) *m* pad
Pfahl *m* (*mv* **Pfähle**) paal, staak
Pfalz *v* keizerlijke burcht; *die ~* de Palts
Pfand *o* (*mv* **Pfänder**) pand; statiegeld

pfänden beslag leggen op
Pfandgebühr *v* statiegeld
Pfandhaus *o* pandjeshuis, bank van lening
Pfanne *v* pan, steelpan
Pfannenreiniger *m* pannenspons
Pfannkuchen(-) *m* pannenkoek
Pfarrbezirk *m* parochie, kerspel
Pfarrer *m* pastoor
Pfarrhaus *o* pastorie
Pfau(en) *m* pauw
Pfeffer *m* peper
Pfefferminze *v* pepermunt
Pfeife *v* pijp; fluit
pfeifen (pfiff; gepfiffen) pijpen, fluiten
Pfeifentabak *m* pijptabak
Pfeil *m* pijl
Pfeiler *m* pilaar, pijler
Pfennig(e) *m* penning
Pferd(e) *o* paard
Pferdeapfel *m* paardenvijg
Pferdesport *m* paardensport
Pferdestärke (PS) *v* paardenkracht
Pfiff(e) *m* gefluit; trucje
Pfifferling *m* hanenkam, cantharel
pfiffig sluw, leep, listig
Pfingsten Pinksteren
Pfingstferien *mv* pinkstervakantie
Pfirsich(e) *m* perzik
Pflanze *v* plant
pflanzen planten, poten
Pflanzenfett *v* plantenvet
pflanzlich plantaardig
Pflaster *o* pleister; bestrating, plaveisel
Pflasterer *m* stratenmaker
pflastern pleisteren, plaveien
Pflasterung *v* bestrating
Pflaume(n) *v* pruim
Pflege *v* verzorging, zorg; toezicht
Pflegeeltern *mv* pleegouders
Pflegekind *m* pleegkind
pflegen (pflegte; gepflegt) verplegen; kweken; gewoon zijn, plegen
Pflicht *v* plicht
Pflichtgefühl *o* plichtsbesef
pflichtgemäß, pflichtmäßig plichtmatig
Pflichtverletzung *v* plichtverzuim
pflichtwidrig in strijd met de plicht
Pflock *m* houten of ijzeren pin, spie
pflücken plukken
Pflug *m* ploeg
Pforte(n) *v* poort
Pförtner *m* portier
Pfosten *m* post, stijl (deur)
Pfote *v* poot
Pfriem *m* priem
Pfropf, Pfropfen *m* prop, kurk
Pfropfenzieher *m* kurkentrekker
pfui! foei!

Pfund *o* pond (500 gram)
pfuschen morsen, knoeien
Pfütze *v* plas, poel
Phänomen(e) fenomeen,
   verschijnsel
phänomenal fenomenaal,
   wonderbaarlijk
Phantasie nw.sp. ook
   Fantasie*v*fantasie
phantastisch nw.sp. ook
   fantastischfantastisch
Philosoph(en) *m* wijsgeer
phlegmatisch flegmatiek
Phosphor *m* fosfor
phosphoreszieren fosforesceren
Physik *v* natuurkunde
Physiker *m* natuurkundige
Picke *v* houweel
Pickel *m* ijshouweel
picken pikken; prikken
Picknick *o* picknick
piep(s)en piepen
Pier *m* pier
Pietät *v* piëteit
Pik *o* schoppen (kaartspel)
Pike *v* piek
Pilger *m* pelgrim
pilgern een pelgrimstocht doen
Pille(n) *v* pil
Pilot(en) *m* piloot, vlieger
Pils *o* pils
Pilz(e) *m* paddestoel
Pinie *v* pijnboom
Pinsel *m* penseel, kwast
pinseln penselen; kladschilderen
Pinzette *v* pincet
Pistole(n) *v* pistool
Plackerei *v* plagerij
plädieren pleiten
Plädoyer(s) *o* pleidooi
Plage *v* plaag
plagen plagen; *sich ~* zwoegen
Plakat(e) *o* plakkaat; aanplakbiljet
Plan *m* plan; plattegrond
plan(t)schen plassen, ploeteren
planen een plan maken, plannen
Planet(en) *m* planeet
Planierraupe *v* bulldozer
Planke *v* plank
planmäßig stelselmatig; volgens
   plan, op de begroting staand
Planschbecken *o* pierenbadje
plappern babbelen
plärren blèren, janken
Plastik *v* plastiek, plastische
   kunst, beeldhouwwerk
Platin *o* platina
plätschern plassen, kletteren
platt plat
Plättbrett *o* strijkplank
Platte *v* plaat; plateau; schotel
Plätteisen *o* strijkijzer
plätten pletten; strijken
Plattenspieler *m* pick-upapparaat

Plattform *v* platvorm
Plattfuß *m* platvoet
Platz *m* plein; plaats
Plätzchen *o* plaatsje; flikje; koekje
platzen bersten, springen
Platzkarte(n) *v* plaatskaart
Platzregen *m* stortregen
Platzreservierung *v*
   plaatsreservering
Plauderei *v* praatje, causerie
plaudern babbelen, keuvelen
plausibel aannemelijk
Pleite *v* bankroet; flop
Plombe *v* vulling (tand); loodje
plombieren plomberen
plötzlich plotseling
Plumeau(s) *o* dekbed
plump log, lomp, plomp
plumpsen plompen, plonzen
Plunder *m* rommel
plündern plunderen
Plus *o* pluspunt
Plüsch *m* pluche, pluis; trijp
Pobacken *v/mv* billen
Pöbel *m* grauw; gepeupel
pochen kloppen; pochen
Podest *o* overloop, trapportaal
Poet(en) *m* dichter
Pokal(e) *m* bokaal; beker
Pokalspiel *o* bekerwedstrijd
Pökel *m* pekel
Pol(e) *m* pool
polar pool-; polair
Polarkreis *m* poolcirkel
Polaroid-Film *m* polaroidfilm
Polarstern *m* poolster
Pole(n) *m* Pool
Police *v* polis
polieren polijsten
Politiker *m* politicus, staatsman
Politur *v* politoer
Polizei *v* politie
Polizeiamt *o* politiebureau
polizeilich tot de politie
   behorende, door de politie
Polizeistreife *v* politiepatrouille
Polizeistunde *v* sluitingsuur
Polizeiwache *v* politiebureau
Polizist(en) *m* politieagent
polnisch Pools
Polster *o* kussen
Polsterung *v* bekleding
Polterabend *m* avond voor de
   bruiloft
poltern geraas maken, stommelen,
   bulderen
Pommes frites patates frites
Pomp *m* praal, pronk
Popkonzert *o* popconcert
Popmusik *v* popmuziek
Pore *v* porie
Porno *o* porno
porös poreus
Porree *m* prei

Portemonnaie nw.sp. ook
   Portmonee*o*portemonnee
Portier *m* portier (hotel)
Portion *v* portie
Porto *o* porto
portofrei portvrij, franco
Porträt(s) *o* portret
Portugiese(n) *m* Portugees
Portwein *m* port
Porzellan *o* porselein
Posaune *v* bazuin
posieren poseren
Position *v* positie
Post *v* post (brieven)
postalisch de post betreffend,
   postaal, post-
Postamt *o* postkantoor
Postanweisung *v* postwissel
Postbote *m* postbode
Posten *m* post, ambt; schildwacht
Postfach *v* postbus
postfrei franco
Postkarte *v* briefkaart
postlagernd poste restante
Postleitzahl *v* postcode
Postpaket *o* postpakket
Postscheck *m* postcheque
Postscheckamt *o* postgirokantoor
Postscheckkonto *o* postrekening
Postsparkasse *v* postspaarbank
Poststelle *v* hulppostkantoor
postwendend ommegaand
Postwertzeichen *o* frankeerzegel
Potenz *v* macht; vermogen
potenzieren machtsverheffen
prächtig, prachtvoll luisterrijk,
   prachtig
Prädikat *o* predikaat; gezegde
prägen inprenten, stempelen;
   (geld) slaan
prah'lerisch grootsprekend,
   snorkend
prahlen pralen, snoeven
Praktiker *m* man van de praktijk
praktisch praktisch, praktiserend
Praline *o* bonbon
Prämie(n) *v* premie
prämieren bekronen
prangen prijken, pronken
Pranke *v* klauw
Präsenz *v* presentie
Präsenzliste *v* presentielijst
Präsident *m* president
prasseln knetteren
prassen brassen, slempen
Praxis *v* praktijk
Präzedensfall *m* precedent
Präzision *v* nauwkeurigheid
Pre'digt *v* preek
predigen prediken
Preis(e) *m* prijs
Preisausschreiben *o* prijsvraag
Preisbindung *v* prijsafspraak,
   prijsbinding

Preiselbeere *v* (rode) bosbes
preisen (pries; gepriesen) roemen, prijzen, loven
Preisliste *v* prijslijst
Preisnachlass *m* reductie
Preisschild *o* prijskaartje
preiswert goedkoop, voordelig
prellen kneuzen
Presse *v* pers
pressen persen, drukken, pressen; drillen
Pressluft *v* samengeperste lucht
Preuße(n) *m* Pruis
Preußen *o* Pruisen
prickeln prikkelen
Priester *m* priester
prima prima
Primel *v* primula
Prinz(en) *m* prins
Prinzessbohnen *v mv* sperziebonen
Prinzessin(nen) *v* prinses
Prinzip(ien) *o* principe, stelregel
prinzipiell principieel
Prise *v* snuifje; prijs, buit
Pritsche *v* brits
Privatbesitz *m* particulier bezit
Privatmann *m* particulier
Privatstunde *v* privaatles
Privileg(ium) *o* (*mv* **Privilegien**) privilege, voorrecht
Probe *v* monster, staal; proef; toets; repetitie
Probeheft *o* proefnummer
probeweise bij wijze van proef
Probezeit *v* proeftijd, stage
probieren proberen; proeven
Problem(e) *o* probleem
Produktion *v* productie, voortbrenging
produzieren voortbrengen
Professor(en) *m* professor, hoogleraar; leraar
Profit *m* profijt, winst
Programm *o* programma
programmieren programmeren
Programmierer *m* programmeur
Promotion *v* promotie
promovieren promoveren
Prophet(en) *m* profeet
prophezeien voorspellen
Proportion *v* evenredigheid
Prospekt(e) *m* prospectus
Prost! proost!
Prostituierte *v* prostituee
Protektion *v* protectie, bescherming
Protest(e) *m* protest
protestantisch protestants
Protokoll *o* protocol, proces-verbaal, notulen
protzig poenig, blufferig
Proviant *m* proviand
Provinz *v* provincie

provisorisch provisorisch
provozieren provoceren
Prozedur *v* procedure, procédé
Prozent *o* percent
Prozentsatz *m* percentage
prozentual' procentsgewijze
Prozess *m* (*mv* **Prozesse**) proces
prüde preuts
prüfen toetsen proeven, keuren; examineren
Prüfung *v* toetsing, examen
Prüfungsausschuss *m* examencommissie
Prügelei *v* vechtpartij
prügeln afranselen
prusten proesten
Psalm(en) *m* psalm
Publikum *o* publiek
Pudding *m* pudding, vla
Pudel *m* poedel
pudelnass kletsnat
Puder *m/o* poeder
Pufferstaat *m* bufferstaat
Pulle *v* fles
Pulli *m* trui
Pullover *m* trui
Puls *m* polsslag
pulsieren slaan, kloppen
Pulsschlag *m* polsslag
Pult *o* lessenaar
Pulver *o* poeder; buskruit
Pulverkaffee *m* oploskoffie
Pumpe *v* pomp
pumpen pompen; borgen, lenen, poffen
Pumpernickel *m* Westfaals roggebrood
Punkt *m* punt; ~ *fünf Uhr*, klokslag vijf
pünktlich stipt, nauwgezet
Punktspiel *o* competitiewedstrijd
Punsch *m* punch
Pupille *v* pupil
Puppe *v* pop (speelgoed)
Puppentheater *o* marionettentheater, poppenkast
Püree *o* puree
Purpur *m* purper
Purzelbaum *m* buiteling
Puste *v* adem
Pustel *v* puist
pusten blazen, proesten
Pute *v* kalkoen
Putsch(e) *m* oproer
Putz *m* pleister
putzen poetsen, schoonmaken
Putzfrau *v* werkster
Putztuch *o* poetsdoek

Q

Quader(stein) *m* hardsteen
Quadrat *o* vierkant, kwadraat
Quadratmeter *o* vierkante meter

quaken kwaken
Qual *v* pijn, smart; kwelling
quälen kwellen
Qualität *v* kwaliteit
Qualle(n) *v* kwal
Qualm *m* walm, damp
qualmen walmen
qualvoll pijnlijk
Quantität *v* kwantiteit
Quarantäne *v* quarantaine
Quark *m* kwark
Quartett *o* kwartet
Quarz *m* kwarts
quasseln zwammen, kletsen
Quatsch *m* geklets, onzin
Quecksilber *o* kwik(zilver)
Quelle *v* bron
quellen 1 (**quol; gequollen**) wellen, opborrelen; 2 (**quellte; gequellt**) doen zwellen, weken
Quellenwasser *o* bronwater
quengeln zaniken
quer dwars, schuin
Quere *einem in die* ~ *kommen* iem. dwarszitten
Querfeldeinlauf *m* veldloop, crosscountry
Querkopf *m* dwarsdrijver
Querstraße *v* dwarsstraat
quetschen kneuzen
Queue(s) *o* keu
quiek(s)en, quietschen schreeuwen, krijsen, piepen
quitt quitte
Quitte *v* kwee; kweepeer
quittieren kwiteren
Quittung *v* kwitantie
Quote(n) *v* (aan)deel, contingent
Quotient *m* quotiënt

R

Rabatt *m* korting
Rabbiner *m* rabbijn
Rabe(n) *m* raaf
rabiat' woedend, dol
Rache *v* wraak
Rachen *m* keelholte, muil
rächen (sich) wreken
rachsüchtig wraakzuchtig
Rad *o* (*mv* **Räder**) wiel, rad, fiets
Radau' *m* lawaai
Raddampfer *m* raderboot
radebrechen radbraken
radeln fietsen, wielrijden
Rädelsführer *m* belhamel
Räderwerk *o* raderwerk
Rad fahren fietsen, wielrijden
Radfahrer *m* wielrijder
Radfahrweg *m* rijwielpad
radieren uitkrassen, uitgummen, raderen, etsen
Radiergummi *o* vlakgum
Radierung *v* ets

Radieschen *o* radijs
radikal radicaal
Radio *o* radio
Radioaktivität *v* radioactiviteit
Radioapparat, Radioempfänger *m* radiotoestel
Radius *m* (*mv* **-dien**), straal (cirkel)
Radklaue *v* wielklem
Radlager *o* wiellager
Radler *m* fietser, wielrijder
raffen rapen; (een japon) opnemen
Raffinerie(n) *v* raffinaderij
raffiniert gezuiverd; geraffineerd
Rahm *m* room
rahmen inramen (dia's)
Rahmen *m* frame; lijst; kozijn; kader
Rakete *v* vuurpijl; raket
Rampe *v* oprit; trapleuning; voetlicht
ramponiert zeer beschadigd
Rand *m* (*mv* **Ränder**) rand, kant, marge
Randbemerkung *v* kanttekening
Rang *m* (*mv* **Ränge**) rang
rangieren rangeren
Rangordnung *v* rangorde, rangschikking
Rangstufe *v* trap
rank rank, slank
Ranke *v* rank
Ranzen *m* ransel, schooltas
Rappe(n) *m* zwart paard
Raps *m* koolzaad, rips
rar zeldzaam, schaars
Rarität *v* rariteit
rasch ras, snel
rascheln ritselen
rasen razen
Rasen *m* grasveld, zode, plag
rasend dol, razend
Rasenspiel *o* openluchtspel
Raserei *v* razernij, woede
Rasierapparat *m* scheerapparaat
rasieren scheren
Rasierklinge *v* scheermesje
Rasiermesser(-) *o* scheermesje
Rasierpinsel *m* scheerkwast
Rasierseife *v* scheerzeep
Rasierwasser *o* aftershave
Raspel *v* rasp
Rasse *v* ras
Rassehund *m* rashond
Rassel *v* ratel
rasseln ratelen, kletteren
rassig van ras; pittig
Rast *v* rust, pauze
Rast *v* pauze
rasten pauzeren
Rasthaus *o* wegrestaurant
rastlos rusteloos
Rastplatz *m* parkeerplaats langs de autosnelweg

Rat *m* (*mv* **Ratschläge**) raad (advies)
Rate *v* afbetalingstermijn; *in* ~*n* in termijnen
raten (**riet; geraten**) aanraden, raad geven; raden, gissen
ratenweise in termijnen
Rathaus *o* stadhuis
Ration *v* rantsoen, portie
Rationierung *v* distributie
ratlos radeloos
ratsam raadzaam
ratschlagen beraadslagen
Rätsel *o* raadsel
rätselhaft raadselachtig
Ratsversammlung *v* raadsvergadering
Ratte *v* rat
Raub *m* beroving, roof, prooi
rauben roven
Räuber *m* rover
Raubtier *o* roofdier
Raubvogel *m* roofvogel
Rauch *m* rook
rauchen roken
Raucherabteil *o* rookcoupé
räuchern roken (vlees)
Rauchfang *m* schoorsteen
Rauchfleisch *o* rookvlees
Rauchwaren *mv* bontwerk; rookwaar
räudig schurftig
Raufbold *m* vechtersbaas
raufen (sich) plukharen; vechten
Rauferei *v* vechtpartij
rauh ruig, ruw; schor
Rauhreif *m* ijzel
Raum *m* (*mv* **Räume**) ruimte, plaats; vertrek; ruim (van schip)
räumen ruimen, ledigen; ontruimen
Raumfahrer *m* astronaut
Raumfahrt *v* ruimtevaart
raunen (in het oor) fluisteren
Raupe *v* rups
raus! er uit!
Rausch *m* (*mv* **Räusche**) roes
rauschen ruisen
Rauschgift *o* verdovende middelen
räuspern (sich) zich de keel schrapen
Raute *v* ruit
raven housen
re'ge wakker, levendig, opgewekt, druk
re'gungslos onbeweeglijk
Reagenzglas *o* reageerbuis
Reaktion *v* reactie
realisieren realiseren; te gelde maken
Realschule *v* havo
Rebe *v* druif (plant); wijnstok
Rebell(en) *m* rebel

Rebhuhn *o* patrijs
Rechen *m* hark
Rechenschaft *v* rekenschap
rechnen rekenen; ~ *mit* rekening houden met, rekenen op
Rechnung *v* nota, rekening
Rechnungsabschluss *m* balans
Rechnungshof *m* rekenkamer
recht recht, rechtmatig; juist, gelijk
Recht *o* recht; aanspraak
Rechte *v* rechterhand
rechtfertigen rechtvaardigen
rechtgläubig rechtzinnig, orthodox
rechthaberisch beweterig
rechtlich gerechtelijk; wettig; rechtschapen
rechtmäßig rechtmatig
rechts rechts; *nach* ~ rechtsaf
Rechtsabbieger(-) rechts afslaand verkeer
Rechtsanwalt *m* advocaat
rechtschaffen rechtschapen
Rechtschreibung *v* spelling
rechtsgültig wettig, geldig
Rechtshänder *m* rechtshandige
Rechtshilfe *v* juridische hulp
Rechtsprechung *v* rechtspraak
Rechtsspruch *m* vonnis
rechtsum rechtsom
Rechtsverfahren *o* procedure
rechtswidrig wederrechtelijk
rechtwink(e)lig rechthoekig
rechtzeitig tijdig
recken rekken; uitspannen
Redaktion *v* redactie
Rede *v* rede, redevoering; woorden
redegewandt welbespraakt, handig redenerend
reden spreken, praten
Redensart *v* zegswijze, term
Redewendung *v* zinswending
redlich braaf, eerlijk, billijk
Redner *m* redenaar
redselig spraakzaam
reduzieren reduceren
Reede *v* rede
Reeder *m* reder
reell reëel, werkelijk
Referat *o* referaat, verslag; afdeling
reflektieren reflecteren, terugkaatsen, peinzen
Reform *v* hervorming, verbetering
Reformation *v* (kerk)hervorming
reformiert hervormd
Refrain(s) *m* refrein
Regal *o* (boeken)plank, rek
Regel *v* regel; voorschrift; menstruatie
regellos ongeregeld
regelmäßig regelmatig, geregeld
regeln regelen
regelrecht volgens de regels; echt

regen roeren, bewegen
Regen m regen
Regenbogen m regenboog
regenfest waterdicht
Regenmantel m regenjas,
  regenmantel
Regenschauer m regenbui
Regenschirm m paraplu
regieren regeren
Regierung v regering
Regiment(er) o regiment
Region v regio
regional regionaal
Register o register, bladwijzer
Registratur v registratie;
  registratiekantoor
reglos onbeweeglijk
regnen regenen
regnerisch regenachtig
Regung v beweging; aandoening
Reh o ree
Reibe v rasp
reiben (rieb; gerieben) wrijven;
  raspen
Reibung v wrijving
reich rijk
reichen (toe)reiken, genoeg zijn;
  toereiken, strekken
reichlich rijkelijk
Reichstag m rijksdag(gebouw)
Reichtum m (mv **Reichtümer**)
  rijkdom
Reichweite v vliegbereik;
  werkbereik
Reif m rijp, rijm, ijzel; ring
reif rijp
Reife v rijpheid
reifen rijpen, rijp worden, ijzelen
Reifen(-) m (buiten)band, hoepel
Reifendruck m bandenspanning
Reifenpanne v een lekke band,
  bandenpech
Reifeprüfung v eindexamen
Reifezeugnis o einddiploma
reiflich rijpelijk, grondig
Reigen m rondedans
Reihe v beurt, reeks
reihen rijgen, inhalen (stiksel);
  rangschikken
Reihenfolge v reeks, volgorde
Reiher m reiger
Reim(e) m rijm, vers
reimen rijmen
rein zuiver, rein, schoon
Reinemachen o schoonmaak
Reinfall m teleurstelling,
  tegenvaller, koopje; flop
Reingewinn m zuivere winst
reinigen stomen, reinigen,
  schoonmaken
Reinigung v stomerij
reinlich zindelijk, proper
Reinmachen o schoonmaak
Reis m rijst

Reise v reis
Reiseartikel m mv
  reisbenodigdheden
Reisebüro o reisbureau
reisefertig reisvaardig
Reiseführer m reisgids
reisekrank wagenziek
Reiseleiter m reisleider
Reiseleiterin v reisleidster
reisen reizen
Reisender m reiziger
Reisescheck m travellercheque
Reiseversicherung v
  reisverzekering
Reiseweg m reisroute
Reisig o rijshout
Reißbrett o tekenbord
reißen (riss; gerissen) scheuren,
  rijten
reißend schielijk, onstuimig;
  verscheurend; vlug
Reißer m succesnummer
Reißstift m punaise
Reißverschluss ritssluiting
Reißzwecke v punaise
Reitbahn v manege
reiten (ritt; geritten) paardrijden
Reitgerte, Reitpeitsche v rijzweep,
  karwats
Reitpferd o rijpaard
Reitstunde v paardrijles
Reiz(e) m trek, prikkeling;
  bekoorlijkheid, bekoring
reizbar prikkelbaar
reizen prikkelen; bekoren; tarten
reizend bekoorlijk; prikkelend
reizlos onaantrekkelijk; flauw
reizvoll aantrekkelijk
rekeln (sich) zich uitrekken
Reklamation(en) v reclamatie,
  bezwaar
Reklame v reclame
Rekord(e) m record
Rekrut(en) m rekruut
Rektor(en) m directeur, rector
relativ relatief, betrekkelijk
Religion v religie, godsdienst,
  geloof
religiös godsdienstig
Reliquie(n) v relikwie
Rennen o wedloop, harddraverij,
  race
rennen (rannte; gerannt) rennen
Rennfahrer wielrenner,
  autocoureur
Rennplatz m renbaan
renovieren hernieuwen
rentabel rendabel
Rente v lijfrente; vaste uitkering
Rentier o rendier
Rentner m rentenier, rentetrekker
Reparation(en) v wederopbouw;
  herstel
Reparatur v reparatie

reparieren repareren, herstellen
Reptil o (mv -**e** & **Reptilien**) reptiel
Republik(en) v republiek
Republikaner m republikein
Reserve v reserve; voorbehoud
Reserverad o reservewiel
reservieren reserveren
reserviert gereserveerd;
  terughoudend
Reservierung v reservering
Residenz v residentie
Respekt m respect
Ressort o ambtsgebied
Rest(e) m rest
Restaurant o restaurant
Restauration(en) v restauratie;
  restaurant
Resultat(e) o resultaat, slotsom
retten redden
Rettich(e) m rammenas
Rettung v redding
Rettungsboje v reddingsboei
Rettungsboot o reddingsboot
Rettungsdienst m EHBO
Rettungsschwimmer m/mv
  reddingsbrigade
retuschieren retoucheren
Reue v berouw, spijt, wroeging
reuen leed doen; spijt hebben
reuevoll, reumutig
  berouwhebbend
Reuse v fuik
revidieren herzien
Revier o jachtgebied; bosdistrict;
  wijk; (mil) kwartier
Revolte v oproer
Rezept(e) o recept
R-Gespräch o collect call
Rhein m Rijn
Rheinwein m rijnwijn
Rheuma o reuma
Rheumatismus m reumatiek
Rhythmus m ritme
Richtblei o paslood
richten richten; vonnissen;
  bereiden; sich ~ an wenden tot
Richter m rechter
richtig recht; klaar, juist
richtig stellen verbeteren,
  rectificeren
Richtlinie v richtlijn
Richtschnur v richtsnoer;
  voorschrift
Richtung v richting
riechen (roch; gerochen) ruiken
Ried o riet; moeras
Riege v rij turners
Riegel m grendel; reep; staaf
Riemen m riem
Riese(n) m reus
rieseln ruisen, vloeien
riesig reusachtig, kolossaal
Riesin(nen) v reuzin
Riff o rif

Rille v groef
Rind(er) o rund
Rinde v bast, schors, korst
Rindfleisch o rundvlees
Rindvieh o rundvee; stommeling
Ring(e) m ring; kring
ringen (rang; gerungen) wringen;
worstelen; streven
Ringfinger m ringvinger
Ringkampf m worsteling
ringsum(her) rondom, in ' t rond
Rinne v goot; gleuf; greppel
rinnen (rann; geronnen) stromen,
druipen, lekken, sijpelen
Rinnsal o beekje
Rinnstein m gootsteen
Rippchen o kotelet, ribbetje
Rippe v rib
Rippenfell o borstvlies
Risiko o (mv **-s** en **Risiken**) risico
Riss m (mv **Risse**) reet, scheur
Rist(e) m wreef; schoft (v. paard)
Ritt(e) m rit (te paard)
Ritter m ridder; armer ~
wentelteefje
Ritterorden m ridderorde
rittlings schrijlings
Ritze v reet, scheurtje, barst
ritzen krassen, schrammen
Roastbeef o rosbief
Robbe v rob
Robe v toga
röcheln rochelen; reutelen
Rochen m rog (vis)
rochieren rokeren (schaken)
Rock m rok
rodeln rodelen
roden wieden, rooien
Rogen m (vis)kuit
Roggen m rogge
Roggenbrot o roggebrood
roh rauw; ruw; grof
Rohertrag m bruto-opbrengst
Rohkost v rauwkost
Rohr o riet; rotting; pijp, buis,
roer; loop (vuurwapen)
Röhre v pijp (buis)
Rohrstuhl m rieten stoel
Rohrzucker m rietsuiker
Rohstoff m grondstof
Rolladen o rolluik
Rolle v rol; lijst
rollen rollen
Roller m autoped, step; scooter
Rollkragenpulli m coltrui
Rollmops m rolmops
Rollschuh m rolschaats
Rollsitz m sliding
Rollsplit m split
Rollstuhl m rolstoel
Rollstuhlfahrer m persoon in een
rolstoel
Rolltreppe v roltrap

Rom o Rome
Roman(e) m roman
Roman'tik v romantiek
Roman'tiker m romanticus,
romantisch kunstenaar
romantisch romantisch
Römer m Romein; roemer
(wijnglas)
römisch Rooms, Romeins
röntgen doorlichten (met
röntgenstralen)
Röntgenbild o röntgenfoto
rosa roze
Rose v roos (bloem)
Rosenkohl m spruitjes
Rosenkranz v rozenkrans
Rosenmontag m
carnavalsmaandag
rosig rooskleurig
Rosine(n) v mv rozijn
Ross o (mv **Rosse**) ros, paard
Rost(e) m roest; rooster
rosten roesten
rösten roosteren; roten; branden
rostfrei roestvrij
rostig roestig
Rostschutzmittel o roestwerend
middel
rot rood
Röte v roodheid, blos
Röteln mv rodehond
Rotkehlchen o roodborstje
Rotkohl m rodekool
rötlich ros, roodachtig
Rotstift m rood potlood
Rotte v rot, bende
Rotwein m rode wijn
Rotznase v snotneus
Route v route, koers
Routine v routine
routiniert geroutineerd
Rübe v raap, kool; rote ~, biet
Rubin(e) m robijn
ruchlos goddeloos, slecht
Ruck(e) m ruk, stoot
rück'ständig achterstallig,
achterlijk
Rückblick m terugblik
Rückbremse v terugtraprem
Rückbriefmarke v postzegel voor
antwoord
rücken rukken, stoten; schuiven
Rücken m rug
Rückenmark o ruggenmerg
Rückenschmerzen m mv rugpijn
Rückfahrkarte v retourbiljet
Rückfahrt v terugvaart, terugreis
Rückfall m terugval; inzinking;
herhaling
Rückgabe v teruggave
Rückgang m achteruitgang, verval
rückgängig etwas ~ machen, iets
ongedaan maken, annuleren
Rückgrat o ruggengraat

Rückhalt m ruggesteun, reserve
rückhaltlos openhartig, vrij uit
Rückkehr v terugkomst
Rücklicht(er) o achterlicht
rücklings ruggelings; achterover
Rückporto o porto voor antwoord
Rucksack m rugzak
Rückschlag m terugslag, reactie;
tegenspoed
Rückschritt m pas achterwaarts;
achteruitgang
Rückseite v keerzijde
Rückseite(n) v achterkant
Rücksicht v consideratie;
aanmerking; ~ nehmen auf (+4),
ontzien; mit ~ auf (+4), met het
oog op
rücksichtslos hard, onverbiddelijk;
onhebbelijk, brutaal
rücksichtsvoll vol consideratie,
beleefd
Rückspiegel m
achteruitkijkspiegel
Rücksprache v ruggespraak
Rückstand m achterstand; schuld
Rückstrahler m achterlicht
Rücktritt m aftreding, afzien van,
ontslagneming
Rücktrittbremse v terugtraprem
Rückversicherung v
herverzekering
rückwärtig achterwaarts
rückwärts achteruit
Rückweg m terugweg
ruckweise met rukken, stoten
Rückwirkung mit ~ vom..., met
terugwerkende kracht vanaf...
Rückzahlung v terugbetaling
Rückzug m terugtocht
Rüde m reu
Rudel o kudde, troep
Ruder o riem; roer
Ruderboot o roeiboot
rudern roeien
Ruf(e) m roep; faam; roepstem
rufen (rief; gerufen) roepen
Rüffel m standje
Rüge v standje, berisping
rügen berispen, laken; bestraffen
Ruhe v rust, kalmte
ruhelos rusteloos
ruhen rusten
Ruhestätte v rustplaats
Ruhestörung v rustverstoring
ruhig rustig
Ruhm m roem
rühmen roemen; sich ~ zich
beroemen op
rühmlich prijzenswaardig, roemvol
Ruhr v buikloop
Rührei o roerei
rühren roeren; aanraken,
bewegen; ontroeren
rührend aandoenlijk

Rührlöffel *m* pollepel
Rührteig *m* roerdeeg
Rührung *v* ontroering
Ruin *m* ondergang
Ruine(n) *v* ruïne
rülpsen oprispen
Rum *m* rum
Rumor *m* rumoer
rumoren lawaai maken
Rumpf *m* romp
rund rond
Runde *v* rondte; ronde
Rundfahrt *v* rondrit, rondvaart
Rundfrage *v* enquête
Rundfunk *m* radio, radio-omroep
Rundfunkansager *m* omroeper
Rundfunkempfänger *m*
  radiotoestel
Rundfunkgenehmigung *v*
  luistervergunning
Rundfunkgerät *o* radiotoestel
rundherum rondom
rundlich rondachtig, poezelig
Rundreisebillett *o* rondreisbiljet
Rundschau *v* overzicht; revue
Rundschreiben *o* circulaire
rundum rondom
Rundung *v* ronding
Runzel *v* rimpel, kreuk, plooi
runzeln rimpelen, kreukelen;
  fronsen
rupfen plukken (vogels)
Ruß *m* roet
Russe(n) *m* Rus, *v* Russin
Rüssel *m* slurf, tromp, snuit
russisch Russisch
Russland *o* Rusland
rüsten toerusten; bereiden
rüstig flink, kras, krachtig
Rüstung *v* uitrusting, toerusting,
  wapening; wapenrusting
Rute(n) *v* roede, meetroede;
  staart
Rutschbahn *v* glijbaan
rutschen glijden, slepen
rütteln schudden

S

Saal *m* (*mv* Säle) zaal
Saat(en) *v* zaaisel, zaaitijd
Säbel *m* sabel
sabotieren saboteren
sachdienlich ter zake dienend
Sache(n) *v* zaak; Sachen *mv*
  spullen
Sachkenntnis *v* kennis van zaken
Sachlage *v* stand van zaken
sachlich zakelijk
Sachsen *o* Saksen
sächsisch Saksisch
sacht(e) stil; zachtjes, langzaam
Sachverhalt *m* stand van zaken
sachverständig deskundig

Sachverständiger *m* expert,
  deskundige
Sachwalter *m* zaakwaarnemer,
  procureur
Sack *m* zak
Sackbahnhof *m* kopstation
Sackgasse *v* doodlopende straat,
  slop
Sackpfeife *v* doedelzak
säen zaaien
Safe *m* kluis
Saft *m* sap
saftig mals, sappig
Sage *v* sage; gerucht
Säge(n) *v* zaag
Sägemehl *o* zaagsel
sagen zeggen
sägen zagen
sagenhaft legendarisch
Sahne *v* room
Sahneeis *o* roomijs
Saison(s) *v* seizoen
Saite *v* snaar
Sakko *m* colbertkostuum
Salat *m* salade, sla
Salatöl *o* slaolie
Salbe *v* zalf
Saldo(s) *m* saldo
Salon(s) *m* salon
salonfähig beschaafd,
  gedistingeerd
salopp slordig, nonchalant
salutieren salueren
Salve(n) *v* salvo
Salz *o* zout
Salzfass *o* zoutvaatje
salzig zout, brak
salzlos zoutloos
Salzsäure *v* zoutzuur
Same(n) *m* zaad
Samenerguss *m* zaadlozing
sämig gebonden (v. soep e.d.)
Sammelbüchse *v* collectebus
Sammelladung *v* groepagedienst
sammeln verzamelen
Sammler *m* verzamelaar;
  accu(mulator)
Sammlung(en) *v* verzameling;
  collectie; collecte; concentratie
Samstag *m* zaterdag
Samt *m* fluweel
sämtlich gezamenlijk, alle
Sand *m* zand
Sandale(n) *v* sandaal
Sandbank *v* zandbank
Sandgrube *v* zanderij
Sandkorn *o* zandkorrel
Sandstein *m* zandsteen
Sandstrand *m* zandstrand
Sanduhr *v* zandloper
Sandwich(es) *o* sandwich
sanft zacht; vriendelijk
Sänfte *v* draagstoel
Sanftmut *v* zachtmoedigheid

Sänger *m* zanger
Sängerin *v* zangeres
sanieren saneren
Sanitäter *m* EHBOer,
  hospitaalsoldaat
Sankt sint
Sanktion(en) *v* sanctie,
  strafmaatregel
Sardelle *v* ansjovis
Sardine(n) *v* sardine
Sarg *m* doodkist
satanisch satans
satt verzadigd; *es ~ haben* het
  moe zijn
Sattel *m* (*mv* Sättel) zadel
sattelfest vast in het zadel
sättigen verzadigen
Sättigung *v* verzadiging, bekomst
Sattler *m* zadelmaker
Satz *m* zin; sprong; stelling; stel;
  serie; zet; tarief; 't zetten
Satzung *v* reglement, statuut
Sau *v* (*mv* Säue) zeug
sauber schoon, proper, zindelijk
säuberlich netjes
saubermachen schoonmaken
saudumm oliedom
sauer zuur; kwaad
Sauerampfer *m* zuring
Sauerkirsche *v* morel
Sauerkraut *o* zuurkool
Sauerstoff *m* zuurstof
saufen (soff; gesoffen) zuipen
säugen zogen
saugen (sog; gesogen) zuigen
Sauger *m* zuiger
Säugetier *o* zoogdier
Saugflasche *v* zuigfles
Säugling(e) *m* zuigeling
Säule *v* zuil, kolom
Saum *m* zoom, kant
säumen zomen; dralen
Säumnis(se) *v* verzuim
Säure *v* zuurheid; zuur
Sauregurkenzeit *v*
  komkommertijd
säuseln suizelen, ritselen
sausen suizen
Sauwetter *o* hondenweer
S-Bahn *v* metro; sneltram
Schabe(n) *v* kakkerlak
schaben schrapen, schaven;
  schuren
Schabernack *m* poets
schäbig schunnig, sjofel
Schablone(n) *v* sjabloon, patroon,
  model, staal
Schach *o* schaak; *~ spielen*
  schaken
Schacht *m* schacht, mijnput
Schachtel *v* doos; *alte ~* oud wijf
schade jammer
Schädel *m* schedel
schaden schaden

Schaden *m* schade; nadeel; gebrek; verlies

Schadenersatz *m* schadevergoeding

Schadenfreude *v* leedvermaak

schadhaft beschadigd; defect

schädigen schaden; benadelen

schädlich schadelijk, nadelig

schadlos schadeloos

Schaf(e) *o* schaap

Schäfer *m* schaapherder

Schäferhund *m* herdershond

schaffen 1 (**schuf; geschaffen**) scheppen; 2 (**schaffte; geschafft**) slagen, tot stand brengen; werken, ploeteren

Schaffner *m* conducteur

Schafherde *v* kudde schapen

Schafskäse *m* schapenkaas

Schafskopf *m* schapenkop; domkop

Schafspelz *m* schapenvacht

Schafstall *m* schaapskooi

Schaft *m* (*mv* **Schäfte**) schacht; schaft; kolf, steel

schäkern gekscheren, stoeien; flirten

schal verschaald; laf

Schal *m* sjaal

Schale *v* schaal, schotel; bolster, schil; schelp

schälen schillen, pellen

Schall *m* (-**e** & **Schälle**) klank, galm, geluid

Schalldämpfer *m* knaldemper

schallen klinken, galmen; ~ *des Gelächter*, schaterend gelach

Schallgrenze *v* geluidsbarrière

Schallplatte *v* plaat (muziek)

Schaltbrett *o* schakelbord

schalten schakelen

Schalter *m* schakelaar; balie; loket

Schaltgetriebe *o* versnellingsbak

Schaltjahr *o* schrikkeljaar

Schaltknüppel *m* versnellingshendel

Schalttafel *v* schakelbord

Scham *v* schaamte

schämen (sich) zich schamen

schamhaft zedig, kuis

schamlos schaamteloos

Schampus *m* champagne

Schamröte *v* blos, schaamrood

Schande *v* schande

schänden schenden, onteren

schändlich schandelijk

Schändung *v* schennis, ontering

scharf scherp

Schatten *m* schaduw

Schatz *m* schat

schätzen schatten

Schätzung *v* schatting

Schau /Show *v* show

Schauder *m* huivering

schauderhaft huiveringwekkend; ijselijk

schaudern rillen, huiveren

schauen zien, bezichtigen

Schauer *m* rilling, huivering; regenbui

schauerlich huiveringwekkend; griezelig

Schaufel *v* schop, schoffel; schoep

Schaufenster *o* etalage

Schaukel *v* schommel

schaukeln schommelen; wippen; hobbelen

Schaukelpferd *o* hobbelpaard

Schaum *m* schuim

schäumen schuimen

Schaumlöffel *m* schuimspaan

Schauplatz *m* toneel

Schauspiel *v* schouwspel; toneelspel

Schauspieler *m* toneelspeler

Schauspielerin *v* toneelspeelster

Schauspielhaus *o* schouwburg

Scheck(s) *m* cheque

scheckig gespikkeld, bont

Scheckkarte *v* betaalpas; *mit ~ bezahlen* pinnen

Scheibe(n) *v* ruit; schijf; snee brood

Scheibenwischer *m* ruitenwisser

Scheide *v* schede; grensscheiding

scheiden (schied; geschieden) scheiden; *sich ~ lassen* scheiden

Scheidewand *v* tussenschot

Scheideweg *m* kruisweg

Scheidung *v* scheiding (echtscheiding)

Schein(e) *m* schijn, schijnsel, glans; bewijsstuk; kwitantie; (bank)biljet

scheinbar schijnbaar

scheinen (schien; geschienen) schijnen, blijken, lijken

scheinheilig schijnheilig

Scheinwerfer(-) *m* koplamp; zoeklicht

Scheiß *m* onzin

Scheiße *v* poep; rootzooi

Scheitel *m* scheiding (in het haar)

Scheitelpunkt *m* toppunt

Scheiterhaufen *m* brandstapel

scheitern schipbreuk lijden; stranden; mislukken

Schelle *v* bel, schel; kluister; oorvijg; ~*n*, *mv* ruiten

Schellfisch *m* schelvis

schelten (schalt; gescholten) schelden, beknorren

Schemel *m* krukje, voetbank

Schenke *v* herberg, kroeg

Schenkel *m* dijbeen; been (hoek; passer)

schenken schenken, geven

Scherbe *v* scherf

Schere *v* schaar

scheren (schor, scherte; geschoren, geschert) scheren; *sich ~*, weglopen

Schererei *v* onaangenaamheid, last

Scherz(e) *m* scherts, grap

scherzen schertsen

scherzhaft schertsend; koddig

scheu schuw, schichtig

scheuen schuwen, vrezen

scheuern schuren, boenen

Scheuklappe *v* oogklep

Scheune *v* schuur

Scheusal *o* monster

scheußlich afschuwelijk

Schi(s/er) *m* zie Ski

Schicht *v* laag, rij; stapel; ploeg

Schick *m* chic, elegantie

schicken sturen (zenden)

Schicksal *o* (nood)lot

Schiebedach *o* schuifdak

Schiebefenster *o* schuifraam

schieben (schob; geschoben) schuiven

Schieber *m* schuif; knoeier; zwendelaar; smokkelaar

Schiebung *v* knoeierij

Schiedsrichter *m* scheidsrechter

schief scheef, schuin; dwars; verkeerd

Schiefer *m* lei(steen); schilfer

Schiefertafel *v* lei

schielen scheelzien; gluren

schielend scheel, loens

Schienbein *o* scheenbeen

Schiene *v* wielband; scheen; spalk; spoorstaaf, rail

schienen spalken

Schienenstrang *m* rails

schier schier; bijna; zuiver

schießen (schoss; geschossen) schieten

Schießplatz *m* schietterrein

Schiff *o* schip

Schiffahrt *v* scheepvaart

schiffbar bevaarbaar

Schiffbau *m* scheepsbouw

Schiffbrüchige(r) *m* schipbreukeling

Schiffer *m* schipper

Schifferklavier *o* harmonica

Schiffsrumpf *m* casco, scheepsromp

Schikane *v* chicane; *mit allen ~n* met alle nieuwste snufjes

Schikoree *m* Brussels lof, witlof

Schild *o* bord (met opschrift)

schildern afbeelden, schilderen

Schildkröte *v* schildpad (dier)

Schildpatt *o* schildpad (de stof)

Schilf *o* riet; bies

schillern een weerschijn geven,
flikkeren
Schilling(e) *m* Oostenrijkse munt
Schimmel *m* schimmel
Schimmer *m* zweem, glans
schimmern 'glinsteren, schitteren
schimpfen schimpen, schelden
Schinken *m* ham
Schirm(e) *m* scherm; paraplu,
parasol; bescherming; klep (pet);
kap (v. lamp)
Schlacht *v* veldslag
schlachten slachten
Schlachter *m* slager
Schlachtfeld *o* slagveld
Schlachthaus *o* abattoir,
slachthuis
Schlaf *m* slaap
Schlafanzug *m* pyjama
Schläfe *v* slaap (a.h. hoofd)
schlafen (schlief; geschlafen)
slapen; *mit jemandem* ~ vrijen
schlaff slap, lui
schlaflos slapeloos
Schlaflosigkeit *v* slapeloosheid
Schlafmittel *o* slaapmiddel
schläfrig slaperig, doezelig
Schlafsaal *m* slaapzaal
Schlafsack *m* slaapzak
Schlafstelle *v* slaapplaats
Schlaftablette(n) *v* slaappillen
Schlafwagen *m* slaapwagen
Schlafzimmer *o* slaapkamer
Schlag *m* slag; schok; beroerte
Schlagader *v* slagader
Schlaganfall *m* beroerte
Schlagbaum *m* slagboom
schlagen (schlug; geschlagen)
slaan; vechten; (eieren) klutsen
Schlager *m* succesnummer
schlagfertig slagvaardig, gevat
Schlagsahne *v* slagroom
Schlagwerk *m* slagwerk (v. klok)
Schlagwort *o* trefwoord; leus
Schlagzeile *v* slagzin; kopregel,
hoofdje (in krant)
Schlagzeuger *m* drummer,
slagwerker
Schlamm *m* slijk, modder, slib
Schlampe *v* slons; slet
Schlange *v* slang (reptiel); file; rij;
~ *stehen* in de rij staan
schlängeln (sich) zich kronkelen,
zich slingeren
schlank slank
Schlappe *v* verlies; echec
Schlappschwanz *m* slappeling
Schlaraffenland *o* luilekkerland
schlau slim, sluw, leep
Schlauch *m* slang (buis);
binnenband
schlecht slecht, misselijk
schlechterdings volstrekt
schlecken slikken, likken

schleichen (schlich; geschlichen)
kruipen, sluipen
Schleier *m* sluier, volle
schleierhaft onbegrijpelijk
Schleife *v* strik; lus
schleifen 1 **(schliff; geschliffen)**
slijpen; 2 **(schleifte; geschleift)**
slepen; slopen
Schleim *m* slijm
Schleimhaut *v* slijmvlies
schlendern slenteren
Schlendrian *m* sleur; gewoonte
schlenkern slingeren
Schleppdampfer *m* sleepboot
Schleppe *v* sleep
schleppen slepen
schleppend lijzig
Schlepptau *o* sleeptouw
Schlesien *o* Silezië
Schleswig *o* Sleeswijk
Schleuder *v* slinger
Schleudergefahr *v* slipgevaar
schleudern slingeren, gooien
Schleuderpreis *m* spotprijs
schleunigst zo spoedig mogelijk
Schleuse *v* sluis
schlicht eenvoudig; sluik
schlichten beslechten, gladmaken
schließen (schloss; geschlossen)
sluiten; eindigen
schließlich ten slotte
Schliff *m* slijpsel; goede manieren
schlimm erg
Schlinge *v* strik, valstrik, lus;
draagband (v. arm)
Schlingel *m* slungel, lummel
schlingen (schlang; geschlungen)
slingeren; strengelen
Schlips(e) *m* das
Schlitten *m* slee
Schlittschuh(e) *m* schaats; ~
laufen schaatsen
Schlitz(e) *m* split, spleet
Schloss *o* (*mv* **Schlösser**) slot
(vergrendeling); kasteel
Schlosser *m* slotenmaker
Schlot(e) *m* (fabrieks)schoorsteen
schlottern hengelen; flodderen;
loszitten
Schlucht *v* bergkloof, ravijn
schluchzen snikken
Schluck(e) *m* slok, teug
Schluckauf *m* hik
schlucken slikken
Schlummer *m* sluimering
Schlund *m* strot, keelgat; kolk,
afgrond
schlüpfen sluipen; glijden
Schlüpfer *m* slip
schlüpfrig glibberig; gewaagd,
dubbelzinnig
Schlupfwinkel *m* schuilhoek
schlürfen slurpen; sloffen
Schluss *m* (*mv* **Schlüsse**) slot,

einde, besluit, gevolgtrekking
Schlüssel(-) *m* sleutel
Schlüsselbein *o* sleutelbeen
Schlüsselloch *o* sleutelgat
Schlussfolgerung *v*
gevolgtrekking, conclusie
schlüssig sluitend; ~ *werden* tot
een besluit komen
Schlusssstein *m* sluitsteen
Schmach *v* smaad, hoon
schmachten smachten
schmächtig mager, schraal
schmackhaft smakelijk
schmal smal, dun, gering
schmälern verminderen;
benadelen
Schmalz *o* reuzel, vet
Schmarotzer *m* klaploper
Schmarotzerpflanze *v*
woekerplant
schmatzen snakken
Schmaus *m* smulpartij
schmausen smullen
schmecken smaken
Schmeichelei *v* vleierij
schmeichelhaft vleiend
schmeicheln vleien; flatteren
schmeichlerisch vleierig
schmeißen (schmiss; geschmissen)
smijten, werpen, gooien
schmelzen (schmolz; geschmolzen)
smelten
Schmelztiegel *m* smeltkroes
Schmerzen *m mv* pijn; smart
Schmerzensgeld *o* smartengeld
schmerzhaft pijnlijk
schmerzlich smartelijk
schmerzlindernd pijnstillend
schmerzlos pijnloos
Schmetterling(e) *m* vlinder
schmettern schetteren; smijten
Schmied(e) *m* smid
Schmiede *v* smidse, smederij
schmieden smeden
schmiegen (sich) zich voegen, zich
neervlijen
Schmiere *v* smeer(sel)
schmieren smeren; morsen;
omkopen
Schmierfink *m* smeerpoets
schmierig smerig, vettig
Schmiermittel *o* smeermiddel
Schminke *v* schmink
schmissig kranig
Schmöker *m* dik boek, goed ter
ontspanning te lezen
schmollen pruilen, mokken
Schmorbraten *m* gestoofd vlees
schmoren smoren, stoven
schmuck mooi, bevallig
Schmuck *m* sieraden
Schmuckblattelegramm *o*
gelukstelegram
schmücken (ver)sieren, tooien

Schmucksachen *v mv* sieraden
schmuddelig smoezelig
Schmuggel *m* smokkelarij
schmuggeln smokkelen
schmunzeln meesmuilen; glunderen
schmusen knuffelen
Schmutz *m* vuiligheid, vuil
schmutzig vuil, vies
Schnabel *m* (*mv* **Schnäbel**), snavel, bek; voorsteven
Schnake *v* mug
Schnalle *v* gesp
schnallen dichtgespen; snappen, begrijpen
schnappen happen, snakken
Schnaps *m* borrel, sterkedrank
schnarchen snurken, ronken
schnatterhaft babbelachtig
schnattern snateren, kakelen
schnauben snuiven
schnaufen blazen, snuiven
Schnauze *v* snuit
schnauzen snauwen
Schnecke(n) *v* slak
Schnee *m* sneeuw
Schneebesen *m* garde
Schneeflocke *v* sneeuwvlok
Schneeglöckchen *o* sneeuwklokje
Schneekette(n) *v* sneeuwketting
Schneeschmelze *v* het smelten van de sneeuw
Schneesturm *m* sneeuwstorm
Schneetreiben *o* sneeuwjacht
Schneeverhältnisse *o/mv* toestand van de sneeuw
Schneewehe *v* sneeuwverstuiving
Schneid *m* energie, vlotheid, spirit
Schneide *v* scherp van mes
schneiden (schnitt; geschnitten) knippen, snijden, maaien
Schneider *m* kleermaker
schneidig kranig
schneien sneeuwen
schnell snel
schnellen opspringen
Schnelligkeit *v* snelheid
Schnellkraft *v* veerkracht
Schnellzug *m* sneltrein
Schnepfe *v* snip
schneuzen snuiten; *sich* ~ de neus snuiten
Schnippchen *jemandem ein* ~ *schlagen* iemand bij de neus nemen
schnippisch snibbig
Schnitt(e) *m* snede; moot, schijf; snit; montage (film)
Schnittbohne *v* snijboon
Schnitter *m* maaier
Schnittlauch *m* bieslook
Schnittmuster *o* knippatroon
Schnitzel *o* schnitzel, gepaneerd vleeslapje; *o & m* snipper

schnitzeln knutselen, snijden
Schnitzerei *v* snijwerk
schnodderig vrijpostig, onbeschaamd
schnöde snood, bits
Schnorchel *m* snorkel
Schnörkel *m* krul, haal
Schnuller *m* speen
schnupfen snuiven
Schnupfen *m* verkoudheid
schnuppern snuiven
Schnur *v* (*mv* **Schnüre**) snoer, koord, touwtje
Schnürband *o* rijgsnoer, veter
schnüren snoeren, rijgen
schnurgerade lijnrecht, regelrecht
Schnurrbart *m* snor
Schnürsenkel(-) *m* veter
Schnürstiefel *m* rijglaars
Schober *m* hoop, mijt
Schöffe(n) *m* schepen; wethouder; bijzitter (v. rechtbank)
Schokolade *v* chocolade
Schokoladenplätzchen *o* flikje
Scholle *v* kluit aarde; ijsschots; schol (vis)
schon reeds, al; wel
schön mooi, prachtig; goed
schonen ontzien, sparen
schonend verschonend; zachtmoedig
Schoner *m* schoener
Schongebiet *o* reservaat; verboden terrein
Schönheit *v* schoonheid
Schonkost *v* dieetvoeding
Schonung *v* voorzichtigheid, toegevendheid; jong hout, aanplant
Schopf *m* kuif
schöpfen putten; scheppen
Schöpfer *m* schepper
schöpferisch scheppend
Schöpflöffel *m* opscheplepel, schep
Schöpfung *v* schepping; voortbrengsel
Schoppen *m* pint, glas (bier enz.)
Schornstein *m* schoorsteen
Schoß *m* (*mv* **Schöße**) schoot; pand, slip (van jas)
Schößling *m* scheut, spruit
Schote *v* dop, peul
Schotte(n) *m* Schot
schottisch Schots
schraffieren arceren
schräg scheef, schuin
Schramme *v* schram, krab
Schrank *m* kast
Schranke *v* paal, perk; balie; slagboom, spoorboom
Schraube(n) *v* schroef
Schraubenmutter *v* moer
Schraubenzieher *m*

schroevendraaier
Schraubstock *m* bankschroef
Schrebergarten *m* volkstuintje
Schreck *m* schrik
Schrecken *m* schrik, vrees
schreckhaft schrikachtig
schrecklich afschuwelijk
Schreckschusspistole *v* alarmpistool
Schrei(e) *m* schreeuw
Schreibblock *m* blocnote
Schreiben *o* schrijven, missive
schreiben (schrieb; geschrieben) schrijven
Schreiber *m* schrijver, klerk
Schreibmaschine *v* schrijfmachine
Schreibpapier *o* schrijfpapier
Schreibtisch *m* schrijftafel, bureau
Schreibunterlage *v* onderlegger
Schreibzeug *o* schrijfgereedschap
schreien (schrie; geschrien) schreeuwen
Schreihals *m* schreeuwlelijk
Schreiner *m* schrijnwerker
schreiten (schritt; geschritten) schrijden, stappen
Schrift *v* schrift, geschrift
Schriftführer *m* secretaris
schriftlich schriftelijk
Schriftsprache *v* schrijftaal
Schriftsteller *m* schrijver
Schriftwechsel *m* correspondentie
schrill schril, schel
Schritt(e) *m* stap, pas, schrede
Schrittmacher *m* gangmaker; pacemaker
schrittweise stap voor stap
schroff steil; ruw; bars
Schrot(e) *m* & *o* schroot, hagel; grof gemalen graan
Schrott *m* oud ijzer, schroot
schrubben schrobben
schrumpfen rimpelen, krimpen, ineenschrompelen
Schub *m* (*mv* **Schübe**) schuif; duw, stoot, worp
Schubkarren *m* kruiwagen
Schublade *v* schuiflade
schüchtern schuchter, schroomvallig
Schuft(e) *m* schoft, schavuit
schuften zwoegen
Schuh(e) *m* schoen
Schuhbürste *v* schoenborstel
Schuhcrème *v* schoensmeer
Schuhgeschäft *o* schoenenwinkel
Schuhmacher *m* schoenmaker
Schularbeiten *v/mv* huiswerk
Schuld *v* schuld; *schuld sein* schuld hebben
schulden verschuldigd zijn
Schulden *v mv* schuld (geld)
Schulderlass *m* kwijtschelding van schuld

schuldig schuldig, verplicht
Schuldigkeit v plicht
Schuldner m schuldenaar
Schule(n) v school
schulen scholen; oefenen
Schüler m scholier
Schülerkonzert o jeugdconcert
Schulferien mv schoolvakantie
schulfrei vrijaf
Schullehrer m onderwijzer, schoolmeester
Schulpflicht v leerplicht
Schulter(n) v schouder
Schulterblatt o schouderblad
schummeln bedriegen
Schund m bocht, slechte waar
Schuppe v schub, schilfer; **Schuppen** mv roos (op 't hoofd)
Schuppen m loods
schüren stoken, poken; ophitsen
schürfen graven, exploreren
Schurke(n) m schurk
Schürze v schort; boezelaar
Schuss m (mv **Schüsse**) schot; spruit, scheut
Schüssel(n) v schotel
Schuster m schoenmaker
Schutt m puin
Schüttelfrost m koude rillingen
schütteln schudden; schokken
schütten storten; opleveren
Schutthaufen m puinhoop
Schutz m bescherming, hoede
Schutzblech o spatbord
Schütze(n) m schutter, tirailleur; jager
schützen beschermen
Schutzengel m beschermengel
Schützengraben m loopgraaf
Schutzfarbe v schutkleur
Schutzgebiet o protectoraat; (natuur)reservaat
Schützling(e) m beschermeling
Schutzmann m (mv -**männer**, -**leute**) politieagent
Schutzmarke v handelsmerk, fabrieksmerk
Schwabe Zwaab
schwäbisch Zwabisch
schwach zwak
Schwäche v zwakheid; zwak
schwächen verzwakken
schwächlich zwakkelijk
schwachsinnig dom, onnozel
Schwächung v verzwakking
Schwager m (mv **Schwäger**) zwager
Schwägerin v schoonzuster
Schwalbe v zwaluw
Schwall m stroom, golf
Schwamm m spons; zwam
Schwan m zwaan
schwanger zwanger
Schwank m klucht

schwanken weifelen, wankelen; schommelen, variëren
Schwankung v weifeling; schommeling (v.d. markt)
Schwanz m staart
Schwarm m zwerm; school (vis); vlucht (vogel)
schwärmen zwermen; zwerven; verspreiden; *für jemanden* ~ met iemand dwepen
schwärmerisch dweepziek
schwarz zwart
Schwarzbrot o roggebrood
Schwärze v zwartheid; zwartsel; slechtheid
schwärzen zwart maken
Schwarzfahrer m verstekeling
Schwarzhörer m clandestiene luisteraar
Schwarzweißfoto o zwartwitfoto
Schwarzwurzel v schorseneer
schwatzen, schwätzen babbelen
schwatzhaft praatziek
Schwebebahn v zweefspoor
schweben zweven
Schwede(n) m Zweed
Schweden o Zweden
schwedisch Zweeds
Schwefel m zwavel
Schwefelsäure v zwavelzuur
Schweif m staart, (na)sleep
schweigen (schwieg; geschwiegen) zwijgen
Schwein o varken; ~ *haben* boffen
Schweinebraten m gebraden varkensvlees
Schweinefleisch o varkensvlees
Schweiß m zweet
schweißen zweten; bloeden; lassen
Schweiz (die) v Zwitserland
Schweizer v Zwitser
schweizerisch Zwitsers
Schweizerkäse m Zwitserse kaas
schwelen smeulen
schwelgen zwelgen
Schwelle v drempel; dwarsligger
schwellen (schwoll; geschwollen) zwellen
Schwemme(n) v overvloed
schwenken zwenken, zwaaien; omspoelen
schwer zwaar (gewicht); moeilijk
Schwere v zwaarte; moeilijkheid
schwerfällig log, onhandig; zwaar op de hand, stroef
schwerhörig hardhorend
Schwerkraft v zwaartekracht
schwerlich nauwelijks
Schwermut v zwaarmoedigheid
Schwerpunkt m zwaartepunt
Schwert(er) o zwaard
Schwertlilie v iris
Schwertstreich m zwaardslag

Schwester(n) v zuster
Schwiegereltern mv schoonouders
Schwiegermutter v schoonmoeder
Schwiegersohn m schoonzoon
Schwiegertochter v schoondochter
Schwiegervater m schoonvader
Schwiele v eelt
schwierig moeilijk, lastig
Schwierigkeit v bezwaar (probleem), moeilijkheid
Schwimmbad o zwembad
Schwimmdock o drijvend dok
schwimmen (schwamm; geschwommen) zwemmen; drijven
Schwimmer m zwemmer; dobber; vlotter; drijver
Schwimmflosse(n) v zwemvliezen
Schwimmreifen m/mv zwemband
Schwimmweste v zwemvest
Schwindel m duizeligheid; zwendelarij, bedrog
schwindelerregend duizelingwekkend
schwindelfrei vrij van hoogtevrees
schwindeln duizelen; bedriegen
schwinden (schwand; geschwunden) verdwijnen; opraken
Schwindler m oplichter
Schwinge v wan; vleugel; wiek
schwingen (schwang; geschwungen) zwaaien; zwenken; zwiepen; trillen
Schwingung v slingering, trilling
Schwips m roes
schwirren snorren, gonzen
schwitzen zweten
schwören (schwor; geschworen) zweren (eed)
schwül zwoel, zoel
schwul homoseksueel
schwülstig gezwollen; opgeblazen; hoogdravend
Schwund m verdwijnen
Schwung m zwaai; elan, bezieling
schwungvoll enthousiast, meespelend; zwierig
Schwur m eed, vloek
Schwurgericht o jury
sechs zes
Sechstel o zesde deel
sechstens ten zesde
sechzehn zestien
sechzig zestig
See m meer (waterplas); v zee
Seefisch m zeevis
Seehund m zeehond
Seeigel m zee-egel
seekrank zeeziek
Seeland o Zeeland
seeländisch Zeeuws

Seele v ziel
Seemann m zeeman
Seeräuber v zeerover
Seetang m zeewier
seetüchtig zeewaardig
Seezunge v tong (vis)
Segel(-) o zeil
Segelboot o zeilboot
Segelflugzeug o zweefvliegtuig
segeln zeilen; zweven
Segeltuch v zeildoek
Segen m zegen; voorspoed
segnen zegenen
sehen (sah; gesehen) zien, kijken
Sehenswürdigkeit v
  bezienswaardigheid
sehn'süchtig reikhalzend, vurig
  verlangend
Sehne v pees
sehnen (sich) smachten, snakken
  naar, hunkeren
Sehnsucht v vurig verlangen; 't
  smachten
sehr heel (erg, zeer)
Seh'rohr o periscoop
sehschwach slechtziend
Sehvermögen o gezichtsvermogen
seicht ondiep; oppervlakkig
Seide v zijde (stof)
Seidel o bierkan, bierpot
seiden zijden, van zijde
Seidenraupe v **Seidenwurm** m
  zijderups
Seife v zeep
Seifenpulver o zeeppoeder
seihen zijgen, zeven, filtreren
Seil v touw
Seilbahn v kabelspoorweg
Seiltänzer m koorddanser
sein (war; gewesen) zijn (zich
  bevinden)
sein(e) zijn (bez. vnw., 2e nv. van
  er)
seinige (de, het) zijne
seit sinds
seitdem sindsdien
Seite v zijde, bladzijde, kant
  (richting); *auf der* ~ aan de
  zijkant; *auf der anderen* ~ aan de
  overkant
Seitenansicht v profiel
seitens uit naam van, vanwege
Seitenschiff o zijbeuk (v. kerk)
Seitenstra-e v zijstraat
seither sedert
seitlich zijdelings
seitwärts zijdelings, terzijde
Sekretär(e) m secretaris
Sekt m champagne
Sektion v sectie, afdeling
Sekunde(n) v seconde
selbe zelfde
selber zelf
selbig dezelfde, hetzelfde

selbst zelf; zelfs
selbständig zelfstandig
Selbstauslöser m zelfontspanner
Selbstbeherrschung v
  zelfbeheersing
selbstbewusst zelfbewust
Selbsterhaltung v zelfbehoud
selbstgefällig verwaand
Selbstgespräch o alleenspraak
Selbsthilfe v eigen hulp
Selbstkostenpreis m kostprijs
selbstlos onbaatzuchtig
Selbstmord m zelfmoord; ~
  begehen zelfmoord plegen
selbstverständlich allicht;
  vanzelfsprekend
Selbstwertgefühl o gevoel van
  eigenwaarde
selig zalig
Sellerie m & v selderij
selten zelden, zeldzaam
Selter o spuitwater
seltsam wonderlijk, raar
Semester o semester
Semesterferien mv collegevrije
  periode
Seminar(e/ien) o seminarium
Semmel(n) v (*zuiddt*) kadetje,
  broodje
senden (sandte; gesandt) (rtv
  sendete, gesendet) zenden; (*rtv*)
  uitzenden
Sender m (*rtv*) zender
Sendung(en) v zending,
  uitzending
Senf m mosterd
sengen schroeien
senil seniel
Seniorenwohnheim o
  verzorgingsflatgebouw
Senkblei o schietlood
senken doen zinken; (doen)
  zakken
senkrecht loodrecht
Senkung v daling
Sensation v sensatie
Sense v zeis
September m september
Serie(n) v serie
Serpenti'ne v haarspeldbocht
Service v servies
servieren opdienen
Serviette(n) v servet
Sessel m fauteuil, zetel
Sessellift m stoeltjeslift
sesshaft gezeten, woonachtig
setzen zetten, plaatsen; *sich* ~
  gaan zitten; bezinken
Setzer m letterzetter
Seuche v epidemie
seufzen zuchten
Seufzer m zucht, verzuchting
Sex m seks
Sexshop m seksshop

Sexualverbrecher m
  zedendelinquent
sexuell seksueel
sezieren ontleden
Shampoo o shampoo
Sherry m sherry
Sibirien o Siberië
sich zich; ~ *selbst* zichzelf
Sichel v sikkel
sicher veilig; zeker
Sicherheit v veiligheid, veiligheid
Sicherheitsgurt m
  veiligheidsgordel
Sicherheitsnadel v
  veiligheidsspeld
Sicherheitsrat m Veiligheidsraad
sicherlich voorzeker
sichern beveiligen
sicherstellen in veiligheid brengen,
  zekerheid geven
Sicherstellung v garantie,
  waarborg
Sicherung v zekering; beveiliging;
  stop
Sicht v zicht; visie
sichtbar zichtbaar
sichten ziften
sichtlich blijkbaar, klaarblijkelijk
Sichtung v schifting
Sichtvermerk m visum
sickern lekken, sijpelen
sie zij, ze (enkelv. & mv. 1e nv.);
  haar, ze (4e nv.)
Sie u
Sieb o zeef
sieben zeven; (*ww*) zeven, ziften
Siebentel o zevende deel
siebzehn zeventien
siebzig zeventig
siedeln zich vestigen, gaan wonen
sieden (siedete; gesotten,
  gesiedet) zieden, koken
Siedepunkt m kookpunt
Siedler m kolonist
Siedlung v nederzetting; tuindorp
Sieg(e) m zege, overwinning,
  zegepraal
Siegel o zegel
siegeln zegelen
Siegelring m zegelring
siegen zegevieren, overwinnen
siegreich zegevierend
siezen "Sie" tegen iem. zeggen
Signal o sein, signaal
Silbe(n) v lettergreep
Silber o zilver
silbern zilveren, van zilver
Silvester m oudejaarsavond
Sims m & o kroonlijst
singen (sang; gesungen) zingen
Singvogel m zangvogel
sinken (sank; gesunken) zinken
Sinn(e) m zin, gedachte;
  betekenis

Sinnbild o zinnebeeld
sinnen (sann; gesonnen) peinzen
sinnlich zinnelijk
sinnlos zinneloos, zonder zin
sinnvoll zinnig, zinvol
Sintflut v zondvloed
Sippe v familie, geslacht
Sirup m stroop
Sitte v zede, gewoonte
sittenlos zedeloos
sittlich zedelijk
Sittlichkeit v zedelijkheid
sittsam zedig
Situation v situatie, toestand
Sitz(e) m zitplaats, zetel; zitting
sitzen (saß; gesessen) zitten
Sitzplatz m zitplaats
Sitzstreik m bezettingsstaking
Sitzung v zitting
Skala v (mv **Skalen**) scala; toonladder
Skandal(e) m schandaal
skandalös schandalig
Skat m skaat (kaartspel)
skeptisch sceptisch
Ski(er/s) m ski;~ laufen skiën
Skifahrer, Skiläufer m skiloper
Skigelände v skiterrein
Skilift m skilift
Skischanze v skischans
Skischuh m skischoen
Skistock m skistok
Skizze v schets
skizzieren schetsen
Sklave(n) m slaaf
Sklaverei v slavernij
Skorpion m schorpioen
Skrupel m gewetensbezwaar
Slawe(n) m Slaaf
Slip(s) m slipje
Slipeinlage v inlegkruisje
Snowboard o snowboard
so zo, dus, dermate; ~ daß/dass zodat
sobald zodra
Socke(n) v sok
Sockel m voetstuk
sodann dan, verder
soeben zo-even, zo juist
sofern in zoverre, voorzover
sofort meteen, onmiddellijk
sogar zelfs
sogenannt(e) zogenaamd(e)
sogleich dadelijk, aanstonds
Sohle(n) v zool
Sohn m zoon
solch(er/e/-es) zulk, zodanig; ~ ein zo'n
Sold m soldij
Soldat(en) m soldaat
solidarisch solidair
Soll und Haben debet en credit
sollen moeten, behoren te
somit dus, daarom

Sommer m zomer
Sommerfahrplan m zomerdienstregeling
Sommerfrische v zomerverblijf, vakantieoord
Sommerhaus o zomerhuisje
Sommersprosse v sproet
sonder zonder
Sonderausgabe v bijzondere uitgave
sonderbar zonderling
sondergleichen zonder weerga
sonderlich eigenaardig, bijzonder
Sonderling m zonderling
Sondermeldung v (rtv) extra bericht
sondern maar
Sonderpreis m speciale prijs
Sonderzug m extra trein
Sonett o sonnet
Sonnabend m zaterdag
Sonne v zon
sonnen (sich) zonnebaden
Sonnenaufgang m zonsopgang
Sonnenblende v zonnekapje
Sonnenbrand m zonnebrand
Sonnenbrille v zonnebril
Sonnencreme v zonnebrandcrème
Sonnenfinsternis v zonsverduistering
Sonnenhut zonnehoed
sonnenklar glashelder, zonneklaar
Sonnenöl o zonnebrandolie
Sonnenschein m zonneschijn
Sonnenschirm m parasol
Sonnenstich m zonnesteek
Sonnenuhr v zonnewijzer
Sonnenuntergang m zonsondergang
sonnig zonnig
Sonntag m zondag
sonst vroeger; anders
sonstig (zoals) vroeger; ander
sonstwo ergens anders
Sorg'falt v zorgvuldigheid
Sorge(n) v zorg, bezorgdheid
sorgen zorg dragen, zorgen
sorgfältig zorgvuldig
sorglos zorgeloos, onachtzaam
sorgsam zorgzaam, met zorg
Sorte(n) v soort
sortieren sorteren
Sortiment(e) o sortering
Soße(n) v saus, jus
Souffleurkasten m souffleurshok
souverän soeverein
soviel zoveel
soweit zover; voorzover
sowie zodra; evenals
sowieso toch al, in elk geval
sowohl ~ ... als auch zowel...als
Sozialismus m socialisme
Soziussitz m duozit
sozusagen om zo te zeggen

spähen verspieden, loeren
Späher m spion
Spalier(e) o latwerk (in tuin); ~ bilden een haag vormen
Spalte v spleet, kloof, kolom
spalten (spaltete; gespalten) splijten, kloven
Spaltung v scheuring
Span m spaander; twist
Spanferkel o speenvarken
Spange(n) v gesp, spang, spelt; beugel (tanden)
Spanien o Spanje
Spanier m Spanjaard
spanisch Spaans
Spann(e) m wreef
Spanne v marge
spannen spannen
Spannung v spanning, voltage
Sparbüchse v spaarpot
sparen sparen
Spargel m asperge
Sparkasse v spaarbank
spärlich schaars
Sparmaßnahme v bezuinigingsmaatregel
sparsam zuinig, spaarzaam
Sparte v branche, afdeling
Spaß m scherts, grap; zum ~ voor de lol
spaßhaft, spaßig grappig
spät laat
Spaten m schep (spade)
spätestens uiterlijk
Spätjahr o najaar
Spatz(en) m mus
spazieren wandelen
Spazierfahrt v pleziertocht, -rit, - vaart
Spaziergang m wandeling
Spazierstock m wandelstok
Specht(e) m specht
Speck m spek
Spediteur m -e, expediteur
Speditionsgeschäft v expeditiezaak
Speer m -e, speer, spies
Speiche v speek, spaak
Speichel m speeksel
Speicher m (koren)zolder; accu
speichern opslaan
speien (spie; gespie(e)n) spuwen
Speise v spijs, gerecht, schotel
Speisekarte v menukaart
speisen eten
Speisenfolge v menu
Speiseröhre v slokdarm
Speisesaal m eetzaal
Speisewagen m restauratiewagen
Speisezettel m menu
Spekulation v speculatie
Spende v schenking
spenden schenken, uitreiken
spendieren schenken, trakteren

Sperber *m* sperwer
Sperling(e) *m* mus
sperrangelweit wagenwijd
Sperre *v* versperring; blokkade
sperren blokkeren; versperren;
  afsluiten; spatiëren
Sperrung *v* sluiting; blokkade;
  spatiëring
Spesen *mv* onkosten
Spezialist specialist
Spezialität *v* specialiteit
speziell speciaal
spezifisch specifiek
Sphäre *v* sfeer
spicken larderen; spieken
spie'lerisch speels
Spiegel(-) *m* spiegel
Spiegelei *o* spiegelei
spiegeln spiegelen; schitteren
Spiel(e) *o* spel, wedstrijd
Spielart *v* speling, variëteit,
  speelwijze
spielen spelen, bespelen; gokken
Spielerei *v* spelletje, gekheid
Spielkarte(n) *v* speelkaarten
Spielplatz *m* speeltuin
Spielsachen *v mv* speelgoed
Spielzeug *o* speelgoed
Spieß(e) *m* spies
Spießbürger *m* bekrompen
  burgerman
Spinat *m* spinazie
Spind *m & o* kast
Spinne *v* spin
spinnen (spann; gesponnen)
  spinnen
Spinnrad *o* spinnewiel
Spirale *v* spiraal
Spirituosen *mv* spiritualiën
Spiritus *m* spiritus
Spirituskocher *m* spiritusbrander
Spital *o* (*mv* Spitäler) hospitaal
spitz spits, puntig
Spitzbube *m* spitsboef
Spitze *v* spits; punt; kruin; top;
  sigarenpijpje; kant
Spitzel *m* politiespion
Spitzenarbeit *v* kantwerk
Spitzenleistung *v* topprestatie
Spitzenorganisation *v*
  toporganisatie
Spitzenrolle *v* hoofdrol
Spitzenstunde *v* piekuur, spitsuur
spitzfindig spitsvondig
Spitzname *m* bij-, scheldnaam
spleißen (spliss, spleißte;
  gesplissen, gespleißt) splijten,
  kloven, splitsen
Splitt *m* fijngebroken steen
Splitter *v* splinter
splitternackt spiernaakt
Spore *v* spoor
Sporn *m* (*mv* Sporen) spoor
spornstreichs spoorslags

Sport *m* sport; ~ *treiben* sporten
Sportartikel(-) *m* sportartikel
sportbegeistert enthousiast voor
  de sport
Sportler *m* sportsman
sportlich sportief
Sportplatz *m* sportterrein
Spott *m* spot
spottbillig spotgoedkoop
spötteln, spotten spotten
spöttisch spottend
Spottpreis *m* spotprijs
Sprache(n) *v* taal, spraak
Sprachfehler *m* taalfout
sprachlos sprakeloos
Sprachrohr *o* spreekbuis
Sprechblase *v* tekstballon
Sprechbühne *v* podium, toneel
Sprechchor *m* spreekkoor
sprechen spreken
sprechen (sprach; gesprochen)
  spreken
Sprecher *m* spreker, woordvoerder
Sprechstunde *v* spreekuur
Sprechzimmer *o* spreekkamer
sprengen sprenkelen; laten
  springen, opblazen
Sprengstoff *m* springstof
sprenkeln spikkelen
Spreu *v* kaf
Sprichwort *o* spreekwoord
sprießen (spross; gesprossen)
  (uit)spruiten
Springbrunnen *m* fontein
springen springen
springen (sprang; gesprungen)
  springen
Springer *m* springer; paard
  (schaakspel)
Sprit *v* spiritus, alcohol
Spritzdüse *v* sproeier
Spritze(n) *v* injectie; spuit
Spritzkanne *v* gieter
Spritzkuchen *m* sprits
spröde broos; preuts
Spross *m* (*mv* Sprosse), spruit;
  telg
Sprosse *v* sport (ladder, stoel);
  sproet
sprossen spruiten
Spruch *m* spreuk; uitspraak
Sprudel *m* spuitwater
sprudeln opborrelen, parelen
Sprühdose *v* spray, spuitbus
sprühen (vonken) schieten;
  spatten; opbruisen
Sprühregen *m* motregen
Sprung *m* sprong; barst
Sprungfeder *v* springveer
sprunghaft sprongsgewijze,
  ongedurig
spucken spuwen
Spuk(e) *m* spookverschijning
Spule *v* klos, spoel

spülen spoelen
Spülmittel *o* afwasmiddel
Spur *v* spoor
spüren bespeuren, merken
spurlos spoorloos
Squash *o* squash; ~ *spielen*
  squashen
Sta'tue(n) *v* standbeeld
Staat(en) *m* staat; staatsie, pracht
staatlich van (door) de staat,
  staats-
Staatsangehörigkeit *v*
  nationaliteit
Staatsanwalt *m* officier van
  justitie
Staatskasse *v* schatkist
Staatsmann *m* (*mv* -männer)
  staatsman
Staatsstreich *m* staatsgreep
Staatsverfassung *v* grondwet
Stab *m* staf, stok; staaf
Stachel(n) *m* stekel, prikkel,
  angel; priem
Stachelbeere *v* kruisbes
Stacheldraht *m* prikkeldraad
Stachelschwein *o* stekelvarken
Stadion *o* stadion
Stadt *v* (*mv* Städte) stad
Stadtbus(se) *m* stadsbus
Städter *m* stedeling
Stadthaus *o* stadshuis
städtisch steeds, stedelijk
Stadtplan *m* plattegrond
Stadtrat *m* gemeenteraad;
  gemeenteraadslid
Stadtteil *m* wijk
Stadtverordnete(r) *m*
  gemeenteraadslid
Stadtverwaltung *v* stadsbestuur
Stafette *v* estafette
Staffel *v* ploeg; estafette
Staffelei(en) *v* schildersezel
staffieren stofferen; versieren
Stahl *m* staal
stählen stalen, harden
stählern stalen, van staal
Staken *m* staak
Stall *m* stal
Stamm *m* stam; geslacht
stammeln stamelen
stammen afstammen
Stammgast *m* stamgast
stämmig potig, stevig
stampfen stampen; stampvoeten
Stand *m* stand; staat; beroep
Standarte *v* standaard
Standbild *o* standbeeld
Ständchen *o* serenade
Ständer *m* standaard
Standesamt *o* bureaù van de
  burgerlijke stand
standesgemäß volgens zijn stand
standhaft standvastig
ständig vast, permanent

Standort *m* standplaats; positie; garnizoen

Standplatz *m* standplaats (op camping)

Standpunkt *m* standpunt

Stange *v* stang, staaf; pijp (lak); reep (chocolade)

Stanzkarte *v* ponskaart

Stapellauf *m* tewaterlating

Star(e) *m* staar; spreeuw

stark sterk; hevig; dik

Stärke *v* sterkte, kracht; zetmeel; stijfsel; dikte

stärken sterken; stijven

starr stijf; star; strak

starren staren

starrköpfig stijfhoofdig

Starrkrampf *m* tetanus, klem

Starrsinn *m* stijfkoppigheid

Startbahn *v* startbaan (v. vliegtuig)

starten starten

Starthilfekabel *o* startkabels

stätig bestendig, gestadig

Station *v* station, halte; afdeling (in ziekenhuis)

Statis'tik *v* statistiek

Statist(en) *m* figurant

Stativ *o* statief

statt in plaats van

Stätte *v* plaats

stattfinden plaats vinden; doorgaan

stattgeben toegeven

statthaft geoorloofd

Statthalter *m* stadhouder

stattlich statig, deftig, groot

Statue *v* standbeeld

Statur' *v* gestalte

Statut(en) *o* statuut, reglement

Staub *m* stof (vuil)

stauben stuiven

Staublappen *m* stofdoek

Staubsauger *m* stofzuiger

Staudamm stuwdam

Staude *v* vaste plant, struik

stauen stuwen

staunen verbaasd staan

Stausee *m* stuwmeer

stechen (stach; gestochen) steken (van insect, doorn), prikken; graveren

Stechfliege *v* steekvlieg

Stechpalme *v* hulst

Stechuhr *v* controleklok

Steckbrief *m* verzoek tot aanhouding met signalement

Steckdose *v* stopcontact

stecken steken; duwen; stoppen

Stecken *m* stok, staak

Steckenpferd *o* stokpaardje

Stecker(-) *m* stekker

Steckling *m* stekje

Stecknadel(n) *v* speld

Steckrübe *v* koolraap

Steg(e) *m* pad; loopplank; kam op de viool

stehen (stand; gestanden) staan

stehlen (ont)stelen; wegsluipen

stehlen (stahl; gestohlen) stelen

Stehplatz *m* staanplaats

steif stijf; stevig; strak

steifen stijven; steunen

Steigbügel *m* stijgbeugel

steigen (stieg; gestiegen) stijgen, rijzen

steigern verhogen, opdrijven

Steigerung *v* verhoging; vormen v.d. trappen van vergelijking

steil steil

Stein(e) *m* steen; pit, kern, stuk; schijf (dam-)

Steinbruch *v* steengroeve

Steinbutt *v* tarbot

steinern stenen, van steen

Steingut *o* aardewerk

steinig stenig, vol stenen

Steinkohle *v* steenkool

Steinmetz(e) *m* steenhouwer

steinreich schatrijk

Steißbein *o* stuitbeen

Stelldichein *o* rendez-vous

Stelle *v* baan (werkkring); plaats; ambt, betrekking; instantie

stellen zetten, stellen, plaatsen, leggen

stellenweise hier en daar

Stellung *v* stelling; betrekking; stand, houding; positie

Stellungnahme *v* stellingname

Stellvertreter *m* plaatsvervanger

Stellwerk *o* seinhuis

Stelze *v* stelt

stemmen drukken, heffen

Stempel(-) *m* stempel

Stängel *m* stengel, steel

Stenotypistin *v* stenotypiste

Steppdecke *v* gestikte deken

Sterbefall *m* sterfgeval

sterben (starb; gestorben) sterven

sterbenskrank doodziek

Sterbeurkunde *v* overlijdensakte

sterblich sterfelijk

Stern(e) *m* ster

Sternschnuppe *v* vallende ster

Sternwarte *v* sterrenwacht

stetig bestendig, gestadig

stets steeds, voortdurend

steu'erbar belastbaar

Steuer *o* stuur (auto), roer; *v* belasting

Steuerberater *m* belastingsconsulent

Steuerbord *o* stuurboord

Steuererklärung *v* belastingsaangifte

steuerfrei belastingvrij

Steuerhaus *o* stuurhuis

Steuerknüppel *m* stuurknuppel

Steuerkopf *m* balhoofd (van fiets)

Steuermann *m* stuurman

steuern sturen, besturen

Steuerrad *o* stuurwiel

Steuervorrichtung *v* stuurinrichting

stibitzen wegkapen

Stich(e) *m* steek, prik; slag (kaartspel); gravure; bijsmaak

sticheln hatelijkheden zeggen

Stichflamme *v* steekvlam

stichhaltig steekhoudend

Stichprobe *v* steekproef

Stichwahl *v* herstemming

Stichwort *o* wachtwoord; trefwoord, leus

sticken stikken, borduren

Stickerei *v* borduursel

stickig benauwd

stieben (stob; gestoben) stuiven

Stiefel *m* laars

Stiefmutter *v* stiefmoeder

Stiefmütterchen *o* driekleurig viooltje

Stiege *v* trap; twintigtal

Stiel(e) *m* steel; stengel

Stielpfanne *m* koekenpan

Stier(e) *m* stier

stieren strak aanstaren

Stift(e) *m* pen, stift; *o* gesticht, stift, domkapittel

stiften stichten; schenken

Stiftung *v* stichting, gesticht; geschenk

Stil *m* stijl

still stil

Stille *v* stilte; kalmte

Stilleben *o* stilleven

stillegen stopzetten

stillen stillen, stelpen; paaien; de borst geven

Stillstand *m* stilstand; schorsing

stilvoll in stijl

stimmberechtigt stemgerechtigd

Stimme(n) *v* stem

stimmen stemmen; overeenstemmen, kloppen

Stimmgabel *v* stemvork

Stimmrecht *o* stemrecht

Stimmung *v* stemming; sfeer

Stimmzettel *m* stembiljet

stinken (stank; gestunken) stinken

Stipen'dium *o* (*mv* **Stipendien**) studiebeurs

Stirn *v* voorhoofd

Stirnrunzeln *o* fronsen v.h. voorhoofd

stöbern snuffelen; opsporen (v. wild)

stochern porren, peuteren

Stock *m* stok; verdieping

Stockbrot *o* stokbrood

stocken stokken; haperen; stollen

stockfinster stikdonker
Stockfisch *m* stokvis
Stockwerk(e) *o* verdieping
Stoff *m* stof (textiel); onderwerp
stofflich stoffelijk
Stoffwechsel *m* stofwisseling
stöhnen steunen
Stollen *m* mijngang; kerstbrood
stolpern struikelen
stolz trots, fier
Stolz *m* trots, fierheid
stolzieren pronken, paraderen
Stopfei *o* maasbal
stopfen stoppen
Stopfnadel *v* stopnaald
Stoppuhr *v* stopwatch
Stöpsel *m* stop (in bad), prop
Stör(e) *m* steur
Storch *m* ooievaar
stören storen
Störenfried *m* rustverstoorder
störrisch stuurs, stug
Störung *v* storing
störungsfrei storingsvrij
Stoß *m* stoot; schok; stapel
Stoßdämpfer *m* schokbreker
Stoßdämpfer(-) *m* schokbreker
stoßen (stieß; gestoßen) stoten,
  schokken; grenzen
Stoßseufzer *m* verzuchting
Stoßstange *v* bumper (auto)
Stoßstange(n) *v* bumper
Stoßzahn *m* slagtand
stottern stotteren
strafbar strafbaar
Strafbefehl *m* boete
Strafe(n) *v* boete; straf
strafen straffen
Straferlass *m* kwijtschelding van
  straf
straff straf, streng
straffällig strafschuldig
straffen strak spannen
Strafgesetzbuch *o* wetboek van
  strafrecht
sträflich strafbaar
Strahl(en) *m* straal
strahlen stralen
stramm kloek, ferm; stram
Strand *m* strand
stranden stranden
Strandkorb *m* strandstoel
Strandpromenade *v*
  strandboulevard
Strang *m* streng; strop
Strapaze *v* vermoeienis
strapazieren afbeulen; bederven,
  forceren; misbruiken
Straße *v* straat; weg
Straße(n) *v* straat
Straßenbahn *v* tram
Straßenbahnhaltestelle *v*
  tramhalte
Straßenkarte *v* wegenkaart

Straßenräuber *m* struikrover
Straßenschild *o* wegwijzer
Straßenseite *v* straatkant
sträuben overeind doen staan; *sich*
  ~, tegenspartelen
Strauch *m* (*mv* **Sträucher**) struik
straucheln struikelen
Strauß *m* (*mv* **-e**) struisvogel; (*mv*
  Sträuße) ruiker, boeket
streben streven
Streber *m* eerzuchtige;
  baantjesjager
strebsam ijverig; ambitieus
Strecke(n) *v* route; afstand; traject
strecken strekken, rekken
Streich(e) *m* slag, houw; streek;
  haal
streicheln strelen, liefkozen
streichen (strich; gestrichen)
  strijken; schrappen; verven
Streichholz *o* lucifer
Streichorchester *o* strijkorkest
Streife *v* patrouille
Streifen *m* strook, band
streifen even aanraken,
  schrammen, schaven; stropen
Streiflicht *o* schamplicht
Streischuss *m* schampschot
Streifzug *m* strooptocht
Streik(s) *m* werkstaking
Streikbrecher *m* onderkruiper
Streit(e) *m* strijd; geschil; ruzie
streiten (stritt; gestritten) strijden,
  twisten
streitig betwistbaar, betwist
Streitpunkt *m* geschilpunt
streitsüchtig twistziek
streng streng
Strenge *v* strengheid;
  nauwgezetheid
streuen strooien
Streupulver *o* strooipoeder
Strich(e) *m* streek; streep, haal,
  lijn
Strick *m* touw
stricken breien
Strickleiter *v* touwladder
Stricknadel *v* breinaald
striegeln roskammen; afrossen
strikt strikt, nauwgezet
Striptease *m* striptease
Stroh *o* stro
Strohhalm *m* rietje
Strohwitwe(r) *v/m* onbestorven
  weduwe, ~ weduwnaar
Strom *m* stroom; rivier
strömen stromen
Stromer *m* landloper
stromlinienförmig gestroomlijnd
Stromschnelle *v*
  stroomversnelling
Stromspeicher *m* accu(mulator)
Stromversorgung *v*
  stroomvoorziening

Stromverteiler *m* stroomverdeler
Strofe *v* couplet
strotzen opgepropt zijn
Strudel *m* draaikolk
Struktur *v* bouw, structuur
Strumpf *m* kous
Strumpfband *o* kousenband
Strumpfhaltergürtel *m* step-in
Strumpfhose(n) *v* panty
Strunk *m* stronk
struppig ruig, harig
Struwwelpeter *m* Piet de
  Smeerpoes
Stube *v* kamer
Stuck *m* gips, pleisterwerk
Stück *o* stuk (deel); toneelstuk;
  das ~, ook per stuk
Stuckarbeiter *m* stukadoor
Student *m* student
Studentenschaft *v* de studenten
Studie *v* studie (geschrift)
Studienrat *m* leraar (vwo)
Studienrätin *v* lerares (vwo)
studieren studeren
Studium *o* studie
Studium *o* (*mv* **Studien**) studie
Stufe *v* trede; graad, stadium
Stufenleiter *v* ladder, schaal
stufenweise trapsgewijze
Stuhl *m* stoel
Stuhlgang *m* ontlasting
Stulle *v* boterham
stülpen omslaan, opzetten
stumm stom
Stummel *m* stompje; eindje sigaar
Stümper *m* stumper
stümpern knoeien
stumpf stomp
Stumpf *m* bot (mes); stomp
Stumpfsinn *m* stompzinnigheid
Stunde(n) *v* uur; les
stunden uitstel geven
Stundenplan *m* lesrooster
stündlich elk uur, per uur
Stundung *v* uitstel v. betaling
Sturm *m* storm
stürmen stormen
Stürmer *m* (*sp*) voorhoedespeler
stürmisch stormachtig
Sturz *m* val, instorting
stürzen storten, gooien
Sturzhelm *m* valhelm
Stute *v* merrie
Stütze *v* stut, steun; schraag
stutzen kappen, afknotten;
  verbaasd staan, schrikken
stützen ondersteunen; *sich* ~
  steunen, leunen
stutzig versteld; schichtig
Stützpunkt *m* steunpunt
Subjekt *o* onderwerp; sujet
subtrahieren aftrekken
Subvention *v* subsidie
Suche *v* zoek

suchen zoeken, trachten
Sucher *m* zoeker
Sucht *v* verslaving; zucht
Suchtmittel *o* verdovend middel
Süd *m* zuiden
sudeln morsen, kladden
Süden *m* zuiden
südlich zuidelijk; ~*e Breite* zuiderbreedte
Südpol *m* zuidpool
Südwind *m* zuidenwind
Sühne *v* verzoening, vergelding
sühnen verzoenen; boeten
Sülze, Sulze *v* zult; vleesgelei
summarisch summier, beknopt
Summe *v* som
summen gonzen, neuriën
summieren samentellen
Sumpf *m* moeras
sumpfig moerassig
Sünde *v* zonde
Sünder *m* zondaar
Sünderin(nen) *v* zondares
Sündflut *v* zondvloed
sündhaft, sündig zondig
sündigen zondigen
Super(benzin) *o* superbenzine
super geweldig, prima
Supermarkt *m* supermarkt
Suppe *v* soep
Suppengrün *o* soepgroente
Suppenwürfel *m* bouillonblokje
Surfbrett *o* surfplank
surfen surfen
surren snorren, zoemen
suspendieren schorsen
Suspension *v* schorsing
süß zoet
süß zoet, zacht
Süßigkeit zoetigheid, lekkernij, snoep
süßlich zoetsappig, zoetelijk
süßsauer zoetzuur
Süßstoff *m* zoetjes (zoetstof)
Süßwasser *o* zoetwater
Süßwasserfisch *m* zoetwatervis
Symbol *o* symbool
Sympathie(n) *v* sympathie
Symptom *o* symptoom, verschijnsel
synchrosisiert nagesynchroniseerd
Synonym *o* synoniem
System *o* systeem, stelsel
Szenario *o* scenario
Szene *v* toneel, scène

T

Tabak *m* tabak
Tabelle *v* tabel, lijst, rol
Tablette *v* tablet (medisch)
Tacho *m/o* snelheidsmeter
Tadel *m* berisping, verwijt; blaam
tadellos onberispelijk

tadeln laken, berispen
Tafel *v* tafel; bord, paneel; tabel; lei; tablet (chocolade), reep
Täfelung *v* beschot, lambrisering
Tag(e) *m* dag; *pro* ~ per dag
Tagebuch *o* dagboek
Tagesanbruch *m* aanbreken van de dag
Tagesausflug *m* dagtocht
Tagesgericht *o* dagschotel
Tageskarte(n) *v* dagkaart
Tageslicht *o* daglicht
Tagesordnung *v* agenda
Tagesreise *v* dagreis
Tageszeitung *v* dagblad
taghell helder als de dag
täglich dagelijks
tagsüber overdag
tagtäglich dag aan dag
Tagung *v* congres; zitting
Takt(e) *m* tact; maat
taktieren tactisch te werk gaan
taktlos tactloos
Taktstock *m* maatstok
taktvoll met veel tact, overleg
Tal *o* (*mv* **Täler**) dal
Talar'(e) *m* toga
Taler *m* daalder
Talg *m* talk
Talsperre *v* stuwdam
Tampon(s) *m* tampon
Tän'zerin (nen) *v* danseres, danseuse
Tand *m* beuzelarij
Tang *m* wier, zeegras
Tangente *v* raaklijn
Tank *m* tank (reservoir)
tanken tanken
Tankstelle *v* benzinepomp
Tann(en)zapfen *m* sparappel
Tanne *v* spar
Tanz *m* dans
tanzen dansen
Tanzlehrer *m* dansmeester
Tanzlokal *o* dancing
Tapete *v* behangsel
tapezieren behangen
tapfer dapper
tappen tasten, voelen; stappen
täppisch stuntelig
Tarif *m* tarief
Tarifvertrag *m* collectieve arbeidsovereenkomst
tarnen camoufleren
Tasche(n) *v* tas; zak
Taschenbuch *o* zakboek
Taschendieb *m* zakkenroller
Taschenlampe *v* zaklantaarn
Taschenmesser *o* zakmes
Taschentuch *o* zakdoek
Taschenuhr *v* horloge
Tasse(n) *v* kopje
Tastatur *v* toetsen (bord)
Taste *v* toets

tasten tasten
Tat *v* daad; *in der* ~ inderdaad
Tatbestand *m* feitelijke toedracht, stand v. zaken
Täter *m* dader
tätig werkzaam
Tätigkeit *v* werkzaamheid, actie
Tatkraft *v* energie, wilskracht
tätlich handtastelijk
Tatsache *v* feit
Tatsachenbericht *m* reportage
tatsächlich feitelijk, inderdaad
tätscheln liefkozen, strelen
Tatze *v* poot, klauw
Tau *m* dauw; *o* scheepstouw
taub doof; gevoelloos (ledematen)
Taube *v* duif
Taubenhaus *o* duiventil
taubstumm doofstom
tauchen duiken
Taucher *m* duiker, duikelaar
Taucherausrüstung *v* duikuitrusting
Taucherbrille *v* duikbril
tauen dooien
Taufe *v* doop
taufen dopen
Taufpate (n) peet(oom)
Taufschein *m* doopceel
taugen deugen; dienstig zijn
Taugenichts *m* deugniet
tauglich geschikt; deugdelijk
Taumel *m* duizeling; geestvervoering
taumeln duizelen, wankelen
Tausch(e) *m* ruil
tauschen ruilen
täuschen bedriegen, misleiden, duperen; *sich* ~ zich vergissen
täuschend bedrieglijk; sprekend (gelijkend)
tausend duizend
tausendfach duizendvoudig
Tauwetter *o* dooi
Taxameter *m* taximeter
Taxe *v* taxi; tarief; vaste prijs
Taxe(n) *v*, **Taxi(s)** *o* taxi
taxieren taxeren, schatten
Taxistand *m* taxistandplaats
Techniker *m* technicus
Teckel *m* dashond
Tee *m* thee
Teebeutel *m* theezakje
Teegeschirr *o* theeservies
Teekanne *v* theepot
Teelöffel *m* theelepel
Teenager *m* tiener
Teer *m* teer
Teich *m* vijver
Teig *m* deeg
Teil(e) *m* deel; gedeelte; *o* deel, stuk; onderdeel
Teilchen *o* gebakje
teilen delen

Teilhaber *m* compagnon
teilhaftig deelachtig
Teilnahme *v* deelneming
teilnahmslos onverschillig
teils ten dele, deels
Teilstrecke *v* sectie; traject
Teilung *v* deling, scheiding
teilweise gedeeltelijk
Teilzahlung *v* betaling in termijnen
Teilzeitarbeit *v* parttime job
Telefon *o* telefoon
Telefonbuch *o* telefoonboek, -gids
Telefongespräch *o* telefoongesprek
telefonieren telefoneren
telefonisch telefonisch
Telefonistin *v* telefoniste
Telefonkarte *v* telefoonkaart
Telefonnummer *v* telefoonnummer, abonneenummer
Telefonzelle *v* telefooncel
Telegramm *o* telegram
Teleobjektiv *o* telelens
Teller(-) *m* bord (v. eten)
temperamentvoll met veel temperament
Temperatur *v* temperatuur; verhoging
Tendenz *v* tendentie, strekking
tendieren tenderen, neigen
Tenne *v* dorsvloer
Tennis tennis; ~ *spielen* tennissen
Tennisball *m* tennisbal
Tennisfeld *o* tennisbaan
Tennisschläger *m* tennisracket
Teppich(e) *m* tapijt, kleed
Termin(e) *m* termijn; afspraak (bij arts)
Terrasse *v* terras
Territorium *o* (*mv* **Territorien**) territorium, grondgebied
Terror *m* terreur
terrorisieren terroriseren
Terrorist *m* terrorist
Test *m* test, toets
Testament *o* testament
Testat *o* attest, getuigschrift
testen testen, toetsen; proeven
teuer duur
Teuerung *v* duurte
Teufel *m* duivel
Teufelskerl *m* duivelse kerel
teuflisch duivels
Text *m* tekst
Textilien, Textilwaren *mv* textiel(waren)
Theater *o* theater, schouwburg, toneel
Theatervorstellung *v* theatervoorstelling
Theke *v* bar, buffet; toonbank
Thema *o* thema, onderwerp

Thermometer *o* thermometer
Thermosflasche *v* thermosfles
These *v* these, stelling
Thron(e) *m* troon
Thronfolger *m* troonopvolger
Thunfisch *m* tonijn
ticken tikken; *nicht richtig* ~ niet goed bij zijn hoofd zijn
Ticket *o* ticket
tief diep; diepzinnig; laag
Tief *o* depressie, dieptepunt; lagedrukgebied
Tiefbau *m* weg- en waterbouw
tiefbetrübt zielsbedroefd
tiefblau donkerblauw
Tiefe *v* diepte
Tiefebene *v* laagvlakte
Tiefgang *m* diepgang
Tiefgarage *v* ondergrondse garage
tiefgekühlt diepvries-, diepgevroren
Tiefkühlkost *v* diepvriesproducten
Tiefland *o* laagland
tiefsinnig diepzinnig
Tiefstand *m* lage waterstand; laag peil; slechte toestand
Tier(e) *o* dier, beest; *ein hohes* ~ een hoge piet
Tierarzt *m* dierenarts
Tiergarten *m* dierentuin
Tierhalter *m* dierenbezitter
Tierhandlung *v* dierenwinkel
Tierheim *o* dierenasiel
tierisch dierlijk, beestachtig
Tierschutzverein *m* vereniging voor dierenbescherming
Tierversuch *m* dierproef
Tiger *m* tijger
tilgen delgen, aflossen
Tilgung *v* delging, aflossing
Tinte *v* inkt
Tintenfass *o* inktkoker
Tipfehler *m* tikfout
tippen tikken, typen
Tisch(e) *m* tafel
Tischdecke *v* tafellaken
Tischler *m* schrijnwerker
Tischtennis *o* tafeltennis
Tischtennisschläger *m* batje
Tischtuch *o* tafellaken
Titelbild *o* titelplaat
Toast *m* toast
Toaster *m* broodrooster
toben razen, tieren, tekeergaan
Tochter *v* (*mv* **Töchter**) dochter
Tod *m* dood
Todesanzeige *v* doodsbericht
Todeskampf *m* doodsstrijd
Todesopfer *o* (dodelijk) slachtoffer
Todesstille *v* doodse stilte
Todesursache *v* doodsoorzaak
Todesurteil *o* doodvonnis
tödlich dodelijk

todsicher vast en zeker
Toilette(n) *v* toilet, wc
Toilettenpapier *o* toiletpapier
Toleranz *v* tolerantie, verdraagzaamheid
toll dol, gek
tollkühn roekeloos
Tollwut *v* hondsdolheid
Tölpel *m* lomperd, botterik
Tomate(n) *v* tomaat
Ton *m* toon; geluid; klei, leem
tönen klinken, luiden
tönern lemen; van klei
Tonfilm *m* geluidsfilm
Tonleiter *v* toonladder
tonlos toonloos, klankloos
Tonne *v* ton, vat
Topf *m* pot, pan
Töpfer *m* pottenbakker
Töpferware *v* aardewerk
Topfkuchen *m* tulband
Topfreiniger *m* pannenspons
Tor (*mv* **-en**) *m* gek; dwaas; (*mv* **-e**) *o* poort, hek; (*sp*) doel, doelpunt
Torbogen *m* portiek
Torf *m* turf
Torfmoor *o* veen
Torheit *v* dwaasheid
töricht zot, dwaas, mal
Torschütze *m* doelpuntenmaker
Torte(n) *v* taart
Torwart *m* doelverdediger
Torweg *m* doorgang door poort
tosen bruisen, razen
tot dood
total totaal
Totalschaden *m* total loss
Tote *m* & *v* dode
töten doden
totenblass doodsbleek
Totengräber *m* doodgraver
Totenkopf *m* doodshoofd
Totenschau *v* lijkschouwing
Totenschein *m* bewijs van overlijden
Totensonntag *m* dodenherdenkingsdag
totgeboren doodgeboren
totschlagen doodslaan
Toupet *o* haarstukje
toupieren touperen
Tour *v* toer, tocht, uitstap
Tourenzähler *m* toerenteller
Tourist *m* toerist
Touristenklasse *v* toeristenklasse
Touristenort *m* toeristische plaats
touristisch toeristisch
Trab *m* draf
traben draven
Trabrennen *o* harddraverij
Tracht *v* dracht; *eine* ~ *Prügel* een pak slag
trachten streven, ernstig trachten
Tradition *v* overlevering, traditie

Tragbahre v draagbaar, brancard
tragbar draagbaar, dragelijk
träge traag, vadsig
tragen dragen
Träger m drager; schouderbandje;
bretel; verantwoordelijke
instantie
Trägerrock m overgooier
Tragfähigkeit v draagvermogen
Trägheit v traagheid, luiheid
Tragödie v tragedie
Tragweite v draagwijdte
trainieren trainen
Trainingsanzug m trainingspak
Trakt m vleugel (van gebouw)
Traktor m tractor
trällern neuriën
trampeln stampen; trappelen
trampen liften
Tran m traan (olie)
Träne v traan
Trank m drank
Tränke v wed, drinkplaats
tränken drenken, te drinken geven;
bevochtigen, doordrenken
Transistrecke v transitoweg
Transitverkehr m transitoverkeer
Transplantation v transplantatie
Transport m transport, vervoer
transportieren transporteren,
vervoeren
Trapez o trapezium; zweefrek
trappeln trappelen, trippelen
träu'merisch dromerig
Traube v druif
Traubensaft m druivensap
Traubenzucker m druivensuiker
trauen kerkelijk trouwen;
vertrouwen; sich ~ durven,
wagen
Trauer v droefheid, rouw
Trauerfall m sterfgeval
Trauergottesdienst m rouwdienst
Trauermarsch m treurmars
trauern treuren, rouwen
Trauerspiel o treurspel
Trauerweide v treurwilg
träufeln druipen, droppelen
Traum m droom
träumen dromen
traurig droevig, treurig, zielig
Trauring m trouwring
Trauung v huwelijksinzegening
Trecker m tractor
Treff o ontmoeting; trefpunt;
klaveren
treffen (traf; getroffen) ontmoeten,
treffen
Treffer m treffer; prijs (in de
loterij); doelpunt
treiben (trieb; getrieben) drijven,
beoefenen, doen (aan)
Treibhaus o broeikas
Treibsand m drijfzand

Treibstoff m brandstof
trennen scheiden; lostornen; sich
~ uit elkaar gaan, scheiden; zich
losmaken
Trennung v scheiding, splitsing
Treppe(n) v trap
Treppenabsatz m trapportaal,
overloop
Treppengeländer o trapleuning
Tresor(e) m brandkast, kluis, safe
treten (trat; getreten) treden,
stappen
treu trouw, getrouw
Treue v trouw
Treuhänder m trustee;
gevolmachtigde
Treulosigkeit v trouweloosheid
Trichter m trechter
Trick(s) m truc; trek (kaartspel)
Trieb m aandrift; neiging, instinct
Triebfeder v drijfveer
triefen (troff, triefte; getrieft)
druipen, druipnat zijn
triftig afdoend, belangrijk;
klemmend
Trikot o tricot
Trimm-dich-Pfad m trimparcours
trimmen (sich) trimmen
trinkbar drinkbaar
trinken (trank; getrunken) drinken
Trinkgeld(er) o fooi
Trinkspruch m toost
Trinkwasser o drinkwater
Tritt(e) m trede, stap; trap, schop;
(fiets)trapper
Trittbrett o treeplank
Trittleiter v trapladder
trocken droog
Trockenheit v droogte, droogheid
Trockenmilch v poedermelk
trocknen drogen
Trockner m droogautomaat
Troddel v kwast
trödeln teuten, treuzelen
Trödler m treuzelaar, uitdrager
Trog m trog, bak
Trommel v trommel, trom
Trommelbremse(n) v trommelrem
Trommelfell o trommelvlies
Trommler m tamboer
Trompete v trompet
Tropf m domkop, sukkel; infuus
tröpfeln druppelen
Tropfen m druppel
Trost m troost
trösten troosten
Trott m sukkeldrafje; sleur
Trotz m stijfhoofdigheid
trotz ondanks
trotzdem nochtans; hoewel
trotzen trotseren, tarten
trotzig weerspannig; uitdagend
Trotzkopf m stijfkop
trüb(e) troebel; betrokken; somber

Trubel m drukte
trüben (sich) betrekken, donker
worden
Trübsal(e) v rampspoed
trübselig triestig, mistroostig
trübsinnig droefgeestig
Trug m bedrog, list
Trugbild o hersenschim,
gezichtsbedrog
trügerisch bedrieglijk
Trugschluss m drogreden
Truhe v kist
Trümmer o mv puin, puinhopen
Trumpf m troef
trumpfen aftroeven
Trunk m dronk; dronkenschap
trunken dronken
Trunkenbold m dronkaard
Trunksucht v drankzucht
Trupp(s) m troep
Truppe v schaar, bende,
gezelschap
Truppenübungsplatz m militair
oefenterrein
Truthahn m kalkoen
Truthenne v kalkoense hen
tschüß! dag!
T-Shirt o T-shirt
Tube v tube
Tuch o (mv Tücher) doek; laken
tüchtig bekwaam, flink, knap,
degelijk
Tüchtigkeit v flinkheid,
geschiktheid, bekwaamheid
Tücke(n) v boosaardigheid (ook
van dingen), arglist, valse streek
tückisch arglistig, boosaardig
Tugend v deugd
tugendhaft deugdzaam
Tulpe v tulp
Tulpenzwiebel v tulpenbol
tummeln (sich) spelen, dartelen
Tummelplatz m speelplaats
Tümpel m plas
Tumult m tumult, rel
tun (tat; getan) doen; er hat zu ~
hij heeft het druk
Tünche v witkalk
tünchen witten
Tunichtgut m deugniet, nietsnut
Tunke v saus
tunlich doenlijk, mogelijk
Tunnel m tunnel
tupfen tikken, even aanraken
Tupfer, Tüpfel m stip
Tür(en) v deur
Türangel v deurscharnier
Türgriff m deurknop
Türke(n) m Turk
Türkei die ~ Turkije
türkisch Turks
Turm m toren
turnen turnen
Turnhalle v gymnastiekzaal

Turnier *o* toernooi; wedstrijd
Turnschuh *m* gymnastiekschoen
Turnus *m* toerbeurt
turnusgemäß bij toerbeurt
Turnverein *m*
  gymnastiekvereniging
Türpfosten *m* deurpost
Türriegel *m* grendel
Türschloss *o* portierslot
Türschwelle *v* drempel
Turteltaube *v* tortelduif
Tusch *m* fanfare
Tusche *v* tekeninkt, Oost-Indische
  inkt
tuscheln smoezen
Tuschkasten *m* verfdoos
Tüte *v* zakje
tuten toeten, toeteren
TÜV = Technischer
  Überwachungsverein *m*
  technische (auto)keuring
Typ *m* type; vent; model
Type *v* type, drukletter
tyrannisch tiranniek

U

u.a. 1 afk. unter anderem onder
  andere(n); 2 afk. und andere en
  andere
U'berfluss *m* overvloed
U'berschuss *m* (*mv* Überschüsse)
  overschot; surplus
ü'bersichtlich overzichtelijk;
  helder, duidelijk
U'berbleibsel *o* overblijfsel
U'berblick *m* overzicht; aanblik
ü'berdrüssig afkerig, zat
ü'berirdisch bovenaards;
  bovengronds
U'bermacht *v* overmacht
U'bernahme *v* overneming
U'berschrift *v* opschrift
U'berschuh *m* overschoen
U'bersicht *v* overzicht
ü'bersiedeln verhuizen
U'bertritt *m* overgang
U'berzieher *m* overjas
U'berzug *m* overtrek, sloop
U-Bahn *v* metro
Übel *o* kwaal; ongemak
übel misselijk; *etwas ~ nehmen*
  iets kwalijk nemen
übel gelaunt slechtgehumeurd
Übelkeit *v* misselijkheid
übel nehmen kwalijk nemen
Übeltäter *m* boosdoener
üben oefenen; drijven
über over; boven; via
über'schwenglich overdadig
überall overal
Überalterung *v* vergrijzing
überanstrengen (sich) *sich ~* zich
  overwerken

überaus' zeer, hoogst
überbrin'gen overbrengen
überei'len overhaasten
überein'kommen overeenkomen
Überein'kunft *v* overeenkomst;
  conventie
Überein'stimmung *v*
  overeenstemming
überfah'ren overvaren; overrijden
Überfahrt *v* overtocht
Überfall *m* overval
Überfallauto *o* overvalwagen
überflü'geln overvleugelen
Überflussgesellschaft *v*
  welvaartsmaatschappij
überflüssig overtollig, overbodig
überfor'dern overvragen
Überfüh'rung *v* viaduct;
  overtuiging (van schuld)
Übergardine *v* overgordijn
überge'hen overgaan; voorbijgaan
  (met stilzwijgen)
übergeben overhandigen;
  opdragen; *sich ~* overgeven
  (misselijkheid)
Übergewicht *o* overgewicht
Überhang *m* overschot
überhaupt' over 't algemeen, ten
  slotte; toch, eigenlijk
überhö'ren niet horen
überholen inhalen, achterhalen,
  passeren
überlas'sen overlaten, afstaan
überle'ben overleven
überle'gen overleggen; peinzen;
  (*bn*) superieur
Überle'genheit *v* overwicht
Überle'gung *v* overleg
überlie'fern overleveren
überlis'ten verschalken
übermit'teln overmaken
übermorgen overmorgen
Übermü'dung *v* oververmoeidheid
übernachten logeren (verblijven),
  overnachten
überneh'men overnemen, op zich
  nemen
überprü'fen controleren, nazien
überqueren oversteken
überra'gen uitsteken boven;
  overtreffen
überra'schen verrassen
Überraschung *v* verrassing
Überre'dung *v* overreding
überreden overreden
überrei'chen overreiken
überrei'zen overprikkelen
überschät'zen overschatten
überschla'gen omslaan; begroten;
  overslaan
überschrei'ten overschrijden
überschüssig overschietend
überschüt'ten overstelpen
überschwem'men overstromen

überse'hen overzien, over het
  hoofd zien
übersee'isch overzees
Übersen'dung *v* overzending
übersetzen 1 ü'bersetzen
  overvaren; 2 überset'zen vertalen
Übersetzung *v* vertaling
überspannt excentriek;
  geëxalteerd
Überspannt'heit, Überspan'nung *v*
  overspanning; geëxalteerdheid
überste'hen doorstaan
überstim'men overstemmen
Überstunde *v* overuur
Überstür'zung *v* overhaasting
überstürzt hals over kop,
  overhaast
übertra'gen op-, overdragen
Übertrag *m* overbrenging,
  transport (v.e. bedrag)
übertref'fen overtreffen
Übertrei'bung *v* overdrijving
übertreten 1 ü'bertreten overgaan;
  buiten de oevers treden; 2
  übertre'ten, overtreden,
  schenden; overschrijden
übertrie'ben overdreven
Übervöl'kerung *v* overbevolking
übervor'teilen afzetten
Überwa'chung *v* toezicht;
  bewaking; censuur
überwal'tigen overweldigen
überwei'sen overmaken, -schrijven
überwer'fen (sich) ruzie krijgen
überwie'gen overheersen, groter
  zijn dan
überwie'gend overwegend
überwin'den overwinnen, te boven
  komen
überzeu'gen overtuigen
üblich gebruikelijk
U-Boot *o* duikboot
übrig overig, over; overbodig
übrigens trouwens
übrig lassen overlaten
Übung *v* oefening
Ufer(-) *o* oever
Uhr *v* horloge, uurwerk, klok, uur;
  wieviel ~ ist es? hoe laat is het?
Uhrenarmband *o* horlogebandje
Uhrzeiger *m* wijzer(van uurwerk)
Ulk(e) *m* scherts, grap
Ulme(n) *v* olm, iep
um om; rondom; omstreeks
um'fangreich omvangrijk
um'werfen omvergooien, omslaan;
  failliet gaan
umändern veranderen, vermaken
umarmen omarmen, omhelzen
Umbau *m* verbouwing,
  vertimmering; reorganisatie
umbilden omvormen
umbinden ombinden, omdoen
umblättern ombladeren

umbringen ombrengen; *sich* ~ zich
van het leven beroven, zich van
kant maken

Umbruch *m* kentering,
verandering

umbuchen overboeken

Umbuchung *v* overboeking

umdrehen omdraaien, omkeren

umeinander om elkaar (heen)

umfallen omvallen; flauw vallen

Umfang *m* omvang

umfassend veelomvattend

Umfeld *o* milieu, omgeving

Umfrage *v* rondvraag

umfrie'digen omheinen

Umgang *m* omgang; verkering;
trans (van toren)

umgänglich aangenaam

Umge'bung, Um'gegend *v*
omgeving

umgehen 1 **um'gehen** rondgaan;
omgaan met; 2 **umge'hen**
ontwijken, ontduiken

umgehend per omgaande

Umgestaltung *v* reorganisatie,
herschepping

umgür'ten omgorden

umher rondom, in 't rond

umher'irren ronddwalen

umhin *nicht* ~ *können* niet kunnen
nalaten, er niet onderuit kunnen

umhören (sich) informeren

Umkehr *v* ommekeer, terugkeer

umkehren omkeren

umkippen omkantelen;
flauwvallen; omgooien; van
mening veranderen

umklam'mern omklemmen;
omsingelen

Umkleidekabine *v* paskamer

umkleiden verkleden, omkleden

umkommen omkomen

Umkreis *m* omtrek

umkreisen draaien om, omcirkelen

umladen overladen

Umland *o* omgeving, regio

Umlauf *m* omloop; fijt

umlegen omleggen, omdoen,
neerleggen

Umleitung *v* wegomlegging

umliegend omliggend, naburig

umpflanzen verplanten

umrechnen omrekenen

Umrechnungskurs *m*
omrekeningskoers

umrin'gen omringen

Umriss *m* omtrek, schets, ontwerp

umsatteln een ander studievak of
beroep kiezen

Umsatz *m* omzet, vertier

umschalten omschakelen

umschauen (sich) rondkijken,
omkijken

umschichtig afwisselend

Umschlag *m* envelop; omslag;
plotselinge verandering

Umschrei'bung *v* omschrijving

umschulen herscholen, omscholen

Umschweif *m* *ohne* ~*e* zonder
omhaal

Umschwung *m* wending;
plotselinge ommekeer

umsehen (sich) rondkijken

umseitig aan ommezijde

Umsicht *v* omzichtigheid; beleid;
takt

umsonst' gratis; tevergeefs

Umstand *m* (*mv* **Umstände**)
omstandigheid; omslag, drukte,
last

umständlich omstandig;
omslachtig

Umstandskleid *o* positiejurk

umstehend ommestaand,
omstaand

Umsteigekarte *v* overstapje

umsteigen overstappen

umstellen 1 **um'stellen**
verplaatsen; 2 **umstel'len**
verzetten

umstimmen van mening doen
veranderen

umstoßen omverstoten

umstritten omstreden

Umsturz *m* omwenteling;
omverwerping

umstürzen omgooien; omvallen;
omverwerpen

Umtausch *m* omruil, omwisseling

umtauschen verruilen, ruilen

umtopfen verpotten

Umtrunk *m* borrel

Umwälzung *v* omwenteling

umwandeln veranderen

Umweg *m* omweg

Umwelt *v* milieu; omgeving

umweltbewusst milieubewust

umweltfreundlich milieuvriendelijk

umweltschädlich schadelijk voor
het milieu

Umweltschutz *m*
milieubescherming

Umweltverschmutzung *v*
milieuverontreiniging

umwer'ben het hof maken

umwerfend overweldigend

umzäu'nen omheinen

umziehen omtrekken; verhuizen;
sich ~ zich verkleden

umzin'gelen omsingelen

Umzug *m* optocht; verhuizing

un'terordnen onderschikken

unabänderlich onveranderlijk

unabhängig onafhankelijk

unabkömmlich onmisbaar

unablässig onafgebroken

unachtsam onachtzaam

unangenehm onaangenaam

unartig ondeugend, stout

unauffällig onopvallend

unaufhaltsam onweerstaanbaar

unaufhörlich onophoudelijk

unauflöslich onoplosbaar

unaufmerksam onoplettend

unausbleiblich onvermijdelijk

unausgesetzt onophoudelijk;
onafgebroken

unausstehlich onuitstaanbaar

unbändig ontembaar

unbedarft naïef, onervaren

unbedeutend onbelangrijk

unbedingt onvoorwaardelijk

unbefangen onbevangen

unbefleckt onbevlekt; ongerept

unbegründet ongegrond

Unbehagen *o* onbehagen

unbeholfen onbeholpen

unbeirrt onverstoorbaar

unbekannt onbekend

unbekümmert onbekommerd,
onbezorgd

unbelebt levenloos

unbeliebt onbemind, impopulair

Unbeliebtheit *v* impopulariteit

unbemerkt ongemerkt

unbequem ongelegen; lastig

unberechtigt onbevoegd

unbeschadet (+*2*) behoudens,
onverminderd

unbeschränkt onbeperkt

unbeschreiblich onbeschrijfelijk

unbesehen ongezien, zonder meer

unbeständig onbestendig

unbestechlich onomkoopbaar

unbestimmt onbepaald,
onbestemd; vaag

unbestritten onbetwist

unbeteiligt niet geïnteresseerd,
niet betrokken

unbeugsam onbuigzaam,
onverzettelijk

unbewacht onbewaakt

unbeweglich onbeweegbaar,
onbeweeglijk

unbotmäßig weerspannig

und en

Undank *m* ondank

undicht lek; poreus

undurchdringlich ondoordringbaar

undurchlässig ondoordringbaar

uneben oneffen, ongelijk

unehelich onecht (kind)

uneigennützig onbaatzuchtig,
belangeloos

uneinig onenig, oneens

Uneinigkeit *v* geschil,
verdeeldheid

unempfänglich onontvankelijk,
onvatbaar

unempfindlich onverschillig,
ongevoelig

unend'lich oneindig

unentbehrlich onmisbaar, onontbeerlijk
unentgeltlich gratis
unentschieden onbeslist; besluiteloos; (sp) gelijk
unentschlossen besluiteloos, weifelend
unentwegt' onophoudelijk
unerbittlich onverbiddelijk
unerfahren onervaren
unerfreulich onverkwikkelijk
unergründlich ondoorgrondelijk
unerheblich onbelangrijk, onaanzienlijk
unerhört ongehoord
unerklärlich onverklaarbaar
unerlässlich onvermijdelijk
unermesslich onmetelijk
unermüdlich onvermoeibaar
unersättlich onverzadigbaar
unerschöpflich onuitputtelijk
unerschrocken onverschrokken
unerschütterlich onwrikbaar, onwankelbaar
unerschwinglich onbetaalbaar
unersetzlich onvervangbaar
unerträglich onverdraaglijk
unerwartet onverwachts
unerwünscht ongelegen, ongewenst
unfähig onbekwaam
Unfall m ongeval, ongeluk
Unfallstation v EHBO-post
Unfallwagen(-) m ambulance
unfassbar onbegrijpelijk
unfehlbar onfeilbaar, onvermijdelijk
unfein onkies
unfern (+2) dicht bij
Unfug m wangedrag; baldadigheid; onzin
ungangbar onbegaanbaar
Ungar(n) m Hongaar
Ungarn o Hongarije
ungeachtet (+2) niettegenstaande, ondanks
ungeahnt onvermoed
ungebildet onbeschaafd
ungebührlich onbetamelijk
ungebunden losbandig
Ungeduld v ongeduld
ungeduldig ongeduldig
ungeeignet ongeschikt
ungefähr circa, omstreeks
ungefährdet veilig
ungefährlich ongevaarlijk
ungefüge onhandelbaar, lomp
ungehalten boos, verstoord
ungeheuer kolossaal, geweldig
Ungeheuer o monster, ondier
ungehörig onbehoorlijk
Ungehorsam m ongehoorzaamheid
ungelernt ongeschoold (arbeider)

ungeniert onbeschroomd
ungenügend onvoldoende
ungerade oneven
ungerecht onrechtvaardig
ungern niet graag
ungeschickt onhandig, ongeschikt
ungestüm onstuimig
Ungetüm o monster, gedrocht
ungeübt onbedreven
ungewiss onzeker
Ungeziefer o ongedierte
ungezogen slecht opgevoed, stout
unglaublich ongelofelijk
ungleich ongelijk; oneffen, veranderlijk
Unglück(e) o ongeluk
unglücklich, unglückselig ongelukkig
Unglücksfall m ongeluk
ungültig ongeldig, nietig
Unheil o onheil
unheilbar ongeneeslijk
unheimlich akelig, onguur
unhöflich onbeleefd
Uni(versität) v universiteit
Universitätsklinik academisch ziekenhuis
Unkenntnis v onkunde
unklar onduidelijk, troebel
Unkosten mv onkosten
unlängst onlangs
unleserlich onleesbaar
unliebsam onwelkom
Unlust v tegenzin; slapte
unmäßig onmatig
Unmenge v grote massa
unmittelbar onmiddellijk, rechtstreeks
unmöglich onmogelijk
unmoralisch onzedelijk
Unmut m wrevel, misnoegen
unnachahmlich onnavolgbaar
unnütz nutteloos
unor'dentlich wanordelijk, ongeregeld
Unordnung v wanorde
unparteiisch, unparteilich onpartijdig
unpassend ongepast, ongeschikt
unpassierbar onbegaanbaar
Unrast v rusteloosheid
Unrat m vuilnis; afval
Unrecht o onrecht, onrechtvaardigheid; ~ haben ongelijk hebben
unredlich oneerlijk
unrein onrein, onzuiver
unrettbar reddeloos
unrichtig onjuist
Unruhe v onrust, ongerustheid
unruhig ongerust, onrustig
uns ons (3e en 4e nv. van wir)
unsäglich onnoemelijk, onmetelijk
unsauber onzindelijk

unschlüssig besluiteloos
Unschuld v onschuld
unschuldig onschuldig
unschwer gemakkelijk
unselig rampzalig
unser ons, onze (2e nv. van wir)
unser(er)seits van onze kant
unsereiner, -eins iemand als wij
unsicher onzeker, onveilig
Unsinn m onzin, nonsens
Unsitte v slechte gewoonte
unsittlich onzedelijk
unstet ongestadig, wispelturig; onvast
unsympathisch onsympathiek
Untat v wan-, gruweldaad
untätig werkeloos
untauglich ongeschikt
unten beneden, onder
Unterabteilung v onderafdeling
Unterarm m onderarm
unterbewusst onderbewust
Unterbewusstsein o onderbewustzijn
unterblei'ben achterwege blijven
unterbrechen onderbreken
unterbrei'ten voorleggen
unterdes'sen onderwijl, intussen
untere (der, die, das) onderste, benedenste
Unterernährung v ondervoeding
Unterführung v tunnel
Untergang m ondergang
Unterge'bene(r) m ondergeschikte
untergehen ondergaan, vergaan
untergeordnet ondergeschikt
untergra'ben ondermijnen
Untergrund m ondergrond, underground
Untergrundbahn v metro
unterhalb beneden, onder
Unterhalt m levensonderhoud
unterhalt'sam onderhoudend
Unterhaltsbeitrag m alimentatie
Unterhaltung v verzorging; gesprek; onderhoud
Unterhaltungsroman m populaire roman
Unterhand'lung v onderhandeling
Unterhaus o benedenhuis; Lagerhuis
Unterhemd o onderhemd
Unterholz o kreupelhout
Unterhose(n) v onderbroek
unterirdisch onderaards, ondergronds
Unterkiefer m onderkaak
Unterkunft v logies
unterlas'sen nalaten, verzuimen
Unterlas'sung v verzuim
unterle'gen zwakker, minder
Unterleib m onderlijf
unterliegen zwichten, onderhevig zijn

Unternehmen *o* onderneming
unternehmen ondernemen
Unternehmer *m* ondernemer; aannemer
unternehmungslustig ondernemend
Unterre'dung *v* onderhoud
unterrich'ten onderwijzen
Unterricht *m* onderwijs, les
Unterrock *m* onderjurk
untersa'gen verbieden
unterschei'den onderscheiden, onderscheid maken
Unterschied(e) *m* verschil
unterschiedlich verschillend
unterschla'gen verduisteren, achterhouden
unterschreiben ondertekenen
Unterschrift *v* handtekening
Unterseite *v* onderkant
untersetzt' gedrongen
unterst onderste, benedenste
Unterstand *m* schuilplaats; stalling
unterstehen (sich) durven, wagen
unterstellen stallen
Unterstellraum *o* stalling; bergplaats
unterstrei'chen onderstrepen
unterstüt'zen ondersteunen, steunen
Unterstüt'zung *v* ondersteuning, steun, bijstand
untersu'chen onderzoeken; keuren
Untersuchungsausschuss *m* enquêtecommissie
Untersuchungshaft *v* voorarrest
Untersuchungsrichter *m* rechter-commissaris
Untertan(en) *m* onderdaan
untertänig onderdanig
Untertasse *v* schoteltje
untertauchen onderdompelen, onderduiken
untertiteln ondertitelen
Unterwäsche *v* ondergoed
unterwegs onderweg, op weg
unterwür'fig onderdanig, onderhevig
unterzeichnen ondertekenen
unterzie'hen onderwerpen, ondergaan
untief ondiep
Untreue *v* ontrouw, trouweloosheid
untrüglich onbedrieglijk
unüberlegt onbedacht, onbezonnen
unüberwindlich onoverwinnelijk
unumgänglich onvermijdelijk
ununterbrochen onafgebroken
unveräußerlich onvervreemdbaar
unverbindlich niet verplichtend, niet bindend; onverplicht

unverbrüchlich onverbrekelijk
unverdaulich onverteerbaar
unverdorben onbedorven
unvereinbar onverenigbaar
unverfänglich zonder bijgedachten
unverfroren brutaalweg, met een stalen gezicht; ijskoud
unvergleichlich onvergelijkelijk, weergaloos
unverhältnismäßig buiten verhouding
unverheiratet ongetrouwd
unverhofft onverhoopt, onverwacht
unverhohlen onverholen
unverkäuflich onverkoopbaar
unverkennbar onmiskenbaar
unvermittelt onvoorbereid, onverwacht, plotseling
Unvermögen *o* onvermogen
unvernünftig redeloos; onredelijk; onverstandig
unverrichteterdinge onverrichter zake
unverschämt onbeschoft, onbeschaamd, brutaal
unverschuldet onverdiend
unversehens onvoorziens
unversehrt ongedeerd
unverständlich onverstaanbaar
unverträglich onverenigbaar; onverdraagzaam
unverwüstlich onverwoestbaar, onverstoorbaar
unverzagt onversaagd, onbevreesd
unverzeihlich onvergeeflijk
unverzüglich onverwijld, onmiddellijk
unvollendet onvoltooid
unvollständig onvolledig
unvorhergesehen onvoorzien
unvorteilhaft onvoordelig
unwahr onwaar, onjuist
unwegsam onbegaanbaar
unweigerlich beslist
unweit (+2) niet ver van, nabij
Unwetter *o* noodweer
unwiderlegbar, unwiderleglich onweerlegbaar
unwiderruflich onherroepelijk
unwiderstehlich onweerstaanbaar
Unwille *m* misnoegen, wrevel; onwil
unwillig wrevelig, boos; onwillig
unwillkürlich onwillekeurig
unwirsch nors, onvriendelijk
unwirtlich onherbergzaam
unwissend onkundig, onwetend
unwissentlich onopzettelijk; uit onkunde
unwohl ongesteld
unwürdig onwaardig, schandelijk
Unzahl *v* zeer groot aantal
unzählig talloos, ontelbaar
unzeitig ontijdig, laat

unzerbrechlich onbreekbaar
unzertrennlich onafscheidelijk
unzugänglich ontoegankelijk, ongenaakbaar
unzulänglich ontoereikend
unzulässig ongeoorloofd, ontoelaatbaar
unzurechnungsfähig ontoerekenbaar
unzustellbar onbestelbaar
unzuverlässig onbetrouwbaar
üppig weelderig, welig, wulps
Ur'ahn(en) *m* stamvader
uralt overoud
Uraufführung *v* première
urbar ~ *machen* ontginnen
Urbild *o* origineel; prototype
urgemütlich allergezelligst
Urgroßeltern *mv* overgrootouders
Urgroßmutter *v* overgrootmoeder
Urgroßvater *m* overgrootvader
Urheber *m* schepper; grondvester; veroorzaker; schrijver, auteur
urheberrechtlich ~ *geschützt* door de auteurswet beschermd
Urin *m* urine
urkomisch buitengewoon komiek
Urkunde *v* oorkonde
Urkundenfälschung *v* valsheid in geschrifte
Urlaub *m* vakantie (v. volw.),verlof; *im/auf* ~ met vakantie
Urlauber(-) *m* vakantieganger
Urlaubsgeld *o* vakantietoeslag
Urne *v* urn; stembus
Ursache(n) *v* oorzaak
Ursprung *m* oorsprong
ursprünglich oorspronkelijk
Urteil(e) *o* oordeel; vonnis
urteilen oordelen, beoordelen
Urteilsspruch *m* vonnis
urtümlich oorspronkelijk, primitief; origineel
Ururgroßeltern *mv* betovergrootouders
Urwald *m* oerwoud
u.s.w. =**und so weiter** enzovoort (enz.)
Utensi'lien *mv* benodigdheden
Uterus *m* baarmoeder

V

Vagabund(en) *m* vagebond
vage vaag, onbepaald
Vagina *v* vagina
Vakanz(en) *v* vacature
Valuta *v* (*mv* **Valuten**) valuta, geldsoort
Vanillenschote *v* vanillestokje
Vase *v* vaas
Vater *m* (*mv* **Väter**) vader
väterlich vaderlijk
Vaterschaft *v* vaderschap

Vaterunser *o* onzevader
Vegetarier(-) *m* vegetariër
vegetarisch vegetarisch
Vegrößerungsglas *o* vergrootglas
Vehemenz *v* heftigheid
Veilchen *o* viooltje
Venedig *o* Venetië
Ventil *o* ventiel
Ventilator *m* ventilator
verabreden afspreken; *sich ~ mit* een afspraak maken met
Verabredung *v* afspraak(je)
verabreichen uitreiken, ter hand stellen
verabsäumen nalaten, verzuimen
verabscheuen verfoeien
verabschieden wegzenden; ontslaan; (wet) aannemen
verächtlich verachtelijk
verallgemeinern generaliseren
veraltet verouderd
veränderlich veranderlijk
verändern veranderen
Veränderung *v* verandering
Veranlagung *v* aanleg
veranlassen veroorzaken; aanleiding geven tot; nopen
Veranlassung *v* aanleiding, reden
veranschaulichen aanschouwelijk maken
veranschlagen schatten, ramen
veranstalten op touw zetten, arrangeren
Veranstaltung *v* evenement
Veranstaltungskalender *m* uitgaansagenda
verantwortlich verantwoordelijk
Verantwortung *v* verantwoordelijkheid, verantwoording
verarbeiten verwerken
verärgern ergeren, kwaad maken
veräußern vervreemden, verkopen
Verband *m* verband; bond; federatie
Verbandkasten *m* verbandtrommel
Verbandmull *m* verbandgaas
verbannen verbannen
verbauen verbouwen, dichtbouwen
verbessern verbeteren, herstellen
verbeugen (sich) buigen, een buiging maken
verbiegen verbuigen
verbieten verbieden
verbinden verbinden
verbindlich beleefd; verplichtend
Verbindung *v* verbinding; relatie; aansluiting; studentenvereniging
verbissen verbitterd; gemelijk
verblassen verbleken
Verbleib *m* verblijf
verbleichen (verblich; verblichen) verbleken

verblüffen overbluffen
verblüfft verbluffen, overbluffen
verblühen verwelken
verbluten doodbloeden
verbogen verbogen
verborgen verborgen
Verbot *o* verbod
verboten verboden
Verbrauch *m* consumptie; verbruik; slijtage
verbrauchen verbruiken, verslijten
Verbraucher *m* verbruiker, consument
Verbrechen *o* misdaad, misdrijf
Verbrecher *m* misdadiger
verbrecherisch misdadig
verbreiten verbreiden
verbreitern verbreden
verbrennen verbranden
Verbrennung *v* verbranding
verbringen doorbrengen
verbunden verbonden; verplicht
Verbündete(r) *m* bondgenoot
verbürgen borg staan
Verdacht *m* verdenking, argwaan
verdächtig verdacht
verdammen verdoemen, vervloeken
verdampfen verdampen
verdanken *einem etwas ~,* iem. iets te danken hebben
verdaulich licht verteerbaar
Verdauung *v* spijsvertering
Verdeck(e) *o* dek; kap
verderben bederven; rotten
Verderben *o* verderf, ramp
verderblich be-, verderfelijk
verdeutlichen verduidelijken
Verdienst *o* verdienstelijkheid; *m* verdienste, loon
verdient verdiend; verdienstelijk
verdoppeln verdubbelen
verdorben bedorven
verdrängen verdringen
verdreckt smerig
verdrehen verdraaien
verdrießen (verdross; verdrossen) verdrieten
Verdruss *m* ergernis, spijt
verduften verdampen, vervliegen; ervandoor gaan
verdunkeln verdronken, verduisteren
verdunsten verdampen, vervliegen
verdutzt verblijft, verbouwereerd
verehren vereren; schenken
Verehrer *m* aanbidder, vrijer
vereid(ig)en beëdigen
Verein(e) *m* vereniging
vereinbaren overeenkomen
Vereinbarung *v* afspraak (akkoord)
vereinfachen vereenvoudigen
vereinigen verenigen

vereinzelt sporadisch, afzonderlijk
Vereiterung *v* verzwering
verengen vernauwen
vererben overerven
verfahren verrijden; verkeerd varen, rijden; te werk gaan, handelen
Verfahren *o* handelwijs; procédé. procedure
Verfall *m* verval
verfälschen vervalsen
verfänglich netelig, bedenkelijk
verfassen schrijven, opstellen
Verfasser *m* schrijver, auteur
Verfassung *v* gemoedsgesteldheid; constitutie, grondwet
verfassungsmäßig grondwettig
verfassungswidrig inconstitutioneel
verfaulen verrotten
verfechten voorstaan, verdedigen
verfehlen missen
verfehlt mis; mislukt
verfeinern verfijnen
verfertigen vervaardigen
verfinstern verduisteren
verfließen verlopen, verstrijken
verfluchen vervloeken
verfolgen vervolgen; najagen; achtervolgen
verfrüht voorbarig, prematuur
verfügbar beschikbaar
Verfügung *v* beschikking; *einstweilige ~,* voorziening in kort geding
verführen verleiden
verführerisch verleidelijk
vergammelt gammel; verlummelen
vergangen verleden
Vergangenheit *v* verleden
vergänglich vergankelijk
Vergaser *m* carburateur
vergeben vergeven; wegschenken
vergebens (te)vergeefs
vergeblich vergeefs, vruchteloos
vergegenwärtigen (sich) zich voor de geest halen
vergehen vergaan, aflopen
vergelten vergelden
vergessen (vergaß; vergessen) vergeten
Vergessenheit *v* vergetelheid
vergesslich vergeetachtig
Vergesslichkeit *v* vergeetachtigheid
vergeuden verkwisten
vergewaltigen verkrachten
Vergewaltigung *v* verkrachting
vergewissern (sich) zich verzekeren van
vergiften vergiftigen
Vergissmeinnicht *o* vergeet-mij-niet
Vergleich(e) *m* vergelijk,

vergelijking; schikking
vergleichen vergelijken
Vergnügen *o* genoegen, plezier, pret
Vergnügungspark *m* pretpark
Vergnügungsviertel *o* uitgaanscentrum
vergolden vergulden
vergöttern verafgoden
vergraben begraven
vergrämt door verdriet verteerd, afgetobd
vergriffen uitverkocht (van koopwaar); versleten
vergrößern vergroten
Vergrößerung *v* vergroting
Vergünstigung *v* voordeel, korting
vergüten vergoeden
verhaften in hechtenis nemen; arresteren
verhallen wegsterven (klanken)
Verhalten *o* gedrag, handelswijze, gedragslijn
verhalten (sich) zich gedragen
Verhältnis(se) *o* verhouding, proportie; omstandigheid; liaison
verhältnismäßig betrekkelijk, naar verhouding
Verhandlung *v* onderhandeling, rechtszaak, zitting
verhängen dichthangen, bedekken; beschikken, opleggen
Verhängnis *o* (nood)lot
verhängnisvoll noodlottig
verharren volhouden
verhärten verharden
verhasst gehaat
verheeren verwoesten, teisteren
verhehlen verhelen, ontveinzen
verheiratet getrouwd, gehuwd
verhelfen helpen aan
verherrlichen verheerlijken
verhindern verhinderen, beletten
verhöhnen honen, verguizen
Verhör *o* verhoor
verhüllen omhullen, bewimpelen
verhüten verhoeden
verirren (sich) verdwalen
verjähren verjaren
verjüngen verjongen; *sich ~* kleiner, smaller worden
verkannt miskend
Verkauf *m* verkoop
verkaufen verkopen; *zu ~* te koop
Verkäufer(-) *m* verkoper
Verkäuferin(nen) *v* verkoopster
Verkaufsstand *m* kraampje, stalletje
Verkehr *m* verkeer, omgang
verkehrreich druk wbt. verkeer
Verkehrsampel *v* verkeerslicht
Verkehrsinsel *v* vluchtheuvel
Verkehrsmeldung *v* vekeersbericht

Verkehrsmittel (-) *o* verkeersmiddel; *öffentliche ~* (*mv*) openbaar vervoer
Verkehrspolizist *m* verkeersagent
Verkehrsschild *o* verkeersbord
Verkehrsunfall *m* verkeersongeluk
Verkehrsverbindung *v* wegverbinding
verkehrt verkeerd
verkennen miskennen
Verkettung *v* aaneenschakeling
verklagen aanklagen
verklärt verheerlijkt, stralend
verkleiden bekleden; *sich ~* verkleden
verkleinern verkleinen; kleineren
verklingen wegsterven
verknüpfen samenknopen
verkommen vervallen, te gronde gaan
Verkörperung *v* belichaming
verkriechen (sich) zich verschuilen
verkühlen (sich) kou vatten
verkümmern verkwijnen
verkünd(ig)en verkondigen
verkürzen verkorten
verladen laden, overladen
Verlag *m* (*mv* Verlage), uitgeverij; uitgave (van een boek)
Verlangen *o* verlangen; begeerte
verlangen verlangen, eisen
verlängern verlengen
verlassen verlaten
verlässlich betrouwbaar
Verlauf *m* verloop, toedracht
verlautbaren ruchtbaar, bekend maken
Verlautbarung officiële publicatie
verlegen verleggen, verplaatsen; uitgeven (boek); op een andere plaats leggen; versperren; (*bn*) verlegen, bedeesd
Verleger *m* uitgever
verleiden vergallen
verleihen verlenen; verhuren
verletzen kwetsen; verwonden; (wetten) schenden
Verletzung(en) *v* blessure, verwonding; krenking; schending (van wet)
verleugnen verloochenen
verleumden (be)lasteren
Verleumdung *v* laster
verliebt verliefd
verlieren (verlor; verloren) verliezen; iets kwijt raken
verloben (sich) zich verloven
Verlobte *m & v* verloofde
Verlobungsanzeige *v* verlovingskaart, -advertentie
verlocken verlokken, verleiden
verlogen leugenachtig
verloren verloren; *~ gehen* zoek raken

verlöschen (verlosch; verloschen) uitdoven
verlosen verloten
Verlosung *v* verloting
Verlust(e) *m* verlies
Vermächtnis(se) *o* legaat
Vermählung *v* huwelijk
vermehren vermeerderen
vermeiden vermijden
vermeintlich vermeend
Vermerk *m* aantekening
vermerken noteren; aantekenen
vermessen opmeten
vermieten verhuren; *zu ~* te huur
vermischen vermengen
Vermischtes *o* gemengde berichten
vermissen missen, vermissen
vermitteln bemiddelen
vermittels(t) door middel van
Vermittler *m* bemiddelaar, tussenpersoon
vermöbeln een pak slaag geven
Vermögen *o* vermogen
vermögen vermogen, kunnen
Vermögenssteuer *v* vermogensbelasting
vermummen vermommen
vermuten vermoeden
vermutlich vermoedelijk
vernachlässigen veronachtzamen, verwaarlozen
vernehmen vernemen; ondervragen; verhoren
vernehmlich verstaanbaar
verneinen ontkennen
vernichten vernietigen
Vernichtung *v* vernietiging
Vernunft *v* rede, verstand
vernünftig redelijk, verstandig
verödet verlaten, doods
veröffentlichen openbaar maken; publiceren
verordnen voorschrijven, gelasten
Verordnung *v* verordening
verpassen missen; geven (slag)
verpfänden verpanden
verpflegen verzorgen, verplegen
Verpflegung *v* verpleging, verzorging; proviand
verpflichten verplichten
verpfuschen vermorsen, verknoeien
verprassen verbrassen
Verrat *m* verraad
verraten verraden
Verräter *m* verrader
verräterisch verraderlijk
verrecken verrekken, sterven
verreisen op reis gaan
verrenken verzwikken, ontwrichten
Verrichtung *v* bezigheid; verrichting
verriegeln (toe)grendelen

verrosten verroesten
verrucht snood, laag
verrückt gek; dwaas
versagen weigeren, defect zijn; falen
versammeln vergaderen, bijeenbrengen
Versammlung v vergadering
Versand m verzending
Versandgeschäft o **Versandhaus** o postorderbedrijf
versauern verzuren
versäumen verzuimen
Versäumnis(se) v & o verzuim
verschämt schuchter, bedeesd
verschenken wegschenken
verscherzen verspelen
verscheuchen verjagen
verschicken verzenden
verschieben verschuiven; uitstellen; rangeren
verschieden verschillend; verscheiden
verschiedenartig verschillend
verschlafen slaperig, verslapen
Verschlag m beschot
verschlagen doortrapt, sluw
verschlechtern verergeren
verschleppen wegslepen; op de lange baan schuiven
verschleudern weggooien; onder de waarde verkopen
verschlimmern verergeren
verschlingen verzwelgen, verslinden
verschlossen gesloten, weinig spraakzaam
verschlucken inslikken; sich ~ zich verslikken
Verschluss m sluiting; slot
verschmähen versmaden
verschmerzen te boven komen, verkroppen
verschmitzt doortrapt, listig
verschmutzen vervuilen
Verschmutzung v vervuiling, verontreiniging
verschnaufen uitblazen
verschneit ondergesneeuwd
verschollen verdwenen, vermist
verschonen verschonen, sparen
verschönern verfraaien
verschränkt gekruist
verschreiben voorschrijven (med.); legateren; sich ~ zich verschrijven
verschroben gewrongen, onnatuurlijk, excentriek
verschulden de schuld van iets dragen, veroorzaken; sich ~ schulden maken
verschuldet met schulden
verschütten bedelven, morsen
verschwägert aangetrouwd

verschwenden verkwisten
verschwenderisch verkwistend
verschwiegen discreet, stilzwijgend
verschwinden verdwijnen
verschwommen vaag
verschwören (sich) samenzweren
Verschwörung v samenzwering
versehen waarnemen; bedienen; ~ mit voorzien van
Versehen o vergissing
versehentlich bij vergissing
versenken tot zinken brengen
versessen verzot
versetzen overplaatsen; verpanden
Versetzung v overgang (op school); verplaatsing; bevordering
verseuchen besmetten, verpesten
versichern verzekeren
Versicherung v verzekering
Versicherungsgesellschaft v verzekeringsmaatschappij
versicherungspflichtig verzekeringsplichtig
versiegeln verzegelen
versiegen opdrogen
versöhnen verzoenen
versonnen in gedachten verzonken, dromerig
verspäten (sich) zich verlaten; vertraging hebben
Verspätung v vertraging
verspeisen opeten
versperren versperren, belemmeren
verspotten bespotten
Versprechen o belofte
versprechen beloven; sich ~ zich verspreken
versprengen verstrooien
verspüren bespeuren
verstaatlichen nationaliseren
Verstand m verstand
verständig verstandig
verständigen in kennis stellen; waarschuwen (politie); sich ~ zich verstaanbaar maken; het eens worden
Verständigung v overeenkomst; het verstaanbaar maken
verständlich verstaanbaar, duidelijk, begrijpelijk
Verständnis o kennis, begrip, gevoel
verstärken versterken
verstauchen verstuiken
Versteck o schuilhoek
verstecken verbergen, verschuilen; sich ~ schuilen
verstehen begrijpen, verstaan
versteigern veilen
Versteigerung v veiling
versteinern verstenen

verstellen verplaatsen; verzetten; vernederen; sich ~ veinzen
Verstellung v veinzerij
verstimmen ontstemmen
Verstimmung v ontstemming
verstockt verstokt
verstohlen heimelijk
Verstopfung v verstopping, constipatie
verstorben overleden
verstört ontdaan; ontsteld
Verstoß m (mv **Verstöße**) vergrijp, misslag
verstoßen verstoten; zondigen
verstümmeln verminken
Versuch(e) m poging, proef
versuchen proberen, beproeven; in verzoeking brengen
Versuchung v verzoeking
vertauschen verruilen
verteidigen verdedigen
Verteidiger m (sp) achterspeler, back; verdediger
Verteidigungsschrift v verweerschrift
verteilen verdelen; uitdelen
vertilgen verdelgen
Vertrag m verdrag; contract
vertragen verdragen; sich ~ overweg kunnen; zich verzoenen
vertraglich volgens contract
verträglich verdraagzaam; goed te verdragen
Vertragshändler(-) m dealer
vertrauen vertrouwen
Vertrauen o vertrouwen
vertraulich vertrouwelijk
verträumt dromerig
vertraut vertrouwd, vertrouwelijk; intiem
vertreiben ver-, wegdrijven; handelen in; exploiteren
vertreten vertegenwoordigen, vervangen
Vertreter m vertegenwoordiger; agent; vervanger
Vertretung v vertegenwoordiging; agentuur; vervanging
Vertrieb m verkoop, debiet
vertuschen verdoezelen, bemantelen
verüben bedrijven, plegen
verunreinigen verontreinigen
verunsichern onzeker maken
verursachen veroorzaken
verurteilen veroordelen
vervielfältigen vermenigvuldigen
vervollkommnen vervolmaken
vervollständigen volledig maken, completeren
verwachsen mismaakt
verwahren bewaren
verwahrlosen verwaarlozen
Verwahrsam m bewaring

verwaist ouderloos; verlaten
verwalten beheren, besturen,
  administreren
Verwalter *m* beheerder
verwandeln veranderen,
  herscheppen
verwandt verwant
Verwandte(r) *m* bloedverwant
Verwandtschaft *v* verwantschap,
  familie
verwechseln verwisselen
verwegen roekeloos
verwehren beletten
verweichlicht verwijfd
verweigern weigeren
verweint roodgeweend
Verweis(e) *m* verwijt; berisping;
  vermaning
verwenden besteden, gebruiken
Verwendung *v* gebruik,
  aanwending
verwerten gebruiken, verwerken
verwesen verrotten, vergaan
verwickelt ingewikkeld
verwinden te boven komen
verwirklichen verwezenlijken
verwirrt verward, verbijsterd, bijster
verwittert verweerd
verwitwet weduwnaar of weduwe
  geworden
verwöhnen verwennen
verworren verward, duister
verwunden wonden, kwetsen
verwundern verwonderen
Verwundete *m & v & mv* gewonde
verwünschen verwensen
verzagen versagen, moedeloos
  worden
Verzehr *m* consumptie (vertering)
verzehren verorberen, opeten
verzeichnen noteren, aantekenen
Verzeichnis(se) *o* lijst, register;
  tabel
verzeihen vergeven, excuseren
Verzeihung *v* excuus; ~!, pardon!
verzerren vertrekken, verwringen
verzichten afzien, afstand doen
verziehen vertrekken; verwennen
verzieren versieren
verzögern vertragen
verzollen inklaren, declareren
verzückt in extase
Verzug *m* vertraging, achterstand
verzweifeln vertwijfelen,
  wanhopen
Verzweiflung *v* vertwijfeling,
  wanhoop
verzweigen vertakken
verzwickt ingewikkeld
Vestibül *o* vestibule
Vetter(n) *m* neef (zoon van oom of
  tante)
Videokamera *v* videocamera
Videokassette *v* videocassette

Videorekorder *m* videorecorder
Vieh *o* vee; dier
Viehbestand *m* veestapel
Viehmarkt *m* veemarkt
Viehzucht *v* veeteelt
viel veel
vielfach veelvuldig; veelal
viel gereist bereisd
vielleicht misschien
vielmals vaak, zeer
vielmehr veeleer, liever
viel sagend veelbetekenend
vielseitig veelzijdig
vier vier
Viereck *o* vierhoek
Vierfüßler *m* viervoetig dier
vierte vierde
Viertel *o* kwart; kwartier; wijk; ~
  drei kwart over twee
Vierteljahr *o* kwartaal
Viertelstunde *v* kwartier
viertens ten vierde
Viertürer *m* vierdeurs auto
vierzehn(te) veertien(de)
vierzig(ste) veertig(ste)
violett violet, paars
Violine *v* viool
Violoncello(s) *o* violoncel, cello
Viper *v* adder
Virtuose *m* virtuoos
Visier *o* vizier
Vision *v* visioen
Visitenkarte *v* visitekaartje
Visum *o* (*mv* **Visa**) visum
Vitamin *o* vitamine
Vogel *m* (*mv* **Vögel**) vogel
Vogelbeere *v* lijsterbes
Vogelperspektive *v* *aus der* ~, in
  vogelvlucht
Vogelscheuche *v*
  vogelverschrikker
Volk *o* (*mv* **Völker**) volk
Völkerrecht *o* volkenrecht
Völkerwanderung *v*
  volksverhuizing
volks'tümlich populair
Volksentscheid *m* plebisciet
Volkshochschule *v*
  volksuniversiteit
Volkslied *o* volkslied
Volksstamm *m* volksstam
Volkstracht *v* klederdracht
Volkswirtschaftslehre *v* economie
voll vol
vollenden voleindigen
vollends ten volle; volstrekt
Vollendung *v* voltooiing
völlig geheel, volslagen
Vollkasko-Versicherung *v* all-
  riskverzekering
vollkommen volkomen, -maakt
Vollkornbrot *o* volkorenbrood
Vollmacht *v* volmacht
Vollmilch *v* volle melk

Vollmond *m* volle maan
Vollpension *v* volpension
vollständig volledig, compleet
Vollstreckung *v* voltrekking
vollzählig voltallig
vollziehen voltrekken
Vollzug *m* uitvoering
vom (von dem) van de
von van; door
vor vóór (plaats/tijd); ~ *sich gehen*
  gebeuren; ~ *allem* vooral; ~
  einer Woche een week geleden
Vor'bildung *v* vooropleiding
vor'schnell voorbarig; overijld
voran vooraan
vorankommen vooruitkomen
Voranschlag *m* raming
voraus vooruit, vooraan; *im* ~, bij
  voorbaat
voraus'setzen (ver)onderstellen
voraus'sichtlich vermoedelijk
voraus'sagen voorspellen
Vorbedacht *m* opzet, overleg
Vorbedingung *v* voorwaarde
Vorbehalt *m* voorbehoud
vorbehaltlich onder voorbehoud
vorbei voorbij
Vorbeimarsch *m* defilé
vorbereiten voorbereiden
vorbestimmen voorbeschikken
vorbeugen voorkomen, verhoeden
Vorbild *o* voorbeeld
vorbildlich voorbeeldig
Vorderfuß *m* voorpoot
Vordergrund *m* voorgrond; *im* ~
  op de voorgrond
Vorderrad *o* voorwiel
Vorderseite *v* voorkant
Vorderteil *m* voorste gedeelte
Vordertür *v* voordeur
vordringen voortrukken
Vordruck *m* **Vordruckblatt** *o*
  formulier
voreilig voorbarig
vorenthalten: *einem etwas* ~
  iemand iets onthouden
Vorfahr(en) *m* voorvader
Vorfahrt *v* voorrang (verkeer)
Vorfahrtsstraße *v* voorrangsweg
Vorfall *m* voorval, gebeurtenis
vorfinden aantreffen
vorführen demonstreren
Vorgang *m* voorval; gebeurtenis
vorgeben voorgeven
Vorgebirge *o* voorgebergte, kaap
vorgefasst vooropgezet
vorgehen voorgaan; optreden;
  gebeuren
vorgerückt gevorderd
vorgeschichtlich voorhistorisch
Vorgesetzte(r) *m* meerdere;
  patroon; chef
vorgestern eergisteren
vorgreifen vooruitlopen

Vorhaben *o* voornemen
vorhalten voor ogen houden
vorhanden voorhanden, aanwezig
Vorhang *m* gordijn; (toneel) scherm
Vorhängeschloss *o* hangslot
vorher te voren, vooraf
vorhergehen voorafgaan
vorherig voorafgaand
vorherrschen overheersen
vorhersagen voorspellen
vorhin zo-even, zo juist
Vorhut *v* voorhoede
vorig vorig(e)
Vorjahr *o* het vorige jaar
Vorkehrung *v* voorzorgsmaatregel
vorkommen voorkomen, gebeuren; toeschijnen
vorladen dagvaarden
Vorlage *v* (wets)ontwerp; voorstel
vorläufig voorlopig
vorlaut voorbarig
Vorleger *m* (bedden)kleedje
Vorlesung *v* voorlezing; hoorcollege
vorletzt voorlaatst
Vorliebe *v* voorliefde, voorkeur
vorliegen voor ogen, ter inzage liggen; aanwezig zijn
vormachen voordoen
vormals eertijds, vroeger
Vormarsch *m* opmars
Vormittag *m* voormiddag
Vormonat *m* vorige maand
Vormund *m* (*mv* **Vormünder**) voogd
Vormundschaft *v* voogdij
vorn(e) vooraan
Vorname *m* voornaam
vornehm voornaam, deftig
Vornehmen *o* voornemen, plan
vornehmen (sich) voornemen; onder handen nemen
vornüber voorover
Vorort *m* voorstad
Vorortzug *m* lokaaltrein
Vorrat *m* voorraad
vorrätig in voorraad
Vorratsschrank *m* provisiekast
Vorrecht *o* voorrecht
Vorredner *m* vorige spreker
Vorrichtung *v* toestel
vorrücken oprukken; opschieten; opklimmen
Vorsaison *v* voorseizoen
Vorsatz *m* opzet; plan, voornemen
vorsätzlich opzettelijk
Vorschein *m* zum ~ kommen te voorschijn komen
Vorschlag *m* voorstel
vorschlagen voorstellen (iets)
vorschriftsmäßig volgens voorschrift
Vorschub *m* bijstand, hulp

Vorschuss *m* voorschot
vorschützen voorwenden
vorschwindeln wijsmaken
vorsehen (sich) voorzichtig zijn
Vorsicht *v* voorzichtigheid; ~!, voorzichtig; pas op!!
vorsichtig voorzichtig
Vorsitz *m* voorzitterschap
Vorsitzende(r) *m* voorzitter
Vorsorge *v* voorzorg
vorsorglich uit voorzorg
Vorspeise(n) *v* voorgerecht
Vorspiel *o* voorspel; inleiding
vorsprechen voorspreken
vorspringend uitspringend
Vorstand *m* chef; bestuur
vorstehen vooruitsteken; besturen
vorstehend voren-, bovenstaand
Vorsteher *m* hoofd, directeur
Vorsteherin *v* directrice
vorstellen presenteren, voorstellen
Vorstellung *v* voorstelling; denkbeeld
Vorteil *m* voordeel, baat
vorteilhaft voordelig
Vortrag *m* voordracht
Vortritt *m* voorrang
vorüber voorbij
vorübergehend voorafgaand, tijdelijk
Vorurteil *o* vooroordeel
vorurteilsfrei, vorurteilslos onbevooroordeeld
Vorverkauf *m* voorverkoop
Vorwahl *v* netnummer, kengetal
Vorwand *m* voorwendsel
vorwärts voorwaarts
vorweg'nehmen vooruitlopen, anticiperen
vorweisen tonen, overleggen
vorwerfen verwijten
vorwiegend overwegend
Vorwort *o* voorrede
Vorwurf *m* verwijt
Vorzeichen *o* voorteken
vorzeichnen voortekenen; afbakenen, uitstippelen
vorzeigen tonen, overleggen
vorzeitig te vroeg, voorbarig
vorzeitlich uit de voortijd
vorziehen prefereren, de voorkeur geven
Vorzug *m* voorkeur; voordeel
vorzüglich voortreffelijk
vorzugsweise bij voorkeur
votieren stemmen
vulgär vulgair, gemeen
Vulkan(e) *m* vulkaan
waag(e)recht horizontaal, waterpas

W

Waage(n) *v* weegschaal, balans

Waagschale *v* weegschaal
Wabe(n) *v* honigraat
wach wakker
Wache(n) *v* wacht, politiepost
wachen waken
Wacholderbeere *v* jeneverbes
Wachs *o* was
wachsam waakzaam
wachsen (wuchs; gewachsen) groeien
Wachstum *o* groei
Wachstumsrate *v* groeicijfer
Wachtel *v* kwartel
Wächter *m* wacht; wachter
Wachtstube *v* wachtlokaal
wackelig waggelend, wankelend
wackeln wankelen
wacker moedig, wakker
Wade(n) *v* kuit
Waffe(n) *v* wapen
Waffel(n) *v* wafel
Wagemut *m* moed, durf
wagen durven, wagen
Wagen *m* wagen, rijtuig, auto
Wagenabteil *o* coupé
Wagenheber *m* krik
Wagenpapiere *mv* autopapieren
Wagentür(en) *v* portier
Wagnis(se) *o* waagstuk
Wagon *m* wagon
Wahl(en) *v* keus; verkiezing
wählbar verkiesbaar
wahlberechtigt kiesgerechtigd
Wahlbezirk *m* kiesdistrict
wählen kiezen, verkiezen; draaien (telefoon)
wählerisch kieskeurig
Wahlkreis *m* kiesdistrict
Wahllokal *o* stembureau
Wahlrecht *o* kiesrecht
Wahlspruch *m* zinspreuk
wahlverwandt zielsverwant
Wahlzettel *m* stembiljet
Wahn *m* waan
wähnen (sich) wanen, menen
Wahnsinn *m* waanzin
wahr waar, oprecht
wahren bewaren, zorgen voor; handhaven
währen duren, voortduren
während terwijl, tijdens
wahrhaft(ig) waar, waarachtig
Wahrheit *v* waarheid
wahrnehmen waarnemen, behartigen
wahrsagen waarzeggen
Wahrsager *m* waarzegger
wahrscheinlich waarschijnlijk
Währung(en) *v* muntstandaard; valuta
Währungsreform *v* geldzuivering
Wahrzeichen *o* merkteken
Waise(n) *v* wees
Waisenhaus *o* weeshuis

Wal(e) *m* walvis
Wald *m* (*mv* Wälder) bos, woud
Waldbrand *m* bosbrand
waldig bosrijk
Waldmeister *m*
  lievevrouwebedstro
Waldorfschule *v* vrije school van
  de antroposofen
Waldweg(e) *m* bospad
Walkman *m* walkman
Wall *m* wal, dam
Wallach(e) *m* ruin (paard)
Wallfahrt *v* bedevaart
Wallone(n) *m* Waal
walten heersen; beschikken
Walze(n) *v* wals; cilinder, rol
wälzen wentelen, rollen
Walzer *m* wals
Wälzer *m* dik boek
Wams *o* (*mv* Wämser) wambuis
Wand *v* (*mv* Wände) wand, muur
Wandel *m* verandering,
  wisselvalligheid; levenswandel
wandelbar veranderlijk
Wandelhalle *v* foyer
wandeln veranderen
Wanderdüne stuifduin
Wanderer *m* trekker, wandelaar
Wanderkarte *v* wandelkaart
wandern reizen (te voet), trekken
Wanderpreis *m* wisselprijs
Wanderung *v* wandeltocht
Wanderweg *m* wandelpad
Wange(n) *v* wang
wanken wankelen; weifelen
wann wanneer
Wanne *v* wan; kuip
Wanze *v* wandluis
Wappen *o* wapen (stads-, familie-
  enz.)
wappnen (sich) wapenen
Ware(n) *v* (koop)waar
Warenhaus *o* warenhuis
warm warm; *mir ist* ~ ik heb het
  warm
Wärme *v* warmte
warmlaufen warmlopen
Warnanlage *v* alarminstallatie
Warnblinker *m*
  waarschuwingsknipperlichtinstall
  atie
Warndreieck *o* gevarendriehoek
warnen waarschuwen (bij gevaar)
Warnstreik *m*
  waarschuwingsstaking
Warnung *v* waarschuwing
Warte *v* uitkijktoren
Warteliste *v* wachtlijst
warten wachten, onderhouden
Wärter *m* oppasser; verpleger
  (voor dieren)
Wartezeit *v* wachttijd
Wartezimmer *o* wachtkamer
Wartung *v* onderhoud; verzorging

warum waarom
Warze *v* wrat; tepel
was wat
Waschanlage *v* autowasinstallatie
Waschbecken *o* wastafel
Wäsche *v* was(goed); linnen
Wäscheklammer(n) *v* wasknijper
waschen (wusch; gewaschen)
  wassen
Wäscherei *v* wasserij
Wäscheschleuder *v* centrifuge
Wäscheschrank *m* linnenkast
Wäschetrockner *m* droogtrommel;
  droogrek
Waschkorb *m* wasmand
Waschlappen *m* washandje;
  slappeling
Waschmaschine *v* wasmachine
Waschmittel *o* wasmiddel
Waschpulver *o* waspoeder
Waschsalon *m* wasserette
Waschtisch *m* wastafel
Waschzettel *m* waslijst
Wasser *o* water; *fließendes* ~
  stromend water
Wasserball *m* waterpolo
Wasserbehälter *m* waterreservoir,
  waterbak
wasserdicht waterdicht
Wasserfall *m* waterval
Wasserfarbe *v* waterverf
Wasserhahn *m* waterkraan
wasserhaltig waterhoudend
Wasserhaushalt *m*
  waterhuishouding
wässerig waterig
Wasserleitung *v* waterleiding
Wasserleitung *v* waterleiding
wasserlöslich in water oplosbaar
Wassermangel *m* watergebrek
Wassermelone *v* watermeloen
wässern besproeien; weken;
  watertanden; verdunnen
Wasserpflanze *v* waterplant
Wasserpolizei *v* waterpolitie
Wasserpumpe *v* waterpomp
Wasserschaden *m* waterschade
Wasserscheide *v* waterscheiding
Wasserscheu *v* watervrees
Wasserski(s) *m* waterski; ~ *laufen*
  waterskiën
Wasserspiegel *m* waterspiegel
Wassersport *m* watersport
Wasserstand *m* waterstand
Wasserstraße *v* waterweg
Wasseruhr *v* watermeter
Wasserversorgung *v*
  watervoorziening
Wasserwaage *v* waterpas
Wasserwelle *v* watergolf
Wasserzeichen *o* watermerk
waten waden
Watsche *v* oorveeg
watscheln waggelen

Watt *o* wad; watt
Watte *v* watten
Wattebausch *m* dot watten
weben (webte, wob; gewebt,
  gewoben) weven
Webstuhl *m* weefstoel,
  weefgetouw
Wechsel *m* wissel; (af)wisseling
Wechselgeld *o* wisselgeld
wechselhaft wisselvallig
Wechseljahre *o mv*
  overgangsjaren
Wechselkurs *m* wisselkoers
wechseln wisselen, verwisselen
wechselseitig wederkerig
Wechselstrom *m* wisselstroom
Wechselstube *v* wisselkantoor
wechselweise afwisselend
Wechselwirkung *v* wisselwerking
Weck(en) *m* wittebrood
wecken wekken
Wecker *m* wekker
wedeln waaieren; kwispelstaarten
weder..., noch... noch... noch...
weg weg (verdwenen), kwijt; *weit*
  ~ ver weg
Weg(e) *m* weg (straatweg), pad;
  gebührenpflichtiger ~ tolweg
wegbleiben wegblijven
wegen (+*2*) wegens, om
wegfahren wegrijden, wegvaren
Weggabelung *v* wegsplitsing
weggehen weggaan
weglassen weglaten
wegnehmen wegnemen, afpakken
wegräumen wegruimen
wegsam begaanbaar
wegschaffen verwijderen
wegschicken wegsturen
wegschmeißen weggooien
Wegstunde *v* uur gaans
Wegüberführung *v* viaduct
Wegunterführung *v* tunnel
Wegweiser *m* wegwijzer
wegwerfen weggooien, verwerpen
wegwerfend kleinerend
Wehen *o mv* weeën *mv*
wehen waaien
wehklagen weeklagen, kermen
wehleidig kleinzerig
wehmütig weemoedig
Wehr *o* dam; kade; stuw
Wehrdienst *m* militaire dienst
Wehrdienstverweigerer *m*
  dienstweigeraar
wehren (sich) tegenhouden,
  stuiten
wehrhaft weerbaar
wehrpflichtig dienstplichtig
Weib(er) *o* vrouw, wijf
Weibchen *o* wijfje; vrouwtje
weiblich vrouwelijk
weich zacht; week
Weiche *v* (spoor)wissel

weichen (wich; gewichen) wijken
Weichensteller *m* wisselwachter
weichlich verwijfd
Weichspüler *m* wasverzachter
Weide *v* weide; wilg
weiden weiden, grazen
Weidenkätzchen *o* wilgenkatje
Weidenkorb *m* tenen mand
weigern (sich) weigeren
Weihe *v* wijding
weihen wijden
Weiher *m* vijver
Weihnachten kerstmis
Weihrauch *m* wierook
Weihwasser *o* wijwater
weil omdat
Weile *v* wijl, poos
Weiler *m* gehucht
Wein(e) *m* wijn
Weinbrand *m* cognac
weinen wenen, huilen, schreien
weinerlich jammerend, huilerig
Weinhändler *m* wijnkoper
Weinkarte *v* wijnkaart
Weinlese *v* wijnoogst
Weinrebe *v* wijnrank
weise wijs
Weise(n) *v* wijze, manier
weisen (wies; gewiesen) wijzen
weismachen wijsmaken
weiß wit, blank
weissagen voorspellen
Weißbrot *o* wittebrood
Weiße(r) *m* blanke
Weißkohl *m* witte kool
Weißwein *m* witte wijn
Weißwurst *v* witte worst
Weisung *v* order, voorschrift
weit wijd, ver; ~ *und breit*, wijd en
  zijd
weitab ver van hier
weitaus verreweg
Weite *v* wijdte; verte
weit entfernt verafgelegen
weiter verder, meer; wijder
weiterhin in het vervolg
weitermachen doorgaan
weiterschicken doorsturen
weitläufig uitgestrekt; breedvoerig
weitsichtig verziend
weit verbreitet wijdverbreid
Weizen *m* tarwe
welch(e/er/es) welk, wat voor een
welken verwelken; kwijnen
Wellblech *o* gegolfd plaatijzer
Welle *v* golf, as
Wellenbad *o* golfbad
Wellenbrecher *m* golfbreker
Wellenlänge *v* golflengte
Wellenschlag *m* golfslag
wellig golvend
Welt *v* wereld
Weltall *o* heelal
Weltanschauung *v*

wereldbeschouwing
Weltausstellung *v*
  wereldtentoonstelling
weltberühmt wereldberoemd
Weltbestleistung *v* wereldrecord
Weltbürger *m* wereldburger,
  kosmopoliet
Weltenbummler *m* globetrotter
welterschütternd wereldschokkend
weltfremd buiten het leven staand
Weltgericht *o* laatste oordeel
Weltkrieg *m* wereldoorlog
weltlich werelds, wereldlijk
Weltmeister *m* wereldkampioen
Weltmeisterschaft *v*
  wereldkampioenschap
Weltrekord *m* wereldrecord
Weltteil *m* werelddeel
weltweit wereldwijd
wem (3e nv. van **wer**) wie
wen (4e nv. van **wer**) wie
Wende *v* ommekeer; tijd kort voor
  de hereniging van Oost- en West-
  Duitsland
Wendekreis *m* keerkring
Wendeltreppe *v* wenteltrap
wenden (wendete, wandte;
  gewendet, gewandt) wenden,
  keren
Wendepunkt *m* keerpunt;
  zonnestilstandspunt
wendig wendbar, vlot, handig
Wendung(en) *v* wending, draai,
  keer
wenig weinig
weniger minder
wenigstens tenminste; op zijn
  minst
wenn als (indien), wanneer
wenngleich ofschoon
wer wie
Werbefeldzug *m*
  reclamecampagne
werben (warb; geworben) werven;
  propaganda (reclame) maken
Werbung *v* reclame; werving
Werdegang *m* wording,
  ontwikkeling(sgang)
Werden *o* wording, ontstaan
werden (wurde; geworden)
  worden, zullen
werfen (warf; geworfen) werpen,
  gooien
Werft *v* werf
Werk(e) *o* werk; fabriek
Werkstatt *v* garage (werkplaats)
Werktag *m* werkdag
werktätig werkdadig
Werkzeug *o* werktuig;
  gereedschap
Wermut *m* alsem; vermout
wert waard, kostelijk, geliefd
Wert *m* waarde
wertbeständig waardevast

Wertgegenstand *m* voorwerp v.
  waarde
Wertpapier *o* geldswaardig papier
Wertsachen *v mv* voorwerpen van
  waarde
wertschätzen waarderen
wertvoll waardevol
Wesen *o* wezen, kern, essentie;
  inborst, natuur
wesentlich essentieel;
  hoofdzakelijk; aanmerkelijk
weshalb waarom
Wespe(n) *v* wesp
wessen (2e nv. van **wer**) wiens,
  wier, van wie
West *m* westen(wind)
Weste *v* vest
Westen *m* westen
Westentasche *v* vestzak
westfälisch Westfaals
westlich westelijk; ~*e Länge*
  westerlengte
Westwind *m* westenwind
Wettbewerb *m* concurrentie
Wette *v* weddenschap
Wetteifer *m* wedijver
wetten wedden
Wetter *o* weer
Wetterbericht(e) *m* weerbericht
Wetterdienst *m* meteorologische
  dienst
Wetterfahne *v* windwijzer
Wetterhahn *m* weerhaan
Wetterleuchten *o* weerlicht
Wettersturz *m* plotselinge
  weersverandering
Wettervorhersage *v*
  weersverwachting
Wetterwarte *v* meteorologisch
  station
Wettkampf *m* wedstrijd
wettmachen compenseren
Wettrüsten *o*
  bewapeningswedloop
Wettspiel *o* concours, wedstrijd
wetzen wetten, slijpen
Wetzstein *m* slijpsteen
Whisky *m* whisky
wi'dersinnig ongerijmd
Wi'derhaken *m* weerhaak
Wi'derhall *m* echo, weerklank
Wi'derspruch *m* tegenspraak,
  tegenstrijdigheid
wichtig belangrijk
wickeln wikkelen; een luier
  omdoen
Widder *m* ram
wider tegen
widerfahren wedervaren
widerhallen weerklinken
widerlegen weerleggen
widerlich walgelijk, stuitend
Widerpart *m* tegenstander
widerrufen herroepen

Widersacher *m* tegenstander
Widerschein *m* weerschijn
widersetzen (sich) zich verzetten
widerspenstig weerspannig,
  weerbarstig
widerspre'chen tegenspreken
Widerstand *m* tegenstand,
  weerstand, verzet
Widerstandsbewegung *v*
  verzetsbeweging
widerstandsfähig in staat
  weerstand te bieden, taai
widerstehen weerstaan;
  tegenstaan
widerstreben tegenstribbelen
widerwärtig walgelijk, afzichtelijk
Widerwille *m* tegenzin, afkeer
widmen (toe)wijden
Widmung *v* toewijding; opdracht
widrig ongunstig
wie hoe, (zo)als
wieder weer (opnieuw), terug
wiedererstatten teruggeven,
  vergoeden
Wiedergabe *v* teruggaaf;
  weergave
wieder herstellen herstellen
wiederholen 1 wie'derholen
  terughalen; 2 wieder holen
  herhalen
wiederholt herhaaldelijk
Wiederkäuer *m* herkauwer
Wiederkehr *v* terugkeer
Wiedersehen *o* auf ~ tot ziens
wieder sehen terugzien
wieder vereinigen herenigen
Wiedervereinigung *v* hereniging;
  hereniging van Oost- en West-
  Duitsland
Wiege *v* wieg
wiegen (wog; gewogen) wiegen;
  wiegelen; wegen
wiehern hinniken
Wien *o* Wenen
Wiese *v* weiland, weide
Wiesel *o* wezel
wieso hoe zo
wieviel hoe veel
wild wild
Wildbraten *m* Wildbret, *o*
  wildbraad
Wilddieb, Wilderer *m* stroper
Wildnis(se) *v* wildernis
Wildschwein *o* wild zwijn
Wille *m* wil
willens van plan
willig gewillig, inschikkelijk; willig
Willkommen *o* welkom
willkommen welkom
Willkür *v* willekeur
wimmeln wemelen, krioelen
wimmern kermen, kreunen
Wimper *v* wimper, ooghaar
Wind *m* wind

Windbeutel *m* soes; windbuil
Winde(n) *v* windas, lier;
  dommekracht
Windel(n) *v* luier
windelweich murw, gedwee
winden (wand; gewunden) winden;
  ophijsen
Windfahne *v* windwijzer
Windfang *m* tochtdeur
windig winderig
Windjacke *v* windjak
Windmühle *v* windmolen
Windschutz *m* windscherm
Windschutzscheibe *v* voorruit
Windstille *v* windstilte
Windstoß *m* windvlaag
Wink(e) *m* wenk, sein, lonk
Winkel *m* hoek
Winkelzug *m* draai, uitvlucht
winken wenken, wuiven
winseln kermen, janken
Winter *m* winter
Winterfahrplan *m*
  winterdienstregeling
Wintermantel *m* winterjas
Wintersport *m* wintersport
Winzer *m* wijnbouwer
winzig klein, nietig
Wipfel *m* top, kruin (boom)
wir wij
Wirbel *m* wervel(wind); draaikolk;
  kruin; gekweel; roffel
wirbeln draaien, wervelen,
  kwinkeleren
Wirbelsäule *v* wervelkolom
Wirbeltier *o* gewerveld dier
wirken lijken; werken, arbeiden;
  uitwerking hebben; weven
wirklich echt (werkelijk)
Wirkung *v* (uit)werking, effect
Wirkungskreis *m* invloedssfeer
wirkungsvoll effectvol
wirr verward
Wirren *mv* troebelen, onlusten
Wirsing *m* savooiekool
Wirt(e) *m* waard; gastheer;
  huisbaas
wirtlich gastvrij
Wirtschaft *v* herberg; huishouden;
  economie
wirtschaften huishouden, beheren
Wirtschafterin *v* huishoudster
wirtschaftlich economisch
Wirtschaftlichkeit *v* efficiency
Wirtschaftsgeld *o* huishoudgeld
Wirtshaus *o* herberg, kroeg
Wirtsleute *mv* de waard en zijn
  vrouw
Wirtsstube *v* gelagkamer
wischen wissen, vegen
wispern prevelen; fluisteren
wissbegierig weetgierig
wissen (wusste; gewusst) weten
Wissenschaft *v* wetenschap

Wissenschaftler *m* wetenschapper
Wissensstrieb *m* dorst naar kennis
wissenswert wetenswaardig
wissentlich opzettelijk, welbewust
wittern ruiken, speuren
Witterung *v* weer,
  weersgesteldheid; lucht
Witwe *v* weduwe
Witwer *m* weduwnaar
Witz(e) *m* mop, grap; geestigheid
Witzbold *m* grappenmaker
witzig geestig, humoristisch
wo waar
woanders elders
Woche(n) *v* week
Wochenbett *o* kraambed
Wochenende *o* weekend
Wochenschau *v* filmjournaal
Wochentag *m* weekdag
wöchentlich wekelijks
Wöchnerin(nen) *v* kraamvrouw
Wodka *m* wodka
wodurch waardoor
Woge *v* golf
wogen golven, deinen
woher waarvandaan
wohin waarheen
Wohl *o* welzijn, behoud
wohl wel; waarschijnlijk
Wohlbefinden *o* goede
  gezondheid
wohlerzogen welopgevoed
Wohlgefallen *o* welgevallen,
  welbehagen
wohlgemut welgemoed
wohlhabend gegoed, welgesteld
wohlig behaaglijk, aangenaam
Wohlklang *m* welluidendheid
Wohlstand *m* welstand
Wohlstandsgesellschaft *v*
  welvaartsmaatschappij
Wohltäter *m* weldoener
wohltätig weldadig (liefdadig)
wohlüberlegt weldoordacht
Wohlwollen *o* welwillendheid
wohnen wonen
wohnhaft woonachtig
Wohnküche *v* keukenhuiskamer
wohnlich gezellig, behaaglijk
  (huis)
Wohnmobil *o* camper
Wohnort *m* woonplaats
Wohnsitz *m* woonplaats
Wohnstube *v* huiskamer
Wohnung(en) *v* appartement,
  woning
Wohnungsanzeiger *m* woninggids
Wohnviertel *o* woonwijk
Wohnwagen *m* caravan
wölben welven
Wölbung *v* welving, gewelf
Wolf *m* wolf
Wolke *v* wolk
Wolkenbruch *m* wolkbreuk

Wolkenkratzer *m* wolkenkrabber
wolkenlos onbewolkt
Wolldecke *v* wollen deken
Wolle *v* wol
wollen willen; wollen
Wollust *v* wellust
womit waarmede
womöglich zo mogelijk
Wonne *v* blijdschap,
  gelukzaligheid, wellust
Wort *o* (**-e** & **Wörter**) woord
wortbrüchig ontrouw aan zijn
  woord
Wörterbuch *o* woordenboek
Wortführer *m* spreker,
  woordvoerder
wortkarg weinig spraakzaam
Wortlaut *m* inhoud, tekst
wörtlich woordelijk
Wortspiel *o* woordspeling
Wortwechsel *m* woordenwisseling
wortwörtlich woordelijk
Wrack *o* wrak
wringen (wrang; gewrungen)
  wringen
Wucher *m* woeker
Wucherer *m* woekeraar
wuchern woekeren, weelderig
  groeien
Wuchs *m* groei, wasdom; gestalte
Wucht *v* gewicht, zwaarte
wuchtig zwaar, krachtig
wühlen woelen, wroeten
Wulst *m* & *v* (*mv* **Wülste**) wrong;
  gezwel, knobbel
wulstig gezwollen, opgezet
wund gewond, zeer
Wunde *v* wonde
Wunder *o* wonder
wunderbar wonderbaarlijk,
  prachtig
wunderlich wonderlijk, vreemd
wundern (sich) zich verwonderen
wunderschön buitengewoon mooi
wundervoll wonderbaarlijk;
  buitengewoon; prachtig
Wunsch *m* wens
wünschen wensen
wünschenswert verkieslijk
wunschgemäß volgens (uw) wens
Wunschzettel *m* verlanglijstje
Würde(n) *v* waardigheid
Würdenträger *m*
  waardigheidsbekleder
würdevoll, würdig waardig
würdigen waardig keuren;
  verwaardigen; waarderen
Wurf *m* worpgooi
Würfel *m* dobbelsteen; kubus
würfeln dobbelen
Würfelzucker *m* klontjessuiker
Wurm *m* (*mv* **Würmer**) worm
wurmen verdrieten, hinderen

wurmstichig wormstekig
Wurst *v* (*mv* **Würste**) worst
Würze *v* specerij, kruiderij
Wurzel(n) *v* wortel
würzen kruiden
würzig gekruid, geurig
wüst woest, onbebouwd;
  verwilderd
Wüste *v* woestijn, woestenij
Wut *v* woede
wüten woeden, razen
wütend woedend, razend
wutentbrannt in woede ontstoken

X

X *jemandem ein ~ für ein U
vormachen*, iem. knollen voor
citroenen verkopen
x-beliebig willekeurig
x-mal duizendmaal

Z

Zacke *v* **Zacken**, *m* spits, tand
zaghaft schroomvallig, bang
zäh taai; volhardend; kleverig
zähflüssig dikvloeibaar
Zahl(en) *v* getal
zahlbar betaalbaar
zahlen betalen; afrekenen
zählen tellen; *auf jemanden ~ op*
  iemand rekenen
Zähler *m* teller, elektriciteits-,
  gasmeter
Zahlkarte *v* betaalkaart
zahllos talloos, ontelbaar
zahlreich talrijk
Zahlung *v* betaling
Zahlungsanweisung *v* mandaat,
  cheque
Zahlungsaufschub *m* surseance v.
  betaling
zahlungsunfähig insolvent
zahm tam, mak
zähmen temmen
Zahn *m* (*mv* **Zähne**) tand
Zahnarzt *m* tandarts
Zahnbürste *v* tandenborstel
Zähneknirschen *o* knarsetanden
Zahnfleisch *o* tandvlees
Zahnpasta *v* tandpasta
Zahnradbahn *v* tandradbaan
Zahnschmerzen *m* kiespijn,
  tandpijn
Zahnspange *v* beugel
Zahnstocher *m* tandenstoker
Zahnweh *o* kiespijn
Zander *m* snoekbaars
Zange *v* tang
Zank *m* ruzie, twist
zanken twisten, kijven
zänkisch, zanksüchtig twistziek
Zäpfchen *o* huig; zetpil

Zapfen *m* tap, kraan; dennen-,
  ijskegel; zetpil
Zapfenstreich *m* taptoe
Zapfsäule, -stelle *v* benzinepomp
zappeln spartelen
zart teer; mals; zacht; gevoelig
Zartgefühl *o* fijngevoeligheid
zärtlich teder
Zauber *m* betovering
Zauberer *m* tovenaar
zauberhaft toverachtig
zaubern toveren
zaudern talmen, dralen
zaudernd schoorvoetend
Zaum *m* toom, teugel
zäumen optomen
Zaun *m* hek, omheining
z.B. = zum Beispiel bijvoorbeeld
Zebrastreifen *m* zebrapad
Zeche *v* gelag; vertering; mijn
Zecke *v* teek
Zeh *m* teen
Zehe *v* teen
zehn tien
Zehner *m* tiental; munt van 10
  Pfennig
Zehnte *m* tiende
Zehntel *o* tiende deel
zehntens ten tiende
zehren teren; uitteren
Zeichen(-) *o* teken; kenmerk
zeichnen tekenen
Zeichnung *v* tekening
Zeigefinger *m* wijsvinger
zeigen wijzen, tonen; aanwijzen;
  sich ~ blijken
Zeiger *m* wijzer
Zeile *v* regel
Zeit *v* tijd
Zeitabschnitt *m* tijdvak
Zeitalter *o* eeuw, tijdperk
Zeitangabe *v* tijdaanwijzing
Zeitarbeit *v* tijdelijk werk
zeitbezogen actueel
Zeitbombe *v* tijdbom
zeitgemäß op de hoogte van de
  tijd, modern
Zeitgenosse *m* tijdgenoot
zeitgenössisch eigentijds
zeitig tijdig; vroegtijdig; rijp
Zeitkarte *v* abonnement
  (openbaar vervoer)
zeitlebens levenslang
zeitlich qua tijd; tijdelijk
Zeitlupe *v* slowmotion
Zeitmangel *m* tijdgebrek
zeitnah actueel
Zeitpunkt *m* tijdstip
zeitraubend tijdrovend
Zeitschrift *v* tijdschrift
Zeitung(en) *v* krant
Zeitungsausschnitt *m*
  krantenknipsel
Zeitungsausträger *m*

krantenjongen
Zeitvertreib *m* tijdverdrijf
zeitweilig tijdelijk, voorlopig
Zeitzone *v* tijdzone
Zelle(n) *v* cel; kluis
Zelt(e) *o* tent
zelten kamperen
Zelter *m* kampeerder
Zeltplane *v* -tuch, *o* tentzeil
Zeltplatz *m* kampeerterrein
Zeltstange(n) *v* tentstok
Zement *m* cement
zensieren beoordelen; censureren
Zensur *v* censuur; cijfer
Zensus *m* census; schatting
Zentimeter(-) *o* centimeter
Zentner *m* centenaar
Zentralheizung *v* centrale
verwarming
Zentrum *o* (*mv* **Zentren**) centrum
Zepter *o* scepter
zerbrechen stukbreken
zerbrechlich breekbaar, broos
zeremoniell ceremonieel
Zerfahrenheit *v* verstrooidheid
zerfallen uiteenvallen; in onmin
raken
zerfetzen verscheuren
zerfließen uiteenvloeien;
wegsmelten (in tranen)
zergehen smelten, verdwijnen
zergliedern ontleden, ontbinden
Zergliederung *v* ontleding
zerknirscht door wroeging
verteerd, berouwvol
zerknittern verkreukelen
zerlassen doen smelten (vet)
zerlegbar uit elkaar te nemen
zerlegen ontleden, uit elkaar
nemen
zermalmen verbrijzelen,
vermorzelen
zermürben murw maken
Zerrbild *o* karikatuur
zerreiben fijn wrijven
zerreißen (**zerriss; zerrissen**)
verscheuren
zerren rukken; sleuren; verrekken
zerrissen verscheurd, innerlijk
verdeeld, ontreddered
zerrütten ondermijnen, schokken
zerschellen verbrijzelen,
verpletteren
zerschlagen stukslaan;
geradbraakt, doodop
zerschmettern verpletteren
zersetzen ontleden, ontbinden
zersplittern versplinteren
zersprengen doen springen, doen
bersten; uiteenslaan
Zerstäuber *m* verstuiver
zerstören verwoesten, vernielen
Zerstörer *m* vernieler;
torpedojager

Zerstörung *v* vernietiging; ravage
Zerstörungswut *v* vernielzucht
zerstreut verstrooid
Zerstückelung *v* verbrokkeling
zertreten vertreden, vertrappen
Zertrümmerung *v* verbrijzeling
Zerwürfnis *o* onenigheid
zetern moord en brand
schreeuwen, gillen
Zettel *m* papiertje
Zeug *o* stof; kleding; slechte waar,
bocht; takelage; spullen
Zeuge(n) *m* getuige
zeugen telen; getuigen
Zeugin(nen) *v* getuige
Zeugnis(se) *o* getuigenis; attest,
schoolrapport
Zeugung *v* voortplanting, teelt;
verwekking
z.H. = zu Händen in handen
Zicho'rie *v* cichorei
Zickzack *m* zigzag
Ziege *v* geit
Ziegel *m* tegel; dakpan
ziegelrot steenrood
Ziegenpeter *m* (*med*) bof
Ziehbrunnen *m* waterput
ziehen (**zog; gezogen**) trekken;
kweken; tochten
Ziehung *v* trekking; kweken
Ziel *o* bestemming, doel
zielbewusst doelbewust
zielen mikken
Zielscheibe *v* schietschijf, mikpunt
zielstrebig doelbewust
ziemlich tamelijk
Zierde *v* sieraad
zieren sieren, versieren; *sich ~*
preuts doen
zierlich sierlijk, elegant
Ziffer *v* cijfer
ziffernmäßig in cijfers
Zigarette(n) *v* sigaret
Zigarettenpapier *o* vloeitjes
Zigarre(n) *v* sigaar
Zigarrenladen *m* sigarenwinkel
Zigarrenspitze *v* sigarenpijpje,
sigarenpuntje
Zimmer(-) *o* kamer
Zimmermädchen *o* kamermeisje
Zimmermann *m* timmerman
zimmern timmeren
Zimmerservice *m* roomservice
zimperlich preuts, aanstellerig
Zimt *m* kaneel
Zink *o* zink
Zinn *o* tin
Zinne *v* tinne (van burcht)
zinnern tinnen, van tin
zinnoberrot vermiljoen
Zins(en) *m* rente; pacht, huur
zinslos renteloos
zinstragend rentegevend
Zipfel *m* eindje (worst)

Zipperlein *o* jicht
zirka circa
Zirkel *m* cirkel; passer; (gesloten)
vereniging
Zirkus *m* circus
zischeln (boosaardig) fluisteren
zischen sissen
Zitat *o* citaat, aanhaling
Zitrone(n) *v* citroen
zitterig beverig
zittern sidderen, rillen, trillen
zivil civiel, burgerlijk; beleefd; *in*
Z~, in burger(kleding)
Zivilbevölkerung *v*
burgerbevolking
Zivilisation *v* beschaving
Zivilist(en) *m* burger, niet-soldaat
zögern talmen, aarzelen
Zölibat *m* & *o* celibaat
Zoll *m* douane
Zollabfertigung *v* inklaring
Zollamt *o* douanekantoor
Zollbeamte *m* douanebeambte
zollen tol betalen; betuigen
zollfrei taxfree
Zollkontrolle *v* douanecontrole
zollpflichtig aan douanerecht
onderhevig
Zollstab *m* duimstok
Zone zone
Zoo(s) *m* dierentuin
Zopf *m* vlecht
Zorn *m* toorn, gramschap
Zote *v* vuile mop
zottig ruig, harig
zu naar; dicht; (al) te; *bis ~* tot
Zubehör *o* & *m* toebehoren;
onderdelen
Zuber *m* tobbe, kuip
zubereiten toebereiden,
gereedmaken
Zucht *v* tucht; kwekerij, teelt;
ingetogenheid
züchten fokken, kweken
züchtig zedig, ingetogen
züchtigen tuchtigen
Zuchtvieh *o* fokvee
zucken trekken; stuipen of
stuiptrekkingen hebben; ophalen
(schouders)
zücken trekken, te voorschijn
halen
Zucker *m* suiker
Zuckerdose *v* suikerpot
Zuckerkranke *m* suikerpatiënt
Zuckerkrankheit *v* suikerziekte
Zuckerraffinerie *v*
suikerraffinaderij
Zuckerrohr *o* suikerriet
Zuckerrübe *v* suikerbiet
Zuckung(en) *v* stuip,
stuiptrekking; trekking
zudecken toedekken
zudem bovendien

zudringlich in-, opdringerig
zueignen opdragen
zuerst eerst, vooreerst
Zufahrtsstraße v toegangsweg
Zufall m toeval
Zuflucht v toevlucht, wijk
Zufluchtsort m wijkplaats,
  schuilplaats
Zufluss m toevloed
zufolge naar, volgens
zufrieden tevreden
zufügen toevoegen; berokkenen
Zufuhr v toevoer
Zug m trein, tocht, wind; trek;
  stoet; teug, haal
Zugabe v toegift
Zugang m toegang; aanwinst
zugänglich genaakbaar
Zugbrücke v ophaalbrug
zuge'gen tegenwoordig
zugeben toegeven
zugehören toebehoren
zugehörig toebehorende
zugeknöpft terughoudend
Zügel m teugel, breidel
zügellos teugelloos
Zugeständnis(se) o concessie
zugestehen toegeven; inwilligen,
  toestaan
Zugfahrkarte(n) v treinkaartje
Zugführer m hoofdconducteur
Zughaken m trekhaak
zugig tochtig
zügig vlot
zugleich tegelijk
zugreifen toetasten
Zugtier o trekdier
zugunsten ten gunste
zugute ten goede
Zugverbindung v treinverbinding
Zugvogel m trekvogel
Zugwinde v windas
Zuhause o thuis
zuhause thuis
Zuhilfenahme v unter ~ einer
  Maschine met behulp v. e.
  machine
zuhören luisteren
Zuhörerschaft v gehoor,
  toehoorders
zuknöpfen dichtknopen
Zukunft v toekomst
zukünftig toekomstig
zulangen toetasten
zulassen toelaten; dichtlaten
zulässig veroorloofd
zuleide jemandem etwas ~ tun
  iemand kwaad doen
zuletzt eindelijk, ten laatste
zuliebe mir ~ voor mijn plezier
zum = zu dem
zumachen sluiten, toedoen
zumal vooral; tegelijk
zumindest minstens, tenminste

zumuten jemandem etwas ~
  vergen van
Zumutung v onbehoorlijke eis
zunächst eerst, vooreerst, in de
  eerste plaats
Zunahme v toename
Zuname(n) m bijnaam;
  familienaam
Zündholz, -hölzchen o lucifer
Zündkabel o bougiekabels
Zündkerze(n) v bougie
Zündschlüssel m contactsleutel
Zündung v ontsteking
zunehmen toenemen; wassen
  (maan)
Zuneigung v neiging;
  genegenheid
Zunft v (mv Zünfte) gilde
Zunge v tong
züngeln lekken (vlammen)
zungenfertig welbespraakt
zunichte te niet, te gronde
zunutze te nutte
zupfen trekken, plukken
zur = zu der
zurechnungsfähig toerekenbaar
zurechtfinden (sich) thuis raken
zurechtmachen in orde maken
zureden toespreken, aanmoedigen
zurichten aanrichten; (lelijk)
  toetakelen
zürnen boos, toornig worden; ~
  zijn
zurück terug; achterwaarts,
  achteruit
zurückbleiben achterblijven,
  achterlopen (klok)
zurückbringen terugbrengen
zurückfahren terugrijden
zurückgehen teruggaan
zurückhaltend terughoudend,
  achterhoudend
zurückkommen terugkomen
zurückklassen achterlaten
zurücklegen afleggen (v. weg);
  (geld) opzij leggen
zurückprallen terugstuiten,
  terugdeinzen
zurücksetzen achteruitzetten
zurücktreten achteruittreden,
  aftreden, afzien
Zuruf m toeroep; durch ~ bij
  acclamatie
Zusage v toezegging, belofte
zusagen beloven; bevallen
zusammen samen
Zusammenarbeit v samenwerking
zusammenbrechen ineenzakken
Zusammenbruch m instorting
zusammendrücken samendrukken,
  -persen
zusammenfahren ineenkrimpen (v.
  schrik)
zusammenfassen resumeren,

samenvatten
Zusammenfluss m samenvloeiing
zusammengesetzt samengesteld
Zusammenhang m samenhang
zusammenkommen samenkomen,
  vergaderen
Zusammenkunft samenkomst,
  bijeenkomst
zusammennehmen (sich) zich
  vermannen
zusammenschrumpfen
  ineenkrimpen, uitdrogen
zusammensetzen samenstellen
Zusammenspiel o samenspel;
  ensemble
Zusammenstoß m aanrijding,
  botsing
zusammenstoßen botsen
Zusammensturz m ineenstorting
Zusammenziehung v
  samentrekking
Zusatz m bijvoegsel, aanhangsel
Zuschauer m toeschouwer
zuschicken toesturen
Zuschlag m toeslag; toewijzing
zuschreiben toeschrijven, wijten
Zuschuss m toelage
zusehends zienderogen
zusetzen bijvoegen; in 't nauw
  brengen, kwellen
zusichern vast beloven,
  verzekeren, garanderen
zuspitzen (sich) scherper (erger)
  worden
zusprechen toespreken; troosten;
  toewijzen; zich tegoed doen aan
Zuspruch m bemoediging,
  vertroosting
Zustand m toestand
zustande ~ bringen, kommen tot
  stand brengen, komen
zuständig bevoegd, betrokken
zustatten ~ kommen van pas
  komen
zustehen toekomen, vrijstaan
Zustellungsgebühr v bezorgloon
zustimmen toestemmen
Zustrom m toevloed
zutage te voorschijn
Zutat(en) v bestanddeel,
  ingrediënt; bijvoegsel
zuteilen toebedelen; distribueren
zutragen verklikken; sich ~
  gebeuren
zutrauen tot iets in staat achten
zutreffen uitkomen, kloppen
Zutritt m toegang
zuverlässig betrouwbaar
Zuversicht v vertrouwen;
  toeverlaat
zuversichtlich vol vertrouwen;
  overtuigd, zeker
Zuviel o teveel
zuviel te veel

zuvor te voren, vooraf
zuvor'kommen voorko'men
zuvor'kommend voorkomend
Zuwachs *m* aangroei
zuweilen somwijlen, soms
zuwider tegen, in spijt van
zuzahlen bijbetalen, bijpassen
zuzüglich met bijvoeging van, plus
Zwang *m* dwang
zwang(s)weise gedwongen, met dwang
zwängen persen; kwellen
zwanglos ongedwongen
zwangsläufig automatisch
Zwangsmittel *o* dwangmiddel
zwanzig twintig
zwar weliswaar
Zweck(e) *m* doel (functie)
Zwecke houten pin; punaise
zwecklos doelloos
zweckmäßig doelmatig
zweckwidrig ondoelmatig
zwei twee
zweideutig dubbelzinnig
zweifach tweevoudig
Zweifel(-) *m* twijfel
zweifelhaft twijfelachtig
zweifellos ongetwijfeld
zweifeln twijfelen

zweifelsohne zonder twijfel, ongetwijfeld
Zweig(e) *m* twijg, tak
Zweiggeschäft *o* -niederlassung *v*, -stelle *v* filiaal
zweigliedrig tweeledig
Zweikampf *m* tweegevecht
zweischneidig tweesnijdend
Zweisitzer *m* tweezitter
zweisprachig tweetalig
zweitägig tweedaags; van twee dagen
zweitäglich om de twee dagen
zweitbeste(r) op één na de beste
zweite(r) tweede
zweitens ten tweede
Zwerchfell *o* middenrif
Zwerg(e) *m* dwerg
Zwetschge(n) *v* kwets
zwicken knijpen
Zwieback *m* beschuit
Zwiebel(n) *v* ui; bloembol
Zwiegespräch *o* samenspraak
Zwielicht *o* schemering
Zwiespalt *m* tweespalt
Zwietracht *v* tweedracht
Zwillinge *mv* tweeling
zwingen (zwang; gezwungen) dwingen

Zwinger *m* dwinger; versterkte toren, citadel
zwinkern knipogen
Zwirn(e) *m* garen
zwischen tussen
Zwischenergebnis *o* tussentijds resultaat
Zwischenfall *m* incident
zwischenher er tussen door
Zwischenlandung *v* tussenlanding
Zwischenlösung *v* voorlopige oplossing
Zwischenraum *m* tussenruimte; tussenpoos
Zwischenruf *m* interruptie
zwischenstaatlich internationaal
Zwist(e) *v* twist
zwitschern kwelen, tjilpen
zwo(te) twee(de)
zwölf twaalf
zwölfte twaalfde
Zwölftel *o* twaalfde gedeelte
zwölftens ten twaalfde
Zyklus *m* cyclus
Zylinder(-) *m* cilinder
zylindrisch cilindervormig
zynisch cynisch
Zypresse(n) *v* cipres
z.Z. = zur Zeit thans; tijdelijk

afkortingen

~	herhaling trefwoord	mv	meervoud
[de]	niet-onzijdig Nederlands zelfstandig naamwoord	nv.	naamval
		nw.sp.	nieuwe Duitse spelling
[het]	onzijdig Nederlands zelfstandig naamwoord	o	onzijdig
		oost	Oostenrijks
bez vnw	bezittelijk voornaam- woord	oostdt	Oost-Duits
		pers vnw	persoonlijk voornaam- woord
bijw	bijwoord		
bn	bijvoeglijk naamwoord	rk	rooms-katholiek
comp	computer	rtv	radio en televisie
cul	culinair	sp	sport
fig	figuurlijk	telw	telwoord
gram	grammatica	v	vrouwelijk
jur	juridisch	vz	voorzetsel
m	mannelijk	ww	werkwoord
m & v	mannelijk en vrouwelijk	zn	zelfstandig naamwoord
mil	militair	zuiddt	Zuid-Duits
muz	muziek	zw	Zwitser-Duits

- het woordenboek staat in de nieuwe officiële Duitse spelling; daar waar officieel twee varianten bestaan, wordt dat aangegeven door 'nw.sp.' bij de nieuwe vorm
- onregelmatige meervoudsuitgangen in het Duits staan aangegeven tussen haakjes in het trefwoord; compleet afwijkende meervoudsvor- men staan volledig achter het trefwoord
- het klemtoonteken ' in het trefwoord staat achter de lettergreep waar de klemtoon op valt